安庆年鉴

2015

安庆市人民政府　主办
安庆市地方志办公室　编

全国百佳图书出版单位
ARGTIME 时代出版
时代出版传媒股份有限公司
安徽人民出版社

图书在版编目(CIP)数据

安庆年鉴·2015/安庆市地方志办公室编. —合肥：安徽人民出版社，2015.8

ISBN 978-7-212-08304-5

Ⅰ. ①安… Ⅱ. ①安… Ⅲ. ①安庆市—2015—年鉴 Ⅳ. ①Z525.43

中国版本图书馆CIP数据核字(2015)第211664号

安庆年鉴·2015

安庆市地方志办公室编

出 版 人:胡正义
责任编辑:李 芳
责任印制:董 亮

出版发行:时代出版传媒股份有限公司 http://www.press-mart.com
安徽人民出版社 http://www.ahpeople.com
合肥市政务文化新区翡翠路1118号出版传媒广场八楼层
邮编:230071
营销部电话:0551-63533258 0551-63533292(传真)
制 版:安徽省地质印刷厂
印 刷:安徽省地质印刷厂

开本:889×1194 1/16 印张:23.5 字数:726千
版次:2015年9月第1版 2015年9月第1次印刷

标准书号:ISBN 978-7-212-08304-5 定 价:200.00元

领导视察

2014年8月26日
省委书记张宝顺在安庆考察调研

2014年6月26日
省长王学军在安庆调研县域经济

2014年3月5日
省委副书记李锦斌在安庆检查指导工作

共谋发展

安庆市第十六届人民代表大会第四次会议

中国人民政治协商会议第十四届安庆市委员会第三次会议

项目建设

与旺旺集团合作项目

首制马克8M25机台架交验

富士康科技集团投资鸿庆精机

新能源汽车项目签约

人民路改造工程竣工

安徽省第十

省委书记张宝顺在开幕式上

省长王学军在开幕式上

承办城市会旗移

入场仪式

安庆代表队入场

开幕式

开幕式群众文艺表演

三届运动会

省十三运比赛项目——击剑

省十三运比赛项目——跳高

喜迎嘉宾

省十三运闭幕式

闭幕式文艺演出

安徽省第六届残疾人运动会

省委副书记李锦斌宣布安徽省第六届残运会开幕

市委书记虞爱华
为获奖代表队颁奖

田径比赛

开幕式

颁奖仪式

表演歌舞《梦想不落》

表演舞蹈《千手观音》

安徽省第七届少数民族传统体育运动会

副省长方春明致开幕词

大型歌舞《中华一家亲》

开幕式少数民族文体展示

开幕式舞蹈“跳足娘”

歌曲演唱《同在一片蓝天下》

2014安庆“十一”黄梅戏展演周

展演周颁奖仪式

市文化馆爱心艺术团演出

展演剧目《寂寞汉卿》

展演节目《六尺巷》

黄梅大鼓

展演剧目《女驸马》

编辑说明

一、《安庆年鉴》是安庆市人民政府主办的大型综合性年刊，具有权威性、史料性、信息性、综合性、实用性。2015年卷是连续出版的第21卷本。本卷年鉴以中国特色社会主义理论为指导，全面、系统、翔实地记载2014年全市经济社会发展情况和发展特点，是社会各界了解安庆、研究安庆、建设安庆的最新综合性市情资料。

二、本卷按类目、分目、条目编排。除特载、市情概览、专记、年度人物、大事记、附录等类目外，其他按经济、政治、文化、社会等分类编排，共计33个类目，200多个栏目。所刊图片均由相关单位提供，不署摄影作者名称。

三、除注明外，本卷文字资料、数据等截至2014年底。统计资料中的全市性主要数据由市统计部门提供。

四、本卷数据计量基本采用法定计量单位表述。除统计公报外，涉及农村土地面积的统计，一般保留传统“亩”的计量方式。通用计量单位的使用，如公里（千米或km）、公斤（千克或kg）等，一般用中文表述为主，少数表格中用符号表示。

五、本卷年鉴配备中文详细目录、英文简目和主题索引等检索工具。主题索引包括除图片外的全部内容，按主题词（或中心词）首字汉语拼音字母顺序排列；栏目用黑体字标示，统计表用“（表）”标示；主题词（或中心词）后的数字表示页码，英文字母a、b分别表示左、右栏；单位名称一般用简称。

六、本卷年鉴编纂工作得到市有关领导、市直各单位、各县（市）区及相关企事业单位的大力支持，审定审稿人员付出艰辛劳动，在此一并表示感谢。如有错漏之处，恳请各位读者批评指正。

安庆年鉴

(2015)

编辑委员会

电　　话:(0556)5579672　5513495(传真)

网　　址:http://www.aqdfz.gov.cn

邮　　箱:aq5579672@163.com

邮　　编:246003

目　　录

农村经济

商贸经济

非公有制经济

旅　游

信息化建设

交通·邮政

城建·环保

财政·税务

金 融 业

监督管理与服务

对外开放

开发园区

中共安庆市委员会

人大·政府·政协

民主党派·工商联

社 会 团 体

法　治

军　事

教　育

科　技

文化·传媒

社会科学研究

卫生·体育

社会生活

县(市)区

人物·先进名录

附　　录

主 题 索 引

内 文 补 白

安庆市中国驰名商标选介

Concise Contents

Special Records

Overview on Anqing City

Special Notes

Great Events

Industrial Economy

Agricultural Economy

Commerce and Trade Economy

Development Zones

Anqing Municipal Committee of Communist Part of China(CPC)

Anqing Municipal People's Congress – Government – Anqing Municipal Committee of People's Political and Consultative Conference Committee

Democratic Parties- Federation of Industry and Commerce

Social Organizations

Rule of Law

Military Affairs

Education

Science and Technology

Culture - Media

Social and Scientific Research

Public Health-Sports

Social Life

Counties (County-level City) and Districts

Annual Persons and Outstanding Units List

Appendix

Subject Index

特　载

市委常委会向全委会的工作报告

——2014 年 12 月 30 日在市委十届十次全体(扩大)会议暨全市经济工作会议上(节录)

市委书记　虞爱华

今年以来,面对宏观经济的下行压力,面对改革发展稳定的繁重任务,面对前进道路上的困难挑战,市委常委会团结带领和依靠全市干部群众,大干、快干、苦干,迎难而上、逢山劈路、遇水架桥,在新常态下展现出新状态,在攻坚克难中实现了新作为,在科学发展中取得了新业绩。可以说,这是困难重重的一年,更是成果累累的一年。

一年来,我们主要干了以下 10 件大事、难事和喜事:

一是巩固保持经济发展的强劲势头。我们每月召开市委常委扩大会议,深度解析研判经济形势,及时解决经济运行中的突出问题;坚持土委会、规委会、重大项目调度会等制度,加快重点项目落地推进;修订完善工业经济、自主创新、现代服务业、现代农业"四大政策",市财政安排 3.3 亿元资金支持企业发展;开展市级领导"集中帮扶月"和"千名干部服务企业"活动,深入企业送政策、送服务;果断处置潜山陈斌凯、桐城刘克胜等案件,维护金融生态稳定。这一系列政策措施,有力促进了经济运行提速、提质、提效。预计全年 GDP 总量首次突破 1500 亿元,增长 9.5%左右;规上工业增加值接近 700 亿元,增长 12.5%;固定资产投资在去年首次突破 1000 亿元的基础上,今年可望达到 1400 亿元,增长 18%;工业投资首次突破 700 亿元,增长 18.7%。全市财政收入首次突破 200 亿元,达到 230 亿元,增长 17.1%;进出口总额首次突破 20 亿美元,增长 21%。

二是推动重点改革取得阶段性成效。我们坚持"大局下行动、谋定而后动",强调以信心、勇气、智慧和无私推进改革,对 193 项改革进行任务分解和责任落实。行政审批制度改革向纵深推进,工商、质监、食品药品监管和地方海事(港航)体制改革全面完成,市委、市政府督查室完成合并,市农委、市商务局等部门内设机构整合取得突破,国家公共文化服务体系示范区建设顺利通过中期督查,迎江区、大观区中小学教师校长交流启动实施,潜山、宿松农村土地承包经营权确权登记颁证试点工作基本完成,一把手"三个不直接分管"、城建项目"六分开"等制度全面落实。

三是顺利完成群众路线教育实践活动。我们树立"过硬"思想、破除"过关"意识,坚持改进作风、兴办实事、提升能力、完善制度"四位一体",扎实开展群众路线教育实践活动。全市 1 万多个单位、1.3 万个基层党组织、27 万多名党员参加活动,广大党员干部普遍受到深刻的思想政治洗礼,"四风"问题得到有效整治,党群干群关系进一步密切。全市查处违反八项规定行为 61 起,处理 99 人;查处"小四风"问题 63 件,处理 87 人;完成机关超标办公用房整改,清理调整办公用房 4.64 万平方米;1—11 月份全市"三公"经费同比下降 22.1%。我市教育实践活动受到中央活动办、中央督导组和省委领导的充分肯定。

四是举全市之力成功承办省运会。我们强调,安庆时隔 80 多年再次承办省运会,"办好了出形象,办不好出洋相"。坚持领导带头、以上率下,建立"十天一调度"工作机制,对场馆建设、活动组织、安保维稳等重要工作,一件一件落实、一项一项销号。各级各部门发扬勇争一流、守土尽责、主动作为、不畏艰难、精益求精、有令必行、团结合作的精神,确保了省十三运、第六届残运会、第七届少数民族运动会圆满成功。特别是4万余人参加的十三运开幕式，实现了流程流畅、秩序有序、演出出彩、安保平安，受到省委、省政府充分肯定，赢得来宾和观众广泛赞许。

五是以前所未有的力度抓森林防火工作。我们认为，抓好森林防火工作，既是保护青山绿水，更是保护群众利益。逐级落实包保责任制，各级均组建了专兼结合的防火队伍。大力倡导文明祭扫，针对重要时间节点，集中巡查排查，实行严看死守。提出“谁对群众不负责，就坚决对谁问责”，对20余名干部进行了严肃处理。2月份以来，全市森林火灾创造了“零纪录”，实现历史性突破。

六是积极稳妥有序推进殡葬改革。自6月1日全面启动到11月底，全市共死亡14647人（不含岳西县），共火化遗体14804具（含外市死亡人员）。全市累计投入2.5亿元新建和改造殡葬基础服务设施，免除群众殡葬基本公共服务费用1600余万元。殡葬改革得到了广大干部群众的充分理解和支持。

七是文明城市创建和美好乡村建设“双线告捷”。获批第三届省级文明城市，成为全国文明城市提名城市。美好乡村建设全省领先，首批77个省级重点示范村全面建成并通过省级考核验收，潜山、岳西、桐城被评为全省美好乡村建设先进县，数量并列全省第1位。潜山县列入国家美好乡村建设标准化示范县，岳西县水畈村被评为“2014年度中国十大最美乡村”。

八是圆满完成村“两委”换届工作。重点把好程序步骤关、人选入口关、权利保障关、换届纪律关，确保了整个换届平稳有序、风清气正。全市1638个村（社区）换届选举如期完成，呈现出“两高一少一无”的特点，即参选率高，较上届提升7.4%；选举成功率高，较上届提升9.1%；信访量明显减少，较上届下降58%；无突发事件发生。

九是富士康多个项目有望落户安庆。抓住富士康收购鸿庆精机的机遇，在省委主要领导关心下，主动赴台对接，与富士康集团总裁郭台铭进行了多轮、深入会谈，就拓展深化项目合作达成重要共识。成立了“12.8”项目领导小组，着手准备项目落地工作。富士康集团已派专业团队来宜实地考察，相关项目正在积极推进中。

十是精心做好上级领导来宜考察指导的服务工作。中央高层领导亲临安庆视察，并将重要会议安排在我市召开。省四大班子主要领导和多位省委常委今年都到我市考察调研，其中，张宝顺书记先后4次、王学军省长先后3次来我市调研指导工作。中央教育实践活动督导组、中央巡视组也分别来我市，就有关工作进行督查指导。全年省部级以上干部到安庆考察调研120多批次，创历史新高。各级领导在安庆期间，为我们指方向、教招数、压担子、鼓士气，充分体现了对安庆的亲切关怀，对我们是极大的鼓舞和鞭策。

下面，我从五个方面报告其他主要工作。

一、坚持“既要发展快，又要转型快”，着力打造安庆经济“升级版”

我们认为，发展是第一要务，转型是紧迫任务。大力实施创新驱动，加快结构调整，努力实现有质量、有效益、可持续的发展。

加快产业优化升级。启动实施工业腾飞三年行动计划，做大做优做强石油化工、装备制造、纺织服装等主导产业，打造具有核心竞争力的产业集群。1—11月份，全市亿元以上工业项目新开工105个，续建108个，竣工59个；规上工业企业达到1670户，比上年净增170户；工业企业技改投资完成455亿元，占工业投资的65.9%。1—10月份工业企业利润增长15.3%，增幅居全省第4位；利税增长27.9%，增幅居全省第2位。环新集团首次进入全省民企排序“十强”。依托现有产业基础和优势，大力发展新材料、新装备、新业态。年产5万辆电动汽车项目正式开工，高新区曙光煤制氢和丁辛醇项目加快推进，晋煤集团化工材料项目落地，智慧产业园、长江电商生态城等平台对新业态的集聚效应明显增强。1—11月份，全市战略性新兴企业总数达到164家，产值达到314亿元，同比增长16.1%。发挥政策引领作用，推进现代服务业加快发展，欧尚等大型超市开业，上海新城体验式商业综合体开工，太湖五千年文博园“十里画廊”景区开园。预计今年全市接待游客3800万人次，增长13.1%。

加快推进科技创新。深入推进科技创新“一招鲜”工程，与中科院、东南大学等20多所高校和科研院所开展产学研合作协同创新。今年市校共建2家技术转移中心，新建3家院士工作站、1家国家级技术实验室、10家实体研究院、6家省级企业技术中心。新认定国家高新技术企业42家，创历年新高；1—11月份，高新技术产业增加值增长16%，比全省高2个百分点。申请专利增长23.2%，增幅居全省第3位，其中发明专利增长95%，增幅居全省第1位；授权专利增长85%，增幅居全省第1位。截至11月底，全市有效注册商标达1.2万多件,中国驰名商标达26件,地理标志证明商标6件,均居全省第2位。

加快现代农业发展。粮食、水产、畜禽等实现增产,枞阳县连续三年荣获全国粮食生产先进县。启动实施农业“5211”工程,新增71家农业产业化规上企业、3家省级现代农业示范区,总量均居全省第1位;预计全年农产品加工值可突破千亿大关,稳居全省第2位。大力发展新型农业经营主体,新增农民专业合作社766家、家庭农场1070家,耕地流转面积增加42万亩,流转率达到47.2%。

加强生态建设和环境保护。以创建国家环保模范城为总抓手,建立定期推进协调机制,加快实施“蓝天碧水”等七大工程,安庆石化脱硫、脱硝工程建成投运。落实大气污染防治行动计划,黄标车、秸秆焚烧、工业锅炉等专项治理取得突出成效,项目完成率居全省第1位。全市空气优良率89.8%,PM10平均浓度同比下降18%,空气质量居全省第4位。重拳治理企业环境违法行为,责令限期整改109家、停产整治23家、关停11家。实施百万亩森林增长提质工程,完成造林22万亩,获批“国家森林城市”。岳西成功创建国家级生态县,全市新增9个国家级生态乡镇、11个省级生态乡镇。

二、坚持“既要好项目,又要好环境”,进一步增强发展动力和活力

我们强调,发展靠项目,项目靠环境。坚持从“软”“硬”两方面入手,着力提升安庆发展环境的影响力和竞争力,把自古“兵家必争之地”打造成现代“商家必争之地”。

以大改革激发市场活力。巩固“三最”城市成果,进一步加大简政放权力度,加快建立权力清单、责任清单和涉企收费清单制度。市级行政审批下放58项、冻结26项、取消7项,精简30%;工业、房地产项目审批时限压缩到30个工作日以内;城区79项经营服务性收费取消7项、免收2项、降标28项。实施工商登记制度改革,在全省率先推行企业网上登记申报,市场主体呈现井喷式增长。1—11月份,全市新登记内资企业7070户,同比增长49.8%。推动户籍制度改革,正式实施居住证制度。加快金融改革创新,首笔农村土地承包经营权抵押贷款发放,农村合作金融机构全部改制为农村商业银行,村镇银行实现县域全覆盖;场外市场挂牌企业总数41家,总量居全省前列。公共型保税仓库建成运营,正在推进安庆(皖西南)保税物流中心(B型)建设,全市新增进出口企业86家。

以大建设增强集聚效应。深入研究国家推动长江经济带发展战略,加快中心城市建设和重大基础设施项目的谋划布局。大力推进“老城改造、新区配套”,新建和改造了潜江路北段、中山大道、华中西路、天柱山路东段等10多条主次干道,市体育中心、安庆二中新校区等公共设施建成启用,水厂、市立医院和第一人民医院新区建设正在推进。进一步完善县城和中心镇基础设施,潜山源潭、太湖徐桥等16个乡镇获批全国重点镇。加快以综合交通为重点的重大项目建设,宁安城际铁路和安庆火车站改造、望东长江大桥及北岸接线、岳武高速、3条一级公路建设进展顺利,天柱山机场即将复航,电厂二期正式核准,下浒山水库即将开工。加强产业承接平台建设,省级开发区全面实施扩容升级,全市开工建设标准化厂房630万平方米。

以大招商促进品牌提升。我们强调,越是经济下行压力加大,越是要大力招商引资。先后在北京、深圳等地举办招商推介活动。编制招商导则,突出招商项目的真实性和落地率。1—11月份,全市新引进亿元以上项目283个,其中10亿元以上项目36个,旺旺五期、开发区润晶蓝宝石晶体、嘉寓节能建材、宿松智能电子科技产业园等项目开工建设。

三、坚持“既增强群众观念,又注重群众观感”,进一步保障改善民生

我们强调“以百姓之心为心”,“挖井先想吃水人”,始终把事关群众切身利益的事情放在心上、抓在手上。

加大民生保障力度。持续加大民生投入,33项民生工程全面完成。着眼于改善居住环境,全市开工建设保障性住房2.6万套,建成1.5万套,城区建成还建房109万平方米;完成42个乡镇清洁工程、1.7万户农村危房改造,农村清洁工程实现乡镇全覆盖;城区开展28条背街后巷整治,建成13块游园绿地,96个老旧小区2.5万户居民开通天然气。着眼于保障基本生活,将城乡低保标准分别提高16.6%、14.3%,城市低保超过全省平均水平,农村低保基本达到全省标准;实施172个扶贫开发整村推进工程,减少贫困人口12万人;建立“救急难”机制,新增低保对象8700多人。着眼于解决群众反映的突出问题,在全省率先建立农民工工资专用账户管理机制,为1.4万多名建设工程农民工发放工资6000多万元;大力推进“渔民上岸”工程,1421户以船为家渔民上岸安居;改造100

座农村公路危桥，开通城区至皖河农场等6条公交新线，城区新增公交营运里程94公里。

加快社会事业发展。中小学教育质量综合评价改革实验区工作扎实推进，首轮教育质量综合评价测试顺利完成。巩固义务教育阶段“零择校”成果，全面取消特长生，试点高中自主招生。组建安庆职教联盟，加盟企业和职业院校达到193家。养老服务业综合改革试点工作取得积极成效，新建、改扩建43个农村敬老院，建成床位3550张。加快创建国家公共文化服务体系示范区，文化基础设施提标升级，市文化馆新馆投入使用。大力实施文化民生工程，建成23个社区文化舞台，开展11个省级、15个市级农民文化乐园试点，全市每个村实现每年看一场大戏、每月放一场电影，怀宁县月山镇综合文化站荣获全国文化系统先进集体。成功举办“十一”黄梅戏展演周，在深圳举办安庆黄梅戏艺术周。黄梅戏《寂寞汉卿》等3个项目入选省“四个十”重点文化品牌。深化医药卫生体制改革，县级公立医院全部实行药品集中招标采购和零差率销售，宜秀区基层医疗机构试行“先看病后付费”。做好新形势下计划生育工作，出生人口性别比连续3年下降。举办首届全市职工运动会、市民运动会，进一步激发了全民健身热情。省十三运安庆代表团取得历史最好成绩。

推动社会治理创新。坚持党政领导干部定期接访制度，1—11月份，全市进京非访同比下降35.6%，在全省排第7位；无进京、赴省集体访发生，是全省唯一没有发生赴省集体访的市。推进涉法涉诉信访改革，依法导入再审程序46件。加快社区管理体制改革，城区完成32个规模较小社区合并。完善大调解工作体系，排查调处各类纠纷1.3万多起，调处成功率达95%。对41件重大事项进行社会稳定风险评估，完善应急处置机制，全市没有发生大型群体性事件。扎实开展“安全安庆建设年”活动，1—11月份安全事故发生起数、死亡人数实现“双下降”。坚持严打整治与立体管控相结合，推进屯警街面、社区警务和武装巡控，全市刑事案件发案数下降17%，八类暴力犯罪案件下降27%，侵财类案件下降13.5%，人民群众安全感连续两年居全省第3位。

四、坚持“既要强力推，又要合力推”，进一步形成携手共进的干事氛围

市委常委会总揽全局、协调各方，四大班子戮力同心、各负其责，同时宣传发动和组织干部群众，遇事一起想、有事一起干，形成干事创业的强大合力。

支持人大及其常委会依法行使职权。围绕事关安庆改革发展和人民群众根本利益的重大问题，如高新区山口片区基础设施建设、湖心中路改造方案等，进行了认真审查并作出决定。针对群众关注的大气雾霾治理问题，开展了专题询问，倒逼政府部门加大工作力度，充分发挥了监督作用。建立代表接待日制度，加强议案建议督办，市十六届人大三次会议期间的108件建议在规定时间内全部办理完毕。强化执法检查，筹备成立市人大法律工作委员会。开展“江淮普法行”活动，进一步加强法治宣传教育。推进执法司法公开，市法院在全省率先实现庭审网络视频直播。

发挥人民政协协商民主重要作用。市委、市政府与市政协共同制定并组织实施年度协商活动计划，市政协围绕“老城区背街后巷建设与管理”、“做好城乡建设规划编制和实施工作”、“加快发展现代农业，继续推进美好乡村建设”、“加强土地管理，提高土地综合利用效率”等课题，通过专题资政会、专题协商会等形式展开民主协商，形成高质量的建议案和调研成果，为市委、市政府决策提供了重要依据。加强提案办理，首次对政府部门办理情况进行民主评议，市政协十四届二次会议以来422件提案全部办复。每月开展一次委员接待日活动，进一步拓展了委员的政治参与空间。

推进统一战线同心实践。完善市各民主党派、工商联和无党派代表人士建言献策“直通车”制度。市各民主党派和工商联有关调研成果在全省评比中，都取得了优异成绩。加强民族宗教工作，望江县漳湖回民村入选首批“中国少数民族特色村寨”，清怡纺织成为全国民族团结进步创建活动示范单位。

营造良好社会舆论环境。面对社会思想多元、群众选择多样、媒体格局深刻变化，我们综合运用内宣与外宣、网上与网下、传统与现代等方式，传播好声音、传递正能量、提振精气神、增强凝聚力。精心组织策划10多项重大主题、重大活动宣传，与人民网安徽频道合作开展寻找“安庆之美”活动；浓墨重彩报道省运会盛况，省十三运开幕式顺利实现卫视直播，提升了安庆知名度和美誉度，增强了安庆人的认同感和自豪感。健全新闻通气会制度，建立网络舆情会商机制，积极做好突发舆情处置和引导，有效防控热点形成和扩散。加快发展新兴媒体，政务微博“安庆发布”正式开通。深入开展“践行核心价值、打造好人安庆”活动，

3 人荣登“中国好人榜”、9 人当选“安徽好人”，人数居全省前列。加强志愿服务制度化建设，1100 多名省运会志愿者以热情细致周到的服务，充分展现了安庆的文明形象。

支持工青妇组织开展一系列各具特色的活动，更好地发挥作用。市军分区牵头组建全市综合性应急救援力量，开展森林火灾、油气管线突发事件、防汛抢险等实战演练；武警、消防官兵和民兵预备役人员为扑灭大龙山等地严重森林火灾作出了突出贡献。

五、坚持“既认清新常态，又展现新状态”，进一步营造良好政治生态

我们强调，各级领导干部面对新常态，要认清新常态、适应新常态，更加奋发有为地干事创业。坚持以选好人、用好人、管好人为重点，以抓党风、带政风、促民风为关键，着力推进党的工作制度化，为各项事业发展提供根本保障。

创新选人用人机制。在干部调配中实行“一个坚决、两个防止、三个充分”：“一个坚决”，即坚决贯彻执行中央和省委有关干部工作的要求，树立“谁真干事就支持谁，谁干成事就使用谁”的鲜明导向。“两个防止”，即防止代言，不允许领导干部成为某一地方、某一单位、某一群体的代言人；防止迁就，对无正当理由不服从或不支持调配的进行严肃处理。“三个充分”，即充分考虑从工作需要出发，不搞论资排辈、平衡照顾；充分考虑并尊重各方意见建议，特别是社情民意；充分考虑干部自身特点，力求人岗相宜。改进考察识别方式，坚持市委常委会综合研判制度、组织部长定期会商制度、“一对一”谈心谈话制度，建立以实绩考核为核心、以信息化为手段的综合考核评价体系。拓宽选人用人视野，面向全省公开选拔 5 名紧缺的市管企业副职专业人才，采用组织推荐、比选等方式面向全市公开选拔 1 名正县级、7 名副县级领导干部。推进干部交流，平级交流干部 80 人次。实施县级后备干部培养“123”计划。制定 2014—2017 年干部教育培训规划。加强对 49 个市级产业创新团队的跟踪管理和服务，培养创新人才 1078 人。

从严监督管理干部。出台《在干部工作中落实“三严三实”的若干规定》。开展领导干部个人有关事项报告抽查核实工作，对全市 1200 多位县级干部的报告表逐一审核把关。全面清理干部在企业兼任职，493 人次全部整改到位。开展超职数配备干部、超机构规格提拔干部专项整治，已整改消化 117 人，其中消化 23 人、调任 41 人、转任 18 人、免职 35 人。

加强基层组织建设。突出抓好农村基层党组织建设，对 163 个软弱涣散基层党组织进行集中整顿，选派 220 名优秀年轻干部到村任职，159 名大学生村官通过选举进入村“两委”班子。加强非公企业和社会组织党建工作，扎实推进出租车行业党建工作试点。加强党员教育管理，在全国率先建成“移动党建平台”。

加强干部作风建设。坚持领导干部直接联系群众制度，市级党政负责同志通过“1584 政风行风热线”，每月一次与群众直接交流、答疑解难。继续开展“百姓问政”媒体联动活动，对市直 9 个单位进行了问政问效。坚持“部门主要负责人大访谈”制度，年初讲要干的事，年底讲干成的事，接受媒体和社会监督。开展第二批“千名干部服务企业”活动，共收集企业反映问题 1600 多个，目前已解决近 1200 个。不定期开展机关作风“一清三查”，对明察暗访中发现的问题公开通报。开展政法系统“正风肃纪”专项行动，对 9 名违法违纪干警进行了严肃查处。

加强党风廉政建设。认真落实党风廉政建设党委主体责任，全力支持纪检监察机关转职能、转方式、转作风，及时研究解决工作力量不足、干部能力不适应等问题。召开落实党委主体责任集体谈话会。完善权力运行制约监督机制，实行重点建设项目跟踪审计制度，仅市本级就核减工程造价 1.64 亿元，平均核减率超过 17%；改进公共资源交易监督管理，1—11 月累计节约资金 21 亿元，增收资金近 1 亿元。开展领导干部多占住房违建私房清理，共清理违规房产 2376 套、土地 17 宗，补缴回购款 3428 万元，有 22 名干部受到处理。加大案件查办力度，今年以来，全市纪检监察机关新立案 871 件，涉及县处级干部 15 人、乡科级干部 215 人；结案 800 件，同比上升 50.7%；处分 780 人，同比上升 42.6%，其中县处级干部 8 人、乡科级干部 186 人。及时通报有关案件查处情况，用身边事教育身边人。实行“双向核查”制度，澄清不实举报 118 起。认真做好省委巡视组反馈意见整改落实。

加强市委常委会自身建设。带头强化理论武装，认真组织学习党的十八届三中、四中全会和习近平总书记系列重要讲话精神，增强政治定力和“看齐”意识。带头强化战略思维和精准思维，加强对事关全局问题的分析研究，科学布局并果断推进重大项目、重要改革、重点工作。带头抓好工作落实，强调“不干是最大的失误、不闯是最大的冒险”，主动作为、迎难而上、敢于担当,“算着干、现场看、盯着办”,每年干成几件大事,让干部增信心、让群众更满意。带头树立良好形象,严守“八项规定”,践行“三严三实”,切实管好自己、带好队伍、干好事情,真正按规则办事、按规划办事、按规矩办事。

这些工作的开展和各项成绩的取得,是省委、省政府亲切关怀、坚强领导的结果,是安庆多年来厚积薄发的结果,是全市上下共同努力的结果。市委全委会和在座的同志们对我们的工作给予了真诚帮助和大力支持,在此,我代表市委常委会表示衷心感谢!

在肯定成绩的同时,我们也分析了面临的挑战和存在的不足。一是宏观经济下行压力进一步加大,我市保持经济强劲发展势头的难度随之加大;二是政策要素日益趋紧,对我们转变思维方式、创新工作方法形成倒逼;三是部分企业生产经营面临严重困难,对经济平稳健康运行造成不利影响;四是政府负债比较沉重,一定程度上压缩了我们腾挪回旋的空间;五是群众利益诉求更加复杂多元,协调利益关系、维护社会稳定任务十分艰巨;六是新兴媒体的快速发展,对主流媒体和社会正能量的传播带来严峻挑战;七是一些干部思想观念和能力素质跟不上新的形势和要求;八是少数干部缺乏锲而不舍抓落实的精神,作风不实、为官不为、为政不廉,反腐败形势依然严峻。

尽管在工作中还存在不少问题,尽管在发展中还会遇到很多困难,尽管在改革中还将面临很多挑战,但我们相信,有省委、省政府的坚强领导,有市四大班子的携手并进,有全市上下的共同努力,我们一定能够迎难而上、乘势而上、奋勇而上,不断谱写美好安庆建设新篇章。

政府工作报告

——2015年1月20日在安庆市第十六届人民代表大会第四次会议上(节录)

市长　魏晓明

一、经济社会发展势头良好

刚刚过去的2014年,是全面深化改革的启动之年。全市上下在中共安庆市委的坚强领导下,深入贯彻落实党的十八大、十八届三中、四中全会和习近平总书记系列重要讲话精神,坚持稳中求进、改革创新,积极应对挑战,奋力攻坚克难,保持了经济社会持续健康发展的良好态势。预计全年地区生产总值突破1500亿元,增长9.5%左右,增幅居全省前列;固定资产投资达到1400亿元,增长18%以上;社会消费品零售总额接近600亿元,增长13%左右;进出口总额突破20亿美元,增长25.1%,增幅全省第一;城乡常住居民人均可支配收入分别增长9.5%左右、10.5%以上,增幅分居全省第四和第二;财政收入迈上200亿台阶,完成230.8亿元,增长17.1%,增幅全省第一,非税收入占财政收入11.9%,首次降到全省平均水平以下。全年目标任务基本完成,顺利办成了一系列大事、难事和喜事,打造三个强市、建设美好安庆迈出了坚实步伐。

一年的工作和成效主要体现在六个方面:

(一)结构调整扎实有效。现代农业加快发展。启动实施“5211”工程,新增省级现代农业示范区3个、农业产业化规模以上企业71家,总量均居全省第一。耕地流转面积211万亩,流转率居全省前列。新增农民专业合作社766家、家庭农场1070家。新增国家地理标志保护产品2个,总量居全省第三。农产品加工业产值首次过千亿,居全省第二。粮食总产258.6万吨,增产4.5%。工业经济提质增效。“2135”行动计划付诸实施,110平方公里安庆化工新材料产业基地规划获省政府批准。环新轻量化铝缸套、泰发异辛烷、桐城新能源材料等项目建成投产,旺旺五期、飞凯超纯氧化铝、怀宁瑞沃科技产业园等项目开工,电厂二期正式核准。新开工标准化厂房558万平方米,建成273万平方米。新增中国驰名商标2件,总量居全省第二。完成工业投资750亿元以上,新增规模以上工业企业170家,规模以上工业增加值增长12.6%,增幅居全省第二。战略性新兴产业产值增长16.1%。前11个月工业利税287.7亿元,增长22.6%,分居全省第三和第二。现代服务业稳步提升。金融机构各项贷款余额1259.7亿元、增长17.7%,总量、增幅分居全省第三和第五。银河证券、中投证券在宜设立分支机构,场外市场挂牌企业41家。欧尚大型超市投入运营,上海新城体验式商业综合体签约落地,红星美凯龙落户枞阳。五千年文博园二期基本建成。获批创建“宽带中国”示范城市,4G网络实现乡镇全覆盖。556电商产业园成为省级示范园区,阿里巴巴·桐城产业带上线运营，安徽国际电商产业园落户岳西。电子商务交易额近20亿元，居全省前列。游客接待量3800万人次，旅游总收入增长13%。科技创新步伐加快。与中科院、东南大学等开展合作，建成实体研究院10家，新建院士工作站3家，人力资源产业园开园。发明专利申请量增长104.3%，专利授权量增长76.2%，增幅均居全省第一。国家级高新技术企业111家，高新技术产业增加值增长16%。

（二）城市建设管理加强。推进经济社会发展、土地利用、城乡建设、生态环保“四规合一”，完成大宜城发展战略规划和24个专项规划编制。加强老城改造、新城配套，迎宾东路、祥和路、天柱山路东段建成通车，华中西路、黄土坑东路改造完成。人民路步行街建设基本完工。东围墙街等25条背街后巷改造基本完成。新建雨水管网75.9公里、污水管网53.3公里。完成61.6公里道路绿化提升，建成游园绿地14处。完成96个老旧小区2.5万户居民天然气管网配套建设。投资25亿元建成市及8县（市）综合体育场馆，设施水平跃居全省一流。成功获批国家森林城市。加强城市管理，成功获批第三届省级文明城市，首获全国文明城市提名，省级卫生城市创建启动。城区住宅小区物业管理全覆盖工作有序推进，数字化城管系统建成。土地清理深入实施，4.5万亩批而未供、闲置和低效利用土地处置到位，得到省政府肯定，经验在全国推广。扎实推进环保创模工作，菱湖风景区水环境综合整治等重点工程全面展开，城东污水处理厂二期开工建设，安庆石化碧水蓝天工程进展顺利，脱硫脱硝率首次达到95%以上。11个大气污染防治专项行动扎实有效，淘汰黄标车和老旧车16774辆，关停超标排放企业11家，秸秆禁烧工作全省领先，空气质量优良率居全省第四。节能减排任务完成。

着眼统筹城乡发展，加快推进交通建设。宁安城际铁路建设和安庆火车站改造进展顺利，岳武高速、望东长江大桥及接线建设加快，安庆至桐城、望江、枞阳一级公路城区段建设全面启动，国省道改造完成240公里，石门湖航道疏浚基本完成，安庆新港规划即将出台，天柱山机场改造完成，将于春节前复航。

（三）改革开放深入推进。各项改革有序展开。市政府职能转变和机构改革方案获省批准实施，工商、质监、食品药品监管和地方海事（港航）体制改革完成，市农委等部门内设机构整合取得突破。实施工商注册登记制度改革，新登记企业增长47.8%。市级行政审批项目下放58项、冻结26项、取消7项，精简31.6%。工业、房地产项目审批时限分别压缩到28、29个工作日，从拿地到开工分别只要3个月、4个月，在全省最短。市政府核准投资项目由7大类减至4大类。开发园区行政事业性收费免收42项，减少收费1亿元。城区79项经营服务性收费取消7项、免收2项、降标28项，减轻企业负担2500万元。建立市级涉企收费清单制度，收费项目从252项减少到86项，每年为企业减负9300万元，成为全省收费项目最少、标准最低、监管最严的地区之一。完成市、区财政体制改革，全面实施全口径预决算。“营改增”扩大范围试点任务完成。积极跟进投融资政策变化，市级政府平台融资132亿元，超过前五年的总和，城市污水处理项目成为全国首批30个PPP试点之一。城区30个规模较小社区完成合并。农村合作金融机构全部改制为商业银行，村镇银行实现县域全覆盖。潜山、宿松农村土地承包经营权确权登记颁证试点工作基本完成。招商引资力度加大。成功举办北京、上海、深圳招商活动，多次赴外地开展土地推介，工作成效明显提升。嘉寓节能门窗等项目建成投产，新能源汽车产业园、润晶蓝宝石、宿松智能电子科技产业园等项目开工。引进亿元以上项目283个，其中10亿元以上项目36个，利用市外资金620亿元。开放型经济有新发展。实现与长三角区域通关一体化。皖西南公共型保税仓库建成运营，国际航运公司马士基在宜驻点。富士康集团入主鸿庆精机公司。安庆口岸货运量71.4万吨，增长38%。

（四）县域发展步伐加快。工业化、城镇化同步推进。桐城节能环保、望江纺织服装、宜秀健康食品等主导产业发展壮大，省级产业集群专业镇达到15个。县城、中心镇建设加快，潜山源潭、太湖徐桥等16个乡镇成为全国重点镇。流动人口居住证制度启动实施，城镇化率达到49.1%，提高1.3个百分点。美好乡村建设成效明显。中心村建设稳步推进，改造农村危房1.7万户、县乡公路268公里，加固危桥117座，乡镇农村清洁工程实现全覆盖，“三线三边”环境治理扎实有效。潜山、岳西、桐城成为全省美好乡村建设先进县，岳西县水畈村入选年度中国十大最美乡村。岳西成为国家级生态县。潜山县列入全国生态文明示范工程试点，官庄村获中国人居环境范例奖。推进精准扶贫，完成贫困村、贫困户建档立卡工作，实施172个整村推进工程，减少贫困人口12万。水利建设不断加强。下浒山水库施工准备工程动工，花凉亭灌区虎形潭渡槽重建工程开工。完成25个小型病险水库除险加固，解决22.7万农村人口饮水安全问题，“5588”小型水利工程建设进度全省领先。建成高标准基本农田46.8万亩，新增耕地2.3万亩。

（五）民生保障持续提升。民生支出占财政总支出的80.7%。33项民生工程全面完成。城镇新增就业9万人，下岗失业人员再就业2.9万人，城镇登记失业率控制在4.2%以内。在全省率先建立农民工工资专用账户管理机制。大病补充保险全面实施。城市低保标准达到全省平均水平，农村低保标准大幅度提升，初步建立“救急难”机制。实施“1+4”公共服务政策，城区新增社区服务机构29个、社工组织6个，采取政府购买服务方式，实施70岁以上生活困难老人居家养老服务等项目。落实单独两孩生育政策，出生人口性别比继续下降。开工保障性安居工程住房2.9万套、基本建成1.5万套，城区建成还建房109万平方米。扎实推进以船为家渔民上岸安居工程。开通城区至海口镇等6条公交线路，城区乡镇公交实现全覆盖。物价保持稳定。

（六）社会建设力度加大。节俭、圆满地承办省第十三届运动会及残疾人运动会、少数民族运动会，提振了精气神，展示了好形象，得到省委、省政府充分肯定和社会各界一致好评。国家公共文化服务体系示范区建设扎实推进，“黄金周·黄梅戏”展演活动成功举办，市文化馆新馆正式启用，市博物馆开工建设，乡镇综合文化站实现全覆盖，建成23个社区文化舞台、26个农民文化乐园。国家中小学教育质量综合评价改革实验区建设启动，完成290所义务教育学校标准化建设，新建、改扩建幼儿园29所。迎江区、大观区义务教育学校教师校长交流付诸实施。岳西、大观通过国家教育发展基本均衡县（区）验收。县级公立医院改革不断深化，药品零差率销售全面实行，宜秀区基层医疗机构“先看病后付费”做法在全省推广。我市成为全国首批养老服务业综合改革试点，新建居家养老服务站33个、农村幸福院180个，市社会福利院新院、第一光荣院和桐城“家和尊养”老年护理院投入运营。市科技馆布展升级、免费开放。全面加强信访工作，市、县两级联合接访，进京非访、赴省集体访大幅度下降。“安全安庆建设年”活动成效明显，安全事故起数、死亡人数双下降。城区油气输送管廊带隐患整治全面展开。加强社会治安综合治理，反恐维稳、打击犯罪、遏制黄赌毒等工作取得实效。开展常态化应急演练，危险化学品事故处置、森林防火应急演练成为全省示范。军地联合救援队伍建设做法得到省政府肯定，并获南京军区好评。森林防火、殡葬改革取得历史性突破。烈士陵园开工建设。村两委换届圆满完成。积极开展人民武装和“双拥”工作，国防动员和国防后备力量建设得到加强。民族宗教、外事侨务、涉台、妇女儿童、老龄、残疾人、红十字等事业进一步加强，气象、地震、防灾减灾等工作取得新进展。

过去的一年，我们深入践行群众路线，严格执行中央八项规定，贯彻落实“三严三实”要求，坚决反对“四风”，有力推动了政府工作作风转变和效能提升。自觉接受人大、政协和社会监督，办结市人大代表议案建议106件、市政协委员提案406件，办结率100%。健全政府学法制度和法律顾问制度。市政府负责同志、市直部门负责人通过“1584”热线与市民互动，每月开展电视“百姓问政”。土地、规划、城建、投融资、公共资源交易机制逐步健全，征地、拆迁、安置制度不断完善。“三公”经费支出下降22.9%。加大行政监察和审计监督力度，廉政风险防控得到加强。

在肯定成绩的同时，我们清醒地认识到，发展中还存在不少困难和问题：经济下行压力较大，投资增长乏力，新的增长动力不足；产业层次不高的矛盾凸显，战略性新兴产业规模不大，现代服务业发展滞后；实体经济发展困难增多，信贷资金向实体经济传导不畅；公共服务水平不高，社会建设有待加强；少数干部的工作责任心、创新创造能力与新常态的要求还不适应；行政效能有待进一步提升。对此，我们一定认真对待，逐步解决。

二、全面推进三个强市建设

2015年是全面深化改革的关键之年，是全面推进依法治市的开局之年，也是完成“十二五”规划的收官之年，做好今年工作意义重大。当前，经济发展进入速度变化、结构优化、动力转化的新常态，我们要深刻认识新常态，主动适应新常态，积极引领新常态，努力实现新发展。

今年政府工作的总体要求是：全面贯彻落实党的十八大、十八届三中、四中全会，以及中央和全省经济工作会议精神，坚持稳中求进工作总基调，坚持以提高经济发展质量和效益为中心，着力做大规模与调优结构并重，着力扩大开放与深化改革并举，实施创新驱动，加强风险防控，保障改善民生，促进经济持续健康发展和社会和谐稳定，不断加快经济强市、文化强市、生态强市建设进程。

经济社会发展的主要预期目标是：地区生产总值增长8.5%以上，财政收入增长8.5%，社会消费品零售总额增长12.5%，固定资产投资增长16.5%，进出口总额增长9%，城乡常住居民人均可支配收入分别增长8.5%、9%，居民消费价格涨幅控制在3%左右，城镇登记失业率控制在4.5%以内，确保完成节能减排任务。做好“十三五”规划编制工作。

重点做好九个方面工作：

（一）进一步深化改革和扩大开放。坚持向改革要动力，以开放增活力。

加快重点领域改革。按照中央和省委、省政府统一部署，推进体制机制创新。深化行政体制改革。实行政府权力清单、责任清单、涉企收费清单制度，精简权力事项30%以上，精简市级审批项目20%以上，巩固“三最”城市创建成果。完成政府机构改革任务，积极稳妥推进事业单位分类改革。深化财税体制改革。统筹公共财政、政府性基金、国有资本经营、社会保险基金四大预算，完善政府预算体系，实施全面规范、透明运行的预算制度。盘活财政资金，提高管理绩效。进一步加强政府债务管理，明确偿债责任，规范举债途径，建立风险防范机制。将“营改增”范围扩大到建筑业、房地产业、金融业和生活服务业等领域。深化国资国企改革。完善国有资产管理体制，全面推进国有资产清产核资工作。推动国有资本逐步退出竞争性领域，实施政府平台公司分类改造。建立健全国有企业激励和约束机制，探索国有资产保值增值实现方式，防止国有资产流失。深化投融资体制改革。健全各级政府投融资管理体制和工作机制。积极采取PPP等模式，引入社会资本参与城市供水供气、公共交通、垃圾污水处理、重大水利工程等基础设施建设和运营。建立健全统一组织实施的重大项目投资市、县两级承担机制。深化农村改革。启动桐城、怀宁、望江、枞阳等县农村土地承包经营权确权登记颁证试点工作。稳妥推进农村集体产权制度改革，探索土地入股、经营权证抵押贷款等融资方式。创新农村土地承包经营权流转机制，大力发展适度规模经营，力争新增农民专业合作社500家以上、省级示范家庭农场20家以上。

发展开放型经济。主动参与长江经济带建设，积极对接“一带一路”战略，借鉴上海自贸区等制度创新成果，大力提升投资和贸易便利化水平。积极推进B型保税物流中心、汽车整车进口口岸等海关特殊监管区建设。支持桐城羽绒、潜山制刷产业创建省级出口示范基地。支持外贸综合服务平台建设，帮助企业拓展国际市场。大力发展加工贸易型产业。引导企业加强先进技术、关键设备、重要原材料进口。鼓励华茂等优势企业到境外建立产业园区，支持环新、白兔湖等企业并购境外研发、生产优质资源。拓展和深化与国际友好城市合作，搭建经贸、文化、教育等交流合作平台。

拓展招商引资。完善招商导则，着力依靠服务和环境优化招商引资。充分发挥承东启西区位、市场广阔等优势，整合多种资源招商，加大对央企、知名民企和外企招商力度。继续办好京、沪、粤招商活动，实施“千名干部驻外招商”行动。加大对发达国家产业招商力度。加强对台经贸，同步推进文化、旅游、现代农业等领域交流合作。力争引进亿元以上项目300个、10亿元以上项目50个。

（二）进一步保持经济稳定增长。发挥投资、消费、出口的拉动作用，加大对实体经济的扶持力度。

强化实体经济政策支撑。继续完善工业经济、现代农业、现代服务业、自主创新“四大政策”，开展政策执行效果评估，切实支持企业增加投资、扩大生产，培育新的经济增长点。继续深化“千名干部驻企帮扶”活动，及时为企业排忧解难。

加快发展民营经济。落实国家扶持小型、微型企业发展等政策措施。深化工商登记制度改革，降低企业创办门槛。顺应产业组织小型化、智能化、专业化的新趋势，推动资金、技术、人才等要素更多聚焦小微企业。加大财政支持力度，优化金融服务，鼓励大众创业、万众创新。

加强中小微企业融资保障。大力推进“信用安庆”建设。加强担保机构建设，完善银担合作、风险分担机制。深化银企对接，鼓励金融机构增加信贷投放，确保信贷增长位居全省前列。坚持服务“三农”和中小微企业定位，支持地方法人金融机构增资扩股。在支持非银行金融机构服务实体经济发展同时，加强小贷、担保、典当等行业监管，严厉打击恶意逃废债行为。引导企业突出主业，加强管理，增强融资能力。

（三）进一步加快转型升级。推进产业提升、结构优化，努力实现有质量、有效益、可持续发展。

大力推进新型工业化。深入实施“2135”行动计划，完成投资800亿元以上，新增规模以上工业企业

200家左右。加快新能源汽车产业园建设,引导关键零部件产业集聚。深化与富士康、神华集团合作,加快智能制造和化工新材料产业发展。支持太湖功能性膜材料、怀宁电子显示材料、潜山医药、大观高档石材等产业发展。建成投运安庆电厂二期、曙光煤制氢等项目,开工华谊化工新材料、晋煤精细化工等项目,加快迎江康体娱乐创新科技园等项目建设, 推进桐城、岳西抽水蓄能电站等项目前期工作。加快传统产业升级改造,支持企业并购重组。实施市经开区扩区、高新区山口片区建设,推进皖河片区开发前期工作,加快省级开发区扩区步伐。支持企业标准化厂房建设,加强产业招商,促进集约集聚发展。

加快发展现代服务业。大力发展金融保险、第三方物流、研发设计、科技信息等生产性服务业。继续吸引商业银行来宜设立分支机构。支持企业上市、参与股权市场交易,提高直接融资比重。实施"新三板"三年行动计划,每个县(市)新增上市企业1家以上。加强"宽带中国"示范城市建设,推进宽带向农村延伸,促进信息消费。发展电子商务,建成运营智慧产业园、长江电商生态城。鼓励建设区域快递集散中心。加快新城、百联等综合体建设,实施光彩大市场升级改造。发展教育医疗、健康养老、体育健身等产业,更好满足消费升级需求。多管齐下支持房地产业持续健康发展。

继续加强科技创新。深入实施自主创新"一招鲜"工程,建设技术转移中心10家、企业实体研究院20家、院士工作站5家、省级以上研发机构10家,实现科技孵化器县域全覆盖。支持发明专利申请和应用,力争发明专利申请量增幅保持全省领先。鼓励天使、风投、创投基金入驻安庆,推动设立新兴产业投资基金,扶持高新技术产业发展。积极创建中国科协海智计划安庆工作基地。新认定国家级高新技术企业50家、创新型(试点)企业10家、高新技术产品100个。

(四)进一步加强城镇建设。提升中心城市能级和城镇功能,加快新型城镇化发展。

强化中心城市建设管理。严格执行城市总体规划,深化区域控制性详细规划。坚持老城改造、新城配套,推进怀宁、枞阳县城与中心城市同城化发展。完成潜江路三期建设和湖心中路、湖心北路改造,开工外环北路等工程。综合整治人民路步行街周边交通问题,基本完成背街后巷改造。全面启动康熙河景观带建设。完成市一水厂异地扩建。开展全国节约集约用地模范市(县)创建活动,深化土地"三项清理"。启动全国文明城市创建工作,争创省级卫生城市。

加强县城和中心镇建设。开展县城规划建设管理提升行动,按照规模适度、功能完善、特色鲜明、宜居宜业的要求,高起点、高标准规划建设县城和中心镇,加强交通、水、电、路、气等公共设施建设,构建人口就近城镇化平台。加快县域经济发展,做大有较高技术含量的劳动密集型产业,促进工业化、城镇化良性互动。

加快建设综合交通体系。完成安庆火车站改造,确保宁安城际按期投入运营。开工建设合安九高铁,启动建设高铁枢纽站,推进阜六景、随麻安、北沿江疏港等铁路项目前期工作。建成岳武高速,加快望东长江大桥及接线、枞池长江大桥和一级公路建设,开工安庆高速出入口北移工程,推进岳武高速东沿线等项目前期工作,完成253公里国省道改造。推进安庆新港建设,落实引江济淮工程建设任务,加快江河航道升级。完成石门湖航道整治,建成凤凰作业区工业品码头。

(五)进一步推进农业现代化。加快农业发展方式转变,促进一、二、三产业融合发展。

加快农业结构调整。落实强农惠农政策,稳定粮食生产。深入实施"5211"工程,推动"五个百万"基地建设,扩大市场紧缺、优质特色农产品生产,打造种养加销全产业链,推行农业标准化清洁生产,走产出高效、产品安全、资源节约、环境友好的现代农业发展道路。办好上海、合肥农展。开工建设国内一流的城区农产品大市场,支持宿松新发地农批市场建设。发展特色农产品保险,支持政策性农业保险提标扩面。

推进美好乡村建设。完成87个中心村建设任务,改造农村危房1.3万户、县乡公路210公里,加固危桥79座。推进"三线三边"城乡环境整治,提升县城、乡镇和村庄周边环境。鼓励各县(市)区探索壮大村级集体经济新途径。加强"5588"小型水利工程建设,建成高标准基本农田25万亩,解决25万农村人口饮水安全问题。建成破罡湖闸站、虎形潭渡槽等工程,加快下浒山水库建设。

实施精准扶贫。加强基础设施建设,突出教育扶贫,扶持特色经济发展,加大对基本公共服务和扶贫济困支持力度。实施150个整村推进工程,启动"千家特困农户脱贫"工程,减少贫困人口10万以上。

(六)进一步加快文化强市步伐。培育和践行社会主义核心价值观，发展文化事业，壮大文化产业。

加强公共文化服务。全面完成公共文化服务体系示范区建设任务，确保通过国家验收。健全公共图书馆总分馆体系，推进乡镇综合文化服务中心、农民文化乐园建设。加强文物保护，完成振风塔维修工程，加快市博物馆建设。加强黄梅戏剧目创作，不断推出精品好戏。举办第七届中国(安庆)黄梅戏艺术节。开展送电影下乡、送戏进村、送文艺下基层活动。

推动文旅融合发展。推进皖南国际文化旅游示范区建设，加强城市形象宣传，拓展境外旅游市场。推动旅游与文化、生态、农业、体育等产业深度融合。支持五千年文博园战略重组，争创国家5A级旅游景区。扶持一批主业突出、优势明显的文化企业做大做强，推进再芬黄梅公司上市。继续实施景区品质提升工程，加强景区周边环境整治。加快城区旅游开发，加强"宜游宜秀"建设。规划建设美好乡村旅游线路，大力发展乡村旅游。

(七)进一步强化生态环保。贯彻执行新《环保法》，朝着生态优良、环境优美目标迈进。

推进环保创模工作。加强大气污染防治，继续深化11个专项行动，完成城区55台工业燃煤锅炉、60台茶水炉整治，确保空气质量全省领先。加强污水治理能力建设，按照全收集、全处理目标，用3年左右时间基本解决中心城市建成区水系整治、污水治理、特殊行业治污问题。完成城东污水处理厂二期、北部新城污水处理厂建设。开工建设石塘湖截污工程。加强生态县(市)创建，加强岳西国家重点生态功能区建设试点工作。整治农业面源污染，加快土壤修复，提升农村环保水平。完成百万亩森林增长提质任务。

抓好节能减排工作。加强重点耗能企业监管，淘汰高耗能、高污染、高排放、低效益的生产工艺。发展风能、太阳能、生物质能等新能源和可再生能源，加快天然气利用设施建设。全面完成电力、造纸、水泥等行业脱硫脱硝改造。推进建筑、交通运输、商业和公共机构等领域节能工作。

(八)进一步加强保障和改善民生。坚持守住底线、突出重点、完善制度、引导舆论，不断加强民生建设。

切实做好民生工作。深入实施33项民生工程。稳步提高城乡低保和农村五保保障标准。健全社会救助体系，完善"救急难"发现和救助机制。开展"工学一体"就业就学试点，实施高校毕业生就业促进计划和创业引领计划，加大就业困难人员帮扶力度。继续加强保障性安居工程和还建房建设，加快棚户区和老旧小区改造。抓好菜市场、早餐摊点和夜市排档整治提升，建成豆制品生产基地。优化城区公交线网，推进秦潭湖、红水塘公交枢纽站建设。保持物价稳定。

大力发展社会事业。稳步推进国家中小学教育质量综合评价改革实验区建设。加强学前教育，支持普惠制民营幼儿园发展。加快城区中小学布局调整，逐步改造农村薄弱学校，推动名校集团化发展。全面实施城区义务教育学校教师校长交流，鼓励各县(市)逐步推开。提升高中教育质量。加强职教联盟建设，深化产教融合、校企合作，加快构建现代职业教育体系。支持安庆师范学院等高等院校加快发展。全面推进公立医院综合改革，探索医疗联合体建设，在基层公立医疗机构推行"先看病后付费"做法。加快市立医院新院区建设。推进公共体育设施开放，促进全民健身广泛开展。深化国家养老服务业综合改革试点，大力推进居家养老，支持社会力量举办养老、健身、健康、医疗等服务机构。严格执行计划生育基本国策，强化出生人口性别比综合治理。巩固殡葬改革成果，推进"青山白化"治理。建成市烈士陵园。

(九)进一步强化社会治理。运用法治思维和法治方式解决矛盾和问题，努力建设全省最稳定、最安全、最和谐城市。

深化安全安庆建设。开展"安全安庆提升年"活动，加强生产、交通、消防安全建设，强化食品药品安全监管，严防重特大事故发生。推动安庆石化等实施油气输送管廊带迁建工程。加强社会治安综合治理。健全社会稳定风险评估机制，常态化开展社会面治安防控，完善"天网工程"，打击经济犯罪，维护重点工程建设秩序。全面提升应急管理及信息化水平。做好信访维稳工作。严格落实领导干部接访约访下访制度，依法处理矛盾纠纷，及时化解突出问题，有效防范群体性事件发生。创新社区治理。完善公共服务政策体系，推进非基本公共服务向社会资本开放，探索基本公共服务市场化实现方式。加强社区信息化建设和网格化管理，完成第六届社居委换届工作。健全社区矫正制度，加强人民调解工作，促进社会和谐稳定。充分发挥工会、共青团、妇联等人民团体作用。做好科普、地震、气象、档案、地方志、外事、侨务、民族、宗教、涉台、老龄、残疾人、红十字、关心下一代、无线电管理等工作。推进军民融合深度发展，支持驻宜部队建设，加强国防教育、国防动员、人民防空和民兵预备役工作，深入开展“双拥”共建活动。

三、努力建设人民满意的政府

适应经济发展新常态，加快建设法治政府，必须坚定加快发展信心，鼓足干事创业勇气，全面加强政府自身建设。

强化担当意识。坚决做到“心中有党、心中有民、心中有责、心中有戒”，继续发扬“拼”的精神，始终保持“干”的状态，把握发展大势，坚持问题导向，积极主动作为，奋力争先进位。不折不扣执行中央和省委、省政府的决策部署，坚定不移抓好事关安庆发展的大事难事。强化目标考核，开展跟踪问效，治理为官不为，防止懒政怠政，惩处失职渎职。

创新工作理念。坚持以人为本，顺应群众期待，强化为民服务，将群众满意作为最高标准，多行务实之举，多办惠民之事。增强改革勇气，弘扬创新精神，加快职能转变，把该管的事管好，把该放的权放到位，激发市场和社会活力。增强开放观念，努力开拓视野，遵循发展规律，把握宏观政策，借鉴外地经验，驾驭科学发展。

加强依法行政。严格依照法定权限和程序行使权力、履行职责。自觉接受人大法律监督、工作监督和政协民主监督，广泛接受社会公众和新闻舆论监督。完善公众参与、专家论证、风险评估、合法性审查、集体讨论程序，发挥法律顾问作用，规范政府重大事项决策行为。积极推行综合执法，完善行政处罚群众公议制度。深化政务公开，促进权力运行公开透明。

不断改进作风。践行群众路线，坚持“三严三实”，坚决反对“四风”。落实首问负责制、服务承诺制、限时办结制，办好“1584”政风行风热线，开展服务窗口群众评活动，加强政务督查，促进行政效能提升。推进政务服务体系建设，健全基层为民服务机构，方便群众办事。保持真抓实干作风，发扬钉钉子精神，持之以恒抓落实，确保干一件成一件。

保持清正廉洁。牢固树立纪律和规矩意识，守纪律讲规矩，做政治上的明白人。落实厉行节约规定，改革公务用车制度，严控“三公”经费和一般性支出。加强政府投资项目管理，推进公共资源交易规范化。强化行政监察和审计监督，实现公共资金、国有资产、国有资源审计全覆盖。落实党风廉政建设责任制，完善惩治和预防腐败体系，坚持有腐必惩、有贪必肃，营造风清气正的干事创业环境。

市情概览

地理位置

安庆市为安徽省直辖市。位于安徽省西南部，长江下游上段北岸，北纬 29°47′—31°17′、东经 115°466′—117°44′。长江流经市境 243 公里。四至为:隔江与江西省九江、湖口、彭泽和安徽省东至、贵池、铜陵等地相望;北、西绵亘大别山南脉，与安徽省霍山和湖北省英山、蕲春、黄梅等地相通;东北与安徽省无为、庐江、舒城等地相接。面积 15398 平方公里，户籍人口 620.88 万人。

历史沿革

市境春秋时为皖、桐两国之域，后属楚、吴。战国时，复属楚。秦属九江郡。西汉初，属淮南王国;高后四年(公元前 184)，分封松兹侯国(今宿松县境)。初平四年(193)，庐江郡治迁皖县。三国时，初属魏，后属吴。东晋义熙年间(405—418)，分庐江郡置晋熙郡，于皖县旧地设怀宁县(治今潜山县)和新冶县(今望江县)。

南北朝至隋朝初期，先后设豫州、晋州、江州、熙州等。隋大业三年(607)，改熙州为同安郡，治怀宁，领怀宁、同安、太湖、宿松、望江 5 县。唐武德四年(621)，改同安郡为舒州，隶淮南道。天宝元年(742)，改舒州为同安郡。至德二年(757)，同安郡改名盛唐郡。五代十国，为舒州，治怀宁，仍领 5 县。先后属吴、南唐和后周。

北宋政和五年(1115)，置舒州德庆军。南宋绍兴十七年(1147)改德庆军为安庆军(安庆之名始于此年)。庆元元年(1195)升舒州为安庆府，府治怀宁。嘉定十年(1217)，在“盛唐湾宜城渡之阴”，即今城区所在地建筑新城，安庆府自怀宁县移治安庆新城，怀宁县治亦迁皖口(今大观区山口乡)。景定元年(1260)复筑安庆城，怀宁县始迁附郭。安庆城自此府、县同城而治。

元至元十三年(1276)，改安庆府为安庆路。至治三年(1323)，划怀宁县清朝、玉照 2 乡，设置潜山县。安庆路领怀宁、桐城、太湖、宿松、望江、潜山 6 县。至正二十一年(1361)八月，朱元璋改安庆路为宁江府，次年四月改为安庆府，仍领 6 县。明永乐元年(1403)，安庆府直隶南京(又称南直隶)。

清顺治十八年(1661)，安庆府隶江南左布政使司(治江宁)。康熙六年(1667)，江南左布政使司改为安徽布政使司(俗称安徽省)，仍寄治江宁。乾隆二十五年(1760)，安徽省治由江宁移驻安庆，安庆始为省会，自此省、府、县同城而治。咸丰时，太平军占领安庆，改安庆府为安庆郡。同治四年(1865)，设安庐滁和道，道署驻安庆，光绪三十四年(1908)裁撤。安庆府一直领 6 县。

民国二年(1913)，废安庆府，各县直属省。民国三年，设安庆道，领怀宁、桐城、潜山、太湖、宿松、望江、合肥、庐江、舒城、无为、巢县、和县、含山、滁县、全椒、来安 16 县(后滁县、全椒、来安 3 县归属淮泗道，六安、英山、霍山划入安庆道)。民国十七年废安庆道，各县直属省。民国十六年十一月至民国十八年二月，析怀宁县城建立安庆市，并成立市政府。民国二十一年，安庆为安徽省第一行政督察区，统怀宁、桐城、潜山、太湖、宿松、望江 6 县。民国二十五年增加岳西县。督察区专员公署驻太湖，民国二十九年改驻桐城(同时无为、庐江 2 县划入，第一区统 9 县)。安庆沦陷时，省会迁往六安。抗日战争胜利后，督察区专员公署移驻安庆，督察区统怀宁、桐城、潜山、太湖、宿松、望江、东流、至德等县。民国三十七年十二月省会迁回安庆，

1949年3月迁往屯溪。

1949年2月，中共皖西区党委、皖西行署决定，以怀宁县城原有4镇建立安庆市。4月23日安庆解放。安庆专区辖桐城、怀宁、桐庐、潜山、太湖、宿松、望江、岳西8县和安庆市。9月，专、市合并，保留安庆市的名称。1950年5月，撤销安庆市，改为怀宁县城关区。10月，恢复安庆市，隶安庆专区。1951年2月，桐庐县更名为湖东县。8月，改安庆市为皖北行政区辖市，由安庆专区代管。1952年1月，皖北安庆专区与皖南池州专区合并为安徽省安庆专区，辖桐城、怀宁、湖东、潜山、太湖、宿松、望江、岳西、贵池、东流、至德、青阳、铜陵13县，仍代管安庆市。10月，安庆市由省直辖。1955年7月，湖东县改名为枞阳县。1958年10月，安庆专区与安庆市合并。1959年3月，专、市分开，安庆市由专区代管。1961年4月安庆市改为省直辖市。1965年7月，安庆市改为专区所辖；恢复池州专区，贵池、东至、青阳、铜陵4县划归池州专区。1968年8月，安庆专区改称安庆地区。

1979年11月4日，安庆市改为省辖市，并代管国营皖河农场。1980年1月，池州地区所属贵池、东至2县并入安庆地区。1987年12月，徽州地区的石台县划入安庆地区。1988年8月，撤销安庆地区和原安庆市，实行地、市合并。新组建的安庆市辖迎江区、大观区、郊区和桐城、怀宁、枞阳、潜山、太湖、宿松、望江、岳西8县。1996年8月，撤销桐城县，设立桐城市(县级)，安庆市辖3区1市7县。1998年9月，怀宁县在高河镇建设新县城。2005年5月，调整安庆市部分县(市)区行政区划，市辖迎江、大观、宜秀3区和桐城、怀宁、极阳、潜山、太湖、宿松、望江、岳西等1市7县。2011年3月，宿松县被列为省直接管理试点县。

行 政 区 划

安庆市为安徽省省辖市，至2014年底，辖3个区(迎江区、大观区、宜秀区)，7个县(怀宁、枞阳、太湖、潜山、岳西、望江、宿松)，代管1个县级市(桐城)。共设17个街道办事处、96个镇、57个乡，计240个居委会、1600个村委会。另外，省属农垦企业华阳河农场和皖河农场坐落于市境。市政府驻安庆新区东部新城皖江大道123号。市建成区100平方公里，常住人口106万人，市本级共有5个镇、7个乡，1个农场，89个村(或社居委)，1188个自然村庄。市区人口约140万人。

人口与民族

【人口】 2014年末全市总户数为1833182户，与2013年相比，总户数减少30420户。2014年末全市总人口数为6208792人（男3212513人，女2996279人)，与2013年相比，总人口共减少7831人。在总人口中，非农业人口为1117948人，占总人口的18.01%，与2013年相比，非农业人口减少13683人。未落常住户口人员24167人，占总人口的0.39%，与2013年相比，未落常住户口人员增加21829人。全市平均每户3.38人，男女性别比例为107:100。

人口自然变动情况。2014年末全市出生人口为74191人(男39495人，女34696人)，出生率为12‰，比2013年上升1‰；死亡人口为59074人(男31861人，女27213人)，死亡率为9.52‰，比2013年上升2.88‰。2014年度全市人口自然增长为15117人，人口自然增长率为2.4‰。

人口机械变动情况。2014年末全市迁入人口为27326人，迁入率4.40‰，其中省内迁入16294人，省外迁入11032人；迁出人口为37566人，迁出率6.05‰，其中迁往省内21077人，迁往省外16489人。2014年末人口机械变动净迁出为10240人，人口机械净迁出率为1.65‰。

人口年龄分布情况：2014年末全市18岁以下人员1059839人，占全市总人口的17.07%；18—35岁人员1598336人，占总人口的25.74%；35—60岁人员2515459人，占总人口的40.51%；60岁以上人员1035158人,占总人口的16.67%。

【民族】 市境以汉族集居为主，各少数民族散杂居住其中。全市有登记名号的少数民族总计34个，另有未识别的少数民族2人。2014年底，少数民族总人口1.7余万人，约占全市总人口的2.8‰，其中回族人口1.3万人，占少数民族总人数的76%以上。

自 然 环 境

【资源】 矿产资源。全市有各类矿产资源70余种,其中非金属矿藏中肥料、建筑材料、化工原料、美术工艺原料等类储量大,品种全,品质优,为全省之最。在对1000多个矿(床)点、矿化点的普查和详查中发现,境内矿种主要有铜、铁、金、银、钼、铅、锌、钴、镍、铀、硫铁矿、石灰石、大理石、花岗石、重晶石、硅灰石、白云石、红柱石、磷、玻璃石英、石墨、瓷土、硅线石、金红石、蓝晶石、透辉石、透闪石、蛇纹石、烟煤、无烟煤、石煤、泥炭、天然气、矿泉水等。探明储量的主要有铜矿、铁矿、铅锌矿、金矿、银矿、钨钼矿、钴矿、煤矿、石煤、磷矿、硫矿、大理石、石灰石。据统计,全市有各类矿产资源70余种,其中非金属矿藏中肥料、建筑材料、化工原料、美术工艺原料等种类储量大,品种全,品质优,为全省之最。全市各地均有矿点分布,其中怀宁、枞阳较多。怀宁金属矿、非金属矿、能源矿等均较丰富。

土地资源。安庆地貌丰富多样,总体特征西北部是大别山中低山区,东南部为长江洲圩滩地,中部丘陵起伏,间有低山、湖泊。山区面积占35.69%,丘陵面积占33.1%,圩区面积占20.05%,江湖水面占10.58%,长江外滩占0.58%。土壤也呈多样化,分属6个土纲、12个土类、25个亚类、94个土属、147个土种。

湿地资源。市境湿地总面积13.3亿平方米,占全市总面积的8.7%,其中沿江湿地12.06亿平方米,占全省湿地面积的30%以上,位居全省之首。有湿地植物152种,占全省湿地植物种数的76.5%;脊椎动物349种,占全省脊椎动物种数的50.7%,其中国家一级保护动物白头鹤的数量占全球的3.3%,全国的30%;国家一级保护动物东方白鹤的数量占全球的6.7%。据调查统计,沿江湿地计有水鸟54种13.8万多只,约占全省水鸟查出总数的80%,其中有国家重点保护的水鸟白鹤、白头鹤、白枕鹤等7种。

气候资源。安庆属北亚热带湿润气候区,适宜农林牧渔全面发展。主要特点是:季风明显,四季分明,气候湿和,雨量适中,光照充足,无霜期长,严寒期短。太阳辐射总量112—117千卡/平方厘米,年平均气温14.5—16.6℃,秋季略低于春季。年均降水1250—1430毫米。

水资源。地表水是安庆水资源的主体,径流量多年平均为91.15亿立方米,过境流量多年平均为9104亿立方米;年平均地下水储量约20亿立方米,可开采量约6亿立方米。水能资源的理论蕴藏量44.98万千瓦,可开发利用量24.21万千瓦,其中装机1.2万千瓦以上中型电站可开发总量为12.28万千瓦。

生物资源。林业用地902.2万亩,森林覆盖率38%,活立木总蓄积量1260多万立方米。在山丘、滩涂和圩畈等多种地形中拥有各类乔灌木1048种,其中被国家列入保护树种有香果树、银杏、大别山五针松、马挂木、金钱松、樟树等。天然草场17亿多平方米,可利用面积达90%,其中650万平方米以上的草场50余处。陆生脊椎动物有200种,其中兽类30种、鸟类132种、爬行类24种、两栖类14种。中药材1281种,分属269科,其中药用植物类200科1160种、药用动物类69科102种、药用矿物类12种、其他类7种。

【气候】 2014年,安庆气候整体平稳,总的气候特点是:年平均气温接近常年,夏季气温偏低,春秋雨水偏多,梅雨期偏迟,冬季阳光充足。

气温:全市年平均气温为16.5℃,除宿松偏低外,其他地区接近常年。年极端气温低于—3.6——8.5℃,最高气温达35.5—37.8℃,市区年极端最高气温为37.4℃。

降水:各地年降水量在1308.0—1707.8毫米之间,较常年偏多1—4成。市区降水量为1590.9毫米,梅雨量424.0毫米,较常年偏多1成。主汛期(5—9月)市区降水量844.8毫米,与常年持平。全年暴雨日少,其中市区出现6天,最多在枞阳为10天,望江最少为2天。全年≥0.1毫米的雨日130—151天,怀宁最少,岳西最多,市区133天。

日照及其他:全年日照时数均偏少,市区1726小时,较常年平均值偏少2%。市区2013年12月2日出现初霜,2014年2月21日终霜,全年无霜期283天,与常年相比增多36天;3月19日出现初雷;出现大风3次;大雾30次;雪日8天。

【主要灾害性天气】 强降水:全年强降水天气过程共有8次,主要集中在5月至7月。其中致灾性强降水过程全部集中在7月份,造成局地内涝及山区多起地质灾害。

强对流:7月11日宿松县城区出现极端性短时强

降水，小时雨量达85.7毫米，创宿松城区历史极值。7月12日望江、怀宁县境内出现极大风力达8—9级以上的雷雨大风。9月2日望江出现雷击事件。

夏季低温异常：盛夏7—8月全市气温显著偏低，与多年同期相比偏低2.3℃—3℃；高温日数相对较少，市区高温日数仅为8天，较常年同期偏少11.1天，为2000年以来最少，岳西和桐城仅为3天。8月平均气温为25.5℃，较历史同期异常偏低3.0℃，为历史第二低值(1980年为25.1℃)。

低温雨雪：2月4日以来，全市出现4次明显雨雪天气过程，市区累积雨雪量59.5毫米，是历史同期降水量的2倍多，其中9日、13日、18日测站有积雪，最大积雪深度3厘米(出现在13日)；市出现显著降温，日平均气温仅1.3℃，比历史同期低3.8℃，极端最低气温—6.3℃；期间日照时数仅20.4小时，比历史同期少近7成。

受各种气象灾害影响，全年全市有129万余人受灾，因灾死亡1人，因灾负伤1人；农作物受灾面积6.2万多公顷，其中绝收1600多公顷；倒塌房屋577间，损坏房屋1649间；直接经济损失5.58亿元。其中，洪涝灾害造成损失最大。

(方海义)

国家历史文化名城

薛家岗和张四墩等新石器时代文化遗址，见证了安庆的祖先自古就在这片土地上繁衍生息。东周时期安庆是古皖国所在地，安徽省简称“皖”即由此而来。南宋绍兴十七年(1147)改舒州德庆军为舒州安庆军，“安庆”自此得名。安庆城始建于公元1217年，至今已有近800年的历史。东晋诗人郭璞曾称“此地宜城”，故安庆又别名“宜城”。

从清乾隆二十五年(1760)到民国二十七年(1938)，安庆一直为安徽省省会，是安徽省政治、经济、文化中心，是中国较早接受近代文明的城市之一。清咸丰十一年(1861)曾国藩创办的安庆内军械所，制造了中国第一台蒸汽机和第一艘机动船；清光绪年间陈独秀在安庆举办藏书楼演说、创办《安徽俗话报》，第一次举起“新文化”的旗帜；光绪三十三年(1907)、三十四年(1908)先后发生在安庆的徐锡麟巡警学堂起义和熊成基炮马营起义，接连打响了辛亥革命第一枪和新军起义的第一枪；安徽省的第一座发电厂、第一座自来水厂、第一家电报局、第一部电话、第一条官办公路、第一个飞机场、第一个现代图书馆、第一所大学、第一张报纸……都诞生在这里。安庆素有“文化之邦”、“戏剧之乡”、“禅宗圣地”的美誉。是《孔雀东南飞》、“大乔小乔”、“不越雷池一步”、“六尺巷”等著名故事的发生地，是统治中国文坛二百余年的“桐城派”的故里，是京剧鼻祖程长庚为代表的徽班成长的摇篮，是黄梅戏形成和发展的地方，也是中国新文化运动先驱陈独秀、佛教领袖赵朴初、道教领袖陈撄宁、“两弹元勋”邓稼先、中国“计算机之父”慈云桂、“将军外交家”黄镇、“杂技皇后”夏菊花、通俗小说大师张恨水等影响中国、闻名世界的杰出人物的故乡。古皖文化、禅宗文化、戏剧文化和桐城派文化在这里交相辉映，形成了独具特色的地域文化。各种文化生态，留下了大量的历史文化遗存。2005年4月，国务院同意安庆市列为国家历史文化名城，这也是国家唯一单独特批通过的城市。至2013年，有国家级重点文物保护单位16处，省级文物保护单位160处；国家级非物质文化遗产16种，省级非物质文化遗产23种。红色文化遗址众多，如岳西红二十八军旧址、王步文故居等。

中国优秀旅游城市

安庆旅游资源十分丰富。市境有国家级风景名胜区2处、省级风景名胜区6处，国家森林公园5个，国家历史文化名城1座、省级历史文化名城2座，世界地质公园1处(天柱山)，国家地质公园2处(天柱山、浮山)，国家级自然保护区(鹤落坪)1个，国家级重点文物保护单位16个、省级重点文物保护单位160个，国家级非物质文化遗产16种、省级非遗23种。具有雄、奇、灵、秀特色的天柱山，为国家级5A风景名胜区，景区面积8345平方公里，保护带面积333平方公里。司空山因古洞、危崖、险峰、瀑布等景观称胜，更因禅宗二祖在此筑坛说法而扬名千古。以佛教闻名的浮山，为安徽省五大名山之一，自古为旅游胜地。“长江绝岛”小孤山矗立江中，素有“江上小蓬莱”之美誉。

"南国小长城"白崖寨、花亭湖风景名胜区和大龙山风景区均各具特色。吸引着八方游客。市区的迎江寺振风塔,塔影横江,有"过了安庆不说塔"之誉。

安庆交通便捷,旅游服务设施齐全。传统食品和风味小吃自古闻名。鲥鱼、鲚刀鱼、大闸蟹、墨子酥、油酥饼、桐城丰糕、怀宁贡糕、江毛水饺、鸡汤炒米等特色食品让人回味无穷,望江挑花、潜山舒席、宿松蜡染、岳西翠兰茶叶等传统工艺品或土特产品令人爱不释手。沪蓉、东香、安合、合铜黄等高速公路干线,105、206、318三条国道和合九铁路在市境交会,安庆长江公路大桥和建设中的安庆铁路大桥、安庆城际铁路、沿江高速公路、安庆—景德镇高速公路相连接。安庆天柱山民航机场先期已开通至北京、上海、广州、厦门、武汉等航线。安庆集公路、铁路、水运、航空为一体的立体交通网络已经形成。2000年,安庆被批准为中国优秀旅游城市;2012年底,省政府批准安庆市整体纳入皖南国际文化旅游示范区规划范围;2013年,安庆市首次入围年度"中国旅游竞争力百强市"榜单。

国家生态园林城市

安庆城北枕龙山,南临长江,西依皖河,东接石塘、破罡诸湖,狮子山、凤凰山、菱湖、秦潭湖等镶嵌其间,整个城就像是一座大园林。城北的大龙山—石塘湖风景区,山景、水景、石景、树景、洞景融为一体,别具特色;城西的陈独秀陵园,林郁山静,幽雅肃穆;城南沿江岸建设的外滩公园、桥头公园绵延近10公里,形成一条靓丽的风景线;城内的"世太史第""探花第""太平天国英王府"等古建筑,保持了典型的明清建筑风貌;特别是历史悠久的菱湖公园与后期建设的莲湖公园、市民公园、大湖风景区已连成一片,总面积近5平方公里;建设在景区内的文化广场、黄梅戏艺术中心、邓石如碑馆、黄梅阁、血衣亭、日本樱花园、徽派盆景园、黄镇纪念馆和科技馆、体育馆、图书馆等建筑物,以及程长庚、邓石如、严凤英、邓稼先、陈延年等塑像,更是增添了一层文化氛围。2006年,建设部命名安庆为国家园林城市。至2013年,全市森林覆盖率37.1%,林木绿化率39.9%;市区绿化覆盖率40.9%,人均公共绿地面积11.3平方米。

国家森林城市

2010年,安庆市在安徽省第一个提出创建国家森林城市,至2014年,全市共完成人工造林104.1万亩,其中建成区绿化面积1.88万亩,环城林带0.96万亩,新增城镇绿化达标59个,新增村庄绿化达标260个;完成道路、河流等绿色长廊1056公里;新建、改建农田林网折合造林面积2.62万亩,完成植被恢复0.66万亩,森林提质82.5万亩,完成退耕还林、血防林、长防林等林业重点工程造林61.5万亩,完成速丰林、经果林、花卉苗木等各类产业基地造林52.5万亩。

生态网络体系日趋完善。实施国家重点工程造林项目,提高森林覆盖率,增加活立木蓄积,重点建设绿色长廊工程,广泛开展义务植树,加快推进新农村建设进程,"点、线、面"结合的森林生态网络体系日趋完善。全市森林覆盖率达37.995%,比2010年提高1.81个百分点;生态网络防护功能完善,城乡绿化一体化格局基本形成。

城市绿化不断提升。以单位庭院为点、以街道绿化为线、以大型公共绿地为面,加快推进城区绿化提升进程。城区主干道以乔木为骨干,乔灌草多层次,常绿与落叶相结合的景观带,道路绿化覆盖面积3900亩。安庆市已建成公园绿地15个,广场、游园40个,街头绿地150余处,市民出行500米有休闲绿地,基本满足安庆市居民日常游憩需求。城中狮子山公园、城郊大龙山国家森林公园,森林古木参天,曲径幽深,山涧流泉,俨然一座座天然氧吧。地处城市中心位置的菱湖公园面积700亩,森林茂密,碧波泛舟,是市民休闲娱乐的绝佳之处。菱湖风景区经过3年综合治理,获得"中国人居环境范例奖"。菱湖公园与莲湖公园、皖江公园连成一片。城市建成区绿化率40.9%,比2010年提高1.93个百分点;城区人均公园绿地达到11.93平方米,比2010年增加2.23平方米。

产业发展呈良性发展态势。已建成原料林基地143万亩,板栗基地30万亩,毛竹基地28万亩,杨树基地60万亩,油茶基地45万亩,花卉苗木基地10万亩。太湖县、潜山县已成为全国油茶重点县。有省、市级龙头企业166家,2014年全市林业总产值276.24亿元。

依托森林资源景观、山岳景观、自然景观,建成5

个国家级森林公园和3个省级森林公园，以森林公园为载体，开展森林生态旅游，盘活现有森林资源存量，提高经营质量，对资源景观和林种、树种结构进行改造。“雄、奇、灵、秀”的天柱山，森林覆盖率达93%，林海松涛，近千种木本植物成垂直分布，组成颇具特色的天然植被层次；枞阳县浮山，有不可多得的火山口、火山塞、火山渣等亿年火山痕迹；安庆城郊的大龙山，方圆50平方公里，与石塘湖水域相邻，山依水、水环山，山水交融；岳西县妙道山国家森林公园，具有度假、休闲、科研、教学和革命遗址等优势，是动植物珍稀物种如千年的红柳、香果树、兰果树、大别山五针松等资源的基因库；宿松县城郊的石莲洞国家森林公园，林间景物皆生态；南国小长城白崖寨、二祖第一禅宗司空山、高峡平湖花亭湖，以及具有高山、峡谷、流泉、瀑布和集96科252种珍稀植物，22目165种的陆地脊椎动物的鹞落坪国家自然保护区，枯井园、板仓、沿江湿地省级自然保护区，和小龙山、云峰峡谷、天仙河等景点景物，显示出类型多样，分布广泛，特色突出，地域组合理想，构建丰富的森林资源和内容各异的自然景观。湿地面积20.75万公顷，位居全省第一。共有鸟类16目40科191种，有白鹤国家一级保护鸟类6种，有国家二级保护鸟类20种，东方白鹳等14种鸟类列入国际濒危物种。保护区内水鸟总数超过25万只。

森林生态文化建设普遍开展。全市创建国家、省市级生态科普教育基地12个。先后举办映山红文化节、白玉兰节、创建国家森林城市摄影大赛作品展等。连续多年举办“爱鸟周”和菊花、盆景系列展活动；全市现有古树名木5664株，名木5株(枞阳县枞阳镇武举人牡丹、桐城市姚鼐手植银杏、宿松隘口龙王罗汉松、太湖县小池镇翰林罗汉松和岳西鹞落坪大别山五针松)；一级保护古树55株，二级保护216株，均实行挂牌保护；城区占地100亩的月季(市花)园，栽种大花月季1.3万余株，品种包括“彩云”“紫雾”“粉和平”“北极风神”“醉香酒”“东方之子”等20余种，还引种700株藤本月季、15株树状月季和8株古桩月季，为广大游客提供月季科普和观赏场所。森林文化知识得到全面普及。全民义务植树尽责率达90%以上，已建立义务植树基地和植树责任区600多个。

2014年9月25日，在中国城市森林建设座谈会上，安庆市被全国绿化委员会、国家林业局授予“国家森林城市”称号。

2014年国民经济和社会发展情况

(一)国民经济平稳健康发展

经济运行总体良好。全市生产总值1544亿元，比上年增长9.3%，保持较快增长；财政一般预算收入230.8亿元，增长17.1%，增幅居全省首位，其中地方财政收入突破百亿。全市进出口总额22.6亿美元，增长25.1%，增幅居全省首位。规上工业增加值增长12.6%，社会消费品零售总额增长13.1%，增幅位次比上年均有较大幅度前移。

质量效益稳步提升。三次产业结构由上年的15∶53.2∶31.8调整为14.6∶46.3∶31.7；税收收入占财政收入的比重为87.9%，较上年同期提高3.2个百分点。工业经济效益综合指数315.8%，较上年同期提高19.7个百分点。

(二)有效投入持续扩大

重点项目建设扎实推进。全市实施亿元以上重点项目580个，完成投资741亿元，完成年度计划107%；其中开工220个，完成投资306亿元；竣工117个，完成投资179亿元。省“861”重点项目完成投资485亿元，完成年度计划125.6%，总量居全省第6位。开工项目131个，居全省第4位；竣工项目56个，居全省第6位。重点项目完成投资占固定资产投资的比重达到53%。下浒山水库获国家发改委核准，辅助工程开工；电厂二期获省发改委核准，进展较快；合安九客专、安庆机场迁建等重点项目前期工作加快推进。

投融资工作积极有效。金融机构各项贷款余额1259.7亿元、增长17.7%，总量、增幅分别居全省第3位和第5位。全市场外市场挂牌企业总数41家，居全省第2位。围绕城镇基础设施、三农、自主创新、节能环保、社会事业等领域，争取中央和省补助资金81批次、20.9亿元，占全省总量的10.4%。与国开行、进出口银行等政策性银行合作不断深入，市级政府融资平台融资领域拓展、总量增加、成效明显。探索PPP合作模式取得积极进展，城市污水处理项目成为全国首批30个PPP试点之一。

(三)转型升级步伐加快

工业结构调整力度加大。启动实施工业腾飞“2135”三年行动计划。全年实施工业项目407个，其中开工220个，竣工117个；工业技改项目160个，完成投资470亿元。中船马克柴油机、华茂枞阳产业园等项目建成投产，曙光煤制氢、丹凤池窑拉丝等项目加快建设，丁辛醇、怀宁瑞沃科技园等项目开工。全年净增规模以上工业企业170户，预计规上工业增加值占经济总量比重较上年提高3个百分点。战略性新兴产业快速成长，净增战略性新兴产业企业58家，战略性新兴产业产值同比增长16.1%。安庆化工新材料产业基地总体规划和高新区扩区获省政府批准。新能源汽车零部件产业园、南方智能电子产业园、润晶蓝宝石晶体等一批新兴产业项目开工建设。

现代服务业亮点初显。全年净增限上批零住餐企业90户、规上服务业企业51户、房地产开发经营单位40户。银河证券、中投证券入驻，市人力资源产业园开园。欧尚大型超市投入运营，汇峰广场、百联、八佰伴等综合体加快建设。岳西、怀宁成为全省农村商品流通服务体系建设试点县。电子商务等新兴业态快速发展，长江电商生态城、安庆智慧产业园加快建设，556电商园成为省电子商务示范园区，吸引知名电商厦门美宁等20多家企业入驻。安徽鸿润等5家企业跻身省电子商务示范企业。顺应消费结构和消费热点的变化，争取列入国家首批“宽带中国”示范城市和第二批信息消费试点市。再芬黄梅公馆设立运营，五千年文博园“十里画廊”景区开园，9家民营文化企业跻身全省100强。全年接待游客3800万人次，实现旅游总收入340亿元，增长13%。服务业平台进一步夯实。岳西县天堂文化旅游园、迎江区东部新城中央商务区、天柱山文化旅游度假区获批省级现代服务业聚集区。

现代农业加快发展。深化农村土地制度改革。潜山、宿松土地承包经营权确权登记颁证试点工作加快推进，测量耕地面积超过80万亩，登记农户超过22万户。全市耕地流转率达47.2%，居全省前列。全年粮食总产量达到258.6万吨，增产4.5%。启动实施“5211”工程，引进浙江海亮等知名农业产业化龙头企业7家，新增省级现代农业示范区3家，全年农产品加工值首次突破千亿大关，居全省第2位。新增农业产业化规上企业71家、农民专业合作社766家、家庭农场1070家。新增中国驰名商标2件，宿松黄湖大闸蟹、怀宁贡糕成为国家地理标志保护产品。

自主创新能力不断增强。深化与中科院、东南大学合作，建成非晶材料、低压电器互感器等产业化实体研究院10家，新增院士工作站3家。发明专利申请量和专利授权量分别达到2560件和2456件，同比分别增长104.3%和76.2%，增幅均居全省第1位。实施国家、省科技项目48个，争取科技经费3370万元，其中国家级科技项目24项。全年新增国家高新技术企业42家，省高新培育企业59家、省创新型(试点)企业14家、省高新技术产品121项，均创历年新高。19家科技型企业挂牌省股权交易中心科技板。

(四)城乡建设积极推进

城市建设继续推进。编制完成大宜城发展战略规划及24个专项规划。新建和改造潜江路北段、华中西路等10余条主次干道。完成东围墙街等老城区25条背街后巷整治。新建雨水管网75.9公里、污水管网53.3公里，有效解决重点区域遇汛即涝的问题。顺安路棚户区改造工程、新河整治安置区全面开工。一水厂异地扩建工程投入试运行。市体育中心建成，完成菱湖风景区环湖绿道等61.6公里绿化提升和14处游园绿地建设。

县镇基础设施不断完善。县城、中心镇水、电、路、气、灯等基础设施加快建设，县镇市政公用设施完成投资23亿元，城镇承载力进一步增强。宜秀杨桥、枞阳横埠等16个乡镇获批全国重点镇。桐城孔城、潜山天柱山镇荣获省首批“宜居小镇示范点”。桐城、怀宁、宿松开发区产城一体试点工作深入推进。

美好乡村建设成效明显。全市首批77个省级重点示范村全面建成并顺利通过省级验收，潜山、岳西、桐城被评为全省美好乡村建设先进县，数量居全省第一。潜山县列入全国美丽乡村建设标准化试点县，岳西县水畈村被评为“2014年度中国十大最美乡村”。完成42个乡镇的农村清洁工程，乡镇农村清洁工程实现全覆盖。改造农村危房1.7万户、县乡公路268公里、农村公路危桥117座，完成小水库除险加固25座，建成农村饮水安全工程项目109个，解决22.7万农村人口和学校师生饮水安全问题。

综合交通建设加快实施。宁安城际铁路安庆段铺轨基本完成，火车站站房及站前广场建设较快。岳武高速、望东长江大桥及北岸接线加快推进，安庆至桐城、望江、枞阳一级公路城区段全面启动，G105潜山野寨—桃花铺段、S228枞阳义津—小缸窑段改建工程加快建设。国省道改造完成240公里。石门湖航道疏浚基本完工。严格港口岸线资源管理，推动城区小码头的关停外迁。天柱山机场跑道盖被等配套工程改造完成，改善和提高通航条件和等级。

（五）改革开放成效明显

行政审批提速提效。制定《安庆市地方政府核准的投资项目目录（2014年本）》，地方政府核准投资项目由七大类减至四大类。市级行政审批项目由280项精简至143项，承接省下放行政审批项目由78项精简至33项。实施第六轮行政审批流程再造，出台安庆市工业和房地产项目审批流程，工业和房地产项目审批时限压缩到30个工作日以内。加大收费清理力度，市级涉企收费项目由252项减少到86项，对收费额较大、企业反映较为集中的12项收费标准平均下调29%。优化政务服务。开展精简项目前置审批条件集中推进行动，加强项目全程辅导，完善并联审批，行政审批效率明显提升。

各项改革稳步推进。分解落实193项改革任务。积极推进市区财政体制改革，市直部门全面实施全口径预决算。开展社区布局调整，合并城区30个规模较小社区。完成港航和工商质监食品药品监管体制改革。农村商业银行组建工作全面完成，村镇银行实现县域全覆盖。实施工商注册登记制度改革，激发创业热情。全市新登记内资企业7931家，增长47.8%；新登记企业注册资本250.3亿元，增长61.9%。医疗卫生体制改革继续深化，基层医疗机构和县级公立医院药品集中招标采购和零差率销售全面实施。迎江区、大观区中小学校长教师交流试点启动实施。殡葬改革稳妥推进。公车改革全面启动。权力清单、责任清单编制工作积极推进。

招商引资层次得到提升。成功举办北京、深圳、上海招商推介会，全年引进亿元以上项目283个，其中10亿元以上项目36个，招商引资项目利用市外资金620亿元，实际利用外商直接投资2.5亿美元。富士康数控机床、深圳宝捷讯(宿松)电子产业园、晋煤集团年产80万吨高端复合肥和60万吨精细化工等一批重大项目成功签约。全年新签约央企合作项目31个、一批合作成果正在积极推进转化中，新开工、新签约及竣工项目和完成投资额提前两个月全面超额完成省政府下达年度目标。

开放型经济加快发展。对外贸易较快增长，全市外贸出口19.5亿美元，增长30.4%。安庆港外贸集装箱吞吐量1.6万标箱，增长10%。对外投资初见成效，实际对外投资企业达到12家。实现与长三角区域通关一体化，皖西南公共型保税仓库建成运营，国际航运公司马士基在宜设立代理处，安庆（皖西南）保税物流中心申报工作加快推进。

（六）生态环保建设力度加大

污染治理力度加大。实施创建国家环保模范城的蓝天、碧水等七大工程，实施项目186个，竣工34个。空气质量优良率居全省前列。石化催化装置脱硫、脱硝工程建成投运。工业锅炉、施工扬尘等11个大气污染防治年度任务完成。空气质量优良率居全省前列。淘汰黄标车、老旧车16774辆，关停超标排放企业11家、“五小”企业2家。认真落实秸秆禁烧工作。菱湖风景区水环境综合整治等重点工程全面开展。

生态建设得到加强。荣获“国家森林城市”称号，岳西县纳入国家级环巢湖区域生态文明先行示范区，枞阳麒麟镇、潜山天柱山镇、太湖天华镇、宜秀五横乡等9个镇被授予国家级生态镇。枞阳、太湖、潜山、望江等集中式饮用水源保护工作得到加强。百万亩森林增长工程扎实推进，新造林22.5万亩。继续加强生态恢复与保护，完成10条小流域综合整治，治理水土流失面积180平方公里。

节能减排取得成效。市获批省级节能综合性示范城市。制定《安庆市2014—2015节能减排低碳发展行动方案》，严格目标责任制，健全监测预警和约谈机制，支持企业实施节能改造，能源单耗、总量得到一定控制。大力发展风电、光伏发电、生物质发电和天然气等清洁能源和可再生能源，实施风电项目3个、光伏发电项目2个，宜南天然气环线工程前期工作也在积极推进之中。化学需氧量排放等四项主要污染物减排进展顺利。

（七）民生和社会事业不断加强

民生保障继续加强。33项重点民生工程全面完成，全市财政用于民生支出241.7亿元，占财政总支出的80.7%。全市城镇新增就业9万人，下岗失业人员再就业2.9万人，农村劳动力转移就业新增8万人。城市低保标准超过全省平均水平，农村低保标准提高14%。新农合大病保险实现全覆盖，大病补充保险全面实施。实施5万多名贫困残疾人生活特别救助。开工保障性安居工程2.9万套、基本建成1.5万套，城区建设还建房109万平方米，整治老旧小区22万平方米。加大精准扶贫力度，全面完成贫困村、贫困户建档工作，实施172个整村推进工程，减少贫困人口12万。岳西县列入全国首批光伏扶贫试点县。“以船为家渔民上岸”工程开工1996户，完成总任务的90%，其中1421户已上岸定居。新开通市区至海口镇等6条偏远地区公交线路,有效解决群众出行难的问题。

社会事业全面进步。成功列为国家首批养老服务业综合改革试点市。新建居家养老服务站33个、农村幸福院180个,新增养老床位3550张,市社会福利院新院、第一光荣院和桐城“家和尊养”老年护理院开园。启动国家中小学教育质量综合评价改革实验区建设,完成290所义务教育学校标准化建设,新建、改扩建幼儿园29所,岳西县、大观区通过国家义务教育均衡发展验收。国家公共文化服务体系示范区建设通过中期督查,市文化馆正式启用,市博物馆开工建设,县级“两馆一场”加快实施。完成2640个广播电视“村村通”工程,189个公共文化场馆全部免费开放。市立医院新院区建设加快,安庆石化医院完成股份重组。实施“单独两孩”政策有序推进。烈士陵园开工建设,市级救灾物资储备库基本建成。成功举办省第十三届运动会、第六届残运会和第八届民运会,成为省运会历史上规模最大、竞赛项目和参赛人数最多的一次体育盛会。

社会治理能力有效提升。开展以户外广告整治、拆除长期性占道设施、清除城郊结合部垃圾为主的市容市貌净化工程,探索建立流动商贩长效治理机制,加大城乡“三线三边”综合整治力度,沿线沿边环境明显改观。成功创建第三届省级文明城市,并获全国文明城市提名。深化领导干部接访和带案下访工作,积极化解各类社会矛盾,进京非访、赴省集体访大幅度下降。“安全安庆建设年”活动全面推进,安全生产事故起数和死亡人数双下降。森林防火工作成效明显。加强社会治安综合治理,反恐维稳、打击经济犯罪、遏制黄赌毒等工作有力有效,进一步强化公共安全管控,社会保持和谐稳定。

(杨大伟)

2014年重点项目建设情况

2014年,全市安排亿元以上重点项目580个,年度计划投资690亿元,实际完成投资741.1亿元,占年度计划107.4%,比上年增长20.7%。其中,工业项目267个,完成投资317.1亿元,占年度计划103.7%,增长21.2%;省“861”项目325个,完成投资485.1亿元,占年度计划的125.6%,增长43.9%。

续建项目238个,年度计划投资353.3亿元。实际完成投资425.3亿元,占计划的120.4%,增长26.9%。其中,工业项目108个,完成投资165.1亿元,占计划的122.9%。10亿元以上重点项目有:望(江)东(至)长江公路大桥及北岸接线、安庆电厂二期、康熙河(新河)水系治理工程、岳西至武汉高速公路安徽段、七匹狼商业步行街、宜秀区都市产业园、曙光煤制氢、556国际电子商务园、汇峰广场城市综合体、桐城“家和尊养”社区及老年护理技能培训学校和实践基地、安徽船舶配套和海洋科技产业基地、盛运生活垃圾焚烧及重型输送机等。

计划新开工项目219个,实际开工220个,开工率100.5%,年度完成投资305.9亿元,占年计划的90.8%。其中工业项目111个,完成投资149.2亿元,占年计划的102.2%。10亿元以上重点项目有:安庆新能源汽车制造、3条一级路升级改造、蓝宝石长晶、怀宁瑞沃科技产业园、旺旺五期、宿松南方智能电子科技产业园、25万吨/年丁辛醇等。

计划竣工项目111个,实际竣工117个,竣工率105.4%,年度完成投资179.0亿元,占年计划的121.0%。其中工业项目70个,完成投资107.3亿元,占计划的116.0%。重点项目有:中建材桐城新能源材料一期、盛峰化工、卫康化学药生产线一期、泰发32万吨/年工业异辛烷、马克柴油机、华茂佰斯特年产2000万米高档染整新颖面料、鸿运年产4000吨节水型羽绒水洗生产线、嘉寓门窗安庆生产基地等。

前期工作项目126个。前期工作有明显进展的项目有:安庆电厂二期已通过省发改委核准。下浒山水库可行性研究报告通过国家发展改革委审批,初步设计报告通过水利部水规总院专家组审查,辅助工程已开工建设。合安九客专预可研已上报中国铁路总公司待批,线路航飞11月底完成,正在开展线路初测。阜景铁路中铁上海院正在开展线路方案比选。随麻安铁路完成规划方案初稿,正在积极争取列入国家铁路网规划和中铁公司“十三五”建设规划。南京—安庆—武汉疏港铁路完成线路规划研究报告初稿,正在争取列入长江中游城市群等国家层面规划。机场迁建项目省政府已向南京空军出函征求意见,项目规划选址报告和航行服务研究报告正在南京空军征求意见。桐城抽水蓄能电站预可研通过审查。

(杨大伟)

专　记

开展党的群众路线教育实践活动

2014年1月份，根据中共中央和中共安徽省委的统一部署，安庆市开展党的群众路线教育实践活动。经过10个月的全面推进，市1.08万个单位、1.31万个基层党组织、27.7万名党员参加党的群众路线教育实践活动。

1月，经市委党的群众路线教育实践活动领导小组研究决定，设立党的群众路线教育实践活动领导小组办公室（以下简称办公室），负责全市党的群众路线教育实践活动的具体指导服务工作。领导小组组长虞爱华先后11次主持召开市委常委会、领导小组会议、领导小组扩大会议，研究部署工作，30多次作出重要批示；领导小组第一副组长魏晓明参与对活动重要事项的研究。领导小组负责人严格审定11个县（市）区、89个市直单位党委（党组）班子和党政主要负责人对照检查材料，全程指导联系点开好专题民主生活会。抽调40人成立10个市委督导组，分别由10名正县级、10名副县级领导干部担任组长、副组长，对市直单位的活动全程督导。

活动开始，市委组织部会同有关部门，精心做好各项准备工作，积极筹备召开全市教育实践活动动员大会，组织办公室人员对89个市直单位、11个县（市）区的活动方案进行审查，调阅会议有关材料，及时了解掌握会议筹备情况，提出意见建议。思想认识不到位、组织不健全、准备工作不充分、活动方案不具体的单位机构，不得仓促启动。

活动开展以后，组织各地各单位认真学习习近平总书记系列讲话精神，切实把思想统一到中央精神上来，采取召开座谈会、问卷调查、书面征求意见相结合的方式，查找安庆市教育实践活动单位作风建设方面存在的突出问题，为制定全市教育实践活动实施意见、实施方案提供第一手资料。在查摆问题、开展批评环节，从严从实查摆“四风”问题、撰写对照检查材料、开好专题民主生活会、开好基层组织生活会、抓好民主评议党员工作。全市举办6场学习辅导报告会，发放和拷贝《以案为鉴、警钟长鸣》等音像教材、学习资料，帮助党员干部学深学透。组建安庆市先进事迹报告团，在全市巡回报告12场次。开展学习桐城市范岗镇樟枫村原党总支书记宋福应先进事迹活动，加强正面教育引导；会同市纪委、市广播电视台，制作近年来被查办的县、科级干部违法犯罪典型案例警示专题片，用身边人、身边事警醒党员干部。举办“三严三实”专题演讲比赛、征文比赛、知识竞赛活动，深化学习效果。组建10个联合督导组，对市直参学单位学习教育、听取意见环节开展“回头看”，全面检查市委部署的12项规定动作完成情况。市委常委班子充分发挥示范引导作用，带头接听“1584”热线，开展电视“百姓问政”活动，搭建干部群众直接沟通的桥梁，在大走访中听基层呼声、知群众所盼，在媒体问政中听民意民评、知民心所向。各地各单位用集中轮训学、送教上门学、结对帮扶学等方式，提高党员干部的学习实效。

对照检查材料撰写阶段，安庆市建立主要领导预审、督导组初审、活动办复审、联系领导终审的“四审”把关制度，聚集”四风”突出问题，摆问题、找差距、明方向，定措施。市、县委常委班子和常委个人的材料分别经过省委督导组、省委活动办，乃至中央巡回督导组、中央活动办的层层把关，反复修改完善，多的近20次。市、县督导组真督实导，把好材料质量关，确保活动不走过场。据统计，专题民主生活会上，市委常委个人查摆问题221条，相互提出批评意见126条。11个县（市）区委常委共提出批评意见1524条，平均138条。全市27.7万名党员干部参加专题组织生活会和民主评议党员活动，3200多份对照检查材料报送省委督导组、省活动办、中央巡回督导组和中央活动办审核。11个指导组参加22个乡镇的专题民主生活会。对个别专题民主生活会质量不高的乡镇,责令县委对有关乡镇主要负责人进行诫勉谈话。

加强活动宣传,安庆日报、安庆广播电视台刊播活动宣传稿件735篇。市广播电视台,创作播放群众路线教育电视公益广告。市城管局在城区繁华地段制作10余块大型活动宣传牌，利用城区9处大型户外电子屏，滚动播放教育实践活动宣传片和宣传语,形成密集宣传的舆论态势。市广播电视台制作《新洗礼、新气象、新常态——安庆市教育实践活动纪实》专题汇报片,全景展示活动开展情况和取得成效。建立安庆群众路线网,访问量达40万人次,与人民网合作,开通安庆移动党建云平台。积极参加理论征文活动,遴选5篇稿件参加省理论研讨会,2篇文章获奖。

整治"小四风"、"一清三查"、效能督查、明察暗访、大会公开曝光,给顶风者以当头棒喝,给违纪者以警醒教育。活动中,查处损害群众利益问题376个,处理522人。查处乱收费、乱罚款、乱摊派问题26起,涉案金额173万元。清理清退在编不在岗和违规领取财政资金人员738人，清理党政领导干部在企业兼职399人次。市委常委班子带头立行立改,对文山会海、公款吃喝、"小四风" 等25个方面问题开展专项整治行动,对重点问题及时交办、督办,集中打好整改攻坚战。各地各单位把整改贯彻活动始终,以实际行动取信于民。市县两级提出整改措施达4500余条,会议减少20%,下发文件减少17%,评比达标表彰项目减少40%。市级审批环节平均减少27%，审批时限提高40%。全市整治超标配备公车281辆,整治滥建楼堂管所6100平方米。

市在开展群众践线教育实践活动中,注重关切民生工程。2014年推进城区104条背街后巷改造整治工程,工程量和建设资金是过去6年的总和。陆续开工340万平方米还建房建设,确保还清旧账,不欠新账。扎实推进殡葬改革,千年风俗得以有效改进。实施渔民上岸安居工程,开工705户,开工率96%。"千名干部服务企业"活动深入推进,为企业收集问题1600余个,解决1167个,企业发展环境进一步改善。尤其是成功承办高水平、有特色的省十三运,极大促进城市建设与管理,倒逼干部作风与能力,点燃市民激情与梦想,展示安庆风采与形象。在省政府考核中,全市民生工程建设位居第一,获得民生改善先进奖。

举办安徽省第十三届运动会

2014年4月26日至10月21日,安徽省第十三届运动会在安庆市成功举办;10月26—29日,安徽省第六届残运会在安庆市成功举办;11月3—6日,省第七届民族运动会在安庆市成功举办。省十三运开幕之前,安庆市还成功举办首届市民运动会、首届职工运动会。安庆"三运"同城,创全省体育运动史的先例。

本次省运会共有16个市、69所高校1万多名运动员参赛,加上裁判员、教练员、工作人员和志愿者等,总人数超过2万人,创省运会历史纪录。全部30个大项、738个小项的比赛,前后历时半年。青少年部有1人6次打破3项全省成年纪录,37人24队124次打破56项全省青少年纪录;高校部有37人6队61次打破25项全省大学生纪录。裁判员恪尽职守、公正执裁,各代表团严格管理、严明纪律,运动员赛出风格、赛出水平,没有出现一例赛风赛纪问题。183个运动队、1083名运动员、164名裁判员荣获"体育道德风尚奖"。

省十三运上,安庆市代表团528名运动员共夺得116.5金、71银、67.5铜。赛场金牌总数仅次于合肥代表队,比上届省运会进级5位。赛场奖牌总数255枚,仅次于合肥代表队,比上届省运会进2位。赛场总分3957.50分,位居第三,比上届省运会进级1位。综合金牌总数129枚,位居第三,比上届省运会进级6位。综合奖牌总数267.5枚,位居第三,比上届省运会进级4位。综合总分4282.5分,位居第三,比上届省运会进级4位。

单项成绩中,市代表队田径项目继续保持全省优势地位,金牌数19.5枚,比上届增加6.5枚;奖牌数52.5枚,比上届增加3.5枚;总分903分,比上届增加39.5分。游泳项目超越传统强队合肥队获得历史性突破,金牌数、奖牌数及总分均排名全省第一。柔道项目进步明显,首次跻身强队行列,金牌数、奖牌数及总分均排名全省第一。自由跤项目金牌数排名全省第二,奖牌数及总分排名全省第三。古典跤项目金牌数排名全省第二,奖牌数及总分排名均居全省第一。

省运会开幕式现场观众和参演人员总数达到4万多人,并首次通过安徽卫视向全国直播。省委书记张宝顺、省长王学军等省党政军领导出席开幕式,并接见全省群众体育和体育系统先进代表。开幕式和闭幕式的文体展演，突出群众性、地方性、艺术性、体育性，展现了安徽和安庆全民健身的辉煌成果、地域文化的独特魅力，受到场内外观众包括社会各界人士的广泛赞誉。开幕式前后，还举办全省群众体育及体育系统先进表彰大会、体育科学大会和首届体育美术书法摄影展等系列活动。开闭幕式参演的2600多人主要是安庆的普通市民和学生，年龄最小的13岁、最大的77岁。

市体育中心从2012年2月奠基，至2014年6月底基本建成，工程累计投入施工人员2万余人，现场施工人数最多时达到3000人。市区增建全民健身中心综合训练馆、体育中心及水上运动中心。原有的一场一馆也进行改造。其中，新建的市体育中心主体育场可同时容纳4万观众，规模居全省前列;新建的市水上运动中心改写安庆市无水上运动中心的历史。市区已形成市体育中心、市全民健身综合训练中心、市水上运动中心三大体育中心。市辖8县(市)均承办省运会比赛，总计达17项次，不仅解决市区场馆设施不足的问题，更重要的是推动各县的体育设施建设，提升县级承办高水平体育赛事的能力。

为配合省十三运的召开，安庆市在体育中心周边区域，新建和改造潜江路、天柱山大道、迎宾大道等主次干道，建成欧尚大型超市等公共服务设施。城区公交实现"两增一延"即增加运力、增加线路、延长时间，新增200辆出租车运力。实施24条道路绿化提升工程。开展城市管理专项整治行动，共拆除各类占道经营和违法建设4万平方米，拆除各类广告1500块、7.2万多平方米，全面推进环卫保洁市场化，为举办省运会和市民生活创造整洁有序的环境。各大专院校及市直相关单位共招募志愿者671人，加上各县(市)志愿者，志愿者总人数达到1200余人。全市确定49家为接待宾馆，在每家宾馆安排志愿者、安保、卫生医疗等服务人员，为运动员保驾护航。

全面启动省十三运安保工作。2014年1月起，安庆市开展"守护平安——春季行动"，深化城区交通秩序整治工作，6月，全市启动"平安十三运——夏秋社会治安整治行动"。9月，全市开展反暴恐处置、搜排爆、安检查验、区域站位及合成演练，启动城区一级防控。制定32份安保方案和预案，配备各类安检器材和20多辆巡逻车，举行安检、排爆、反暴恐、消防等23场实战演练演习。省运会期间共投入警力3.7万多人次，首次向公交车派203名安保员，建立"横向到边、纵向到底，全覆盖、无缝隙"的安保责任体系，确保赛场、住地和交通沿线安保 "零事故""零失误""零延误"。

通过内宣、外宣与社会宣传等各种渠道，多角度、高密度、有深度地报道省运会盛况，顺利实现开闭幕式卫视、广播和网络现场直播。利用公交车、站牌亭、大巴车、出租车LED显示屏、室外电子显示屏等各类载体，大力宣传省运，为省运会圆满成功营造良好的社会氛围。组织开展一系列"与省运同行"群众体育健身活动，促进"我运动、我健康、我快乐"的理念深入人心。全市单项体育协会达到17个，数量是2010年的近两倍;省级体育专项特色项目学校达到3所、省级体育传统项目学校达到11所。每年举办市级群众性体育活动百余场，参加人数超过10万人次。连续四年荣获全国群众体育先进单位。在日益雄厚的群众体育基础之上，竞技体育快步提升，拳头项目及重点项目发展势头强劲，本届省运会取得比赛名次全省第二、综合名次全省第三的历史最好成绩，安庆代表团荣获"体育道德风尚奖"。省体育局对安庆市成功举办省第十三届运动会的评价是"六个一流"：场馆设施一流、竞赛组织一流、服务保障一流、安全稳定一流、运动成绩一流、赛风赛纪和反兴奋剂工作一流。

创建国家森林城市

安庆市是国家历史文化名城、国家园林城市、中国优秀旅游城市，2010年被中国城市协会评为中国"最具国际影响力城市"之一，在全省唯一入选"第二批国家公共文化服务体系示范区创建城市"、中国十佳绿色城市。

2010年，安庆市率先在安徽省提出"创森"目标，"让森林走进城市、城市拥抱森林"的"创森"理念融入城市发展、融入提升百姓的幸福指数、融入生态林业民生林业和谐共进、融入生态文明和美丽中国建设。2014年9月25日，在中国城市森林建设座谈会上，安庆市被全国绿化委员会、国家林业局授予"国家森林城市"奖牌。

安庆市在安徽省第一个提出创建国家森林城市，

自2010年“创森”工作启动以来，全市共完成人工造林104.1万亩，其中建成区绿化面积1.88万亩，环城林带0.96万亩，新增城镇绿化达标59个，新增村庄绿化达标260个；完成道路、河流等绿色长廊1056公里；新建、改建农田林网折合造林面积2.62万亩；完成植被恢复0.66万亩，森林提质82.5万亩；完成退耕还林、血防林、长防林等林业重点工程造林61.5万亩；完成速丰林、经果林、花卉苗木等各类产业基地造林52.5万亩。

安庆市在“创森”过程中坚持走生态建设为主的可持续发展道路，按照人、自然与社会协调发展的原则，在实施国家重点工程造林项目、提高森林覆盖率、增加活立木蓄积的同时，重点建设绿色长廊工程，广泛开展义务植树，加快推进新农村建设进程，“点、线、面”结合的森林生态网络体系日趋完善。全市森林覆盖率达37.995%，比2010年提高1.81个百分点；生态网络防护功能进一步完善，城乡绿化一体化格局基本形成。城市建成区绿化率40.9%，比2010年提高1.93个百分点；城区人均公园绿地达到11.93平方米，比2010年增加2.23平方米。

全市按照“生态、精品、效益、魅力”的城市绿化新战略，以单位庭院为点、以街道绿化为线、以大型公共绿地为面，加快推进城区绿化提升进程。城区主干道以乔木为骨干，乔灌草多层次，常绿与落叶相结合的景观带，道路绿化覆盖面积3900亩。安庆市已建成公园绿地15个，广场、游园40个，街头绿地150余处，市民出行500米有休闲绿地，基本满足安庆市居民日常游憩需求。城中狮子山公园、城郊大龙山国家森林公园，森林古木参天，曲径幽深，山涧流泉，俨然一座座天然氧吧。地处城市中心位置的菱湖公园面积700亩，是市民休闲娱乐的绝佳之处。菱湖风景区经过3年综合治理，获得“中国人居环境范例奖”。菱湖公园与莲湖公园、皖江公园连成一片。正在建设和准备建设的秦塘湖湿地公园、新河景观带、石化隔离带，建成后更为安庆主城区增添新的绿色景观。“城在林中，林在城中”，街道、小区加密补植，小游园、小憩园建设更加方便市民的健身和休闲。

林业产业呈良性发展态势，已建成原料林基地143万亩，板栗基地30万亩，毛竹基地28万亩，杨树基地60万亩，油茶基地45万亩，花卉苗木基地10万亩。太湖县、潜山县已成为全国油茶重点县。全市已有省、市级龙头企业166家，2014年全市林业总产值276.24亿元。

依托森林资源景观、山岳景观、自然景观，建成5个国家级森林公园和3个省级森林公园，以森林公园为载体，开展森林生态旅游，不仅盘活现有森林资源存量，提高经营质量，而且还投入大批资金，对资源景观和林种、树种结构进行改造。天柱山森林覆盖率达93%，近千种木本植物成垂直分布，组成颇具特色的天然植被层次。枞阳县浮山，与黄山、九华山、天柱山、琅琊山齐名，有不可多得的火山口、火山塞、火山渣等亿年火山痕迹。这些自然景观、山岳景观镶嵌在针阔叶树种混交林中，与湖光水色相映成趣。地处安庆城郊的大龙山，方圆50平方公里，与石塘湖水域相邻，山依水、水环山，山水交融。大别山腹部的岳西县妙道山国家森林公园，具有度假、休闲、科研、教学和革命遗址等优势，是千年红柳、香果树、兰果树、大别山五针松等资源的基因库；宿松县城郊的石莲洞国家森林公园，林间景物皆生态。还有南国小长城白崖寨、禅宗祖庭司空山、高峡平湖花亭湖，以及具有高山、峡谷、流泉、瀑布和集96科252种珍稀植物，22目165种的陆地脊椎动物的鹞落坪国家自然保护区，枯井园、板仓、沿江湿地省级自然保护区，和小龙山、云峰峡谷、天仙河等景点景物，显示出类型多样，分布广泛，特色突出，地域组合理想，构成丰富的森林资源和内容各异的自然景观。湿地面积20.75万公顷，位居全省第一，共有鸟类16目40科191种，有白鹤等国家一级保护鸟类6种，国家二级保护鸟类20种，东方白鹳等14种鸟类列入国际濒危物种，保护区内水鸟总数超过25万只。

全市创建国家、省市级生态科普教育基地12个，先后举办映山红文化节、白玉兰节、创建国家森林城市摄影大赛作品展等。连续多年举办“爱鸟周”和菊花、盆景系列展活动。对秃树名木实行挂版保护，全市现有古树名木近5664株，名木5株，分别是：枞阳县枞阳镇武举人牡丹、桐城市姚鼐手植银杏、宿松隘口龙王罗汉松、太湖县小池镇翰林罗汉松和岳西鹞落坪大别山五针松；一级保护古树55株，二级保护216株；城区占地100亩的月季（市花）园美丽绽放，栽种大花月季1.3万余株，品种包括“彩云”“紫雾”“粉和平”“北极风神”“醉香酒”“东方之子”等20余种，同时还引种700株藤本月季、15株树状月季和8株古桩月季，为广大游客提供月季科普和观赏场所。全民义务植树蓬勃发展，义务植树尽责率达90%以上，已建立义务植树基地和植树责任区600多个,认建认养活动及群众性的开展“巾帼林”“企业林”“八一林”等绿色文化建设蔚然成风。

全力推动殡葬改革制度

2013年12月,中央办公厅、国务院办公厅出台《关于党员干部带头推动殡葬改革工作的意见》,2014年3月,中共安徽省委、省政府出台《关于党员干部带头推动殡葬改革的实施意见》,进一步强调树立殡葬新风,深化殡葬改革。2013年安庆市火化率不到10%,远远低于全省平均火化率,安庆市殡葬改革在全省滞后,遗体火化率偏低、土葬乱埋乱葬和奢侈浪费现象严重,热衷风水迷信,修建大墓豪华墓,败坏社会风气,推进殡葬改革,刻不容缓。为此,市人大常委会向全市各级人大代表发出倡议。倡议指出,全市各级人大代表要积极宣传推行殡葬改革的重要意义,号召身边群众自觉遵守殡葬管理法规和省、市殡葬改革政策,移风易俗,破除迷信,坚决摒弃传统丧葬陋习。在操办丧葬礼仪时,坚持节俭简朴的原则,不大操大办,不讲排场。带头倡导骨灰树葬、水葬等生态绿色安葬,以文明、健康、真诚的方式告慰逝者,用实际行动做好群众的榜样。

3月31日上午,市政府新闻办举行新闻发布会,会议通报全市从4月1日起正式启动殡葬改革。市民政局、卫生局、国土局、林业局、工商局、城管执法局、监察局及物价局相关负责人参加发布会并通报相关情况。安庆市成立高规格的殡葬改革工作领导小组,制定出台《安庆市殡葬改革实施方案》,全面推行遗体火化、坚决杜绝乱埋乱葬、提高殡葬管理服务质量和水平。同时,制定市辖区公益性公墓建设过渡方案,在市区3个经营性公墓开辟公益性墓区,其中安庆市公墓管理处已建成公益性墓穴1900个,纱帽山公墓已建成骨灰墙格位2200个,莲花山公墓规划7000个公益性墓穴。

4月1日起殡葬改革正式启动,林业部门加强林地监督管理,严厉打击乱埋乱葬林地,破坏森林资源行为,在火化区内杜绝新坟的产生;配合相关县(市)区政府开展“活人墓”的清理,及时恢复林地;开展青山白化治理,按照适地适树原则优化树种配置,分期、分阶段实施造林绿化工作。

对在沿街、公共场地搭建灵台、灵棚等设施,城管部门将及时制止和拆除,并处以100元到500元的罚款;任何单位和个人不得沿街鸣放鞭炮、抛撒冥纸,违者将处以10元至50元的罚款。制造、销售封建迷信殡葬用品的,由民政部门会同工商行政管理部门予以没收,并处罚款;禁止制造、销售封建迷信的丧葬用品,禁止在实行火葬的地区出售棺材等土葬用品。对于在火葬区出售棺材等土葬用品的,有关部门将予以查处。

对党员、干部和职工违反殡葬管理法律法规的,给予相应党纪政纪处分。对各县(市)区政府、各乡镇、各村(居)委员会对本行政区域内出现的违反殡葬改革法律法规的行为不制止、不查处的,将追究相关领导责任。对其他违反殡葬管理法的相关行为,分别由民政、国土、工商、公安、城管、卫生等部门在各自职能范围内依法依规处理。涉及犯罪的移送司法机关处理。

为实现殡葬基本公共服务均等化,安庆市启动殡葬基本公共服务惠民工程。惠民政策惠及对象包括:除享受丧葬补助费的国家机关、国有企事业单位等公职人员外的具有安庆户籍的城乡居民、在宜大中专院校全日制非安庆市户籍的学生、驻安庆部队现役军人、与在宜用人单位签订劳动合同并按规定缴纳养老保险费1年以上且现在各县(市)区内居住的外来从业人员、烈士,因公牺牲、因公殉职和经民政部门认定的其他死亡人员。免费项目包括:遗体接运、遗体冷藏存放(3天以内)、遗体火化、骨灰寄存(1年以内),以上免费项目的现行收费标准为合计1180元。此外,对重点救助对象(城乡低保对象、农村五保户、重点优抚对象)死亡后,在免除殡葬基本公共服务项目费用的基础上,免费提供300元以内普通骨灰盒,骨灰寄存免费存放期延长至3年以内。城市“三无对象”(无生活来源、无劳动能力、无法定赡养人、抚养人或者扶养人的城市居民)、农村五保对象在城乡公益性公墓免费安葬。

此外,对于选择骨灰江葬和节地葬式(包括花坛葬、树葬、草坪葬等)的,分别给予费用减免1000元/盒和500元/盒的方式进行补助,以积极鼓励与倡导不保留骨灰与节地葬式。

《安庆市殡葬管理办法》5月中旬公布并施行以

来，得到全市干部群众的普遍支持和拥护。5月28日市十六届人大常委会第十次会议，听取审议市政府关于市殡葬改革工作情况的报告。会议认为，安庆市一些地区土葬陋俗仍在延续，少数地方乱埋乱葬、滥占耕地，特别是宜城板块“青山白化”、建超大“活人坟”现象严重，浪费大量自然资源，破坏生态环境，也为森林防火埋下隐患。殡葬改革势在必行，顺乎民意、合乎世情，要坚定不移地向前推进，力争将这项严重落后于全省平均进度的工作迎头赶上，这有利于形成社会主义文明新风，有利于保护耕地、山林、生态。

5月28日上午，市政协十四届十七次主席会议召开。市政协主席张金锐主持会议，市政协副主席盛云生、吴涛、鲁德、徐晓华、杨林及秘书长张强出席会议。会议听取市民政局负责人关于市殡葬改革情况的汇报。会议还邀请市各民主党派、工商联、各人民团体负责人以及部分界别委员代表列席会议，并就殡葬改革工作听取大家的意见和建议。

2014年4月1日至5月30日，市辖区共死亡628人，市殡仪馆共火化遗体691具(含邻县及4月1日前)。2014年6月1日至12月31日，全市共死亡17925人(不含岳西县)，火化遗体18014具(含外市死亡人员及无名遗体)。全市各地累计投入3.3亿元新建和改造殡葬基础服务设施，建成农村公益性公墓339处，累计免除群众殡葬基本公共服务费用1600余万元。

6月1日起县(市)全面实行殡葬改革。全市各级各相关部门各司其职、相互配合，平稳有序地推进殡葬改革的各项工作，取得阶段性成果。全市乱埋乱葬现象得到全面遏制，丧葬环境明显改善。

大事记

年度十件大事

一、安庆出现史上罕见大雾天气

1月31日，安庆出现罕见大雾天气。雾霾最重时，城区能见度不足10米，公交、出租临时停止营运。为有效改善空气质量，2014年市委、市政府强化大气污染防治力度，发布《安庆市大气污染防治行动计划实施细则》《安庆市重污染天气应急预案》《安庆市2014年大气污染防治工作计划》，落实大气污染防治行动计划，实施黄标车、秸秆焚烧、工业锅炉等专项治理行动，2014年安庆市PM10平均浓度同比下降18%，空气质量居全省第四位。

二、推进公共服务体系建设

2月，市政府出台《关于加强和改进公共服务工作的意见》，并配套出台培育发展社会组织、社会工作人才队伍建设、公共服务综合平台建设、政府向社会力量购买服务等4个公共服务政策。3月，市政府投资组建的公共交通集团有限公司，开通远郊和周边县区公交新线，打造民生公交大宜城。4月，市革命烈士纪念公园工程正式开工建设。9月，建成江滩公园、菱湖公园、市民公园全民健身长廊和文化舞台、文化广场等公共文化设施，市文化馆新馆投入使用，市、区、社区三级图书馆建设稳步推进，全市首家标准区级图书分馆宜秀区图书馆和首家社区分馆“书香一品”分馆建成对外开放。全市以船为家渔民上岸安居工程全部完工。

三、潜山等县列入皖南国际文化旅游示范核心区

3月上旬，国家发改委下发《关于皖南国际文化旅游示范区建设发展规划纲要的批复》，市潜山、太湖、岳西县被列入核心区。5月，在岳西举行首届大别山养生文化论坛，依托大别山生态环境及温泉资源优势，打造国际综合性旅游养生度假基地，潜山县天柱山国家森林公园、岳西县明堂山景区及宜秀区巨石山景区入选省首批森林旅游示范景区；11月，天柱山文化旅游度假区获批省级服务业集聚区。11月10日在上海召开安庆市推介文化旅游产业项目座谈会，宣传推介安庆文化旅游产业，省政府驻上海办事处副主任赵琰、市宣传部长陈爱军等出席座谈会。

四、美好乡村建设

加强美好乡村、特色乡村建设，增加农村美好乡村公共服务体系奖补资金投入，至年底到位资金44152万元。潜山县成为国家美好乡村建设标准化示范县，岳西县水畈村获“2014年中国十大最美乡村”称号，望江县回民村成为首批中国少数民族特色村寨，岳西县梯岭村成为国家级“一村一品”示范村。

五、全面启动殡葬改革

4月1日，殡葬改革正式启动，同时启动殡葬基本公共服务惠民工程，遗体火化、骨灰寄存（1年以内）等项目实行免费。至年底，全市投入新建和改造殡葬基础服务设施3.3亿元，建成农村公益性公墓339处，全市乱埋乱葬现象得到全面遏制，死亡人员基本实现火化。文明节俭办丧、文明祭扫盛行，鲜花祭拜故世亲人渐成风尚。

六、强力推进招商引资

5月，安庆（北京）投资环境说明会暨项目签约会举行。11月，2014年安庆（深圳）投资环境说明会暨项目签约会举行。全年共引进亿元以上项目291个，其中10亿元以上工业项目36个；项目实际到资668.28亿元。11月，富士康科技集团首次进入安徽、首选安庆落户，成为入驻安庆第一家位居《财富》全球500强企业。

七、成功创建国家森林城市

9月25日，安庆市获国家森林城市称号，这是安庆市获得的又一张国家级名片。2010年申请创建国家森林城市以来，投入40多亿元，建成绿化面积1253公顷，实施百万亩森林增长提质工程，完成造林22万亩。加强森林防火，针对重要时间节点集中巡查，2月至年底，全市实现森林火灾“零纪录”。实施“蓝天碧水”工程，加强生态建设和环境保护，岳西县成功创建国家级生态县，全市新增国家级生态乡镇9个。

八、中共安庆市委出台关于全面深化改革实施意见

9月，市委印发《关于全面深化改革的实施意见》，明确全市全面深化改革的指导思想、总体目标、基本原则、主要任务和重点举措。至2014年年底，完成工商、质监、食品药品监管和地方海事体制改革，行政审批制度改革向纵深推进，潜山、宿松农村土地承包经营确权登记试点基本完成，启动中小学教师校长交流工作。全面实施流动人口居住证制度，首批流动人口居住证发放，外来居民凭居住证可享受与本市户籍人口同等待遇社会基本公共服务。到2020年，安庆市将在农村综合改革、行政管理体制改革、公共服务体系改革等方面形成更为健全的体制机制和更加完善的制度体系。

九、成功举办安徽省第十三届运动会

10月12—21日，安徽省第十三届运动会在宜举行。省委书记张宝顺、省长王学军出席开幕式并分别宣布开幕和致开幕词。运动会设30个大项738个小项，10041名运动员参赛，是安徽省历届运动会项目设置最多、参赛规模最大、赛期跨度最长、赛区分布最广的一次盛会。10月26—29日和11月3—6日，分别成功举办省第六届残运会和省第七届少数民族传统体育运动会。

十、文明创建成果丰硕

深入推动文明创建工作，对城市和乡镇卫生清扫、垃圾处置等强力整治。启动小街小巷改造工程，城区完成28条背街后巷整治，建成13块游园绿地。加强“三线三边”环境治理，“三线三边”违规广告标牌、违法建筑等整治和“三线三边”绿化建设力度加大。实现农村清洁工程全覆盖，110个乡镇实现垃圾处理市场化。加大民生保障，城市低保超过全省平均水平，农村低保达到全省标准。社会事业发展，完成首轮教育质量综合评价测试，改扩建43个农村敬老院。2014年，安庆市获全国文明城市提名城市，市宜秀区罗岭镇黄梅村、怀宁县平山镇、枞阳县浮山镇获全国文明村镇；安庆市再获安徽省文明城市，桐城市、太湖县、怀宁县获安徽省文明县市。

2014年大事记

1 月

1日　即日起调整职工医保年度最高支付限额。城镇职工医疗保险年度最高支付限额由年度25万元提高到30万元。同时对生育保险费用结算标准一并进行调整。

安庆市气象局高空、地面观测业务开始“一地化”同址作业，标志着安庆气象大观测时代的开始。

6日　市第六次全国体育场地普查工作培训班在皖源国际大酒店会议室举行。体育场地普查标准时点为2013年12月31日。

7—8日　省委书记张宝顺到市岳西县毛尖山乡板舍村、顺安路保障房建设工地等乡村社区、企业和建设工地考察并看望慰问老党员、困难群众和一线职工。

8日　营业面积17500平方米，配套12条免费购物班车的家乐福安庆华茂店正式开业，成为入驻市第一家世界500强商业企业。

省人大常委会主任宋卫平率驻皖部分全国人大代表来宜开展视察活动，视察组先后考察安庆石化炼油新区中控室、新建污水处理厂等地。市领导虞爱华、康正和等陪同考察。

9日　由市港口管理局与市地方海事（港航）局整合的市港航（地方海事）管理局成立，隶属市交通运输局管理，依法统一行使全市港口、水路运输、内河航道和水上交通安全监督等行政管理职责。

上旬　市首次开展新修订药品GSP零售认证，市城区5家新办零售药店成为市首批接受新版GSP认证的企业。

大观区在全省率先建成远程自动关闭监控系统，为突发性环境污染事件提供可靠预警、预报信息并在紧急状况下自动关闭排污口。

15日　市政府召开全市安全建设年活动动员大会，以建设生产安全为核心的六大安全工程（生产安全、环境安全、交通安全、消防安全、食品安全、治安安全)。市长魏晓明出席会议并讲话。

市十六届人大常委会第八次会议任命施泽彪为市政府副市长。

市人大常委会十六届八次会议通过并发布《安徽安庆国家农业科技园区总体规划》。园区按照"核心区、示范区、辐射区"三区联动模式进行规划布局。

18—20日 在合肥市安徽国际会展中心举办安庆市绿色有机农产品年货展销会,124家农业产业化龙头企业和农民专业合作社七大类产品参展。

19日 市政协主席张金锐率参加市政协十四届二次会议的政协委员分两组参观重点工程。

20日 市人大常委会主任康正和率参加市十六届人大三次会议的代表分两组视察全市重点工程。

20—22日 政协第十四届安庆市委员会第二次会议召开。

21—22日 市第十六届人代会第三次会议召开。

27日 市委书记虞爱华致全市共产党员和共青团员公开信,倡导广大党员、团员率先垂范,不在野外使用明火,不燃放烟花爆竹。

28日 市政府决定:春节期间,开放城区部分单位、学校供市民免费临时停放机动车。

31日 大雾。雾霾最重时,城区能见度不足10米,公交、出租临时停止营运。

是月 市领导虞爱华、魏晓明、康正和、张金锐等分别深入企业、乡镇、企事业单位看望慰问离退休老同志、干部职工、退转军人、困难群众、少数民族群众。

中下旬,全市森林火情高发。24日,市政府紧急通知,要求集中力量扑救。市领导虞爱华、魏晓明等到大龙山森林公园等火灾现场指挥灭火,并分别率队赴各县区督察全市森林防火工作。

2 月

8日 确认1例人感染H7N9禽流感病例,宿松县和大观区、迎江区、宜秀区启动突发重大动物疫情应急预案Ⅳ级响应。

9日 市委书记虞爱华在合肥先后接受中安在线"两会热线"节目、新安晚报采访,强调作风决定作为,环境决定发展。

上旬 望江古雷池水利风景区被命名为省级水利风景区。风景区总面积180.35平方公里,有武昌湖、岚杆湖、褒隐寺水库、宝塔河等为依托的五大景观。

11日 市长魏晓明接受市场星报采访,安庆将以快马加鞭的节奏、马不停蹄的步伐发展经济、改善民生。

14日 确诊1例人感染H7N9禽流感病例,怀宁、桐城两地活禽批发市场暂时关闭。

19日 全市千名干部服务企业活动第一批总结暨第二批动员部署会议召开,第二批机关干部服务企业活动启动。市长魏晓明出席并讲话。

20日 桐城市文昌街道居民王女士夫妇领取二孩生育证,是市发放的第一本单独二孩生育证。

24日 全市大气污染防治工作会议召开,发布《安庆市大气污染防治行动计划实施细则》《安庆市重污染天气应急预案》《安庆市2014年大气污染防治工作计划》。

历时40天的2014年春运结束,市水陆空安全输送旅客1103万人次,未发生旅客滞留与重大安全事故。

26日 省委教育实践活动先进事迹报告团来市举行巡回报告会,市四大班子党员负责人及全市各条战线党员代表700多人参加报告会。市委书记虞爱华主持会议并讲话。

下旬 为期1个月的2014年就业援助月专项活动结束。全市部门共走访就业困难人员和零就业家庭2372户,帮助945名就业困难人员实现就业。

28日 市四大班子党员领导干部赴岳西开展革命传统教育活动,在岳西县烈士陵园重温入党誓词。市领导虞爱华、康正和、张金锐等参加活动。

是月 春节期间,市城区推出一系列文化活动,贺新春广场文艺天天演推出6场黄梅戏传统老戏和1场综合文艺演出。

3 月

1日 即日起,市城管执法局、市城市建设投资发展(集团)有限公司、市水利局联合对沿江东路花卉市场各类占道经营设施进行拆除,标志着全市拆除占道经营行动开始。

3日 市长魏晓明走进安庆广播电视台"1584政风行风热线"栏目与市民面对面交流,答复石油管线安全、棚户区改造等热点问题。石油管线将地下管线改建为地上管线，完善安全防护设施；城区开工建110万平方米保障房。

4日　由市农委主办、市农委渔业局承办的2014年安庆长江渔业资源增殖放流活动在市江边东门滨江公园举行，共向长江投放“青、草、鲢、鳙”等鱼种50万尾。

5日　魏晓明等市领导和全市机关企事业单位500余名干部职工在皖江公园环湖公园绿道工程现场开展义务植树活动。

7日　由省发改委组织的安庆化工新材料产业基地总体发展规划评审会在宜召开。安庆化工新材料产业基地总体规划面积110平方公里，洪铺片区35平方公里，皖河农场片区40平方公里，打造具有国际竞争力的上下游一体化化工新材料基地。

上旬　国家发改委下发《关于皖南国际文化旅游示范区建设发展规划纲要的批复》，市潜山、太湖、岳西县被列入核心区。

11日　全市教育工作会议召开，启动义务教育阶段校长老师交流轮岗工作，逐步推动教师由“学校人”向“系统人”转变。

12日　市人大常委会在城区开展治理雾霾天气调研活动。

省政府和中石化集团公司在京举行新一轮战略合作协议签字仪式，常务副省长詹夏来，中石化股份公司总裁李春光分别代表双方签署协议，市委书记虞爱华参加仪式。

13日　市委党的群众路线教育实践活动先进事迹报告团首场报告会在桐城市举行，报告团成员刘磊、易斌、陈再高、王热爱、邢翠翠、宋辉用朴实的语言讲述了他们的先进事迹。

14日　市、县(市)区人大联动推进治理大气雾霾工作座谈会在怀宁召开，市人大常委会主任康正和等出席会议。

中石化安庆分公司炼油二部蜡油氢装置检维修过程中发生硫化氢中毒事故，造成1人死亡、2人受伤。

18日　市农委和市供销社在安庆农资大市场联合举办市首届农资产品展销会。展销会为期二天，安排展位110个，分化肥、农药、种子、农机、饲料兽药五大展区，105家农资企业经营的近千种农资产品参展。

市第十六届人大常委会第九次会议决定，接受陈爱军辞去市政府副市长职务。

21日　市森林防火消防工作指挥部在宜秀区大龙山镇中心村举行代号“宜城2014—1”森林火灾应急救援演练，市委书记虞爱华到场观摩并点评，市长魏晓明宣布演练开始。

24—25日　市政协主席张金锐率队赴迎江、大观区开展老城区背街后巷建设与管理专题调研。

25日　国家开发银行安徽省分行行长于丕涛率队来宜调研新型城镇化建设，并与市政府举行项目对接会，市委书记虞爱华、市长魏晓明等出席会议。

市委书记虞爱华在市信访局公开接待来访群众，就违章建筑征迁等问题提出解决办法。

26日　安庆市与国购集团举行项目对接会，协商推进新型城镇化示范区、汽车文化园等项目，市委书记虞爱华、市长魏晓明等出席会议。

29日　安庆市委书记虞爱华、市长魏晓明顺江而下，就长江岸线利用及港口建设开展专题调研，成立市政府港口建设领导小组，推进小码头关停、城区码头外迁和安庆新港建设。

31日　全市市直机关正风肃纪活动部署会召开，决定4月始在全市市直机关开展“一清(清除办公电脑中与办公无关的软件)三查(查考勤纪律、查工作纪律、查责任落实)”正风肃纪专项活动。

市政府新闻办举行新闻发布会，通报全市从4月1日起正式启动殡葬改革，同时启动殡葬基本公共服务惠民工程。

是月　市首批异地居住企业离退休人员养老金实现网银直发，共为1571名异地居住企业离退休人员集中统一办理养老金网银直发手续。

月底，全市18家烟花爆竹生产企业及2家原材料经营企业全部通过市级验收，市所有烟花爆竹生产及原材料经营企业全部退出。

4　月

1日　即日起《出租车运营服务规范》正式实施。

即日12时到6月30日12时，市243公里长江段干流水域禁止所有捕捞作业，4月27日至5月26日实行限额专项管理的刀鱼特许捕捞除外。

清明节到来之前，市政协机关、安庆师范学院等各大专学校及市陈独秀学术研究会干部职工、团员和学生代表400余人到独秀园为陈独秀先生扫墓，市政协主席张金锐出席活动并讲话。

2 日　市政府新闻办举行新闻发布会，解读市 2 月底出台的《关于加强和改进公共服务工作的意见》，并配套出台培育发展社会组织、社会工作人才队伍建设、公共服务综合平台建设、政府向社会力量购买服务 4 个办法，简称“1＋4”公共服务政策体系。

2—3 日　省人大常委会副主任胡连松率省人大常委会执法检查组来市开展《大气污染防治法》执法检查，市领导魏晓明、康正和等陪同或出席座谈会。

5 日　市革命烈士纪念公园工程正式开工建设，工程概算总投资 1.2 亿元。

10 日　市委组织部、市老龄委等举办的 2014 年安庆市健康老人评选活动启动，市委组织部长王佩刚等出席启动仪式。

上旬　由市委宣传部、市文广新局主办，市戏剧创作研究室承办，太湖县委宣传部、县文联等协办的黄梅戏编剧读书班在太湖县开班，市内外 62 名黄梅戏剧作者和爱好者参加读书班。

市中心城区道路绿化提升工程启动，皖江大道等 11 条道路进行绿化提升。

11 日　全市党的群众路线教育实践活动工作推进会召开，市委书记虞爱华主持会议并讲话，省委督导组组长张秋保出席会议并讲话。

13 日　市农业领域第一个院士工作站“安徽宇顺种业暨安徽省农科院棉花所院士工作站”签约仪式举行，中国工程院院士喻树迅、副市长张小青等出席签约仪式。

16 日　全国妇联书记处书记邓丽来宜调研基层妇女工作，先后察看迎江区先锋社区、光荣社区及大观区华茂社区“妇女之家”建设。

18 日　全国中小企业股份转让系统业务座谈会在市举行，市委书记虞爱华出席会议并致辞，市部分企业及券商代表参加会议。

中旬　全市卫生系统开展大处方专项整治行动，规范医疗服务行为，坚持“因病施治、合理用药”，维护患者合法权益。

24 日　市 2014 年侵权盗版及非法出版物集中销毁和“绿书签行动”系列宣传活动在市黄梅戏艺术中心门前广场举行启动仪式，市委宣传部长陈爱军等出席仪式并讲话。

25 日　安庆铁路枢纽论证会召开，市委书记虞爱华等出席会议，规划建设安庆铁路枢纽。

26 日　省十三运首个比赛项目高校乒乓球赛开幕式在桐城体育馆举行，市委书记虞爱华、省体育局局长冯潮等出席开幕式，虞爱华宣布比赛开幕。

28 日　由省政府主办，市政府、省安监局、省应急办和安庆石化承办的油气管线突发事件联合应急救援演练在市举行，副省长杨振超、市委书记虞爱华到场观摩并讲话，市长魏晓明宣布演练开始。

市首个公用型保税物流仓库在安庆远航集装箱码头投入使用，填补安庆保税业务空白，也是皖西南第一个保税库。

30 日　全市小微企业与银行对接会召开，市领导虞爱华、魏晓明等出席会议并讲话。

是月　市委组织部着眼于“选好人、识好人、用好人、管好人”组织开展“进百家单位、访千名干部”活动，助推干部队伍建设“活力工程”。

安徽省宣传部、省文化厅、省广电局、省新闻出版局共同公布 2013 安徽民营文化企业 100 强，市安徽再芬黄梅戏文化艺术股份有限公司、安庆市五千年文博园投资有限公司、帝雅艺术品有限公司、安徽幸福里文化传播有限公司、泉源盛工艺品有限公司等 9 家民营文化企业名列其中。

国家发展改革委、环境保护部联合下发《关于做好国家主体功能区建设试点示范工作的通知》，岳西县正式列入国家主体功能区建设试点示范。

5　月

1 日　市图书馆承办的“书香安庆”阅读网正式开通，提供 10 万余册正版电子图书读物在线阅读。

7 日　全省加快解决以船为家渔民生产生活困难问题电视电话会议召开，市委书记虞爱华在安庆分会场出席会议，要求摸清底数、落实政策、按月调度、包保到位。

9 日　全市“最美家庭”颁奖典礼暨“五好文明家庭”“好婆婆”“好媳妇”表彰大会举行，市委书记虞爱华出席会议并讲话。

市人大常委会召开大气雾霾治理工作各界人士座谈会，市人大常委会主任康正和等出席会议。

上旬　省委党的群众路线教育实践活动领导小组下发《关于开展向宋福应同志学习活动的通知》。

13 日　市长魏晓明主持召开市政府常务会议，审议并原则通过《安庆市工业项目建设审批流程图》、

《安庆市房地产项目建设审批流程图》。市工业、房地产项目建设审批采用企业工作线、中介服务线、部门审批线“三线”相互配合向前推进模式，实行分阶段联合办理，建立联合审图和联合验收制度。

15 日　市国家中小学教育质量综合评价改革实验区启动暨培训会议召开，教育部基础教育监测中心副主任、省教育学会会长胡平平，副市长黄杰出席会议。市中小学教育质量综合评价改革实验区建设全面启动。

16 日　市委党的群众路线教育实践活动办公室、市委组织部、市委宣传部、市讲师团联合举办的全市“坚持群众路线、践行三严三实”演讲比赛举行，来自各县(市)区及市直机关、企业的 20 位选手参加比赛。

安徽省大别山文化研究院在岳西举行首届大别山养生文化论坛，省内外领导和专家 300 余人参加。岳西是“影响世界和中国文化旅游名县”和安徽省首批森林城市(县)。

19—21 日　湖北省政协副主席肖旭明率考察团来市，就禅宗文化旅游开发进行考察。

20 日　安庆(北京)投资环境说明会暨项目签约仪式在北京举行，北京市经信委副主任王学军，市领导虞爱华、康正和、张金锐等出席会议，市长魏晓明主持会议。会上内外资项目集中签订合同的投资总额 137.51 亿元，其中 10 亿元项目 5 个。

市环保局联合公安、建设、文化、城管等联合全面启动为期 28 天的中高考“禁噪”专项行动，“禁噪”至 6 月 16 日结束。

中旬　11 日，安庆市政雨水管网流经大湖西小湖处发现不明油污污染，12 午时，污染控制，周边区域未发现可燃气体，安庆石化长输管线未发生泄漏。

市十六届人大常委会主任会议通过《安庆市人大常委会代表接待日制度》，将主任会议成员接待代表作为一项制度予以固化。代表接待日定为每月 10 日。

中旬开始，在全市市直党组织和党员干部中开展“走进农村、走进社区、走进企业，服务发展、服务民生、服务群众”主题活动。

23 日　全市防汛抢险应急救援实兵演练在望江县长江同马大堤华阳闸出口段举行，省委常委、省军区政委宋海航，市党政军领导张金锐、陈大林等到现场观摩。

24 日　市立医院发生一起严重暴力伤医事件。住院病人陈某因对治疗结果存有疑问，持刀猛刺正在工作中的当班护士。

26 日　省委第二巡视组巡视安庆市工作动员会召开，市委书记虞爱华主持会议并讲话，省委第二巡视组组长王永和就即将开展的巡视工作讲话。

市公安局举办首轮防恐制暴枪械培训，培训突出应急处置突发暴力性事件和保障大型活动安全实战演练。

27 日　市委书记虞爱华在市信访局公开接访，听取群众诉求，零距离解决信访问题。

28 日　人民网安徽频道寻找“安庆之美”活动启动仪式在安庆举行，向国内外全面推介安庆生态之美、发展之美、人文之美、精神之美，市委书记虞爱华讲话并宣布活动启动。

30 日　市人大常委会发出倡议，希望全市各级人大代表立即行动，带头遵行殡改规定，带头弘扬新风正气，带头文明节俭办丧，带头保护生态环境。

6 月

1 日　即日起实施《安庆市建设工程农民工工资专用账号管理意见》，建设工程农民工工资按月足额发放到人。

8 日　全市公共机构节能宣传周活动启动，活动以“携手节能低碳，共建碧水蓝天”为主题。

9 日　市文广新局和市经信委组织的安庆市数字公共文化服务平台项目通过评审。

10 日　市政协十四届七次常委会暨“加强老城区背街后巷建设与管理”资政会召开，市委书记虞爱华出席并讲话。

上旬　安徽省林业厅专家胡一民等到岳西县考察珍稀植物，在河图镇大王沟发现不少于 1500 株大别山五针松个体，认定为“我国最大的大别山五针松种群，是世界上最大的大别山针松天然群落。”

11 日　副省长方春明率省政府督察组来市，就中央、省出台的一系列政策落实情况进行督察调研，市委书记虞爱华主持汇报会并陪同调研。

13 日　市地震局和省预备役二团联合组织抗震救援应急队伍综合演练在市地震应急救援基地举行，省预备役政委张兵、副市长张君毅现场观摩演练。

17 日　全市统计知识专题培训班开班，市长魏晓明、省统计局局长钱晓康出席开班式。

20日　潜山县官庄镇人，著名学者、美国普林斯顿大学荣誉教授余英时获台北唐奖基金会首届汉学奖。

中旬　岳西县作为安徽省巢湖流域县份之一通过论证，入围全国第一批国家生态文明先行示范区建设。

岳西县毛尖山、来榜两乡镇开展民生工程居家养老服务补贴试点，对70岁以上纳入城乡"最低生活保障人员""特困供养人员""无工作单位的重点优抚对象"老人每人每月补贴60元。

24日　市政府在怀宁县月山镇黄岭小学举办地质灾害应急演练，对全市地质灾害应急体系建设进行全面检验。

省委常委会会议决定，追授宋福应等5人全省优秀共产党员称号。

26日　省长王学军在副省长杨振超等陪同下到桐城开发区和安庆城区，就县域经济发展及安全生产等进行调研。市领导虞爱华、魏晓明等陪同调研或参加座谈会。

市政府与国元集团战略合作签约暨全市农业企业与银行对接会举行，市委书记虞爱华出席会议并讲话，并为新三板挂牌企业安徽白兔湖动力股份公司颁奖。

27日　"反恐维稳守护安庆——市武装巡控"启动仪式在皖江公园举行，市委书记虞爱华下达启动命令，市长魏晓明授旗。

市长魏晓明在市信访局公开接访，对群众反映问题进行现场办公。

30日　2014安庆市健康老人评选活动在安庆石化俱乐部举行颁奖仪式，市领导胡南亭等出席。市老年人口已超过百万。

是月　市西小湖蓝藻大面积爆发，出现水华。西小湖补水32.8万吨改善水质。

7　月

2日　安庆市多家装饰企业发起的安庆市装饰行业协会成立大会在市开发区金百合大酒店召开，市政协、房地产管理局、民政局等有关负责人出席会议。

市长魏晓明主持召开市城乡规划委员会专委会议，审议通过《安庆港中心港区总体规划》等，规划新建8个1000吨级泊位，年设计吞吐量422.3万吨。

3日　召开建设工程农民工工资专户管理推进会，全市在建项目施工单位将在7月15日前完成工资开户、打卡发放。

4日　全市职工运动会首场比赛——田径及大众趣味两项比赛正式开始，17支代表队、4000名运动员参赛。

6日　《黄梅戏》特种邮票首发式暨黄梅飘香文化之旅启动仪式在黄梅戏艺术中心广场举行，省委宣传部副部长陆勤毅、市人大常委会副主任童学军等出席仪式。

8日　迎江区区政府举行康体娱乐创新科技园项目签约仪式，市长魏晓明等出席，项目投资方杭州泊迅实业有限公司董事长曹东发参加。康体娱乐创新科技园项目总投资约10亿元，占地约179亩，位于市临港经济开发区内。

10日　市区全民健身长廊建设启动。全民健身长廊一期布点江滩公园、菱湖公园、市民公园3地，总投资1200万元。9月底前竣工。

省十三运倒计时100天启动仪式暨市职工运动会开幕式在新落成的市体育中心举行，省政协副主席、省总工会主席童怀伟，市委书记虞爱华等出席，全市29个代表方阵、5000余人参加。

14日　市委、市政府就成功抓获桐城市涉嫌非法吸收公众存款案犯罪嫌疑人刘某，向市公安局并桐城市公安局致慰问电。

18日　市科技馆举行开馆仪式，市长魏晓明宣布市科技馆正式开馆。投资1千多万元，建成儿童科学乐园等14个展区，展示科普展品124件(项)。

中旬　安庆石化炼油一部催化裂化装置再生烟气脱硫硝、催化裂解装置烟气电除尘等环保项目正式施工。

23日　市长魏晓明主持召开市政府常务会议，审议并原则通过《安庆市加快工业经济发展若干政策》(试行)、《安庆市推进自主创新若干政策》(试行)、《安庆市促进现代农业发展若干意见》、《安庆市进一步推动现代服务业加快发展若干意见》(试行)四大经济政策。

24日　全市标准化厂房建设项目集中开工现场调度会召开，市领导虞爱华、魏晓明等参加会议，市长魏晓明宣布高新区新兴产业示范园二期项目开工。集中开工建设项目16个，总建筑面积192.78万平方米。

28日　市政府新闻办举行新闻发布会，发布省第六届残疾人运动会会徽。

29 日　市委书记虞爱华在信访局公开接待群众上访,协调解决群众反映的康熙河农贸市场经营户关于市场提升改选等等有关问题,同时强调要积极探索构建信访“希望工程”。

30—31 日　举行以“看项目建设,看美好乡村,看民生工程;比发展质量,比改革力度,比服务群众的能力”为主旨的 2014 年度“三看三比”活动,市委书记虞爱华、市长魏晓明率队赴望江、枞阳等县及市经开区爱唯科空所净化器项目现场,进园区、走田头、入农户考察各地经济社会发展情况。

31 日　坐落于安庆宜城板块的中小民营企业、高新技术产品企业安庆市华鑫重工股份有限公司、安徽省润普纳米科技股份有限公司正式在安徽股交中心成功挂牌。全市共有申德生鲜、天鹅家纺等 16 家企业登陆区域性场外市场,挂牌企业数量居全省第二。

国家工商总局商标局公告,“怀宁贡糕”地理标志证明商标获国家工商总局商标局注册,这是市第六件地理标志证明商标。

下旬　国家质检总局发布公告,正式批准宿松县黄湖大闸蟹为国家地理标志保护产品。

是月　推进城区早餐摊点和夜市排挡整治提升工作,迎江区将宣家花园街定为早餐特色一条街,建设路淘淘乐市场为夜市排档,钱牌楼、先锋巷为美食一条街;大观区在蔡山路、戏校南路、北正街、新义街、大观亭等路段设置早餐摊点群,打造北正街、戏校南路美食一条街;宜秀区在安庆师范学院龙山校区设置夜市排档;开发区设置中兴大道舒巷美食城和同安路光彩美食城夜市排档,在回祥路(2 处)、石化菱北生活区、纬三路刘纪工业园设置早餐摊点群 4 处。

为创建国家公共文化服务体系示范区建设,启动“江山如画——诗、书、画、印话安庆”创作及展出工程。

市城管执法局召开黄梅戏票友及摊主座谈会,就滨江广场黄梅戏露天表演造成的噪音问题及周边摊点占道经营现象征集意见,协商、规范表演时间。

8　月

1 日　市委召开落实党风廉政建设和反腐败工作党委主体责任集体谈话会议,市委书记虞爱华出席会议并讲话。

宿松县熊某用自备木船载 12 人，在从佐坝乡返回千岭乡途中的龙湖圩附近水域发生船体侧翻,13 人全部落水,其中 5 人死亡。

长江安庆段全面实施渡船“斑马线”行动,即是在核定的渡船航线及其两侧水域划定区域,作为渡船横越时的特定水域,保证渡船顺利过江。海事部门在两岸设立岸标,并在电子江图中警示过境舰长。

5 日　应当事人申请，大观区执法局对菱湖新村内一别墅超标建设案件举行首场违法建设案件听证会。

上旬　国家住建部公布全国重点镇名单,市宜秀区杨桥镇,怀宁县石牌镇、月山镇,枞阳县陈瑶湖镇、横埠镇,潜山县源潭镇、黄铺镇,太湖县徐桥镇,宿松县复兴镇、汇口镇,望江县鸦滩镇,桐城市新渡镇、孔城镇被列为全国重点镇。

省住房和城乡建设厅公布省第一批传统村落名录,市潜山县水吼村等 21 个古村落入选。

《中国海关》杂志发布 2013 年“中国外贸百强城市”名单,安庆市列 83 位。

8 日　市民运动会在市体育中心开幕，市政协主席张金锐宣布开幕。市民运动会采取传统项目和大众项目相结合,设体育舞蹈、太极拳、健身秧歌、柔力球、台球、跆拳道、五人制足球、羽毛球、乒乓球、三人制篮球等 10 个竞赛项目,有迎江、大观、宜秀 3 区等 10 支代表队、1416 名运动员参加。

安庆电商产业合作恳谈会暨签约仪式举行,来自广州、深圳等地 30 多家知名电子商务企业负责人参加恳谈会，市委书记虞爱华到会致辞，三优之家等 7 家企业与安庆五行电子商务产业发展有限公司签约,落户安庆长江电商生态城。

10 日　安徽省异地就医双向联网结算上线,全省医保参保人员到参保地之外的省内其他城市定点医院机构就医,无需先行垫付医疗费用,出院时可即时报销结算。安庆市立医院、安庆市第一人民医院、海军医院被设为异地就医双向联网结算定点医疗机构。

11 日　桐城市开通市区至孔城镇跃进村公交线路。

7—12 日　中国剧协主办的第十八届中国少儿戏曲小梅花荟萃活动在江苏泰州举行,市黄梅戏职业学院黄梅戏表演专业学生陈雅琳的《送香茶》、方梦的《状元府》、黄思琪的《双下山》、何玉童的《别洞观景》,安庆市黄梅戏艺术剧院吴艺群的《夜思鸣凤》通过终审,获专业组小梅花金奖,方梦、吴艺群跻身十佳。

12—13 日 市人大常委会组织驻宜省人大代表在市区开展专题调研活动,市人大常委会主任康正和等参加调研。代表们实地调研曙光化工园建设工地、泰发能源科技有限公司等,了解市经济社会发展情况。

15 日 市政府新闻办举行全市金融工作新闻发布会,通报市金融工作情况及政府帮扶小微企业举措。

19 日 省首批森林旅游示范景区名单公布,市潜山县天柱山国家森林公园、岳西县明堂山景区及宜秀区巨石山景区榜上有名。

中旬 出台《安庆市人民政府办公室关于乡村医生队伍建设的意见》,逐步建立长效乡村医生培养机制。

22 日 市妇联举行"温暖工程"贫困女大学生资助仪式,共向 28 名贫困女大学生每人捐助 3000 元。市委副书记陶方启参加捐助仪式。

23 日 安徽省文化馆、安庆市文广新局、安徽广播电视台共同主办,以"美好安徽舞起来"为主题的首届安徽省广场舞大赛安庆专场在市民广场举行,全市各县(市)区 12 支代表队近 500 人参加表演,望江县《洗衣谣》夺得冠军,市文化局《山野的风》、太湖县《太湖花梆》分获第二、三名。

26 日 民政部、国家发改委发布全国养老服务业综合改革试点地区名单,安庆市名列 42 地名单之中。

26—27 日 省委书记张宝顺来安庆深入农村、企业、工地,考察调研经济社会发展情况。张宝顺先后考察潜山县痘姆乡山包新村、黄铺镇余花屋美好乡村示范点和滨河公园景观工程以及市华茂集团等,强调要坚定不移地推进改革创新,推进转型发展,推进民生改善。省委秘书长唐承沛、市委书记虞爱华等陪同考察。

28 日 市 2014 年贫困大学生助学金发放仪式举行,市人大常委会副主任胡南亭等出席发放仪式。此次助学基金资助范围首次将中职学校考取本科的毕业生纳入资助范围,全市 252 名家庭经济困难学生得到资助,每人助学金 4000 元。

29 日 安庆市县域企业与银行对接会在桐城市举行,市委书记虞爱华等参加会议,市人行、市农行、市交行等 20 余家金融机构,数家担保、小贷公司及 100 余家县域企业参加对接,13 家企业与银行现场签约,对接项目 157 个。

30 日 2014 中国安徽(合肥)农业产业化交易会在合肥滨湖国际会展中心开幕,安庆展厅面积 405 平方米,43 家龙头企业和 15 家农民专业合作社 200 多种产品参展,重点展示市六大主导产业、重点龙头企业、省级农业产业示范区及特色农产品。省委书记张宝顺、省长王学军等在市委书记虞爱华等的陪同下参观安庆展厅。至 9 月 1 日结束,市共有 43 家重点龙头企业和 15 家农民专业合作社参展,现场销售 428.5 万元;13 个项目签约,签约金额 81.66 亿元。

是月 8 月始,开展为期 5 个月的企业帮扶专项行动,全市遴选 100 家骨干企业、500 家小微企业进行结对帮扶。活动至 12 月结束。

市大中型灌区续建配套节水改造骨干工程、长江安庆河段治理工程、下浒山水库工程等 8 项工程列入国家今明年和"十三五"期间分步建设的 172 项重大水利工程规划,总投资约 500 亿元。

9 月

1 日 民政部公布第一批著名抗日英烈和英雄群体名录,市枞阳人童长荣(中共东满特委书记,1907—1934)名列其中。

9 日 市委、市政府召开教师节表彰大会,市领导虞爱华、康正和等出席会议并为先进集体和先进个人颁奖。

市政府新闻办召开"构建诚信、惩戒失信"新闻发布会,市文明办、市中级人民法院等单位分别发布惩戒失信相关举措。

12 日 市政府召开推进创建国家公共文化服务体系示范区工作电视电话会议,对示范区创建进行再动员再部署,市长魏晓明出席会议并讲话。

召开全市创建省卫生城市动员大会,市长魏晓明出席会议并讲话。在全市集中开展城郊结合部环境卫生、市区乱停车、占道经营、"牛皮癣"广告清理、公共场所、食品安全、废品收购、除四害达标、犬类管理、建筑工地管理十大专项整治行动。

市文化舞台建设启动仪式在皖江公园举行,市长魏晓明出席仪式并宣布正式启动。首批建设市科技广场、莲湖公园、皖江公园广场、滨江外滩公园 4 个广场文化舞台和滨江苑、大王庙等 13 个社区文化舞台。

17 日 市十六届人大常委会任命李彪为市人民

政府副市长，接受程小俊辞去市人民政府副市长职务的请求。

19 日　市委书记虞爱华主持召开宜秀区都市农业和休闲旅游业发展专题会议，市、区联动共同建设“宜游宜秀”。

19—21 日　安庆市小戏小品展演在黄梅戏会馆举行，25 台小戏通过资格审查参加展演，安徽黄梅戏艺术职业学院参演的《红娘》等 3 个剧目获优秀剧目奖。

中旬　宿松县五里乡万元村境内发现巨型野生灵芝群，单枝灵芝最大的直径 28 厘米。

22 日　湖南省永州市市委书记陈文浩率永州市党政代表团来市考察经济社会发展情况，市委书记虞爱华陪同考察并与陈文浩一行座谈交流。

23 日　市政协举行纪念中国人民政治协商会议成立 65 周年座谈会，市委书记虞爱华出席会议并讲话，市政协主席张金锐主持座谈会。

25 日　2014 中国城市森林建设座谈会在山东淄博召开，安庆市获国家森林城市称号。

召开市纪念全国人民代表大会成立 60 周年暨地方人大设立常委会 35 周年座谈会，市委书记虞爱华出席会议并讲话，市人大常委会主任康正和主持会议。

《司空山志》发行仪式在岳西县举行，中国佛教名山、中国禅宗第一山首本志书正式出版。

28 日　“戏曲之乡·怀宁”全国黄梅戏名家名票群英会在怀宁县举行，来自广东、陕西等 7 个省及香港特别行政区的 90 名戏迷和票友相继登台献唱。

30 日　市委书记虞爱华在市信访局公开接访，要求相关部门不回避不推诿不许愿，依法依规解决群众合理诉求。

2014 年安庆“十一”黄梅戏展演周启动仪式在市黄梅戏艺术中心举行，全国政协外事委员会副主任杨多良、省政协副主席赵韩、市委书记虞爱华等出席启动仪式。展演周由省文化厅、安庆市人民政府共同主办，以“黄金周·黄梅戏”为主题，以惠民乐民为主旨，以优秀黄梅戏剧目展演、全市小戏小品展演、第四届黄梅之星全国黄梅戏青年演员电视大赛、黄金周旅游、地方特色名品展销等为主要内容，推进市文化与旅游、体育、商贸融合发展。

下旬　2014—2016 年度“安徽民间文化艺术之乡”名单揭晓，市岳西县、潜山县痘姆乡、望江县高士镇、宜秀区罗岭镇、怀宁县、桐城市等 6 个县区、乡镇分别以岳西高腔、痘姆陶器、黄梅戏、桐城歌等文化艺术门类入选。

10 月

7 日　2014 年安庆“十一”黄梅戏展演周落幕，颁奖仪式在黄梅戏艺术中心举行，市委书记虞爱华为获奖者颁奖，魏晓明在颁奖仪式上致辞。

10 日　市人大常委会举行代表接待日活动，市人大常委会副主任李玉萍与市人大代表面对面进行交流，就卫生、城管等直接听取意见和建议。

上旬　历时近两年的潜江沟工程完工，东部新城水系规划中的“六纵”之一的长枫港—潜江沟—新河—顺安河水系连接贯通。

省 2014 年“861”重点工程项目，怀宁县首个新能源项目——华能国际怀宁县石镜风电场项目在洪铺镇开工建设。该项目由华能国际电力股份有限公司开发的内陆山地风电场，列入国家 2013 年风电核计划，总投资 4.1 亿元。

11 日　安徽省首届体育美术书法摄影作品展在市全民健身中心综合馆开幕，副省长谢广祥、省体育局局长冯潮、市长魏晓明等出席开幕式，并共同启动开幕水晶球。

12 日　省十三运在安庆体育中心开幕。省委书记张宝顺宣布开幕，省长王学军致开幕词，省军区政委宋海航、省人大常委会副主任陈先森、省政协副主席赵韩、市委书记虞爱华、市长魏晓明等出席开幕式。副省长谢广祥主持开幕式，市长魏晓明致欢迎词。开幕式结束后，举行了题为“金秋宜城”群众文体表演。

13 日　省第三届体育科学大会暨《安徽省志·体育志》首发式在宜举行，省体育局局长冯潮、省地方志办公室主任朱文根、副市长黄杰等出席会议。会议表彰 2011—2014 年安徽省体育社会科学研究先进单位和安徽省体育科学优秀成果，向与会代表赠送《安徽省志·体育志》。

14 日　全市党的群众路线教育实践活动总结大会召开，省委派驻安庆市督导组第一组长李宏塔、市委书记虞爱华分别讲话，省委第十五督导组组长张秋保，市长魏晓明等出席会议。

16 日　省委、省政府在合肥召开安徽省与中央企业深化合作工作座谈会和集中签约仪式，市有 7 个项目、总投资170亿元成功签约，项目涉及基础设施建设、物流等行业，市长魏晓明出席会议并见证签约。

举行"10·17扶贫日、邀您一起公益行"启动仪式，市委副书记陶方启宣布活动正式启动。

全市2014(合肥)土地暨城建PPP项目推介会在合肥举行，市长魏晓明出席会议。

18日　市委、市政府在太湖县召开文化旅游融合式发展专题座谈会，市委书记虞爱华主持会议，市长魏晓明出席会议。

21日　省十三运闭幕式在安庆市体育馆举行，副省长谢广祥宣布闭幕，市委书记虞爱华致辞，省政府副秘书长吴行主持，市长魏晓明、省体育局局长冯潮等出席闭幕式。闭幕式结束后举行了以"圆梦宜城"为主题的文艺演出。

22日　全市"五个百万基地"规划论证会召开，市长魏晓明、安徽农业大学党委书记宛晓春出席会议并讲话。安农大依据与市政府签订的产学研合作框架协议提出安庆发展"百万亩优质粮油、百万亩高效园艺、百万亩特色水产、百万亩(千万羽)有机畜禽、百万亩生态林业"产业规划。

23日　安徽、湖北、江西、浙江等4省智慧城市应急联运实战演练现场会在市应急指挥中心召开，省应急办主任刘定明、副市长范先汉等出席会议。

24日　市文联召开全市文艺界座谈会，全市文学、戏剧等协会20余人参加座谈，以总书记讲话精神为指导文艺工作的纲领，促进市文艺工作繁荣发展。

副省长花建慧在岳西、太湖县调研旅游和电子商务工作，市委书记虞爱华、省旅游局局长万以学等陪同调研。

25日　2014年安徽省小戏折子戏调演在市黄梅戏艺术中心开幕，省文化厅副厅长周明洁在开幕式上致辞并宣布调演开幕，副市长黄杰致欢迎辞。来自全省各地的74个剧目、16个剧种在5天的时间里各展风采。

26日　省第六届残疾人运动会在安庆开幕，省委副书记李锦斌宣布开幕，市长魏晓明致欢迎词。运动会设田径、游泳等10个大项，共有19个代表队686名运动员参赛，是历届省残运会参赛人数最多、比赛项目最多的一届运动会。开幕式后举行题为"共享欢乐"文艺表演，运动会于10月29日闭幕。

28日　全市文化旅游银企对接暨金融创新推进会召开，87个项目进行对接，达成意向性贷款52.2亿元，受益企业和个人2600余户；6个文化旅游项目在会上现场签约。

29日　市政府与安徽省投资集团《战略合作框架协议》签字仪式举行，市委书记虞爱华、省投资集团董事长陈翔分别出席仪式并讲话，市长魏晓明主持仪式。双方将在棚户区改造、新兴产业培育等方面展开合作。

31日　省政府主办，省民族事务委员会、省体育局和安庆市政府承办的省第七届少数民族传统体育运动会会徽和口号发布，口号为"欢聚美丽安庆，共庆民族盛会。"

下旬　岳西县白帽镇发现一处建于道光年间的百岁坊遗址。

市岳西县菖蒲镇水畈村获中央电视台寻找中国最美乡村2014"中国十大最美乡村"称号。

11　月

1—2日　环保部督察组来宜，开展国控重点污染源自动监控专项执法检查，实地检查市国控重点污染源自动监控现场端规范化建设、传输数据有效性审核、设备联网及数据传输、在线设施运行管理等情况。市19家国控污染源企业47台(套)在线监控设施均按相关技术规范要求完成验收。

3日　省发展改革委员会发布《关于安庆市天柱山文化旅游度假区申报省级服务业集聚区实施方案的批复》，批准安庆市天柱山文化旅游度假区为省级服务业集聚区。

5日　市庆祝第十五个记者节暨"传统媒体与新兴媒体融合发展"专题讲座在安庆日报社举行，市委宣传部分管副部长、市直新闻单位负责人等出席会议。

3—6日　安徽省第七届少数民族传统体育运动会在安庆市体育馆开幕。省人大常委会副主任王翠凤宣布开幕，市委书记虞爱华等出席开幕式。全省16个市组团参赛。运动会有16个代表团、493名运动员参加武术、民族式摔跤等七个大项的比赛，决出一等奖81个、二等奖153个、三等奖219个。

8日　市委书记虞爱华主持召开市城乡规划委员会专委会，研究老城区保护与修缮等规划。

10日　在上海召开安庆市推介文化旅游产业项目座谈会，省政府驻上海办事处副主任赵琰、市委宣传部长陈爱军等出席座谈会。参加会议的还有上海安徽商会等单位和企业。

11日　全省森林防火综合演练在市宜秀区大龙山镇中心村举行，副省长梁卫国、市长魏晓明、安庆军分区司令员张军等参加观摩，武警森林指挥部驻皖部队及安庆军分区等22家单位近700人参加演练。

13日　2014年安庆环保世纪行启动仪式举行，市人大常委会主任康正和宣布环保世纪行启动。本次环保世纪行以“同呼吸、共奋斗”为主题，将大气污染防治作为活动重点。

15日　安庆市人力资源产业园暨青年创业园开园。市委书记虞爱华宣布开园并与团省委书记李红等为园区揭牌。安庆市人力资源产业园是省人社厅批准的省级人力资源服务园区，规划占地150亩，以人才大厦为核心，构建以政府为主导、市场为主体的人力资源服务平台。

中旬　国家发改委、旅游局、国务院扶贫办等7部委联合下发《关于实施乡村旅游富民工程推进旅游扶贫工作的通知》，潜山县天柱山镇天寺村等5县14村入选第一批全国乡村旅游扶贫重点村。

全省2013年度美好乡村建设工作考核验收结果公布，市77个省级重点示范村全部通过考核验收。潜山县成为国家美好乡村建设标准化示范县。

24日　市政协主席张金锐主持开展市政协委员接待日活动，就政协工作、经济社会发展情况、依法治市等听取委员意见和建议。

28日　2014年安庆(深圳)投资环境说明会暨项目签约仪式在深圳五洲宾馆举行，市委书记虞爱华致辞、市长魏晓明主持，市领导康正和、张金锐等参加。来自广东、福建等地100余企业家应邀参加会议，会上签约项目75个，投资297.2亿元。

是月　市下浒山水库工程初步设计报告通过水利部水规总院专家组审查。国家发改委下达下浒山水库工程中央投资5000万元用于工程勘测设计、征地拆迁和“三通一平”等计划。下浒山水库工程位于潜山县境内，是市防洪骨干控制性工程，工程投资106485万元，被列入《全国大型水库建设规划(2008—2012)》。

12　月

1日　11月28日在上海市农展馆启动的首届安庆名优农产品上海交易会成功落幕，市人大常委会副主席李玉萍等出席开幕式，市委书记虞爱华于11月29日参观交易会展厅。交易会汇集全市县(市)区农业企业及农民合作社140余家名优农产品近500种，4天共接待10万人次，现场销售725.3万元，55家企业签订订单18.4亿元。

3日　市政府召开排水规划及投资建设专题会议，市长魏晓明出席会议并讲话。会议听取并讨论市中心城区污水处理专业规划、中心城区管网全覆盖建设等情况，提出以三到五年时间为期，基本解决安庆市建成区排水排污工作目标。

4日　安庆市第五届青少年科技创新“市长奖”颁奖大会在石化一中召开，市长魏晓明分别向获奖者章约非、汪志武、詹小安、刘志鹏颁发“市长奖”证书。

5日　新建的科技广场、莲湖公园和皖江公园广场3个广场文化舞台通过验收正式投入使用，市民可申请在舞台上免费开展文化活动。

10日　市居住证正式启用，首批流动人口居住证发放。

上旬　国务院公布第四批国家级非物质文化遗产代表性项目名录，怀宁县、潜山县共同申报的民间文学项目“孔雀东南飞传说”成功入选。

12日　2015年度合力推进长江安徽段航运发展座谈会在安庆举行，长江航务管理局局长唐冠军等出席会议并讲话，市长魏晓明致辞。

16—17日　省政协主席王明方到市考察调研，看望驻宜省政协委员，并召开座谈会征求省政协工作意见建议。市领导虞爱华、张金锐等陪同考察并参加座谈会。

18日　国家土地督察南京局苏赣皖三省政府秘书长会议在市举行，国家土地督察南京局局长刘天增等出席会议，市长魏晓明致辞。

24日　市政府召开政府权力清单和责任清单制度建设动员部署会议，“两单”制度建设启动。

26日　市委书记虞爱华到市信访局公开接访，听取有关信访积案化解情况，强调依法依规耐心处置信访积案。

28日　由省社会科学院，安庆市委、市政府和安庆师范学院联合主办的第二届安徽文化论坛在市举行，省委宣传部长曹征海为论坛批示，市委书记虞爱华出席并致辞。省内外知名专家学者和市宣传思想文化战线代表200余人出席论坛，就安庆历史文化遗产整理、保护与历史文化名城建设等进行交流与探讨。

29日　市政协举行2015年新年茶话会,市委书记虞爱华出席并致辞,市领导魏晓明、康正和等出席茶话会,市政协主席张金锐主持。市纪委、军分区、安庆师范学院、各民主党派、工商联、无党派人士、“三胞”(港澳同胞、台湾同胞、海外侨胞)及其眷属代表等出席茶话会。

31日　市长魏晓明到市信访局公开接访,面对面听取群众诉求,强调从群众利益出发将服务关口前移。

是月　本月起,市试点开启“先住院后付费”诊疗模式,在县级公立医院和基层医疗卫生机构住院的参合农民、“三无”人员、需紧急救治的患者被纳入服务范围。

岳西县文物普查队在白帽镇余河村发现一座百年古廊桥——永宁桥。廊桥始建于清乾隆三十五年(公元1770)。

工业经济

综　述

【概况】 2014年，安庆市工业结构转型成效继续显现，工业发展增长稳健，总量再上台阶。全年规模以上工业实现增加值686.8亿元，同比增长12.6%，实现增加值比上年净增105.9亿元，总量居全省第三位，增幅比全省高1.4个百分点，居全省第二位。实现主营业务收入2902.4亿元，同比增长13.3%，实现利润和税金总额分别为184.9亿元和153.0亿元，同比增长4.7%和28.7%，税金增幅保持较高水平。全市亏损企业78户，亏损面为4.7%，亏损企业亏损额为7.2亿，减亏3.9亿元，同比下降35.0%。全市工业经济效益综合指数为320.8%，再创新高。

2014年，全市工业企业数量持续增长，规模不断壮大。全市规模以上工业企业户数达到1670家，全年增加规模以上企业170家；其中产值超亿元企业有740户，比上年增加101户。产值5亿元至10亿以下企业46户，比上年增加9户；产值10亿元至20亿元以下企业16户，与上年相同；产值20亿元至100亿元以下企业8户，增加2户；产值超100亿元企业1户，与上年相同，已接近500亿元。2014年，全市亿元以上企业累计完成产值2471.2亿元，占全市工业的82.6%，高于全市平均水平2.7个百分点，净增产值364.7亿元，占全市净增产值的95.4%。2014年户均产值17922万元，比上年增加947万元。

全年共完成工业投资792.5亿元，同比增长22.2%，比全省平均水平高9个百分点，总量居全省第四位，增幅居全省第三位，比上年前移5位。完成750亿的考核任务。其中，技改投资完成525.8亿元，占全省总额的10%，完成470亿元的考核任务；占全市工业投资的66.3%。

在全市规模以上工业中，38个大类工业行业中有32个行业增加值保持同比增长。其中，主要行业石油加工行业增长最快，为36.0%，橡胶塑料制品业、纺织服装业、通用设备制造业、纺织业、非金属矿物制品业、农副食品加工业，分别增长15.9%、14.4%、11.9%、11.25%、9.9%和8.47%；化学原料和化学制品制造业下降2.6%。

2014年，全市有8个行业完成产值超过百亿元。其中石油加工业完成产值突破400亿元，为420.7亿元，农副食品加工业、橡胶塑料制品业、纺织业和纺织服装业完成产值超过200亿元，分别为285.0亿元、268.9亿元、257.3亿元和231.2亿元。全市完成产值200亿元以上行业比去年增加 1 个，达到5个。

三大主导产业实现增加值336.7亿元，增长13.3%。其中，纺织、纺织服装增长12.8%，首位产业石油化工增长16.3%，装备制造增长11.2%。完成产值1539.9亿元。其中，石油化工完成产值592.2亿元，纺织业和纺织服装业完成产值488.5亿元，装备制造完成产值459.2亿元。

全市农产品加工业规模迈上新台阶，在全市规模以上工业中，农产品加工企业数突破600家，达651家，比上年净增72家，全年总产值突破1000亿元，达1067.1亿元，比上年同期增长12.8%，总量位居全省第二位，与第一位合肥仅差4.8亿元，增幅高于全省0.1个百分点。

全市规模以上工业中，民营企业数接近1600户，达1591户，全年累计实现增加值568.2亿元，占全部规模以上工业的82.7%，增长12.0%，对工业增长的贡献率为79.1%。

2014年，万元工业增加值能耗下降5.1%，万元工业增加值用水量下降6%，关闭五小企业36户，非煤矿山从240户减少到128户。安庆城区111台20蒸吨以下工业燃煤锅炉已关闭56台。安庆城区列入创模的3户企业已全部关停、改造。

【工业转型升级】 鼓励企业进行技术改造，转型升级；加快振兴中华老字号企业，促进传统产业升级发展、新兴产业跨越发展、园区产业集群发展；用新技术、新模式进行高端化、信息化、智能化、低碳化改造。解决淘汰过剩产能、坚决压缩过剩产能、努力化解过剩产能，倒逼企业调整结构。加快建设新能源汽车产业基地，创新合作模式，打造新能源汽车及其配套产业园千亿产业；紧紧围绕化工新材料产业链的发展，推动重大项目发展。上海华谊集团煤基多联产项目、重油催化裂解项目、京皖公司煤制天然气项目、晋煤化工项目等；引进先进管理模式，全力发展生产性服务业。主动迎接工业4.0时代，研究实施“互联网+”行动计划，推进智慧城市、智慧园区、智慧企业建设。顺应现代信息技术和制造业融合发展趋势，支持工业企业电商平台建设、智能装备技术改造项目和重大节能环保技术装备产业化，推广合同能源管理。创建“宽带中国”试点城市和信息消费示范城市，重点抓好城乡尤其是农村宽带建设。

【重点项目建设】 2014年集中开工工业项目120个，项目总投资277.55亿元，其中亿元以上项目80个。市经开区新能源汽车零部件产业园、辉门环新公司粉末冶金气门座圈导管生产研发、安庆嘉寓公司光伏建筑一体化产业基地、安徽润晶新材料公司大公斤数蓝宝石晶体、泰发能源科技公司年产32万吨工业异辛烷、安庆飞凯高分子材料公司年产3000吨电子级超纯氧化铝、旺旺五期PET生产线暨自动仓储系统、安徽瑞沃电子科技公司科技产业园、安庆国能动力技术公司锂离子动力电池等新一批投资较大、科技含量高、牵动性强的项目先后开工建设，对于推进安庆产业升级、结构转型、资源节约、跨越崛起将产生深远影响。市经开区中船动力配套产业园(二期)、市经开区爱唯科空气净化器、宜秀区纳米晶新材料生产线、怀宁县兴誉服装加工、潜山县金融器材生产、太湖县双色模具和电子配件生产线、岳西县缸套整体搬迁、望江年产2万吨气流纺、宿松县高档床品家纺产品生产等一批项目相继建成投产，形成安庆市工业经济新的增长点。

石油化学工业

【概况】 安庆市石油化工产业涵盖石油加工、化学原料和化学制品制造业两个行业大类，主要产品有原油加工、汽油、柴油、合成氨等。2014年，全市石油化工产业企业有100家，增加值59.2亿元。其中石油加工业增加值42.1亿元，石油化工产业对全市工业增长贡献率为18.9%，拉动全市工业增长2.38个百分点。

【安庆石化】 中国石油化工股份有限公司安庆分公司、中国石化集团资产经营管理有限公司安庆分公司(以下简称“安庆石化”)，始建于1974年7月。作为安徽省最大的中央直属生产企业、最大的石化产品生产基地，经过40年的生产建设和改革发展，企业规模逐步扩大，原油加工总量稳步增长，技术经济指标不断提升，现已发展成为年营业收入近500亿元、实现税费近100亿元的特大型石油、化工、化纤、热电联合企业。

安庆石化拥有年综合加工能力800万吨的炼油装置，日处理煤2000吨的壳牌粉煤气化装置，以及年产33万吨合成氨、21万吨丙烯腈、7万吨腈纶、10万吨乙苯—苯乙烯等主要生产装置70余套。同时拥有20万千瓦发电机组、吞吐能力760万吨/年的油品码头、50万吨/年的化肥装船码头、20万吨/年的液态烃码头、80万吨/年的卸煤码头和日产24万吨的供水系统，以及全长13公里的厂内铁路专用线。

全力释放炼化一体化项目的增值创效能力，全年累计加工原油748万吨，煤气化装置再次创造A类连续运行264天世界纪录，全年有效运行创323天的历史最好水平，成品油、苯乙烯、丙烯腈产量、供电量均创历史新高。实现营业收入485.1亿元，税费85.61亿元，炼油板块利润在中国石化集团公司规模以上企业排名进入前十、居沿江企业第一；化工板块同比减亏6538万元；资产板块剔除投资收益，增加盈利3664万元。全年挖潜增效超过5亿元，轻油收率、柴汽比、石油焦对原油收率、丙烯腈综合能耗、苯乙烯综合能耗、腈纶三单总耗、合成氨耗煤、进厂燃煤热值等指标创历史最好水平。

危化品码头及长输管线迁建前期工作策划启动，炼化一体化项目通过整体安全、职业卫生验收，丙烯腈扩建部分已完成竣工环保验收,炼油部分环保验收业已启动。严格清洁生产,COD、二氧化硫、氨氮、氮氧化物排放量全面下降,累计回用中水60万吨,公司荣获中国石化集团公司“清洁生产企业”、安徽省“环保优秀企业”称号,总量减排得到国家环保部认可。严格现场管理,全部设备完好率99.74%,关键机组特护率达100%,产品质量合格率保持100%。

全年完成投资7.24亿元,热电3号、6号炉烟气脱硫脱硝以及4号炉烟气脱硝已投用,5#炉烟气脱硝、140万吨/年催化裂化烟气脱硫脱硝、70万吨/年催化裂解烟气治理项目建成,200万吨/年催化烟气治理项目可研、安评、环评、职业卫生评价已获批复。液氨储运系统扩能、轻烃出厂设施完善配套项目建成,增设航煤生产设施已启动,新建催化柴油加氢转化和220万吨/年柴油加氢国Ⅴ升级改造项目取得进展。丁辛醇项目通过中国石化重大投资项目再评估,液化气深加工项目总体设计方案得到完善,重芳烃综合利用项目开始现场施工。推进技术进步,4项发明专利申报被受理,1项科技成果获得集团公司科技进步三等奖。成功纳入国家两化融合管理体系贯标试点企业,智能工厂建设已经启动。通过企地共同努力,安庆石化被列入国家石化产业发展总体布局,安徽省与中国石化签订新一轮战略合作协议,以安庆石化为核心的千亿产业集群正在加速形成。

至2014年底,安庆石化在岗职工总数5345人,固定资产原值195.38亿元,净值114.79亿元,累计上缴国家和地方税金超过405亿元。

(卢　利)

【安徽曙光化工集团】 集团成立于1995年10月,由母公司安徽省安庆曙光化工(集团)有限公司及其全资、控股子公司共同组建而成,是以氰化物产品为龙头,集科、工、贸于一体的企业集团,为全国乃至亚洲规模最大的氰化物生产基地、中国首家《国际氰化物管理规范》认证企业。

集团主要产品为固体氰化钠、液体氰化钠、固体氰化钾、氰化银、氰化银钾、氰化亚金钾、乙二胺四乙酸及其钠盐、亚氨基二乙酸及其钠盐、液氨、碳酸氢铵、硫酸铵、甲醛、甲醇、金属包装桶(箱)、有机玻璃及其制品等,并拥有专业化的危险化学品道路运输、长江航运和船舶港口服务能力。

集团实施名牌战略,产品质量保持国内领先水平和国际一流水平,通过ISO9001质量管理体系、ISO14001环境管理体系和OHSAS18001职业健康安全管理体系认证。“庆宜”牌高纯度固体氰化钠成为国内客户首选对象,占据国内市场1/2份额,并远销到南美洲、非洲、澳洲和中亚、东南亚等众多国家和地区,被评为“安徽名牌产品”、“安徽出口品牌”、“安徽著名商标”。

集团持续推进技术创新,丙烯腈副产法固体氰化钠和轻油裂解法液体氰化钠生产技术一直位居国内同行业前列,固体氰化钾的开发和生产填补国内该产品工业化生产的空白,带动国内氰化物行业的技术进步。集团成为全国化学标准化技术委员会会员和相关国家标准的主要完成单位。集团董事长余永发担任中国无机盐工业协会副会长、氰化物分会会长,并被授予2005年度“全国劳动模范”和2010年度“全国优秀企业家”荣誉称号。

集团跻身安徽省80户重要骨干工业企业之列,被认定为安徽省百强“高新技术企业”,还先后被评为“全国化工环境保护工作先进单位”、“国家职业卫生示范企业”、“全国守合同重信用企业”,以及“安徽省文明单位”、“安徽省安全文化建设示范企业”、“安徽省劳动保障诚信示范单位”。

集团加快转型升级步伐,持续推进体制机制创新和管理创新、技术创新,发挥“清华大学——曙光化工氰衍生物联合研究中心”、曙光氰衍生物工程技术研究院有限公司等创新平台作用,正在安庆市高新区打造曙光化工园,实施集团改造升级工程,促进氰化工、精细化工、煤化工、有机化工、包装、物流等板块全面协调发展。

2014年,集团销售收入72053.48万元,利润27461.85万元,税收4165.99万元,出口创汇4273.53万美元。

纺织业和纺织服装业

【概况】 安庆市纺织服装产业涵盖纺织业、纺织服装服饰业两个行业大类,主要产品有:纱、布、服装等。2014年,全市纺织服装业企业304户,增加值48.8亿元。纺织服装产业对全市工业增长贡献率为17.2%,拉动全市工业增长2.17个百分点。

【企业选介】

安徽华茂集团　安徽华茂集团有限公司(以下简称:华茂)始建于1958年,是集纺纱、织造、烧毛丝光、色织、印染、服装和金融投资等经营的企业集团。安徽华茂纺织股份有限公司为集团控股的上市公司。

华茂为中国纺织行业“排头兵企业”,先后被国家有关部委、行业协会认定为“中国棉纺织精品生产基地”“国家认定企业技术中心”“高新技术企业”,全国500家“两化融合示范企业”及首批国家级两化融合贯标试点企业,三度获全国文明单位。2012年在中国社科院中国企业品牌竞争力指数(CBI)发布中,华茂位列中国纺织企业第一名。

至2014年底,华茂集团总资产79.17亿,净资产47.22亿,资产负债率40.35%,在岗员工6000多人。2014年集团销售收入38.56亿,利润4.96亿元,利税5.86　亿元,进出口总额1.37亿美元。华茂股份除拥有纺织资产外,还拥有广发证券、国泰君安证券公司、华泰保险、P E 投资等金融资产,形成产业资本、金融资本互为支撑的格局。

申洲针织(安徽)有限公司　申洲公司于2008年8月落户望江,至2014年,公司占地500亩,建筑面积40万平方米,各类机械设备12500台套,日生产能力达到30万件,员工8500人,成为安徽省最大的服装生产出口企业和安徽省百强企业。2014年,安徽工厂(含申洲、大千)完成产量5297万件;产值43亿元,加工费3.41亿元;出口创汇0.4亿美元;发放工资2.8亿元;上缴税收5993万元。各项经济指标比上年分别增长42.3%;46.6%;36.4%;16%;32%,12.8%。

公司积极推进信息化应用,先后投入硬件2300余万元,实现企业信息化、信息条码化。注重科技创新,投入科技资金3.7亿元,从事IE、MU和其他方面专业技术人员140余人。推行质量、环境、职业健康安全管理体系。2010、2012年获安徽省卓越绩效管理奖,2013年获安庆市政府质量奖,2014年自主创新品牌“马威”系列服装获“安庆市名牌产品”称号。实施精细化生产,利用先进设备进行标准化生产,引进意大利和美国的自动裁床,从制图到裁剪一体化电脑操作,投入3000多万元引进低能耗、节能型水洗设备,采用条形码管理代替人工搬运堆货。实行人性化管理,公司重视文化强企发展战略,定期开展丰富多彩文化娱乐活动,评选“文明之星”、“技术能手”、“寻找最美申洲人”等;在硬件投入上,公司全员办理工伤保险、生育保险、人身意外保险;部分员工办理养老保险、医疗保险;每年耗资5000万元实施全员免费吃住工程。

申洲集团在望江投资累计达8.5亿元,上交税收2.3亿元,出口创汇1.3亿美元,发放工资和各项福利、保险11亿多元,解决近万个固定就业岗位。2013年被中国纺织联合会认定为“中国纺织服装行业200强”之一,被国家外商投资协会评选为“全国先进外商投资企业”。

机械与装备制造业

【概况】 2014年,全市拥有规模以上企业327户,完成产值459.2亿元,机械装备制造业增加值增长11.2%。机械装备制造业对全市工业增长贡献率为15.06%,拉动全市工业增长1.9个百分点。

【企业选介】

安徽雄峰矿山装备有限公司　公司成立于2012年9月,主要从事研发、生产和销售矿用可移动式救生舱、矿用机电机械设备、仪器仪表、智能充电柜以及矿灯等井下紧急避险产品。公司位于潜山县,占地面积71.09亩,注册资本10000万元人民币。

公司是安徽省民营科技企业、全省文明诚信企业、安庆市知识产权优势企业、潜山县工业十强企业。公司与北京理工大学、徐州矿业大学、中国煤炭科学总院等建立长期产学研合作关系。引用中国航天技术,与中国电子科技集团38所共同研发的矿用可移动式救生舱,经过模拟灾变环境下10人106小时真人生存实验、高温实验、爆炸实验等环节的检测,具备国际领先水平。2013年,雄峰矿用可移动式救生舱取得国家矿用产品安全标志证书,具备国际领先技术,该项科技创新取得了国家专利23项。2014年,在中国创新创业大赛中,分别荣获安徽赛区先进制造行业总决赛二等奖、全国赛区总决赛优秀企业奖。2014年11月,雄峰矿用可移动式救生舱被安徽省科学技术厅认定为高新技术产品。

安徽盛运集团公司　公司专业从事大型成套新型环保设备和新型高端输送机械设备的设计制造、销售、租赁、运输、安装调试及其相关项目工程成套设备的总包。集团公司拥有自主知识产权的发明专利17项、实用新型专利共176项。“循环流化床垃圾焚烧综合利用工程”获“九五”国家科技部和中国科学院重点科技攻关计划项目奖；“高蒸汽参数城市生活垃圾清洁焚烧发电系统集成技术” 被国家环保总局批准为“国家重点环境保护实用技术”；集团自主研发的“循环流化床垃圾焚烧锅炉”、“医废危废焚烧系统烟道式余热锅炉”代表国家城市垃圾焚烧处理的主流技术。

公司位于桐城市，创办于1997年，占地179万平方米，员工2900多人，集团母公司拥有总资产109.7亿元，年营业销售总值56.8亿元，注册总资本19.6亿元；集团下属32家全资公司、两家控股公司以及11家参股公司，1个国家地方联合工程研究中心、2个省级工程技术研发中心和1个省级博士后科研工作站。

2014年，盛运成功重组（全资收购）北京中科环保公司，实现了产业优化调整；成功开发顺推式和逆推式350T、400T、500T炉排炉技术与装备设计；获得环境污染治理总承包甲级资质、环境污染治理设施运营甲级资质、钢结构工程专业承包壹级资质、建筑工程施工资质；在垃圾焚烧发电项目投资总包、运营管理项目产业上，投产发电项目3个，开工建设项目5个，与各地政府签约BOT项目和BOO项目达13个。

战略性新兴产业

【概况】 2014年，全市把发展战略性新兴产业作为调整结构、转型升级、创新发展的重要抓手。新兴产业初具规模，全年完成产值343.13亿元，比上年增加45.96亿元，增长16.74%。培育一批龙头企业，围绕新材料、高端装备制造、电子信息、节能环保、生物医药等战略性新兴产业，重点培育曙光、飞凯、泰发、卫康、安柴、环新、盛运、丹凤等一批战略性新兴产业企业。2014年，全市战略性新兴产业企业有164户，比上年净增加19户。产业体系不断完善，市化工新材料、高端装备制造、节能环保、新能源、新能源汽车为主的新兴产业体系逐步形成。化工新材料方面，利用安庆石化C4、丙烯腈等化工原料资源，发展己二腈、ABS、紫外光纤、特种专用精细化学品及复合材料等化工新材料，并已初具规模；节能环保方面，以盛运集团为龙头企业生产的生活垃圾焚烧发电一体化装备、污水处理等环保装备国内领先，以泰邦集团为代表的生产船用节能环保设备及输变电设备具有较强竞争力；高端装备制造方面，安庆中船公司与世界500强之一卡特彼勒公司合资生产马克品牌等中速柴油机国内领先、鸿庆精机与富士康合作生产五轴联动数控机床规模不断壮大、海军4812厂非晶软磁制带成套设备批量生产；新能源汽车方面，引进江汽集团在安庆投资建设新能源汽车及零部件产业园，望江县政府和河北新宇宙电动车有限公司建设年产2万辆新能源轻卡等车型整车生产线；新能源方面，全市已建成、在建、已核准、正在开展前期工作及正在测风的风电项目共41个，总装机容量为3043兆瓦，计划总投资约240亿元。技术创新不断加强，依托重点企业、高等院校和科研院所，建设一批国家和省级企业技术中心、工程技术（研究）中心、实验室和院士（博士后）工作站，推动盛运集团建设国家级工程研究中心、华茂集团建设国家级企业技术中心，向国家发改委申报并获得批准，已建成国家级工程研究中心1家、国家级企业技术中心1家、省级企业技术中心48家、省级工程研究中心1家、省级工程实验室4家、市级企业技术中心49家，省级院士工作站1家（安庆市振发汽车锻件有限责任公司安徽省院士工作站）。博士后工作站3家（安庆高新技术创业服务中心博士后科研工作站、安庆长江大桥综合经济开发区博士后科研工作站、中石化安庆分公司博士后工作站）。

【企业选介】

安徽永安电子科技有限公司　安徽永安电子科技有限公司是江苏林洋电子股份有限公司在安庆投资成立的全资控股子公司，位于宜秀区大桥经济开发区，成立于2011年3月，注册资金1.83亿，占地120亩，从事智能电网计量配套产品及新能源产品生产与销售，目前主要产品有智能电能表（结构件）、继电器、电流互感器、计量传感器、LED照明节能系列产品，“林洋”商标为中国驰名商标。

公司注重技术研发创新，研发一批智能电网配套产品，拥有专利技术50多项，其中，YAG2电力磁保护继电器、抗强磁高性能集成式智能电表模组等一批新品为电工仪器仪表行业首创。2014年实现销售收入1.8亿，上缴税收1500万，先后被评为“安徽省劳动竞赛先进集体”“安庆市劳动保障诚信评价A级企业”“安庆市高新技术企业”，获“宜秀区纳税十强企业”

“科学技术二等奖”。

安徽西锐重工科技有限公司　该公司位于怀宁县高河镇，是一家集研发、生产、销售及服务于一体的高新技术企业，主要从事焊接切割设备、塑料成型设备、机电产品、光电产品、电子产品、工业控制设备及应用软件相关产品的附件、消耗品的生产、销售。公司占地80亩，总投资2.5亿元，分两期建设，其中一期工程投入1.8亿元，2008年10月动工建设，已完成切割自动化设备线与耗材线的车间生产布局；二期工程于2012年10月动工建设，现设备正在安装调试。2012年实现销售收入1.2亿元，创利税1100多万元。产品拥有完全的自主知识产权，其中发明专利3项、实用新型专利18项、高新技术产品4项，尤其是机用高性能等离子电源及耗材填补了国内空白。2011年，与上海理工大学合作成立“西锐铜基复合材料及加工技术研究院”和“激光技术研究院”，与合肥工业大学合作建立博士后工作站，承担了安徽省战略性新兴产业重大科技攻关计划项目，并被认定为高新技术企业。2012年，成功申报3项发明专利并通过审核，生产的“可自动补偿的六轴五联动等离子坡口切割机”被省经信委评为“安徽省首台(套)重大技术装备”。2013年，围绕焊割设备产业继续推动产品升级接代，开发并批量生产第三代产品——激光数控切割机，加大整机关键零部件和耗材的国产化研发力度，替代进口；积极研究开发3D打印技术。2014年6月，西锐重工参加世界3D打印技术产业大会暨博览会。10月，参加2014年第十三届中国苏州电子信息博览会。

电力工业

发　电

【概况】 2014年，市境内发电企业有神华神皖安庆皖江发电有限责任公司、华能花凉亭水电有限公司、国电安徽毛尖山有限公司等170多家公用电厂，全年发电64亿千瓦时。

【神华神皖安徽安庆皖江发电有限责任公司】 由神华集团神皖能源有限责任公司全资控股，公司成立于1997年。公司一期2×300兆瓦发电机组于2002年11月28日开工建设，分别于2005年1月、5月建成投产，是国家电力体制改革厂网分开后省内首家投入商业运营的火力发电厂，并先后获“2007年度中国电力优质工程奖”“2007年度国家优质工程银质奖”等奖项。经过2006年、2007年增容改造，一期两台机组额定出力均已达到320兆瓦，现总装机容量为640兆瓦。

公司多次获得安徽省迎峰度夏劳动竞赛一、二、三等奖及“大机组连续运行奖”；2号机组在2013年度全国同类型446台机组对标竞赛中排名第二，连续三年获一等奖。两台机组获2014年安徽省电网公司迎峰度夏劳动竞赛连续运行奖，连续四年获奖。2号机组连续第三年获得全国火电300兆瓦级纯凝湿冷机组竞赛一等奖。

公司二期2×1000兆瓦机组扩建项目是安徽省“861”项目、安庆市3231项目，并纳入安徽省“十二五”能源发展规划，是神皖能源公司成立以来在安徽省内全力推进的首个电源点建设，工程批准概算投资72.37亿元。本项目自2011年7月启动前期工作以来，于2012年8月获得批准，2013年7月完成可研收口审查，2014年12月30日安徽省发改委正式核准批复。

2014年，全年实现发电量34.03亿千瓦时，累计发电335亿千瓦时。实现利润总额2.06亿元，同比增加0.09亿元。到2014年底，连续安全生产3632天，1号机组实现无非停508天，2号机组实现无非停1648天，二期扩建工程安全无事故808天。

2014年公司对1号机组进行A级检修，期间先后完成1号机通流改造、1号炉低氮燃烧改造、1号炉引风机与增压风机二合一改造、1号炉空预器回收密封装置改造等重大技改项目。1号机通流改造的成功，可降低供电煤耗5克/千瓦时，使煤耗指标达到国内一流水平；1号炉低氮燃烧改造成功，在炉内可将氮氧化物控制到200毫克/立方纳米以下，大幅度减少脱硝SCR(烟气催化还原，减少氮氧化物排放)运行成本，对改善当地的大气环境质量有着重要作用，环境与社会效益显著；1号炉空预器回收密封装置改造成功后，不仅提高运行可靠性，还使空预器漏风率降低到3.5%以下，在国内居于领先水平，降低煤耗0.5—0.6克/千瓦时；1号炉引风机与增压风机二合一改造后，降低脱硫系统单耗，保证脱硝SCR改造后锅炉系统的安全、可靠运行。根据中电联公布的数据，A修后的1号机组供电煤耗、厂用电率等主要指标已处于全国同类型机组第一。

12月30日,公司二期扩建工程获核准。为保证工程按计划顺利推进,公司一方面狠抓安全管控,建立安全管控体系,发布实施《安全文明施工规划》、《安全文明施工设施标准图册》。进行主要危险源辨识,采取针对性防控措施。推行安全文明施工区域小模块管理,严格落实领导带班制,强化八小时之外的安全管理。开展安全日巡查,建立安全交流QQ群。所有接口工程均按生产设备管理,施工区域物理隔离,施工期间设备部专人现场监护,管理人员不定期抽查安全文明施工情况。另一方面严控工程质量,编制实施《创优规划》,坚持"样板引路、一次成优"创优理念。锅炉受热面施工严格执行集箱内窥镜检查、通球及二次通球的旁站和隐蔽签证。加强设备监造和出厂验收工作,设备监造有制度、有措施、过程有监控。同时积极响应国家节能减排政策,打造绿色环保机组,在二期百万机组实施蒸汽加热项目和吹管优化项目等节能提效及除尘、脱硫、脱硝增效等环保减排措施,污染物烟尘、二氧化硫、氮氧化物排放分别小于2毫克/立方米、17毫克/立方米、22.5毫克/立方米,近零排放标准。2014年,二期百万机组汽机扣缸、水压试验等里程碑计划均已按期完成。土建、安装工作基本结束,进入尾工清理阶段,调试工作已全面展开。安全、质量、进度均可控在控,烟塔区域获评全国"五星工地",水塔施工工期创世界纪录。

【华能花凉亭水电有限公司】 华能花凉亭水电有限公司位于安徽省太湖县境内,利用国家大(1)型水库——花凉亭水库储水发电。

公司前身为"安徽省安庆市花凉亭水电站"。2011年12月31日,安庆市人民政府与中国华能集团签署协议,将安徽省安庆市花凉亭水电站国有产权整体无偿划转到中国华能集团公司。划转后进行公司制改制,2012年8月,更名注册为"华能花凉亭水电有限公司"。注册资本金5000万元。2014年10月,中国华能集团公司与华能国际电力股份有限公司签署股权转让协议,将中国华能集团公司在华能花凉亭水电有限公司注册资本中的出资比例及权益100%转让给华能国际电力股份有限公司。

公司现总装水轮发电机4×10兆瓦,设计多年平均发电量1.05亿千瓦时。电力主要输送至华东电网,也可通过两条35千伏出线为太湖和宿松两县(地)转供电。2014年,公司完成发电量9739.85万千瓦时;转供电1042万千瓦时;上缴税费368.97万元。

2014年8月,华能安徽分公司与太湖县人民政府签订《太湖风电、光伏项目开发协议书》,预计太湖县域内风电场项目建设规模250兆瓦,总投资约25亿元,分二期开发。其中一期开发风电约100兆瓦,投资约10亿元,已建好测风塔进入测风阶段。水面光伏项目已委托专业机构正在拟订《水面光伏电站技术方案》,部分水域已安装设备进行测光。

【毛尖山水电公司】 2014年,国电安徽毛尖山水电有限公司发电量5734万千瓦时。发电单耗3.45立方米/千瓦时,综合厂用电率1.01%;水库流域全年降雨1581毫米,水库进水2.42亿立方米(含相公庙电站来水)。至年底,安全生产累计5599天,在国电安徽公司年度目标考核中连续第三年被评为B级企业。

坚持计划检修与状态检修相结合的原则,加强对设备的管理。对发现的隧洞出水口岔管隔离钢板撕裂缺陷和1号机组推力头与镜板连接螺栓断裂缺陷随即进行抢修,消除重大设备隐患,保证汛期安全正常发电。年底对1号机进行技改性大修。对超使用年限的老设备和年久失修设备进行鉴定,列出计划,适时更新。对2号机组按计划进行大修,对冷却水系统和高压空压机进行更新等。

供　电

【概况】 2014年,全年完成电网各类投资10.57亿元,其中固定资产投资7.85亿元(电网基建投资6.56亿元);新增110千伏及以上线路347.4公里,变电容量65.3万千伏安。全社会用电量94.4亿千瓦时,同比增长3.95%。全口径线损率6.88%,同比下降0.37%。

加强作业现场的风险管控,全年查处各类违章行为545人次,下达安全监督通知书7份。建立隐患排查常态机制,完成533项事故隐患整改,隐患排治数量位居全省第一。科学调度电网运行,发布预警通知单62份,编制启动送电方案76份,保证电网安全稳定。完成迎峰度夏5项基建工程验收送电,完成主配网技改大修项目计118项,220千伏线路创建率100%,220千伏独秀变在创红旗变电站中获得好评,开展城市配网不停电作业914次。深化状态检修和全过程技术监督,开展110千伏及以上设备停电检修127台(条)次,整治低压台区173处。公司荣获第四届全国文明单位，一市七县公司获安徽省文明单位。

【智能电网建设】 完成安庆地区电网和配电网至2020年滚动规划，建立配网项目规划储备库。开展±800千伏陕西至江西特高压线路宿松段、500千伏安庆三变等19项大中型电网项目前期工作，向省公司争取资金8265万元用于解决县域农配网低电压、卡脖子问题，推动各级电网协调发展。完成工程设计项目277个，做好规划评审和工程监理工作。

2014年新建、续建输变电单项工程54项。争取政府支持，将有代表性的基建工程纳入市重点调度项目，以点带面推动电网项目落地，220千伏晴岚变、武昌变等19项单项工程顺利投产。做好±800千伏灵绍线、500千伏安庆电厂二期线路送出工程的属地化管理工作。加强农网工程管理，公司1项工程获国网公司“农网百佳工程”，13项工程获省公司“精品工程”，位于全省首列。累计安装智能电表136.34万只，实现远程采集132.62万户，远程采集覆盖率达65.59%。生产、营销协同配合，市县公司同步推进营配贯通，高压建模进度等3项指标位列全省第一。

【经营管理与服务】 推进电能替代项目56个，市场开拓电量2.33亿千瓦时。强化自备电厂管理，促使石化等企业补交两项政府基金1706万元。开展专题分析，实现综合计划与预算执行全过程监测监控。组织县公司梳理、编写《2014年经营难点看板》，对盈利能力、发展能力和偿债能力进行评估和风险提示，并提出解决思路或措施。

加强月度工作绩效评价管理，深化督查督办机制，推动执行力提升。开展经营指标月度分析和诊断，按月通报成本使用均衡情况及专项预算进度。开展县公司2014年电网建设专项调研，对项目批复和资金能力进行重点分析，形成调研报告提供决策支撑。

“零差错、零闪动、零投诉”完成省十三运保供电工作，全力配合“大宜城”建设，开展供电配套建改项目26项。简化过程，优化环节，全面提高业扩效率，缩短接电时间20%。拓宽缴费渠道，市、县公司现有代收点2802个，同比增长19.05%，建成城区“十分钟缴费圈”“村村有交费点”。编制《供电服务风险点汇编》和《典型投诉案例手册》，加强培训，高压态势、闭环管理强化服务投诉管控。城区6个社区试行经理制，开展高压客户“点对点”信息告知，着力创新供电服务模式。加强停电计划管理，试用远程停复电2890次，减少终端客户停电时间。2014年共完成1227个“低电压”配电台区整改。

【企业管理与创新】 强化中层干部培训与考核，注重后备力量培养与锻炼。开展专家人才遴选和推荐，公司拥有三级专家人才43人。落实培训计划，做好各类竞赛调考服务，全年开展技能鉴定6996人。参加竞赛调考，获得安徽省安全用电知识竞赛团体一等奖；省公司供电服务营业专业技能竞赛团体二等奖，农电工岗位知识竞赛和智能变电站设计竞赛均获三等奖；个人奖项10余个。拍摄《前进》等宣传片，微电影《换号》获省青年文明号微电影大赛金奖，企业文化传播成效显著。组建“青年梦想团队”，传播正能量。加强新闻宣传，在各类媒体发稿579篇。深化企业民主管理，开展班组减负调查研究。公司获得省电力公司群创项目奖励6项，省电力公司管理创新成果奖项15项，省电力公司QC成果获奖9项，申报专利56项。

附：2014年安庆市高新技术企业名单

安徽金斗机械制造有限责任公司
安庆乘风制药有限公司
安徽万邦特种材料有限公司
太湖金张科技有限公司
安徽岳塑汽车工业有限公司
安徽省岳西缸套有限公司
安徽佳明环保科技股份有限公司
安徽华茂纺织股份有限公司
桐城市汽车部件有限公司
安徽乐健绿色食品有限公司
安徽宏昌机电装备制造有限公司
桐城市佛光铜质工艺品有限公司
安徽丹凤电子材料股份有限公司
安庆新曙光精细化工有限公司
安徽安科余良卿药业有限公司
安徽盾安民爆器材有限公司
安徽华业香料股份有限公司
安徽同发设备股份有限公司
海南卫康制药(潜山)有限公司
安徽时联特种溶剂股份有限公司
安徽钟南电器有限责任公司
安徽省枞阳县旭阳金属颜料有限公司
安徽微威胶件集团有限公司
安徽徽光电子科技有限公司

安徽金门工贸有限公司
太湖集友纸业有限公司
安庆联动属具股份有限公司
安徽华晶机械股份有限公司
安徽中晨机械有限公司
安徽瑞林汽配有限公司
安徽实华工程技术股份有限公司
安庆三维电器有限公司
安徽省欣雨环卫机械有限公司
安庆市中天石油化工有限公司
安庆机床有限公司
安庆市振发汽车锻件有限责任公司
安庆市德奥特汽车零部件制造有限公司
安徽众和达光电有限公司
安徽雄峰实业有限公司
安庆市三阳塑胶材料有限公司
安徽皖山食品有限公司
安庆帝伯格茨活塞环有限公司
安庆市恒瑞达汽车零部件制造有限公司
安庆天瑞新材料科技股份有限公司
安徽白兔湖动力有限公司
安徽索维机电设备制造有限公司
安徽明威照明器材有限公司
安庆金泉药业有限公司
安庆飞凯高分子材料有限公司
安徽攀登重工股份有限公司
安徽枞晨回转支承有限公司
安徽博隆节能电器有限公司
安徽省信诺捷科机电信息科技有限公司
安徽扬帆机械股份有限公司
安徽丹凤集团桐城玻璃纤维有限公司
安徽华章信息技术有限公司
安徽东星汽车部件有限公司
安徽国电能源设备工程有限公司
安庆帝伯格茨缸套有限公司
安徽银球轴承有限公司
安庆市天润工程机械有限责任公司
安庆市阳光机械制造有限责任公司
安庆市恒昌机械制造有限责任公司
安徽瑞晶生物科技有限公司
安徽福斯特汽车部件有限公司
岳西县泉源盛工艺品有限公司
安庆凯美特气体有限公司
安徽华诚电气有限公司
安徽蓝锐电子科技有限公司
安徽省皖江机电设备制造有限公司
安庆市索隆新材料有限公司
安徽盛运环保(集团)股份有限公司
岳西县天鹅电子科技有限公司
宿松恒达电气配件有限公司
安徽宇腾真空电气有限责任公司
太湖县光华铝业有限公司
安徽信灵检验医学科技有限公司
安徽安簧机械股份有限公司
安庆市特种橡塑制品有限责任公司
安庆市信华电子机械有限公司
安徽养和医疗器械设备有限公司
安徽菱湖漆股份有限公司
安徽省安庆市曙光化工股份有限公司
安徽赛而特离心机有限公司
安庆市佰联无油压缩机有限公司
安庆中船柴油机有限公司
安庆市同博科技开发有限责任公司
安徽省精英机械制造有限公司
安徽贝德泵阀科技股份有限公司
安徽永恒动力科技有限公司
安徽欧耐橡塑工业有限公司
安徽盛仁新型建材有限公司
安庆五宁精细化工有限责任公司
安徽嘉乐斯乐净化工程有限公司
安庆帝伯粉末冶金有限公司
安徽大地工程管道有限公司
安徽中科自动化股份有限公司
安庆友仁电子有限公司
安徽天地高纯溶剂有限公司
安庆市虹泰新材料有限责任公司
安徽众恒复合材料科技有限公司
安徽天翔高新特种包装材料集团有限公司
安庆市吉安汽车零件锻轧有限公司
安徽柏邦钛白粉有限公司
安庆市龙珠包装有限公司
安徽金隆园食品股份有限公司
太湖华强科技有限公司
安徽同丰橡塑工业有限公司

附:2014年安庆市战略新兴产业名单

安徽宇宝电气有限公司
安庆市振发汽车锻件有限责任公司
安徽宜源环保科技股份有限公司
安庆市嘉欣医用材料有限公司
安庆卡尔特压缩机有限公司
安庆凯美特气体有限公司
安庆机床有限公司
安庆市志诚耐磨材料有限责任公司
安庆市泰发能源科技有限公司
安庆飞凯高分子材料有限公司
安庆通显新材料有限公司
安庆市泓源机床工具有限责任公司
利欧(安庆)生物工程有限公司
安庆市中创生物工程有限公司
安徽华晶机械股份有限公司
安徽永安电子科技有限公司
安徽普瑞斯塑料机械制造有限公司
安庆市亿豪工贸发展有限公司
安庆市英德利模具机械有限责任公司
中国人民解放军第四八一二工厂
安徽省中力汽车制动系统制造有限公司
安庆市聚龙电器设备制造有限责任公司
安庆联控机电科技发展有限公司
安庆和兴化工有限责任公司
安庆瑞特机械制造有限公司
安庆联动属具股份有限公司
安徽省鸿庆精机有限公司
亚昕(安庆)科技有限公司
安庆长谷川船舶科技有限公司
安徽安科余良卿药业有限公司
安庆市佰联无油压缩机有限公司
安徽安太电力设备有限公司
安徽合力股份有限公司安庆
安庆市环新集团有限公司
安徽同发设备股份有限公司
安庆市南方实业有限公司
安庆市恒昌机械制造有限责任公司
安庆市天润工程机械有限责任公司
上海宝龙安庆药业有限公司
安庆市恒瑞达汽车零部件制造有限公司
安庆变压器有限公司
安庆市申庆机床制造有限责任公司
安庆华氏中药饮片有限公司
安徽德琳环保发展(集团)有限公司
安徽上信电子科技有限公司
安徽艾德嘉电子有限公司
安徽中科能源环保有限公司
安徽众和达光电有限公司
安徽银球轴承有限公司
安徽福斯特汽车部件有限公司
安徽西锐重工科技有限公司
安徽博隆节能电器有限公司
安徽嘉乐斯乐净化工程有限公司
安徽省三环万隆机电设备制造有限公司
安徽中启能电力工程有限公司
安徽永恒动力科技有限公司
安庆市豪盛电线电缆有限公司
安庆雄振豪展电子有限公司
安庆耀星照明科技有限公司
安徽省枞阳县凯特电子科技有限公司
安徽旋利达电机有限公司
安徽枞晨回转支承有限公司
安徽展大机械有限公司
枞阳县康诺药业有限公司
枞阳县儒道一电子产品有限公司
安徽大地节能科技有限公司
安徽省枞阳县高压电瓷管厂
安徽盛仁新型建材有限公司
安庆天瑞新材料科技股份有限公司
潜山县天虹卫生材料有限公司
安徽精科机器有限公司
安徽金源机电设备有限公司
安徽米兰电子科技有限公司
安徽孺子牛轴承有限公司
安徽千禧精密轴承制造有限公司
安徽钟南人防工程防护设备有限公司
潜山县吉亮照明电器有限公司
安徽嘉欣医疗用品有限公司
安徽盛泰绝缘电气有限公司
安徽佳明环保科技有限公司

安徽德勤机械股份有限公司
安徽华一防爆电气有限公司
安徽利达汽车轴承制造有限公司
海南卫康制药(潜山)有限公司
安徽省太湖电机有限责任公司
安徽徽光电子科技有限公司
安徽锦鸿环保科技有限公司
太湖县金辉煌电子科技有限公司
太湖县牛力模具制造有限公司
安徽宏宇五洲医用器材有限公司
太湖金张科技股份有限公司
安徽中磁高科有限公司
宿松森达高压电器有限公司
抚松电力瓷业有限责任公司
宿松恒达电气配件有限公司
安徽普和电子有限公司
安庆友仁电子有限公司
安徽省信诺捷科机电信息科技有限公司
安庆市宇丹电子有限公司
安庆市汇鑫电器有限公司
宿松胜荣电子科技有限公司
安徽省煊强机电有限公司
安徽达来电机有限公司
安徽亚控自动化科技有限公司
安徽省精英机械制造有限公司
望江永晟照明有限公司
安庆市皓远进出口有限公司
安庆市尚科轴承有限公司
安庆金泉药业有限公司
安徽博泰电路科技有限公司
岳西县创奇电器有限责任公司
岳西县顺达机械有限公司
安徽天赋生物科技有限公司
岳西县鸿腾电子有限公司
安庆乘风制药有限公司
安徽瑞林汽配有限公司
安徽天元电子科技有限公司
岳西县天鹅电子科技有限公司
安徽省亿嘉弘电器有限公司
安徽省亿德太阳能新能源科技有限公司
安徽中阳汽车电子有限公司
安徽润达机械有限公司
岳西县同发机械有限公司
安徽省同昌机械有限公司
安徽明威照明器材有限公司
安徽蓝锐电子科技有限公司
安徽省立特光电科技有限公司
安徽金科药品包装材料有限公司
中国建材桐城新能源材料有限公司
安徽盛运科技工程有限公司
安徽信灵检验医学科技有限公司
安徽攀登重工股份有限公司
桐城信邦电子有限公司
安徽扬帆机械股份有限公司
安徽新瑞环保设备有限公司
安徽同力科技发展有限公司
安徽晨光机械有限公司
安徽丹凤电子材料股份有限公司
安庆市神舟电力设备制造有限公司
安徽恒泰机械股份有限公司
安徽华运机械有限公司
安徽长城输送机械制造有限公司
安徽盛运机械股份有限公司
安徽建华机械制造有限公司
安徽盛运橡胶有限责任公司
安徽君鹏机械有限公司
安徽凯达机械制造有限公司
安徽港矿机械有限公司
桐城市金牛耐磨材料有限公司
安徽嘉联生物科技有限公司
桐城市永久消防器材有限公司
安徽金峰机械有限公司
安徽中科集团有限公司
安徽丹凤集团桐城玻璃纤维有限公司
桐城市杰出造型材料厂
桐城市精英玻纤有限公司
安徽腾达机械有限公司
安徽华盛机械有限公司
桐城市徽光电碳有限公司
安徽盛博冶金环保科技有限公司
安徽艾瑞德农业装备发展有限公司
安徽科重重工股份有限公司
安徽养和医疗器械设备有限公司
安庆市柯旷动物药业有限公司

农村经济

综　述

安庆是全省农业大市，农业资源丰富，多样性明显。有耕地447万亩、可养水面223万亩、山场840万亩，适宜于农林牧渔业全面发展。全市有国家级优质米基地县5个、优质棉基地县3个、全国生猪调出大县1个、生猪基地县5个、省级水产大县7个，水产、油菜、棉花产业被列入国家优势产业带布局，主要农产品产量位居全省前列，是长江中下游重要的优质农产品生产基地。2014年，全市粮食总产量258.6万吨，比上年增长4.45%，增幅居全省第5位。肉类总产33.1万吨，增长2.29%。生猪出栏284.9万头，增长3.29%。家禽出栏6670万羽，增长2.21%。禽蛋产量19.47万吨，增长2.04%。水产品产量38.5万吨，增长4.65%。茶叶产量1.23万吨，增长14.4%。

保障农产品供给。落实强农惠农政策，及时向农户发放各项惠农补贴资金21亿元。开展春耕备耕，午季作物播种，保障农资供应。抓好科技培训，做好推广示范，全市举办各类农业技术培训班6900多期（次），培训技术人员和农民115.3万人（次）。应用测土配方施肥面积900万亩（含复种面积），创建万亩油菜高产示范片9处，推广池塘高效生态养殖20.2万亩。加强农作物田间管理，全市农作物病虫害统防统治面积360万亩。强化农机化服务，全市农作物耕种收综合机械化率达到62.5%。适时应对H7N9流感疫情影响，加强动物疫病防控。发展水产健康生态养殖，申报获批农业部水产健康养殖示范场15家。2014年，安庆市被省政府授予"全省粮食生产先进市称号"，枞阳县被农业部授予"全国粮食生产先进单位"称号。

启动实施"5211"工程。打造"五个百万"基地：百万亩优质粮油基地、百万亩高效园艺基地、百万亩特色水产基地、百万头有机畜禽基地、百万亩生态林基地；扶持"两个十"即十大农业产业化龙头企业、十大名牌农产品；探索建设一个农产品批发大市场；创建一个海峡两岸农业合作实验区。至年底，已编制完成"五个百万"基地专项规划，引进浙江海亮集团、福建浙商集团，分别在枞阳县、宿松县投资开工媒鸭和水产品生态养殖项目。在安庆市国家级农业科技园区内成立全市首家农业院士工作站。起草编制海峡两岸农业合作试验区发展规划和实施方案，组织企业参加皖台农业交流座谈会，与台湾42家农业合作社就试验区建设进行洽谈对接。

推进产业化发展。修订出台《安庆市促进现代农业发展的若干政策（试行）》，市财政安排5000万元促进现代发展专项资金。全市新增农业产业化规上企业71家，总数达650家，居全省第一。新增望江合成圩、太湖熙岸、宜秀杨桥等3家省级现代农业示范区，总数达8家，居全省第一。全年农产品加工值首次突破1000亿元，达1067.1亿元，总量全省第二。在上海成功举办首届安庆名优农产品交易会，共有140家企业近500个品种参展，现场销售额725.3万元，有55家参展企业与上海采购商签订18.4亿元的购销协议。在合肥继续举办第二届安庆绿色有机农产品年货展销会。

深化农村土地改革。在潜山、宿松两个省级农村综合改革试点县，整县推进农村土地承包经营权确权登记颁证试点工作，其他县（市）区各选择一个乡镇试点。4月6日，中央电视台《新闻联播》专题报道潜山县确权颁证工作经验。创新农村耕地承包经营权融资新机制，在宿松县发放全市首笔农村土地承包经营权抵押贷款100万元。加快土地流转，发展适度规模经营。全市耕地流转面积211万亩，比上年增加42.88万亩，流转率47.2%，居全省前列。全市经营耕地50亩以上的大户10629户，其中100亩以上的6878户，面积最大是的桐城新天地农资公司，规模经营耕地3.2万亩。

培育新型农业经营主体。加大对农民专业合作社和家庭农场扶持力度，兑现促进现代农业发展专项资金705万元，对示范合作社和示范家庭农场进行奖补。全年新增农民专业合作社766家，家庭农场1070家，其中新创建国家级示范合作社14家，省级示范合作社8家，省级示范家庭农场15家。农民专业合作社总数4837家，家庭农场总数1508家。与市人民银行合作开展家庭农场直管直贷试点，全市直管直贷试点家庭农场26家，贷款余额1645万元。开展新型职业农民培育工作，全年培育职业农民2440人。

加强农产量质量监管。组织开展农资市场专项整治工作，全年共检查企业2329个（次），立案查处166件，挽回经济损失400余万元。做好农产品检测，推进安庆市农产品质量安全检测中心项目建设，完成实验室工程改造任务，利用检测中心先进仪器设备，组织开展蔬菜农药残留安全检测工作，全市蔬菜农残和“瘦肉精”检测合格率为100%。开展“三品一标”质量认证，新增无公害农产品23个，绿色农产品14个，有机农产品9个，地理标志产品2个。新建部级畜禽规模养殖标准化示范场2家。全年未发生一起农产品质量安全事故。

强化民生保障工作。开展以船为家渔民上岸安居工程，引导各地通过集中建房、自建、购房、集中修缮等多种途径，有效解决渔民上岸问题，提前一个月完成省下达的以船为家渔民上岸安居任务。开展秸秆禁烧，建立“市包县、县包乡、乡包村、村包组、组包户、户包田”的六级联保制度，加快秸秆综合利用。全年共利用秸秆240.3万吨，占秸秆可收集量的86%。在省大气办公布的2014年全省秸秆焚烧卫星及巡查火点通报中，市火点数比上年减少90%，处全省先进位次。

（张哲生）

美好乡村建设

【概况】 2014年，全市加快推进美好乡村建设，首批77个省级重点示范村全面建成并顺利通过省级考核验收，87个市级中心村建设稳步推进，改造农村危房1.7万户，县乡公路268公里，加固危桥117座，乡镇农村清洁工程实现全覆盖，“三线三边”环境治理扎实有效。潜山、岳西、桐城被评为全省美好乡村建设先进县，市获得先进县的数量位居全省第一。省委书记张宝顺、副书记李锦斌等省委领导对市美好乡村建设取得的成绩给予充分肯定；《人民日报》、中央电视台、《安徽日报》、安徽广播电视台等多家中央和省主流媒体，多次报道市美好乡村建设，对经验做法和探索实践给予宣传和推介。

坚持规划先行。在完善村庄布点规划的基础上，按照“启动一批、编制一批、建设一批”思路，编制全市87个中心村建设规划，实现“全市一盘棋、一村一蓝图”。同时，沿山水线、国省道等重点区域，规划建设10条美好乡村示范带，变“交通线”为“风景线”、“示范带”为“景观带”。潜山县列入国家美好乡村综合标准化示范县，岳西县请水寨村村庄规划被评为全国优秀城乡规划设计。

突出建设重点。以村庄整治为主，不搞大拆大建。全市87个市级中心村共拆除和改造危房37万平方米，硬化村级道路468公里，安装路灯5200盏，清淤河道沟塘425个，拆除旱厕2913个，建排污管道或硬化沟渠185公里，新建集中污水处理设施149座。岳西县水畈村获第二届“中国十大最美乡村”称号，潜山县官庄村获2014年度中国人居环境范例奖，桐城市孔城镇等5个镇村获评省第一批宜居镇村。

强化保障机制。强化责任落实机制，坚持党政主要负责人负总责、党委副书记主抓。强化结对共建机制，每个中心村实行一名领导、一个牵头部门、一套班子、一抓到底。强化督查调度机制，组织市几大班子、市直部门和县（市）区负责人，现场观摩，相互学习。强化资金投入机制，市、县两级共安排财政专项资金2.9亿元，整合各类涉农项目资金9.6亿元，完成投资19.3亿元。强化考核奖惩机制，对5个县（市）区、20个模范村进行表彰，兑现以奖代补资金。强化管理运行机制，中心村普遍推行成立一个村民理事会、开展一次民意调查、组织一场宣传发动、编制一张规划蓝图、制订一份建设方案、出台一批管理制度、建立一套档案资料的“七个一”工作模式，实现建有方向、评有标准、管有办法、美可持久。

扶持产业发展。立足各地资源禀赋，打好“三张牌”：对生态资源型村庄，坚持自然景观与旅游发展相结合，打好“旅游牌”；对产业资源型村庄，做好“一村一品"文章，打好"产品牌"；对人文资源型村庄，挖掘历史遗存和民俗传说，打好"文化牌"。岳西县石关村坚持产村融合发展，将旅游元素植入中心村，全村农民人均纯收入近2万元。潜山县官庄镇杨庄村、桐城市孔城镇晴岚村、怀宁县黄墩镇高楼村、岳西县菖蒲镇水畈村、太湖县北中镇、枞阳县陈瑶湖镇前河村、宿松县洲头乡金坝村等7个村(镇)被评为安徽省第七批一村一品专业示范村(乡、镇)。

【形成各具特色的示范典型】 岳西县水畈村被评为"2014年度中国十大最美乡村"，潜山县列入全国美丽乡村建设标准化试点县，怀宁五桥村等6个乡村列入全国美丽乡村创建试点乡村，太湖县金鹰村蔡畈古民居等6个村入选中国传统村落，望江县回民村入选首批中国少数民族特色村寨，宿松县金坝村等5个镇村成为全省第一批宜居村庄。

【"三线三边"环境治理】 全年开展"三线三边"环境治理活动，沿示范带新添垃圾桶15000余只，新修垃圾池1500余座，清理违章建筑及乱搭乱建6840余处，整治违章广告牌13480余块、占道经营2500余起，完成造林57860多亩，补植林木20多万棵，对37个非煤矿山和裸露山体分批分期进行治理和复绿。

（张哲生）

种 植 业

【概况】 2014年，粮食总产258.64万吨，比上年增长4.45%；油料总产29万吨，与上年基本持平；棉花皮棉总产8万吨，减少4.9%；茶叶总产1.05万吨，增长13.3%；蔬菜总产130万吨，增长2.36%；蚕桑发种13.5万盒，减少2.5%；水果总产8万多吨，与上年持平。全市种植业各主导产业继续保持平稳发展态势。市被评为全省粮食生产先进市，枞阳县被评为全国粮食生产先进县，宿松县被评为全省粮食生产先进县。

坚持发展粮食生产。落实好各种补贴政策，宣传国家惠农政策，配合财政部门按照标准及时发放补贴资金，全年全市通过"一卡通"向农户发放各项惠农补贴资金11亿多元。抓好农业保险保费补贴，通过农业保险分担农民的生产风险，全年向农户赔付1.05亿元，提高农民灾后恢复生产能力，保护和调动农民生产的积极性。组织实施省发展粮食专项资金、水稻工厂化育秧等项目，完成各项目标。

提升综合生产效益。2014年，市继续承担部级粮油棉高产创建项目81个，均通过省农委专家组测产验收，辐射带动效果明显。开展耕地质量建设与管理活动，全市测土配方施肥技术推广面积达900万亩，共销售配方肥14万吨；绿肥种植面积74万亩，绿肥资源量115.4万吨，耕地质量得到明显改善。实施农业生态环保项目，全面完成市八角莲、黄连以及葛资源调查等；开展农产品产地土壤重金属污染普查工作。产业技术体系集成取得成效，依托国家茶叶体系的技术支撑，新建良种示范园3000亩，集中展示舒茶早、石佛翠、皖茶91、中茶302等国家级茶树良种，为后期筛选出适宜本地栽培的优良品种打下基础；省级水稻、油菜、棉花、蚕桑、果树试验站均完成体系安排的各项工作；扶持城郊观光农业，其中位于迎江区老峰镇境内的"安庆市泉河生态农业示范园"草莓基地种植面积达1000余亩。

强化科技提质增效。加大新品种、新技术的推广与应用，开展试验示范工作，推进新品种的试验与展示，全市油菜良种覆盖率95%以上，项目区100%；水稻、棉花、小麦良种覆盖率90%以上，项目区100%。推广轻简栽培技术，全市油菜免耕栽培面积113.5万亩，超过油菜总面积70%；棉花"水浮育苗"、配方施肥等轻简栽培实用技术应用面积持续扩大。全市建成水稻集中育秧工厂135个，其中标准化40个，水稻机插秧面积约占水稻种植面积的25%。开展科技培训与服务，全市各级种植业和农技推广部门围绕水稻、油菜、棉花、茶叶等主导产业，结合测土配方、高产创建等项目筹划、组织，通过办培训班，进村入户，采取直接与农民面对面互动、现场指导和网络等方式，进行科技培训，新技术的普及率和到位率有了很大提高。

【专业化综合防治】 做好重大病虫情监测预警，组织制定《2014年度安庆市午季主要农作物重大病虫害防治预案》和《2014年安庆市夏秋季农作物重大病虫害防治预案》。全年共发布《病虫情报》(安庆植保)16期。抓好重大病虫害的防控，全年全市农作物有害生物累计发生3148.02万亩次，实施防治面积4267.26万亩次，分别挽回粮食、油料、皮棉、蔬菜损失42.34万吨、3.35万吨、0.93万吨、3.72万吨。开展病虫专业化统防统治，全市水稻专业化统防统治面积496.22万亩，其中全程承包防治面积233万亩。2014年，市各类专业化防治组织发展到974个，比上年增加36个。净化市场，加大农药市场监管力度，严格落实农药监管责任制，组织开展放心农资下乡进村活动，加大农药监督抽查力度，强化案件的查处，确保农业生产安全和农产品消费安全。

【绿色食品原料标准化生产基地建设】 至2014年底，全市已建成全国绿色食品原料（水稻）标准化生产基地102万亩，无公害农产品基地近100万亩。推进农业"三品"（无公害、绿色和有机产品）认证工作，激励市涉农企业提高农产品质量安全水平，提升"三品"品牌公信力，发挥"三品"示范带动作用，全年市政府拨专项资金奖励 "三品一标"获证企业，共奖励资金280万元。推动市"三品一标"认证工作的开展，全市"三品"获证单位共162家，认证产品总数518个。履行蔬菜质量快速监测工作，全面完成省菜篮子工程办公室安排蔬菜农残快速检测任务，合格率为98.2%。

【推进种植业现代化进程】 市政府把"5211"工程列入工作重点。市种植局结合全市种植业发展实际，参与编制完成《安庆市百万亩粮油产业发展规划》《安庆市百万亩高效园艺基地建设总体规划（2014—2016）》，为加快农业转型升级、实现跨越发展注入科技动力和创新活力。

（董玉静）

【种植业地方土特产品选录】

桐城桔梗　桐城桔梗属于多年生草本植物，盛产于桐城市西部山区，原《桐城县志》对此早有记载。桐城西部山区，位于长江北岸，大别山东麓余脉，属于亚热带季风性湿润气候区，雨水充沛，日照充足，四季分明，气候温和湿润，多凉爽且昼夜温差适度；土壤主要由酸性岩残积、坡积、洪积物发育而成，土层深厚，土质疏松富含矿物质和腐殖质，沥水性好，特别适宜桔梗生长。以唐湾镇为主体的桐城西部山区所产桔梗，体大质坚，洁白纯净，断面菊花纹清晰，药用价值较高，富含桔梗皂、菊糖、植物留醇、桔梗糖等成分。药用其干制的根，味苦腥、性平、入肺经，具有开肺气之结和祛痰排脓等功用。主治外感咳嗽、咽喉肿痛、肺痈吐脓、胸满肋痛、痢疾腹痛等症。列为同类中佳品，自古被医家称为"桐城桔"，畅销海内外。

桐城桔梗主产区域，主要是以唐湾镇为核心的桐城西部山区，面积约320平方公里。主要以野生为主，最高年产量曾达6000担。近年来，由于滥采乱挖，产量下降，当地政府已着手组织人工栽培，推动桔梗资源的开发利用。

怀宁龙尖茶　怀宁龙尖茶产于安徽省怀宁县清河龙池古庵一带。茶园周围植被繁茂，土壤肥沃，溪泉纵横，终年云雾笼罩。长年施农家肥和沤肥，茶树枝干健壮，受自然天敌和环境制约，病虫害较少，从未染指农药，自然生长，洁净无污染，茶汁醇香，色泽翠绿。历史悠久，民国四年（1915）《怀宁县志》记载："（怀宁）龙尖，所产品绝胜，清明前后采之制出如新蚕，泡以山泉味不在蒙顶下"。流传着"扬子江心水，蒙山顶上茶"之说。怀宁龙尖茶曾获农业部茶叶质量监督检测测试中心颁发的名茶证书、中国茶叶学会第五届"中茶杯"优质茶称号、中国茶叶品牌、第八届"中茶杯"一等奖。怀宁龙尖茶现拥有3000多亩高山茶叶生产基地，茶叶生产实现现代化机械加工，是当地农民收入的重要组成部分。

五横茶叶　五横茶叶产于安庆城北大龙山西北麓五横乡境内。五横乡属北亚热带湿润季风气候，四季分明，温暖湿润，雨量充沛，光照充足，年平均气温16.9度。地形属浅丘陵地区，山场海拔高度在700米左右，适宜茶叶生长。五横茶叶外形呈条状，近似野茶，香味醇厚，色泽翠绿，清香隽久，回味绵长。2005年被农业部授予绿色食品"有机茶"。现有茶园2000亩，年产干茶12吨。

大观山口绿茶　大观山口绿茶主产于大观区山口乡。该区域为北亚热带湿润季风气候，四季分明，气候温和，光照充足，雨量充沛。年平均气温16.5℃，年平均无霜期254天，年平均日照时数2065.5小时，光照水气资源丰富。土壤PH值4.5左右，有机质含量22克/千克，全氮含量1.3克/千克，适宜茶叶生长。大观山口绿茶种植历史悠久，外形呈细条带毫状，天然醇香味，冲泡后展开，色泽翠绿，茶汤醇厚，品后满嘴余香，清新持久，回味更是清甜。种植面积2000亩。

白泽四季葱　白泽四季葱产于安庆市白泽湖乡。白泽湖乡属北亚热带湿润季风气候，年平均气温16.9°，四季分明，温暖湿润，光照充足；土壤疏松肥沃，适宜四季葱生长。白泽四季葱株高30—40厘米，须根白色，假茎部有白色小鳞片，叶片筒状，中空，四季青绿，分蘖力强，假茎和叶片可四季采收，有浓郁的芳香味。因四季葱含有硫化丙烯化合物，香气浓，有增进食欲、开胃、发汗、健脑等效用。其含有的胡萝卜素、硫胺素、核黄素、尼克酸、坑坏血酸告等成份,可增加营养、增强体质。特别是四季葱中的大蒜素,有抵御细菌作用。现白泽湖乡四季葱种植面积500多亩,年产量2000多吨,销往省内外相关城市。

白泽湖莲藕　白泽湖莲藕产于安庆市白泽湖乡。白泽湖乡属北亚热带湿润季风气候,年平均降水量1363毫米,年平均降雨天数139.1天,日照率46%。该乡境内石塘湖、破罡湖、长风港三大内河流域交错,湖泊洼地面积较大,水质优良,适宜白泽湖莲藕种植。白泽湖莲藕营养丰富,富含蛋白质、钙、铁等微量元素,口感微甜嫩脆,清热生津、养神益气、健脾开胃,为优质果蔬佳品。现白泽湖乡莲藕种植4000余亩。

枞阳糯米　枞阳糯米,又名香粳糯,属晚熟产品,产于枞阳县,尤以陈瑶湖地区最为集中。枞阳县位于安徽省西南部的长江北岸,东经117°05′~117°43′、北纬31°01′~31°38′,属亚热带季风气候区,四季气候分明,年均气温16.5℃。枞阳县陈瑶湖地区,位于沿江冲积平原,海拔较低,上万年的泥砂淤积和湿地动植物的不断腐蚀,形成松软肥沃的黑色泥土,有机质和微量元素丰富,是水稻种植的最佳土壤。枞阳糯米种植历史悠久,据《桐城县志》(清·康熙二十五年版)载:"据湖山民,水耕火耨,有渔稻之利"。

枞阳糯米米粒圆而饱满,皮壳簿,米粒洁白如雪,香味浓郁,饭粒蓬松,粒型完整,色如白玉,表面晶莹剔透,口感润滑,香甜可口。现种植面积40万亩,年产量18万吨,远销江苏、浙江、上海等十几个省市,为全国知名的三大糯米产区之一。

望江风酿酱油　望江风酿酱油产于望江县,为地方老字号品牌。望江县属亚热带季风气候区,四季分明,气候温和湿润,光照充足,年平均日照2000小时,年平均气温16.5度,雨量充沛,年平均降水量1300毫米,一面负山,三面环水,通风较好,水质优良,适宜农作物生长。望江风酿酱油选用优质大豆和小麦,采用多菌种、多酶系,经传统工艺精心酿制而成,酱油色泽红润、体态澄明、味道鲜美、风味独特,具有浓郁的酱香、酯香,品质天然纯真,是纯天然的绿色食品。曾两次获"七五"全国星火计划成果博览会银奖。望江风酿酱油现年产量2000吨。

岳西茯苓　岳西茯苓主产于岳西县大别山腹地,该地区森林覆盖率76%,适宜茯苓生产。岳西茯苓洁白如玉,馨香坚韧,易保管。种植历史200余年,覆盖全县24个乡镇。岳西茯苓年产量9000吨。

岳西天麻　岳西天麻主产于岳西县山区,岳西天麻个大、健壮、外观整齐、成色好。境内3条山脉构成"大"字形山脊,连接1000米以上山峰69座,1000米以下500米以上山峰66座,是中药材的天然产地,有"中华药库"之称,特别适宜天麻生产。岳西天麻种植历史悠久。岳西天麻年产量3000多吨。

畜　牧　业

【概况】 2014年,全市共出栏生猪284.97万头、家禽6670万只、牛7.09万头、羊6.74万只,分别比上年增长3.29%、2.20%、1.10%和5.77%;肉类总产33.14万吨,增长2.42%;禽蛋产量19.43万吨,增长1.54%。全市畜牧业增加值达59.1亿元,增长4.23%。

畜禽养殖规模化、标准化和产业化建设加快。组织开展部、省级畜禽标准化规模养殖示范场(小区)创建申报工作,全市获得部级认定示范场(小区)2家、省级3家。加强示范场监管,对全市2011年认定的11个部、省级畜禽标准化示范场(小区)开展回头看活动,对2010—2013年度全市8家部级畜禽养殖示范场,逐场采集相关数据信息,进行网络系统录入。

加强动物疫病防控工作。推进规模场程序化免疫与散养户春秋两季集中免疫工作,全市应免畜禽的免疫密度保持100%;强化免疫效果监测,4种强免病种平均免疫抗体合格率水平超过国家规定标准。加强防疫体系建设,抓好防控措施落实,实现全年不发生重大动物疫情的防控目标。针对宿松、怀宁、太湖、枞阳等地发生人感染H7N9流感散发病例,及时启动应急响应机制,加强生产流通环节监测排查和消毒灭源工作,各项防控工作扎实有效。全市全年共领发高致病性禽流感等各类疫苗4042.92万毫升(头份),集中检测强免病种有效血清学样品3174份,平均免疫抗体合格率为79%。

畜产品质量安全水平明显提高。全年全市共出动执法人员8815人次,检查生产经营企业3877个,抽取样本(尿液、饲料、肉品等)28826份,"瘦肉精"检测阳性率为"0",未发生重大畜产品质量安全事件。

【举办动物防疫职业技能竞赛】 9月,全市首届动物防疫职业技能竞赛在桐城举办，有6位选手获一、二、三等奖。11月，从市赛获奖选手中择优组队参加全省动物防疫职业技能竞赛，有2位选手分获全省第四、第五名，在全省18个参赛队中，安庆市总分排名第五，获团体三等奖。

【规模场实现病死猪无害化处理】 8月，市政府出台《关于构建病死猪无害化处理及监管长效机制的实施意见》，要求各地按照“政府主导、市场运作、统筹规划、因地制宜、企业为主、项目扶持、财政补助、保险联动”的原则，加大投入。2014年全市生猪定点屠宰厂（场）和年出栏3000头以上规模养殖场全面实现病死猪无害化处理。

【强化畜牧业政策性保险】 2014年，全市共承保能繁母猪11.42万头，各级财政投入保险补助548.2万元，为养猪生产提供1.14亿元的风险保障。10月，市畜牧局会同国元保险公司召开全市畜牧业政策性保险工作会议，总结全市能繁母猪保险工作成效和经验，研究部署下一步能繁母猪等畜牧业政策性保险工作。开展蛋鸡、蛋鸭、育肥猪等地方特色畜牧业保险试点，发挥畜牧业政策保险作用。

【加强畜禽养殖污染物资源化利用】 贯彻落实2014年1月1日施行的《畜禽规模养殖污染防治条例》，召开县（市）区畜牧兽医局主要负责人座谈会，并邀请市环保局相关负责人参加会议，学习《条例》条款，厘清农牧部门应承担的职责，并就做好畜禽养殖废弃物综合利用的指导和服务工作进行探讨。市局联合市环保局分别于4月和9月，对各县（市）区列入安庆市“十二五”主要污染物总量减排项目和2014年安庆市规模化畜禽养殖场（小区）治理减排项目进行现场督促检查，促进养殖场畜禽污染物减排工作的开展。

【启动农业“5211”畜牧板块工程】 根据《安庆市百万头/千万羽优质畜禽基地建设专项规划》的总体要求，制定2014—2016年优质畜禽基地建设实施计划，明确生猪产业基地、水禽产业基地、鸡产业基地和牛羊产业基地发展目标和工作措施。由市级和县级各主抓10个优质畜禽基地建设项目，重点支持地方品种资源保护开发利用、草地畜牧业、特禽养殖和畜产品精深加工等项目。

（吴和平）

【畜牧业地方土特产品选录】

怀宁媒鸭　怀宁媒鸭产于怀宁县平山、石牌、腊树、黄龙、三桥、江镇等乡镇。该地为皖河流域，水草茂密、野生资源丰富，是天然野鸭的天堂。千年来，皖河流域周边的农民将家鸭放入沙洲芦苇中诱野鸭与之交配，杂交后代经过人工繁育，形成本地独特的地方鸭种，始称为“怀宁媒鸭”。以放牧养殖为主，也采用“稻鸭共生”养殖模式，养殖密度小（每亩稻田养殖15只媒鸭），稻田的杂草、虫子等能满足媒鸭的饵料。怀宁媒鸭身形及颈短促，雄鸭个头较大，毛色光鲜，具有绿头白颈圈；雌鸭个头比较小，花脸灰身。瘦肉率高，肉质鲜嫩可口。现年产量30万羽。

太湖番鸭　太湖番鸭，学名Cairna moschata，又名香鹑雁，麝香鸭，读“tun”音。番鸭体型前尖后窄，呈长椭圆形，头大，颈短，嘴甲短而狭，嘴、爪发达；胸部宽阔丰满，尾部瘦长。嘴的基部和眼圈周围有红色或黑色的肉瘤，雄者展延较宽。翼羽矫健，长及尾部，尾羽长，向上微微翘起。番鸭羽毛颜色为白色、黑色和黑白花色3种，少数呈银灰色。羽色不同，体形外貌亦有一些差别。番鸭是一种似鹅非鹅，似鸭非鸭的鸭科家禽，体重比鸭大比鹅小，有300余年的饲养历史，是国内外少见的名、特、优产品。太湖番鸭主产于太湖新仓、江塘、徐桥等乡镇，年养殖量50万只。

太湖黑猪　太湖黑猪，毛色全黑，四肢结实、皮白肉细、体形优美、性情温顺，具有耐粗食、带膘长、瘦肉率高、肉质好等特点。耐粗饲，抗逆性强，成肥快，胴体大，体重可达250公斤。是国家珍稀畜禽保护品种。太湖黑猪主产于太湖北中、弥陀、寺前、北里、汤泉、牛镇、刘畈、晋熙等乡镇，该区域远离污染源，空气清新，昼夜温差大，气候适宜，适合黑猪生长。年出栏黑猪4万余头。

林　业

【概况】 2014年，全市林业系统围绕生态林业和民生林业，抓好百万亩森林增长提质工程，创建国家森林城市，各项重点工作进展顺利。

造林绿化。超额完成百万亩森林增长提质工程任务，完成百万亩森林增长人工造林22.46万亩，占省下达计划的120.5%。创建省级森林城市1个，省级森林城镇10个，省级森林村庄88个，森林长廊示范段

137.5公里。11月12日，全省农田水利基本建设暨造林整地现场会在望江县召开，省委副书记李锦斌、副省长梁卫国出席会议，并对安庆市造林整地工作给予充分肯定。持续推进“三线三边”绿化提升，“三线三边”新建线路绿化142.8公里，补植25.81万株，分别占计划的103.8%和492%；新改扩林带177.4公里；三边造林4.66万亩，占计划的180%。完成青山白化综合治理造林1000亩。12月15日，在全省“三线三边”绿化提升现场会上，安庆市做先进典型发言。创新全民义务植树工作机制，启动以“植绿护绿　共建森林城市”为主题的城区全民义务植树认建活动，提高义务植树尽责率，组织领导干部及大型市民义务植树活动2次，城区全民义务植树认建完成10374株。有序开展青山白化治理工作，完成青山白化综合治理造林1000亩。

林业“三防”。森林防火工作实现历史性突破。林业有害生物防治取得成效。全市林业有害生物发生面积43.88万亩，其中轻度发生39.37万亩，中度发生4.4万亩，重度发生0.1万亩，以轻度发生为主。成功实现“三高一低”的有害生物防治目标任务，成灾率为0.42‰；无公害防治率达到96.2%；测报准确率达到98%；种苗产地检疫率达到99.5%。获“全省林业有害生物防治工作先进集体”称号。松材线虫病疫木有效清理，市财政列支2000万元专项资金进行疫木清理。全市共清理发病山场0.37万亩，清理发病枯死树2.5万株，清理未发病山场18.89万亩，清理枯死树72.26万株，全面完成清理任务。国家林业局检查组对市松材线虫病防控工作给予高度肯定。开展林业有害生物普查及松材线虫病疫情监测、预测预报，落实松材线虫病防治目标责任。做好种苗产地及森林植物调运检疫，重点加大对松材线虫病、美国白蛾普查及检疫工作，加强对森林植物检疫检查站管理。加强湿地保护。开展野生动植物调查，配合安徽大学、省林科院专业队开展长江水鸟同步调查、陆生野生动物调查、全国重点保护野生植物资源调查等。强化野生动植物资源保护管理，在工商部门和森林公安的配合下，对城区主要农贸市场、餐饮酒店、车站、码头等进行不定期执法检查，督促指导各县(市)区林业部门组织开展执法活动。组织开展全市野生动物驯养繁殖、经营利用调查和清理整顿等工作。全市已发证驯养繁殖、经营利用野生动物的单位共81家(其中驯养繁殖、经营利用野生禽类的59家)，查处非法经营利用野生动物及其产品案件23起、非法驯养繁殖野生动物案件2起、非法运输野生动物及其产品案件7起。开展野生动物监测120多人次，救护野生动物25只(头)，其中国家Ⅰ级保护野生动物1只、国家Ⅱ级保护野生动物8只。推进湿地保护工程项目，督促相关县(区)设立保护区界碑、界桩和宣传警示牌；2007年湿地保护建设项目正申请省林业厅评估验收。

依法治林。开展森林资源调查与统计监测，完成1276个样地第九次国家森林资源连续清查任务(一类)；被省林业厅评为3个先进集体地级市之一，获以奖代补资金10万元。全面完成10年一次的森林资源规划设计调查工作(二类调查)，成果通过由省厅审定委员会的审定。完成全市天然林基础数据核报工作。完成森林资源抚育成效监测任务。开展征占用林地专项检查，补办手续8起，面积167.1亩，补缴森林植被恢复费66.2万元。严格林地管理，服务殡葬改革，依法严格审批林地征占用，开展林地征占用检查，严厉查处违法违规征占用或审批林地的行为。推行殡葬改革，制定印发《致木材经营加工企业告知书》300份；规划县乡村级公墓面积743.6亩，协助民政部门等开展专项整治，加强棺木制品的监管、回收和处理工作。开展林业行政综合执法，整合森林公安、林政、森防和野生动物保护力量开展“2014年—春季行动”、“绿盾—2014”和“2014—天网行动”等综合执法行动172次，出动民警1087人次，出动车辆414台次。其中宜城板块开展综合执法行动19次，查扣非法收购木材170吨，查扣、封存棺木280多口，查获非法收购松材线虫病疫木55.8吨进行除害化处理，没收并放生蛇及青蛙3700余条(只)，打击破坏森林资源和野生动植物资源的违法行为。自7月份开始，森林公安局独立行使森林刑事、治安和林业行政处罚案件。市森林公安局破获刑事案件3起，治安案件2起，刑事拘留6人，取保候审1人，治安拘留2人。开展普法培训，组织林业行政执法人员资格认证培训66人，上报普法信息25条。

林业产业。启动高效生态林业基地建设，有序推进“5211”工程，聘请安徽农业大学完成百万亩高效生态林业基地规划。市政府出台《关于促进现代农业发展的若干政策》，将百万亩高效林业基地建设、百万亩高效园艺基地建设纳入现代农业工程规划，重点扶持133家林业大户。搭建林业产业发展平台，组织申报安庆市林业产业化龙头企业68家，其中新增企业51

家、复审企业17家。申报省级农民林业专业合作社示范社6家,国家级农民专业合作社示范社2家。3个景区申报并获"安徽省森林旅游示范景区"称号,63家经营点获安徽省"森林旅游人家"称号。开展招商引资,成功引进上海闻杰绿化工程有限公司在怀宁黄墩、清河、三桥、小市等4个乡镇投资1.5亿元兴建1万亩油牡丹林业产业化项目。林业总产值保持高速增长,全市全年林业总产值276.24亿元,比上年增长40.8%;林业增加值131.61亿元,增长45.3%。

林业改革。开展专题调研,10月省政协调研森林生态效益补偿机制情况,11月省人大调研湿地保护情况,推动市生态保护工作再上台阶。9月市人大常委会对《安徽省林权管理条例》贯彻实施情况进行考察和专题调研,探讨深化林业改革发展中的重点和难点问题。召开全市国有林场和森林公园管理工作座谈会,开展国有林场改革调研活动。调整申报自然保护区、湿地公园,岳西古井园保护区通过国家林业局专家评审;安庆湿地保护区中,涉及宿松、桐城及宜秀区域剥离;安徽宿松华阳河湖群省级自然保护区、安庆宜秀区菜子湖省级湿地公园和安庆桐城嬉子湖省级湿地公园获批;太湖花亭湖国家湿地公园(试点)已向省林业厅提交验收申请报告;岳西黄尾省级森林公园获批。搭建林权交易平台,与黄山市江南林业产权交易所签订合作协议,成为交易所的会员,为市林权交易提供可靠的信息、服务保障。

【成功创建国家森林城市】 9月25日,在中国城市森林建设座谈会上,安庆市被全国绿化委员会、国家林业局授予"国家森林城市"称号。

2010年,安庆市在安徽省率先提出"创森"目标,将"让森林走进城市、城市拥抱森林"的理念融入城市发展、提升百姓的幸福指数、生态林业与民生林业、生态文明和美丽中国建设之中。至2014年,全市共完成人工造林104.1万亩,其中建成区绿化面积1.88万亩,环城林带0.96万亩,新增城镇绿化达标59个,新增村庄绿化达标260个;完成道路、河流等绿色长廊1056公里;新建、改建农田林网折合造林面积2.62万亩,完成植被恢复0.66万亩,森林提质82.5万亩;完成退耕还林、血防林、长防林等林业重点工程造林61.5万亩,完成速丰林、经果林、花卉苗木等各类产业基地造林52.5万亩。

生态网络体系日趋完善,全市森林覆盖率达37.995%,比2010年提高1.81个百分点。生态网络防护功能完善,城乡绿化一体化格局基本形成。城市绿化得以提升,安庆市已建成公园绿地15个,广场、游园40个,街头绿地150余处,市民出行500米有休闲绿地,城市建成区绿化率40.9%,比2010年提高1.93个百分点;城区人均公园绿地达到11.93平方米,比2010年增加2.23平方米。林业产业呈良性发展态势,已建成原料林基地143万亩,板栗基地30万亩,毛竹基地28万亩,杨树基地60万亩,油茶基地45万亩,花卉苗木基地10万亩。太湖县、潜山县已成为全国油茶重点县。有省、市级龙头企业166家,2014年全市林业总产值276.24亿元。依托森林资源景观、山岳景观、自然景观,建成5个国家级森林公园和3个省级森林公园,以森林公园为载体,开展森林生态旅游,盘活现有森林资源存量,提高经营质量,对资源景观和林种、树种结构进行改造。开展森林生态文化建设,全市创建国家、省市级生态科普教育基地12 个。先后举办映山红文化节、白玉兰节、创建国家森林城市摄影大赛作品展等。连续多年举办"爱鸟周"和菊花、盆景系列展活动;全市现有古树名木近5664株,名木5株。森林文化知识得到全面普及,义务植树尽责率达90%以上,已建立义务植树基地和植树责任区600多个。

【森林防火工作实现历史性突破】 完善森林防火工作机制,2月至年底,实现森林火灾"零纪录"。11月11日,全省森林防火综合演练在市宜秀区举行并取得成功。副省长梁卫国对安庆市森林防火工作给予高度评价。

市委、市政府出台《关于切实加强森林防火工作的实施意见》,全面构建森林防火"责任、信息、预防和扑救"四大体系。市领导分片包保12个县(市)区。全市县级以上包保干部301人,包保156个乡镇1490个村,巡查督导500余次,彻底排查隐患。

坚持舆论导向,倡导文明祭祀。与市电视台联合举办森林防火知识竞赛,各中小学新学期增设"森林防火安全课"。防火期市电视台每天滚动播放防火字幕超过10小时。出租车每天滚动播放防火字幕100多次。全市出动宣传车2.3万余次,发送手机短信319万条,宣传标语、画册3200万张,宣传牌8387块,进村入户宣传38万余户。强化火源管理,严肃问责查处。全市重要路口、卡口实行每天"12小时"定点蹲守,重要山头实行联防队员不间断巡护。建造焚烧池,设立鲜花兑换点,引导群众文明祭祀。全市护林巡查

26.7万人次，出动宣传车13000多次，设立检查站(点)4500多个，建设焚烧池3821个，护林员1.3万多人看守巡护。各级政法机关加大森林火灾查处力度，严惩肇事者，刑拘87人，逮捕18人，治安拘留284人，行政罚款90人。严格值班值守，完善应急管理。严格执行森林火灾"日报告""零报告"制度。组建省、市共建森林防火专业队4支，依托公安、武警、预备役部队等组建应急连。各县(市)区共组建防火专业队50支1005人，半专业队201支4838人。开展森林火灾应急救援演练。全市组织防火队员进行专业培训192次，6000余人次。市区、桐城、潜山及太湖4个市级中心物资储备库建成，市财政列支400万元采购防火设备器材。全年全市森林防火硬、软件建设、宣传及巡护费用等支出超过1.2亿元。防火二期项目通过验收并发挥作用。

（市林业局）

【林业地方土特产品选录】

潜山王河舒席　潜山县王河镇位于东经116°26′～116°37′，北纬30°27′～31°35′，属暖温带与亚热带交接地带，气温温和，年平均温度16.4℃，无霜期为242天，雨量充沛，年平均降雨量1300毫升，适宜水竹生长。境内篾工巧匠甚多，自古有竹席之乡的美誉。潜山历史上称舒州，舒席因此而得名，又称竹席、凉席，是潜山县特有的竹编工艺制品。旧县志载："潜山南乡，盛行竹编，男女老幼，多精编技，明代舒席，名闻江淮，晚清远销南洋"。1992年潜山城东郊彰法山古墓群第32号墓中发现舒席残片，至今有2000多年的历史。

潜山王河舒席主产于潜山县王河镇，其周边乡镇也有少量加工。舒席选料精细，采伐水竹需十一月至次年二月间(民间称不用"菜花竹")生长的，对风头、罗尾、暴节、伤痕、发丫等全剔除。竹篾通过剖、刮、煮、晒，前后经过十几道工序由竹篾编织成席，色泽鲜艳，莹洁润滑，折卷不断。潜山王河舒席不仅是有实用价值的夏令佳品，也是优美典雅的手工艺品。清光绪三十二年(1906)在巴拿马国际商品赛会上获一等篾业奖；1958年舒席老艺人汪龙福采用苏绣中的挑针法，编织"天安门"、"双狮戏球"图案屏席，被收藏于中国科技博物馆；1978年舒席艺人石灵芝编织的"喜鹊闹梅"、"双蝶弄花"、"迎客松"图案舒席，参加全国社队企业产品展览。2008年王河舒席制作技艺就被列为安徽省第一批省级非物质文化遗产。

潜山桑皮纸　潜山桑皮纸主产于潜山官庄、龙关、槎水、黄柏等乡镇。该处位于东经116°12′～116°25′，北纬30°53′～31°41′，属亚热带湿润气候区和暖温带半湿润气候区过渡带。气温温和，雨量集中，湿度较大，年降雨量1488毫升，平均温度16.2℃，无霜期为210天，非常适宜桑树生产。据《潜山县志》、《黄柏区志》记载，桑皮纸是潜山县著名工艺品，早在汉代，潜山县周边地区就生产桑皮纸，迄今已有1700多年历史。2008年潜山桑皮纸制作技艺被评为国家级非物质文化遗产。

潜山桑皮纸规格分"大汉、中汉、小汉"三种，全为手工工艺生产。工艺流程为选料、蒸煮、拣皮、制浆、帘捞、焙烤等30多项。桑皮纸具有柔嫩、拉力强、不断裂、不褪色、防虫、无毒性、吸水力强等特点，主要用于高级包装和制伞、糊篓、做炮引及制作工艺品。桑皮书画纸是书法美术理想的文房一宝，也是出版复印难能可贵的纸张，曾作为故宫倦勤斋通景画抢修工程急需用背纸。

太湖红光栗　太湖红光栗又称大红光、小红光(亦称早红光、迟红光)，是太湖县的特产。太湖红光栗色泽鲜艳，口感极佳，病虫少，耐贮藏。安徽省太湖县地处大别山南麓，属亚热带湿润季风气候，四季分明、光照充足、年气温16.4℃，无霜期249天，是安徽省板栗基地县之一。板栗属木本坚果类，营养丰富，含有大量的淀粉、蛋白质、维生素及锌、铁、锰等多种元素，久食有健脾、益气、养颜之功效。全县红光栗栽培面积25万亩，年产量8000吨。

渔　业

【概况】 2014年，市渔业部门围绕全市农业农村经济发展总体要求，保障渔业增效、渔民增收、水产品安全有效供给和渔业生态文明建设，实施渔业"1513产业化工程"，实施科技创新，加快结构调整，转变发展方式，发展池塘渔业、夯实水产良种基础，抓好渔业生产与水产品质量安全，及时启动水产养殖保险试点，强化资源环境保护和生态修复，促进安庆渔业由资源型向现代型转变，全市渔业经济继续保持较快发展。

养殖规模持续扩大。全市各类水域养殖总面积216.65万亩,比上年扩大5500亩。滩涂圩田的开发成为全市水产养殖的亮点，全市新增池塘养殖面积7210亩,池塘养殖面积突破40万亩。其中连片精养池塘面积达20.2万亩,比上年扩大14560亩;其中标准化改造10500亩,新开发4060亩。稻田养殖保持原有规模,达11.31万亩,其中稻虾(鱼、甲鱼)连作达5.48万亩。

渔业经济较快发展。全市水产品总产量37.93万吨,比上年增长3.3%,其中名特优水产品占总产量的45.5%;水产品总产值71亿元,增长4.8%;渔业经济总产值141.4亿元,增长7.28%。二产产值4.05亿元,增长22%。水产品加工转化率达3.5%。全市农民人均渔业收入583元，增长8.56%，占农民人均总收入6.46%。

现代化水平不断提高。围绕实施渔业“1513”产业化工程和百万亩特色水产基地建设,重点推进池塘渔业发展,全市池塘标准化改造与建设势头强劲。微孔增氧、增氧机、自动投饵机等现代化装备率不断提高,达80%。渔业现代园区建设初具雏形,宜秀区双山湖现代渔业园区、望江县现代渔业园区、太湖县珠珊湖、桐城市嬉子湖、怀宁野塘湖、宿松黄雀畈等六大现代渔业园区围绕池塘养殖、水产品和饲料加工以及休闲观光等方面做大做强,扩大经营范围,增强综合实力。年内新规划并投入建设的望江县现代渔业园区占地5000亩,计划总投资6000万元,其中一期工程进入施工阶段,主要改造建设标准化池塘1500亩,并建设占地200亩的青虾、特种水产育种基地。

水产品质量安全水平继续提升。开展水产品违法添加禁用物质专项整治行动,打击养殖生产者违法使用硝基呋喃类药物、孔雀石绿等违禁物质行为。继续开展水产健康养殖示范场创建工作，全市共有24家水产专业合作社、家庭渔场及养殖企业开展农业部健康养殖示范场创建工作,其中17家通过初步验收。至年底，全市共有69家企业获农业部“健康养殖示范场”称号。加强产地市场水产品质量抽检和送检工作,全市2014年水产品检测合格率达100%。启动水产苗种产地检疫试点,确保产品源头质量安全。并对全市4个省级水产良种场资格进行复查验收。

开展渔业资源养护。长江禁渔、渔业秩序专项治理制度化,增殖放流、灌江纳苗、种草移螺等资源养护行动常态化。江豚保护卓有成效,2014年在长江成功救护5头受伤江豚,长势良好,得到农业部及省农委主管部门的肯定。安庆长江江豚自然保护区项目建设全面竣工,投入运行。继续加强涉渔工程环境影响评价审查,争取生态补偿专项资金,促进长江江豚保护管理工作。

渔业安全生产形势好转。强化渔政执法,加强监管,营造良好的发展环境。逐级签订《渔业安全生产责任书》,落实安全生产责任制。开展“安全生产月”、打非治违等专项行动,维护渔业生产正常秩序,保护渔业生产者的合法权益。

招商引资取得实效。全市渔业部门加大招商引资工作力度,着力引进战略性投资。望江县引进安徽华亿农牧科技发展有限公司投资6000万元，建设望江县现代渔业园区，一期1500亩池塘标准化改造工程已全面启动;太湖县引进江苏盐城欲达公司投资2000万元,整体开发3000亩创业圩,发展池塘渔业,已全面竣工;怀宁县引进浙江客商,投资2000万元,在凉亭镇团包山圩开挖池塘800亩,发展牛蛙养殖。同时,跟踪联络海亮有机农业集团及上海光明集团,开展有机农业基地项目考察布点工作,力争落户安庆。

【产业化经营】 新型市场经营主体不断呈现,发展渔业合作经济组织和家庭农场,鼓励和支持水面向养殖大户、家庭渔场、专业合作社流转,发展水产养殖适度规模经营。全年全市新增各类渔业合作组织10家，各类渔业专业合作组织67个，龙头企业实力增强。发挥市场引导机制,利用物联网技术、电子商务平台、现代冷链物流、专卖店、进超市等社会公共资源,构建水产品现代物流体系,加大营销力度,提升知名度。品牌建设稳步推进,围绕河蟹和优质鱼等名特优产品,着力打造3大水产品牌,即皖江牌系列大闸蟹、雷水牌黄鳝、花亭湖牌鳙鱼。水产加工份额提升,培育企业创新意识,鼓励支持龙头企业大力发展水产加工业,以现有的水产加工骨干企业为重点,大力推进饲料、虾仁、翘嘴鲌及芡实等加工。

【渔民上岸安居工程】 市渔业局把解决以船为家渔民上岸安居工程作为重点工作,全力推进各项工作。引导各地加大政策扶持,在中央和省补助政策的基础上,结合本地实际,出台优惠政策,通过集中建房、自建、购房、集中修缮等多渠道,解决渔民上岸定居问题。至12月12日,全市733户渔民上岸安居工程全面竣工。

【渔业科技】 继续加大新品种引进与推广,根据本地资源优势和区域特点，因地制宜地发展河蟹、黄鳝、黄颡鱼、青虾、泥鳅、甲鱼等名优特色品种和优质常规鱼类的养殖。做好新品种引进、推广工作，及新模式试验示范工作，推进良种工程建设，多方筹集资金，加大水产良种改造与扩建工作，提升水产良种繁殖能力，重点加大名特水产品的繁殖。依托高校、科研院所，搭建科技创新平台，宜秀区双山湖省级现代渔业科技示范基地委托深圳设计院进行规划设计，其全国渔业休闲基地已授牌，皖江水产产业技术研究院各项工作进展顺利，国家级翘嘴红鲌水产良种场建成投产。开展水产技术人员进村入户活动，多次陪同安徽农业大学教授深入渔业生产一线开展送科技下乡活动，了解掌握渔业生产情况，现场指导养殖企业发展水产健康生态养殖、开展农业部健康养殖示范场创建、督察水产品质量安全、安排布置科技试验示范点工作。加强渔业科技培训，全市共举办各类水产技术培训班 80 多期，受训人数累计达 7000 多人次。多次组织渔业主管部门负责人和水产养殖大户到池州、六安、马鞍山等地考察学习流水养殖、现代渔业等先进经验，提升市水产养殖水平。

（江友梅）

【渔业地方土特产品选录】

桐城胖头鱼 桐城胖头鱼主产于菜子湖水域。菜子湖水域供水河流主要为大沙河，湖地高程 8—9.5 米，常年水深 3—4.5 米，湖面面积 225.35 平方公里，容水量 9.26 亿立方米。湖水清澈，水中浮游动物、浮游植物丰富，特别适宜胖头鱼生长。胖头鱼又称鳙鱼、花鲢、包头鱼、大头鱼等。是淡水鱼的一种，有“水中清道夫”的雅称，中国四大家鱼之一。桐城胖头鱼头大体长，体态均匀、侧扁，体表色泽鲜明，鳞片紧密，黏液透明；头部大而宽，头长约为体长的 1/3。桐城胖头鱼生长快，个体大，其肉质细嫩，尤其是它的头，味道特别鲜美，故有“青鱼尾巴花鲢头”的赞誉。尤其是新渡芦圩所产的胖头鱼最为有名。桐城胖头鱼年产量 300 万公斤，主要销往合肥、南京、上海等城市及桐城周边地区。

西江胖头鱼 西江胖头鱼主产于大观区海口镇。西江水体平静，清澈碧绿，最深处达 30 多米，因随江水涨落吐纳，微生物丰富，盛产肥美鱼虾、银鱼、花鳜、清水龙虾、野生江蟹等名特水产，其中胖头鱼最为有名，因头大身小而得名，系中国四大家鱼之一。西江胖头鱼体肤花白，肥膘更厚，无泥腥味，味道鲜美。胖头鱼属于高蛋白、低脂肪、低胆固醇的鱼类。西江胖头鱼年产量 2000 吨。

望江土虾子 望江土虾子菜学名刺苦草，是一种天然野生的悬浮植物，产于望江县武昌湖、泊湖水域。该区域是长江中下游地区生态多样性且保存较为完好的湿地，属于亚热带季风气候，四季分明、无霜期长、光热资源丰富。望江土虾子色泽玉白、口感脆嫩，富含人体所需的多种微量元素，有南方“冬虫夏草”、“水虫草”的美誉，属不可多得的生态产品。望江土虾子现年产量 300 吨。

农业生态能源建设

【概况】 2014 年，全市新建农村户用沼气 5200 户，乡村服务网点 57 处，畜禽养殖场沼气工程 51 处；新推广太阳能热水器 2.88 万台、面积 4.51 万平方米，省柴节煤炉灶 0.88 万台。至年底，全市拥有农村户用沼气 16.38 万户，年产沼气 4482 万立方米，沼气工程 499 处，总池容 4.96 万立方米，年处理各类污水 65 万吨，年产沼气 420 万立方米，两项折标煤合计 3.5 万吨。全市建有农村沼气乡村服务网点 641 处，从业人员 703 人，覆盖沼气用户 14.24 万户，覆盖率 87%；持有各类技术等级沼气技工、技师 930 人；27.29 万户安装太阳能热水器，面积 42.79 万平方米，节约标煤 5.13 万吨；有农村能源生产及服务企业 10 家，从业人员 320 多人。固定资产投资 30597 万元，年产值 22560 万元，年利税 919.20 万元。至年底，全市农作物秸秆综合利用率达到 86%，秸秆焚烧现象得到有效控制，秸秆综合利用率显著提高。

【农村沼气国债项目】 年内实施的农村沼气国债项目为 2013 年度项目，总投资额 3869.50 万元，其中中央预算内投资 1956.50 万元，省级投资 542.40 万元，市县级配套 210.40 万元，农户和企业自筹 1160.20 万元。项目建设内容为户用沼气 4500 户，养殖小区及联户沼气工程 87 处供气 3150 户，乡村服务网点 57 处，大中型沼气工程 2 处。年初，召开全市农村能源工作会议，部署年度农村能源项目建设工作；各项目县（市）区抓好农村能源项目建设质量，发挥农村能源项目综合效益。各地强化安全意识，排除安全隐患，建立健全沼气安全应急预案，完善应急管理及应急响应程序，全市农村沼气健康稳定发展。至 2014 年底，4500 处户用沼气和 52 处乡村服务网点已全部完工，养殖小区及联户沼气项目已完工 77 处，2 处大中型沼气工程项目主体工程已完工，其他附属工程正在建设中。

【巩固退耕还林成果项目】 年内实施的 2013 年度巩固退耕还林成果农村能源项目，项目总投资为 556.05 万元，其中中央专项投资 170.80 万元，地方配套 31.24 万元，农户自筹 354.01 万元。680 户省柴灶和 1300 户太阳能热水器项目全部完工。巩固退耕还林成果农村能源项目自 2008 年实施以来，已连续 6 年按照国家巩固退耕还林成果农村能源项目建设要求，经过多年项目建设，市巩固退耕还林成果农村能源工作取得成效，成为水土保持、环境保护的亮点工程。

【农作物秸秆禁烧】 2014 年，省政府将秸秆禁烧工作列入主要污染物总量减排和大气污染防治的一项重要内容，市政府将秸秆禁烧及综合利用工作列入对县（市）区年度目标管理绩效考核内容。5 月，市政府召开全市秸秆禁烧及综合利用电视电话会议；9 月，召开工作协调会。下发《关于加强农作物秸秆禁烧及综合利用的通知》和《2014 年全市秸秆禁烧及综合利用工作方案》。全市共划定 111 个乡镇（街道区）575 个村（居委会）为秸秆禁烧重点区域，并明确县、乡镇、村等重点区域责任人。搭建信息平台，实现全市秸秆禁烧交流及时准确，资源共享。在禁烧的重点时期，对重点区域进行巡查。据安徽省农作物秸秆焚烧火点情况通报显示，2014 年市共有卫星监测火点 3 处，省巡查督查火点 14 处，卫星火点数与往年相比减少七成以上。

【农作物秸秆综合利用】 年内，全面开展秸秆综合利用。开展肥料化应用，推广秸秆机械化全量还田和快速腐熟技术，引导农民就地堆腐还田、覆盖还田、免耕还田，提升土壤有机质；加快推广秸秆青贮、氨化和发酵技术努力提高秸秆饲料化利用水平；发展以秸秆为基料的食用菌生产，发展以秸秆为基料的生产企业，引导和带动基料产业发展；推进秸秆能源化利用，要求生物质发电企业敞开收购秸秆，推进秸秆沼气工程建设和秸秆固化项目，引导工业企业锅炉使用秸秆固化成型燃料，鼓励以秸秆为原料的农村户用沼气发展；培育秸秆工业原料利用途径，发展秸秆板材、秸秆新型墙体材料、工程草毡等产业。利用禁烧奖补资金，制定相关政策，对秸秆各类综合利用进行奖补。2014 年，全市油菜、小麦、水稻、玉米等农作物秸秆产出量达 330 多万吨，共利用秸秆 240.32 万吨，占可收集量 280.34 万吨的 86%，秸秆综合利用工作取得突破。

（市农源办）

农业机械

【概况】 2014 年，市农机部门落实农机化发展促进政策，推进农机化工作，农机化整体水平再上新台阶。农机装备总量持续增加，全市农机总动力达 328 万千瓦，比上年增长 5.12%。拖拉机总数达 11 万台，其中大中型拖拉机 4361 台，增长 24.8%；联合收割 3674 台，增长 12.5%；插秧机达 2347 台，增长 12%。

农机作业水平提高。全市农机化耕种收综合机械化程度达 63.3%，增长 3.1%，其中水稻生产机械化水平达 79.2%。全年机耕作业、机插秧、机收面积分别为 1052 万亩、175.75 万亩、759 万亩，分别增长 0.3%、20.2%、4.6%。全年油菜机收面积 76 万亩，机电灌溉面积 430 万亩，机械植保面积 365 万亩，机械初加工农产品数量 310 万吨。

农机服务能力增强。全市农机户总数达 16 万户，登记注册农机专业合作社 223 家，农机维修厂及维修点 570 个，农机从业人员 19 万人，全市农机化经营总收入 23 亿元。

规范实施农机购置补贴政策。与各县（市）区农机局签订 2014 年农机补贴实施工作责任书，建立廉政风险防控制度。利用新闻媒体、农机化信息网加强政策宣传，在市农机化网站开设“购机补贴信息公开专栏”，及时发布实施方案、资金使用进度及实施情况等信息。4 月，在青园农机城召开全市农机购置补贴政策宣传会，200 多位农机大户、农机合作社代表参会。推行“自主购机、带机申请、定额补贴、县级结算、直补到户”新操作模式，实行“谁办理，谁负责，谁核查，谁负责”的责任追究制。加强监督检查，8 月，对全市农机补贴受益农户进行入户走访和电话抽查，共电话抽查 200 户，入户走访 22 户。11 月，组织开展全市农机补贴政策落实延伸绩效管理考评。组织参加全省农机化好作品评选，获得组织奖一等奖。全年共兑付中央财政农机补贴资金6547万元。补贴各类农机具1万多台，直接受益农户6234户。同时推进农机报废更新补贴工作，全年农机报废更新补贴资金52.55万元，补贴机具74台。

加快推广水稻机插秧和油菜机收技术的示范推广。4月，下发《关于加快推进水稻育插秧机械化技术推广的通知》。发挥农机购置补贴政策引导作用，对购买插秧机、成套育秧设备和油菜收割机实行重点补贴。实行农机技术人员联系帮扶种粮大户制度，做到培训到人、指导到户、服务到田。推进农机与农艺结合，提高关键技术服务的到位率。4月，在青园农机城举办中国.安庆农机展示会。5月，在怀宁小市镇召开全市水稻机插秧、油菜机收暨秸秆机械化还田现场会。全市建立水稻机插秧示范点、示范片132个，水稻种植机械化整村推进123个，整乡推进17个。全年水稻插秧机达2318台，新增260台。实现水稻机械化栽植面积236万亩，其中机插秧面积176万亩，机直播面积60万亩，机栽植率42%，比上年提高10%。全市共召开油菜机收现场会20次，油菜机播面积55万亩，机收面积76万亩，机收率达45%。

加快推进农机化服务体系建设。继续实行市、县对口帮扶联系农机合作社制度，制定“社企共建”实施方案，确定省部级农机合作社与有关生产经营企业对接，发挥各自优势，加强联系合作。组织开展示范社评选工作，全年创建省级专业合作示范社10家。新成立42个专业合作社，全市已注册登记223个农机专业合作社，其中部级示范合作社5个，省级示范合作社31个。

开展农机化实用人才队伍建设。按照《拖拉机驾驶培训管理办法》等相关规定，加强对拖拉机驾驶培训学校的监督管理。开展农机职业技能鉴定工作。全年通过鉴定中、初级工539人。全年培训农机人员10063人，其中培训管理人员445人，技术人员2546人，培训农机驾驶操作人员7859人，其中新购机农民4904人次。

加强农机安全监管。结合“安全生产月”“平安农机”创建活动，普及安全知识，防范农机事故发生。与各县局签订安全生产责任书，全面落实农机安全生产责任制。加强监督管理，严把登记入户关，规范办理拖拉机、联合收割机注册登记、检验、驾驶证申领、换发、审验等业务，提高农机挂牌率、年度检验率和驾驶人持证率。2月，会同市公安交警大队，下发《关于全市开展农村地区交通违法整治方案》，联合成立农村地区交通违法集中整治领导小组，开展为期4天的农村地区交通违法集中整治。6月，开展全市“农机安全生产月”活动。8月，组织开展全市农机安全生产大检查，发现问题限时整改。全年全市共检验拖拉机8351台，联合收割机650台。新注册拖拉机行驶证1939台，联合收割机行驶证523台，新办拖拉机驾驶证973人，联合收割机驾驶证169人，到期换发拖拉机驾驶证982人。确保全市农机安全生产。

【组织重要农时农机化生产】 做好春耕、“三夏”、“三秋”重要农时机械化生产。利用“农机通”信息服务平台，及时发布机收动态、农事气象、机车供求、跨区作业等信息，引导机车有序流动。重要农时季节，组织农机技术人员深入乡村、田间地头开展农机技术咨询服务，帮助指导农机手维护、检修农业机械，推广先进适用的农机化新技术、新机具，宣传农机安全知识，提高机手的安全意识，确保农机具以良好的状态投入农机化生产。加强与气象、交通、公安、石油等有关部门的协调配合，免费发放1000份跨区作业证，引导机手有序作业。规范办理发放农机专用加油卡，保障机具作业正常供油。“三夏”期间，全市组织8个跨区作业队，200台收割机赶赴阜阳对口支援小麦抢收工作。“三秋”期间，组织调动3500台收割机，20万台套拖拉机及配套农机具投入“三秋”农机化生产，完成水稻机收面积415万亩，机收率达95%，机播油菜47.6万亩，机播小麦140万亩。

【推进秸秆还田综合利用技术】 发挥农机补贴政策的调控引导作用，对收割机加装粉碎机、打捆机等机具，实行优先补贴。引导鼓励农民购买和使用秸秆还田机具，扩大秸秆还田作业规模。对开展水稻、小麦、油菜等秸秆还田作业进行奖补措施。5月8日，召开部分种粮大户、农机大户对秸秆还田政策措施征求意见会。通过举办培训班，召开演示会等多种形式，全力推广秸秆机械化全量还田技术，促进生态农业发展。11月，市政府在怀宁召开全市秸秆机械化还田现场会，省农机局和市人大、市政府、市政协有关领导到会指导。全年实现秸秆粉碎还田面积398万亩，秸秆打捆面积21万亩。

【落实农村老拖拉机手工龄补助政策】 年内，落实《安徽省农业委员会、省财政厅、省人力资源和社会保障厅印发〈关于为农村老拖拉机手发放工龄补助的实施方案〉的通知》文件精神，做好农村老拖拉机手发放工龄补助工作。9月23日，召开全市农村老拖拉机手工龄补助工作座谈会，推进工龄补助发放工作实施进度。全年全市乡镇受理申请农村老拖拉机手5500人，初审650人，县级审核公示并通过80人，市级批准51人，资金发放到位。

（戴培忠）

水　　利

【概况】 安庆市境内江河纵横，湖泊密布，长江流经237公里，占全省长江河道总长的61%；流域面积在300平方公里以上的内河有10条，其中1000平方公里以上的内河5条；沿江10大湖泊水域面积1043平方公里。二级以上长江干堤308公里（自上而下分别为同马大堤、安庆与广济江堤、枞阳江堤三大圈堤），保护面积3710.7平方公里，保护耕地253.5万亩，保护人口290.4万人；沿江沿湖闸站75座，其中大中型通江涵闸7座；河湖堤防2000多公里，大中小型水库684座，固定机电排灌站2230座20余万千瓦。

2014年，市水利局扎实工作，开拓创新，水利事业呈现出良好的发展态势。市防汛办获得“全省先进市级防办”称号，在全省农田水利基本建设“江淮杯”竞赛评比中获得一金一银一铜的成绩；市水利局被市政府授予“全市政务公开工作先进单位”“全市驻企服务工作先进集体”“全市信访维稳工作先进集体”；下浒山水库建管处被市委、市政府授予“全市重点工程先进单位”。

全市争取水利各类投资17.5亿元，其中水利基建投资6.5亿元（含上年结转资金），农田水利基本建设投资11亿元。水库除险加固工程，花凉亭水库除险加固工程已完成竣工验收，全市51座重点小(1)型和2011年29座重点小（2）水库除险加固全部竣工验收。年度实施的38座小(2)型水库，已全面开工，计划投资3100万元。农村饮水安全工程，共建设饮水安全工程111处，均为集中供水工程，新增日供水能力14.9万立方米，解决19.5万农村居民和5.69万学校师生的饮水安全问题，工程实际完成投资11557万元，其中中央资金8335.2万元，省级投资1610.9万元，省以下地方配套资金1610.9万元。累计完成用工25万个工日。中小河流治理工程，已竣工验收5个2009—2012年实施的项目。2013年实施的13个项目，9个已完工，4个年底前完成主体工程；2014年下达5个项目正动工建设之中；另有7个项目初设已审查上报，其中5个已批复。水土保持综合治理工程，共实施10个小流域综合治理，完成4个；正在实施6个小流域综合治理工程；年度治理水土流失面积180平方公里。灌区节水改造工程，花凉亭灌区虎形潭渡槽工程10月开工建设。破罡湖东站与破罡湖闸除险加固工程同步建设，列入市政府2014年度重大建设项目计划，已完成招标工作，正进行征地拆迁和施工前期准备工作。麻塘湖水库灌区节水改造项目完工。水利血防工程，桐城市龙潭河水利血防项目已完工验收。大观区海口镇迎江套水利血防项目可研已完成审查。太湖县桥东灌区等5个灌区血防项目可研通过长江委审查。小水电工程，全市拥有农村水电站290处（含毛尖山）30.96万千瓦，全年发电量为6亿度，拥有高压线路2251公里，低压线路8840公里，拥有配电变压器985台12.4万千伏安。

【重点水利工程】 下浒山水库工程。《可研报告》于7月25日获国家发改委批复；10月14日，组织下浒山水库工程建设监理和施工准备工程（主要包括导流隧洞、施工临时道路、施工现场管理用房等）的公开招标工作，选取的建设监理单位为安庆市宜兴水利水电工程监理部，施工单位为安徽水利开发股份有限公司；11月18—20日水利部水利水电规划设计研究总院在安庆对下浒山水库工程初步设计组织审查。2014年12月下达第一批投资计划1.5亿元。

石门湖航道整治及凤凰作业区码头工程。完成石门湖航道整治工程疏浚总工程量的90.5%。完成凤凰作业区码头后方陆域工程和工业品码头工程施工、监理的招标工作，完成整体工程量的60%以上。

破罡湖闸站建设工程。工程结合破罡湖闸除险加固新建破罡湖东站，总投资12745万元，装机9000千瓦。破罡湖东站和破罡湖闸除险加固工程的初设编制8月通过审查，11月完成招投标。

【水利规划与前期工作】 2014年投入水利前期工作经费1200万元，是2011—2013年三年前期工作经费总和。华阳河蓄滞洪区建设工程可研报告通过水利部水规总院初审；花凉亭灌区续建配套可研正在编制;组织安庆市治涝规划、城市防洪规划、长江安庆河段治理工程等项目编制;组织编制皖河流域、菜子湖、破罡湖水系综合治理可行性研究报告、招标备案报告、招标文件;组织编制2015年度水利前期工作费用财政评审文件。

【八小水利工程】 2014年,是省政府《关于深化改革推进小型水利工程改造提升的指导意见》的第二年,也是八小水利纳入民生工程第一年。市推进八小水利工程建设,农田水利建设呈现出快速迅猛的发展势头。2014年市八小水利工程计划任务(不含宿松县):除险小水库38座,扩挖塘坝13674口,整治河沟876条,更新改造小型泵站15074千瓦,加固小型水闸107座,改造中小灌区11个17.4万亩,末级渠系改造33.5万亩。至年底,全市完成八小水利工程土石方4586万立方米,占年度计划任务120%,累计完成工程投资12.19亿元。全市完成小水库加固38座,更新改造小泵站15074千瓦,加固新建小型水闸144座,改造中小型灌区13个17.5万亩,扩挖塘坝13679口,沟河清淤整治914条,改造灌区末级排灌系统33.5万亩。超额完成年度八小水利工程任务。在省第十九届农田水利建设"江淮杯"竞赛评比中,潜山、宿松、桐城分别获得一、二、三等奖;市连续四年夺得"江淮杯"一等奖。2014年全省农田水利基本建设暨造林整地工作现场会于11月上旬在望江县召开。

【水政水资源管理】 制订出台《安庆市实行最严格水资源管理制度考核办法》,确保水资源开发利用更加科学合理。完成水资源状况评价和公报工作,加强城市入河排污口监管,编制《安庆市水功能区划》,开展供水源地和重点水功能区的水质监测,加强水功能区管理与保护。将用水总量、用水效率、水功能区限制纳污"三条红线"的四项主要控制指标分解到各县(市)区。加强水利执法,加大对非法采砂打击力度。查处和指导查处水事案件118起,调处水事纠纷33件。继续对长江非法采砂采取打击行动,共抓获非法吸砂船35艘,罚没款105万元。加大对内河采砂监管,鼓励合法有序开采,对非法采砂的,督促有关县(市)区予以取缔,并开展集中整治行动。制定安庆市《长江河道采砂行政处罚自由裁量权细化标准》,规范完善行政处罚制度。开展河道工程修建维护管理费征收工作,依法征收水利规费1245万元。

【"三线三边"环境整治】 市水利局制订市江河湖沿线环境整治工作方案、工作标准、考核办法及考核评分细则。结合汛前检查,重点对枞阳、太湖、望江、潜山等县和市本级直管的长江干堤进行检查督导,对发现的问题下达整改通知单,使堤容堤貌进一步提升。结合中小河流治理和农田水利兴修开展河道"三清"活动,清理淤泥垃圾550吨、清理杂草260吨、清理违章搭建468处。加大沿江城防景观带治理力度,对沿江城防区域集中开展"三违"(违章耕种、违章占用、违章建设)治理行动,启动江堤花卉市场整治工作,对188间门面房主占道经营进行清理。

防汛抗旱

2014年,全市境内共发生15次降水和1次台风降水过程,特别是"7·4"和"7·11"暴雨,造成局部洪涝灾害,长江超设防水位21天,大沙河发生超警戒水位洪水,7座中型水库、25座小(1)水库、21座小(2)水库超汛限水位。市委、市政府高度重视,有序有效组织防汛抗洪,紧急转移安置危险区群众1.02万人,把灾害可能造成的损失降到最低。

部署专题研究,市包保领导深入一线,靠前指挥,督促检查,指导工作,保证防汛工作顺利进行。增设市山区防洪指挥部,市区排涝指挥部,责任明确。建立较为完善的会商机制,每当出现异常天气情况,市防指迅速启动会商报告机制;应急时段、出现较大汛情,实行"日会商"和"即会商"制度。分析防汛形势、明确防御重点、提出防范措施,形成防汛专报,为准确决策提供科学依据,为各地有效防范提供科学指导,起到"防指勤会商、县区少盲动"效果。超前主动应对,把握主动权,把灾害可能造成的损失降到最低限度。组织大规模的应急演练,市防指分别于7月5日和23日二次启动防汛(防台风)Ⅲ级应急响应,派出16个工作组深入各地指导工作。岳西县创新防汛工作机制,推行"网格化"管理,实行乡镇自主预警响应,GPS跟踪责任人到岗到位,划分"移床"、转移等级。宿松县迎战"7·11"县城特大暴雨,较短时间排除内涝,民情舆情稳定。桐城市强化大沙河巡查防守,确保安全度汛。加强各类工程险工隐患排查,及时处理消除安全隐患。花凉亭灌区虎形潭渡槽年久失修,老化严重,年内市委、市政府安排资金2857.9万元进行渡槽拆除重建。

针对同马大堤巨网段堤顶裂缝、外护坡沉陷等险情，皖河河道管理局及时组织堤防勘探，编报应急除险加固施工方案，安排坝体裂缝和沉降错位的堤防进行除险加固。

（章　莹）

农场·灌区

【华阳河农场】 安徽省华阳河农场地处长江中下游皖、鄂、赣3省交界的宿松县境内，总面积102.98平方公里，是安徽农垦最大的农业企业。农场下辖4个农业场、皖垦棉业有限公司、农科所、农业公司、水电公司及社区管理委员会，农业场共设11个管区，年末总人口16582人。

2014年，农场生产的主要农业产品有棉花、水稻、小麦、大豆、高粱、油菜、瓜蒌籽、杭白菊等，种植小麦10300亩、棉花4600亩、大豆54450亩、水稻25050亩、高粱10635亩、瓜蒌6120亩，全年实现粮豆总产73427吨、油料80吨、蔬菜瓜果390吨、瓜蒌籽802吨、棉花(皮棉522吨、出栏肉猪2710头、肉牛175头、肉羊1100只、禽蛋230吨、水产品总量315吨；毛巾针织200吨、安全网41吨。实现工农业总产值(现行价)4.0亿元，比上年增长13.6%。国内生产总值2.3亿元，增长4%。其中第一产业增加值1.69亿元，增长3.5%；第二产业增加值0.08亿元，增长50%；第三产业增加值0.53亿元，增长1.2%。实现利润总额1531万元，增长10.8%。

开展农机标准化示范农场创建工作，1月13日，经国家农业部农垦局农机标准化示范农场验收组实地验收，华阳河农场2014年农机标准化示范农场创建为安徽农垦首家达到国家AAAA。棉花、大豆两个高产创建项目顺利通过省级验收。棉花连续6年达到高产创建目标；大豆连续3年达到高产创建目标。在一场农业公司推行1000亩水稻机械化插秧及全程机械化生产实验，水稻长势明显好于其他田块，亩产650公斤，亩均增收165元。推进农业社会化服务工作，全场共创建合作社15家，其中农机合作社9家，种植业合作社6家，总注册资金达1989万元。

实施华农米业公司改扩建工程。农场投资1000余万元对华农米业公司实施改扩建，新建120吨烘干线1条，6000吨粮食储备库1座、500吨金属仓4座、晒场2万余平米。午季期间，农场筹措资金2600余万元，收购烘干小麦13768吨，占全场总产量的35%；秋季收购水稻6700余吨，实现经营利润100余万元。与宿松县政府垦地合作的土地增减挂项目于4月正式开工，重点复垦整理12个空心村，新增耕地面积675亩，同时整治营区周边220亩的四边地，共新增优质耕地900余亩。二场1万亩高标准农田建设项目经宿松县政府批准立项，预算投资336.20万元，建设面积1万亩，建设内容为桥闸、农桥各1座，水泥路2300米，砂石田间路2000米，微喷灌加压泵站1座，铺设管道1万米，灌溉面积达2500亩。投资92万元，改造建成“安徽农垦沿江江南片职工培训中心”，系安徽农垦3个职业农工培训中心之一，年内开展首届三期职业农工培训工作。年底，农场被省国资委授予文明单位。

（程来保）

【皖河农场】 皖河农场全称安徽省皖河农场，隶属安徽省农垦集团公司，位于安庆市西郊，行政区划在安庆市大观区，土地面积77.2平方公里。总人口26364人，主要由汉、回两个民族组成，其中回族人口1742人，主要集中居住在农场下属的三益回民分场，该分场回民人口占分场总人口的95%，是全省农垦系统回民最多的农场。回民人口密度居安庆市之最，三益回民分场享受全省民族乡(场)相关政策待遇。下辖11个农业分场和4个服务单位。有米厂、植物油厂等多家民营企业和300多间商业店铺。农场是一家集企业经营与社会管理职能于一体的国有农业企业。

由于南北走向的引河穿场而过，将农场分为沿江、沿河东西两片，沿江片以油(麦)—棉，沿河片以麦—稻为主的作物布局，现已发展蔬菜、瓜蒌等多种经济作物。农场以城郊型农场为主轴引领，以现代农业、小城镇建设、产业园区和劳务经济为四轮驱动，发挥土地资源优势和深水港口优势及安庆近郊的区位优势，推动场地合作，提升农场建设水平。

2014年，皖河农场社会生产总值29778万元，比上年增长12.4%。其中一产20666万元、二产3962万元、三产5150万元，分别增长13.5%、15.3%、15.1%。职工人均收入21000元，增长7.7%；人均收入16919元，增长8.3%。粮食总产41615吨，增长14.7%；油料总产524吨，增长66.9%；皮棉总产556吨，下降

10%。肉类总产量2938吨,增长8.4%;蔬菜种植面积8500亩,其中钢架大棚1500亩,生产蔬菜51600吨;种植瓜蒌2340亩,销售瓜蒌籽234吨,盈利1404万元。农场统一经营实现利润29万元,外出务工9300人次,实现劳务收入近4亿元。

(朱晓武)

【花凉亭水库】 花凉亭水库位于安庆市境内,属长江流域的皖河支流长河水系,坝址坐落在太湖县城西北约5公里处。水库是以防洪、灌溉为主,兼有发电、供水、旅游、航运等综合效益的大型水利枢纽工程。水库控制流域面积1870平方公里,总库容23.66亿立方米。水库枢纽工程主要包括拦河大坝、溢洪道、泄洪隧洞、引水隧洞和水电站厂房。水库防洪保护区面积936平方公里,保护太湖、怀宁老县城等重要城镇,合九铁路、沪渝(G50)高速公路、105国道等重要基础设施,人口65.59万人,耕地3.94万公顷。水库设计灌溉面积7.05万公顷,实际灌溉面积4.53万公顷。水电站总装机4万千瓦。以花凉亭水库为主体的花亭湖风景区是国家级风景名胜区、国家水利风景区、国家AAAA旅游风景区、国家湿地公园。

花凉亭水库由安庆市花凉亭水库管理局管理。2014年,管理局充分准备水库防汛工作,调度合理,发挥效益最大化。全面落实防汛岗位责任制,按照批准的控运计划和上级要求调度运行。3月,开展水库汛前安全大检查,对检查出的问题落实整改部门和责任人,限期整改。平常加强对大坝、闸门等水工建筑物的管理、养护、维修,定期进行检查。7月,水库流域频降大到暴雨,月降雨量达355毫米,最大次降雨量110?毫米(7月4日),月来水3.98亿立方米,最大入库洪峰2255立方米/秒,水库防汛工作严峻。7月5日,花凉亭水库启动防汛Ⅲ级应急响应。经合理分析水库的雨情、水情、工情,结合水库水文历史资料的综合研判,全部拦蓄入库洪水,变防治洪水为利用洪水,为发挥水库综合效能奠定基础。全年,水库流域年降雨量1680毫米,来水量14.61亿立方米,最高库水位81.34米(7月18日),水位在80米以上运行达40天。水库为下游灌区提供农业生产用水12.87亿立方米,为太湖县城镇居民生活供水473万立方米,电站发电9710万千瓦时,实现年份管理水库各项功能效益最大化。

加强工程管理与维护,确保水工建筑物及设备可靠运行。管理局编制《工程维修养护制度》和《运行维修养护经费使用管理制度》。年初制订年度工程及设备维修养护工作计划,分季度下达维修养护工作,收集、整理维修养护记录、资料,建立设备台账。每个季度召开专题维修养护工作会议,梳理工作完成情况,查找问题,总结经验。全年自动化系统维护2次,溢洪道启闭机、闸门维护2次,引水隧洞和泄洪隧洞金属结构维修4次;对内部交通道路与防汛公路检查维护1次;对大坝草皮护坡塌陷、冲蚀进行培土补种并施肥3次,对大坝排水沟堵塞破损等进行清理、维修。开展花凉亭水库大坝安全观测工作,收集和整理大坝安全观测资料,并在全省2012—2013年大中型水库观测资料整编互审中获二等奖。

除险加固遗留工程完工验收,后续相关工作开始启动。水库除险加固工程遗留工程主要包括明渠桥拆除重建及工区供排水系统改造。在工程建设过程中,严格按照施工合同、施工程序和规范要求办事,加强监理,严把工程质量关。5月,明渠桥工程完工,顺利通车。工区供排水系统改造工程于年底完工验收。花凉亭水库库区实物调查是水库除险加固工程的后续相关工作,是市政府2014年度重点水利项目之一。12月,水库管理局委托并配合长江勘测规划设计研究院对库区进行勘测、调查,分析和总结不同的库水位对库区农田及居民建筑物、道路的影响,收集和整理库区调查项目资料。

(陈时宏)

【花凉亭灌区】 3月初,管理局研究部署全年农业灌溉供水及防汛抗旱工作,编制《2014年度花凉亭灌区防汛预案》《2014年度花凉亭灌区抗旱预案》及《花凉亭灌区2014年度用水计划》。3月中旬,对局直管的渠道工程、设施设备等进行汛前安全大检查,5月召开年度灌溉工作会议,对全年灌溉工作进行部署,与太湖、宿松、望江、怀宁4县管理单位签订年度供水合同。5月20日,灌区管理局开始对受益4县供水灌溉,10月4日结束,历时138天。渠首进水闸总引进水量5.54亿立方米,总灌溉供水量2.37亿立方米。其中对太湖县供水141天,供水量1.71亿立方米;对宿松县供水35天,供水量0.24亿立方米;对望江县供水55天,供水量0.39亿立方米;对怀宁县供水17天,供水量0.03亿立方米,实现水费收入200.98万元(其中太湖82万元、宿松43.18万元、望江69.96万元、怀宁5.85万元),保证灌区范围内70万余亩农田适时灌溉,完成年度供水任务。供水期间,管理局对险工险段、新建工程、建筑物与堤防结合部位，量水设施及机电设备等检查巡视。对雷湾地下涵等3个维修工程项目实行招投标管理，协调怀宁雷埠乡对北干渠桩号11+400—14+809长3409米的渠道实施清淤。管理局局直4所、3站签订安全生产目标责任书，落实灌溉期间值班制度，执行安庆市花凉亭灌区抗旱预案和用水计划。

3座水电站全年累计发电713.75万千瓦时，收入249.8万元。其中渠首水电站发电192.3万千瓦时，双庙湖水电站发电123.5万千瓦时，集岭水电站发电397.95万千瓦时。局属禹信公司对外投标83个项目，其中10个项目中标，年度签约合同总额1181万元，实现利润50万元。渠首水电站增效扩容改造工程完工，9月初实现并网发电，双庙湖水电站、集岭水电站增效扩容改造工程按预定进度进行，完成双庙湖电站输电线路更新改造工作。

加大水政执法力度。年内查处7起水事违法行为，遏制人为侵害渠道工程行为。对直接管理的总干、干渠、分干渠堤坝及管理范围垃圾、违法建筑、违章耕种、违章取土进行排查登记上报，在违章现象严重渠段设立12块警示标牌。对浙商硅业公司采矿厂违规向渠道内排放黄泥浆水监督检查，及时要求整改；对安徽省兴牧畜禽有限公司育种鸡场占用总干渠道堆土区和擅自在渠道取水进行协调处理；对太湖县大石乡文桥村村民在南干渠李桥支渠进口上下游违规拦渠打两道土坝责令限期拆除，恢复原貌。局属管理所与当地乡镇村联系，向沿渠村民发宣传单，对渠坝上违章耕种限期自行清除。

推进续建配套与节水改造项目未完工程建设工作。组织实施太怀干渠0+000—5+030段、北干渠4+000—8+050段除险加固工程项目的未完工程和灌区信息化建设项目二期工程；存在重大安全隐患的虎形潭渡槽拆除重建工程，10月1日开工建设；继续做好花凉亭灌区续建配套与节水改造工程总体可研报告编制工作。

（杨继光）

安庆市国家级农业产业化龙头企业选介

【安徽鸿润(集团)股份有限公司】 公司始建于1991年7月，1998年组建安徽鸿润集团，是以羽绒及其系列制品为主导的外向型企业，是国家级农业产业化龙头企业、国家级科技创新型星火龙头企业、全省50户重点骨干工业企业、省861行动计划重点企业、省级农业产业化集团，现已成为全国最大的羽绒床上用品生产和出口基地。公司主导产品羽绒被的生产量和出口量占全国总量的24%以上，连续七年位居全国第一位，出口创汇额连续五年在全省生产企业中排名第三位，其中在全省纺织、服装、印染和农副产品加工行业中连续七年排名第一位。

公司总资产2.4亿元，连续7年银行AAA级信用企业。公司总占地面积800余亩，下辖有7家控股子公司和3家参股公司，设有合肥、无锡、上海和美国纽约等5个驻外办事处。公司建设有省级企业技术中心，拥有国际先进水平的羽绒加工生产线13条，各类工业用高速缝纫机1000多台，电脑绗缝设备24套，其中单针机20台、多针机4台，年产各种规格和档次的水洗羽绒8000吨，羽绒被250万条，绗缝被150万条，床单、被套180万套，窗帘、浴帘160万套，出口各种布料200万米，塑料包装制品200万件，产品99%以上出口到德、法、英、美、日、意大利、瑞士、西班牙、丹麦、瑞典、澳大利亚、中国香港等60多个国家和地区，拥有一批稳定的客户群体。

鸿润品牌被评为“中国知名出口品牌”，被中国羽绒工业协会定为中央电视台十大上榜品牌；鸿润商标是安徽省著名商标；并在德、法、英、美、日、意大利、西班牙、瑞士、澳大利亚、中国香港等10个国家和地区注册。“鸿润”系列产品是安徽省名牌产品，同时又被国家商务部确定为“重点支持和发展的名牌出口商品”，在中国国际农业博览会上获名牌农产品称号，2005年国家质量监督检验检疫总局授予鸿润牌羽绒被为业内首批四家“中国名牌产品”之一。公司通过国际环保组织认证的纺织品环保标准认证（Oko Textile Standard—100）、ISO9001国际质量管理体系认证、美国联邦的法律认证、美国联邦的消毒生产认证、ISO14001国际环境质量体系认证以及欧洲的SA8000等六项国际认证，并获准使用中国羽绒工业协会颁发的“品质信誉保证标志”。2014 年销售收入 25.96 亿元。

【安徽乐健绿色食品有限公司】 公司创建于 1997 年，初创为桐城市乐健粉丝厂，于 1999 年进行股份制改造，更名桐城市乐健食品有限公司，成为一家以大米、甘薯、面粉等农副产品为原料进行精深加工的食品生产企业；2006 年公司名称变更为安徽乐健绿色食品有限公司，2007 年成立安徽乐健集团，下设 1 个母公司(安徽乐健绿色食品有限公司)、3 个子公司(安徽财源文化传媒有限公司、安徽征途物流有限公司、桐城乐健林业发展有限公司)及 1 个农民专业合作社(桐城市乐健种植专业合作社)。主营业务有淀粉糖及淀粉糖衍生产品、高档饼干系列产品、膨化食品、淀粉及淀粉制品以及农副产品加工与销售。

公司是国家级农业产业化龙头企业、安徽省农业产业化龙头企业、安庆市农业产业化重点龙头企业，安庆市实施农业三项工程优秀龙头企业。公司通过 ISO9001:2000 全面质量管理体系认证，膨化食品、饼干通过市场安全准入 QS 认证。公司有 2 项科研成果通过安徽省科学技术成果鉴定，并获安徽省科技成果三等奖，“乐健”牌商标被安徽省工商行政管理局认定为安徽省著名商标。2014 年销售收入 17.88 亿元。

【安徽霞珍集团】 集团创建于 1986 年，是以农副产品羽毛绒深加工及其制品出口外向型企业，带动水禽养殖和胴体加工共同发展的农业产业化“国家级重点龙头企业”、省农业产业化“8152”工程省级龙头企业 50 强企业、省“民营企业出口创汇十强企业”、省先进中小企业、省“861 行动计划重点实施单位”、“省促进主导农产品出口工作领导小组重点联系企业”、“省级优秀企业技术中心”、“省质量管理奖单位”、“省农行、农发行 AAA 级信誉单位”、“省 A 类纳税诚信单位”、桐城市“十强企业”。

2014 年，集团固定资产 1.1 亿元，占地面积 10.2 万平方米，拥有国际先进的羽毛绒加工水洗生产线 4 条，羽绒制品生产线 4 条，禽体加工制品生产线 1 条，各种加工、检测设备 1000 多台套。形成以安徽霞珍羽绒股份有限公司为核心，拥有桐城市霞珍羽业有限公司、桐城市霞珍进出口公司、桐城市霞珍特种玻璃有限公司、桐城市兴创包装有限公司、桐城市霞珍禽业有限公司等全资、控股或参股企业，在省内外拥有 8 个加工基地，在北京、上海、合肥、无锡设有进出口公司、办事处、品牌旗舰店。基地水禽养殖农户已达 1400 户，年饲养量达 210 万只，具有年产羽毛绒 2000 吨，羽绒制品 240 万件能力。

生产产品有羽毛绒、羽绒制品、禽肉制品、特种玻璃、塑料制品等系列产品，其中拥有国家专利产品 3 个，主导产品“霞珍”牌羽绒被为“国家免检产品”、省“名牌产品”、省“名牌农产品”，“霞珍”商标为省“著名商标”，羽绒制品 90%以上出口至欧盟、美国、日本、加拿大、香港等 40 多个国家和地区，并在加拿大、香港等 14 个国家和地区进行商标注册，羽绒制品在国内获准佩挂“中国羽绒制品信誉保证标志”，出口产品获国际纺织品环保 Oeko—100 认证，美国的法律生产消毒认证，在同行中率先通过 ISO9001 质量体系和 ISO14000 环境体系认证。2014 年销售收入 14.96 亿元。

【安徽稼仙金佳粮集团股份有限公司】 公司成立于 2001 年 8 月，是一家集粮食订单种植、加工销售、食品生产、印刷包装、物流配送等为一体的综合型民营企业，拥有 1 个母公司、5 个子公司，11 个成员企业，总资产 2.25 亿元，注册资金 5000 万元。

企业于 2002 年在全省粮食行业首家通过 ISO9001:2000 国际质量体系认证，获得国家首批“食品生产许可证”(QS)。2006 年通过 HACCP 食品安全管理体系认证、测量管理体系认证，取得“标准化良好行为 AA 级”证书。公司主导产品“稼仙”牌大米，先后荣获中国绿色食品、中国放心米、国家免检产品、全国十大金奖大米、中国名牌产品、安徽省名牌产品、安徽省名牌农产品等称号，“稼仙”商标被评为“安徽省著名商标”。稼仙集团先后被确定为农业产业化国家重点农头企业、商务部“双百市场”大型农产品流通企业、“万村千乡”试点企业、国家应急商品定点供应企业、国家粮食协会“食品安全信用体系建设重点企业”(安徽省仅有一家)，取得国家“红十字会”救灾物资供应资格和外贸出口经营资格，先后获评“安徽省守合同、重信用单位”、“安徽省质量管理奖”、“安徽省粮食产业化排头兵”、“安徽省百强企业”等。

公司拥有总占地面积 260 余亩的现代化工业生产园区，从日本佐竹、瑞士布勒等世界知名粮机主产企业引进多条国际先进水平的分级、碾米、抛光、色选等自动化生产线和精良的检测设备，年生产大米能力达 40 万吨。产业先后扩充到食品、制面、彩印包装、物流、生物农资等领域。2014 年销售收入 17.71 亿元。

【安徽省联河米业有限公司】 公司是农业产业

化国家重点龙头企业、安徽省粮食行业排头兵企业、大米加工全国五十强企业、全国首批放心粮油示范企业、安徽省第一批循环经济示范单位、安徽省民营科技企业,拥有省级技术中心企业。拥有全智能优质大米生产线3条,碎米制备米蛋白生产线1条,生物质(稻壳)发电机组4000千瓦/时。是集优质大米(生态米、富硒米)开发、科研、生产、销售、粮食精深加工、生物质发电及物流等多种行业为一体的综合性大型农产品加工企业。年加工大米能力30万吨、米乳5000万罐、蛋白粉600吨、淀粉12000吨。。企业已通过ISO9001质量管理体系、ISO14001环境管理体系、安徽省企业计量检测(合格)体系认证。"联河"牌大米先后获得"A级绿色食品""中国名牌农产品"和"安徽名牌"产品等殊荣;"富尔德"牌米蛋白质产品填补国内从大米中提取食用蛋白的空白。产品除覆盖本省市场外,还远销北京、广东、福建、贵州、浙江、湖北、云南、上海等各大城市批发市场及超市。2014年产值达13.09亿元。

(市农委)

安庆市地方食品土特产品选录

【桐城水碗】 桐城水碗,是传统名食,清代民间就有制作,源于桐城市大关镇一带。桐城水碗系汤类食物,不用盘碟,采用精细兰边大碗盛装,故名"水碗"。选料采用桐城当地优质肉类、禽类、蛋类、大枣、莲子及豆制品等,桐城水碗制作考究,品种达数十种,老少咸宜,可零碗单色下吃,亦可承办多色水碗宴席。日常供应的水碗有肉片水碗、肉元水碗、鱼片水碗、鱼圆水碗、蛋条水碗、蛋圆水碗等。现桐城市大关镇已形成桐城美食一条街,并辐射合肥等周边区域。

【太湖弥陀生条】 太湖弥陀生条又称豆果、参条,是弥陀镇的特产之一,历史悠久。《淮南子?览冥训》:"夫井植生梓而不容瓮,沟植生条而不容舟,不过三月必死。"唐?韦应物《西涧种柳》诗:"封壤自人力,生条在阳春。"可见,生条在西汉、唐朝年间就享誉乡里。弥陀生条选用当地纯正黄豆,精制菜油,配以泉水,高温膨炸而成。黄豆决定生条的产量,菜油决定生条的颜色,水质决定生条的圆润,三者缺一不可。生条制作程序为破壳、去壳、浸泡、清洗、磨浆、煮浆、点卤、上榨、切坯、下锅、炒膏等。其加工程序为传统工艺。弥陀生条既是冬季火锅的最好配料,又可以与其他食品放在一起炒、炸、煮、烧。生条皮薄柔软,光泽鲜艳,入口柔滑,令食者回味无穷,且具有开胃、健胃之功效,是一道名菜,也是馈赠亲朋好友的佳品。年加工量5万斤。

商贸经济

商　　务

【概况】 2014年，全市社会消费品零售总额589.8亿元(居全省第3位)、增长13.1% (居全省第8位,提升4位)。全年净增限上企业112家。全年进出口完成22.57亿美元,增长25.09%,总额居全省第五位(提升2位),增幅居第一位。利用外资额完成2.67亿美元,下降41%。全年外派劳务人员收入总额2467万美元。年末在外人数全省排名第七。招商工作落地项目5个,签约项目资金30亿元。在谈项目6个,协议投资80亿元。

【对外贸易继续增长】 2014年，安庆市连续4年成为中国外贸100强城市,实现进出口企业孵化工作县(市)区全覆盖,全年新增备案进出口企业177家,其中发生进出口实绩企业109家。口岸通关快速便利能力提升,全年,安庆港货物运量71.4万吨,增长38.1%;进出口货值4.8亿,增长10%;外贸集装箱吞吐量累计完成1.56万标箱,增长10.4%。国际航运公司马士基航运在安庆驻点,安庆成为马士基航运全球供应链的重要节点。

【电子商务发展迅速】 2014年,全市电子商务交易总额达到20亿元,网络零售额16亿元。556电商园获批省级电子商务示范园区,安徽鸿润等5家企业获批省级电子商务示范企业。岳西县和桐城市获批省电子商务示范县(市)。推进快递企业"三进工程"。2014年市取得快递业务经营许可证的企业达35家,总部设立的直营机构8家,快递业务量(出港量)累计完成872.28万件,增长45.86%,快递业务量排名全省第5。

【环境保护】 开展城区菜市场、早餐夜市和豆腐作坊整治提升工作,编制完成《安庆市中心城区菜市场布点规划》,菜市场改造完工14个。已建成舒巷、天宝夜市摊群点和程墩路早点摊群点，完成宣家花园、安庆大学东门美食城改造施工,豆制品生产基地选址工作已完成。

开展餐饮油烟、大气污染和茶水炉三项治理工作。400家餐饮企业全面安装油烟净化装置;完成城区民用茶水炉摸排登记,通过整治关闭、停业15个。加油站点油气污染回收治理完成目标117.5%。全省商贸领域节能减排现场会在市召开,金华联公司被商务部评为第一批节能环保"百城千店"示范企业,并与世纪华联公司双双被评为"安徽省节能示范单位"称号。

【公用型保税物流仓库投入使用】 7月9日,安徽华茂集团进驻安庆市首家公用型保税物流仓库——安庆远航保税库,成为首家进驻安庆远航保税库的企业。此次华茂进驻保税库的货物主要为美棉,货物在奥克兰港口装船,7月8日晚到达安庆港,单笔货物为420吨,年进货量为8000吨。安庆首个公用型保税物流仓库在安庆远航集装箱码头投入使用,既填补安庆市保税业务的空白,也是皖西南地区第一个保税库,这对促进安庆市外贸发展起到积极作用。

【家乐福、欧尚超市进驻安庆】 1月8日,安庆市最大的零售型超市——家乐福正式开业,地址在安庆市大观区双岗路南段华茂1958区1栋。安庆家乐福全称为"合肥悦家商业有限公司安庆华茂店",是合肥悦家商业有限公司在安庆的分公司。合肥悦家商业有限公司注册资本为7581.5万元，从事各类商品的批发、零售及相关配套服务;书、报、刊、电子音像的零售;针对国内商户的店铺出租、转租;利用本店设施代客设置商品信息及服务信息；以及提供相关配套服务,相关业务咨询和劳务服务。日均客流量4335人;日均营业额30.56万元。

7月30日,安庆欧尚超市皖江店正式开业,地址位于安徽省安庆市迎江区独秀大道168号。这是又一家世界500强商业航母，安庆成为欧尚进驻安徽省的第3个城市，同时也结束东部新城没有大型商超的历史。安庆欧尚超市是安徽欧尚超市有限公司分公司，经营范围包括商品批发，百货、纺织、服装及日用品、文化体育用品及器材、家用电器及电子产品零售等；组织国内产品的出口业务；自营商品的进出口业务。日均客流量2600人，日均营业额25万元。

【人民路步行街改造主体完成】 市内最繁华的商业集中区人民路商业步行街改造继上年完成一期项目后，年内实施二期改选项目，至年底地下商业街两期工程完成并建成开业，地上两侧立面拆迁改造同步进行，地上商业街东段路面改造接近完工。

【城乡市场体系建设】 继潜山之后，岳西、怀宁成功申报2014年度全省农村商品流通服务体系建设试点县项目，市试点县数量为全省1/6。已建成多功能乡镇商贸中心6个，在建9个，建成配送中心2个，发展村级农家直营店52个，建设平价菜店18家，城区平价菜店已达31家。新增设社区菜店6个、放心便利店82个、早餐网点156个、家政服务网点50个，培育家政龙头企业3个。支持老字号发展，市已获得中华老字号4家，2014年又成功申报安徽省老字号6家。结合市“十一”黄梅戏展演周和省十三运召开，组织开展安庆地方特色名品及老字号产品展示展销活动，销售额达到1800万元。

【参加第115、116届中国进出口商品交易会】 第115届中国进出口商品交易会第一期于4月15—19日在广州进行会展，安庆市5家参展企业，共7个展位。受国际形势影响，本届中国进出口商品交易会传统欧美客户有所减少，而中东、非洲、南美等市场由于发展需要，机电产品需求激增。一期参展企业接待国外客户约4000人，成交2600万美元，超额完成省团下达的成交指标。成交的产品主要是电线电缆、汽车零部件、LED灯具、电动工具等。签约客户中，亚洲国家占30%，非洲占18%，南美占17%，欧盟占15%，美国占10%，俄罗斯、乌克兰等原独联体国家占10%。

第116届中国进出口商品交易会于10月15日至11月4日在广州举行。本届交易会安庆市共有29家参展企业，展位46个。本届交易会安庆市参展企业成交8000万美元，超额完成省团下达的成交指标。

本届中国进出口商品交易会安庆市参展企业接待国外客户约35000人，签约客户中，亚洲国家占35%，欧盟占25%，美国占15%，俄罗斯、乌克兰等原独联体国家占15%。

粮食流通

【概况】 2014年，全市粮食总库存量比上年有较大幅度的上升，而总购进量、纯购进量、总销售量和省外销量均呈不同幅度的下降。全市粮食总购进(原粮，下同)169.98万吨，从生产者购进粮食121.29万吨，其中国有粮食企业累计收购36.08万吨。全市粮食总销售134.57万吨，全市销往省外粮食39.34万吨。12月底，全市粮食总库存77.39万吨。全市粮油工业总产值151.5亿元。粮油订单面积359.72万亩，订单收购量81.9万吨。

【粮食购销】 先后启动开展小麦、早籼稻、中晚稻最低价收购执行预案和油菜籽临时收储。全市规模以上粮食企业累计收购当年新粮46.5万吨，其中最低收购价收购量13.2万吨；油菜籽4万吨，其中国家临时收储1.69万吨。收购量比上年有所减少，但质量明显好如上年。通过托市收购，有效保护种粮农民的利益，全市没有发生一起“卖粮难”“打白条”现象。

【保供稳价】 做好省、市级储备粮油轮换工作，完成省、市级储备粮轮出7.4万吨、轮入8.2万吨，轮换油料3500吨。完成军粮供应市级统筹采购，有效保障辖区内军粮供应。搭建粮食产销合作平台，与广东、福建、浙江等销区建立稳定的合作关系。加强粮油价格监测和预警体系、应急加工供应网点建设，应急保障能力进一步提高。

【产业发展】 以“主食厨房”和“放心粮油”两大工程为抓手，推进全市粮食产业化工作。争取省财政项目贷款贴息和财政补助资金共260万元，全市新增粮油专业组织3个，新增“中国驰名商标”3家、“地理标志证明商标”1家、“安徽省著名商标”4家。落实省粮食局部署和市委主要负责同志指示精神，全市已建成放心粮油示范店18个、放心粮油配送中心2个，“主食厨房”加工企业1家。粮食产业化工作走在全省前列，获2014年度全省粮食产业化工作先进集体。

【国有粮食企业改革】 国有粮食购销企业效益、企业财务状况有所好转，资产质量有所提高。全市国有粮食企业资产负债率80.16%，比上年下降3.18百分点,净资产增加5083万元。推进国有粮食企业土地确权变性工作,在市国土局等部门支持下,对市直国有粮食企业45宗地块进行确权,资产管理得到加强。

【仓储管理】 粮安工程“危仓老库”修复项目获省批准,计划修复和新建仓容50.88万吨,总投资1.22亿元,其中获得国家和省补助4946万元,已下拨到位4059万元,各项目正陆续开工建设。安庆现代粮食物流园区完成区内道路、消防、地下管网工程和4万吨浅圆仓开工建设前的各项工作。帮助国有粮食企业申报粮食烘干机购机补助,开展农户科学储粮示范工程,两项共获得国家和省级补助资金500万元。开展“仓储管理规范年”活动,推广科学保粮储粮技术,粮油质量安全监测力度加强。高度重视安全生产工作,地方国有粮食企业安全生产实现零事故。

【监督执法】 加强粮食法制宣传,制定并公布实施行政权力清单和责任清单制度,规范行政执法行为。开展粮食库存检查、粮食购销政策专项检查和行业安全生产检查,创新检查方式,实行联合检查、飞行检查。库存检查共查粮64.4万吨,政策性专项检查共81次。加大各类涉粮案件查出力度,全市共立案查处涉粮案件10起,有力维护市场秩序,粮食监督检查工作获得省局表彰。

(朱　宏)

供销合作

【概况】 2014年,市供销社实现销售总额69.6亿元、利润总额9072万元,分别是年度目标任务的116%和112%。新发展销售额超亿元企业1个、农民专业合作社30个、村级综合服务社20个、各类网点105个,完成年初确定的各项目标任务。经济实力、服务功能和社会形象不断提升,在全省供销社系统综合绩效考核中继续保持领先位次,连续5年被评为全省供销社系统先进市级供销社。

深化供销合作社综合改革。印发《安庆市供销社全面深化供销合作社改革工作要点》,明确综合改革的指导思想、目标任务、主要措施和方法步骤。确定潜山县供销社为全市供销社综合改革试点社,对试点工作的跟踪督导,探索出切实可行的改革路径,确保改革扎实有效推进。潜山县供销社组建试点工作领导小组及工作机构,制订《潜山县供销合作社联合社综合改革试点实施方案》,提出改革目标任务、主要内容、方法步骤、政策措施,主动在基层组织建设、系统联合合作、现代流通网络建设、电子商务、混合制经济企业、农村合作金融等方面进行大胆探索,取得初步成效。

【项目建设】 潜山县150吨瓜蒌籽加工和500吨蔬菜种植,枞阳县500亩茶叶种植基地,宿松县3000亩标准化棉花种植基地等农发项目已竣工并通过验收。潜山县7000吨大米加工和800亩苗木种植项目,岳西县鲜蚕茧流通设施新建项目,安庆市永强禽业番鸭育种基地项目被列为2015年全国总社新型合作示范项目。岳西县“熙香湾”茶叶产业一体化、安庆市皖河生态农业蔬菜配送中心、桐城市现代农业生产示范基地、潜山县痘姆商贸中心、太湖县农资配送中心、怀宁县农村综合服务社建设、岳西县再生资源分拣中心等7个项目,被批准为2014年省级“新网工程”项目。新徽农农资配送中心、龙泉综合服务社、太湖丰乐金融服务网络、皖西南再生资源分拣加工中心、宿松县隘口再生资源回收加工站等7个项目被列为市级“新网工程”项目。新天地公司与中粮集团完成大米出口销售项目签约。市供销社资产经管公司投资联建岳西独山林木专业合作社。潜山县皖城农村物流中心项目被列入省861计划。

【基层组织建设】 加强基层供销社建设。潜山县水吼、源潭,怀宁县月山等基层供销社,开展全省基层社标杆社创建活动,不断增强服务功能,提高自身实力。桐城市,太湖、枞阳、岳西等县供销社,采取股份合作或土地承包经营权流转等形式,吸纳农民参与基层社建设,推进空白乡镇基层社的恢复与重建。全系统基层社营业收入9.78亿元,净增1.07亿元。继续加大农民专业合作社的创办力度,注重农民专业合作社的规范建设。全系统新增农民专业合作社143个,桐城市新天地农业种植专业社,开展标准化生产、机械化耕作、品牌化经营,成为国家级现代农业示范基地,先后跻身“中国50佳合作社”和国家级示范社。太湖县金桥农产品贸易专业社,采取“银行+合作社+多户联保+社员”的模式,开展内部资金互助业务,累计为700户社员融资3400万元,成为全市“银社对接”试点单位。各地结合美好乡村建设,创办一批建设标准高、服务功能全、群众评价好的村级综合服务社。怀宁县马庙综合服务社,开展日用消费品、农资商品、五金交电、医药品及土特产品销售,同时提供塑料保鲜袋加工、理发服务,还设立手机销售维修、话费缴费点,农作物病虫测报、统防统治服务点。组建行业协会,全系统建有各类行业协会14个,在维护行业权益、抵御行业风险、规范行业行为上发挥作用。市首家农村合作经济组织联合会在桐城市成立,标志着市农村合作经济组织进入一个新的发展阶段。

【网络体系】 整合农资现代经营服务网络。安庆农资大市场先后引进省内外农资经营企业100家,已发展成为全省最大的农资市场。举办市首届农资产品展销会,参展农资品种多达1000余种,签约合同金额高达1亿元。枞阳县供销社农资经营企业,主动跟踪服务种植大户、家庭农场、农民专业合作社等新型主体,将化肥、农药和技术送进田间地头,打通农资服务"最后一公里",化肥销售量始终占全县市场份额的70%。健全农村日用消费品连锁经营网络,潜山县新供销开展全省农村商品流通体系建设试点工作,建立配送中心、商贸综合体、连锁店等"三位一体"农业流通体系。宿松县程集供销社长铺综合大楼,开展日用消费品配送服务。拓展农副产品市场购销网络。安徽新天地集团在市区开设大米蔬菜直营店,被誉为"安庆市放心粮油示范店"。宿松县汇民公司完成皖西南水果批发市场改造,全年销售水果超过1万吨,成为皖西南最大的水果批发市场。太湖县板栗冷链物流中心建立配送点150余个,在全县开展连锁配送服务。构建再生资源回收利用网络。岳西县双赢再生资源公司,通过再生资源分拣中心建设,提升网络服务功能。宿松县陈汉基层供销社,由职工集资40万元建起废品回收站,填补该县山区无再生资源回收店的空白。净化烟花爆竹安全经营网络,市金雷烟花爆竹公司,在做好自身采购、运输、储存、销售的同时,配合相关部门加强城区烟花爆竹经营安全管理,着力构建安全有效的烟花爆竹经营新秩序。怀宁县兴宁烟花爆竹公司,通过打造贯通城乡的烟花爆竹连锁经营网络,不断提升烟花爆竹配送功能,年经营额明显提升。

【社属企业】 通过投资合作,发展新型企业。市社资产经管公司联手新天地集团公司,打造现代农业企业。公司以"龙头企业+专业社+生产基地+种粮大户"模式,有效解决农村城镇化进程中谁种田、怎么种的问题。通过规范农资经营网络、建立中储粮收储站、配备智能烘干机组、增加两条大米加工线等措施,打通从农资供应—生产基地—收储加工—包装销售等农业产业化经营链条,使企业跻身为全国供销合作总社农业产业化重点龙头企业和农业产业化省级龙头企业,集团绿福米业"新三板"上市工作有序推进。通过股份投入,创办混合企业。市社资产经管公司,以资本合作的形式,联合农野农资、禾丰农资等25家农资经营骨干企业,投资组建的安徽新徽农农业科技股份有限公司,开展联购分销经营。销售尿素、硫酸铵、氯化铵9.4万吨,销售收入1.4亿元。通过资产整合,增强发展后劲。在人民路改造过程中,市社按照市政府的总体部署与要求,协调做好联购分销公司征迁工作,同时对社有资产进行整合打包,分别采取货币补偿和房产置换等形式,最大限度地维护集体和职工利益,确保社有资产保值增值。潜山县供销社将县直8个企业资产有效整合,组建潜山县新供销有限责任公司,成为县社直属投融资经营主体。通过项目合作,增强示范引领效应。市社吸纳永强禽业作为社属企业,发挥其已有的品牌和技术,联合开发番鸭育种基地项目,扩大生产规模,提升服务功能。怀宁县供销社与永丰超市合作建设现代物流配送中心,经营面积扩大到3.5万平方米,经营品种增加到4万多种。

(杨兴高)

烟草专卖

【概况】 2014年,安庆市烟草专卖局(公司)固定资产总值3.6亿元,所有者权益17.89亿元;全年缴纳税金5.36亿元,比上年增长4.68%。其中,所得税1.40亿元,增值税1.73亿元,消费税1.97亿元。

全面梳理企业现行制度,形成12大类228项制度。规范制度制订流程,强化制度约束,加强项目计划管理,规范采购方式,公开招标金额比率95.81%。开展车辆、资产、涉案物品等6个项目审计。坚持预算管理和定额管理,修订完善相关费用标准,"三项费用"总额下降6.46%。做好市广播电台"1584政风行风热线"上线工作,回应群众诉求,接受社会监督。导入精益理念,加强专卖、营销、物流等业务序列精益管理,提高挖潜增效的能力和水平,其中精益营销项目在全国烟草行业精益管理现场会交流,5篇精益小故事编入会议材料。全市行业注册成立25个QC小组,"降低指挥中心岗位协同信息传递时长"项目获全省系统优秀QC成果发布一等奖,96500中心获"全国质量信得过班组"称号。

【专卖管理】 2014年,破获国家局标准网络案件1起,省标网络案件1起,捣毁50条以上违法卷烟窝点251个,查获各类违法卷烟4.78万条。其中,太湖县局破获的互联网非法经营卷烟案,为全市打击新型涉烟违法行为积累经验。专卖内管同步跟进,岳西县局先行试点的"节点式"工作法在全市推开,"大内管"长效机制基本构建。对非法流通、套购卷烟等五类不规范行为进行专项督察,强化自我规范意识。开展行政处罚案卷复评和互评,提高办案质量。市场监管更加精细。推进"APCD"市场监管工作法,专卖网络化管理在望江县局成功试点并在全市推广。出台《全市烟草制品零售点合理布局指导意见》,完善卷烟零售许可证记分制管理办法。建立零售户诚信经营自律小组,引导零售户自觉遵守规范要求。市烟草专卖局已连续6年被省委政法委、省烟草专卖局授予打假先进集体。

【市场营销】 2014年,安庆烟草实现经营收入48.8亿元,增长9.29%;实现税利10.36亿元,增长11.3%,规模处于全省第四位。其中税金5.36亿元,增长4.68%。提升网络功能,对标全省先进水平,发展网上订货、网上配货、网上结算,拓展电子商务功能,满足客户个性化需要。提升"三岗协同"和96500平台功能,缩短客户服务响应时间。推广实施终端"靓化工程",为客户量身定制经营指导书,提高客户经营水平。拓展增值服务。全市"感知徽映"中心增值服务共受理11455人次,诉求达成11212人次,诉求达成率97.9%;为1555户卷烟零售户牵线搭桥办理"平安福"保险;为全市现代终端客户和亲情帮扶户赠阅《新烟草》杂志。全市零售户对烟草服务工作的总体满意度为98.35%。完善卷烟物流,持续优化送货线路,实现卷烟送货100%到户;施行弹性送货机制,物流成本得到有效控制。在安庆试点的物流综合管理系统平台运行良好,全省烟草商业系统物流管控平台推广研讨会在安庆成功召开。

【社会责任】 在自身发展的同时,恪守"履行责任,奉献社会"的使命。参与送温暖、助学助残、抗洪抗震救灾、帮扶困难客户群体、社会主义新农村建设等社会公益事业。成立"徽映"志愿者服务队,开展交通疏导、植树造林、慰问孤寡老人等志愿活动;启动实施"爱心助学"工程,资助全市1000名贫困学子完成学业。2014年,安庆烟草累计向社会各界捐款120余万元。

盐业专营

【概况】 2014年,全年全系统销售各类盐35763吨,比上年减少2042吨。销售食盐32493吨,减少2027吨,完成年计划94.05%;销售小包装食盐23579吨,减少869吨,完成年计划91.16%;销售多品种盐19033吨,完成年计划422.96%,居全省计划完成率第一,其中新品种盐销售5774吨,完成年计划183.30%,居全省销量第一;销售各类非盐商品14936万元,完成年计划102.3%,比上年增加5740万元,增长62%,其中销售集采商品5283万元,完成年计划108.71%,比上年增加1409万元,增长36.37%。实现营业收入23370万元,增加6307万元,完成目标任务的102.52%,增幅36.96%;实现利润总额295万元,同比增加56万元,增幅23%。

【非盐经营】 以"荆楚花"食用油为主导商品,兼顾"太太乐"鸡精、"美妮"纸品、"泸州老窖"和"口子窖"等各类经营,成效明显,2014年全市食用油销售达到2717万元。开发品牌商品和终端客户,市公司于11月取得"旺旺"礼包、糖果系列经销权,3个月时间实现销售200多万元,建立起350多个零售终端客户,打造出城乡一体化渠道营销模式。

【市场监管】 针对畜禽饲料用盐、畜禽宰杀及卤制用盐、食品和豆制品加工用盐等监管仍存在薄弱环节,给食盐市场安全带来隐患。组织全市夏、冬两季食盐市场专项整治行动,对小工业盐、食品加工用盐、肠衣盐等专项检查,不间断地开展对农贸市场、城乡超市、宾馆、饭店、排挡、早点摊专项整治,做到及时跟踪管理,严防工业盐流入食盐市场,确保盐业市场管理有序。全年共查处涉盐违法案件147起,没收违法盐产品15.12吨,罚款11120元。

典当拍卖

【概况】 2014年,市有典当企业19家(不含2家分公司),典当企业数占全省典当总数的4.55%;拍卖企业18家,拍卖企业数占全省拍卖企业总数的8.41%。拍卖场次125场,成交额16.17亿元;收取佣金1035.31万元;上缴税金90.75万元;税后利润385.46万元。全市典当企业经营情况为:典当笔数1087笔,典当余额3.98亿元;典当总额9.68亿元;上缴税金818.97万元;税后利润1176.91万元。

【安庆市振风拍卖有限公司】 安庆市振风拍卖有限公司是安庆市首家拍卖机构,成立于1993年。现有员工8人,拍卖师1人,其中具有拍卖从业资格的人员7人。2014年共举办拍卖会13场,成交额2600余万元。其中有司法委托拍卖和企业、社会团体及个人等委托的拍卖。2014年公司被安庆市迎江区消费者协会评为“诚信单位”。

(赵勇奇)

【安庆振风典当有限责任公司】 安庆振风典当有限责任公司是安徽省最早恢复成立的典当行之一,是安徽华茂集团控股子公司,持有商务部颁发的“典当经营许可证”的公司,是安徽省典当行业协会的常务理事单位。公司有员工6人。公司主要经营品种有:金首饰、有价证券、机动车辆、房地产抵押、股票质押等。2014年发生典当业务397笔,发放贷款余额1733万元。2014年公司被安庆市工商行政管理局授予2013—2014年度“守合同重信用单位”。

(丁建军)

【安徽省安庆市发投典当有限责任公司】 安庆市发投典当有限责任公司是经国家商务部、安庆市人民政府批准,由安徽省安庆市发展投资(集团)有限公司,望江县城市建设投资发展有限公司和岳西县城市建设投资有限公司共同出资组建的典当融资机构,于2008年9月19日正式开业,公司注册资本3500万元人民币,主要经营动产和财产权质押典当、房地产抵押典当业务。业务范围已覆盖安庆市区及市辖八县。2009年,公司荣获安徽省典当行业协会授予的“诚信经营单位”称号。2011—2014年连续获安徽省典当协会授予的“诚信经营,先进企业”的称号。

【安徽富春拍卖有限公司】 安徽富春拍卖有限公司经省商务厅批准,2005年在市工商局依法登记成立,注册资本500万元,注册拍卖师5名。公司是安庆市唯一的中国A级资质拍卖企业,是安庆市人民政府指定的公物拍卖企业,是安庆市指定的国有资产拍卖企业,也是安徽省高级人民法院指定的全省性司法拍卖单位。公司被宣城市国土资源局、芜湖市国土资源局、池州市国土资源局、淮南市国土资源局、安庆市各县国土资源局等近20个市、县国土资源局指定为“土地招商拍卖单位”,是安徽省农行等金融机构指定拍卖企业,是大多数行政事业、企业单位首选的委托拍卖企业。拍卖业绩连续8年名列安庆市第一。连续多年被评为安徽省拍卖行业“先进拍卖企业”安庆市“守合同重信用单位”“诚信单位”“消费者放心单位”。2007年,安庆市委、市政府因公司招商有功授予企业界最高荣誉奖牌“功臣”;2012年安庆市政府又授予公司“2011年度先进企业”,成为安庆市拍卖行业中唯一获此殊荣的公司。

企业选介

【安徽飞腾国际物流园】 安徽飞腾国际物流园位于合肥经济圈核心城市桐城市,坐落于桐城经开区东外环路,紧邻沪蓉高速(合安路段)桐城出口,西邻国家骨干公路206国道,占地180亩,总投资2.2亿元,由安徽顺安物流有限公司和安徽华祥实业有限公司共同投资建设。

物流园具有“设计科学、意识超前”的特点,集“物流功能(含国际物流)、信息功能、交易功能、仓储功能、服务功能”于一身。设有物流信息中心、货运配载快运中心、智能化仓储服务中心、管理服务中心、国际物流园区(含保税仓储)、后勤保障与培训中心。综合集成仓储、运输、货代、包装、装卸、搬运、流通加工、配送、信息处理、国际物流和EMS等多种功能,实现长途运输与短程配送的无缝链接,并前后延伸,为客户提供全方位、全天候的“一站式”服务。

园区已初步实现物流集聚,形成“资源共享、服务共享、信息共享、管理共享、环境共享”的优势,运用先进的网络供应链管理平台,实现“物流园区功能集约化”,加速物流产业集聚区的形成,优化资源配置,促进地方区域经济发展。顺利开展中石化、中石油、中化塑料等国有大中型企业的运输配送、仓储装卸、配载信息等物流一体化物流服务，实现物流业与制造业、商贸业的联动发展。

【安庆南翔光彩物流有限责任公司】 公司成立于2004年10月，是提供第三方物流服务的现代物流企业。公司机构完善、结构合理，拥有一批现代物流管理的人才队伍。

安庆南翔光彩物流中心位于安庆大桥经济技术开发区，东靠合安高速公路，南临黄金水道长江，西临206国道与安庆火车站，离安庆长江公路大桥出口仅500米，距安庆民航机场仅4公里，与安庆光彩大市场一、二、三、四期隔街相望，商品资源丰富，交通便利，辐射整个皖西南及周边地区。

安庆南翔光彩物流中心按现代物流要求进行规划与建设，集信息、交易、运输、仓储、配送、停车、修理和食宿等配套服务功能于一体，为物流企业提供优质的综合服务平台，有效地提升安庆的物流效率，对该区域的经济发展起到重要的推动作用。

【安庆市龙狮桥蔬菜批发市场有限公司】 批发市场系市政府“菜篮子”工程重点项目之一，系市级农业产业化龙头企业，是安庆市最大的集蔬菜批发和蔬菜副食品零售为一体的综合性大市场，也是皖西南最大的蔬菜集散中心。市场始建于1988年7月，总投资3100万元，建筑面积35650平方米，其中交易大棚(厅)25000平方米，辅助设施及服务配套8650平方米，其他2000平方米。市场于1997年改制为“安庆市龙狮桥蔬菜批发市场有限公司”，现有职工122人。

2005年被农业部批准为定点农产品批发市场，被安徽省商务厅评为全省十大绿色批发市场，被安徽省发展和改革委员会列入全省十大农产品批发市场建设规划，2005年、2006年连续两年被安徽省农委评为安徽省蔬菜产业化十强龙头企业，2006年4月被安庆市人民政府授予先进集体荣誉称号，2003—2014年连续12年被评为全国农产品批发市场信息联网工作先进单位。2014年，市场成交额突破12亿元，比2000年增长近10倍，充分发挥市场龙头企业的作用，带动安庆市辖7县1市3区及江南池州、东至、祁门、江西彭泽等地近40万亩蔬菜基地发展，近20万农户种菜致富，尤其是近年促进安庆西郊海口、皖河农场蔬菜基地的长足发展，同时为保障城乡蔬菜供应，特别是在“节日、淡季、灾期”蔬菜供应、稳定物价，实施“放心菜”工程等方面，发挥着无可替代的作用，做出较大贡献，同时为社会提供就业岗位1000余个。

【安徽金华联投资股份有限公司】 公司成立于2000年7月，为民营股份制企业，2010年12月变更为安徽金华联投资股份有限公司。至2014年已成为安庆商业行业龙头企业。除地产、小额贷款、美好乡村等多元化投资发展外，连锁经营主业涉及百货、购物中心、综合超市、社区店、便利店等多种业态，经营面积10万余平方米，经营网点已遍布安庆核心商圈及大街小巷，并涵盖皖西南及池州地区，拥有22家直营店，30余家加盟店，是皖西南最大的商业连锁企业，从业人员3000余人，年销售额10亿多元（含自营、联营、租赁、加盟），纳税达1000万元。

公司投身社会公益事业，先后创办岳西、太湖、桐城3所希望小学，为社会福利事业及灾区捐赠近300万元。

公司先后获得省重点流通企业、省连锁十强企业、省最具影响力特许连锁经营品牌、中国商业信用企业、省连锁十强企业、省银行诚信客户、省市诚信单位、省行业十面红旗单位、省市诚信经营标兵单位、省市无假货活动示范点、省市级重合同守信誉企业、省A级纳税信用单位、安庆市纳税先进大户等荣誉称号。

【安庆大润发商业有限公司】 公司系台湾润泰集团下属连锁企业，坐落于安庆市大观区市府路与湖心中路交汇处，2014年12月正式开业。

公司注册资本210万美元，经营范围包括批发、零售各类食品、家电、日用百货等30000余品项的商品。大润发公司在营运中保持务实、简单和富于创新的原则，持续推动企业的成长与进步。店内日均客流量约4000人，日均业绩约60万元，从业人员700余人。

非公有制经济

个体私营经济

【概况】 2014年,全市民营经济克服民企偿贷危机,适应经济发展“新常态”,逆势上扬。省委、省政府通报2013年度全省发展民营经济考核结果,安庆市民营经济发展态势良好,考核得分位居第三,仅次于合肥和芜湖,宜秀区、迎江区、潜山县、岳西县位居考核得分前列。至年底,全市私营企业3.3万户,比上年末增加7800户;个体工商户18.4万户,比上年末增加1.9万户,私营企业和个体工商户数量分别居全省第三和第二位。民营经济增加值居全省第四位,占GDP比重60.5%,高出全省平均水平3.2个百分点。

省民企百强排序中,市有6家企业进入纳税百强,9家企业进入营收百强,13家企业进入进出口百强,均居各奖项第三位,占全省奖项的9.3%,席次增长40%。

【个体工商户】 2014年登记个体工商户19162户,登记出资总额23.07亿元。至年底,全市实有个体工商户184484户,增长9.43%;实有出资总额114.24亿元,增长22.45%。从行业分类来看,期末实有数排在第一位的是批发和零售业129269户,第二位的是制造业16755户,第三位的是居民服务和其他服务业15150户,第四位的是住宿和餐饮业12021户。

【私营企业】 2014年登记内资企业7931户,增长47.8%;登记企业注册资本(金)合计250.29亿元,同比增长61.9%。至年底,实有内资企业39103户(其中法人32326户),增长21.2%;注册资本(金)总额为1653.4213亿元,增长32.8%。实存企业户均注册资本(金)为511.48万元,增长6.4%。投资者对市经济发展前景看好,投资额增长较快,全市企业呈现提质、增效、升级态势。

从产业结构看,新登记企业中第一产业1250户,增长68.7%,占新增户数的16%,上升2个百分点;新登记企业注册资本(金)33.7281亿元,增长135.7%,占新增注册资本(金)的13%,上升4个百分点。第二产业1946户,增长49.2%,占新增户数的25%,上升1个百分点;注册资本(金)80.6315亿元,增长71.0%,占新增注册资本(金)的32%,上升1个百分点。第三产业4735户,增长42.5%,占新增户数的59%,下降3个百分点。注册资本(金)135.9344亿元,增长46.0%,占新增注册资本(金)的55%,下降5个百分点。三大产业新增户数、注册资本(金)都有所增长,第一产业户数和第一、二产业注册资金增幅更为明显,表明第一产业向群体化发展、第二产业向做大做强方向发展。

至年底,第一产业实有3985户,占内资企业总户数10%;注册资本(金)总计113.6182亿元,占全部注册资本(金)的7%。第二产业11538户,占总户数的30%;注册资本(金)总计614.3044亿元,占全部注册资本(金)的37%。第三产业23580户,占总户数的60%;注册资本(金)总计925.4987亿元,占全部注册资本(金)的56%。

从行业分布看,新登记企业户数位居第一的是批发零售业,2569户,占新增企业总户数的32.4%;其次为制造业,1269户,占新增企业总户数的16%;第三为农林牧渔业,1250户,占新增企业总户数的15.8%;租赁和商务服务业和建筑业分列第四、第五位,计884户、647户,分别占新增企业总户数的11.1%和8.2%。从各行业期末实有户数看,前三位的是批发和零售业12164户,占总户数的31.1%;其次为制造业8232户,占21.1%;第三为农、林、牧、渔业3985户,占10.2%。此三类行业共占期末实有户数的62.4%。从各行业期末实有注册资本看,排在前三的是制造业426.2804亿元,占25.8%;租赁和商务服务业

269.6763亿元，占16.3%；批发和零售业228.4851亿元，占13.8%。此三类行业共占期末实有注册资本55.91%。

【农民专业合作社】 2014年登记农民专业合作社748户，出资16.72亿元。至年底全市实有农民专业合作社4859户，增长18.05%；出资88.97亿元，增长23.06%。按业务范围分，排在第一位的是与农业生产经营有关的技术信息服务3211户，第二位的是种植业3110户，第三位的是农产品销售2529户，第四位的是农业生产资料购买2386户，第五位的是其他1739户。

（戴 勇）

外资企业

【概况】 2014年，全市新登记外资企业20户，同比增长25%，其中法人10户，与上年持平。投资总额1.9463亿美元，与上年下降10.7%。注册资本0.7879亿美元，下降27%，其中外方认缴金额0.6749亿美元，下降25%。新登记外商投资企业户均注册资本787.9万美元、户均外方认缴注册资本674.9万美元，同比分别下降27.2%、24.8%。至2014年底，实有外商投资企业214户，下降2.7%，其中中外合资企业59户，中外合作（法人）企业2户，外资企业72户，外商投资企业分支机构81户。投资总额18.80亿美元，增长13%；注册资本8.94亿美元，增长2.9%，其中外方认缴额7.15亿美元，增长8%。从期末来看，外商投资企业户数虽有下降，但投资总额、注册资本、外方认缴金额等重要指标与去年同期相比都有所增长，表明外商投资企业在规模上提质、增效、升级。

按产业结构来分，全市实有外资企业214户，第一产业5户，第二产业118户，第三产业91户，分别占总户数的2%、55%、43%。按投资来源分，全市实有外商投资企业（除分支）排名前五的国家和地区是中国香港56户、日本17户、美国13户、中国台湾8户、英属维尔京群岛8户，分别占外商投资企业（法人）户数的42%、13%、10%、6%、6%，共占77%。全市实有外商投资企业投资总额排名前五的国家和地区是中国香港7.2377亿美元、日本1.6898亿美元、英属维尔京群岛1.4409亿美元、塞舌尔0.9920亿美元、中国台湾0.3450亿美元，共计11.7054亿美元，占实有投资总额的62%。全市实有外商投资企业注册资本排名前五的国家和地区是中国香港3.7459亿美元、英属维尔京群岛0.8535亿美元、日本0.7416亿美元、塞舌尔0.3320亿美元、中国台湾0.1739亿美元，共计注册资本5.8468亿美元，占实有注册资本的65%。全市实有外商投资企业外方认缴出资金额排名前五的国家和地区是中国香港2.9119亿美元、英属维尔京群岛0.6805亿美元、日本0.4286亿美元、塞舌尔0.3320亿美元、中国台湾0.1511亿美元，共计注册资本4.5042亿美元，占实有注册资本外方认缴出资金额的63%。

（戴 勇）

旅　　游

综　　述

2014年，全市旅游行业围绕旅游强市建设目标，抢抓皖南国际文化旅游示范区建设和国家宏观政策叠加机遇，适应经济发展新形势，推动提质增效、转型升级，完成年初确定的目标任务，实现旅游业的持续较快发展。全年接待国内旅游3793万人次，比上年增长11.46%；接待入境旅游19.28万人次，增长100.44%；旅游总收入348亿元，增长15.52%。接待国内旅游人次、国内旅游收入及旅游总收入排名分别居全省第三、第三、第四位；接待入境旅游及旅游外汇收入增幅均居全省第一。

旅游转型升级

【重点项目建设】 全市在建亿元以上旅游项目127个，5亿元以上项目36个，分别居全省第3位、第2位。五千年文博园二期建成开园，通过空中景观长廊与一期连为一体，成为一座“处处是景、件件是宝”的文化艺术博览园，成为全省旅游引领新型城镇化的典范。岳西国际养生文化产业园、桐城文化博物馆、天柱山入口服务区、花亭湖旅游码头等一批重点旅游项目建设进展顺利。

【景区品质提升工程】 召开景区品质提升工程动员会，对提升工程重点项目建设及创建工作任务进行分解，40多个景区推进景区品质提升工程。怀宁孔雀东南飞景区完成提升工程；岳西大别山彩虹瀑布、天峡等景区取得初步成效；太湖五千年文博园二期建成后按提升方案整改，申报5A级景区。

【品牌创建】 潜山县山谷流泉文化园、枞阳县汉武文化生态园成功创建为国家4A级景区。创建三星级饭店2家。潜山、太湖、岳西、宿松、望江5个县的42个村分两批入选全国乡村旅游扶贫重点村。岳西县水畈村荣获“2014年中国十大最美乡村”称号。桐城孔城镇、宿松金坝村、枞阳大山村等16个乡镇（村）入围“安徽省特色景观旅游名镇（村）”。新增3家省级森林旅游示范景区、9家四星级以上农家乐。望江惠龙挑花被评为“最佳中国旅游必购商品”。

旅游融合发展

【皖南示范区建设】 推动在市政府层面建立示范区工作推进机制，成立领导小组，制定皖南示范区建设旅游工作推进方案。推动生态、文化、旅游、科技融合发展，提出示范区建设工作目标和重点项目。对78项工作任务进行分解。

【旅游资源整合】 邀请上海景域国际旅游运营集团来安庆进行资源整合战略策划，对安庆旅游资源进行归并、整理、提升，运用互联网思维和目的地思维再造安庆旅游，推进品牌重构、产品整合、产业融合、体制创新。

【文化旅游融合】 围绕举办“十一”黄梅戏展演周，突出“黄金周·黄梅戏”主题，加大“黄金周到哪里去，来安庆看黄梅戏”、“白天看景，晚上看戏”的宣传，举办旅游主题活动，推出精品旅游线路。作为安徽“岁月余味”体验之旅主题产品研发推广先行先试城市，黄梅戏会馆和五千年文博园成为长三角“心醉夜色”体验之旅示范点。五千年文博园获“2013中国最具创造力文化品牌”和“中国文化创造力调研基地”。

旅游宣传营销

【旅游宣传】 首次自主组团赴台湾开展旅游促销,邀请25家台湾旅行商来宜考察踩线。赴杭州、无锡、苏州、常州、重庆等10多个城市开展“大篷车”式旅游宣传。随省组团赴境外推介,开拓欧美旅游市场。举办第二届皖西南旅游高峰论坛、皖江旅游联盟供应商大会,与全国各地的500多家旅行商洽谈旅游合作。编制《安庆旅游新接触》画册。

【城区“一日游”】 引进游轮公司开通安庆至重庆长江游轮,常态化运营“长江旅游从安庆启航”项目。继开通巨石山旅游公交专线(东线),又开通迎江寺至独秀园旅游公交专线(西线);开通城区到天柱山、文博园旅游直通车。线路编排和营销推介上,将天柱山、五千年文博园等龙头景区与城区景点捆绑,形成“1+X”模式,带动城区旅游景点升温。大观区开展城区文化旅游资源开发调研,宜秀区发展都市农业和休闲旅游,“宜游宜秀一日游”全面启动。

【智慧旅游】 争取成为全省智慧旅游试点城市,岳西成为安徽首个智慧旅游县,天柱山风景区为全省智慧旅游改革试点景区。建立安庆旅游手机网站、手机客户端、微信公众账号三大服务平台。运用携程、驴妈妈、百度、腾讯、新浪等知名互联网企业以及长三角自驾游联盟开展旅游宣传。改版安庆旅游网,增设英文版,增强商务功能。

旅游管理服务

【旅游市场监管】 贯彻落实《旅游法》,专项整治加点购物、“零负团费”、强迫消费、旅游用车等问题,约谈旅行社负责人,加大通报曝光和处罚力度。实行旅游投诉电话24小时受理。迎江区做好迎江寺文明燃香工作,开展旅游市场秩序专项检查。潜山天柱山海信旅行社入选全国旅游诚信经营案例。

【旅游公共服务】 完善旅游交通标识系统,在城区设置31块旅游饭店指引牌。牵头开展“三线三边”景区周边环境治理,“每月一督查、每月一考核”。天柱山风景区对潜山居民永久免费开放。省“十三运”举办期间,市所有景区对运动员、裁判员、教练员、工作人员免费开放。

【旅游安全】 建立健全旅游安全责任体系、隐患排查整改体系和应急救援体系。探索出台旅游安全网格化管理办法,建立旅游安全隐患排查整改机制,实行“月查、月报、月改”。2014年,市及县(市)区旅游局组织开展103次旅游安全检查和督查,排查旅游安全隐患164处,上报较大隐患29处。修订旅游突发事件应急预案,注重旅游应急信息报送以及与其他相关预案的衔接,增强预案的可操作性。

旅游行业建设

【促进产业发展】 推动国家、省出台的惠旅政策落实。搭建银企对接平台,拓展“小企业旅游贷”金融支持。市金融机构支持文化旅游企业贷款余额达28.6亿元,比年初新增贷款额6.25亿元。全年争取各类项目资金达5000多万元,居全省前列。

【行业能力建设】 全年举办或组织参加各类培训班15个,培训人员1400多人次。组织参加全省旅游星级饭店主题服务技能大赛,安庆皖源集团张娟获中餐服务技能与主题展示三等奖,刘玲超获主题客房布置三等奖和最佳解说奖,市旅游局获最佳组织奖。组织参加第五届全国红色旅游导游员讲解员电视网络大赛,安庆独秀园管理处宣姗姗获鼓励奖。组织参加2014年全省导游大赛,天柱山导游许一川获“安徽最美导游”称号,岳西县导游服务中心尹艳春获中文组三等奖和“安徽省金牌导游员”称号,市旅游局获最佳组织奖。

安庆市主要旅游景区

【概况】 全市现有世界地质公园1处、国家地质公园2处,国家重点风景名胜区2处,全国重点文物保护单位16处,国家级自然保护区1处,国家森林公园5处,国家水利风景区2处,全国汉族地区重点寺庙2处,国家文化产业示范基地3处。国家级历史文化名城1座(安庆市),省级历史文化名城2座(桐城市、潜山县),省级风景名胜区5处,省级森林公园1处,省级自然保护区3处,省级重点文物保护单位100多处。有国家A级景区58个,其中5A级景区1家、4A级景区14家。星级饭店51家,旅行社110家。

【自然景观】 天柱山　位于潜山县境内,拥有国家首批重点风景名胜区、国家AAAAA级旅游景区、国家地质公园、全国文明森林公园、中华十大名山等称号。曾被汉武帝封为“南岳”。天柱山有42座山峰,山上遍布苍松、翠竹、怪石、奇洞、飞瀑、深潭。天柱山还是禅宗三祖道场,山下现存三祖禅寺。

花亭湖　位于太湖县境内,是国家级风景名胜区、国家AAAA级旅游景区。分为花亭湖、龙山宫、海会寺、西风禅寺、佛图寺、狮子山六大景区和汤湾温泉疗养度假村及6个外围景点。是佛教领袖赵朴初先生故乡。

菱湖风景区　位于市城区,市民公园兼城市文化公园,国家AAAA级旅游景区。旧时,这里以盛产菱藕和鱼虾著称。800年前这里就引种杭州的白花莲和红花莲,后扩建成游览胜地,有二百六十多年的历史。旧有明史可法驻扎安庆时勒石“宜城天堑”石碑,现有清代大书法家邓石如精美石刻。

巨石山　位于宜秀区境内,是国家AAAA级旅游景区。因丰富的自然景观和独特的人文景观吸引八方游客,有48峰、18岭、81奇石、180洞、6岛,山青水秀,石奇洞幽。是国家级野生白斑兰基地。

嬉子湖生态旅游区　位于桐城东南部,因沿湖儿童常嬉戏湖中而得名,国家AAAA级旅游景区。得天独厚的湖光山色,酣畅淳朴的风土民情,丰饶富足的水陆物产,给人以回归自然、返朴归真的美的滋润。沿湖湿地连绵,珍稀飞禽随季迁徙栖息,形成罕见的湿地景观。

浮山　位于枞阳县境内,国家地质公园,国家AAAA级旅游景区。以火山地貌为主要特色,植被繁茂,人文景观独特,“儒、佛、道”三教荟萃,历史悠久,名士辈出。

大别山彩虹瀑布　位于岳西县境内,国家AAAA级旅游景区。目前景区建好并对外开放的有五大区域,分别是黄龙岛服务区,白龙岛拓展亲水区、彩虹瀑布游览区、猴河峡谷秀水区和高空栈道体验区。

天峡旅游景区　位于岳西县境内,有“华东第一大峡谷”之美誉,国家AAAA级旅游景区,国家水利风景区。景区主要由六大部分组成:别墅度假区,苦竹河景区,九连环瀑布群,蒙山庵景区,高山湿地景区,龙门氧吧景区。

明堂山　位于岳西县境内,国家AAAA级旅游景区。属大别山体系,它自多枝尖山脉蜿蜒而来突起三峰形成,主峰海拔1563米,是长江、淮河两大流域的分水岭,是古代吴楚相连之地。

石莲洞　位于宿松县境内,国家AAAA级旅游景区。景区内名胜古迹颇多,奇峰怪石危崖深壑,妩媚多娇。景区硬件建设和基础设施在原有的基础上得到大的提升和改观,是避暑度假和疗养的适宜胜地。

小孤山　位于宿松县境内,国家AAA级旅游景区。小孤山是长江中一座石屿,以其独立无依而得名。被誉为长江“中流砥柱”,是全国纬度最高的妈祖庙所在。

【人文景观】 五千年文博园　位于太湖县境内,国家AAAA级旅游景区。占地400多亩。一期工程主要是生态园,以残疾人艺术馆、太湖往事、奇石馆、盆景园、石工舫和太湖名人事迹等组成。二期工程主要有问天阁、太湖土菜馆、盘龙、摩崖石刻、百家姓雕刻、人工瀑布群等建筑物。三期工程有四大艺术馆、五千年千人烙画艺术表演馆、皖街和四星级五千年大酒店等。

独秀园　位于市区内,国家AAAA级旅游景区,是新文化运动的旗手、“五四运动”总司令、中国共产党的创始人陈独秀先生的陵园。独秀园以陈独秀墓园为依托,拟建成墓园核心区、陈独秀纪念馆、先哲园、新文化运动纪念园、青少年革命传统教育园等。

黄梅酒业文博园　位于桐城市境内,国家AAAA级旅游景区。是一个集黄梅戏曲文化、桐城派文化和传统白酒酿造工艺展示为一体的工业产业和旅游园区。博园占地近二十亩,园区由“黄梅戏剧场”“白酒文化博物馆”“桐城派文化博物馆”“酒道馆”等众多景点组成。走进园区,圆门垂绿,芳草荫荫,浓浓的徽派文化氛围之中,古今景观,尽汇其间。

中国·活海欢乐水世界　位于桐城市境内,国家AAAA级旅游景区,是华东地区规模最大的水上游乐目的地,亚洲首家魔幻水乐园。水世界一期已初步建成四大主题游乐区域。游乐区域包括激情水迪吧、疯狂活海、疯狂滑梯区、活海探秘区等,精心设置120余个水上体验项目,40多种游乐设备。

孔雀东南飞影视基地　位于怀宁县境内，国家AAAA级旅游景区,影视城占地面积128亩,建筑面积12000平方米,主要建筑为仿《孔雀东南飞》故事发生时的汉代风格。影视城里面有84个仿汉建筑,集中体现从皇室到普通平民百姓家的不同阶层的不同建筑风格。

迎江寺　位于市区内,始建于宋开宝七年,是一座千年古刹,列为汉族地区佛教全国重点寺院。振风塔是迎江寺内最具特色的建筑,七层八角,高72米,始建于明隆庆二年。被列为国家重点文物保护单位。

黄梅戏博物馆　位于市区内,是一座兼具展览馆特色的专题博物馆,由“戏曲之乡,源远流长”、“黄梅绽放,梨园奇葩”、“梅开数度,生机无限”、“凝心聚力,再创辉煌”和“黄梅戏舞台美术展览”五部分组成,利用现代化技术,生动地再现黄梅戏一个多世纪以来诞生、发展的曲折历程。

世太史第　位于市区内,又称赵朴初故居。始建于明代。因赵氏族中自赵文楷始,赵畇、赵继元、赵曾重四代翰林,故旧称“世太史第”。是原全国政协副主席、民进中央名誉主席、中国佛教协会会长的赵朴初先生出生地。

孔城老街　位于桐城市孔城镇老镇区，全长2.2公里,总面积17万平方米,整体格局是前店后居或前店后坊,木楼花窗,错落有致,是江北地区保存最为完整、体量最大、原汁原味的一条老街。

（陈媛媛）

安庆市星级农家乐情况表

名　　称	地　　址	星级	经营户	电　话
安庆市杨桥农庄度假村	安庆市杨桥镇西安村	5星	何巧云	13805560098
安庆市宜秀区秀水苑饭庄	安庆市杨桥镇余湾村	5星	汪　芳	13615565855
安庆市宜秀区寅强山庄	安庆市罗岭镇百华村	5星	余　强	13909661650
潜山县卧龙生态农业开发园	天柱山大龙窝索道	5星	葛结林	13866070809
潜山县查冲生态园	潜山县源潭镇路口村	5星	储朝晖	13805665979
潜山县一方庄园	天柱山镇林庄村	5星	陈　姞	13855631188
大别山映山红生态文化大观园	岳西县莲云乡平岗村平岗林场	5星	储　毅	13866037129
太湖县程岭黑猪肉美食宴		5星		
宿松县涌泉山庄	宿松县孚玉镇河西林场	5星	葛怀中	13905567116
宿松县石莲酒家	宿松县孚玉镇城南郊	5星	熊元旦	15391916336
宿松县黄大湖风景区红船酒店	宿松县洲头乡乌池村宿复路28号碑	5星	祝力啸	18855668888
怀宁孔雀山庄	小市镇受泉村	5星	夏显青	13805665327
怀宁独秀山庄	石镜乡邓桥村	5星	赵立新	13966989188
安庆市石门湖生态农庄	怀宁县石镜乡石门湖农场	5星	孙和权	13905563408
枞阳腾飞生态山庄	枞阳县枞阳镇	5星	许国家	13655562345
桐城市嬉子湖畔养生大酒店	桐城市嬉子湖镇双店村	5星	江龙梅	13013170470
桐城市仙龙湖渔港	桐城市文昌街道	5星	李　刚	18005606516
桐城市横山庄园	桐城市双港镇	5星	李　进	18955629999
宜秀区龙凤山庄酒楼	安庆市罗岭镇	4星	严龙清	13966997666
宜秀区南园山庄	安庆市杨桥镇余湾村	4星	饶　月	13955664406
宜秀区余家湾度假村	安庆市杨桥镇余湾村	4星	余冬玲	5811179
宜秀区紫阳山庄	安庆市杨桥镇余湾村	4星	余　碧	18909661099

名　　称	地　　址	星级	经营户	电　话
宜秀区东方红山庄	安庆市杨桥镇官兵村	4星	方立新	13866602168
安庆市新洲绿岛度假村	安庆市迎江区	4星	陈召福	13955657622
安庆市新洲瑞禾农业休闲园	安庆市迎江区	4星	孙　晖	13905561060
迎江区独秀生态农科园	安庆市迎江区	4星		
大观区春和生态农业发展有限公司	安庆市大观区	4星		
大观区宝凤农家乐	安庆市大观区	4星		
潜山县卓锡山庄	天柱山镇三祖寺后门	4星	王跃进	15156287997
潜山县宋板桥农家院	天柱山镇茶庄村	4星	宋曰贵	13965829508
潜山县侯家庄园	天柱山镇风景村	4星	侯金树	13955613440
潜山县茶香源农家乐	潜山县塔畈乡倪河村	4星	江吉赞	18755627969
潜山县白云边农家乐	天柱山镇茶庄村	4星	宋泽云	13955670197
潜山县余花屋土茶馆	潜山县黄铺镇黄铺村	4星	傅聂华	13866443339
潜山县桃园湖农家乐	潜山县	4星	蔡逢春	13956490920
潜山县兴江农庄	潜山县	4星	张志江	18956985889
潜山县金紫世家	潜山县官庄镇官庄村长青居委会	4星	刘　莉	13805666999
潜山县罗塘饭店	潜山县黄铺镇莲花村	4星	余庆胜	18075382588
岳西县包家乡梁昌国农家乐	包家乡鹞落坪村	4星	梁昌国	13966939492
岳西县包家乡红土情客栈	包家乡鹞落坪村	4星	王　刚	13637169339
岳西县余河老孙火锅农家乐	岳西县白帽镇	4星	孙刘霞	13866060777
岳西县山里人家农家乐	岳西县黄尾镇	4星	王业平	15955688720
岳西县民生山庄农家乐	岳西县冶溪镇	4星	胡卫国	13966619330
岳西县盛园农家乐	岳西县五河镇	4星	王三乐	18325638878
岳西县小灶王酒店农家乐	岳西县莲云乡	4星	储诚波	15255665678
岳西县建宁农家乐	岳西县五河镇	4星	刘建宁	13625668668
太湖县桔子洲农家乐	太湖县天华镇农业科技示范园	4星	查永球	13966438076
太湖县汇隆农家乐	太湖县花亭湖景区	4星	陈　锦	13905560788
太湖县鱼游鹰飞农家休闲中心	太湖县小池镇方兴村	4星	尤红凤	18175323088
太湖县龙源宾馆	太湖县牛镇镇二祖街	4星	汪敏宏	18956959489
太湖县九龙山庄农家乐	太湖县晋熙镇观音村	4星	贾先兵	15055459599
太湖县金梦湾农业生态旅游	太湖县天华镇	4星	朱育培	13865193458
太湖县汤泉商务宾馆	太湖县汤泉乡汤泉街	4星	汪永亮	15005560658
望江县凉泉岚湖鱼庄	望江县凉泉乡湖滨村	4星	李爱中	1395564852
枞阳县会林商务大酒店	枞阳县	4星	陶素琳	15056628599
枞阳县麒麟土菜馆	枞阳县	4星	汤运月	13866069897
桐城市三和园	桐城市嬉子湖镇双店村	4星	齐　飞	13955605797
桐城市新店农庄	桐城市吕亭镇	4星	张启友	15955697988

信息化建设

无线电管理

【概况】 2014年,安庆无线电管理处执行《安徽省无线电管理条例》,加强无线电监测、检测、干扰排查力度,维护好空中电波秩序。日常无线电监测8532小时,完成国家、省交办无线电频段监测任务,同时完成20MHz—3GHz在市区特定监测任务。对民航、水上、广播电视等近700组无线电信号重点进行技术分析,建立技术档案;做好在用无线电发射设备和新建无线电台站检测,检测无线电发射设备258部。其中新建台站45部、基站97座、业余无线电设备12部、省第十三届运动会检测无线电设备104部。

做好无线电管理宣传。2月13日是世界无线电日,安庆管理处组织业余无线电爱好者,市人防等单位开展“珍惜频谱资源,保护电磁环境”为主题广场宣传及相关信息传播活动。通过政府协同工作平台向全市各级行政单位发送相关宣传资料,利用市政府政务信息公开网站,介绍市无线电管理现状和趋势,利用报纸等新闻媒体报道“维护电波秩序、保护频率资源”与百姓生活的密切关系,开展无线电业务咨询。

做好后勤服务与档案管理工作。及时收集整理专业档案、科技档案等资料。2014年度安庆无线电通信事业继续保持良好发展态势,无线电高新技术呈现:以数字模式传输电视节目,由安徽702电视发射台在全市范围内开始试播;4G移动通信网覆盖乡镇,移动通信用户数约410万户;无线电通信、对讲机系统由模拟方式传输向数字方式传输转型。在年度考核评比中,安庆无线电管理处被省经信委评为先进无线电管理处。

【无线电频谱资源配置】 安庆无线电管理处遵循“统一规划、合理开发、科学管理、有偿使用”原则,统筹规划对频率资源指配与监管。依据《频率划分规定》,合理指配设台单位相应使用频率;利用技术手段对各频段实施监测以及电磁环境测试和监控;利用频谱资源重复使用性进行合理安排调配,确保重点业务和应急业务用频需求;做好无线电台站动态维护工作。至年底,安庆管理处换发无线电台执照26份、颁发无线电台执照90份、指配无线电频率3组、新增业余无线电台21部,为保障省十三届运动会及省少数民族、省残疾人运动会通信安全临时指配频率17组。

【无线电台站规范化管理】 根据国家无线电台站管理规范化建设,安庆管理处指定专人从事台站数据库维护与管理。做好台站数据更新,适时补充和完善台站数据库资料。制定严密计划,保障各类无线电业务顺利开展,全年新增无线电设台27起,报停2起,变更3起。

【无线电管理专项检查】 发挥技术优势和无线电通信快捷便利特点,联合有关单位开展重点领域无线电安全保障工作。根据建立无线电管理相关联动机制,联合国家安全局、市公安局分别对市军用机场、重点地区、涉密单位开展无线电安全检查和电磁环境监测工作。6月和9月,组织有关人员到海事部门开展无线电监测技术培训和指导,对4艘违规使用大功率无线电设台船主,督促其限时整改。发放无线电宣传册60余份,维护水上通信秩序,保障水上导航安全。根据《安庆市民用机场净空保护区范围和净空保护区管理的有关规定》,组织人力、物力,对安庆军、民用机场电磁环境适时进行监测,为民用航空安全运行营造良好的电磁环境。完成6条民航线路电磁环境监测,出具无线电监测技术报告。

【安全保障】 做好无线电通信监测日常安全保障,受理公众无线电投诉4起,排查4起。全年全市进行16次国考保障,排查无线电作弊行为3起,压制无线电考试作弊信号3起,收缴作案无线电通信设备3

套，查处作案人员1起。集中全力做好安庆各项重大活动中无线电通信保障工作。1月24日，市城区及太湖、潜山、岳西等县发生森林火灾，安庆管理处负责组织协调“火灾”期间通信联络及安全保障，出动67人次，通信保障车辆26部（次），应急保障车4部，卫星通信车1部，海事卫星通信电话7部，抢修通信基站10余座、通信电缆若干，保障市委、市政府、市森林防火指挥部及各“火灾”现场无线电通信联络。省十三运期间，制定《安徽省第十三届运动会无线电安全保障工作方案》，重点做好保障赛事项目用频和赛馆用频安全、保障赛委会指挥应急用频、保障新闻媒体工作用频、保障公共设施、交通安全用频和保障公众移动通信基站可靠工作“五项保障”。安徽省在市先后开展大型森林防火综合安全演练、防汛救灾综合安全演练、防化泄露综合安全演练等演练活动，安庆管理处从实战出发，按照演练部署和要求，完成演练过程中无线电通信安全保障与技术服务工作。

【行政执法】 组织有关执法人员深入基层，对市管辖的8县（市）无线电设台用户进行日常无线电管理监督普查；开展《无线电管理征求设台用户意见》活动。全年执法出勤17次，征求设台用户意见10家，上门发放《无线电管理》宣传材料300余份，全年征收无线电频占费23.9万元。

【打击伪基站工作】 一些不法分子利用伪基站干扰正常用户通信、冒用他人手机或公共服务号码强行发送诈骗短信或广告信息，危害通信网络安全，损害民众利益。为维护公共通信安全，净化通信服务环境，安庆无线电管理处开展打击伪基站专项活动。加强无线电监测，建立日常监测工作制度，多途径寻找干扰信息源，因时利导展开排查，联系移动通信运营商，与公安部门形成联动机制，全年查处伪基站3起。

（安庆无线电管理处）

网络宣传和管理

【网上主题宣传】 2014年，全市互联网宣传管理工作按照“正能量是总要求、管得住是硬道理”总体思路，围绕“网络舆论强”目标，加强内容、机制、平台、队伍四大建设，提升互联网宣传管理水平，营造清朗网络环境。11月13日《安徽宣传工作》头条介绍安庆加强四大建设推进“网络舆论强”做法和成效。

网上主题宣传加强。服务全市工作大局，将网上正面宣传纳入总体新闻宣传部署、与传统媒体同步策划、同步安排、同步推进，精心组织安庆新闻网、安庆网络广播电视等市县两级网络新闻媒体策划开展学习贯彻习近平总书记系列重要讲话和党的十八届三中、四中全会精神，全国和省、市“两会”，社会主义核心价值观、群众路线教育活动、“全面深化改革、建设美好安庆”、文明创建、招商引资、民生工程、安全生产以及2014年黄梅戏展演周、省十三运等20多个重点突出、主题鲜明的网上宣传活动。5月份起，与人民网安徽频道合作开展寻找“安庆之美”活动，网民参与踊跃，网上反响热烈。活动在人民网安徽频道首页开设专区，以文字、图片、音视频等多种形式展示安庆生态之美、人文之美、发展之美、精神之美。整个活动，至12月底，收到各类稿件1000多条，择优刊发700多条。

【网络舆情处置】 完善舆情监测值班制度和监测预警平台建设，坚持24小时网上涉宜舆情实时监测，开通短信平台确保紧急舆情第一时间报送相关领导，为市委、市政府掌握情况、科学决策提供依据，并提醒有关地方、部门及时关注、处理和化解大量倾向性、苗头性问题。至12月底共编报《网上舆情》专报65期、专送49期。建立健全网上舆情应急处置联动工作机制，成立由市委、市政府分管负责同志任组长，市委办公室、市政府办公室、市委宣传部、市国安局、市公安局、市委市政府督查室等部门和舆情涉及单位参加的“1+6+X”网上舆情应急处置工作领导小组，统筹领导全市网上舆情处置工作。出台《安庆市网上突发敏感舆情应急处置办法》，明确网上舆情监测预警、会商研判、网下处置、信息发布、组织引导、加强管控等各个环节工作流程；与应急办、公安网安等部门建立网络舆情定期通报会商、网上舆论引导、“落地查证”等联动机制，推进网络舆情应急管理规范化、制度化。2014年及时有效处置十多起突发事件和敏感热点网上舆情。

【舆论引导水平】 实施网络信息员队伍建设“扩面提质”工程，实现县（市）区和大部分市直单位网络信息员全覆盖，建立起一支200多人网络信息员队伍，其中骨干网评员25人。举办全市网络信息员培训班，邀请省网宣办应急处处长齐海洋、人民网安徽频道总编辑董祥玉、新浪总网政务微博商学院院长张学军就“网络舆情突发事件应急工作实务”“互联网时代的舆情应对”以及“政务微博基础运营及舆情处理技巧”等进行辅导。建立《安庆市网络信息员工作制度》和《骨干网评员舆论引导制度》,对网络信息员任职要求、工作任务等作出详细规定;建立网络信息员工作QQ群,提高工作效率;评选表彰一批工作表现良好的优秀网络信息员。围绕征地拆迁、环境保护、安全生产、城市建设、市政管理等网民关注的热点敏感话题,组织网评员通过主动发帖跟帖、转发权威信息等方式,解疑释惑、疏导情绪,引导网民理性讨论、表达意见,增进了解、消除误解。全年组织网评员发表网评文章和帖文近1000条。

【网络环境建设】 加强对属地商业网站、论坛、贴吧等互动环节管理,加大有害信息处置力度,开展清理网上恶性政治谣言、淫秽色情和低俗信息、清理整治网络视频有害信息等专项行动,关闭安庆热点网,整顿桐城网、岳西网,及时封堵删除各类有害信息400多条。加强互联网违法和不良信息举报工作,各县(市)区和市直新闻网站、重点商业网站均在首页突出位置公布24小时举报电报,接受网民投诉举报,网上举报工作获得省网宣办通报表扬。清理整治低俗网站,网络空间净化。推进“文明上网”先进社区创建试点工作,深化文明办网、文明上网,为青少年健康成长营造良好网络环境。迎江区人民路街道先锋社区、大观区菱湖街道菱湖新村社区被省文明办、省网宣办表彰为安徽省首批“文明上网”先进社区。

【对外交流合作】 坚持请进来和走出去结合,加强交流合作,对外宣传推介安庆。邀请人民网、新华网、中国经济网、中安在线、安徽网等网络媒体就城市大建设、文化旅游、经济社会发展等主题来宜采访报道,深化与人民网、中安在线等主流网络媒体合作,办好安庆专题、安庆视窗等栏目。先后拜访腾讯、新浪、网易、凤凰、百度、天涯论坛、凯迪社区等大型商业网站论坛和省内合肥热线、万家热线、徽网等重点商业网站,建立联系机制,加强交流互动,与人民日报、新华、腾讯、电子阅报栏、党政客户端、政务微信建设、舆情信息服务等开展系列合作。

【网络宣传阵地建设】 5月,正式开通“安庆发布”新浪微博,出台《“安庆发布”微博管理工作制度(暂行)》。“安庆发布”微博影响扩大,发布微博2000余条,粉丝数20万,位于2015年1月全省外宣类政务微博排名第四。8月,政务微信“安庆之声”上线试运行,每天发布6条左右信息,发布信息近1000条。9月,完成《安庆手机报》与《安徽手机报》整合,《安徽手机报安庆版》订阅和体验用户10万户。11月开通市委宣传部机关门户网站,12月推出“安庆快报”移动客户端,安庆“两网一报、两微一端”新媒体宣传平台初步建成。同时,人民数字电子阅报栏建设逐步推开,成为宣传展示安庆、发布政务信息网络新平台。

政府门户网

【加强市政府门户网站建设和维护】 加大网站改版和调整力度,市政府办公室印发政府网站内容保障通知,从制度上解决政府网站内容保障问题。协同全市12个县市区,41个政府部门和直属单位开展政府网站自查自纠,自查自纠网站285个。

认真对待网络问政平台公众来帖,快速反应,及时处理。全市参与问政单位596家,全年接到各类来帖19328条,公开来帖18297条。平均每月工作日处理来帖1758条,处理来帖回复1745条,平均回复达99.3%。联合开展在线访谈,并增加频次。链接政务微博和政务微信,市长信箱落实保障单位并正常运转。网上办事栏目按照全省最先进标准设置,办事指南、办事流程、办事结果、表格下载等服务民众栏目内容全面系统。新闻信息发布正常有序。发布政务要闻1917条,部门动态、县区动态等新闻信息发布6810条。走进安庆栏目实现图文并茂,文字和图片体现出安庆历史文化名城厚重文化底蕴。手机版运行稳定,英文版落实维护单位并得到经常更新。安庆市政府网站在2014年度全省政府网站考核中被评为全省优秀政府网站,排名全省第四。

加强机房管理和系统维护。新上双机热备系统,提高政府网站安全性能。完成政府网站资格复核和更改登记,网站访问量、文章点击率提高,创下一条信息24小时访问量突破1万次纪录。大机房运行平稳,支持双打办、信访局、残联、物价局、安监局等应用系统新接入电子政务外网。完成省政府办公系统专线切换,帮助组织部领导班子和领导干部综合考核系统、宣传部网宣办业务系统、保密局业务系统、经信委业务系统、政府内网等系统设备进驻机房,协助政务服务中心、统计局、交通局、应急办等单位系统升级改造。

【协同办公系统】 新添一批单位和账号,开通到县区委办公通道,新上档案管理系统,参加中央一级的试点培训。深化协同办公系统应用,通过系统发文21066件,收文93570件,比上年增加3倍左右。

【政务公开】 政务公开网改版按时完成。全市设立政府信息公开网站(门户网信息公开专栏)1062个,页面访问量6294188人次,全年主动公开信息127504条,接受电话咨询21000人次。

电 信 业

【中国电信股份公司安庆分公司】 公司是安庆市内规模最大、实力最强综合信息服务提供商,至2014年底,电信各类在网用户超过200万户。

加强网络基础能力建设。加大基础网络建设投入,2013、2014年累计投入建设资金3.6亿元,C网基站超过1000个;加大宽带网投资建设,总出口带宽达400G,安庆范围内任何区域(包括江心洲)均能接入宽带网。率先启动全光网小区、全光网集镇、全光网县城建设。

加快智慧安庆建设。全面承接安徽省公司与市政府签订"无线城市、智慧安庆"信息化战略合作协议内容,建成政府应急联动系统、森林防火系统等一批全省领先重大信息化项目,平安城市、社管E通、市长在线、城市一卡通建设持续推进,以家庭安防、智能高清电视、翼支付等为标志的家庭信息化应用走进千家万户。

提升基础服务水平。投入110万元用于用户线路末梢整治。推行差异化服务,围绕客户关注服务点开展"五心"服务(舒心、省心、贴心、安心、开心),全面兑现服务承诺。推行服务红线管理,针对违规违纪、侵害客户利益的,开展红线管理、服务事件责任追究制度,有效保障客户权益,提升服务感知。

1月24日,安庆市多处森林突发山火,安庆电信紧急启动智能森林防火项目,对灾情及时、有效、迅速控制发挥关键性作用。10月12—21日,安徽省第十三届运动会在安庆举行,作为唯一通信合作方,安庆电信组织支撑团队全程贴心服务,完成赛场和18家运动员、教练员接待酒店巡检,紧急开通至省公安厅、武警总队、8县(市)及各区政府、交警监控点等25条电路,配合市应急办高清视频系统更换工作,确保省十三运成功举行。

(刘东亮)

【中国移动通信集团安庆分公司】 公司为中国移动通信集团安徽有限公司市级分支机构,1999年10月18日正式挂牌成立。公司下辖桐城、怀宁、枞阳、潜山、太湖、宿松、望江、岳西8县(市)分公司,拥有各类员工1200余人。

安庆移动通过全面推进战略转型,深入推动改革创新,加快转变方式、调整结构,经营发展整体态势良好,成为区域主导通信运营企业。至2014年底,公司2、3、4G基站总数超过5500个,客户总数210万户。

2013年12月4日,工业和信息化部向中国移动颁发"LTE/第四代数字蜂窝移动通信业务(TD—LTE)"经营许可。安庆移动4G网络于2014年3月28日正式商用,开启手机上网4G光速时代。拥有自主产权TD—LTE成为国际主流4G标准制式,手机上网速率高达百兆以上,更好地满足移动用户高速无线上网需求。在网络建设方面,安庆移动建成4G基站2200个,全市区、县乡镇及重要行政村实现全覆盖。在终端种类上,安庆移动与各大厂家合作,市场上提供支持移动4G终端机型1000余种,满足不同客户购机需求。在资费上,移动流量价格亲民,同时为客户提供无门槛免费升级4G卡服务,全心打造"能用、好用"4G业务,4G客户规模22万。

坚持"网络质量是通信企业的生命线"和"客户为根,服务为本"理念,提升质量,改善服务,客户满意度保持行业领先。秉承"正德厚生、臻于至善"企业价值观,始终追求客户满意服务,打造一流通信网络,注重履行社会责任,支持社会公益事业,公司获全国优质服务明星单位、全国巾帼文明岗、工人先锋号、第十一届全国职工职业道德建设先进单位、全国学习型先进班组、全国模范职工小家、中国移动百佳沟通100营业厅、安徽省第九届文明单位、安徽省质量奖等诸多荣誉。

【中国联合网络通信有限公司安庆市分公司】 2014年,安庆联通围绕规模效益核心,加快转型发展步伐,优化资源配置,实现公司发展能力明显增强、社会效应显著提升。

加快网络建设,网络能力提供与保障增强。落实网络质量是用户服务第一理念,加大网络设施投入力度,强化网络保障能力提升。3G 网络广度及深度覆盖水平有了较大提升。加快 4G 网络建设,实现对主城区和县城 LIE 网络覆盖。

重视在网用户经营,客户服务质量提升。以用户全生命周期管理为主线,实行投诉责任追究制度,增强一线处理客户投诉能力,提高客户投诉处理实效,提升客户服务感知。2014 年,安庆联通客户服务考核获满分,综合考评指标得分位居全省前列。

为保障在市境举办的省十三运的通信安全,安庆联通组织人力物力,成立省十三运通信安全保障小组,制定网络安全保护方案。开幕式期间各项网络指标稳定,会场及周边通信良好。

交通·邮政

综　述

2014年，全市交通运输系统完成公路客运量和旅客周转量1.35亿人次和114.18亿人公里，比上年增长11.6%和10.2%；完成公路货运量和货运周转量1.83亿吨和287.34亿吨公里，增长10.8%和13.0%；水路完成客运量和旅客周转量28万人次和586万人公里，增长133.3%和194.5%；完成货运量和货运周转量6240万吨和321.85亿吨公里，增长535.4%和500.7%。港口全年完成吞吐量3637.04万吨，增长3.7%，集装箱完成45561标箱，增长30%；天柱山机场1—7月份（停航之前）完成旅客吞吐量103142人次，货邮吞吐量89.747吨。完成建设投资72.76亿元，比上年增长37.8%，超市政府下达年度目标任务11.9%。全市邮政企业和快递服务企业业务收入（不包括邮政储蓄银行直接营业收入）累计完成6.5亿元，比上年增长11.33%。

全年地方交通基础设施建设争取到位国、省补资金15.3561亿元，比上年增长29.87%，有效地支撑项目建设、民生工程、隐患整改和项目融资。市交投公司通过收费权抵押贷款融资42亿元。各县成立交投公司，运作交通建设资金筹集。望江县太慈镇多举措筹集农村公路建设资金受到省政府领导肯定。全市"部省补助、地方配套、银行贷款、社会筹措"等多元融资格局逐步形成。组建城区国有独资公交集团公司，新增空调车30台。开通海口镇公交等新线6条，优化线路9条，新增营运里程94.2公里，完成客运量6258万人次，增长5.8%。桐城、岳西、望江等地城乡交通一体化发展、农公班线公司化改造、公交化运营取得新成效。精心组织春运及清明、五一、中秋及国庆黄金周等节假日运输，组织保障黄梅戏展演周运输。完成第十三届省运会、第六届省残运会、第七届省民族运动会交通保障任务，安全运送35万人次，实现省十三运开幕式4.5万人短时间内安全、及时、有序进退场。

规范交通行政执法行为。开展为期三个月的交通执法专项整改活动，取得明显成效，受到省交通厅肯定。开展行政执法评议考核，组织执法案卷自评自查、送审送查，随机抽取84名港航、路政、运政执法人员集中考试测评，以考促学。开展行政处罚案件群众公议工作，交通行政处罚工作受到群众理解和肯定。组织开展客运秩序专项整治，巩固货运市场整顿成果，加强从业人员再教育培训考核，组织开展驾培行风考风教育整顿活动。整治出租车客运不规范经营行为，完成《出租车客运管理办法》等规范性文件出台和出租车增容前的准备工作。

组织开展"安全交通建设年"活动，推进运输企业安全生产标准化达标工作，加大日常安全检查频度，加大特殊时段、重点领域检查力度，严格落实长途客车凌晨2时至5时停车落地休息的规定。强力整治安全隐患，对存在10多年的交通部、省政府挂牌督办的重大安全隐患安庆东门汽车轮渡实施迁移改造工程；取缔渡运省级安全隐患枞阳县"皖枞阳客008号""皖枞阳客028号"两艘渡船；完成市级挂牌的5处公路安全隐患整改。对全市145道内河渡口开展为期三个月的逐一核查，提出优化调整意见，枞阳县内河渡口已全部撤除。强化工程质量安全监督。全年全市受监工程项目69个，组织质量监督巡查100多次，发出73份通知书，提出260多条整改意见。立案办理7起质监行政执法案件，查办5起工程质量举报件，维护工程建设市场秩序、工程施工安全和质量安全。提高应急处置能力。完善应急预案，建立综合预案和专项应急预案，编制简明有效的现场处置方案，加强应急培训教育，定期开展应急演练，提高从业人员尤其是一线作业人员的应急处置能力。快速处置7.12怀宁渡船倾翻事故，成功救起被困船内6名乘客。

做好交通政务服务工作。开展行政审批第六轮流程再造，编制权力清单和“负面清单”，继续实施“两集中，两到位”，交通系统运管、公路、出租车、港航、邮政5个门类、29项行政许可项目全部进入政务服务中心办理。制定下发《安庆市政务服务中心交通运输局窗口服务工作制度》。组织开展“六进”服务活动，深入基层一线为群众现场解决问题。开展“千项办件看效能”专项行动。开展全市农村老公路农民代表工（养护工）工龄补助发放工作，全市受理2882人。开通全国统一的12328交通运输服务监督电话，及时回应社会各界诉求。高度重视社会各界通过各种方式对交通提出的意见、建议、投诉、批评，办理“两会”建议提案49件，热线回复和交办件161件，办理市民心声等网络问政501件，回复率100%。接待来人访28起43批次，其中3人以上访7起18批次，妥善处理海口镇农公班线车经营者、市区出租车经营者集体访事件。

公　　路

【概况】 2014年完成高速公路投资33.17亿元，国省道完成投资35.55亿元，农村公路完成投资2.45亿元。岳武高速、望东大桥及北岸接线等高速在建项目进展迅速。池州长江公路大桥北岸接线工程已开展征地拆迁工作。安庆高速互通迁建项目前期工作全部完成。一级公路G206宜秀区段、S332皖河大桥段、S228潜江路段、G105潜山野寨至桃花铺段进展顺利，其余路段完成招投标工作。全年完成国省干线升级和大中修改造里程240公里，实施县乡公路升级改造工程268公里，安保工程150公里，村级公路网化工程365公里，连通913个自然村，实施农村公路危桥加固改造150座，完成117座，超计划完工数21.8%。

【治理超限超载】 宣传贯彻《治超条例》，年内开展4次联合治超专项行动，治超保持高压态势，城区严查非法改装，落实平装覆盖，加强对重点道路桥梁的监护，对经鉴定为四类危桥的S360狮子口大桥实施交通管制。重新布局全市治超站、稽查站和源头卡点，适应治超新形势需要。各县（市）治超力度不断加大，岳西县、潜山县、宿松县、怀宁县、枞阳县治超工作受到省交通厅表彰。

【公路养护管理】 提前实施G105太湖、潜山、岳西段中修工程，在5月份交通部组织抽查的G105安徽段路况检测中得满分。S103合铜路枞阳段、G318月山至黄墩段等一批路段得到改善。在全省干线公路养护工作考核中，我市位列全省第三名。健全农村公路养护体制机制。开展“三线三边”路域环境综合整治，公路沿线的环境品质显著改善。

（朱天臣）

水　　运

港航(地方海事)管理

【概况】 2014年，全年完成水路旅客运输28万人次、旅客周转量586万人公里，比上年分别增长133.33%和194.47%。水路货物运输完成货运量6240万吨、货物周转量3218464万吨公里，分别增长535.44%和500.76%。完成港口货物吞吐量3637.04万吨，增长3.7%；集装箱完成45561标箱，增长30%。完成非税收入1712万元，其中货物港务费1627.18万元。在册营运船舶数为1577艘（货船数为1410艘），比上年增加1.81%（货船1.88%），总载重吨约为199.8万吨，增长8.18%，货船平均吨位1417吨，增长6.22%。企业化经营船舶数为1395艘，船舶公司化经营率为88.46%，增长2.46%。

【机构体制改革】 1月9日，原市港口管理局与市地方海事（港航管理）局合并，整合组建安庆市港航（地方海事）管理局。3月23日，市编委印发局机关及所属事业单位编制方案。4月25日，完成局机关内设机构及所属事业单位的整合和人员配备工作，机关设12个科室、3个直属单位和8个派出机构。12月，市人社局批准岗位设置方案。

【水上安全监管】 2014年春运期间，水路安全运送各类客流42万人次，比上年增长2.4%，全市137道渡口、136艘客渡船参加春运。全市水路运输安全畅通，未发生一起客渡运事故和险情。春运期间，整改20道渡口、22艘渡船和4艘旅游快艇存在的65项安全隐患或缺陷问题，约谈安全管理不到位的水运企业负责人1人次。

启动安全港航建设活动。整改中石化安庆分公司杨家套水上加油站、花亭湖水上加油船和皖枞阳客028号、皖枞阳客008号、华阳船闸护坡安全隐患。明确安庆石化液态烃码头周边存在重大安全隐患整改的主体责任。针对怀宁县石牌陶湾渡口存在的安全隐患,协调潜山县、怀宁县交通运输局对该道渡口迁址。因狮子口大桥为危桥,禁止大型车辆通行,新狮子口大桥正在建设,给石门湖港区企业生产带来重大影响,协助大观区政府设置临时汽渡。开展《安徽省水上交通安全管理条例》《内河渡口渡船安全管理规定》宣传活动。完成上海亚信会、南京青奥会、省十三运主办期间水上安全保障工作。出台《安庆港三大应急预案》和渡口应急预案。怀宁"7·12"渡船风灾倾覆事故发生后,组织水上搜救和海事调查工作,搜救取得成功。完成海事调查,强化港口、海事安全监管。制订《皖河大桥主桥施工作业通航安全维护方案》,落实皖河大桥主桥施工作业通航安全维护。

【港航项目工作】 全年完成水运建设投资14288万元(其中港口建设8288万元、石门湖航道建设6000万元)。加强与省、部和长航局对接工作,将安庆港建设列入国家、省长江经济带建设规划。长江安庆段深水航道界点上移和维护水深的提升得到长航局的支持。谋划安庆新港建设。4月成立市港口建设领导小组和市港口岸线资源管理委员会,统筹港口规划建设工作。着力专项规划修编。为安庆新港建设提供规划依据,完成中心港区总体规划(修编)的编制工作。基本完成《安庆港桐城港区总体规划》编制。调整中心港区布局。对安庆港中心港区码头进行摸底调查,提出外迁方案,关停码头5座。

启动内河航道升级。推动支流航道的开发建设,破解干支不通的瓶颈制约,启动安庆市内河航道升级三年行动计划,先期完成华阳河、皖河、长河和罗昌河等4条内河主要航道深度调查报告。快速推进在建项目。推进石门湖航道整治工程、凤凰作业区工业品码头、石门湖一期工程等项目,皖河口水上交通安全检查站基本建成并投入使用。

【行业管理服务】 推进安全生产标准化达标。开展港口企业安全生产标准化达标活动,涉及港口企业50家,其中9家危险品作业单位按期通过考评。开展水运企业安全生产标准化达标活动,涉及水运企业71家,通过达标7家(其中危险品运输企业4家、客运企业3家)。

核查港航企业和船员服务机构。开展2014年国内水路运输及其辅助业核查,涉及船舶1549艘、企业88家,其中水运企业71家(专业普货企业57家,含沿海企业6家;液货危险品企业4家,专业客运企业8家)、水运服务企业17家。其中61家水路运输企业、1112艘船舶、17家水路运输服务企业核查合格。全年换发港口经营许可证14家,新办港口经营许可证4家,延续4家,变更6家。重新制定印发港辖区危险品作业附证年审规定,现场完成港辖区10家港口危险品作业单位16个作业点港口危险货物作业附证年审审验和换证工作。开展船员服务机构中期核查,涉及企业15家,首批核查的7家机构中,4家均不同程度存在问题,已督促整改合格。

抓好内河船检和船员考试。受理营运船舶检验1263件,办理1261艘船舶检验和发证(含2013年受理34艘及驻点检验54艘)。根据省船检局指派,先后安排4名验船人员赴江苏泰州、湖州参加集中驻点检验。全年组织基本安全培训考试8期、小型客渡船船员适任考试1期、三类船舶船员适任计算机终端考试1期。

开展长江和内河船型标准化。做好市长江干线船型标准化工作收尾,至2014年3月1日拆解241艘老旧船舶,补贴资金全部发放到位。推进市"十二五"时期全国内河船型标准化工作。市交通局和市财政局共同印发《安庆市"十二五"期推进内河船型标准化工作实施方案》,全年受理申请25艘,拆解3艘。

(华丛发)

长江海事

【概况】 安庆海事局是中华人民共和国长江海事局的分支机构,负责长江干线安庆、池州段的水上安全监督管理工作,履行国家水上交通安全管理,防止船舶污染水域及航行保障的法律、法规赋予的职责。管辖范围上界:长江北岸马当嘴过河标与南岸马当山罐形岸标的联线;下界:长江北岸老洲头244#白浮与南岸五步沟244#红浮的联线,全长157.5公里,及该区域内的分汊河段(圆水道)81公里,跨江西、安徽两省的彭泽、东至、望江、桐城、枞阳5县和安庆、池州2市。

2014年,安庆海事局履行岗位职责,保障辖区安全形势持续稳定。3月29日,安庆市委书记虞爱华、市长魏晓明等实地调研长江岸线资源利用,查看安庆港中心港区码头、锚地布局情况,听取相关职能部门的现场汇报。为推进安庆市长江岸线资源利用及大港口建设,做大做强安庆市港口经济,打造长江下游的水运货物集散地开展调研。10月16日,交通运输部直属机关党委副书记柯林春一行对安庆海事局开展基层党建工作调研,对安庆海事局党建工作高度评价和赞扬。10月17日,长航局基层党建工作现场推进会在安庆召开,来自长航系统各局属及基层10余家单位党建相关工作人员参观安庆海事局党建建设成果,与会人员对安庆海事局党建工作取得的成效给予高度肯定。

安全管理。长江安庆段安全形势保持稳定。全年辖区发生水上交通事故险情6件,未发生运输船舶一般以上等级事故,无死亡失踪人员,事故四项指标“全面下降”,P值为5。全年遇险人员61人,成功救助61人,救助率100%。交管中心提供安全信息服务6888次,发布安全预警46次(含2次预警升级),其中大雾一级2次、大雾二级1次、雷电三级19次、大雾三级11次、大风三级7次,暴雪四级、暴雨二级、暴雨三级、暴雨四级、雷雨大风三级、台风四级各1次。开展船舶监控33159艘次,其中对渡船监控21297艘次,重点监控一类危险品船舶250艘次,对旅游客船维护176艘次,开展特殊维护161次,远程纠正船舶违章行为1858艘次,同基层开展执法联动61次。

开通安庆南水道。根据交通运输部长江航务管理局关于《长航局关于试运行开通安庆南水道公用航道的批复》,3月20日开放安庆南水道为公用航道。安庆南水道即安庆水道右汊,上起魏家嘴,下至钱江口,为向右岸凹进的弯曲河道,长约19公里。安庆南水道黄湓闸以下段于2002年开通池州海螺牛头山港专用航道。安庆南水道航槽布置在安庆水道右汊,上与安庆石化白浮、五里庙下红浮相连,下与钱江口塔形侧面岸标、274#白浮连接,设置航行标志29座,其中左右通航浮2座,白浮12座,红浮13座,右侧塔形侧面岸标两座。

开展渡船“斑马线”活动。8月1日开始,安庆海事局按照长江局渡口船“斑马线”活动方案,依据《内河避碰规则》,结合渡区航道、水文及渡船的习惯性航法,开展渡船“斑马线”活动,为辖区每艘渡船勘划“斑马线”,通过电子巡航系统对渡船进行轨迹回放,取得第一手资料,确定各渡船斑马线的经纬度坐标。

严厉打击非法私渡行为。3月3日,针对枞阳小港水域存在“小腰盆”私自违章过江现象,安庆海事局联合枞阳县交通局、安监局、公安局、枞阳海事处、铁铜乡政府党政负责同志组成专项整治小组,对枞阳县铁铜乡经常违章过江的“小腰盆”采取清理行动,对铁铜乡8只“小腰盆”进行现场拆除,打击“小腰盆”过江的违章现象。

保障黄石矶过江电线抢修工程。官洲右港黄石矶架空电线修建于上世纪80年代,9月2日被大风刮断。为解决当地居民的生活用电问题,与当地政府协商,制定抢修期间的现场通航维护方案,对官洲右港圆水道内的架空电线抢修施工实施有效的交通管制,在施工期间发布航行警告,派出2艘海巡艇实施临时交通管制,保障抢修施工顺利实施。

水运环保。推进危险品船舶动态监控。有效利用VTS、AIS、GPS、CCTV等信息化监管手段,建立危险品船舶全过程动态监控平台,实现对危险品船舶的动态跟踪监控提醒,规范对危险品船舶航行、停泊、作业行为,增强对危险品船舶监视监控能力。对载运一类危险货物的船舶实行全程盯屏维护和重点水域现场维护,及时掌握辖区危险品船舶动态,主动向危险品船舶提供安全信息和气象服务;重点强化对载运一类危险货物船舶的全过程跟踪维护。

落实小型液货船夜间管制。9月15日开始,长江安庆段实施600总吨以下非双底双壳的载运危险品液货运输船和600总吨以下载运一类危险货物的液货运输船夜间20：00时—次日06：00时禁航工作。组织辖区危险品运输公司召开宣贯会,要求公司根据辖区船舶状况合理安排运力。在签证申报站点、码头港站张贴相关通知要求,利用船舶签证、危险品申报、巡航检查、工作走访等环节,加强宣传力度,根据辖区状况合理安排临时停泊区。在管制时间内,依托电子巡航平台,加强管制时段内辖区危险品船舶航行动态监控,强化对违规船舶的教育警告。

开展水上危险化学品运输安全专项整治活动。根据《长江海事局关于开展水上危险化学品运输安全专项整治活动的通知》要求,对到港的48艘危险品船舶进行“2014年载运散装液体危险化学品船舶专项安全检查”,查处安全缺陷数450项,单船缺陷率为9.38项;对341艘装卸作业的船舶进行现场检查,现场检查率(进港签证为 353 艘次)为 96.60%。

组织开展“六五”世界环境日系列宣传活动。6 月 5 日,安庆海事局依托青年志愿者服务队,深入锚地、码头、船舶,开展“六五”世界环境日系列宣传活动。青年志愿者通过信息联播、绘制展板、悬挂横幅、张贴标语、发放宣传资料、母亲河清漂等形式,宣传“环境保护人人有责”的理念,增强船员的环保意识。

开展辖区危险品码头安全检查和风险评估。根据《长江海事局危险品运输长效管理机制》等要求,8 月组织开展长江安庆段危险品码头安全检查与风险评估工作。走遍辖区内全部营业的危险品码头,重点检查码头的经营资质、消防设备、防污设备、安全管理制度落实情况和作业人员持证情况,填写《危险品码头装卸作业安全及防污染状况检查表》和《危险品码头风险评价表》,督促码头及时整改存在的缺陷,对码头风险等级进行评定,为危险品码头的后续监管工作提供指导和依据。

船员管理。办好船员流动学校,注重船员知识宣传与辖区特点相结合,制定切合实际的教学计划,总结辖区的航行特点、事故易发航段及对策措施,采取多种不同的教学方式,向船员宣传法规、政策和安全常识。与长燃安庆公司联系,利用其加油站的对外窗口,作为安全宣传资料的发放点。全年开展教学活动 124 次,培训船员 1287 人次,发放培训资料 1555 份。

严格内河船员培训。全年开展船适任培训 10 期 206 人次,其中驾驶 6 期 141 人次,轮机 4 期 65 人次;特殊培训 10 期 156 人次。切实加强船员培训管理、提高船员培训质量,对辖区培训机构实行培训前备案检查,培训中监督检查,培训后严控合格证发放,培训中对缺勤率大于 10%的船员一律实行淘汰制,2014 年对 11 名未能达到培训时间要求的培训学员不予批准发放培训证明。

组织船员适任考试。举办 5 期长江干线内河船员理论考试,396 名船员(其中驾驶 267 人,轮机 129 人)参加 11 个科目的考试。在船员实际操作考试工作中,推进《内河船舶船员适任实际操作考试规范》的实施,更新实操考试题库,规范考题的内容和范围;引进电子监控设备,对实操考试的全过程进行音像监控和录制备查,现场采用身份证识别仪确认考生身份。

行政执法。全年实施航道检查 7298 次,航标检查 7003 次,实施船舶现场消防监督检查 2087 次;实施运政管理现场检查 12330 本。及时将检查情况向驻点的有关单位人员进行通报,将有关材料移交处理。全年向航道部门通报 4 次,向公安部门通报 3 次,涉及刑事案件项长航公安安庆分局移送案件 1 起。航道、公安等部门积极协助海事部门开展联合现场检查工作。全年在安庆区段政务中心,核发海事船舶文书 296 本,办理船舶登记 720 艘次,办理船员证书 364 本,办理船舶危管防污审批 2509 次,水工审批 9 次。

打击水上违法行为。全年查处海事行政违法案件 1224 件,其中罚款案件为 1222 件(简易程序 2 件),扣留船员适任证书 1 件,警告处罚 1 件,罚款金额共计 753.92 万元,平均罚款金额为 6169.56 元。与上年相比,案件数量增长 0.32%,处罚金额上涨 17.36%,平均处罚金额增长 16.5%。其中处罚案件数量前三位的违法行为为:船舶超核定载重线载运货物 421 件,未按规定配备足数船员 241 件,未按规定航路或航行规则航行 159 件。在对辖区客渡船监管过程中,对客渡船或其船员违法行为的处罚案件有 10 余件。

船检管理。开展验船质量监督检查。促进船舶检验机构规范检验行为,全年开展验船质量监督检查 534 艘次,验船质量监督检查率为 21.97%。开展船舶吨位丈量复核。船舶吨位丈量复核工作站在长江船舶安全技术分中心的统一领导下,遵循统一管理、吨位丈量与复核发证分离、登记管辖权划分、各负其责和便利的原则,实施船舶吨位丈量复核 139 艘次,提高政府公信力和水上交通安全监管源头预控能力。强化船舶及船公司管理。2 月 15 日开始,对国内航行海船全面实施远程电子签证。建立船公司服务群,对诚信公司、诚信船舶开辟行政审批绿色通道,落实审核员与航运公司定点联系制度,对盛达和谐等 4 艘船舶试点实施个性化服务。全年办理各类船舶登记 747 艘次,进出港签证 7 万余艘次,船公司审核 13 起。

涉外及安检管理。辖区国际航行船舶进出口岸 74 艘次,外贸货物吞吐量达 141579 吨。全年有 14 艘外国籍船舶和 1 艘中国香港籍船舶单船到港,船舶监督处根据《亚太地区港口国监督谅解备忘录》新检查机制(NIR)开展港口国监督检查 1 艘次;开展中国籍国际航行船舶开航前检查 3 艘次,开航前检查的船舶,无一例在国外港口被滞留。全年实施船舶安全检查 2431 艘次;实施海船安全检查 176 艘次,滞留 18 艘次,平均滞留率 10.2%。在亚信峰会及南京青奥会期间,分别开展专项检查 164 艘次(滞留 6 艘次)和 971 艘次(滞留 27 艘次),为重大活动的安保工作做出贡献。

【文化建设】 推进“和风宜航”服务品牌建设，为海船、船员、船公司、涉水企业和出行群众提供更周到的服务，全年编制、发放“和风宜航”宣传单7期，7000余份。打造“正风扬清”廉政文化品牌，10月28日，直属海事系统廉政文化示范单位验收组到安庆海事局开展直属海事系统廉政文化示范点验收工作，对安庆海事局廉政文化建设给予高度评价。拍摄首部廉政微电影，10月，完成首部廉政微电影《正风扬清》拍摄工作，该微电影在长航局系统基层党建工作现场推进会上播放，得到长航局领导的肯定和赞誉。

秉承“和谐文化”为特色的文化品牌，结合海事中心工作，坚持以文化引导人、以文化塑造人、以文化管理人，以文化带动人，推进海事文化建设，开展丰富多样的文化活动。是年，安庆海事局被长江航务管理局评为“长江航运文化建设示范单位”。

【开展青年志愿者活动】 2014年，成立安庆海事局“江豚”志愿者服务队，元旦春节、“两会”、“3·5”学雷锋日、五一、“5·4”青年节、“6·5”世界环境日、中秋国庆、渡运安全周等主题日，组织团员青年开展“青春守护生命”主题实践活动，宣传安全知识，践行志愿精神，保护校园师生平安出行做出贡献。

（鲍宗勤）

长江安庆航道管理

【概况】 长江安庆航道管理处隶属于长江航道局南京局，管辖范围上起江西省境内马当矶、下至安徽省境内五步沟，全长156.5公里长江主航道。2014年，长江安庆航道管理处围绕“立足地方、融入地方、服务地方”的发展目标，以航道管理为中心，紧扣工作任务和发展举措，安庆辖区航道建设发展取得新的成绩。2014年荣获“安徽省第十届文明单位”，处党委获长江航道局2013年度文明建设“先进集体”。

【辖区航道维护】 全年完成航标维护114538座天，为年计划110.88%；维护性测量完成1196.63换算平方公里，为年计划108.39%。航标维护正常率100%，航道维护尺度保证率达100%，未发生航道维护责任事故。完成枯水期、洪水期、海轮航道开放期、三峡蓄水期航道维护工作；重点维护浅区航道，保障东流水道安全畅通，顺利实施东流西港航道疏浚及改槽，开放东港双向通航。3月20日开放安庆南水道为公用航道，完成航标抛设工程；开展辖区水道航标配布研究工作，利用多波束测深仪测量成果优化马阻水道航标配布，解决该段航宽多年的“瓶颈”问题；完成2014年武汉至安庆河段航道维护水深提至4.5米的试运行工作；落实3.0版长江电子航道图试运行各项工作，利用电子航道图开展安庆至城陵矶河段特定船舶（海轮）个性化服务试点工作。

【航道行政管理】 加强对浅区、桥区、整治建筑物等重点水域现场巡查工作；通过实地走访、发放宣传单等方式，加大“非法采砂”“超吃水”航行等行为的危害宣传力度；全年组织航道执法巡查447航次，制止非法采砂3起，处理水上交通事故3起，处罚“超吃水”1起、非法弃土1起，行政审查涉水工程4起，涉水工作专项查验1起，受理专设航标行政许可3起；采砂设置专设航标率、“超吃水”船舶搁浅破坏航道索赔率均100%。

【航道安全宣传】 2014年枯水期，安庆辖区航道呈现出水位下降过快、泥沙严重淤积、保证计划航道维护尺度压力大等显著特点。安徽省广播电视台、《安庆日报》《安庆晚报》等多家新闻媒体先后3次对安庆辖区枯水期航道维护工作进行专题采访。安徽经济生活频道《第一时间》栏目两次播出长达13分钟的专题视频，《安庆日报》和《安庆晚报》分别刊载题为《在枯水期的航道上》及《枯水期航道维护提前启动》的专题报道。利用网络媒体受众面广、信息量大、传播速度快、影响力大等特点，加大航道安全宣传力度。

（黄　海）

铁　路

【概况】 辖区内有7个县级以上驻地车站，其中安庆站、安庆北站在安庆市区内，其余5个车站在安庆市属县内，分别是桐城站、安庆西站、太湖站、天柱山站、宿松站。客流覆盖包括本市辖区的7县1市3区，涵盖至长江彼岸的铜陵、池州、九江等相临地区。每天办理旅客列车26趟，直达北京、上海、南京、南昌、昆明、济南、广州、福州、深圳、西安等全国大中城市。货运主要办理安庆皖江发电有限公司的煤炭到达业务。车站办理整车货物全国直通运输，货运吸引区为安庆市区及所辖怀宁、枞阳、望江等县，发送主要品类为石油、焦炭、化肥、粮食，到达主要品类为煤炭、化肥、棉花。开设有中铁快运业务，行李、包裹托运方便快捷，实行上门服务，办理全国各地到达、发送业务。

【安庆火车站升级改造】 2014年4月，安庆站站房及站台等设施设备投入资金5.48亿元进行改扩建，建成后规模为站房21000平方米。新安庆火车站按照中型车站的规模设计，地上2层(含两层夹层)：站台层、站台夹层，高架候车层、高架候车夹层。地下1层：地下出站层。设出站地道及行包地道一座，站台与站面广场相平，站房采取"线侧式平"布局，铁路旅客采用"上进下出"流线模式，车站采用天桥进站、地道出站模式，地道平接站前广场地下室。

安庆火车站站前广场改扩建项目位于安庆火车站站房南侧，临迎宾西路，占地4.2万平方米，项目总投资1.2亿元。将在原有基础上扩大，分为地上和地下两部分组成，对公交车辆、出租车辆和社会车辆、广场绿化、地下停车等进行功能划分和交通组织，东西两侧配套建设商业综合体。项目建成后可保障安庆火车站正常运营，实现"零换乘"，带动城市交通业的发展，分离对外交通与市内交通，便于对外交通的集散。

【宁安城际铁路建设】 宁安城际铁路为建设中的由江苏省南京市至安徽省安庆市的高速铁路，全长257公里，其中江苏省境内33公里，安徽省境内225公里。规划运输能力为日发送旅客列车125对。宁安城际铁路由铁路南京南站引出，经马鞍山东站、芜湖站、铜陵站、池州站，跨长江铁路大桥后抵达铁路安庆站，设计时速250公里，使用750吨级箱梁，采用CRTSⅠ型板式无砟轨道板。该铁路由中国铁路总公司与江苏省、安徽省合资建设，总投资超过300亿元人民币。建成后的宁安城际铁路可与两条铁路连通，分别是在南京通过仙宁铁路与沪宁城际高速铁路连接，形成安庆至上海高速铁路通道，在铜陵通过联络线与合福高铁连接，形成安庆新站至合肥至北京的高速铁路通道。

【合安九城际铁路正式立项】 10月，合安九城际铁路经国家发改委审批同意立项。计划于2015年动工，计划工期3年，2018年全线通车。具体的线路走向为：合肥南站引出，经肥西、舒城东、庐江南、桐城东、香铺站、安庆北站、潜山、太湖、宿松、江西省彭泽县(定山镇)、湖口、九江站。合安九铁路客运专线项目正由中铁第四勘察设计院集团有限公司编制预算可行性研究报告。

（张阳华）

民　　航

【概况】 2014年，安庆天柱山机场有限责任公司夯实安全基础，加快基础设施建设，全力拓展航空市场，做好旅客服务工作，获安徽省劳动保障诚信示范单位和安庆市劳动竞赛先进集体等称号。生产指标实现大幅增长，仅7个月的时间，旅客吞吐量再次突破10万人次，至停航前的7月19日，安庆机场安全起降航班2138架次，比上年同期增长54.03%，完成旅客吞吐量10.3万人次,增长73.99%，实现货邮行吞吐量749.7吨，增长96.47%。

【基础设施改造】 协调部队和民航推进基础设施改造项目建设。配合军方完成跑道、滑行道道面水泥铺设和灌缝工序等项目工程建设；结合跑道盖被工程建设，完成根据民航飞行区技术标准需整改的飞行区消防设施、直立面消除、标志标牌完善等项目；改变因机坪面积过小对机场运行的限制，实施机坪扩建和修缮工程建设，比原有停机坪（9000平方米）增加7939.2平方米，可满足同时停放3架C类和1架B类飞机的需求；对仪表着陆系统进行改造，增设1套DME测距设备，完成设备安装与调试工作，通过民航华东局竣工验收；实施民航中线灯和助航灯光改造工程，对现有灯光站进行改造；完成复航所需主力泡沫车、飞机牵引车、医疗救护车、客梯车和行李传送带车等特种车辆的采购工作；对员工宿舍、候机楼供电线路与洗手间、停车场等进行改造，提高机场保障能力。

【航空市场拓展】 全力开拓航空市场，提前谋划航线布局，为复航后恢复和拓展航空网络布局奠定基础。通过系列宣传和营销活动，开拓客源市场，扩大市场影响力。组织市场人员赴市各县及池州地区，拜访政府相关部门，走访旅行社及代理人，扩大团队、散客客源市场。多渠道开展航班宣传工作。先后投放32辆大巴车车身宣传广告；向市及周边地区手机用户发送宣传短信36万条；粘贴宣传海报及投放宣传卡片上万份。发展航空旅游，与市旅游局及旅游景区进行沟通协调，争取航空团队优惠政策，联合安庆市旅游局以及天柱山、花亭湖等景区在重庆市召开安庆旅游推介会。开发航空新产品，协调华夏航空推出“安庆经重庆至成都”的“空铁联运”产品。

规划航线网络布局，通过基础实施改造将改善制约机场发展的“瓶颈”，提前做好航线规划，迎接机场跨越发展。停航期间，安庆机场派出市场开发人员赴三亚、宜昌机场学习航线开发和市场工作经验。拜访民航局和航空公司，争取运力和时刻资源，在恢复原有航线的基础上，适时新增、加密和改造现有航线。协同市财政局等部门组成专项工作小组，赴国内主要航空公司就航线合作事宜进行多次商谈，调整原有航线机型、降低补贴成本、商议新增航线合作事宜。确保机场顺利复航。

【安全体系建设】 落实安全工作规章及指令，强化安全管理，落实安全责任，严格工程建设现场安全监管，重视安全检查和整改工作，保证机场平稳的安全运行态势。严格安全检查标准，启动候机楼防爆检查，公司领导深入一线，检查安检工作质量，督促整改各类安全隐患。强化机场安保措施，添置必要警械用于防范工作，协调武警每天到场开展执勤巡逻。组织开展擒拿格斗技巧培训，全面提升机场安全防范能力，联合市公安局、武警和特警等单位举行反恐处突实战演练，检验机场应对暴恐事件能力。

顺利完成机场许可证换证工作。4月成立机场换证工作小组，在2个月时间内完成机场使用手册修订、设施设备采购、相关保障协议签订及人员培训等系列工作，落实民航安徽监管局在换证检查提出的整改要求。针对换证检查中提出的人员不足及设施设备欠缺严重等近100项整改要求，组织落实整改，对于不能立即完成的项目制定整改计划和措施。7月1日顺利完成换证工作。

强化安全体系建设。制定下发系列安全管理规范性文件，强化日常安全监管和规章标准的落实，建立健全安全绩效考核机制。将风险管理工作作为安全管理工作的重要环节进行层层落实，在日常工作中根据季节特点收集、下发风险信息。在足球世界杯开赛前，及时提出工作要求进行风险预警，防范人员疲劳带来的运行风险。停航期间，机场空管人员定期维护和测试通导、气象和安检设备，动力室定期完成配电柜、高杆灯和柴油机的维护和保养工作。运行保障室完成所有设施设备和特种车辆的换季维护和保养工作。

强化在建工程的安全监管。针对停航期间，工程建设多的现状，安排专人现场负责机场跑道盖被、中线灯建设工程，盲降更新改造工程安全监管工作，每天汇报工程质量和进展情况，发现安全隐患和质量问题，立即责成施工单位整改，确保工程质量和安全。

加强军民航安全共建工作。定期组织召开军民航防相撞协调会，查找薄弱环节，提出整改要求。在日常保障中，做好军民航飞行期间的信息通报和空中管制工作，共同开展飞行除草和鸟害防治活动。在“八一”和春节开展形式多样的慰问活动，增进感情。

【岗位设置优化】 根据海航实业“调整、转型、提升”工作精神，优化基层岗位设置，对业务职能相近的岗位予以合并，合理调配人员，开展“一人多岗”的活动。在航班保障期间，开展行政人员支援一线活动，提升工作效率。加强奖惩机制和员工队伍建设，激励员工的进取意识。根据复航工作需求，采用社会化招聘的方式，通过多渠道联系和招录航管等特业人员，成功引进4名机场管制人员和1名持双照的气象人员。在停航期间合理配置人力资源，通过外派交流的形式提高员工业务水平。加大特业人员专业培训力度，先后外派气象、管制人员赴合肥空管中心和潍坊机场学习，通导人员出国参加新设备的厂方培训，机务人员赴航空公司学习。加大宣传报道和品牌创建工作力度，开展系列宣传活动，刊发宣传报道32篇。推介安庆机场公司的航班航线、服务品质、保障能力。

【服务品质提升】 从美化机场乘机环境、改善服务设施出发，不断改善服务工作。通过完善候机楼无障碍通道、统一候机楼标识标牌等工作大力改善候机楼服务环境，提高服务品质。修订《安庆机场不正常航班保障预案》，对航班延误期间的保障工作进行全面细化，开展全员培训，提高航班延误时机场的处置能力。对值机、服务和问讯岗位合并，优化工作流程，规范服务人员着装和标准，提高贵宾服务水平。开展服务弱项整改工作，通过增强外包保洁工作考核、缩短机场旅客货运行李提取时间、落实现场秩序维护等工作，全面落实各项整改措施。协调出租车管理处，对机场出租车停放秩序进行整顿，加强现场巡查管控，遏制以往出租车辆混乱停放，宰客、拉客现象。派出一线人员到美兰、凤凰、宜昌等星级机场学习交流，切身感受和学习星级机场先进的服务理念和措施，为复航后对接星级机场服务标准，提升服务品质奠定基础。

（饶江辉）

邮　　政

【概况】 2014年,全市邮政企业和快递服务企业业务收入(不包括邮政储蓄银行直接营业收入)累计完成6.5亿元,比上年增长11.33%;业务总量完成6.63亿元,增长22.83%,业务收入和业务总量均排名全省第4。其中快递业务量完成1123.51万件,增长47.42%;快递业务收入完成1.72亿元,增长33.86%。被评为全省邮政管理系统新闻宣传工作先进单位、全省邮政管理系统行业技能人才培养工作先进单位。

3月,市级邮政企业更名为安徽省邮政公司安庆市分公司。年内,市邮政管理局优化快递业务经营许可审批流程,精简申请材料,申请人办理许可事项,由提供房产证或房产证明精简为提供场地使用证明。压缩审批时限,快递业务经营许可审批时限由45日压缩至不超过15个工作日,快递业务经营许可证变更审批时限不超过10个工作日。

【邮政服务】 完成空白乡镇邮政局(所)补建阶段目标。至12月31日,全市40个补建项目中,39个项目已完工,完工率为97.5%。37个项目验收,验收率为92.5%;36个项目运营,运营率为90%。宿松、怀宁、枞阳、潜山、桐城、太湖和望江等县市实现补建营业场所全运营。7月,联合市美好乡村办和市邮政公司印发《关于推进村邮站建设提升美好乡村公共服务功能的实施意见》,启动美好乡村村邮站申报选点和试点建设工作。全市首批48个美好乡村村邮站建设正在推进中。推进信报箱建设工作,发挥市信报箱建设协调联席会议作用,开展信报箱建设工作调研,做好城区信报箱建设验收流程再造,推进信报箱验收工作。组织普遍服务达标情况专项检查,检查8县3区邮政营业场所85处;开展邮政机要通信监督,对全市9处邮政机要场地进行全覆盖检查;完成《甲午年》等纪特邮票发行检查工作;开展三级党报投递情况监测;组织邮政监督员开展普邮和机要邮件时限测试。

【市场监管】 全年实施行政处罚5起,涉及快递企业4起,涉及邮政企业1起。指导13家快递企业提交办理快递业务经营许可证申请和28家企业提交许可证变更申请,新增取得快递业务经营许可证的企业9家,新增分支机构36处,推动14个快递品牌将自有网络覆盖至安庆。完成25家快递企业年度报告材料审核和现场核查,完成快递业务经营许可年度报告工作。开展各类检查1265人次,重点检查企业安全生产责任制、收寄验视等制度落实情况,有效保障企业安全运营。"双11"快递业务旺季期间,市快递进出港总量达到142万件,其中进港件93万件,出港件49万件,与上年同期相比,进出港总量增长78.3%,进港件增长69.6%,出港件增长97.4%。在业务旺季期间,各快递企业均平稳运行,未出现爆仓等事件。

【优化环境】 3月,启动"三进工程",引导企业与小区服务组织、机关学校管理部门以及专业第三方企业开展多种形式的投递服务合作,在市政务新区设立快递服务中心。推动快递服务向下发展,引导快递企业在条件适合的社区和乡镇设置经营网点,全年列入分支机构名录的社区网点23个,乡镇网点11个;4月,联合市公安局交警支队印发安庆市邮政业机动车辆专用证管理暂行办法,发放81辆邮政业机动车辆专用证,规范邮政业车辆在城区道路通行、停靠、装卸等作业行为并提供便利。组织快递企业代表、电商厂家代表参加市政府召开的座谈会,就快递园区选址、运营模式和优惠扶持政策等建言献策。联合市商务局和大观区政协调研全市电商与快递企业联合发展情况,赴江苏、广东快递园区考察,与大观区和高新区就快递物流用地规划情况进行对接。鼓励快递企业丰富与电商合作形式,引导快递企业入驻现有电商园区,便捷服务电商企业,至年底安庆顺丰等企业入驻"556"电子商务产业园。加强行业技能人才培养工作,深化与安庆职业技术学院合作办学,全年开展快递业务员职业技能鉴定考试2次,364人参加考试。12月,成立安庆市快递协会,为快递企业搭建交流平台,发挥行业内部的服务、协调和自律机制。启动全市邮政行业"十三五"规划编制工作,开展专题调研,广泛收集地方政府及邮政、快递企业关于行业发展的意见建议;会同相关部门,就邮政行业纳入安庆市"十三五"规划纲要及综合运输服务发展规划、服务业发展规划等市重点专项规划进行衔接融合。

(孙敬婧)

城建·环保

城乡建设

【概况】 全年完成城建固定资产投资228亿元；市政公用设施投资78.1亿元（其中市区完成40.4亿元）；建筑业总产值216.46亿元，比上年增长18.3%。

可容纳4万人的市体育中心工程按时完工，成功承办省十三运、残运会、民运会等重大体育赛事，其周边迎宾东路、天柱山路东段、潜江路北段、祥和路等9个项目及时投入使用，路灯、绿化同步配套建设。

人民路综合改造、华中西路、黄土坑东路、军分区北侧道路改造、同安路北段铁路下穿涉铁部分工程进展顺利。中山大道、潜江路三期、辉煌路加速建设。全年共整治改造25条背街后巷。

一水厂异地扩建工程已基本完工，对大王庙大沟、十里大沟进行清淤，整治11个积水点，开工建设城东污水处理厂二期工程。市区随道路建设同步铺设雨水管网75.89公里，污水管网53.34公里。2014年汛期，中心城区没有发生严重积水现象。

完成《安庆市绿地系统规划》的编制和评审工作，振风大道等城区61.6公里道路绿化提升、14块总共80.89万平方米游园绿地和49条道路行道树补植全面完工。全年全市绿化提升面积达760万平方米，其中市区完成210万平方米。

高新区标准化厂房一期已完工，市立医院新院区、火车站站前广场加速推进。

【村镇建设】 农村危房改造和农村清洁工程，累计投资5.23亿元，完成17390户省下达农村危房改造任务。累计投资4563万元，完成42个乡镇农村清洁工程，共建成34个垃圾中转站房、8座垃圾焚烧炉和640个垃圾池，配备垃圾转运车41辆，垃圾箱9810个，农村清洁工程实现全覆盖。两项工作在省住建厅绩效评价中均为列第一等次。特色小城镇建设方面，潜山县天柱山镇、桐城市孔城镇、岳西县菖蒲镇水畈村、潜山县官庄镇官庄村荣获安徽省第一批“宜居小镇宜居村庄示范点”，桐城市双港镇练潭村、岳西县店前镇店前村成功入选“中国传统村落”项目。全市共有16个乡镇被住建部列为全国重点镇，共有7个乡镇和8个村被列为省级特色景观旅游名镇(村)。

【与社会资本合作进行城市基础设施建设】 按照“经营性、准经营性和纯公益性”的分类原则，征集筛选75个政府与社会资本合作(PPP)项目储备库首批入库项目，总投资约400亿，其中有1个被列为财政部PPP示范项目，有3个被列为安徽省PPP试点项目。2个试点突破口项目中，外环北路项目已进入招投标阶段，污水“厂网一体化”项目已进入招投标准备阶段。先后与40多家央企、大型国企和上市公司进行洽谈。

建设管理

【建筑安全质量管理】 全年在建筑业管理上强抓监管通、IMT和IFA试点工作，推进建筑工程安全质量标准化建设，创建市级安全质量标准化示范工地46项，省级安全质量标准化示范工地12项，获得安徽省建设工程“黄山杯”奖4项。推广建筑节能，市体育中心和岳西县家居装饰广场C区工程被评为2014年安徽省二星级绿色建筑示范工程。推进住宅(建筑)产业化工作，开展安徽省建筑产业现代化综合试点城市的申报工作。出台《建设工程农民工工资专用账户管理意见》。取消收缴房地产开发项目资本金，改建筑节能产品限制性备案为推广应用登记备案。

【建筑执法检查】 自11月起，以建筑工程“五大专项整治行动”为抓手，集中2个月时间，组织对125个在建工地进行安全执法检查，下发安全隐患限期整改通知书34份、重大安全隐患停工整改通知书7份、责令改正5份、停工核查3份，拟立案查处6家施工单位，有25个限期整改项目完成整改。组织对73个在建工地进行建筑扬尘防治检查，对不合格的33个工程项目在全市进行通报批评，对7家施工单位进行行政处罚，对3家施工单位进行立案查处。组织对49个在建工程进行质量执法检查，对17家存在问题的监理单位发出整改意见书，下发《工程质量监督意见书》28份，对1家施工单位项目经理记B级不良记录，对1家监理单位通报批评。组织对114个在建工地进行冬季施工专项检查，下发隐患整改通知书14份，执法告知书11份。

【地下管线规划与建设】 完成中心城区《排水综合规划》和《污水工程规划》编审，完成市区16米及以上道路摸底，完成中心城区1520公里地下管线普查的现场勘探。完成售水量5554万方，售气量5400万方，分别增长3.7%和19%。铺设DN100以上供水管道21.19公里，燃气中压管网26公里，完成96个老旧小区2.5万户居民天然气管网配套建设。

（谈　俊）

城乡规划

【概况】 2014年，市城乡规划局着力抓好规划体制建设完善年、内部制度完善年、规划导则运行年、批后监管教育警示年、大宜城谋划建设年、视野拓展开放年“六项建设”。桐城市、望江县、怀宁县已先后成立城乡规划局。

全年，市城乡规划委员会共召开4次主任会议、13次专委会和1次项目审查委员会会议，研究事关安庆社会经济发展的113个重要议题。组织开展城市规划区生态控制线划定及可建设用地开发策略研究和“老城做减法、新城做加法”专题研究。深化安庆市通风廊道规划研究、中心港区发展战略研究规划、集贤关地区项目策划研究、安庆石化管廊带迁建规划研究和中心城区畅通工程研究。市城乡规划局被市人大办公室、市政府办公室、市政协办公室授予“2013年度、2014年度市人大代表建议和市政协提案办理工作先进单位”。

【完善规划体系】 对新一轮城市总体规划进行优化提升。组织编制《安庆市大宜城发展战略规划》，明晰安庆经济社会发展愿景。完成大宜城综合交通规划、大宜城物流体系规划、古城区（滨江段）更新与行动保护规划、临港物流园区规划、城市供电专项规划等24个专项规划的编制。组织编制东部新城和北部新城规划提升暨单元规划。推进8县（市）县城总体规划修编和87个美好乡村示范村以及207个中心村规划编制。

【规范规划管理】 实行定期召开城乡规划业务例会制度，建立规划与国土、建委、城管、人防等部门联动合作机制。全年，召开城乡规划业务例会49次，审查建设项目规划事项533个。建立重点工业项目、招商引资项目、公共基础服务设施、民生工程等规划服务“四大绿色通道”。修订完善规划公示公告、规划核实、规划业务档案管理等9项规划管理制度，制定公务接待、财务管理、考勤和请销假、车辆管理、信访等16项机关内部管理制度。

【加强依法行政和效能建设】 全年核发《建设项目选址意见书》17份，选址面积54.12公顷；核发建设用地规划许可证54份，用地面积216.44公顷；核发建设工程规划许可证93份，建筑面积210.04万平方米；核发建设工程规划核实合格证79份，建筑面积187.36万平方米；审查和公示规划、建筑设计方案154件。共办理市人大代表建议28件、市政协委员提案19件；参与“1584政风行风热线”节目上线11次，受理群众规划咨询、投诉和建议64条；处理人民来信51件，接待群众来访347人次；答复群众网上咨询227多条，办理“市民心声”回复333件。

【老城区背街后巷整治】 组织编制《老城区背街后巷综合整治专项规划》，确定将老城区224条背街后巷分成特色型、标准型和提升型三种类型进行整治，已完成东围墙街等137条背街后巷改造。

（程　巍）

城乡规划设计

【规划编制】 先后完成市化工集中区(市承接产业转移集中示范园区)总体规划,宿松县东北新城东区控规,安庆市绿地系统绿道规划,安庆体育设施布点专项规划,安庆旧城区(滨江段)更新与保护规划(与省规划设计院合作),安庆市环卫设施专项规划,安庆市临港物流园区规划,怀宁县国家农业综合开发独秀现代农业园区规划,怀宁县公岭镇瓦窑村、五岭村,清河乡金桥村、金山村,平山镇大塅村、岗山村、大洼村、太湖县浏羊村等美好乡村建设规划等各类规划编制项目共计180余项。

【市政工程设计】 完成给排水设计、道路工程设计、桥梁设计、河道整治工程设计、绿化工程设计等各项内容,完成人民路周边区域道路改造工程方案设计,大观区南片纬九路建设工程方案设计,大桥开发区纬五路泵站设计工程,石塘湖截污工程方案设计,枞阳县东湖路、城北出入口路污水管网工程,怀宁县稼先路延伸段建设工程、桥梁建设工程,怀宁县2号泵站站前排水管网接通工程,枞阳县东湖路污水提升泵站工程等各类市政工程设计共计150余项。

【建筑勘察设计】 完成安庆飞凯高分子材料有限公司电子级超纯氧化铝厂房项目、安徽安塑管业有限公司长江电商配套产业园标准化厂房项目、怀宁金拱商贸城、4812工厂安徽华晶机械股份公司一期工程、宿松棚户区改造暨南片安置区(二期)建设工程、安庆二中安徽省第一甲种工业学校旧址修缮等各类建筑工程设计共计90余项。完成怀宁县稼先路延伸段道路、桥梁工程,安徽理工学校校园道路,安徽山城房地产宿松分公司世纪名都小区地下室基坑支护,汇口镇雨污分流工程,大桥开发区白泽路改造工程等各类岩土勘察、设计共计40余项。

(裘　蕾)

市政建设与管理

【概况】 全年,加强市政设施日常巡查,快速处置井盖缺失、破损等问题,严格道路破、挖审核审批,共审批道路挖掘手续99件,办结率100%。加强排水许可管理,建立重点排污工业企业和重点排水户名录,加强监管、巡查,不定期检查水质排放情况,做到依法、依规有序达标排放。全年共审核办理排水许可证37件,车辆冲洗行业排水许可证23件,施工临时排水许可证8件,纠正违章向城市排水设施排放污水行为21起,发放国务院《城镇排水与污水处理条例》及相关宣传材料110多份。加强设施日常维护,年初对道路设施状况进行摸底,开展道路维修工作。对沿江东路、皖江大道二期、集贤北路、龙眠山路、龙山路、孝肃路、菱湖南路、集贤南路等市区主干道进行全面维修,对东部新城区桥梁栏杆进行出新,共维修路面18955平方米,维修路缘石5461米,更换窨井盖889块,道路设施完好率进一步提高。应对群众、媒体反映的设施运行管理问题,及时帮助解决市十中门前积水、红旗小学门口管道堵塞、华中路居民生活污水无法排放等问题。

全市16米及以上道路的基本情况已经摸底并上报。《安庆市中心城区排水(雨水)防涝综合规划》、《安庆市中心城区污水工程规划》已上报市政府待批;同安河区域污水分流(截流)工程、沿江泵站提标改造项目按计划推进。东部新城区桥梁维修项目按时完工并顺利通车。安庆市中心城区地下管线普查工作已完成3600多公里线路的探测工作。

【完成城区防汛排涝任务】 汛前历时5个月对排水排污泵站设施行全面检修,各泵站设备、设施完好率达100%。完成18000座主干道雨污水井汛前清淤和新河河道清淤清障工作。疏通皖江大道、华中东路、龙眠山路等19处淤塞的管道,对市区24个主要积水点进行重点清疏。汛期加强泵站运行管理,5月20日顺安河泵站、新河泵站率先开机,随后其他3座沿江泵站相继开机,至10月12日顺安河泵站、新河泵站最后开闸自排,各泵站累计排水856台时、排水量1668万立方米、排污量4000万立方米、运送垃圾100余车。严密监控雨情、水情变化,在暴雨来临前提前开启市区各闸,增强市区排水管网的承载能力。在汛期尤其是强降雨期间,成功经受住"7·4"、"7·12"等多次强降雨的考验,城区主干道主要积水点积水深度、积水时间都明显减小。

【路灯亮化成效显著】 全年共检修路灯12500余盏次,改造宜城路等17处破损锈蚀开关柜,解决独秀大道南段等51处照明问题，抢修184起故障，更换电缆4228米。对百圣花苑小区路灯进行升级改造。为确保体育中心周边道路路灯在省运会开幕前全部亮灯，在主材供货迟迟不能到位的情况下，路灯所全体干部员工，日夜加班加点，国庆期间仅用19天完成体育中心周边9条道路安装任务，如期实现亮灯，尤其是文苑路，创造历史同期路灯单日安装数量的最高纪录。省运会后，完成人民路、黄土坑东路、东围墙等路灯安装，完成迎江区19处街巷路灯民生工程安装。全年共安装路灯1564盏，铺设电缆46.31公里，拆除路灯938盏。

（陆英福）

房地产管理

【概况】 2014年，全市保障性安居工程项目开工建设26588套（市区11979套），开工率100.04%（市区为100%）；基本建成14891套（市区6245套），基本建成率105.39%（市区为103.33%），新增发放租赁补贴536户，完成年度目标任务。完成安庆市公共租赁住房租金标准的测算和定价工作，修订《安庆市保障性住房分配实施方案》，加快推进两房并轨。同时做好保障房分配和租赁补贴发放工作，完善住房保障信息化系统，实现保障性住房信息系统与个人住房信息系统联网，及时录入公开年度保障房建设项目信息、保障对象信息，建立住房保障信息数据档案，实行保障对象网上公开和网上审核审批制度，确保分配公开、公平、公正。

基本建成新河水系整治安置区1—2号楼等15个还建房项目，建成面积109万平方米。新河水系整治安置区一（北区）、新河凹水系整治安置区二（开发区段）、顺安路棚户区改造北区三项目规划建筑面积80万平方米，已办理完所有前期手续后移交建设，工程进展顺利。

全年市区棚户区计划改造建设9635套、面积102.68万平方米，所有项目已全部开工。编制《安庆市2013—2017年棚户区改造规划和年度建设计划》，在老城区东、西、北三个方向分别规划棚改安置点，改多层为高层建筑，节约土地资源，致力形成新的城市居住组团，推进“出棚进楼”。成功引进省投资集团参与市棚户区改造，借力组建合作公司。合作项目开发区长风地块和宜秀区C—6地块棚户区集中还建点项目已正式开工，标志安徽省首例PPP模式棚户区改造项目启动，合作的其他项目如迎江区红旗段、A—15地块、秦潭湖地块等正在办理前期手续。

【物业管理】 推动物业管理重心下移和属地管理，完成市属单位生活小区核实确认，核算移交费用和整治费用，加强与移交单位及接收单位对接，提请市政府协调解决移交中的问题和矛盾，及时报请市委、市政府督查室就移交属地管理工作进展情况进行专项督查。出台《关于实施〈安徽省新建住宅小区综合查验办法〉的意见》，开展恒大绿洲等8个新建住宅小区的综合查验工作。优化发展环境，推动落实省住建厅等八部门《关于进一步支持物业服务企业加快发展的若干政策规定》，扶持物业企业规范发展；依法加强物管企业资质审批，严格准入制度，简化办事流程；联合市物价局加强对全市实施物业管理的小区收费检查，规范企业收费行为；加强从业人员管理，分批组织《安徽省住宅区地方服务标准》培训及全国物业管理师报名考试工作；督促物业管理小区强化规范管理，提升物业服务水平，绿地迎江世纪城（一期）项目、怀宁和谐家园项目获“省示范小区”称号，东部新城写字楼等7个项目获“市示范小区”称号。

【公房管理】 制定《直管公房专项维修资金使用管理规定》，对影响公共安全的直管危房优先列入维修计划，并按程序报批后实施维修，共对符合要求的31个危旧直管公房项目进行加固维修。自9月1日起，对全市已购公房、集资建房等上市交易情况进行常态化审核。加强职工享受房改情况核查，共核查直管公房443套，其中69户职工重复享受房改政策，责令重新办理；退回单位发放的177户职工住房补贴45.06万元。

【行政审批和行政服务】 共受理办结行政审批4393件，接受咨询3856人次，实现零障碍服务。全年审批出售公房2.34万平方米，归集售房款2015.13万元；审批11个单位申请发放职工住房补贴1648人、1327.95万元；归集公共部位维修资金1.04亿元，使用116万元，受益户数2842户；完成担保贷款4919户，贷款金额12.22亿元；实施房地产执法共计252次，开具行政处罚2份；实施白蚁防治307万平方米。

房地产市场

2014年，按照国家对房地产市场分类调控要求和“区域化、个性化、动态化”调控原则，贯彻相关政策。加强市场调研，完善政策措施。召集典型代表企业参加座谈会，深入市区开发企业了解资金运行、楼盘销售等情况，广泛征集相关部门意见，定期形成分析报告。加强统计监测，做好市场监管。举办安庆市房地产统计工作培训班，邀请省统计局专家授课培训，建立房地产开发统计直报系统，及时掌握市场动态，建立商品房预售资金监管制度，出台《安庆市商品房预售资金监管办法》，规范商品房预售资金使用用途。加大巡查力度，规范市场行为。加强中介市场管理，建立房地产经纪机构备案制度，维护消费者合法权益。优化登记流程，提升服务效能。进一步优化存量房网上登记备案工作流程，增设窗口和人员。

全年全市房地产市场总体态势“量缩价稳”：年初，市场总体运行平稳，商品住房即期需求继续释放，成交量保持增长，但进入3月份中旬后呈下行趋势，下半年稍有回升，但市场观望气氛较浓，成交量降幅较大，房价小幅上扬。开发投资和交易增速放缓，消化库存压力加大。全市累计批准商品房预售面积558.14万平方米，比上年下降7%，其中商品住房预售面积426.46万平方米，下降13%。市城区累计批准商品房预售面积178.04万平方米，下降21%，其中批准商品住房预售面积135.41万平方米，下降32%。全市商品房销售面积361.57万平方米，下降16.9%，商品房销售面积位居全省第六；商品房销售额172.25亿元，位居全省第七。市城区商品房销售面积133.52万平方米，同比下降22%(其中商品住房112.91万平方米，下降23%)。全市商品住房销售均价4139元/平方米，上涨3%；市城区商品住房销售均价5092元/平方米，上涨5%。全市结转可销售商品房面积890.97万平方米，增长26%，其中商品住宅582.75万平方米，增长21%。市城区商品房库存量305.15万平方米，增长23%，其中商品住房186.36万平方米，增长16%。全市存量房成交面积146.24万平方米，下降21%，其中存量住房成交面积95万平方米，下降29%，成交均价3400元/平方米，上涨7%。市城区存量房成交面积41.47万平方米，下降21%，其中存量住房成交面积32.05万平方米，下降18%，成交均价4783元/平方米，上涨3%。共协征契税2.25亿元，代征营业税5276.5万元，共计2.78亿元，增长11.15%。

房地产企业选介

【安徽盛晟集团】 集团创建于1999年，是一家以房地产开发为主业，涵盖建筑安装、市政建设、商业经营、物业管理、农业投资等多项产业的规模化、多元化的民营企业集团。先后获得国家工商总局颁发的“全国重合同守信用先进单位”和省委、省政府颁发的“安徽省50强民营企业”荣誉称号；集团在各类社会公益事业中捐款超过2000万元；投资建设的廉租房工程、保障房等项目多次获得省级质量安全双标化示范工地等殊荣。

集团企业建设的“盛晟·阳光城项目”位于安庆市华中西路以南，渡江路以北，项目共21栋单体，总建筑面积为39.3万平方米，地下建筑面积为7.25万平方米，其中桥头公园地下车库及人防工程1.23万平方米；地上建筑面积为32.1万平方米。阳光花园二期，项目总投资6.5亿元，总建筑面积12.13万平方米，地上共由11栋住宅单体组成，最高17层，小区共790户，设有386个标准停车位，满足近3000人的居住需求。

【绿地集团安庆置业有限公司】 安庆绿地迎江世纪城地是由绿地集团在安徽省开发的第七个项目，占地近1000亩，建面164万平方米，总投资约70亿元人民币，是安庆首个地标级全业态复合项目。住宅104万平方米，商办60万平方米。住宅方面，共104万平方米体量，分四期开发，已成功开发交付一期卡莎公馆、二期巴赫公馆，三期新里西斯莱公馆下一年6月底交付，四期新里卢浮公馆即将动工；商办方面，60万平方米安庆综合商业地标，集办公、酒店、商务洽谈、购物、休闲、娱乐于一体的24小时全功能步行城市综合体项目已开业，囊括3.7万平方米绿地生活广场、绿地紫峰大厦、绿地新都会loft、绿地饕界、欧尚超市、星美国际影院。

【安庆碧桂园房地产开发有限公司】 安庆碧桂园分三期4个苑区开发，分别是秦潭凤舞、山水云间、迎江御墅、1号公园。一期秦潭凤舞与山水云间苑区已竣工1030亩；二期迎江御墅苑区已竣工673.5亩，在建33亩高层洋房；三期1号公园项目共473亩地现已全面开工建设，建筑面积117.6万平方米。安庆碧桂园，拥有一站式名校教育体系：市府幼儿园、人民路小学、安庆二中。2009年以来，连续被评为迎江区纳税十强、优秀建筑安装房地产开发企业，多次获得市、区政府的各种嘉奖及荣誉称号。

【新城控股集团安庆公司】 安庆新城吾悦广场位于龙眠山路与华中路交叉口向西200米处。安庆新城吾悦广场由中国地产20强——新城控股集团投资约50亿建设的城市综合体，涵盖大型购物中心、精品住宅、城市商业街、滨河风情街、SOHO公寓、高端LOFT、星级酒店7大业态。吾悦广场将自持近11万平方米商业，主要业态涵盖百货、影院、精品超市、特色家庭餐饮及儿童乐园等。

（谈　俊）

住房公积金管理

【概况】 2014年，全市共为25万职工累计缴存住房公积金148亿元，支持69001户职工解决住房困难或改善住房条件。年内归集住房公积金27.5亿元，较上年同期增长11%，完成市政府年度目标计划的180%。年内提取住房公积金15.2亿元，较上年同期增长9%，完成年度计划的230%。年内发放住房公积金贷款15.8亿元，完成年度计划的197.5%。

增强对中低收入家庭购买中低价位、中小套型自住房的政策支持力度。降低贷款门槛，由原来的连续缴交一年改为满6个月即可申请贷款，对首次申请公积金贷款在不突破贷款最高限额的前提下，适当上浮。减少办事手续，降低职工购房负担，取消公积金担保费用。

遵照《国务院关于严格控制新设行政许可的通知》《安徽省人民政府关于进一步深化行政审批制度改革的意见》《安庆市人民政府关于推行市级政府权力清单和责任清单制度的通知》等文件精神，依法实施行政审批，成立政府权力清单清理小组，依法清理行政审批项目，认真编制本单位权力清单和责任清单，及时上报，建立并严格执行行政审批的监督检查制度。

制订《继续开展全市住房公积金系统廉政风险防控工作的实施意见》，建立健全长效监督机制。与各管理部（分中心）负责人签订廉政风险防控承诺书和党风廉政责任书，在全系统实行季度约谈、季度汇报、季度检查、季度通报。结合人员岗位变动，进一步梳理排查全系统岗位风险点，制定监督检查工作方案，在全系统开展防止骗提骗贷专项检查活动，切实督促整改，有效保障资金安全。2014年全系统未发现一起重大风险隐患，达到工作零差错、服务零投诉、资金零风险、廉政零举报要求。

【全面提升服务效能】 简化手续，取消办理提取业务的所有复印件，减少提取和贷款相关资料18项，优化提取和贷款流程14项，放宽提取和贷款相关政策14条。创建优质服务窗口，提倡微笑服务，严格服务规范，设置岗位监督员，人员去向牌，实行挂牌上岗，设立一站式服务大厅，改善硬件设施。加强信息化建设，开通全市网上申报汇缴业务、“12329”服务热线，对门户网站进行全面改版，进一步加强信息公开，完善归集、贷款业务网上查询，方便单位职工了解住房公积金工作动态和办理业务流程等事项。

（林齐国、孙磊）

城管执法

【概况】 年中提请市政府成立安庆市户外广告设置管理委员会，对新设户外广告严格控制，户外广告设置需报请市户外广告设置管理委员会领导同意后方可办理许可手续。3月份开始，共计拆除户外广告面积为1万多平方米，城区户外广告拆除工作基本结束。

在整治户外广告的同时，逐步推进公共资源户外广告位使用权公开出让工作，还原户外广告的公共属性，5月、7月，通过公共资源交易平台，3次组织11处户外广告位经营权公开拍卖工作，拍卖所得全部上缴市财政非税收入专户。城区14处电子翻板广告和人民路西段4处墙体灯箱广告已进入公开拍卖程序。通过公开招标，将城区195条191270米长的道路乱贴乱画清除工作委托专业公司负责。

制定《店招店牌设置规范》，引导门店业主规范设置店招店牌，做到美化亮化。同时按照白天美化、夜晚亮化标准，对市府路、棋盘山路两条试点道路现有店招店牌实施集中升级改造，所需费用由市财政和业主分担。

制定实施《安庆市建筑垃圾运输企业考核管理办法》，每月召开运输企业负责人会议，通报考核情况，提出管理要求，对一年内扣分达到100分的，取消其建筑垃圾运输资质，下年度不予年审。邀请建筑垃圾运输企业负责人和市级新闻媒体记者参与巡查，体验建筑垃圾处置管理工作。全年共查处各类违规案件46件，罚款60余万元。

安排60万元专项资金，采取市场化方式，择定具有建筑垃圾运输资质和设施设备、处置场所的专业单位，负责对城区建筑装潢垃圾进行清运处理。居民装潢垃圾按照物价部门核定的2元/平方米，最低50元标准，实行有偿清运，对困难群体和城区周边无主建筑垃圾清运所需经费从市场化经费中列支。

组织拆除长期性违法占道设施，到6月底，市局路面执法大队和各区城管执法局共拆除主次干道占道经营设施460余处6871多平方米，同时对市区绿化带内的各类指示牌进行排查，拆除市区绿化带内大型非交通指示牌62块。组织拆除城区IC卡公用电话亭51个，拆除闲置、破旧报刊亭9座，督促相关单位组织拆除原设置的广告式路名牌270块。

清除城乡结合部垃圾，通过市场化方式，确定城区装潢垃圾清除作业公司，及时清除城区及城郊结合部新产生和偷倒乱倒垃圾，同时结合“三线三边”整治督查，督促各区清除城郊结合部垃圾，督促大观区和市开发区对老峰镇和五里乡私设垃圾堆场进行整改，清除生活垃圾600余吨。开展乱扔垃圾当场处罚工作，组织市、区执法人员集中学习培训，加强宣传引导，对乱扔垃圾行为进行曝光，并依法实施当场处罚，下达《当场处罚决定书》，出具财政部门统一印制的票据，收缴罚款按规定交至财政专户。该行动从3月份启动以来，市局路面执法大队共查处乱扔垃圾行为480余起，罚款近6000元。

整治车辆超载泼撒。对超限超载、沿途泼撒等违法运输行为开展专项治理，共查处车辆1896台，其中未达到覆盖标准的372台，依法从严处罚126台。加强渣土运输车辆的管理，在办理许可时，要求所有新开工工地必须委托有资质的公司承担渣土运输，制订实施渣土运输公司管理考核办法，对公司、车辆、运输作业等进行全面考核，严防建筑垃圾运输车辆沿途泼撒。

依法加强固定门店出店经营管理，对拒不改正的出店经营行为，依法实施处罚。据不接受处罚的，按法定程序依法申请人民法院强制执行，已实施处罚600余起，并提请大观区人民法院分批对60多起城市管理行政处罚非诉案件成功进行强制执行。

印发《安庆市流动商贩管理暂行办法》，组织对市区流动摊点占道经营现象进行摸底，对3028处占道经营实行分类处置，各区城管部门和市局路面执法大队在控制总量、动态调整的基础上，结合早餐摊点和夜市排档整治提升工作，采取定点设置、引摊入市、规范经营等多中措施分类处置，逐步实现长效管理，减少流动商贩对城市环境的负面影响。

完善城市管理基础设施。投资近2000万元的市级数字城管系统完成建设招标工作，软件系统共包含9大子系统和19个扩展子系统。数据普查、硬件设备采购、近200平方米的指挥大厅装修改造已经完成，数字城管指挥中心已经投入试运行。

组织实施新型路名牌的设置工作。制定路名牌设置安装规范，组织对城区所有道路进行核查，按全市统一要求，更换新型路名牌，新路名牌增设道路方向指示。通过公开招标，已在城区312条道路设置路名牌1890块，完善城市道路的交通服务功能。

加强环卫基础设施建设。通过公开招标，采购新式果壳箱2568只，市环卫处在现场勘察、定点基础上，已督促、配合中标公司完成城区主次干道果壳箱的安装工作。完成东部新城应急移动式环卫设施采购设置工作，在省运会开幕式前完成1套移动式生活垃圾转运设备和10座移动式公厕的采购、设置工作。城东、城北建设生活垃圾转运中心项目建设的前期工作已经启动。

督促各区、市开发区完成市区生活垃圾转运、公厕管护和化粪池清淤市场化改革工作。各区环卫处和市环卫循环督查小组共同参与考核工作，坚持环卫清扫保洁时间、机械化作业、道路洒水冲洗等专项考核经常化。对生活垃圾焚烧发电厂垃圾处置进行实时监控，在垃圾焚烧发电厂建立垃圾称重、实时监控及数据传输系统，确保为市财政提供准确垃圾处理数据、及时发现环境污染等问题并通知发电厂处置，实现生活垃圾焚烧处理量在线监控。

【做好省运会期间市容保障工作】 组织市、区城管部门采取暂扣收缴、依法处罚等措施,及时纠正固定门店出店经营和流动摊贩占道经营行为,畅通道路通行环境。重点围绕体育场馆、宾馆酒店、道路沿线,全面清理,维护市容秩序。严控占道促销行为,原则上不予批准。对城区道路两侧无主的建筑垃圾、装潢垃圾进行清理,严管建筑渣土运输,严防泼撒污染城市道路。

制定实施省运会期间环卫保障详细方案,体育场馆、宾馆酒店周边等重点区域明确专人负责,增加作业人员,开幕式当天,市环卫处组织29人的环卫应急队伍配合做好市体育中心垃圾收集清运工作,体育中心周边的公厕管理做到一人一厕。开幕式当天,安排两辆移动式压缩车,增设40只大垃圾桶,及时收集、清运市体育中心产生的垃圾,临时设置5组共20个厕位的移动式公厕,保证参加开幕式嘉宾和观众的如厕需要。强化道路冲洗,全面消除灰尘带,突出加强非机动车道和人行道清扫保洁,快速转运处置垃圾,保持道路干净整洁。

大、小电子显示屏滚动播放省运会公益宣传广告。督促人民路吴越街口、客运中心入口、新华书店大楼等9块大型户外电子显示屏、所有出租车显示屏播放省运会宣传视频和标语;督促全市主次干道沿街商铺、宾馆、酒店、银行等近2000户的门楣电子屏滚动播放省运会宣传标语。在城市进出口、主要道路的路口以及跨街天桥、管线等处更新以省运会为内容的大型户外广告牌56块近1.2万平方米,督促公共交通部门统一更换公交候车亭广告300块4500平方米,督促全市的工地施工围墙大量设置省运会公益宣传广告,严格落实公益宣传内容覆盖率不低于广告位总数30%的规定,此外,在龙眠山路、振风大道、湖心中路等22条路路灯杆上制作安装省运会宣传彩旗7122面,为省运会召开营造氛围。

8月底开始,对全市22条主要道路临街159幢标志性建筑的业主单位发放灯饰亮化通知,要求对已建的灯饰亮化进行维护。市城管部门于9月28日起每天安排专人督查,共编发督查通报3期,上门与8家开发公司协调,确保所有灯饰在9月28日至10月31日每晚18:00至次日凌晨4:00全面开启,充分展示安庆市城市建设的新形象。

经过5个月的努力工作,完成省十三运市场开发招商、社会氛围营造、开闭幕票务及观众组织工作。据统计,市场开发部签约总金额1454万元,其中现金827.29万,实物515.22万元。黄梅戏展演周期间,市场开发部进一步拓展市场,共为"十一"黄梅戏展演周开发现金80.5万元。

(刘小平)

园 林

【概况】 2014年,市园林管理着重推进中心城区游园绿地建设,提升城市园林绿化管理水平,完成菱湖风景区环湖绿道工程,会同市重点工程建设局完成中心城区11条道路绿化提升工程。环湖绿道工程建设合同投资1994万元,包括绿化、电气及垃圾桶等配套设施工程。完成绿化19.2万平方米,共栽植乔灌木8093株,片植灌木41980平方米,草坪及地被15.74万平方米。完成皖江大道、菱湖南路、振风大道、天柱山大道、湖心南路、迎宾西路、龙眠山路、顺安路、独秀大道、集贤路、皇冠路等全长61.6公里的绿化提升。栽植乔灌木共11万株,片栽15万平方米。

完成狮子山公园主干路修复及张汇韬陵园配套设施工程,包括主干路修复,张汇韬陵园配套水电、厕所、绿化等。莲湖公园西苑岸线改造及八仙景区治理工程,包括驳岸改造、八仙景区及菱湖公园盆景园大沟清淤等。开工建设一批中心城区绿地工程,完成第一批道路行道树补植。完成振风大道北侧、军分区北侧、祥和路南侧、祥和路北侧、皖江大道交口、皖江大道北侧、政务新区南面、独秀大道西侧、迎宾东路绿地等14个游园绿地建设,新增绿地面积80多万平方米。完成城区第一批行道树补植任务。

做好国家园林城市的复查及迎检工作。完成复检文字、图片等相关材料的搜集、整理、编印及上报工作。7月5日,省国家园林城市专家复查组进行现场复查,对安庆市园林城市建设与管理工作的成效给予充分肯定。

实施精细化管理,巩固和扩大园林绿化成果。加强道路绿化养护考核管理和公园游园管理工作,对公共绿化工程和道路改造绿化附属工程进行质量监管。开展"创文明城市、迎精彩省运"城市绿化管理专项行动,完成城区13处28株古树名木复壮工作。

【完成城市园林景观导则与绿地系统规划】 为加强园林景观设计,规范园林绿化施工,提高城市绿化养护管理水平,制定《安庆市城市园林景观设计导则》《安庆市绿化施工导则》《安庆市行道树施工导则》《安庆市绿化养护导则》4 个导则。完成《安庆市城市绿地系统规划(2013—2030)》编制任务,并经 11 月 11 日省专家论证会通过。

(园林局)

绿化

【概况】 2014 年,成功组织大型义务植树活动 2 次。启动以"植绿护绿 共建森林城市"为主题的城区全民义务植树认建活动。3 月份在北部新城菜瓜山举行义务植树认建认养活动启动仪式。至 9 月底,城区全民义务植树认建共完成 10374 株(折算),占绿化委分配年度总任务 11548 株的 89.8%。

【"三线三边"绿化进程提升】 根据省委、省政府和省林业厅综合治理行动总体部署,加快三线三边绿化提升进程。全市共完成三线三边线路绿化里程 142.8 公里,补植株数 25.8 万株,林带建设长度 137.5 公里,面积 1.06 万亩,三边新造林 4.66 万亩,森林经营 4.94 万亩,超额完成省厅下达年度任务。2014 年 10 月,全市"四项创建(森林城镇、森林村庄、森林长廊、森林景观创建)"工程顺利通过省级核查验收。

【"四项创建"活动】 在全市范围内开展森林城镇、森林村庄森林长廊、森林景观创建活动,太湖县徐桥镇等 10 个乡镇建设城市片林、城市森林公园和各类公共绿地,加强城乡结合部、城镇出入口通道森林长廊、森林景观建设,创建省级森林城镇,各项主要建设指标均达到或超过《安徽省森林城镇评价量化指标》;太湖县徐桥镇桥东村等 88 个村庄,结合农村环境综合治理,开展植树造林,营造"五林四园",创建人与自然和谐相处的森林村庄,促进美好乡村建设,各项主要建设指标均达到或超过安徽省森林村庄标准,完成省级森林长廊新、扩建里程 137.53 公里。

【获国家森林城市授牌】 安庆市林业部门多次与国家林业局宣传办进行对接,完成授牌前的内业资料补充收集、专题片修改、创森纪实材料起草及相关宣传工作等。9 月 25 日中国城市森林建设座谈会上,安庆市被全国绿化委员会、国家林业局授予国家森林城市奖牌。

"创森"期间,全市完成人工造林 104.1 万亩,建成区绿化面积 1.88 万亩,环城林带 0.96 万亩,新增绿化达标城镇 59 个,新增绿化达标村庄 260 个;完成道路、河流等绿色长廊建设 1056 公里;新建、改建农田林网折合造林面积 2.62 万亩;完成植被恢复 0.66 万亩,森林提质 82.5 万亩;完成退耕还林、血防林、长防林等林业重点工程造林 61.5 万亩;完成速丰林、经果林、花卉苗木等基地造林 52.5 万亩。2014 年底,全市森林覆盖率达 37.99%。主城区城市绿化率 40.9%,人均绿地达 11.93 平方米。

(崔小松)

环境保护

【概况】 2014 年,是创建国家环保模范城市项目集中建设年,至年底,176 个"创模"项目先后开工建设,102 个"创模"项目完工,实际完成投资 69.36 亿元。通过实施电力、水泥、石化等行业脱硫脱硝改造,生活污水处理设施及配套管网工程建设等措施,全年全市化学需氧量、氨氮、二氧化硫、氮氧化物分别减排 4087 吨、484 吨、1808 吨、9139 吨,比上年分别下降 3.2%、2.91%、8.77%、9.24%,完成省政府下达的总量减排目标任务。

编制大气污染防治工作台账。在全市范围内开展为期一个月的环保专项执法检查,编制 35 类大气污染防治项目台账。强化部门联动,组织开展工业企业大气污染整治、城市扬尘治理、黄标车淘汰与限行、燃煤锅炉整治等 11 个方面重点工作专项行动。省政府确定的 19 类大气污染防治重点项目全面完成,进度居全省之首。全年空气质量优、良天数 331 天,优良率 91%,比上年提升 17%,全年 PM10 均值 90 微克 / 立方米,比 2013 年下降 20.4%,城区空气质量居全省第四位,降幅全省第二。

结合新农村建设,开展农村环境综合整治,全市建成农村微动力污水处理设施 120 座,新增生活污水处理能力 1.2 万吨 / 天。岳西县成功创建国家级生态县，宜秀区成功创建了省级生态区，获命名国家级生态乡镇4个，省级生态乡镇11个、生态村11个。

加强饮用水保护，清理整治饮用水源保护区内排污口和与饮用水源保护无关的项目。规范处置工业固体废弃物，开展危险废物规划管理，全市所有危险废物转移均实现电子联单，危险废物和医疗废物处置率均达100%。实施重点流域、重点区域水环境治理，长江重点流域水污染防治考核断面水质达标率为90%，达到国家年度考核目标，全市14个“十二五”水污染防治规划项目全部提前完工。

严格执行国家环保部规定，将行政许可、非行政许可审批全部进驻政务服务中心集中办理，完善行政流程图，制定环评审批负面清单，优化工作流程，压缩办理时间，为社会提供贴心式服务。严格执行市政府涉企收费的减免政策，对符合政策的重点项目开辟“绿色通道”。协调解决曙光煤制氢等一批重大项目环评审批问题。全年审批环评文件190个、绿色信贷139个、环保证明78个，批复试生产项目69个，完成“三同时”验收项目78个。

加大对重点企业日常监管力度，彻底关停臭气污染严重的明华纸业。督促华泰林浆纸、德生印染、宜园环保等臭气污染企业开展专项整治。9月底开始，市环保局梳理排查210项重点工作，开展“百日会战”重点攻坚，明确分管领导、责任人和完成时限，实行问题销号制，确保全面提升环保工作水平。

开展环保专项行动，严厉打击环境违法行为。全年出动执法人员4700余人（次），检查企业1500余家（次），排查饮用水水源地76个。责令限期整改109家、停产整治23家。关停一批重污染企业，淘汰一批落后产能、工艺和设备，排查整治一批长期存在的环境安全隐患，解决一批群众关注的突出环境问题。

从5月中旬开始，通过电视、报纸、电台、网络等各类新闻媒介，广泛开展中、高考禁噪行动宣传。市、区两级环保部门实施联动，开展“绿色护考”专项行动。期间共出动执法车辆300多台（次），派出执法人员1000多人（次），处置各类噪声污染投诉253件。

邀请市第二中学师生来市环保局参加“环保开放日”活动，组织师生参观原子荧光分析实验室、环境空气自动监控站点等。现场演示重点污染源自动监控、在线投诉等信息化系统演示，并与师生进行互动交流。在电视台黄金时段每天公布空气污染指数和主要污染物浓度，并向市委、市人大、市政府、市政协主要领导发送手机短信。组织全市重点企业、环保系统人员积极学习新《环保法》，配合完成市委理论中心组（扩大）学习活动，邀请省环保厅对全市2000多个干部开展新《环保法》专题培训。

围绕“创建国家环保模范城市”“大气污染防治”等环保重点工作，策划“六五”世界环境日宣传活动。组织开展“六五”宣传周、“放飞绿色梦想”环保主题征文、环保主题知识竞赛、“环保小卫士”、“环保送清新”评选等环保宣传活动。活动期间，设置主题宣传展板30余块，发放环保宣传画5000余册、环保法律法规读本3000余本，发送环保短信10万条。

完成全市所有国控重点污染源突发环境事件应急预案的编制和备案工作。通过持续排查和整治，有效排除一批长期存在的环境安全隐患。全年全市未发生一起一般级别以上的环境突发事件和因环境污染问题引发的群体事件。

开展全市联合接访驻点工作，并以政府购买服务方式，组建“安庆市12369环保热线投诉中心”，实现全市环境投诉和举报工作24小时人工值守，实行环境信访投诉分级联动，市、区两级分别安排夜间值班小组，第一时间处理市民投诉。全年受理各类信访投诉1123件，处理率100%、结案率98%。

至2014年底，全市生活污水处理能力达到近30万吨/天。城区生活垃圾和医疗废物焚烧发电设施稳定运行，工业固体废弃物处置中心项目积极推进，备用水源地建设取得进展。城区4个空气新六项指标自动监测站全部建成投运，县区已建成1个空气自动监测站并具备发布空气污染指数的能力。全市环保系统能力建设投入超过1000万元，监测、监察、信息、应急等环保能力建设明显增强。

【创建国家环保模范城市】 2014年，根据《安庆市创建国家环保模范城市2013年度、2014年度实施项目》排定计划任务，坚定不移地用国家环保模范城市的硬标准倒逼经济发展方式转型升级，以创建国家环保模范城为总抓手，系统解决突出的环境问题。《安庆市创模规划》经市政府批准实施，向环保部报送创模申请。在安庆电视台综合频道《安庆新闻联播》中开设“创模在行动”专栏，安排24项创模专题宣传。至年底，176个创模项目先后开工建设，102个创模项目完工，实际完成投资69.36亿元。

2014年安庆市环境质量公报

一、环境空气质量

全年空气质量“优”59天,“良”272天,“轻微污染”27天,“轻度污染”5天,“中度污染”1天,“重度污染”1天;空气优良率为91%。

(一)二氧化硫

全年日均值范围:4~101微克/立方米,日均值未超标。

年均值:19微克/立方米,符合《环境空气质量标准(GB3095—1996)》二级标准要求。

(二)二氧化氮

全年日均值范围:10~109微克/立方米,日均值未超标。

年均值: 30微克/立方米,符合《环境空气质量标准(GB3095—1996)》二级标准要求。

(三)可吸入颗粒物

全年日均值范围:19~496微克/立方米,超标34天。

年均值:90微克/立方米,符合《环境空气质量标准(GB3095—1996)》二级标准要求。

(四)大气降水

全年降水pH范围:5.85—7.98,未出现酸雨。

二、安庆市国省控地表水体水质情况

(一)河流。岳西鹭鸶河和平桥、潜水潜山县水厂取水口、皖水车轴寺大桥、黄尾河彩虹瀑布、华阳河入江口、皖河大桥等断面年均水质均符合《地表水环境质量标准(GB3838—2002)》Ⅱ类水体的要求;长江皖河口、长江石化总排、长江三水厂、长江前江口、枞阳大闸等断面年均水质均符合Ⅲ类水体的要求。

(二)湖泊。武昌湖、花亭湖年均水质均符合《地表水环境质量标准(GB3838—2002)》Ⅲ类水体的要求。菜子湖年均水质符合《地表水环境质量标准(GB3838—2002)》Ⅳ类水体的要求,主要污染物为总磷。武昌湖、菜子湖营养状态为“轻度富营养化”,花亭湖营养状态为“中营养”。

(三)饮用水源地。安庆市三水厂全年取水量为7756万吨,水质达标率分别为100%;桐城牯牛背水库全年取水量为1157万吨,水质达标率分别为83%。

三、城区声环境质量状况

(一)交通干线噪声。全市交通干线噪声昼间均值为67.6dB (A),符合《声环境质量标准(GB3096—2008)》4a类标准限值,与2013年度相比下降了1.0dB(A)。

(二)城市区域环境噪声。城市区域环境噪声昼间均值为53.9dB(A),符合《声环境质量标准(GB3096—2008)》2类标准限值,与2013年度相比下降了1.6dB(A)。

(环保局)

财政·税务

财　　政

【概况】 2014年，市财政一般预算收入230.78亿元，比上年增长17.1%，其中地方一般预算收入105.65亿元，增长7.3%。全市公共财政预算支出完成299.46亿元，增长7%。财政运行平稳。

支持实体经济发展。落实四大产业政策，市财政安排3.5亿元支持工业振兴、自主创新、现代农业和现代服务业发展。争取省财政厅转贷地方政府债券资金5.3亿元，利用世行等国际金融组织和外国政府贷款4372万元，支持交通基础设施和新型城镇化试点建设。铁路运输、邮政业、电信业“营改增”顺利上线，累计为企业减税1.9亿元。市县财政安排小额贷款担保基金2366万元，拨付贷款贴息资金3796万元，引导金融机构为劳动密集型小企业和下岗失业人员微利项目贷款1.7亿元。推进融资担保体系建设，市融资担保集团为310户中小企业提供担保再担保11.7亿元。推进投融资工作，首次编制市本级融资计划，推进融资平台公司与银行等金融机构合作。参与PPP项目推进，安庆市污水处理项目被财政部确定为示范项目。拨付20家烟花爆竹企业1600万元奖补资金，鼓励所有烟花爆竹企业退出生产。统筹安排7539万元，支持秸秆焚烧治理。统筹安排资金2780万元，支持市区垃圾转运、公厕及化粪池管护通过招标实现市场化运作。

着力保障改善民生。全市民生支出241.7亿元，增长5.6%，占财政总支出的80.7%。创新民生工程工作推进机制，建立民生工程信息网上公示制度，探索民生工程政府购买服务市场化运作方式，推行民生工程招投标绿色通道办法和容缺办理，全市33项民生工程累计投入资金76.24亿元，增长13.8%。拨付义务教育保障资金3622万元，落实免除城乡义务教育学杂费和进城务工农民随迁子女就学各项政策。拨付资金3611万元，资助高校、中职及普通高中学校家庭经济困难学生。安排100万元专项资金支持“文化四进”活动，送戏送电影下乡进社区1572场。安排配套资金500万元，推进国家公共文化服务体系示范区建设。支持省“十三运”体育场馆及周边配套基础设施建设，累计拨付资金9138万元用于体育器材、设备招标采购以及保障赛事顺利进行。市区两级财政安排资金300万元，支持市区体育场馆和学校体育设施对外开放。提高城乡低保标准，拨付城乡低保资金6.39亿元。拨付各级补助资金4.7亿元，支持保障性安居工程建设。拨付资金2031万元，支持渔民上岸安居工程。筹措资金7414万元，支持“老字号”群体生活补助政策落实。

统筹城乡协调发展。出台美好乡村建设公共服务体系奖补实施办法，整合资金支持美好乡村建设，各级财政安排专项资金4.2亿元，累计整合涉农资金9.6亿元，吸收社会资金7.7亿元。强化农户基础信息管理，健全网络管理平台，组织开展“一卡通”专项清理活动，通过“一卡通”发放29项涉农补贴资金21亿元，农村居民人均受益420元。拨付资金1164万元，解决农村居民和农村学校师生饮水安全问题。推进政策性农业保险试点扩面提标，拨付农户理赔资金1.2亿元，化解农业生产风险。推进现代农业示范区以及“园、龙、特”试点项目建设，完成农业综合开发项目投资2.1亿元，治理土地12.8万亩，扶持龙头企业42个、合作社21个。推进现代农业发展，争取中央支持现代农业发展资金5064万元。发挥财政奖补资金的引领和撬动作用，投入各类资金3.29亿元，支持实施1466个一事一议财政奖补项目，受益农业人口423万。推进潜山、宿松农村综合改革示范试点，农村土地承包经营权确权登记颁证、农村集体“三资”管理、美好乡村建管机制和农村公共基础设施建管机制三项重点改革工作有力有序有效开展。

【财政重点改革】 出台城区财政体制改革方案，在保证区级既得利益的前提下，加强市级财政的调控能力，明确园中园、新园区的财政分配关系，确定区级共享比例。推进预决算信息公开，全市801家一级预算单位全面公开部门预决算和“三公”经费信息，财政透明度进一步提高。完善市本级政府性资金银行存款管理办法，引导商业银行加大对经济发展的支持力度。及时清理财政专户，将财政专户从33个撤并到21个。对财政专户资金活期存款采取协定利率，盘活财政存量资金。对部门“三公”经费支出实行预警机制，全面压缩“三公”经费支出，全年“三公”经费比上年下降22.9%。推进政府购买服务，实施政府购买服务项目27个，拨付政府购买服务资金2.6亿元。规范政府性债务管理，出台市本级政府性债务计划编制及审批管理等制度办法，严格债务举借审批，开展政府存量债务清理甄别，防范政府性债务风险。

【科学理财】 深化预算管理改革，严格控制项目经费，做实个人经费，保障运转经费，打足抗灾避险等重大支出经费。继续实行开门办预算，邀请人大代表、政协委员和相关领域专家对单位部门预算申报项目进行公开评审。狠抓预算执行管理，严格控制预算追加，坚持预算执行季度通报和年终指标结余清理制度。加强会计信息质量检查，开展税收缴库级次检查、非税收入过渡户专项检查和票据年检，开展贯彻执行中央八项规定严肃财经纪律和“小金库”专项治理工作。加强涉企项目系统建设，定期调度通报，规范涉企项目资金申报管理。创新政府采购工作，推进市本级电子化政府采购管理应用系统建设，实现政府采购全程电子化操作和网络化传递。试编权责发生制政府综合财务报告，国库集中支付和公务卡制度改革实现市、县、乡三级全覆盖。加强国有资产管理，完成市直行政事业单位资产注入城投公司工作，确保国有资产保值增值。推广实施会计准则制度，推进行政事业单位内部控制建设试点，加强和改进会计管理。严格落实乡镇财政所绩效管理办法，出台乡镇包村干部监管涉农资金办法，规范农村集体“三资”清理及代理工作，建立健全乡镇财政资金监管工作新机制。

2014年安庆市公共财政收支决算情况表

单位:万元

预算科目	调整预算数	决算数	预算科目	调整预算数	决算数
一、税收收入	790748	799,885	一、一般公共服务支出	336157	333389
增值税	101771	106,760	二、外交支出		
其中:改征增值税	4200	24439	三、国防支出	2387	2387
营业税	309288	292169	四、公共安全支出	125177	124960
企业所得税	68548	62289	五、教育支出	582196	580668
企业所得税退税			六、科学技术支出	62091	61902
个人所得税	16766	17692	七、文化体育与传媒支出	55247	55206
资源税	13534	12814	八、社会保障和就业支出	353532	352018
城市维护建设税	45062	46110	九、医疗卫生与计划生育支出	372214	372049
房产税	17641	16345	十、节能环保支出	61547	60992
印花税	9762	9326	十一、城乡社区支出	192255	189144
城镇土地使用税	35895	37285	十二、农林水支出	405472	404210
土地增值税	57226	62579	十三、交通运输支出	229064	228644
车船税	8925	8131	十四、资源勘探信息等支出	24409	22559
耕地占用税	20270	21948	十五、商业服务业等支出	20768	20636
契税	86060	106437	十六、金融支出	6581	6553
烟叶税			十七、援助其他地区支出		
其他税收收入			十八、国土海洋气象等支出	19416	18376

预算科目	调整预算数	决算数	预算科目	调整预算数	决算数
二、非税收入	254554	256652	十九、住房保障支出	131401	131401
专项收入	31907	46118	二十、粮油物资储备支出	17872	17661
行政事业性收费收入	96461	80406	二十一、预备费		
罚没收入	29203	27557	二十二、国债还本付息支出	6813	6813
国有资本经营收入			二十三、其他支出	5978	5029
国有资源(资产)有偿使用收入	77672	86867			
其他收入	19311	15704			
本年收入合计	1045302	1056537	本年支出合计	3010577	2994597

（叶武乐）

国家税务

【概况】 全市国税系统设置8个县局，5个区局，2个稽查局，1个直属分局，35个基层分局（县国税局派出机构）。正常经营纳税人73950户，其中一般纳税人7558户，小规模纳税人12548户，个体工商户53359户（达到起征点的1997户），纯所得税户485户。2014年，全市国税收入首次突破百亿元大关，达到122.06亿元，比上年增收23.91亿元，增长24.36%，增幅位居全省第一，总量位居全省第三，为地方经济社会发展提供财力保障。

2014年，安庆市国税局先后获得第四届“全国文明单位”、第十届“安徽省文明单位”、“全市劳动竞赛先进集体”、“全市政务信息工作先进集体”、“全市依法行政示范单位”、“全市政风行风评议第一名” 等称号。安庆市国税局办税服务厅被全国妇联授予“全国巾帼文明岗”称号。全市国税系统另有9家单位获得第十届“安徽省文明单位”称号。太湖县局罗新兵被评为2014年度“最美安徽国税人”，桐城市局王传生获2014年度“最美安徽国税人”提名奖。

税收法治。严格税收规范性文件制定，控制文件数量。对行政审批下放和取消、小微企业税收优惠、出口退税管理、节能环保政策落实等情况自查自纠，核实数据。清理行政审批事项73项。审结重大税务案件10件，实行集体审理、集体决定。推进行政处罚公开，开展行政处罚群众公议。加强税务诚信体系建设，公布涉税违法违规法人代表25人和财务人员31人。全年累计考核执法过错118人次，扣酬4180元。对县(市)区局税收执法督察情况进行审理，补缴入库税款578.76万元，加收滞纳金21.2万元，罚款3.66万元。

税种管理。顺利推进营改增试点，4584户纳税人纳入营改增试点范围，96.6%的试点纳税人税收负担下降，减税0.54亿元。落实成品油税率调整，审核成品油生产企业纳税资料，维护综合征管系统中纳税人信息。加强企业所得税管理，全面进行汇算清缴，全年征收企业所得税14.64亿元，比上年增加36万元。强化大企业风险管理，完成126户在宜总局定点联系企业信息采集、核实和录入工作。加强非居民企业税收管理，提升跨境税源控管水平。严格落实税收优惠政策，开展政策落实情况专项检查8次，全年各项优惠减免合计30.8亿元。

纳税服务。落实总局“便民办税春风行动”，提高办税效率，减轻办税负担。推行总局《纳税服务规范》，多家媒体相继报道我局推行情况。抽调业务骨干组建专业服务团队，为大企业提供针对性、个性化的涉税风险告知服务。全面推广“免填单”服务，市局办税服务厅办理“免填单”业务16435户次。举办6期纳税人业务培训班，培训500余户次，发放各类宣传材料4000余份，发放各类调查表1000余份；网上纳税人学校正式上线运行。创新办税服务厅人员构成，采取五类人员轮岗机制。改进12366回访提问方式，扩大回访功能，成功回访1723条，回访率51.76%。在两个县局开展扩大“同城通办”试点，所有在农村分局办理的业务，县局办税服务厅都能够办理。

税收征管。集中办税服务场所，全市办税服务厅及延伸点减并至49个(改革前55个)。充实评估、稽查力量，县(市)区局税源管理二科专职从事纳税评估。在迎江区局试点探索管理员分类管事的新型模式，理清日常管理与纳税服务界限。扩大评估力度，全年评估收入3666.26万元，增长39.1%。接受省局核查任务7402户次,任务完成率97.81%,位列全省第三。

【国际税收管理】 组织入库非居民税收收入3489.52元,较上年增收534.86万元,增幅18.1%。加强反避税基础管理,全市有7839户关联申报,比上年增加5354户,增长215.54%。根据对外支付税务备案情况,制作税收自动情报交换45份。指导基层利用第三方信息,实现股权转让入库税款64.38万元。建立全市"走出去"企业基本信息数据库,实行动态管理。做好总局大额支付费用反避税调查工作和股息、红利等权益性投资收益专项检查工作。加强境外文艺演出团体的管理,开展3起演艺团体涉税调查。

税务稽查。全年立案检查270户,结案率95.56%,选案准确率95.56%,查补入库稽查收入9251.48万元,比上年增长12.3%,完成计划的119.04%。打击发票违法犯罪,检查涉税涉票企业632户,查处发票违法企业466户,查处非法发票份数9915份,查补入库税款1137.88万元,加收滞纳金93.88万元,罚款40.32万元。做好税务协查工作,委托协查选票准确率72.39%,受托协查累计按期回复率100%;协查转立案检查7户,入库收入10.22万元。受理举报案件9起,查补入库税款合计384.03万元。

【教育培训】 规范教育培训工作,组织7人参加总局7个培训班,258人参加省局53个各类培训班。委托税务培训机构,举办业务培训4期,利用系统内业务骨干力量开展业务培训16期。举办"国税大讲坛"10期。重视人才选拔培养工作,4人被列为省局高端人才库成员,17人获得省局岗位能手,40人获得市局岗位能手。

基层建设。确立市局领导基层建设联系点,市局班子成员各选一个农村分局开展为期一周的蹲点调研,每天撰写1篇蹲点日记,形成1篇调研报告,了解基层现状,发现存在问题,《中国税务报》予以报道。改造修缮8个示范分局,以示范分局为标杆,同步启动县局和区局基层建设。召开基层建设现场会,现场观摩,现场评议打分,评选优秀单位。出台基层建设制度办法13个,包括基础建设、业务建设和队伍建设三个方面。

【廉政建设】 落实党风廉政建设任务,签订廉政责任书。强化党风廉政建设监督责任,听取特邀监察员意见建议,对基层税务分局税收执法风险点进行重新梳理。开展反腐倡廉宣传教育,对科级干部调整和稽查选调人员开展任前集体任职廉政谈话26人次,开设廉政课程20课时,受教育125人次。在3个区局设立党组并配齐配强纪检组长,选调8名年轻干部充实到纪检监察队伍。配合市纪委和有关部门做好"政风行风评议"、"百名科长群众评"和"服务窗口群众评"等活动,政风行风评议问鼎执法服务类榜首。组织"1584政风行风热线"上线工作7次,接听热线21次,全部现场答复或线下回复。开展信访投诉处理和案件查处工作,受理来信来访和电话投诉19件(起)。全系统有6家单位被命名为全省"廉政文化进机关示范点",2家单位被命名为全市"廉政文化进机关示范点"。

2014年安庆市国税十大纳税户排行情况表

单位:万元

排序	企业名称	增值税	消费税	所得税	合计
1	中国石油化工股份有限公司安庆分公司	102590.13	569861.71	0	672451.84
2	安徽省烟草公司安庆市公司(含八县)	17351.45	19716.08	14065.19	51133.72
3	安徽枞阳海螺水泥股份有限公司	17825.61	0	0	17825.61
4	安徽怀宁海螺水泥有限公司	7010.97	0	9036.92	16047.89
5	安庆旺旺食品有限公司	5284.88	0	9162.92	14447.80
6	怀宁上峰水泥有限公司	6940.15	0	5742.43	12682.58
7	安庆帝伯格茨活塞环有限公司	10204.53	0	2257.85	12462.39
8	安庆帝伯粉末冶金有限公司	4112.06	0	5002.75	9114.81
9	安庆帝伯格茨缸套有限公司	4480.30	0	4073.95	8554.35
10	安庆市吉宽再生资源有限公司	8243.55	0	0	8243.55

(何元新)

地方税务

【概况】 2014年,市地税局围绕服务科学发展、共建和谐税收主题,遵循依法行政基本准则,推进"三和"地税建设和地税事业全面发展,完成各项目标任务。全年组织税费收入131.16亿元,比上年增收16.7亿元,增长14.6%。其中税收收入完成85.44亿元,增收11.69亿元,增长15.8%;基金(费)收入完成45.72亿元,增收5.01亿元,增长12.3%。市局被市委市政府评为"争先创优目标绩效考核优秀单位",被省纪委、省监察厅授予"廉政文化建设示范点"称号。市局及所属县(市)局均获"第十届全省文明单位"。

服务发展。做好"营改增"各项工作,释放改革的红利,16户铁路运输、邮政业和35户电信业纳税人顺利实现税制转换。落实小微企业结构性减税政策。推动土地使用税等级范围和税额标准的调整,开展"工业企业亩均税收贡献调查",提出建立"一增一奖"制度建议。实施"以地控税、以税节地"工作,配合政府落实土地"三项清理"整治,规范税收征管秩序。2014年,兑现各类税收优惠政策,减免税款12.8亿元。办理"五险"缓缴4720万元,降率减收失业保险1420万元、生育保险490万元。

依法治税。整顿和规范税收秩序,实施各类税收检查,严厉打击发票违法犯罪行为。加大对服务业税收支持力度,制定实施三产兴市战略推进服务业跨越发展若干地方税收政策100条。落实各项税收优惠政策特别是结构性减税政策,营造宽松的税收政策环境。开展行政职权清理工作,梳理确认市本级行政职权事项计8类108项,通过网站向社会进行公告。加强政府权力清单和责任清单的清理和落实。推行行政审批改革工作,落实国家税务总局"便民办税春风行动",出台《关于深化税务行政审批制度改革若干问题的意见》。开展"六五"普法工作,组织依法行政知识考试,落实执法人员持证上岗和资格管理制度。开展依法行政示范创建工作,被评为"安庆市依法行政示范单位"。

税收征管。制定《安庆市地方税务局关于推行免填单服务工作》,推行涉税费业务"同城通办"。落实风险管理,开展地方税收不良记录认定工作。开展"信息化提升年"活动,提升信息管税水平,提高AH-TAX2013核心征管软件应用效率。落实取消发票工本费政策,免费发放发票2695.7万份。制度化,常态化开展征管绩效"五率"考核。

税政管理。抓好企业所得税汇算清缴工作,补缴税款7.10亿元,比上年增长109%。个人所得税全员全额明细扣缴申报实现全覆盖。"12万元"以上个税申报人数、纳税额双创历史新高,开具完税证明5.1万份。维护调整存量房评估系统参数,全年评估存量房4233套,调增57%。规范国际税收管理,138户外资企业通过年检确认。

【纳税服务】 推进标准化办税服务厅建设,全面提升办税服务质效。开展纳税服务满意度问卷调查,全面掌握纳税服务工作的总体状况。召开多次纳税人维权办公室工作会议,为纳税人依法开展涉税维权活动。开展群众路线教育征求意见大走访活动,深入企业开展"一对一"纳税服务。开展"便民办税春风行动",落实《纳税服务规范》。建设标准化服务厅,安装电子触摸屏、排队叫号系统及服务评价器。安装自助办税终端,实现24小时办税。协调银行、社保,实现个人缴费银行代扣代缴。编印发放《纳税咨询热点问题100题问答》6000份,开通网上纳税人学校,12366纳税服务热线实现24小时"全时段",全年接听受理各项涉税事项2432次,全年发送涉税(费)信息累计达24万条。

【税收宣传】 利用地税门户网站、纳税人学校、12366纳税服务热线、微博、税信通、QQ群等平台,向纳税人发送税收政策和办税流程2万余条。以"全国第23个税收宣传月"为契机,举办"税收专题灯谜有奖竞猜"活动。联合《安庆日报》和《安庆晚报》开展地税成立20周年纪念活动。在市局内外网站和政府信息公开平台刊发各类政务服务信息1208条,在《安庆日报》、《安庆晚报》、电视台、电台等媒体发布通告6篇、信息113条。

2014年安庆市地税十大纳税户排行情况表

单位：万元

序号	企业名称	合计	营业税	企业所得税	个人所得税	城建税	房产税	印花税	土地使用税	教育附加税	其他地方税
1	中国石油化工股份有限公司安庆分公司	72202	692		554	49293	310	103	125	21125	
2	安庆碧桂园房地产开发有限公司	16266	8921		548	581	86	136	519	287	5188
3	华安证券桐城和平路证券营业部	10571	41		10525	3				2	
4	安庆恒远置业有限公司	10403	3090	5349	50	216	10	35	108	93	1452
5	安徽南翔光彩投资有限公司	9748	1364	1329	37	96	641	87	51	41	6103
6	安徽省安庆市华茂中辰置业有限公司	9077	4467	1787	58	313		45	40	134	2233
7	绿地集团安庆置业有限公司	6515	3682		113	265	76	57	108	113	2101
8	安庆市房地产产权产籍监理处	5790	3022		922	211		107		90	1438
9	安庆市房屋置业担保有限责任公司	4925	34	563		2				1	4325
10	太湖县天龙房地产开发有限责任公司	4832	1637	1419	245	51	15	64	100	14	1286

（程平原）

金 融 业

银行监管与服务

【中国人民银行安庆市中心支行】 2014年,中心支行结合全市经济金融实际,以推动金融支持经济发展更加优化、金融生态更加优良、金融服务更加优质、金融机构自身发展更加优秀为总体目标,履行基层央行职责,推进金融改革发展。

支持经济发展。对重点项目、支柱产业、重点行业等实体经济加大信贷支持力度。至年底,全市本外币各项贷款余额1259.69亿元,比上年增长17.7%,总量、增量分别居全省第三位、第四位。举办小微企业、农业产业化、县域企业、文化旅游等4场银企专项对接会,对特定行业、小微企业和涉农企业的信贷加大支持力度。落实定向降准政策,加强法人金融机构信贷调控管理,对银行落实"国十条"实行一月一评估,缓解小微企业融资难问题。至年底,全市小微企业贷款余额增长22.7%,高于全市各项贷款平均增速5个百分点;小微企业贷款增量占全部企业贷款增量90.7%,比上年提高11.5个百分点。全年累计发放支农再贷款3.01亿元,办理再贴现1.43亿元。加强民品生产贷款贴息管理,为2家民贸企业办理贴息697万元。推进跨境人民币结算业务发展,全年跨境业务结算量26.5亿元,位居全省前列。

创新金融改革。开展金融扶贫示范县创建,建立扶贫开发金融服务重点帮扶制度,共开展26个信贷支持示范项目,累计发放贷款12亿元。推动信贷服务模式创新,岳西县试点"整村推进"信用联合体模式,建成3个信用村并创新推出"银村通"产品,实现信贷支持无抵押、低利率、快办理。宿松县开展农村土地承包经营权抵押贷款试点,发放2笔贷款,贷款总额150万元,迈开农地经营权抵押融资第一步。推动岳西、怀宁、枞阳等地试点建立金融综合服务室,为农户领取惠农资金补贴、存取款和转账、代缴生活费用等提供一室式服务。联合市总工会成立安庆市金融系统劳动竞赛委员会,开展"星级产品·星级服务"创新竞赛活动,金融机构申报产品和服务41个,评出"星级产品、星级服务"8个。

提升普惠金融服务。推动电子现金多领域应用,安庆城区500辆出租车、460辆公交车全部开通挥卡应用,2家菜市场40台闪付终端上线使用。在望江、宿松开展人民币流通"满意工程、放心工程"示范县创建活动,推行现金收付"两条线"管理、全额清分和冠字号查询。推进信用体系建设,桐城农村信用体系全国级试验区构建"一体两翼"建设模式,全市建立农户和农民专业合作社信用档案分别达71.79万户、1510户。推进宿松经开区信用体系建设,发放首批5家企业风险覆盖贷款。开展"金融知识普及月"活动,建立"安庆金信通"和"安庆外汇"微信平台,编制《安庆市金融消费服务指南》和《银行涉汇金融产品电子宣传手册》。全年受理金融消费者投诉62件,办结率和群众满意率均为100%。开展金融业综合统计,首次召开长江经济带4省8市经济金融信息共享座谈会。

加强金融综合监管。完善金融综合管理体系,编制金融综合管理工作手册和工作指南,制定新设银行机构开业辅导制度,编制《安庆市金融风险监测评估与分析手册》,建立重大事项报告现场核查机制。加大执法检查力度,全年开展综合执法检查1次、专项执法检查17次,依法实施行政处罚4件,行政罚款19.4万元;外汇局全年开展现场核查、检查29次,依法实施行政处罚3件,行政罚款32万元,核查案例入选总局案例库。开展反洗钱非现场监管评价和反洗钱5C风险评估,对金融机构实施差别化监管措施,加强可疑交易监测分析和风险提示。全年发现重点可疑交易线索14笔,开展行政调查4次,对2笔重大可疑交易移交公安部门处置，制作的《反洗钱动漫宣传片》被总行推广。依法实施行政许可，全年共核准开立人民币结算账户12107户，撤销8036户；发放贷款卡1208张，年审6938户。

开展金融稳定前瞻性研究。完善金融稳定宏观审慎管理系统，制定《安庆市银行业金融机构信贷风险监测制度》，建立法人机构流动性风险监测管理框架。有效管控区域金融风险，监测并配合市政府化解处置枞阳东方造船、潜山汇丰担保、望江舒美特和越宜、桐城信诚公司、太湖文博园、怀宁稼仙集团等较大信贷风险事件，协助市政府召开金融工作专题新闻发布会，加强金融市场正面引导，协助公安部门打击恶意逃废金融债务行为。推进金融生态环境建设，开展"安庆市金融守信企业"评定工作。做好存保条例公开征求意见工作，跟踪监测本地舆情和法人金融机构流动性风险，发现并向上级行报告财政专户清理撤销对法人金融机构流动性的影响。

（舒华良　胡雅超）

【中国银监会安庆监管分局】 至2014年底，全市银行业资产总额2501.14亿元，负债总额2415.08亿元。各项存款余额2237.63亿元，增长12.98%；各项贷款余额1259.69亿元，增长17.7%。其中小微企业贷款余额650.23亿元，增长21.93%，占各项贷款比重超过50%；涉农贷款余额708.01亿元，增长13.77%。分局获"第十届安徽省文明单位"称号。

服务实体经济。注重盘活存量、用好增量，针对整体经济下行和辖内金融环境突然裂变的情况，引导银行业金融机构通过展期、续贷、循环贷、重组贷款、银企对接等形式，加大有效信贷投放，提高资金效率，降低融资成本，发挥杠杆化金融效应。全年促成1500家企业与银行对接，履约对接金额400亿元。全市银行业贷款总量、增量、增速分列全省第三位、第四位和第五位，存贷比提高2.09个百分点。小微企业贷款总量、增量分列全省第三位和第二位，占各项贷款比重居全省首位。涉农贷款总量、增量分列全省第二位和第五位。法人银行机构小微企业、涉农贷款均实现增量高于上年，增速高于各项贷款平均增速的目标。

推动银行转型。指导岳西、宿松、怀宁农合行完成改制，实现辖内农合机构全部改制成为农商行的目标。法人机构主要监管指标持续向好。推动民间资本参与高风险机构化解、农合机构增资扩股，法人银行机构民间资本占比达81.73%。出台重大信用风险协调处置实施意见，就辖内发生的多起信用风险事件协调各方稳妥处置，化解风险，全市银行业不良率2.40%，整体保持较低水平。开展银行业金融机构及员工行为排查，堵截多起外部侵害事件，避免经济损失68.58万元，保持"零案件"。完善行业协会组织体系，新设自律、金融维权、银团贷款与交易委员会，建立从业人员流动登记等3大类信息监测制度。

发展普惠金融。优化银行组织体系，支持银行业向县域、乡镇等薄弱地区延伸网点19个，安庆已成为除省会合肥外全省银行业金融机构数量最多的地级市。开展金融服务"村村通"工程，基础金融服务行政村覆盖率达97.02%，高于全省平均水平10.22个百分点。创新金融产品，探索林权、土地承包权抵质押等贷款方式，累计发放林权抵押贷款15.17亿元。牵头召开银法联席会议，推进银行债权案件执行，打击恶意欠贷行为。保护金融消费者权益，人民来信、投诉举报办结率为100%。将金融知识教育试点纳入安庆一中选修课。开展防范和打击非法集资，构建诚信、惩戒失信等5个主题宣传月活动，送金融知识进乡村、进学校、进社区共计740余次，媒体报道671篇次，接待消费者39.29万人次。

（杨结珍）

【中国农业发展银行安庆市分行】 2014年，全行各项存款余额30.11亿元，比年初增加8.53亿元，增幅39.5%。其中低成本存款余额29.11亿元，比年初增加7.53亿元，日人均低成本存款1249.3万元。中间业务和国际业务完成既定目标。全年实现中间业务收入433.43万元；办理国际结算业务量1931万美元，完成国际业务收入50.36万元。全年累放贷款30.48亿元，年末各项贷款余额92.07亿元，比年初增加6.75亿元，增幅7.91%；日均低成本存款24.11亿元；实现账面盈利2.18亿元，人均账面利润86.65万元；资产利润率2.43%，成本收入比15.67%；人均中间业务收入2.25万元；不良贷款余额保持为零。

支持粮棉油收购工作。全年发放粮棉油收购贷款11.29亿元，支持收购粮油9.8亿斤，棉花4.22万担，保证粮棉油收购工作。年末各类粮油收购贷款余额24.92亿元，较年初增加2.81亿元，粮棉油市场化收购贷款全部实现本息"双结零"。

加大农业开发和农村基础设施建设贷款。全年投放农村土地整治、农民集中住房建设和水利设施建设中长期贷款16.32亿元，比上年多投放10.13亿元，增长幅度为163.66%。纳入平台贷款储备库项目15个，资金需求21.55亿元。收回贷款本息11.4亿元，收回率100%。连续保持无逾期、无欠息、无不良。

加强风险排查，累计排查325笔，贷款金额为76.31亿元，占总贷款的89.43%；排查贷款客户77家，客户覆盖面100%；为5个风险突出企业制定个性化风险控制方案。对全辖42位民营企业家综合素质进行评价。对2004年以来市分行制定和转发的134个制度性文件进行集中梳理，新制定制度7项，修订制度13项，废止制度18项。建立整改台账，实行销号式管理，完成一项注销一项。信贷基础管理年的各项工作在全系统考核中，取得全省第一，被总行评为"信贷基础管理年活动先进单位"。

按照"保收购、保重点、调结构"的管理原则，统筹安排信贷计划。推进信贷担保法律审查标准化，完善合同审查机制，提高法律合规审查效率。开展内部控制评价，开展专项审计，督促落实内外部审计检查发现问题的整改工作，累计整改问题69个。加大财会业务检查辅导力度，开展会计制度、综合业务系统执行情况等现场检查辅导工作，检查面达100%；落实反洗钱工作制度，强化柜面监督，提升反洗钱工作质量。强化信息安全管理，保障系统安全稳定运行。

（吴松国）

商业银行选介

【中国工商银行安庆分行】 至2014年底，资产总额217.97亿元，负债总额216.00亿元，实现拨备前利润3.71亿元，在全省系统内居第四位。本外币贷款余额103.49亿元(不含银行卡透支贷款7.66亿元)，各项贷款日均余额102.32亿元，比同期增加9.28亿元。

全年发放小企业贷款18.48亿元、个人贷款13.79亿元，年末小微企业贷款余额23.59亿元，居全省工行系统第二位；个人贷款余额39.44亿元，居全省系统第八位；小微企业和个人贷款余额分别占全部贷款总量的22.79%、38.11%，信贷结构进一步优化。

全年通过风险排查，与政府、执法部门联合开展打击恶意逃费债活动，争取上级行化解政策，综合运用呆账核销等各种手段清收转化不良贷款2.04亿元，年末不良贷款余额和不良率都控制在省行下达的目标之内。

开展项目融资，发放太湖风电、宿松风电、宁安铁路等项目贷款3.69亿元；发放宿松金鑫、安庆荣成等房地产项目1.19亿元和南翔大市场、七仙女大酒店等固融项目1.75亿元。累计发放中石油、华茂、曙光集团等优质客户流动资金贷款31.56亿元。运用表外投行业务为雨润肉类产业集团等5个项目引进外来资金5.8亿元。审批通过安庆化建投3亿元股权类融资项目，出具下浒山水库工程项目贷款承诺函2.6亿元。发放委托贷款1.2亿元，签发银票4.2亿元，办理票据直贴4.43亿元，发放汽车、家居等信用卡分期贷款10.99亿元，签发保函和信用证1亿元。

推出专为安庆中小企业、商户服务的"网贷通""小企业旅游贷""经营性物业贷"等多款融资品种。年末"网贷通"借据余额7.45亿元，贷款余额和占比居全省系统第一。投放桐城嬉子湖、太湖罗河谷等5户小企业旅游贷款8100万元，创新推出紧密型供应链融资方案，为安庆石化下属企业融资3000万元。办理安庆市首笔10亿元跨境人民币股权业务；投产宿松、岳西招投标资金管理系统和安徽鸿润集团"收款管家"；成功上线3户"融e购"电商平台，实现商品交易额1.47亿元，居全省系统第三位。

代理全市30万城镇居民医疗保险业务，巩固"银医一卡通""市级财政公务卡"等项目合作，投产望江、怀宁、太湖、宿松和潜山等县级公务卡系统和桐城市存量房交易、安庆市二手房交易系统。参与全市"金融社保卡""城市一卡通"等民生项目，在全省率先启动"牡丹畅通卡"项目，举办"工商银行杯"(安庆赛区)自助业务操作大赛。

开展网点竞争力提升、标准化管理等工作，构建"大服务"格局。全行客户平均满意度达到99.07%;所有支行均实现"零超时等候网点"，实现"零服务恶性事件"目标。龙啸支行获安庆市文明窗口。装修改造网点4个，新增自助银行13个、自助设备46台；全辖物理网点达40个，自助银行达77个，共投入自助柜员机台数174台，投放助农取款和个人转账终端2760台，改善城乡支付结算环境。

开展第三届小微企业宣传月、普及金融知识万里行、金融知识"进社区、进乡村、进学校"等系列宣传活动，维护区域金融运行环境。

2014年，分行获省行三大板块综合营销竞赛奖项

2次,“大零售”专业在全省系统内考核中获一等奖;获全省系统业务技能大赛3个一等奖;获“安徽省劳动竞赛先进集体”“安徽省五一劳动奖状”和“第十届安徽省文明单位”等称号。

（刘志彬）

【中国农业银行安庆分行】 分行辖属8个县级支行,1个城区多点行,4个单点支行,网点总数为74个,其中农村网点36个。至2014年底,全行本外币各项存款余额227.7亿元,比年初增加26亿元,总量与增量保持四行第一位。其中新增储蓄存款21.5亿元,增幅13.2%;新增对公存款4.88亿元,增幅12.7%。实现新增贷款15.8亿元,贷款总量达到85.2亿元。全年实现中间业务收入1.52亿元,同比增加0.14亿元。实现拨备前利润3.57亿元,同比多盈利0.18亿元。

推进“三农”服务,确定8家家庭农场作为直贷直管试点家庭农场,累计发放贷款285万元。新增“金穗惠农通”工程有效服务点551个,总量达到1225个。支持扶贫贴息贷款项目32个,累计发放扶贫贴息贷款1.58亿元。分行“农业产业链农户支持计划”被人民银行安庆市中心支行、市总工会联合授予“星级产品、星级服务”奖第一名。

加强风险控制和基础管理,全年压降潜在风险客户贷款5250万元;累计清收自营不良贷款2113万元,清收委托资产811.4万元,完成呆账核销575.29万元;冲抹账得到控制,运营质量提高;配合总行和有关部门开展风险审计、会计信息质量等检查,组织开展内控、案件风险排查等工作,加强对各类检查发现问题的整改,化解业务经营中的潜在风险隐患;加强安全生产管理和“平安农行”建设。修订完善《中国农业银行安庆分行机关部室首问负责制》,细化改进具体措施。加强员工培训力度,共完成培训70期,培训员工5000余人(次)。

（耿　军）

【中国银行安庆分行】 2014年,本外币各项存款余额（不含理财,下同)209.69亿元,较年初增加25.51亿元。其中,人民币企业存款新增10.24亿元,储蓄存款新增11.87亿元。各项外币存款余额4886万美元,新增713万美元。本外币各项贷款余额105.44亿元,首次突破百亿元大关,较年初增加10.77亿元。其中,人民币公司贷款新增11.08亿元,个人贷款新增4.05亿元。全年实现拨备前利润4.68亿元,实现净利润2.82亿元。

全年累计向市重点领域投放贷款7.31亿元,新增投放4.87亿元。其中加快工业项目信贷投放,累计投放4户、金额5.75亿元,新增投放2户、金额0.98亿元,重点支持曙光化工股份煤制氢项目和安徽永恒动力科技有限公司,分别投放4.17亿元和7000万元;配合政府综合交通体系建设,重点支持宁安铁路建设项目,新增投放8.51亿元;助力新型城镇化建设,新增城镇化项目贷款3户、投放金额5.62亿元,包括市土地储备中心贷款2.72亿元、怀宁、枞阳土地复垦整治项目贷款2亿元和7000万元。

拓展服务领域。选定管理基础好、发展潜力大的县域支行,扩大业务授权范围,提高信贷审批效率。补充销售和专业人员,增强县支行营销服务力量。加快自助、电子渠道建设,累计投放自助设备195台,建成农村金融综合服务站9家,延伸县域金融服务网络。研发推广适合县域特点的专属产品,如农产通达、益农贷、农富宝等特色产品,发放“安徽名茶贷”首笔贷款,开辟特色涉农产业融资的新途径。

加大对中小微企业的信贷支持,化解中小微企业主的融资难题。推广“网络通宝”等中小企业线上产品,为全市中小微企业提供金融服务。累计向156户中小企业授信客户投放6.9亿元,通过“网络通宝”产品为31户中小客户提供授信资金9595万元。开展微型企业金融服务试点,共向137户微型企业投放206笔贷款,投放金额3.44亿元,授信余额1.89亿元。支持民生消费领域。执行差别化住房信贷政策,应对市场需求和居民消费新特点,推广个人住房按揭、个人经营、个人留学贷款和“车贷通”“家易贷”等汽车、家装类信用卡分期付款。全年“车贷通”投放2.37亿元,信用卡贷款新增2.39亿元,推动居民消费升级。协助开立全市48户建筑工程农民工工资代发账户,针对农民工群体量身打造“福农卡”综合产品服务方案,为大观区上万户农民发放“新农合卡”,为全市近30万居民群体代办居民医疗保险业务,启动社保卡、城市一卡通等民生工程项目,全年累计发卡10.83万张。

创新金融服务。开辟融资新渠道,通过投融通产品分别为桐城建投、怀宁城投和岳西城投融资1.6亿元、1亿元和5000万元,通过融资租赁产品为泰发能源科技融资8000万元,通过发行代理融资类资产管理计划为安庆恒大融资2亿元。加强与银行同业及保险、证券、租赁、信托等非银行业金融机构的战略合作,探索资产证券化业务领域,引进保险资金和其他金融资金。与中国进出口银行合作开发“共融合贷通”产品，为宿松经济开发区东区中小企业孵化器项目融资2个亿。加强与海内外穿透合作，增强集团联动协同，为企业“走出去”提供全方位金融服务。2014年，分行跨境人民币业务笔数120笔、业务量4.71亿元，跨境市场份额57.66%。贸易融资业务叙做笔数108笔，叙做量5.45亿元。

【中国建设银行安庆分行】 2014年，建行安庆市分行一般性存款保持稳定增长，年末一般性存款新增15.6亿元，个人存款余额同业占比提升，时点新增全省建行排名第一，个体工商户新增户数和沉淀资金均居全省第一。抓好代发工资、对公客户、信用卡、电子银行四项重点业务。保持代发业务在全省排名靠前的地位，新增代发户数居全省第一，代发人次和金额比上年有较大幅度提升。消除17个机构业务空白点，对公账户新增在系统内和当地四行均居第一；对公客户数量和新增均居全省第一；对公有效客户总量居全省第一。信用卡客户群体进一步稳定和扩大，新增发卡位居全省建行第三，分期交易额排名位居全省各地市建行第一；新增特约商户1156户。电子银行账务性交易量602万笔，业务收入居全省第一位。

保持资产业务快速增长。抓好重点项目推进，促进项目成果转化，加大贷款投放力度，支持服务地方经济发展。持续推动精细化营销，做好小企业业务。加强县支行与地方政府的合作。加强个人住房贷款合作企业与楼盘准入管理，推进二手房贷款和个人消费类贷款业务。年末全行各项贷款余额132亿元，新增近17亿元，贷款余额和新增持续排名同业第一位。

强化管理，稳定资产质量。加大信贷结构调整力度，提升经营管理和风险识别能力。做好信贷风险排查，合理有效化解到期贷款逾期化趋向。一户一策，处置和压缩澎湃航运、岳西普金、安徽舒美特等重点不良贷款，年末不良贷款额1.35亿元，不良贷款率0.99%，控制在省分行计划内。推动业务创新，加强创新产品和服务的应用，支持各类客户特别是小企业的融资需求，“助保贷”产品获得2014年安庆市金融创新星级产品、星级服务奖项。推进小企业“信贷工厂”建设，专业化经营水平进一步提升。华茂佰斯特1亿元资产收益权类理财产品、桐城2亿元城镇化资产收益权理财产品、“银关通”系统创新运用、全省建行第一个网络联名卡——安庆论坛龙卡等创新产品和业务，提升在同业中的竞争实力。

提升服务水平。加快推进网点服务营销能力。强化渠道建设，物理网点和电子渠道并重，功能互补、协调联动。完善网点服务常态化管理机制，提升服务质量。在省行神秘人及录像检查中排名较上年上升10位，晨会评分列全省第三。王瑞琴的服务方法总结提炼出“瑞琴热线”服务品牌，成为全省建行首批推出的六大服务品牌之一，为网点服务提供“示范样本”。年内，王瑞琴获得全国金融系统五一劳动奖章、桐城市道德模范；桐城、宿松支行被授予全国文明单位和总行级文明单位，桐城、宿松、怀宁支行为省级文明单位，市分行本级、怀宁、岳西支行为省分行级文明单位，枞阳、岳西支行为安庆市文明单位。

（陆　璐）

【交通银行安庆分行】 2014年，分行本外币各项存款余额达128.97亿元，本外币各项贷款余额72.60亿元。人民币各项存款余额（不含理财产品）126.93亿元，人民币各项贷款余额72.56万元，上级行直投、联合贷款投放9.89亿元，合计新增贷款10.33亿元。不良类贷款4650万元，占比为0.64%，继续保持较低水平。

创新金融服务，支持地方经济。加大银医合作，投资152万元支持安庆石化医院自助设备改造项目；投资288万元支持中国人民解放军海军安庆医院自助设备改造项目，提高医院运营效率；独家与安庆社会保险征缴稽征中心签署协议，代理安庆市、桐城本级个体工商户、灵活就业人员的基本养老保险及医疗保险代扣缴费工作，为近9万名市民代扣12.8万笔，代扣金额1.76亿元；创新推出投行类理财业务，为安庆皖宁投资一次性融资2亿元；加大同业业务创新力度，办理首笔同业代客理财业务，带来同业存款沉淀5000万元。通过与国开行开展“彩虹桥”合作项目，加快国开行贷款投放1.2亿元；通过境内外及本外币联动方式，提高跨境跨业跨市场的经营能力，相继成功办理贸易项下跨境人民币汇出汇款业务、T+0委托汇兑业务等，为进出口企业提供多种金融产品服务。

推进机构转型，提升服务质量。加快推进分类建设，通过“改、撤、迁”，完成分行营业部综合旗舰店改造，3家普惠型网点成功获批，新增4家自助银行、9家自助点，初步形成“金融旗舰店＋金融超市＋金融便利店”有机融合的经营渠道。怀宁支行1月开业，增强分行对县域地区的辐射能力。定期开展服务创优培训，推进服务的标准化、规范化、程序化。分行营业部获2014年度全国金融系统“五星级网点”和“千佳网点”称号。

开展银企对接，搭建合作平台。先后参与桐城市银企对接会等多个专场活动，并落实融资授信。组织各类要素市场银企对接会、同业座谈会、“财富进企业”、联谊会等活动，搭建银企、银银合作平台。

（胡百红）

【徽商银行安庆分行】 2014年，分行各项存款余额131.77亿元，全年累计投放178.3亿元，较上年新增50.7亿元，增幅39.7%。各项贷款余额132.63亿元，较年初增加35.92亿元，增幅达37.1%，其中结构化融资12.76亿元，较年初增加11.26亿元，增幅751%。在市本级信贷投放余额109.81亿元（含市区结构化融资9.76亿元），较上年增加30.8亿元，增幅达38.9%。不良贷款余额2939.04万元，较年初下降1.2亿元，不良贷款率0.25%，累计缴纳税款9177万元，较上年新增1745万元，增幅23.48%。

把握政策导向，服务重点企业、项目。紧跟国家宏观调控政策、安庆市产业政策，贯彻总行、监管部门的信贷投放导向，坚持服务实体经济，支持与当地经济结构转型升级方向契合的重点企业、项目。2014年，获批政府重大项目25个，金额49.33亿元；用信项目25个，金额29.09亿元，重点支持保障房建设、标准化厂房建设、土地收储等项目。支持市外贸综合型企业发展，扩大外汇产品宣传力度，主动开展国际业务产品宣传推介活动，与省商务厅合作，承办中小企业专项担保资金贷款。

深化供应链金融客户综合开发、加快产品和服务模式创新，持续加大对中小企业的支持力度。2014年，分行小微企业贷款余额73.66亿元，较年初新增19.96亿元，余额、增量、市场占比在全市同业中均排名第一。推行小微金融改革，探索微贷项目，打造服务中小企业的品牌与形象，为繁荣当地经济、促进中小企业健康快速发展提供有效支持保障。

维护金融生态环境。在全市金融机构中率先召开“聚中小、促发展”银、担、企合作座谈会，搭建银、担、企相互沟通和交流的平台，面对市中小企业风险频发，分行不抽贷、不压贷，并及时推出“易连贷”产品，对小微企业流动资金贷款服务模式进行创新，该产品被安庆市人民政府授予安庆市金融创新“星级产品”称号。

提升金融服务水平，做好惠民工程。持续做好支持全市下岗再就业贷款、青年创业贷款、妇女创业贷款等惠民工程，全年共发放惠民工程贷款101笔，累计发放贷款732万元，余额1263万元。持续开展便民服务，承担各项代收费业务。

立足服务经济发展，服务市民生活，年内在太湖、宿松、岳西、潜山增设支行，实现县域网点全覆盖。优化市区营业网点布局，在光彩四期、绿地小区增设2家离行式自助银行，设立谐水湾、湖心南路社区支行。启动普惠金融工作，完成在桐城市、枞阳县的县乡支行选址工作。

（冯　艳）

【中国邮政储蓄银行安庆市分行】 2014年，实现金融板块收入7.23亿元，比上年增长13.92%。银行业务收入完成3.62亿元，超省行预算1669.26万元，增长19.23%，银行自营收入占金融板块收入50.03%。利润完成1.5亿元，增长3.35%。资产总额34.82亿元，较年初增加8.74亿元，增长33.41%。全年缴纳税金6894.24万元，增长24.44%。

加大信贷投放力度，支持地方经济发展。全年分行共发放各项贷款50.29亿元（含票据贴现），净增11.19亿元，超额完成市政府下达的8亿元信贷净增计划，贷款增速为35.42%，增速在全市金融机构中排名第三。其中，小企业贷款累计放款22.23亿元，小额贷款发放7.65亿元。不良贷款率低于省分行确定的目标。

履行社会职责，创新金融产品，改善金融服务，致力普惠金融。继续做好扶贫开发金融服务工作，全年共向特色农业扶贫示范项目投放各项贷款1.98亿元，并在10月市政府召开的全市扶贫开发金融服务推进会上做经验交流介绍。推出“整贷直发”小额担保贷款业务，帮扶高校毕业生和下岗失业人员、农村妇女和军队转业人员创业，至年底，发放“整贷直发”小额担保贷款1040户，金额达6300万元。做好7个区、县的“新农保”代收和代发工作，覆盖全市53个乡镇，服务对象达到19余万人，累计代收发新农保资金52亿元。做好公用事业费用代收工作，代收电费、燃气费、通讯费等6.8万笔，金额1315万元。参与农村支付环境建设，在农村地区累计建立助农取款点319处，服务点覆盖8县1市、230个行政村，累计交易笔数5362笔，金额约2465万元。

全面加强风险管控。规范法律事务管理流程，加强授权工作管理，强化合规和法律审查，开展诉讼和司法协助管理工作。组织开展机构、产品信用风险监测，推进资产风险分类工作。加强对不良贷款的成因分析，开展不良贷款清收攻坚战。推进“合规大行动”活动，全年围绕“强化红线意识，促进安全发展”这条主线，贯彻落实“安全第一、预防为主”的方针，全员安全意识得到提高。2014年，分行获省分行授予的安全保卫工作优秀单位、法律与合规管理工作优秀单位，获2014年度省分行“资产保全优胜单位一等奖”“案件防控工作先进单位二等奖”等多项荣誉。

（谭　娟）

【安庆农村商业银行】 安庆农村商业银行股份有限公司（简称“安庆农商银行”）是由安庆独秀农村商业银行股份有限公司更名而来，前身是安庆市城郊农村信用合作联社。成立于2009年11月，是吸收优秀的金融机构、企业、自然人作为发起人，依法设立的安庆市第一家地方性股份制农村商业银行。安庆农村商业银行实行董事会领导下的行长负责制。全行下设32个支行，网点遍布城乡。

安庆农村商业银行是安庆市区唯一具备法人资格的地方性商业银行，安庆农商银行践行“为客户提供服务，为股东赢得收益，为员工塑造未来，为社会创造价值”的使命；秉承“经营多元化、管理精细化、发展区域化、服务品牌化”的发展战略；坚持“立足三农、服务中小企业、与地方经济共发展”的服务宗旨，法人治理结构不断完善，综合竞争力大力提升，业务经营不断迈上新台阶，充分发挥农村金融主力军的作用。

至2014年底，全行资产总额达到96.12亿元，存款余额82.66亿元，贷款余额60.66亿元，资本充足率16.66%，各项经营指标综合考核稳居全市前列。致力服务小微企业、支持地方经济，安庆农商银行创新开发的“超市＋农户”等贷款业务品种获第三届中国农村金融十大品牌创新产品称号，多次获市委、市政府表彰，被安庆市人民政府授予2013年金融创新先进单位。

（唐　莹）

【桐城农村商业银行】 桐城农村商业银行为2008年在农村信用社的基层上组建的安庆市第一家农村银行，2012年改制组建为农村商业银行。至2014年，注册资本50186万元，资产总额116.66亿元。下设35个支行、1个营业部、1个分理处、11个自助银行，总部设有14个职能部门，并在安庆经济开发区设立安庆支行，实现跨地域经营。至2014年底，各项存款余额101.53亿元，各项贷款余额74.72亿元。存、贷款总量分别位居桐城市各金融机构第一位，安庆市9家农村商业银行第一位，安徽省83家农村商业银行第十位和第六位。桐城农商行致力于为全市中小微企业提供方便、快捷的金融服务，2014年被安徽省联社授予“经营管理先进单位”称号。

保　险　业

【概况】 2014年，市保险行业协会围绕保监会的工作重点，服务会员单位，发挥维权、协调、宣传、交流的作用，维护行业利益，促进行业健康发展。至年底，市保险行业共有32家保险公司，其中产险15家，寿险17家。全年新增1家寿险公司，另有1家寿险公司已被安徽保监局批准筹建。全市共有131个机构网点分布在8县（市）3区，比上年增加5个机构网点，其中产险机构56个，寿险机构75个。全年实现保费收入47.58亿元，增长26.71%，扭转上年业务负增长的局面。其中，财产保险17.04亿元，增长22.33%；人寿保险30.54亿元，增长29.3%。保险企业结构调整的益处逐步显现。全年保费过亿的公司达16家。

2014年，各公司提升理赔时效，完善理赔服务。全年市保险业为全市提供25539.58亿元的社会保障，其中财险业提供财产风险保额25068.42亿元，寿险业提供471.16亿元人身风险保障。全行业上缴营业税金及附加1.46亿元：其中个人所得税3943.9万元，位居全省前列。财险业缴纳税金9220.67万元，增长29.89%；寿险业缴纳税金5417.5万元，增长87.76%。至年底，行业累计支付赔（给）付款17.76亿元，增长26.86%。其中财险业赔付8.87亿元，增长24.75%；寿险业给付8.89亿元，增长28.47%。政策性农业保险、农村小额人身保险继续开展，全市全年承保农业保险1.94亿元，赔款达1.26亿元，赔款件数15745件。全年为社会提供就业岗位2万余个，在职的专职保险销售和服务人员达15000余人，提供专业培训约1万余人次，保险销售人员的专业能力和就业能力不断提高。

【中国人民财产保险股份有限公司安庆市分公司】 2014年，分公司共有各类性质用工390人（HR系统口径），个人代理515人。本部设立12个部门，下辖13个营业机构，8县（市）设县级支公司，市区设立

5 个营业机构，全辖开办险种 70 多个。全年累计实现保费收入 5.7 亿元，增幅为 20.69%，连续三年增速在全省排名前三位，市场份额 33.85%；其中，车险累计保费收入 4.78 亿元，比上年增加 7833 万元，增幅 19.6%，高于全省平均水平 4.76 个百分点，保费规模位列全省系统第四；非车险累计保费收入 9148 万元，增加 1929 万元，增幅 26.73%。全年直接赔款 3.26 亿元，增长 18.44%，综合赔付率 72.31%，比上年上升 3.44 个百分点。

创新服务举措。建设服务型、高效型、务实型、创新型"四型本部"。推行职场 5S 服务标准化建设，举办提升服务能力培训 3 场次，强化柜面人员规范服务水平。开展"金牌服务标兵"、"示范岗"创建活动，规范查勘理赔人员服务流程，强化服务标准化建设。开展"大练兵、大检查、大培训"活动，提升专业能力。年内与交警支队共建的"交通事故快速处理中心"，与大观区法院共建首个"保险纠纷调解中心"，与司法鉴定部门建立伤残鉴定协调机制。

发挥社会管理功能。参与民生工程，为全市 127 万城镇居民和职工及 42 万新农合参保人员提供大病保险保障；参与平安建设，承保全市 26 万户农户的治安保险，首次将见义勇为纳入责任范围；重视环境保护，承保 13 家主要化工企业环境污染责任险，承担 900 万元的风险保障；护航外贸出口，承办 18 家小微企业短期出口信用保证保险，承担 1.2 亿元的出口风险保障。

承担企业社会职责。全年缴纳各项地方税收 4009 万元，代收代缴车船税 2444 万元；承保出租车 4152 台、摩托车 72709 台、拖拉机 3221 台；为对口扶贫、市直送温暖、慰问留守儿童、支持老年活动、奖励见义勇为等活动共捐资 30 余万元。

持续增强支农惠农力度。全年新增、恢复农村标准化网点 6 个，新增产能 910 万元，30 个三农营销服务部已全部实现落地出单。岳西支公司自 2008 年首创全国茭白第一单以来，已连续 7 年承保该县的茭白保险；宿松支公司 2014 年承保葡萄保险 2500 亩，签下全省葡萄保险第一单；特色农业保险已开发茭白、茶叶、瓜蒌、葡萄、森林火灾、养鸭等险种。

经营管理转型升级。推进"精细化、差异化、现代化"建设，提升运营管理档次，推进公司转型升级。获省公司综合经营管理奖，自 2012 年以来第三次获得此项荣誉；在全省系统"三项大赛"中，获得单团体第一名、财务团体第一名、理赔团体第二名；桐城、枞阳、潜山和宿松 4 家支公司获省公司基层团队县支公司 10 强中的 4 个席位；桐城支公司、枞阳支公司获总公司"标杆县区支公司"称号，桐城支公司获总公司"先进集体"称号。

（刘先进）

【中国人寿保险股份有限公司安庆分公司】 2014 年，公司股份总保费 9.88 亿元。其中，新单保费 3.56 亿元，比上年增长 20.47%；期缴新单保费 1.41 亿，增长 13.33%；短险保费 4127 万元，增长 19.74%，股份续期保费 5.91 亿元。公司主要经营指标居全省系统先进位次，市场份额为 32.7%，为全市 120 余万居民和 2200 余家企业提供子女教育、疾病意外、养老医疗、灾害救助等风险保障服务。上缴地方税收 953 万元。

年内，公司在全市城乡开展保险服务"进农村、进社区、进学校"活动，举办保险宣讲会 500 多场次，加强保险知识宣传，提高群众保险意识。着重服务"三农"，推进"驻村保险服务员"和"保险先进村"建设，推广农村小额人身保险，完善农村养老和医疗保障体系。完善农村中心乡镇网点 60 余个，农村销售及客户服务队伍达 2000 人。率先参与地方社会保障在服务和管理方面的创新实践，参与政府新农合大病医疗保险合作试点，协助政府提升"民生工程"社会效益和服务效能。与民政部门联合开展"银龄安康行动"，推进全市老人险业务发展。

2014 年，公司为 2 万名参保群众办理各类保险金赔（给）付 5.10 亿元，其中：死伤医疗赔付 4550 万元，满期及年金给付 4.64 亿元。落实政府的就业政策，解决 3000 个就业岗位；支持参与社会金融扶贫工作，推广农村小额人身保险，为新农村建设、实现"三保"目标提供保障；致力于助学、扶贫等社会公益活动，免费为第十三届省会运、黄梅戏艺术节等社会活动提供保险服务。

（丰小飞）

【中国太平洋财产保险股份有限公司安庆中心支公司】 2014 年，支公司保费收入 2.84 亿元，保险保障金额 228 亿，赔付金额 1.47 亿元，比上年增长 45.37%；上缴税额 1611.84 万元，比上年增加 525.59 万元，增长 48.38%。

提升服务意识，为广大客户提供良好的基础服务和优质的增值服务。支公司结合太平洋保险在苹果应用商店和安卓 10 大应用市场（腾讯、百度、华为、小米、360 手机助手等）正式发布上架“中国太保”APP 的契机，宣传其七大特色功能，形成“中国太保”APP 的生态集群效应和粉丝规模效应，为终端客户提供“在你身边”的专业服务。运用高科技手段创新理赔方式，将现代化的 3G 技术开创性地应用到保险查勘定损领域，整合理赔资源，优化流程，全面推进理赔的集约化、专业化和标准化进程，解决理赔时效长的问题，缩短理赔周期，提升客户满意度。

【国元农业保险股份有限公司安庆中心支公司】 支公司成立于 2009 年 4 月，至 2014 年，在 8 县（市）和市区设有 8 个支公司和 1 个业务部，在全市 158 个乡镇设立“三农保险服务站”，在桐城新渡、枞阳横埠、望江长岭设立营销服务部，在全市 1660 个行政村设立“三农保险服务点”，构建市、县、乡、村四级服务网络体系。

公司以服务“三农”为重点，实行农业保险业务和财产保险业务并存发展的模式，先后经办全市政策性种植业、养殖业和森林保险业务，探索开展大棚蔬菜、茭白、茶叶、桑蚕、瓜蒌、蛋鸭、种鸡、肉鸡、育肥猪等特色农产品保险，开展农机保险、乡村干部和农家福综合保险等涉农保险，同时发展车辆保险、财产险、健康险等商业保险业务，年内经办全市农房保险和新农合大病保险两项“民生工程”，满足农业发展多层次保险需求。全年保费收入 2.88 亿元，累计为全市农户提供 6873.23 亿元的风险保障，累计赔付金额 1.63 亿元，受益农户 28.42 万户（次）。

（汪　杨）

【泰康人寿保险股份有限公司安庆中心支公司】 支公司成立于 2003 年 8 月，至 2014 年，下辖 8 家四级机构，17 家五级机构，服务网点遍布 8 县及市区。保费收入、市场份额均位列市场前列。2014 年，公司下辖四级机构望江支公司被中国保险监督管理委员会授予“全国保险系统先进集体”称号。

（方大伟）

证 券 业

【华安证券安庆龙山路营业部】 2014 年，营业部强化内部管理，提高客户服务质量，树立防范各类风险意识，优化服务，创新业务，强化营销，完成交易额 326.1 亿元，实现营业收入 3831.2 万元，利润总额 3079.3 万元，上交地税税收 176.09 万元，国税税收 582.86 万元，其中地方分成 164.07 万元。

业务创新取得较快发展。营业部着重发展融资融券、约定购回式证券交易、代销理财产品等业务。开展非现场开户业务，参与公司组织的非现场开户业务测试，通过培训，已有合格的非现场开户业务人员 5 人。完成公司推出资管产品以及场外金融产品销售任务。推进投行类业务，包括新三板、四板、定向增发、公司债等。

服务手段与服务水平不断提升。客服中心发挥资源整合的优势，通过各类宣传活动以及网络、短信、广播、电视媒体和平面媒体等渠道，向所有股民和广大群众进行证券市场的风险教育及基本知识普及。加强对新入投资者的证券基础知识的培训，让客户懂得、认知、防范投资风险，把合适的产品推荐给合适的客户，每个楼层配备公告栏，作为投资者园地，开展“保护投资者合法利益，打击非法证券宣传月活动”。加强对新老客户的回访。

4 月，营业部在人民银行安庆中心支行反洗钱工作非现场监管评价中，为全市 7 家证券期货业金融机构中获唯一 A 档金融机构。在协会组织的评比中，被安庆市劳动竞赛委员会、安庆市总工会授予 2014 年安庆市“工人先锋号”称号。

【华安证券安庆人民路营业部】 2014 年，营业部完成交易 242.87 亿元，柜台沪、深股东开户总数 1583 户，资金开户总数 735 户，其中机构 2 户，开立两融账户 154 户。开立商品期货户 5 户，股指期货户 2 户。柜台建立健全新开不合格账户的防范机制，加强一代身证重复审核、二代证读卡器强制校验制度，杜绝新的不合格账户的发生。

加强运营管理。组织员工参加各项培训学习，开展法律、法规、规章制度和新业务知识学习。支持员工参加相关从业资格考试和在职学历教育。加强对营业部的 UPS 供电系统、备用通信设备和线路、柜台系统和灾备系统等管理。根据各项新系统、新规则的要求，先后对深卫星、钱龙、大智慧（两个版本）等做多次系统性升级，及时完善营业部行情揭示的应用系统。9 月，经安徽省证监局的现场检查，营业部未有重大违法违规行为或重大风险隐患，得到证监局的认可。

业务创新取得突破。营业部将创新类业务发展具体定位在两融业务、产品销售、个股期权、投顾业务、区域性股权推荐业务上。全年新增融资融券开户154户，融资融券开户总数达到233户，新增信用额度8917万元(总数达1.37亿元)，融资余额5907万元，比上年增长421%，融资交易量31.92亿元，增长515%。全年新销售金融产品1990万元，完成目标任务71%；资管产品日均保有量641万元，完成目标任务49.7%；理财5号149万元，完成目标任务49.3%；月月红日均保有1150万元，完成目标任务95.8%。全年开立个股期权模拟账户44户，通过交易所测试投资者29户。根据公司有关新三板、四板上市工作指导意见，营业部先后拜访政府及政府组成部门多家，调研企业10多家，上报企业推荐表3家。在业务拓展方面，营业部发展代理期货业务、国债回购业务、金融产品代销业务、公司理财产品销售、融资融券业务、股票约定购回、投资顾问、港股通、个股期权模拟测试、新三板业务、地方股权中心交易等创新业务。加大拓展营销渠道，与全市工、农、中、建、交、中信、浦发、兴业等8家银行建立良好合作关系，联系网点20个。网点覆盖本地区经济商业繁华地段，以及重点在新设立异地券商营业部附近，维护存量客户，吸引更多增量客户。

(陈共良)

【国元证券股份有限公司安庆人民路营业部】 2014年，营业部做好客户分级服务和投资者教育、办好股民学校等传统业务，坚持开拓创新，注重各项创新业务的均衡发展，投行业务、资产管理业务及场外市场业务等创新业务收入再上新台阶。

营业部继续与安庆市政府及辖区内的12个县区金融办、经信委广泛对接，与安庆市中小企业服务中心、国元保险及国元典当签订全面战略合作协议，为创新业务开辟新的拓展渠道，与众多的中小企业建立全面合作，全年营业部共对接121家企业，遍布全市和合肥、芜湖等地区。年内营业部推荐两家三板企业成功挂牌，1家四板成长板挂牌，15家企业在安徽股交中心科技板实现首批挂牌；代理销售国元美好系列资管产品及各类基金等固定收益金融理财产品，通过资产管理业务及债券业务等形式为融资单位融入资金，满足客户需求并取得显著效果。营业部再次获得“安徽辖区创新业务先进证券营业部”称号，并受到公司通报表彰。

(齐　丽)

投　资　业

安庆发展投资(集团)有限公司

【概况】 2014年，公司坚持改革创新，推进重大项目建设，开展投资融资工作，较好地完成年度任务及市政府交办的各项重点工作。至2014年底，公司总资产为22.72亿元，较上年末18.72亿元，增幅21.37%；总负债9.47亿元，较上年末5.66亿元，增幅67.31%；净资产13.25亿元，较上年末13.06亿元，增幅1.46%；资产负债率为41.68%。

【重大项目】 加快5个项目建设进度。安庆火车站站房及站前广场改造项目：配合市铁路办及经开区完成征地拆迁，协助重点局开展工程现场建设管理。2014年5月23日火车站新站房开工建设，至年底基本完成基础工程施工；6月9日站前广场开工建设，至年底土方工程完成并基本完成地下基础工程施工，完成投资7208万元。标准化厂房项目：高新区工业标准化厂房一期工程34万平方米总投资6.8亿元，已完成12万平方米标准化厂房施工并竣工验收，完成投资1.5亿元；智慧产业园标准化厂房一期工程13栋32万平方米总投资9.68亿元，已完成投资5.56亿元，其中2栋4万平方米厂房已建成，4栋共8万平方米厂房11月份完成主体工程施工后正在进行内外装饰，剩余20万平方米包括2栋厂房、2栋人才公寓、1栋立体停车库、1栋联创中心及1栋职工餐厅已完成主体工程施工。长风港区一期工程：已建成的水工码头正在提请市审计局进行单项竣工决算审计。陆域征迁工作接近尾声，进入公开挂牌程序，正在落实陆域工程规划审批后的施工图设计调整工作。石门湖航运综合开发工程：累计完成投资1.47亿元，疏浚凤凰码头下游段8.72公里航道，完成疏浚土方534万立方米、航道保护10公里、皖河段护岸工程及农场圩水系恢复工程。十八号码头改扩建工程：正开展竣工决算工作，市审计局已完成初审，正在与施工单位协调。形成的码头实物资产已公开招租，租期两年，年租金75.25万元。

【项目前期工作】 推进6个项目前期工作。标准化厂房项目二期工程：高新区工业标准化厂房二期工程20万平方米，完成项目前期准备工作、地质勘查和图纸设计。智慧产业园标准化厂房二期工程56万平方米，宜秀区将招商引资与项目前期工作同步推进，其中8.7万平方米已完成地质勘探和施工图设计。保税物流中心：已完成规划选址、土地预审、环境评价、节能评估等前期工作，项目建议书及可行性研究报告已批准。城市天然气工程项目：与省天然气公司合作投资建设高新区、新站区、大工业用户直供气等管道天然气和CNG加气母站工程，股东双方已达成投资合作协议并上报市政府批准同意，编制完成工程建设初步方案。城东铁路专用线项目：已委托中铁第四勘察设计院完成项目用地控制性规划方案编制。固体工业废弃物等处置工程：与省环保厅污控处进行对接，编制项目建设方案。市大建办会议决定纳入PPP试点后，公司已成立工作小组按市统一部署调整建设方案，开展项目前期工作。石门湖航道狮子口大桥及港区码头一期工程：石门湖公司已完成狮子口大桥施工图设计，建设用地规划许可证已办理，施工承包招投标已完成，施工单位进场施工，主墩桩基已完成；石门湖港一期工程完成土地、规划、环保、洪评、水保、岸线等审批手续，工可报告通过审查会，初步设计已通过港航局审批。

【投融资工作】 2014年，公司完成投资2.33亿元。其中股权投资1.28亿元：增资国元农保公司股权资金6348万元，增资宁安铁路公司6210万元，增资石门湖公司221万元。建设投资1.05亿元：长风港2267万元，18号码头803万元，火车站站前广场7208万元，高新区标准化厂房223万元，智慧产业园标准化厂房6万元，保税物流中心12万元，城东铁路专用线29万元；完成投资农商行2.31亿元，其中：枞阳农商行5600万元、太湖江淮村镇银行500万元、太湖农商行4000万元、宿松农合行5000万元、岳西农合行3088万元、潜山农商行4920万元，枞阳泰业村镇银行500万元，注资工作正在进行。共筹措落实资金6.21亿元，分别是：市政府安排市财政临时借款2.91亿元；从城投公司拆借资金5600万元；长风港补助资金2400万元；向金融机构融资2.5亿元，包括火车站站前广场项目徽商银行项目贷款1.5亿元，车站站前广场项目向中信银行续贷1亿元。全年组织归还借款2.21亿元，分别为：归还中信银行火车站站前广场融资1.5亿元，国元创新公司委托贷款5000万元，原交投公司贷款2100万元。

部分战略性新兴产业引导资金开始发挥投资效益。参股项目中：华晶机械已连续3年实现盈利派股，公司持股由初始的200万股增加至234万股（占比5.56%）；再芬黄梅2013年实现盈利，公司获得分配利润24.65万元。委贷项目3年累计收取贷款利息498.50万元，其中2014年收取利息为166.25万元。

公司探寻直接融资，先后与天风证券公司、国开证券公司、西南证券公司进行发行债券商谈，开展发行企业债券10亿元前期准备工作。与国开行、徽商银行、兴业银行、中信银行、中国银行等开展间接融资工作。开展市直不良金融资产处置清收的挖潜工作，与市二建司达成70万元债务清偿协议。经市政府批准，公司给石门湖航运综合开发项目融资贷款1.24亿元提供连带责任保证，给化投公司高新区管廊管架项目0.55亿元贷款提供担保，支持其他市重大项目建设。

【壮大经营业绩】 公司直属机构物业公司开展房产存量资产租赁经营，全年实现营业收入92万元，增长10%。房地产开发公司"百花亭佳苑"实现良好收官，至2014年底销售率99.52%，项目实现净利润5098万元，上缴税金4006万元。同时，在市内及县（区）寻找新的住宅商品房开发用地；探寻公益性项目与商业地产捆绑开发的有效途径，以及养老地产、花卉苗木产业园等新型产品开发模式。典当公司加强内部管理，提高风险防控，全年实现收入639万元，上缴税金125万元，净利润250万元。环保科技公司按照环保、卫生、物价等部门的要求，扩大市医疗废物集中处置覆盖范围，规范向市区及各县(市)74家医疗机构提供医废处置服务，全年共收运、处置医疗废物近1100吨，实现医疗废物处置费收入720万元，全年生产运营安全无事故，社会效益和环境效益显著。船代和货代公司拓展代理港口码头及用地租赁经营业务，继续做好港口建设费代征，全年实现收入84万元，净利润32万元。创投公司探索市场化运营创投资金模式，经多方比选后与深圳创新投资集团公司形成"安庆市创投基金设立框架思路"，基金规模5亿元，安庆发投出资1亿元，占股20%；深创投出资1.5亿元，占股30%；剩余50%出资由深创投募集并进行兜底。经过调研，向市政府提出安庆市促进股权投资基金业发展的相关建议。

【重点任务】 牵头组建体育中心运营公司，安庆市体育中心运营管理有限公司于2014年5月5日注册成立；挑选合作机构提供赛事服务，运营管理公司与江苏省五台山体育中心签订《安庆市体育中心赛事场馆服务协议》;负责人员的招募工作,在市就业局、江苏省五台山体育中心支持下,择优录用58名员工,并做好岗前理论培训、到五台山体育中心岗位实战训练;完成赛事保安、保洁服务招标和场馆设施设备采购工作,确保省十三运倒计时100天启动仪式暨市职工运动会开幕式以及省十三运、省残运会等相关赛事顺利举行。

做好一级公路项目融资工作。公司抽调力量组建并负责市交投公司的日常工作,做好3条一级公路的投融资工作。交投公司实收资本46亿元,累计拨付前期工作经费、公路建设资金14.97亿元。已获批42亿元项目贷款,其中,G206项目获得国开行授信18亿元,S332项目获得浦发银行与建行组建银团贷款17亿元、中信银行项目贷款2亿元、徽行项目贷款5亿元的授信额度。

安庆市城市建设投资发展(集团)有限公司

【概况】 2014年,市城投公司克服银行业金融机构加强信贷风险防范和金融监管力度等重重困难,围绕市大建设、大发展战略目标,推进城建投融资等各项工作,取得较好成绩,继续保持强劲发展势头。公司内部管理规范有序,运营管理能力和资金保障能力持续提升,融资总量、投资总量,均创城投历史最好水平,并获得“2014年安庆市投融资工作先进单位”“2014年度全市征地拆迁工作先进集体”等称号。

【融资工作】 根据市“五大计划”确定的年度投资建设项目和市投融资管理委员会下达的年度融资计划,市城投公司围绕100亿元年度融资目标,通过多渠道筹融资,全力服务市大建设、大发展,分别与开行、交行、徽行、兴业银行、浦发银行、招商银行等10余家银行进行对接并取得成效。公司全年获批各类贷款融资139.84亿元、放贷81.55亿元,并探索PPP项目融资、推进公司第四轮债券和中期票据融资工作。

【投资工作】 保障市重点工程建设资金,全年共计支付新河水系整治工程、棚户区改造项目、市体育中心及配套工程和土地报批及征迁等资金53.42亿元,重点保障省十三运场馆及配套工程按期完工并交付使用,确保省十三运顺利举办。

【资产管理】 为满足公司第四轮发债和中票融资需要,将448处5414亩出让性质土地和801处45.65万平方米房产注入市城投公司,评估值达222.3亿元。在实现资产移交平稳过渡的基础上,加强资产有效运营,对租赁合同已到期的房产,由中介机构拟定评估租金价格,至年底,已有365户经营户续签房屋租赁合同,年租金由487万元增长至571万元,增幅率达17%;对空置的经营性房源,面向市场公开招租,实现市国有经营性资产运营效益最大化,已有11处经营性资产租赁权实现公开拍卖,年租金共超出起拍价8万元,溢价率29%。全年向市财政累计汇缴租金1622万元。服务市创建国家公共文化服务示范区体系建设,结合市政府行政事业单位办公用房调整清理,整合、利用现有部分闲置办公用房。安排7787平方米房产解决迎江区、大观区公共文化服务设施用房不足问题,完善基层文化、医疗、卫生等社区服务用房。从规划、用地、选址以及功能等多方面考虑,安排近8000平方米的房产用于市老干部活动中心升级改造和建立老年大学,改善用房条件。安排1262平方米房产用于市首家民办公益性脑瘫儿童康复教育机构——“沐阳之家”残疾儿童活动中心康复场地,为残疾儿童康复教育创造良好条件。另外,市城投公司提供两宗共计327亩土地作为交投公司注册资本,并认缴市公交集团公司注册资本金首期1500万元、下浒山水库项目2900万元。

【项目建设和管理】 世行项目:推进世行贷款项目建设,完成曙光路、湖心路南段建设和养护管理设备购置。至年底正在实施道路交通管理设施建设,并推进湖心路中段、北段和沿江东路项目开工建设,配合市交通局做好红光和狮子山公交停车场两个场站前期工作。

体育中心项目:筹措资金,累计支付13.86亿元,全力保障市体育中心、全民健身中心、水上运动中心和体育馆改造工程、周边道路桥梁改造工程、绿化工程等配套工程按期完工并交付使用;成立省十三运期间维稳工作组,牵头协调体育场馆建设用工单位与农民工的经济纠纷,有针对性地进行排查维稳隐患,维护良好的场馆内外环境,确保省十三运顺利举办。

“水岸花都”还建房项目:按照“公平、公正、公开”原则,全面完成水岸花都小区还建安置工作,共计安置房源1750套;推进小区三期工程和配套设施建设工作,完成三期20栋主体工程和配电、道路排水、环卫工程等配套设施建设施工。

(余明月)

安庆市中级人民法院

市委书记虞爱华在安庆中院调研

市中院院长张小红传达学习十八届四中全会精神

全国人大代表团来安庆视察法院工作

诉讼服务中心揭牌

召开打击毒品犯罪新闻发布会

禁毒日开庭审理毒品案件

举行向宪法宣誓仪式

开展消防技能演练

法官实地调查

安庆市人民检察院

市委常委、政法委书记章松调研检察工作

人大代表、政协委员旁听庭审

与厦门大学联合开展检察业务人才素质能力培训班

开展预防职务犯罪专项活动

2014年，全市检察机关认真贯彻党的十八届三中、四中全会精神，深入开展党的群众路线教育实践活动，深化“护航工程”，履行检察职责，坚持履行职能与服务发展并重，推进民生检察；坚持打击犯罪与保障人权并重，维护社会和谐稳定；坚持查办与预防职务犯罪并重，促进反腐倡廉建设；坚持强化法律监督与强化自身监督并重，增强司法公信力；坚持打造过硬队伍与抓实基层基础并重，各项检察工作取得新的成效。

开展党的群众路线教育实践活动

检察干警开展街头法律宣传活动

太湖县人民检察院

太湖县人民检察院检察技侦大楼

省、市院领导视察检察技侦大楼

省院领导检查指导工作

太湖县人民检察院现有在编干警55人。2009年以来，该院严肃查办、积极预防贪污贿赂、渎职侵权等职务犯罪，严厉打击各类刑事犯罪，强化诉讼监督、强化自身监督、强化队伍建设，先后获最高人民检察院集体一等功、全省人民满意的公务员先进集体、全省检察机关先进基层党组织、全省检察机关两房建设先进集体等多项荣誉称号。

召开“护航工程”重点结对服务单位座谈会

检务公开大厅

举办公诉案件观摩庭

党的群众教育路线实践活动动员大会

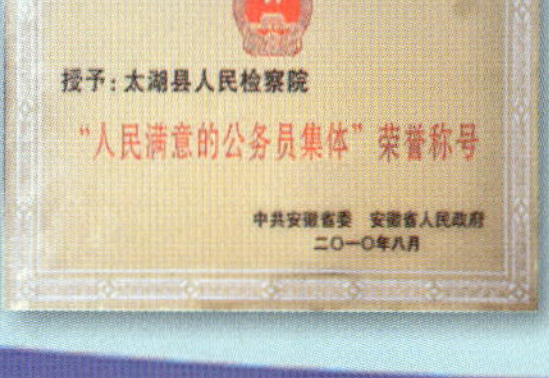

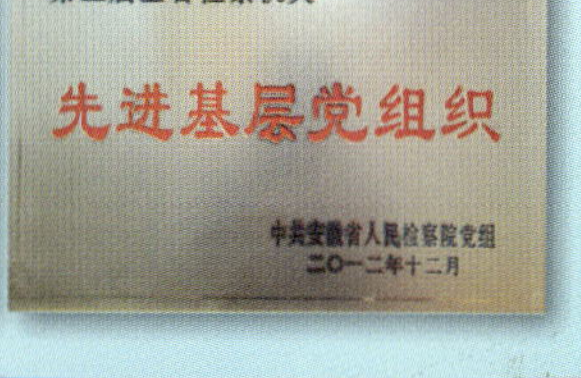

安庆市公安局

举行反恐维稳守护平安武装巡控启动仪式

市长魏晓明向特战队授旗

安徽省十三运开幕式现场巡逻

举行反恐维稳守护平安武装巡控启动仪式

安庆市公安消防支队

副省长梁卫国、市委书记虞爱华、市长魏晓明现场指挥“1·24”系列山林火灾扑救

市长魏晓明视察指导消防工作

大观区关工委丁邦朝获第二届全国119消防奖先进个人

岳西大队获“全国公安机关爱民模范”

怀宁“7·12”客渡船翻覆抢险救援

消防宣传

圆满完成省十三届运动会消防安全保卫

安庆市经济和信息化委员会

安庆市经济技术开发区工作领导小组第一次调度会

参加招商签约会议

深圳投资环境说明会暨项目签约仪式

参加工信部2014年年终总结电视电话会议

工业项目集中开工

到甘肃参观考察

召开党的群众路线教育实践活动动员会议

到企业调研

安庆市民政局

桐城市家和尊养老年护理院

老年人在居家养老服务站开展文娱活动

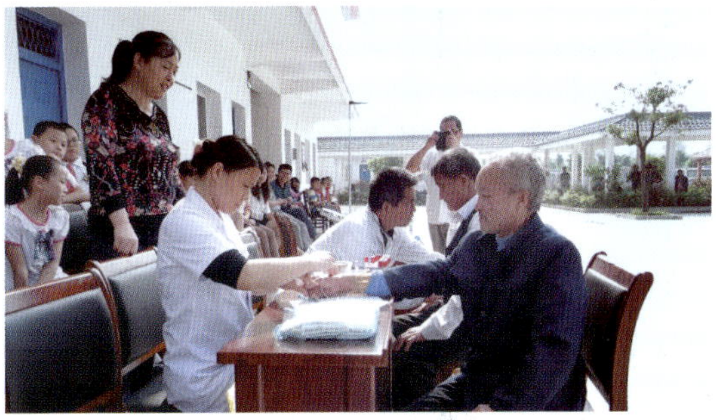

为老峰镇敬老院五保老人免费体检

安庆市加大对民办养老机构建设的扶持力度。至2015年6月，全市共建成民办养老机构32家、床位5929张，入住老年对象982人。积极推进农村敬老院建设，加速农村敬老院转型升级。加快建设社区居家养老服务站步伐，市城区170个城乡社区已建成居家养老服务站151个，其中城市社区居家养老服务站84个，农村社区幸福院67个，城乡社区居家养老服务站覆盖面达89%。大力培育公益性社会组织，并通过委托、购买服务等方式引导社会组织开展个性化、专业化的为老助老服务，让养老服务从物质帮扶拓展到精神关怀，提升老年人幸福指数。

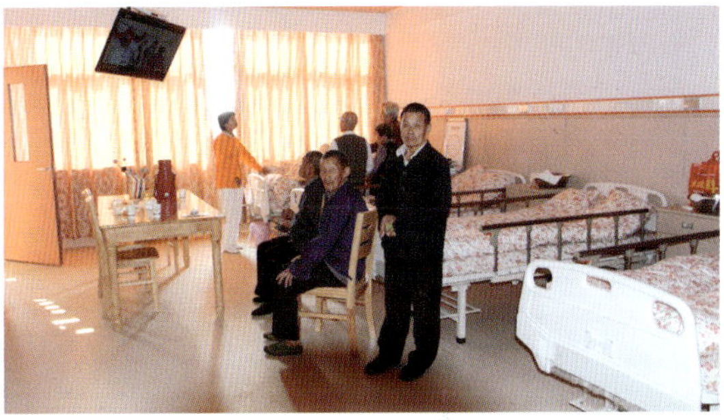

老年人享受贴心周到的服务

安庆市社会福利院工作人员陪同老人散心聊天

菱湖社居委居家养老服务站室内设施场景

为A类低保老人举办集体生日会

老峰镇敬老院

安庆市社会福利院外景

安庆市国

开展土地登记出机关进社区活动

在南京举办"大美宜城·阳光地产"土地推介会

2014年9月11日，市国土局党组召开全市国土系统落实党风廉政建设主体责任和监督责任廉政预警工作会

召开党的群众路线教育实践活动动员大会

土资源局

召开全市国土资源系统春训暨党风廉政建设大会

在北京举办“大美宜城·阳光地产”土地推介会

2014年12月18日，国家土地督察南京局苏赣皖三省政府秘书长会议在安庆召开

2014年12月1日，第十二场“百姓问政”市级媒体联动活动国土专场在市广播电视台演播大厅举行

2014年6月25日，市国土局在市科技广场举办大型“土地日”宣传活动

安庆市民族事务委员会(安庆市宗教事务局)

省委常委、统战部长沈素琍在安庆天主堂调研

市领导在迎江区南水回族社区调研

安徽省第七届少数民族传统体育运动会比赛项目女子团体毽球

安徽省第七届少数民族传统体育运动会在安庆举行

望江县漳湖回民村被国家民委命名为首批"中国少数民族特色村寨"

"民族团结唱和谐"广场文艺演出

全市民族宗教工作领导小组会议

安徽省"宗教慈善周·捐资助医"捐款集中发放仪式

安庆市林业局

市委书记虞爱华督查森林防火工作

市长魏晓明参加义务植树

全省森林防火综合演练在宜秀区举行

全省农田水利基本建设暨造林整地现场会在望江县召开

成功创建国家森林城市

安庆市文化广

市长魏晓明、省文化厅副厅长唐跃为市文化馆新馆揭牌

安庆市文化舞台建设正式启

新建成的安庆文化舞台上演精彩节目

2014安庆“十一”黄梅戏展演周启动仪式

电新闻出版局

2014安庆“十一”黄梅戏展演周广场文艺天天演

“十一”黄梅戏展演周广场演出

黄梅戏新创剧目《寂寞汉卿》

黄梅戏《六尺巷》

安庆市物价局

原安庆市委副书记陶方启检查大南门牛肉市场价格

安庆市政协副主席、市物价局局长杨林检查市区停车收费情况

市物价局党组副书记、副局长方世松带队到扶贫点调研

市物价局副局长王书明为市区平价商店兑现奖补资金

省物价局副局长王启康来市调研

市物价局纪检组长杨积林调研物业服务收费

全市涉企收费清单工作培训会

市物价局获“全市依法行政示范单位”

安庆市工商行政和质量技术监督管理局

行政处罚案件群众公议

向市人大主任会议汇报新《消法》贯彻实施情况

特种设备安全监管人员为安庆石化压力容器进行检验

发出全市首张“一照三号”营业执照

12315消费者申诉举报中心

国家石油化工产品质量监督检验中心

安庆市地方税务局

省局党组书记、局长汪建国调研安庆市文化旅游产业

市人大副主任程学东调研地税工作

与市残联开展交流活动

举办税收大讲堂

回答纳税人咨询

召开党的群众路线教育实践活动暨春训动员大会

召开党的群众路线教育实践活动领导小组扩大会议暨“三项能手”表扬大会

召开七一党课报告会

召开领导班子民主生活会情况通报会

召开“践行核心价值、打造好人安庆”宣讲报告会

安庆市长江河道管理局

安庆市长江河道管理局于2006年5月成立，为副县级事业单位，与安庆市长江河道采砂管理处合署办公，隶属于安庆市水利局。负责安庆237公里长江河道水行政执法工作；承担安广江堤堤防、涵闸、护岸、减压井等水利工程的建设、维修、养护、岁修、防汛和日常管理工作；负责全市涉河工程项目的审查；负责宣传贯彻《水法》《防洪法》《河道管理条例》《长江河道采砂管理条例》和其他水法律、法规。安庆市长江河道采砂管理处担负着长江安庆河段62公里长江河道采砂管理工作。

安庆市长江河道管理局管理的安广江堤（含梅林隔堤）全长49.76公里，其中1级堤防18.613公里，2级堤防31.15公里；管理旱闸35座、涵闸3座，其中枞阳闸为大型涵闸，其余为小型涵闸。安庆市长江河道管理局一、二、三分局全部达省二级目标管理单位，堤防堤容堤貌美观、整洁，城区5.46公里堤段已成为集防洪、休闲、旅游、观光，商贸于一体综合性休闲场所。安庆市长江河道采砂管理工作已走上依法、科学、有序的轨道。采砂管理机构人员和装备配备齐全，采砂执法基地建成并投入使用，极大的改善了安庆市采砂管理执法工作便利性、安全性，提高了执法工作效率及打击非法采砂行为效果。

水法宣传与执法

职工篮球赛

联合执法

采砂管理执法基地

长江防洪

城市防洪墙景观工程

安广江堤

安徽省九成

省司法厅厅长洪禹候在分局调研慰问

省司法厅副厅长、监狱局局长夏训发在分局开展节日安全检查和慰问

安庆市政协副主席徐晓华在分局考察

九成监狱管理分局是安徽省监狱管理局下属刑罚执行单位，坐落于皖西南宿松县境内，三面环湖、一面临江，总面积51.32平方公里，耕地面积5万余亩，下辖副处级大型监区5个，正科级监区40个。

2014年，九成分局在省司法厅、省监狱管理局党委的正确领导下，全面践行新型治监理念，开拓创新，务实拼搏，整体工作呈现科学发展新态势。监管场所持续稳定，规范减刑、假释、暂予监外执行办理程序，改造质量稳步提升，教育改造社会化进程加快。全年共有30个集体、181名个人获得各级各类表彰。

民盟黄丝带帮教基地揭牌

召开分局第六次党代会

监狱管理分局

党委书记、政委梅科学开展视频督查

党委副书记、局长袁颖在武警部队开展“三共”建设

监狱举行开放日活动

2014元宵晚会

民警职工主题演讲比赛

2014年监狱工作会议

九成畈牌大米

太 湖 县

省财政厅厅长罗建国、市委组织部长王佩刚、县委书记程志翔调研现代化农业生产基地

省财政厅副
点工作调座谈会

常务副县长张时民主持召开全县民生工程领导小组成员单位会议

举办全县财政系统综合能力培训班

《预算法》学习座谈会

财 政 局

天宏、市财政局局长何家虎参加财政重

县财政局领导班子

召开领导班子
专题民主生活会

民生工程推进会

“三严三实”党课报告会

安徽省无线电管理委员会办公室安庆管理处

会同安庆海事局联合开展长江水上安庆段无线电通信秩序安全专项整治活动

庆祝《安徽省无线电管理条例》颁布实施大型现场活动

高考现场保障

参加市防汛抗灾综合演练，保障无线电通信安全

医师资格考试现场保障

组织安庆市无线电业余爱好者开展无线电演练活动

国网安庆供电公司

市长魏晓明在公司调研

公司领导走访神皖安庆发电厂征求意见

圆满完成省第十三届运动会现场保电工作

全国劳模单德森创新工作室

高温期间抢修故障配电箱

邀请客户代表及媒体走进公司电能计量

安庆电厂二期500千伏送出线路工程施工现场

清树障保线路安全运行

安徽安庆皖江

市委书记虞爱华在神皖安庆发电二期现场调研

市长魏晓明在神皖安庆发电二期现场调研

发电有限责任公司

神皖能源公司董事长刘志江在神皖安庆发电二期检查指导工作

神皖能源公司总经理刘志强在神皖安庆发电检查指导二期工作

神华集团副总经理王品刚在神皖安庆发电二期现场调研指导工作

球型全封闭煤场

中国电信股份有限公司安庆分公司

推进全光网小区建设

2014年安徽电信森林防火信息化交流会

“智慧园区”建设活动启动暨万家“数字企业”活动总结表彰大会

工作人员正在为客户开通光纤服务

2014年中国电信城市应急系统建设客户推广会在安庆召开

中国电信安庆分公司是安庆市内规模最大、实力最强的综合信息服务提供商。至2014年底，电信各类在网用户总数达200万户。

近几年来，安庆电信不断加大基础网络建设投入，2013、2014年累计投入建设资金3.6亿元，C网基站超过千个；持续加大宽带网投资建设，目前总出口带宽达到400G，安庆范围内任何区域包括江心洲均能接入宽带网。率先启动全光网小区、全光网集镇、全光网县城建设。全面承接省公司与市政府签订的“无线城市　智慧安庆”信息化战略合作协议内容，建成政府应急联动系统、森林防火系统等一批全省领先的重大信息化项目，平安城市、社管E通、市长在线、城市一卡通积极突破，以智能高清电视(iTV)、翼支付、家庭安防等为标志的家庭信息化应用走进千家万户。”

2013年“迎国庆”员工登山比赛

安庆市烟草专卖局(公司)

9月2日，省局(公司)局长、总经理问武在安庆调研

举办基层管理人员能力提升培训班

5月18日，安庆市局(公司)志愿者开展志愿助残活动

召开党的群众路线教育实践活动动员大会

开展"徽映"专项助学活动

配送人员冒雪为客户送烟

12月11日，安庆市局(公司)举办"我与企业共成长"主题演讲比赛

开展零售户慰问活动

卷烟零售户到徽映中心登记诉求信息

安庆市市政工程管理处

全国政协副主席韩启德视察市政顺安河泵站

省住建厅副厅长吴桂和督查市防汛工作

市政府副市长范先汉在市政新河泵站调研

主干道排水管道清疏

市政泵站检修

主干道路灯安装

监督管理与服务

发展和改革

【概况】 2014年，市发改委坚持谋全局、抓大事、重落实，服务经济发展，促进项目建设，完成年初确定的各项目标任务。获省“861”行动计划先进集体、全省节能工作先进单位、央企合作工作先进单位、政务公开先进单位、市依法行政示范单位、全市政务信息先进单位、全市推进旅游工作先进单位等称号。

加强宏观谋划，发挥参谋助手作用。加强经济形势分析和政策研究。密切关注国内外发展环境变化和宏观政策动态，建立全市经济工作联席会议制度，及时掌握和研判政策信息、重点工作和经济运行情况，形成月底预测、月初分析、月中跟踪的工作机制。开展长江经济带、新型城镇化、国家发改委43和62号文件等相关政策的研究工作，认真解读习近平总书记和李克强总理在中央经济工作会议上的讲话精神，并提出有针对性的对策建议，为市委、市政府决策提供参考。组织年度计划的编制和实施。年初，将《2014年全市主要经济和社会发展目标计划》和《2014年全市亿元以上重点项目建设投资计划》印发给各县（市）区和市直有关部门，要求注重经济发展的质量和效益。抓好规划编制工作。牵头组织4个专项规划的编制工作，安庆市轨道交通线网及地方铁路网规划、安庆市中心港区铁路集疏运系统规划、安庆市综合交通体系规划，进入报批阶段。长江岸线资源开发规划正在选择规划单位予以完善。配合高新区完成安庆化工新材料产业基地总体发展规划。关注长江中游城市群一体化发展、大别山革命老区振兴等规划的编制动态，争取安庆更多项目列入规划，继续做好《安庆市城区老工业整体搬迁改造实施方案》与国家、省发改委的衔接沟通，争取第二批国家试点。启动全市“十三五”规划编制工作，初步谋划储备1322个、总投资2万多亿元的“十三五”重点项目，争取11个项目列入省发改委首批上报国家发改委“十三五”规划重大项目库。

推进重点项目建设，扩大有效投入。一批重大项目相继落地、加快推进和建成投产，全市项目建设呈现“快速启动、全面提速、蓬勃发展”的良好势头。2014年，全市安排亿元以上重点项目580个，总投资6250亿元。全年完成投资741.1亿元，占年度计划107.4%，比上年增长19.7%。其中新开工项目220个，开工率为100.5%，完成投资305.9亿元，占年计划的100.8%；竣工项目119个，竣工率为107.2%，完成投资180.4亿元，占年计划的121.9%。安排省“861”重点项目325个，年度计划投资386.1亿元，全年实际完成投资485.06亿元，占年度计划的125.63%，增幅43.93%。其中新开工项目131个，完成投资225.74亿元，占年度计划的111.92%，增幅120.47%；竣工项目56个，完成投资88.32亿元，占年度计划的122.33%，增幅76.36%。火车站站房及站前广场改造、宁安城际铁路建设进展顺利；安庆电厂二期获省发改委正式批准，建设进度加快；曙光煤制氢按计划顺利实施；下浒山水库即将开工；桐城抽水蓄能电站等项目前期工作取得阶段性成果。中船马克柴油机、华茂佰斯特、文博园二期、安庆体育中心、安庆机场跑道盖被工程等重点项目均按期竣工。

拓宽项目融资渠道。继续推进天柱山生物多样性、华阳河湖群湿地生物多样性保护与开发项目前期工作；新申报市第一人民医院利用美国进出口银行1000万美元购置医疗设备项目、大龙山林场生物多样性保护和开发利用德国促进贷款1500万欧元项目；争取安庆市养老服务体系建设项目列入国务院批准的2015—2017年世界银行贷款规划项目清单，申请使用贷款5150万美元，占省示范项目使用贷款额度的36.8%。针对国发43号文件的出台，加大衔接争取,一批PPP项目正在推进。申请发行桐城市建投公司10亿元企业债券、市城投公司28亿元企业债券和市经开区建投公司8亿元企业债券。引导企业拓宽融资渠道,全市场外市场挂牌企业总数35家,其中,新三板挂牌企业2家,安徽股交中心25家,上海股交中心4家,前海股交中心4家。

开展对上争取资金。2014年,全市发展改革系统在保障性住房和城镇基础设施、"三农"和重大水利设施建设、重大基础设施、教育卫生等社会事业、环境保护和节能减排、自主创新能力和产业结构调整等领域,共争取通过省发改委文件下达的中央和省预算内投资补助计划81批669个(类、批)项目,争取中央和省补助资金20.87亿元,占全省争取中央投资补助总额(可比口径)的10.4%。其中新建廉租住房、保障性安居工程配套基础设施、农村危房改造52901万元;水利设施35620万元;田间工程、农业血防等8958万元;教育8455万元;卫生8965万元;节能减排、环境保护、生态建设15015万元;自主创新和结构调整8280万元;以工代赈扶贫9988万元;大中型水库移民后期扶持资金(直补和项目建设)32884万元。

建立健全推进机制。按照政府工作项目化、项目工作责任化的要求,建立健全重大项目推进机制,完善项目"定期调度、定期统计、定期通报、定期督查"制度。起草《安庆市中央预算内投资项目稽察办法》(送审稿),对全市项目稽察机构、稽察人员以及职责与权限、稽察程序和方法等方面做明确的规定。坚持重大项目分级分类调度,全年共组织召开4次市重大项目领导小组调度会议,对21个重大项目进行集中调度。7月对全市中央预算内投资计划执行情况进行一次全面督查,重点对投资计划分解转发、项目开工建设、配套资金落实、工程建设进度、资金支付、项目建设管理等6个具体方面进行督促整改。

加快推进产业转型发展。坚持政策引导和项目扶持并举,在优化产业结构、提升产业层次上下功夫。加强农业基础设施建设。组织开展皖河治理社会稳定风险评估和破罡湖闸、破罡湖东站项目的审查,并会同市直相关部门组织桐城、怀宁、枞阳、怀宁4县(市)1000亿吨粮食生产能力规划实施方案的审查。下浒山水库可研报告获国家发改委批复。抓好水库移民后期扶持和直补资金管理,严格执行大中型水库移民后期扶持工作移民人口动态管理规定,组织完成全市直补移民人口年度更新工作,报省移民局核定。培育战略性新兴产业。全年全市新增战略性新兴产业企业26家,战略性新兴产业完成产值343.1亿元,增长16.7%。谋划储备战略性新兴产业项目87个,投资规模达到899.15亿元。实施战略性新兴产业重点企业"成长计划",对产业规模较大、发展前景较好的26家行业领军企业进行重点培育。会同市直相关部门对2013年规模以上企业进行认真筛选,甄别出89户企业属于省统计范畴,有14家企业通过审核进入省战略性新兴产业考核体系,全市战略性新兴企业总数达到164家。组织高新区申报化工新材料主导产业基地,总体发展规划于8月底获省政府正式批复,组织开发区申报装备制造业主导产业基地。制定《支持新能源、新材料、智能制造、电子信息等战略性新兴产业发展实施方案》,工作重点体现在谋划项目、扩大投入,培育企业、壮大主体,建设基地、争取支持、制定政策、争取资金,加强调度、狠抓落实等方面。牵头编制国家和省级企业技术创新平台申报材料5份,包括向国家发改委争取安徽环新集团、安徽鸿润(集团)股份有限公司、安徽白兔湖动力有限公司建设国家级企业技术中心,向省发改委争取安徽环新集团、桐城市雨润生物科技有限公司、安徽中磁高科建设省级工程研究中心(工程实验室)、安庆永安电子建设省级企业技术中心。组织市生物基材料产业集群专项建设和申报,被省发改委推荐到国家发改委评审,专项方案通过中科院科技促进发展局的初评。

促进现代服务业发展。2014年共安排亿元以上服务业重点项目108个,总投资1121亿元。全年全市服务业增加值440.1亿元,增长6.7%,服务业增加值占GDP比重为29.8%,全市164户规模以上服务业企业营业收入57.9亿元,增长10.1%,全市服务业固定资产投资382.25亿元,增长9.9%。做好2013年服务业政策审核兑现工作,共受理363个项目,申报金额4122.2万元,确认政策兑现资金3383.5万元。牵头起草《安庆市进一步推动现代服务业加快发展若干政策》,加大对生产性服务业和服务业新兴业态的支持力度,促进服务业结构调整和升级。推进迎江区省级服务业综合改革试点工作,争取岳西县天堂文化旅游园、迎江区东部新城中央商务区、天柱山文化旅游度假区获批省级现代服务业聚集区。

服务园区加快发展,促进园区转型升级。抓好园区基础设施建设。2014年向省发改委、省财政厅申请县域开发区基础设施财政贴息资金220万元,分别是太湖经开区120万元和枞阳经开区100万元。推进园区扩容升级。继潜山、怀宁、宿松、枞阳、太湖经开区扩区后,年内支持望江开发区扩区获省政府批准。市经开区三期扩区建设、桐城经开区托管区域划入顺利完成。启动潜山、怀宁、宿松、枞阳、太湖、望江开发区新扩区域的规划建设。引导双新、源潭、海口等园区在科学规划基础上,高标准建设和管理。推动产城一体化试点工作,指导安庆经开区、桐城、宿松、怀宁试点开发区规划修编工作。

着力构建完善基本公共服务体系。加快建设符合市情、覆盖城乡、可持续的基本公共服务体系,推进全市基本公共服务均等化进程,编制出台《安庆市基本公共服务体系行动计划》。与北京师范大学社会发展与公共政策学院开展合作,委托其就安庆市公共服务体系建设进行顶层设计,已完成养老服务体系相关调研,形成养老服务体系建设调研报告和方案设计初稿。参与制定出台加强和改善公共服务的1+4政策文件(1个纲领性文件《关于加强和改进公共服务工作的意见》和《安庆市加快培育发展社会组织办法》《安庆市社会服务人才队伍建设办法》《安庆市基层公共服务综合平台建设与运营办法》《安庆市政府向社会力量购买服务办法》等4个配套办法)。

稳步推进各领域社会事业发展。推进县级公立医院改革和市级公立医院结构布局的优化调整,完善城乡医疗服务体系,全面推进公共卫生服务均等化。加快建立覆盖城乡的公共文化服务体系,以及结合省十三运会在安庆市举办的契机,建立完善覆盖城乡的公共体育服务体系。构建以居家为基础、社区为依托、机构为支撑的社会养老服务体系,会同市民政局编制《安庆市养老服务业综合改革试点方案》,申报列入国家养老服务业综合改革试点首批城市之一。

推动美好乡村建设各项工作。向市美好办提供农村各项公共服务设施建设标准,参与公共服务设施建设考核内容及评分标准的设定。并在《安庆市美好乡村建设考核办法》下发后,以"因地制宜、建管并重、功能整合"为原则,重新提出各项基本公共服务工作目标和重点任务,将工作任务分解落实到各成员单位。协调公共事业指导组成员单位,开展专题调研,翔实了解农村基层公共事业发展情况以及下一步发展规划和亟待建设的项目,逐步缩小城乡基本公共服务差距。在项目申报中,遵循美好乡村中心村优先的原则,加强对涉农资金的整合,重点关注卫生、教育、养老等群众迫切需要解决的问题,并集中投入到各美好乡村建设点。

统筹兼顾协调发展,推进各项工作进程。牵头推进公益性项目前期工作。启动安庆一中龙山校区项目前期工作,牵头拟定前期工作推进实施方案,基本完成规划方案编制工作。推进公共文化"四馆"项目前期工作,按照规定时间开工建设的要求,确保市博物馆如期开工。指导市第一人民医院完成龙山院区项目前期工作。完成东部新城区公厕、市检察院业务用房前期工作。推进市看守所、女子看守所、拘留所、市级公益性公墓等项目前期工作。加强生态文明建设。编制安庆市《创建省级生态文明先行示范区实施方案》和《贯彻<安庆市大气污染防治行动计划实施细则>工作方案》。成功申报省级节能综合性示范城市,潜山跻身第二批全国生态文明示范工程试点县,岳西县被纳入国家生态文明先行示范区。加强节能减排,发展风电等新能源,2014年,核准桐城黄甲、望江香茗山、枞阳白云岩3个风电项目,桐城黄甲、怀宁石镜2个风电项目开工。

【加大与央企合作力度】 市发委坚持把央企合作作为促进转型升级,创造发展新优势的重要抓手,探讨双方合作发展的领域、路径、方法等,着力推动对接合作不断向纵深发展。根据省下达的目标计划,调增各项目标,将任务及时分解落实到位,提前2个月全面完成省政府下达的年度考核目标任务。全年全市与央企合作开工项目投资规模174.36亿元,占省下达年度任务的177.05%;年度实际完成投资139.57亿元,占年度任务的138.37%;新竣工项目投资规模107.11亿元,占年度任务的117.05%;新签约项目投资规模333.56亿元,占年度任务的235.4%。把央企在建项目纳入全市重大项目集中调度机制范围,针对项目推进过程中存在的突出问题,及时召开调度会议,协调解决相关问题,促进在建项目提速提效。按照项目基本建设程序,市发改委会同国土、环保、规划等部门,做好项目各类支撑性文件的报批工作,促进项目尽早开工。抓好对接,促进洽谈项目落地。10月中旬,在合肥成功举办安庆市与中央企业对接活动,拜会70家央企负责人,取得合作成果120项,投资规模达1740亿元,并有7个项目参加全省集中签约,签约项目个数和投资额均位居全省前3位。晋煤集团年产140万吨复合肥和精细化工项目成功签约,一批央企合作项目正在洽谈中。多次赴京与市产业发展相关的中船、中石化、国网公司、中铁、神华、中国远洋等央企对接项目，寻求支持，取得成效。

【推进行政审批制度改革】 在全省发改系统率先实现审批事项全部进"中心"，缩减流程，提高效率。对政府投资项目审批、市级核准权限的内外资项目核准、企业投资项目备案等实行"一门受理、抄告相关，同步审批、限时办结，全程督办"的并联审批工作机制，每一个并联节点平均承诺时限全部压缩到 2 个工作日以内。对国务院、省政府新取消和下放的行政审批事项及时进行衔接和整合，至年底，市发改委除保留行政许可 2 项、非行政许可审批 1 项审批职能外，其他均通过取消、下放、转变管理方式、冻结等办法予以清理。牵头制定《安庆市地方政府核准的投资项目目录(2014 年本)》，研究草拟《安庆市投资负面清单》和《安庆市市级政府投资项目公示办法》，为市委、市政府相应决策提供参考。加强项目申报辅导，帮助项目申报单位理清项目申报程序，熟悉项目建设流程，提高项目审批速度。发改委服务窗口在"千项办件看效能"专项活动中，服务对象满意率达到 100%。

【加强节能减排工作】 制定《2014—2015 年节能减排低碳发展行动方案》，建立健全节能调控预警机制，实行节能工作市长约谈机制，加大对重点耗能企业的监测调度，重点实施安庆石化脱硫脱硝等一批节能减排重大工程。GDP 能耗和单位 GDP 二氧化碳排放控制在省下达的 2.5%和 3.5%的目标之内。分解 2014—2015 年节能减排总量任务目标。全年共对 25 家重点用能单位开展能源审计工作。加强新上项目节能评估工作，对不符合条件的项目不予批复或暂缓审批，实现项目评估率达到 100%。

【推广光伏发电应用】 学习国家分布式光伏发电政策和先进地区推广分布式光伏发电经验，推动分布式光伏发电应用实现零的突破。组织摸排全市光伏发电应用资源，全市可应用光伏发电的工业厂房、民用建筑、商业建筑、公共建筑屋顶、荒山荒坡、滩涂、鱼塘、湖泊、废弃土地、农业大棚等资源共 18291.2 万平方米。

(市发改委)

国土资源管理

【概况】 2014 年，市国土资源管理工作围绕"尽职尽责保护国土资源、节约集约利用国土资源、尽心尽力维护群众权益"国土新定位，做好各项工作。

保护资源。耕地保护政府责任制进一步落实，各类土地整治项目实施力度加大，超额完成高标准基本农田项目建设，面积 46.8 万亩；超额完成补充耕地任务，面积 2.3 万亩，总量和完成任务比连续两年位居全省第一位；完成增减挂钩拆旧复垦 0.6 万亩；52 个历史遗留土地整理项目还清欠账 40 个、取消 1 个。出台补充耕地指标交易管理办法，实行指标转让"三个不准"，全年向市外调剂指标 0.38 万亩，同比下降 25.6%。开展可用于占补平衡补充耕地项目备案信息复核确认工作，第一批 578 个项目通过国土部审核。

保障发展。用地保障，累计争取指标 2.82 万亩，报批土地 2.9 万亩，有力保障新能源汽车等重大项目以及县域发展用地需求。开展土地利用总体规划调整完善工作，追加城乡建设用地规模 188 平方公里。成功进入工矿废弃地复垦利用全国试点。项目保障，做好非工项目招商工作，全年举办土地推介会 7 场，上海百联城市综合体、纵横五星级酒店、上海新城吾悦广场、红星美凯龙枞阳项目在市(县)落地建设。全市实现土地收入 129.97 亿元，其中宿松土地出让价款达到 12.43 亿元，太湖、桐城、望江、怀宁、枞阳均超过 5 亿元。市城区新增储备土地 4300 亩，储备规模达到 1.48 万亩，支付收储资金 20.76 亿元。融资保障，市城区出台国有建设用地使用权抵押登记规定，为市场主体和政府平台提供融资抵押服务，全市土地抵押融资达到 354.75 亿元，市城区 235.57 亿元，分别比上年增长 23.6%和 61.1%。利用管理，全面放开市城区土地一级市场评估，完成市城区及宿松、怀宁、太湖基准地价更新调整。建立国土规划定期协商、收储征迁定期调度、项目落地绿色通道等联动配合机制，土地利用工作初步实现"统一规划、统一征收、统一储备、统一供应、统一管理"新格局。

资源利用。注重政策设计，出台节约集约用地、工业标准化厂房建设使用、工业企业城镇土地使用税奖励、工业企业利用闲置低效用地自建标准化厂房、有偿收回闲置土地等意见，推动调整市区划拨土地最低价款政策、城镇土地使用税等级范围及税额标准；修订开竣工保证金征收管理办法，出台土地批(供)后监管实施意见，初步形成“1+X”节地政策体系和“1+12”节地制度体系，被《国土报》头版头条报道推广。清理督查，深化土地“三项清理”成果，全市累计处置到位“三类土地”4.45万亩，市城区同步开展汽车4S店及销售公司违法违规用地清理处置行动。配合国家土地督察南京局和省国土厅开展节约集约用地专项督察和省政府“58号文件”专项督察活动，召开全市大会，着力推进整改。强化制度落实，全市收取划拨价款7.76亿元，新开工标准化厂房558万平方米、建成273万平方米，近五年平均供地率达到73.53%，首次进入省政府GDP耗地考核优秀行列，前进7个位次。市城区新增工业项目核减用地规模216亩，核减率10.4%；追缴历年陈欠出让金及滞纳金和利息5.04亿元，“旧账”基本还清；工业企业利用闲置低效用地自建厂房100.72万平方米，全市节地工作正步入时间、空间、效益、质量“四维集约”轨道。

权益维护。履行土地房屋征收统筹管理职责，顺利完成市征收办成建制划转，争取市政府出台80号令、征迁补偿复核确认办法、征地补偿准备金等政策，调整征地补偿标准，征收安置政策体系初步完备。推行“三榜公示、两级审核”、“区认证、市复核”等制度，征地报批程序、批后监管、信息公开等环节得到规范落实，市城区征地拆迁费用认证核减比例达到18%，为市政府节省财政资金1.16亿元，市城区完成拆迁6119户、171.3万平方米。履行山洪地灾防治牵头职责，出台山区防洪应急预案、年度地灾防治方案、山洪地灾防治意见。建立覆盖1.8万户的“96121”山洪地灾预警反拨系统，成功启用3次，重点反拨7500户。组织开展怀宁月山黄岭小学突发地灾应急演练。深化气象、水利、国土会商机制，借助天气预报栏目，发布黄色预警16次、橙色预警3次，群发信息2.5万余条，提前避让转移安置群众2286户、7022人。整合各类资金近亿元，完成124个隐患点治理，为596户、3867人解除安全威胁。整体推进1:5万地灾调查项目，岳西调查成果提前运用，桐城、潜山、怀宁、枞阳、宿松野外成果通过验收。桐城、太湖、岳西成功创建国土部首批地质灾害防治高标准“十有县”。建立局长接待日和领导干部包案制度，规范信访工作流程，涉土信访同比下降19.32%，被省国土厅确定为先进典型。全年两度开展重大信访隐患排查，利用双休日开展登记发证“出机关、进社区、进市场、进寻常百姓家”活动，综合采取解押、解封、分割等措施，集中解决市城区皖宜新居、华棋小区等10个小区、3562户群众长期不能办理土地证问题。

【矿政管理】 实行“采矿权设置一律只减不增”等规定，建立储量评审备案会审制度，依法注销采矿权94宗，征收采矿权价款2100万元，征收矿产资源补偿费1093万元，收取矿山环境恢复治理保证金3300万元，采矿权、探矿权年检率分别达到88.9%和90.98%。完成矿业权设置方案修编，拟设采矿权比2001年设置时减少10宗。推进7个矿山环境恢复治理项目，治理面积450亩。落实“三线三边”矿山环境综合治理和大气污染防治工作，关闭矿山59个，督促整改30家。

【执法监察】 推行“六个一”动态巡查、约谈警示、重点乡镇管理等制度机制，对3个县(市)、1个区进行警示约谈，对9宗典型案件进行挂牌督办，对2个乡镇进行重点监管，对69名相关责任人进行党纪政纪处分，联动查处大案要案4宗，全年累计发现违法用地472宗、1649.8亩(耕地692.5亩)，立案查处250宗，顺利通过2014年卫片执法检查，实现市委、市政府划定的问责比例“不超过5%”目标(4.35%)，被南京局作为成效显著单位，在三省政府秘书长(南昌)会议上作典型交流发言，并成功承办安庆会议。

【信息化建设】 数字城市建设大头落地，市区320平方公里范围外业数据采集和调绘全面完成，已提交数字化成果。市城区“金土工程(一期)”建成并投入使用，土地登记发证系统正式上线运行。市城区城镇地籍库更新完善，桐城、岳西、怀宁等地城镇地籍库完成更新，太湖县地籍管理信息化水平领全市之先。市城区部分新建小区土地登记发证立等可取，市政务服务中心窗口连续三年获得先进窗口称号，获得全市唯一的行政审批“六进”服务先进窗口称号。全市累计办理国有土地使用权证3.76万份，市城区1.71万份。测绘资质和保密管理、地理国情普查、耕地后备资源调查评价、普法宣传、国土资源监测、地价动态监测、电子档案建设取得进展。

(汪　丹)

【土地收购储备】 2014年，市土地收购储备中心按照国民经济计划、土地利用规划、城市规划、生态规划“四规合一”的原则，编制并严格执行《2014年度安庆市城区土地收储计划》，全年新增储备土地4300亩、出库土地1151.61亩，至12月底，中心储备规模达

14800亩,超出市政府下达目标任务的48%,累积支付收储资金20.76亿元,储备总量和资金支付总量均达到历年最高值,已连续三年受到省储备中心表彰,并被市委、市政府评为2014年全市投融资工作先进单位。

全年围绕重大项目、重点工程,围绕土地出让和增加收益,围绕招商引资项目,创新工作方法,抓好土地收储,服务市经济社会发展。4月,中心成为全省首家取得土地储备融资规模控制卡的土地储备机构,获批银行贷款融资规模66亿元,通过融资项目合作,实现授信规模66亿元。在土地储备资金保障下,中心顺利推进北部新城高速出入口、长风港、人民路地块、老汽车站地块、独秀文武学校地块、机场大道棚户区改造等一批项目,促进市重点工程和教育、保障房建设等公益事业的建设。围绕新城吾悦城市广场、林安物流园等重点招商引资项目,中心做好相关地块收储和整理工作,并配合市国土局出库土地10宗,实现土地出让金收入67452万元。

物价管理

【概况】 2014年,市物价局发挥价格部门职能作用,稳物价、促发展、惠民生,保持市场价格总水平的基本稳定。CPI涨幅1.3%,比控价目标低2.2个百分点,分别低于全国和全省0.7个百分点、0.3个百分点。市物价局分别荣获全国价格认证工作先进机构、全国农本调查先进单位、全省(市)依法行政示范单位、全省价格系统收费统计优秀集体、全市政务信息公开以及政务信息宣传和党建工作先进单位等17项荣誉,得到市委、市政府的贺电表彰。

【价格调控】 加强监测预警。全市价格监测点增至71个,对464个品种商品和服务价格实施价格监测。根据价格走势及时撰写牛肉价格走势、粮食作物土地承包费、公交票价调整、非居民用天然气销售价格调整等20余篇调研报告,及时为政府决策提供参考依据,其中《关于运用价格政策促进东部新城房地产健康发展的若干意见》获得市政府主要领导的批示肯定。调适防控政策出台完善社会救助和保障标准与物价上涨挂钩联动机制,下调启动标准、扩大补贴范围,保障困难群众生活基本不受价格上涨影响。动用95.65万元价调基金对市回民等少数民族困难低保家庭一次性价格补贴和11家蔬菜基地再生产进行扶持。新增18家平价商店,市区平价商店总数达31家,全年销售平价蔬菜1000多万公斤,让利市民600万元。规范引导,公布《安庆市2014年度涉农价格和收费目录》,全市共召开各类价格告诫会、政策提醒会和新闻发布会23场(次),编印各种宣传材料7.6万份,规范市场价格行为,引导市场消费预期。

【促进经济发展】 将涉企收费纳入清单。从8月份开始,经过4个多月的清理,建立市县两级涉企收费清单制度。12月30日,市政府公布《安庆市市级涉企收费清单》,市级涉企收费项目由252项减少到86项,年减轻企业负担9300万元左右,市成为全省项目最少、标准最低、监管最严的地区之一。收费规范,窗口提效,开发园区行政事业性收费免收42项,减少收费1亿元。城区79项经营服务性收费取消7项,免收2项,降标28项,减轻企业负担2500万元。提请市政府出台《安庆市基本建设项目大配套费征收使用管理办法》和《关于第二批基本建设项目收费纳入市政府政务服务中心联合窗口的通知》,将纳入政务服务中心窗口统一办理的基建项目收费从13项扩大到22项,71个收费项目免征、缓征金额近4000万元。出台政策措施,调整安庆市非居民用管道天然气工商业到户销售价格,对工业企业出台相关优惠政策,尤其对全市所有小微企业用气实行0.1元/立方米的价格优惠。加大城区开发园区42项"零收费"政策执行情况的督查。组织开展商业银行服务收费专项检查,责令市区7家商行清退涉企违规收费155.68万元。

【价格改革】 深化天然气价格改革。9月1日,对市车用天然气价格每立方米由4.05元提高到4.38元。同时,疏导工商业天然气价格矛盾,拟定《安庆市工商业天然气价格调整方案》上报市政府审定,经市政府批准,出台《关于调整安庆市非居民用管道天然气工商业到户销售价格的通知》。推进垃圾处理费征收改革,按法定程序,稳妥调整《安庆市城市生活垃圾处理费征收方式和征收标准》。开展其他价费改革,降低已建住宅居民生活用水一户一表安装费标准和管道然气新增用户建设安装价格,减轻居民负担。调整《安庆市公交空调车票价标准》,规范部分公交票价以及汽车旅客运价。适时调整市驾驶员培训收费标准。

【民生价格服务】 扎实做好海口镇174辆农公

班线车辆的收购评估工作，确保6月28日市政府要求的城区至海口镇与皖河农场公交线路的顺利开通，赢得市委、市政府和沿路区镇政府及群众的好评。完成市区黄标车及老旧车、淘汰报废汽车回收拆解价格认定工作，保障机动车所有人的合法财产权益。对养老服务机构以及特殊群体生活用水、用电、用气、有线电视、旅游景点门票、公交票价等多项价格实行优惠政策。对城区低收入家庭的保障性住房租金标准实行优惠。及时制定孝泰园公益性墓区价格和市纱帽山公益性壁葬墓穴价格。会同市房产局开展市区住宅小区物业服务收费整顿规范专项活动，进一步规范物业服务收费行为。联合市人社局、市药监局先后对市区11家慢性病定点药房和部分非慢性病定点药房、非医保定点药房、社区医疗服务中心等开展检查和调研，并提出具体监管措施，通过逐条落实，把虚高的药价降下来。价格诉求快速办理，受理群众来电、来访、来信以及市民心声、人民网、物价网和"1584政风行风热线"等网络问政810件，办结率100%。全市共立案查价格违法案件47件，实行经济制裁742.56万元。对《百姓问政》反映的价费热点问题，迅速整改落实。

【价格转型创新发展】 基础工作有新突破。对20项重要商品和服务价格实施成本审核，核减不合理费用2.99亿元。对26个新建商品房住宅价格成本认证，剔除不合理成本5.87亿元。认定605件非住宅类房屋价格，直接增加地方税收4810.21万元。制作价格宣传片，编发2期《宜城物价》和6期《物价专报》，上报价格政务信息409条(篇)，发布价格政策信息近4000余条。效能建设提升，"两证"办理由2个工作日压缩到1个工作日，基本建设项目收费审核压缩申报材料30%。深化行政审批制度改革，清理行政权力清单。推进收费公示制度，实行"阳光收费"。结合价格服务活动，解决21个企业发展、群众关注的价费问题。

（黄　洁　秦晶晶）

工商行政管理

【概况】 2014年，市工商局围绕经济社会发展及市委、市政府中心工作，服务市场主体、服务群众、服务社会。

服务经济发展，营造宽松平等的准入环境。工商局全面贯彻落实企业登记制度改革各项举措，实施注册资本实缴制改为认缴制。推进企业信息公示，10月1日，国务院《企业信息公示暂行条例》正式实施。市工商局组织县(市)区市场监督管理局和开发区工商分局相关人员举办培训班，采取多种形式进行宣传。创新服务方式，在乡镇街道建立企业信息公示帮扶站点，指导企业按规定报送和公示年度报告。探索实现电子营业执照和全程电子化登记管理，市工商局在全省率先开通企业设立登记网上申报方式，提高办事效率。7月23日，发出市第一份网上受理审批的营业执照。简化市场主体住所(经营场所)登记手续，落实国务院确定的113项工商登记前置审批事项改为后置审批，推进工商登记制度改革"先照后证"的落实，进一步向市场放权。8月29日，在安庆市政务服务中心工商局窗口，安庆某航运有限公司拿到安庆市贯彻国务院取消和调整行政审批事项决定后的第一份营业执照。推动工商注册登记的便利化，加快办件速度，将审批时间由原来3～5个工作日提高到1～2个工作日，当场办理办件量由原来的40%提高到现在的85%以上；简化办事流程，对企业登记行政审批事项进行整合，把企业名称预先核准等多个审批事项合并为"企业登记"一项，并全力推进"一表通"审批、"容缺预审"审核机制等便利化措施；创新登记方式，在全省率先推出通过电话咨询、网络申报、在线审批、物流配送新审批方式，将传统的"面对面"登记升级成为"键对键"登记。2014年，市新登记内资企业户数、注册资本(金)均高位增长。全市新登记内资企业7931户，比上年增长47.8%；新登记企业注册资本合计250.29亿元，增长61.9%。至12月底，全市实有企业数达39559户。其中，全市实有内资企业(含私营企业)达39344户，增长21.2%。全市实有外资企业215户，下降3.2%；注册资本(金)为10.18亿美元，增长17.1%。新登记个体工商户19162户，新登记资金数额23.07亿元。全市实有个体工商户达184484户，增长9.43%；资金数额达114.24亿元，增长22.45%。实施商标品牌战略，围绕"品牌兴市"战略，推进商标战略实施。帮助企业争创商标品牌。2014年，全市拥有有效注册商标达12307件，增长19.3%，居全省第二位；新认定"友源""柏兆记"2件中国驰名商标，全市拥有中国驰名商标26件(其中司法认定3件)，居全省第二位；新认定安徽省著名商标34件，全市拥有安徽省著名商标达192件，居全省第三位；新认定安庆市知名商标80件，全市拥有安庆市知名商标264件。培育地理标志证明商标。支持老字号企业发展，对“胡玉美”“余良卿”“柏兆记”“麦陇香”等4家老字号企业实地走访，开展老字号知识产权保护，引导和支持老字号企业进行商标防御注册，加强对老字号企业商标的保护，打击侵犯老字号商标权及企业名称、商业秘密的行为；帮助老字号企业建立商标品牌发展规划，运用商标战略开拓市场，增强企业竞争力。帮扶“余良卿”成功争创安徽省著名商标。开展商标质押贷款助企融资，帮助企业盘活无形资产，全年全市办理商标专用权质押贷款9件，帮助企业融资6300万元。创新服务电子商务发展，放宽市场准入，培育网络经营主体；加强引导扶持，促进实体经济转型升级；发挥职能作用，助推网络经营主体做大做强；强化监督管理，规范网络交易秩序。引导安全网络消费，减少网络消费纠纷，遏制网上欺诈行为，向市场主体广泛宣传《网络交易管理办法》，帮助企业申请电子营业执照链接标识。安徽天仙网络科技有限公司不打烊电子商务网站等8家网站经营主体已完成网站亮照亮标工作。鼓励个体工商户做大做强，提升市场竞争力，推动个体工商户转型升级为企业，促进市民营经济发展方式转变和产业结构优化升级，对个转企出台税费减免、准入便捷、金融支持、财政奖励等多项优惠举措。开展合同服务，守合同重信用工作，推进“守重”企业创建工作。安庆三江建设工程总公司等5家企业，首次获得国家工商总局2012—2013年度“守合同重信用”单位公示。安徽曙光化工股份有限公司等10家企业继续获得国家工商总局2012—2013年度“守合同重信用”单位公示。至此，市共有15家企业获国家工商总局“守合同重信用”公示企业。全年办理动产抵押520件，助企融资18.86亿元，办理拍卖备案158件，成交金额3.4亿元。

加强市场监管，营造公平竞争的市场环境。规范市场秩序，维护金融和社会稳定，市工商局在全市范围内开展清理规范非金融性投资公司、寄卖行经营行为专项行动。打击假冒伪劣，全市工商系统共计出动执法人员11000余人次，检查经营户38700多户次，立案1460件，查获假冒茅台等国内名酒1447瓶件，假冒香飘飘奶茶5621杯，假冒“红牛”饮料500件，假冒“信顺”葡式蛋挞皮281件28100个，假冒“CM朝美”防尘口罩294箱，假冒“洛阳”牌轴承461件，假冒“联朔”牌PVC排水管653根，假冒“泰山”牌轻钢龙骨8160米及劣质螺纹钢186吨，查获假冒“阿迪达斯”等知名品牌的皮包、服装、鞋袜560个(件)，假冒飞利浦灯具6980个，查获假冒“飘柔”等洗发露910瓶袋，假冒“舒肤佳”香皂1835块，假冒“汰渍”洗衣粉431包，假冒“大宝”洗面乳86瓶，涉案金额1230余万元。安徽省工商局在全省推广安庆市工商局的打击假冒伪劣商品工作。清理整治违法广告，加强“三线三边”户外广告的整治工作，共拆除违规户外广告286块，路铭牌广告10块，督查更换、维修破损户外广告128块，对未经登记擅自发布的16块户外广告予以立案查处，督促企业发布户外公益广告12块。加强广告行政指导，落实广告发布审查责任，至12月底，共监测各类媒体广告33024条(次)，印发广告监测报告9份，下发监测预警通知书6份。开展整治互联网重点领域广告专项行动，重点对辖区内互联网网站发布的保健食品、保健用品、药品、医疗器械、医疗服务等含有虚假违法内容的广告和信息进行集中整治。全市监测检查相关网站93家，未发现有重大严重违法广告发布行为。严厉打击传销。加强殡葬用品市场管理，市工商局对辖区内经营殡葬经营用品的经营户进行全面清理登记，对城区30户棺木加工经营户，全部下发责令整改或停业通知书，对于无照经营的和整改未到位的殡葬用品经营户的用品进行封存。加强网络市场监管，开展2014年红盾网剑专项行动，对辖区内提供网络商品交易平台服务网站进行检查，共检查网站367户，查处一起利用网络销售侵犯LANCOME注册商标专用权的化妆品案件。开展查处取缔无证无照经营行为专项整治，以涉及人民群众身体健康、公共安全、安全生产、公共娱乐场所等的无照经营活动和破坏自然环境的无照生产经营活动为重点对象。共出动执法人员1982人次，检查经营户12417户次，责令改正并补办营业执照918户，查处和取缔无照经营户267户，向有关部门抄告70户。加强农资市场和成品油市场监管，对农资生产、销售相对集中的地区及批发市场、专业市场和集散地进行重点检查，查处销售“傍名牌”农资行为、冒充进口农资等坑农害农违法行为。共检查农资市场238（个次）、各类农资经营户3943户(次)，查处各类农资案件224起，案值39.63万元。加强农资商品质量监测工作，共抽检农资商品312组，并及时对其中56组不合格农资商品依法进行立案查处。对加油站(点)的进销台账和各种票证、进油渠道、出售油品所执行的标准等开展全面检查,并组织监测抽查加油站(点)76 个,抽检成品油样品 146 组,不合格 62 组,不合格率为 42.4%,立案 53 起。安徽省于 11 月 1 日零时起国Ⅲ车用柴油全面退出市场,为确保油品升级工作,市工商局开展 0# 车用柴油质量抽检行动,共抽检 13 组。

开展消费维权,营造安全放心的消费环境。开展“3·15”消费者权益日纪念活动。3 月 14 日晚,在安庆电视台举办安庆市纪念“3·15”国际消费者权益日电视晚会。3 月 15—16 日,安庆市工商局、安庆市消费者协会、《安庆日报》社、《安庆晚报》在安庆皖江公园联合开展“3·15 我们在行动”大型宣传咨询活动。市消协在活动现场受理投诉 4 起,咨询 30 余人次,发放宣传材料 1100 余份。市工商局报送的《安庆市工商局查处安庆市开发区老庆祥珠宝店销售商标侵权黄金案》、《热水袋爆裂伤人,安庆工商助索赔》分别被评为 2013 年安徽省工商系统十大打假典型案例和十大消费维权典型案例,在“3·15”活动期间向社会公布。宣传新《消法》,推进 12315 消费维权“绿色通道”建设,加强 12315 中心电话接通率、消费者满意率等指标的量化考核,提升基层消费维权网络建设水平。全年,市工商局 12315 中心及消费者协会共受理消费者咨询、投诉、举报 7974 起,为消费者挽回经济损失 256.52 万元。加大流通领域商品质量监测力度,维护商品市场秩序。以消费者申诉、投诉、举报比较集中,与人民群众生活密切相关的儿童玩具、家用电器、建材、服装、日用品等为重点品种,突出商场、批发市场、集贸市场、专业门店等重点场所,特别是结合区域性、季节性、节日性消费特点,确定相应的监测品种,有针对性地开展定向监测、专项监测和跟踪监测。共对电动自行车、儿童玩具、电线电缆、建材等 180 个批次商品进行抽检。

提供坚实基础保障。加强工商法规宣传,完善执法制度规范体系。继续开展行政审批项目清理,对保留、取消、下放的项目进行再次清理、再次确认,将行政职权由年初的 622 项整合为 345 项。会同市人民检察院开展工商行政处罚案件“两法衔接”工作。以服务地方经济发展、依法履行工商行政管理职能为中心,采取多种形式和载体提升宣传报道工作水平。精心打造的新版门户网站于 11 月 19 日正式上线运行。开通安庆工商政务微博、微信。全年在各级各类媒体登载稿件 1000 余篇,多次刊登在人民网、网易、新浪、腾讯、《中国工商报》、《新安晚报》、《安徽法制报》、《皖江晚报》、《安徽工商》、《工商文汇》、《安庆晚报》、《安庆日报》、安庆电视台等国家、省、市媒体上。其中在国家级、省级媒体登载稿件 43 篇,省级工商类媒体登载稿件 278 篇。编发工商行政管理简报 36 期, 工商专报 11 期。

【实施注册资本实缴制改为认缴制】 3 月 1 日,国务院出台《注册资本登记制度改革方案》。市工商局全面贯彻落实企业登记制度改革各项举措,实施注册资本实缴制改为认缴制。放宽注册资本登记条件,允许注册资本“零首付”,不需提交验资报告,激发创业活力。市工商局驻政务服务中心窗口接待政策咨询日均接待量 80 ~ 100 人次,同比增加近一倍;办理名称预核准同比增长 6.8%; 办理开业登记数量同比增长 62%,平均每个工作日登记企业约 27 户;办理增加注册资本同比增长 72.8%;新登记一人公司数量同比增长 332.4%。

【培育地理标志证明商标】 市工商局落实市政府《关于实施商标富农战略 培育地理标志证明商标的实施意见》,围绕市自然、人文和产业优势,对农产品资源状况进行全面普查,对特色农产品的历史文化渊源等进行充分论证,从中挖掘出一批有特色、有优势的农产品。主动与市地方志办公室等部门联系,对相关产品的历史记载、文献资料进行搜集、汇集、编纂,对地理标志产品的特定品质与特定地域环境或人文因素的联系等情况进行论证说明。枞阳大萝卜等市 19 种地方土特产品入选 2014 年《安庆年鉴》。年内,“怀宁贡糕”“太湖黄牛”“太湖六白猪” 等地理标志证明商标获国家工商总局商标局注册。另有“枞阳老洲山药” 等 10 件地理标志证明商标已向国家工商总局商标局递交申请。至 12 月底,市拥有地理标志证明商标 8 件,居全省第二。

【清理规范非金融性投资公司、寄卖行经营行为】 开展清理规范非金融性投资公司、寄卖行经营行为专项行动,对已登记注册的非金融性投资公司、寄卖行进行全面摸底排查,摸清数量、分布及业务开展情况。加强教育,提高对非法集资、高利放贷的严峻形势和社会危害性的认识。加大辖区内非金融性投资公司、寄卖行整治力度,对公司成立后无正当理由超 6 个月未开业,或者开业自行停业连续 6 个月以上的,依法吊销其营业执照,对超范围经营行为立案查处。强化涉嫌非法集资广告资讯信息排查清理工作，加大对各类从事贷款、投资担保、投资理财服务、融资咨询服务中介等企业利用户外、印刷品等媒介涉嫌非法集资广告的审查力度。全市共排查各类投融资、理财服务类企业435户，查处非法发布融资广告案件2起。共对城区范围内非金融性投资公司309家、寄卖行126家进行现场检查，与244家非金融性投资公司、寄卖行签订承诺书，并要求经营者将证照和承诺书悬挂在经营场所显著的位置，自觉接受群众的监督。责令办理变更登记5户，注销登记7家，立案查处3起，对28户广告虚假宣传、超经营范围、名称与经营范围不一致的违规行为责令限期整改。

【打击传销】 4月15日，市打击传销工作会议召开。会后，市工商局开展打击传销“皖剑—2014”专项行动，全市工商、公安部门共出动执法人员3500余人次，执法车辆820余台次，在媒体开展宣传120余次，散发宣传材料9500余份，张贴宣传画2800余张，发布警示提示1250余次，捣毁传销窝点27个，教育遣返传销人员170余人。协助公安部门抓获犯罪嫌疑人48人，刑拘48人，逮捕7人，移送起诉13人，涉案金额共计1750余万元。全市参加“无传销社区（村）”创建工作的社区（村）有316个，表现突出的社区（村）有68个，已通过考核验收、被命名为“无传销社区（村）”并颁授牌匾的有16个。

（戴　勇）

质量技术监督

【概况】 2014年，安庆市质量技术监督局有序平稳推进改革，启动市、县两级质监部门体制下划和食品生产环节监管职能转划等改革，采取主要原则统一、方案实情结合、充分征求意见、公平公正合理、温情关怀辅助的改革办法，至5月底，改革工作初步完成。

抓好质量监管。制定印发安庆市《贯彻质量发展纲要推进质量强市建设2014年工作方案》，从强化产品质量安全监管、加强重点工程和重大设备质量安全监管、提升服务质量满意度水平等方面，明确2014年度质量强市活动的11项具体工作内容和各相关职责单位。组织召开全市质量强市工作推进大会，争取市政府将每年市政府质量奖、质量奖提名奖获奖名额由2个调整到3个，对质量奖提名奖也给予10万元奖励。促进质量工作纳入市政府目标考核体系，推进质量强市进程，岳西县新设立政府质量奖，设立政府质量奖的县（市）区达6个。继续大力实施名牌、标准战略。

保证质量安全。开展质量提升行动，围绕重点产品开展多层次的监督抽查，至10月底，共抽查785家企业1077批次产品，合格1019批次，合格率94.61%，同比上升0.62个百分点。运用“质量流动诊所”这个新的活动载体，围绕电线电缆、复混肥料、车用汽柴油、食品包装材料等10类重点产品开展质量提升行动，上门帮助企业实行质量综合问诊，提升产品质量。加强特种设备安全监察。打击质量违法行为，开展“质检利剑”专项行动，重点打击农资、纺织产品、食品用纸制品、非法生产“伪基站”设备和窃听窃照专用器材、汽车农机产品及配件假冒伪劣等违法犯罪行为，维护群众切身利益。继续开展“计量惠民”工程，加大对集贸市场、医疗机构以及水、电、气、油等与人民群众生活密切相关领域的计量检查力度。

服务经济发展。制定服务经济发展10条措施，建立领导干部服务重点企业制度。深入企业开展多种形式的服务工作，对20余家重点骨干企业开展卓越绩效管理培训，提升企业质量管理水平。启动企业首席质量官培训工作，共培训138家企业150余人，督促企业实行首席质量官制度。推进市、县政务服务标准化建设，怀宁、桐城、岳西3个县级政务服务中心成为全省政务服务标准化示范中心，支持潜山县获得国家美好乡村综合标准化示范县称号和全国美好乡村建设标准化试点项目。对城区29家单位41台燃煤承压生活小锅炉开展专项整治。省运会等全市大型活动期间，对接待驻地的接待用品质量、特种设备安全以及服务标准规范等进行专项监督检查，共检查接待宾馆（酒店）44家，检查相关特种设备112台（套）；对参与省运会开幕式表演的“威亚”开展重点安全检查和培训，保障重大活动顺利进行。出台振兴市老字号企业发展服务措施，帮助相关企业解决困难和问题20余件。

提速增效。提升技术机构能力建设，国家石化质检中心（皖西南质检中心）通过国家认监委资质认定复评审和扩项评审，被国家工业和信息化部核定为

"工业(石油产品)产品质量控制和技术评价安徽实验室",填补安庆市此项空白。市计量所启动国家实验室认证认可工作。市纤维检验所国家实验室认可监督评审顺利通过。市特检中心在全省实验室资质认定专项检查中被通报表扬。提升科研能力,全系统共向国家总局、省局申报科研项目5项,前期被国家总局立项的3项在研项目取得阶段性成果。起草制订国家标准1项,制订省地方标准3项并已发布实施。加强干部队伍建设,树立系统良好形象,质监窗口周艳芳获"安徽省三八红旗手"称号。

【实施名牌、标准战略】 全年共推荐安徽名牌产品15个、省卓越绩效奖7个;获得安徽名牌12个,省卓越绩效奖4个。完成第四届安庆市政府质量奖评价工作。初选27家企业拟授安庆名牌称号。新获苏浙皖赣沪名牌产品1个。争取将地理标志产品保护工作列入市政府政策扶持范围,对新获保产品给予一次性20万元奖励。新批准通过国家地理标志保护产品1个,公示受理1个,至年底,全市拥有国家地理标志保护产品5个。全市共组织申报国家、省地方标准制订项目12项,国家标准批准立项1项,省地方标准批准立项6项。已发布国家标准5项、行业标准2项、省地方标准3项。标准化良好行为AAA级企业确认1家。天柱山旅游发展有限公司被评为全国旅游标准化示范单位。

【特种设备安全监察】 争取市人大先后两次专题调研全市特种设备安全工作。将城区特种设备日常安全巡查工作交由各区局负责,实行科、所、队、局联动,实施"分解化""网格化"监管。同时,利用媒体及公众的质量安全监督力量,研判社情舆论,加强风险预警。至10月底,共检查特种设备使用单位458家,在用设备2187台(套),下发《特种设备安全监察指令书》62份;重点检查涉氨企业6家,气瓶充装企业11家。全年特种设备安全运行,没有发生一起较大安全事故。

【简政放权】 成立市质监局行政审批办公室并进驻市政务中心集中办公,将局5项行政许可项目和1项便民服务项目全部纳入政务服务中心质监窗口办理,实行"一个窗口对外、一站式服务",做到"两集中、两到位"和"受理、审查、批准"三分离。自5月1日起将特种设备使用登记许可权限和施工告知下放到各县(市)区市场监管局。自6月1日起将组织机构代码证现场年检改为网上年报,进一步简化行政审批手续,提升服务工作效率。还拟同在各区市场监管局设置机构代码办证点,最大限度地方便群众。加强和改进机动车检验工作,简化检验机构建设审批流程,满足群众不断增长的检车需求。

(市质监局)

审　　计

【概况】 2014年,全市审计机关共实施审计(调查)项目348个,审计经济责任人73人。通过审计,财政增收节支41911万元。其中上交财政705万元,减少财政拨款或补贴3399万元;归还原渠道资金870万元;核减工程投资36936万元。通过审计处理处罚移送公安机关立案侦查案件线索和有关主管部门处理事项各1件,4人被判刑,1人受到政纪处理。提交审计专题报告、综合性报告和信息简报及各类信息共计497篇,其中被上级有关部门采用215篇(次)。安庆市审计局被人社部和审计署联合表彰为"全国审计机关先进集体";被审计署表彰为"2013年度全国政府性债务审计先进公务员集体";被安徽省精神文明建设指导委员会授予"安徽省文明单位"称号;被市依法行政工作领导小组评为"安庆市依法行政示范单位";被省审计厅评为全省审计机关实施"质量提升工程"先进集体、"全省审计系统精神文明先进单位"。

【重大政策贯彻落实情况审计】 组织开展对市委、市政府出台的加快经济发展"四大政策"贯彻执行情况的专项审计调查,向市政府出具专项审计调查报告,提出完善"四大政策"的意见建议并被采纳。根据审计署统一安排,开展稳增长、促改革、调结构、惠民生政策措施落实情况跟踪审计,通过审计及整改促进中央和省、市政策措施的贯彻落实和执行到位,促进经济平稳运行、健康发展和转型升级。同时,对13家市直部门贯彻执行中央、省、市有关控制"三公"经费政策情况进行专项审计调查,出具审计报告,评价政策执行绩效。

【预算执行及财政决算审计】 2014年,全市共完成审计单位64个(其中预算执行审计57个,财政决算审计7个),审计调查单位1个,审计查出主要问题金额28.86亿元。市审计局注重发挥财政"同级审"在审计业务中总揽全局的作用,将重大经济政策和宏观调控措施贯彻落实情况、政府投资建设工程项目的竣工决算和跟踪审计情况、民生工程情况、市属4所高校基本建设项目及债务等审计情况纳入到财政“同级审”。关注预算编制的科学性、预算执行的合法性、预算支出的效益性,结合资金投向是否正确、管理是否规范等问题,评价政府及其部门的财政资金使用绩效、决策管理绩效等,提高经济发展的质量和效益。

【经济责任审计】 全市全年共完成审计单位68个,审计经济责任人73人(其中党委、政府21人,党委政府工作部门33人,行政事业单位49人,人民团体3人)。在审计的73位领导干部中,县处级领导15人,县处级以下领导58人。审计共查出违规金额5002万元。受市委组织部委托,2014年市本级组织实施的市直部门领导干部及县区党政主要负责人经济责任审计项目15个。扩大审计监督面,委托市公安局及市教育局内审机构分别对所属8个单位的主要领导干部进行任期经济责任审计;授权潜山县审计局对5个乡镇党委政府主要负责人(市管领导干部)进行任期经济责任审计。

【固定资产投资审计】 全市审计机关共对165个单位(工程项目)进行审计或审计调查,审计项目投资完成196296万元,核减工程投资额33393万元。2014年,市审计局按照《大建设指挥部第六次指挥长会议会议纪要》要求,对建安工程投资额超2亿元的开工项目均进行跟踪审计,实现对重点建设项目实行跟踪审计全覆盖。组织开展工程价款结算审计,2014年完成的33项工程价款结算审计项目投资总金额11.57亿元,核减工程造价1.92亿元,平均核减率16.59%。开展对政府收回地块的土地收储成本费用情况审计以及对安庆职业技术学院等市属4所高校基本建设项目专项审计,为市政府控制土地收储成本及化解市属高校债务风险提供参考依据。

【专项资金审计】 全市审计机关共开展专项资金审计项目8个,审计调查6项,审计专项资金总额55151万元,核减投资额3113万元。组织开展对市财政和市本级85家一级预算单位至2013年末的财政存量资金情况进行专项审计调查,摸清市本级财政存量资金底数,为下一步加强财政存量资金管理和盘活财政存量资金提供可靠依据,避免大量财政资金“趴在账上睡觉”。开展对涉及民生资金和项目的专项审计,重点开展对市本级保障性安居工程、市财政扶贫资金、农村公路危桥加固改造项目资金等涉及民生工程(资金)的审计监督,防止挤占挪用、跑冒滴漏。

【审计整改】 2014年,市本级实施及完成审计项目34个,对46个单位实施审计,128个问题已进行整改或纠正处理,整改纠正率为94.1%;查出违规问题金额1378万元,促进有关被审计单位整改落实问题资金12632万元。其中上交财政234万元,归还原渠道资金173万元,已调账处理金额1725万元,核减投资额10500万元。提出审计建议127条,采纳93条,采纳率73.23%。被审计单位制定整改措施308条,建立和完善制度92项。

【政务公开】 全年通过市政务公开网公开政府信息247条,通过市局门户网站发布各类信息574条,编发安庆人民广播电台“审计之窗”稿件53期。推进政务公开制度建设,规范政府信息公开工作程序和行为,汇编《安庆市审计局政府信息主动公开工作制度》等18项政务公开制度。公开2014年对5家单位实施的审计处罚结果;对年度项目计划的征集、年度项目计划的安排、年度项目执行结果及审计发现问题的整改情况进行全过程公开;在公开财政同级审工作报告的基础上,将财政“同级审”工作报告反映问题的整改情况、5个预算执行单位的2013年度预算执行审计结果、2个政府投资建设项目审计结果进行公开。

(储　君)

统　计

【概况】 2014年,市统计局推进统计改革,提高统计数据质量,加快建设群众满意的现代服务型统计,完成各项工作任务,获第三次经济普查全国先进单位、全省节能减排先进单位和全市十佳为民服务机关(科室)等称号。

夯实基层基础。推进“双基”规范落实,以市政府办公室的名义印发《关于进一步加强和改进乡级统计工作的通知》,从加强对乡级统计工作的领导、加强统计队伍建设、强化乡级统计职能、强化数据质量责任、建立考核激励机制五个方面对夯实统计基层基础提出明确要求。全市11个县(市)区以及经开区均出台关于加强基层统计工作的规范性文件。全面做好年报工作，做实基本单位名录库。加强统计信息化建设，投入120余万元进行统计软硬件建设；投入40多万元，增设防火墙，确保统计网络安全运行；投入14万元，对部分电脑进行优化更新；投入10万元，升级改版市局内外网站，投入56万余元，完成民调中心建设。

抓好统计教育培训。开展对领导干部统计培训，会同市委组织部组织开展全市党政领导干部统计知识培训。开展对党校主体班学员统计培训。借助党校平台推进“统计进党校”活动，开展战略性新兴产业、科技企业及创新调查、服务业企业、全市能源统计、基层统计人员统计培训。

推进统计法治工作。加强统计法规宣传教育，加大统计执法检查力度。明确县（市）区责任，与各县（市）区签订《统计行政执法目标责任书》，将统计执法融入统计日常工作之中，明确局专业科室责任，将统计执法检查工作与专业数据核查紧密结合，做到常态化。强化专项检查，7月中旬至9月底，组织开展规上服务业企业统计专项执法检查，在5县1区，检查22家规上服务业企业。开展“一套表”联网直报专项检查，按照国家局、省局的统计部署，组织开展“一套表”联网直报专项整治行动，全市共检查1000家单位，对统计违法企业进行查处和追责。

【统计服务】 完善调度机制。完善内部专业分析研判机制，重点抓好对数据的管控和协调，每月由综合科牵头，召集工业、商贸、投资和服务业等专业科室，重点核查分析评估即期“企业一套表”数据，确保误差可控，及时形成每月经济预报、快报和统计分析；完善部门经济研判机制，重点抓好部门数据关联性、匹配性等问题，突出牵头作用，扩充到14个部门参与，每月主持研判例会联合分析研判，剖析瓶颈制约和经济变化态势，形成综合意见；完善县（市）区分析研判会议机制，重点加强对区域经济态势的把握和协调统计工作。每月县（市）区就各自经济运行态势、变动特征集中交流汇报、查摆症结，各科室点评协调，引导县（市）区统计部门提高对本地区经济运行态势的关注度，当好党政部门参谋；完善基层调研检查机制，班子成员主动带队深入基层，零距离接触调查对象和基层统计人员，增强把脉经济的敏锐度，提升经济研判能力。与市委政研室联合开展县域经济调研，调研报告受到市委主要领导的肯定和批示。配合市人大常委会到潜山、怀宁等6个县（市）区开展统计依法行政专题调研。完善2014年县（市）区目标管理绩效考核办法和涉及市发改委、市财政局等30多个部门和单位的考核办法，制定承担省政府目标考核任务的市直有关单位的考核办法，增强市直相关部门、单位目标责任意识。加强月度点评，在上年考核工业、投资、商贸、财政等指标的基础上，强化对电子商务、旅游和现代农业的点评考核，确保月度点评更加科学合理，每月全面及时收集资料，进行点评分析，引导各县（市）区和市直各部门争先进位，加速转型、加快发展。

【丰富统计产品】 每月初有月度预报和快报，中旬有统计分析，月末有统计月报，重大问题有专题报告。《月度点评专报》按月编印，作为每月市委常委扩大会议材料，为各级领导及时掌握全市经济形势提供重要参考。按季度编印《安庆服务业统计》期刊，供市领导及各县（市）区及各部门决策参考；创办《安庆民生安全月报》，收集整理市直19个部门和单位提供的80项民生相关指标，全面反映安庆社会、生态、安全、民生等进展情况，便于市委市政府领导了解和掌握民生安全方面情况，为安庆社会建设、生态建设和民生改善提供统计保障和决策依据；编写并及时发布《安庆国民经济与社会发展统计公报》、编写《安庆市第三次全国经济普查公报》；收集整理如期出版发行《2014安庆统计年鉴》；配合新闻单位做好反映全市经济社会发展最新成果的宣传报道；及时发布社会公众关心、关注的数据信息，开设网民互动，及时办理、答复网友各类咨询留言。全年市统计局共发表各类信息1500余篇，发挥参谋助手作用，满足社会各界对于统计数据以及统计服务的需求。

【经济普查】 开展普查宣传，印发《安庆市第三次全国经济普查宣传工作实施方案》，落实普查登记阶段各项宣传工作。完成普查登记，至登记采集时间点，共完成4万多个普查单位、20多万个个体经营户的普查现场入户登记及近3000家直报用户的普查数据和建筑物信息PDA采集。开展数据评估，加强普查数据审核，利用部门力量参与普查数据审核评估，把查遗补漏贯穿于普查登记全过程。开发普查资料，制订《安庆市第三次全国经济普查资料应用开发计划》，提出普查资料应用开发的总体思路和目标，对普查资料应用开发工作进行安排部署。

（孙　荣）

公共资源交易管理

【概况】 2014年，市公管局围绕中心、服务大局，依法履行公共资源交易监管职责，以发现问题为导向，以风险排查为突破，加强内部管理，加大防控和打击违法行为力度，服务安庆经济社会发展。公共资源交易范围拓宽，大病医疗补助保险、规划设计招标、户外广告使用权招租等公共资源项目首次进入市公共资源交易中心公开招标。全年办理完成公共资源交易项目1006项，中标金额111.48亿元，节约资金9.20亿元，土地出让类增收资金0.90亿元。交易项目数量首次突破1000项，中标金额首次突破100亿。

【制度建设】 6月开始，市公管局根据《安庆市公共资源交易监督管理办法》及其实施细则规定，研究出台《安庆市公共资源交易监督管理局公共资源交易方式审批暂行办法》《安庆市公共资源交易监督管理局重特大项目监管和服务暂行办法》《安庆市公共资源交易监督管理局抽取评标专家工作流程》《安庆市评标专家考核管理暂行办法》《安庆市政府投资大建设项目招投标绿色通道暂行规定》等制度。9月，成立制度建设领导小组，开展制度建设专项行动。按照公共资源交易十八步标准化流程，草拟各流程应建制度目录。

【现代化交易平台建设】 2014年，市公共资源交易平台全面升级改造，有效解决场地、网络监管的瓶颈制约，现设有信息发布大厅、4个开标室、4个封闭评标室、监控室、档案室、信息管理室，交易平台设施大为改善。公共资源交易电子化平台硬件建设完成，软件操作系流程实现网上报名、网上缴纳投标保证金、网上支付工本费、网上上传招标文件、网上下载招标文件等功能，同时网上开标、网上评标、远程电子化评标、电子数据存储等工作已排出任务清单、完成时间节点。

【重建评标专家库】 7月开始，市公管局按照省发改委统一规定条件征集评标专家，通过报纸、网络等媒体，发布评标专家征集公告，正式启动专家库的重建工作。争取省发改委支持与重视，提高入库专家评标能力。9月20日，安徽省招投标协会在安庆专门举办"安徽省综合评标专家（安庆片区）入库培训班"，对新征集的经省发改委审核通过的604名专家进行集中培训考核。至年底，颁发省级评标专家证书工作、市库并入省库工作已经完成。入库专家中安庆市区为341人，各县（市）为263人。为征集更多评标专家，充实专家库，市公管局对评标专家征集工作实行常态化办理，集中报省发改委审核。

（市招标局）

安全生产监督管理

【概况】 2014年，全市共发生各类事故1543起，死亡283人，占省政府下达全年控制指标289人的97.9%。与上年同期相比，事故起数下降10.3%，死亡人数下降1.7%；发生较大事故3起，死亡9人，与上年同期相比，事故起数下降25%，死亡人数下降50%。其中，生产经营性事故发生383起，死亡144人，与上年同期相比，事故起数下降8.5%，死亡人数下降0.9%；生产经营性较大事故1起，死亡3人，与上年同期相比，事故起数下降75%，死亡人数下降83.3%。连续12年实现死亡人数持续下降，连续7年获得全省安全生产工作先进单位。

【建设安全生产责任体系】 构建党政同责体系。市、县（市）区两级均出台安全生产党政同责、一岗双责暂行规定。建立领导联系部门包保责任制，市委常委和市政府各副市长共16人除按照安全生产"一岗双责"原则负责所分管行业领域内的安全生产工作外，还联系1个县（市）区的安全生产工作，市安委会12个成员单位各包保1个县（市）区安全生产工作。从严从重事故调查处理。对2014年发生的3起较大事故，组织并邀请市监察局、公安局、检察院、总工会等部门对事故进行调查，查明事故原因，汲取事故教训，提出整改和防范措施，对相关单位和人员依法严肃处理。严格监督各县（市）区对一般安全事故的调查，全年共依法处理事故责任人44名，其中党纪政纪处分16人，行政处罚170余万元。

【构建齐抓共管格局】 开展"安全安庆建设年"活动。组织实施生产安全、环境安全、交通安全、消防安全、食品药品安全、治安安全等六大安全工程建设，将环境安全、食品药品安全、治安安全纳入安委会的工作范畴。理顺安全监管行业管理关系。全面推进"管行业必须管安全、管生产必须管安全、管业务必须管安全”等“一岗双责”全覆盖，理顺一些相对不明确的行业领域安全监管主体，先后明确铁路道口、油气管线、危险化学品运输、人民路地下商业街等行业的监管主体。发挥安委办的综合协调作用，以联席会议、联合检查、联合发文等形式，解决市直部门与地方政府、重点企业与政府部门在安全隐患整治工作中的矛盾纠纷。全年市安办召开综合协调会 26 次，解决 23 个存量和临发性安全隐患。

【强化化工城市安全】 组织开展风险评估。请国家安科院专家对安庆油气管道安全情况进行风险评估，出具《安庆油气管道安全风险评价报告》，提出风险防范措施和 45 项隐患整改要求。开展“清场”、“设障”专项整治。组织市直有关部门和安庆石化分公司多次开展“清场”“设障”专项行动。实施穿城油气管线由地埋改架空敷设，安庆石化穿城油气管线全部改为架空管廊。开展智能化监管，完善炼油至港贮厂际油气管线监控及防护设施，实现全线智能化监管。组织开展川气、仪长线等油气管线隐患排查整治。组织开展除安庆石化以外的油气管线安全隐患大排查，大整治，并将排查出的安全隐患列入市、县两级政府挂牌督办。启动穿城油气管廊迁建工作。市政府与中国石化总公司达成协议，决定对穿越城区中石化安庆分公司 2 条 11.6 公里油气管廊带实施迁移。选址咨询报告已完成。

【保障生产生活安全】 强化隐患排查治理。全年共排查整治各类安全隐患 4960 余条，重大安全隐患 154 处。其中 2014 年度第一批市级挂牌各类安全隐患 17 处，第二批市级挂牌各类安全隐患 13 处，年底前全部整改销案；安庆石化 45 处隐患已整改 38 处；川气、仪长等油气管线安全隐患 79 处，已整改 54 处，隐患风险基本可控。在全市范围内集中开展“打非治违”专项行动，市政府多次成立督查组，对各地专项行动开展情况进行督查。推进危化、矿山重点县区攻坚，2014 年市大观区被列为全省危险化学品攻坚克难重点区、枞阳县被列为全省非煤矿山攻坚克难重点县，聘请 15 名专家对大观区化工企业进行安全诊断服务，提出 150 余条整改意见和建议，推动大观区 6 家构成危险化学品重大危险源企业、15 家涉及重点监管危险化学品企业和 5 家涉及重点监管危险化工工艺企业升级改造。全面推进和巩固地下矿山监测监控系统、井下人员定位系统、井下紧急避险系统、压风自救系统、供水施救系统、通信联络系统等“六大系统”建设，开展尾矿库综合治理，推进尾矿库在线监控技术应用，全年共关闭 9 家小型非煤矿山。开展烟花爆竹专项整治，组织对 2013 年度退出的 20 家烟花爆竹（原材料）生产企业进行“回头看”，严防非法生产反弹，全程监督指导并完成宿松县 5 家烟花爆竹生产企业退出任务。至年底，市烟花爆竹生产企业已全部退出。集中开展烟花爆竹经营安全“百日整治”专项活动，全年全市受理烟花爆竹“打非”案件 28 起，行政拘留 27 人，治安罚款 2 万元，收缴各类烟花 21980 件，爆竹 3230 件。

【应急防范】 加强应急预案管理，市安监局会同市政府应急办，对市直各有关部门、各行业领域应急预案进行集中修订，并编制成册。加强各生产经营单位应急预案报备，各企业应急预案向所在地行业监管部门报备，各行业部门向安监部门报备。集中开展油气管线应急演练。4 月 28 日，由省政府主办，安庆市政府、省应急办、省安监局、中石化安庆分公司承办，举行安徽省安庆市油气管线突发事件联合应急演练，共有 33 家单位、400 台装备、647 人参加演练，全省 11 个市级安监部门及特邀单位共 400 多人参加观摩。副省长杨振超到现场指导，应急演练组织工作得到国家安监总局充分肯定。统筹推进矿山、危险化学品、建筑施工、道路交通、水上交通、消防、旅游、水利、地质及公共安全等各个行业领域应急演练，全年全市共开展各类应急演练 80 余次。

【企业安全管理】 组织开展新安全法宣传贯彻工作，在《安庆日报》开设整版宣传，在城区推进新安法宣传公益广告。各县（市）区也开展形式多样的宣传培训工作。各级安委会成员、安监部门工作人员、企业负责人均参加培训。开展安全文化建设示范企业和安全社区创建活动，全年共创建国家级、省级 5 家安全文化示范企业和 2 家安全文化示范社区。推进企业安全诚信建设，推行企业主要负责人安全生产承诺制，对不开展安全生产标准化、重大安全隐患不及时整改和发生安全生产事故的单位列入“黑名单”，并向全市金融机构通报。

（吴大找）

食品药品监督管理

【概况】 2014年,市食品药品监管局完成体制改革,实现新旧体制的平稳过渡。围绕保障食品药品安全,打基础、建机制、抓监管、谋发展,完成各项任务,全市没有发生一起食品药品安全责任事故。

加强食品安全监管。全市共检查食品生产企业1568家次,淘汰落后食品生产企业31家(户)。加强食品流通监管。结合日常监管和市场巡查,帮助完善食品安全管理制度,排查超过保质期和“五无”食品,全面排查隐患。加强食用农产品和食品批发市场监管,逐步规范食用农产品标签标识及经营条件,提高食品安全系数。试行转基因食品专柜销售,保障公众知情权和选择权,全市共有137户超市设置转基因食品专柜。加强婴幼儿配方乳粉质量安全监管,对2632户婴幼儿配方乳粉经营单位建立有效监管档案。深化食品消费监管。完成2211家餐饮服务单位首次动态等级评定,并同步开展“文明餐桌”和“寻找笑脸就餐”活动。推行网格监管,实行分片包干责任制,打击违法违规行为,严防餐饮食品安全事故发生。推进小餐饮整治和餐饮食品安全示范街创建工作,对持证食品生产经营单位检查覆盖率达100%。

加强药械安全监管。继续落实药品生产质量授权人和驻厂监督制度,加强对47家药械生产企业生产工艺、处方和关键环节的监督核查,严格落实药品生产质量管理规范。推进新修订药品GMP实施,市5家制剂类药品生产企业全部通过新版GMP认证,比国家规定期限早1年多完成。开展药品生产驻厂监督38次,GMP跟踪和飞行检查89家次,发现并责令整改一般问题17项。加大认证指导,8家药品批发企业顺利通过新版GSP认证。出台过渡期零售药房GSP认证指导意见,缓解执业药师短缺问题。改进GSP检查方式,开展GSP跟踪检查1723家次,完成193家零售药房新版GSP认证。多方联动,推进医保药房和特殊药品监管,责令整改5家。推进药品零售连锁化发展,全市连锁总部已发展到20家、门店207家。加大基本药物电子监管,规范企业经营行为,严防挂靠经营和过票行为;登录中国药品电子监管网1399次,核实处理预警信息252条,督促企业实现“见码必扫必上传”。严打药械广告违法行为,监测查处违法药械广告16件。出台《安庆市食品药品安全“黑名单”管理办法(暂行)》和《安庆市药品零售企业过渡期内GSP认证实施意见》。

加强保健食品、化妆品监管。在摸底排查的基础上,结合日常监管,重点检查企业持证状况和生产经营资质,开展信息比对核查,追溯产品来源,打击经营假冒盗用批准文号、标识功能不实、夸大宣传等产品的行为。保健食品监管突出减肥、辅助降血压、增强免疫力等重点品种,全市共检查保健食品经营企业1325家次,查处保健食品违法案件7起。化妆品监管探索试行“四个一”(建立完善一套数据库,推广使用一套台账,开展一次专项整治行动,组织一次专题宣传)措施,为979家化妆品专兼营企业建立基础档案,培训指导提高辨识真伪能力和自律意识,检查责令整改98家,立案查处5起,没收不合格化妆品23.2千克。

健全监管机制。建立食品安全舆情监测机制,适时发布食品安全风险预警3次。加强药品不良反应和医疗器械不良事件监测,分别完成监测报告4916例和684例,报告数质量居全省第一;首次监测药物滥用44例、化妆品不良反应29例,监测范围扩大。加大抽样检验,突出重点品种,开展食品药品安全风险监测和监督抽样检验,发现问题产品,及时监督下架、召回、销毁。全市抽检药械1450批次,其中基本药物550批次,检验出不合格36批次;抽检食品3082批次,涵盖酒类、儿童食品、休闲食品、奶制品、糕点、罐头、食用油、肉制品、饮料、调味品、米面制品、保健食品等,对不合格产品一律下架、退市,并依法查处。加强应急管理,完善应急预案和处置规程,分别在怀宁、大观开展食品药品安全突发事故应急演练,提高应急处置能力。上海“福喜”事件发生后,及时封存并监督召回福喜食品70件。加强投诉举报体系建设,市、县(区)全面开通24小时投诉举报电话12331,投诉举报件件有回复。

开展各种宣传活动。拓宽宣传渠道,丰富内容和形式,食品药品安全社会共治的氛围初步形成。推进餐饮食品安全信息公开,扩大公众食品消费知情权和监督权。组织开展食品安全宣传周、安全用药宣传月、食品药品安全科普宣传等活动,举办集中宣传活动78场次,市本级举办11场;举办“食品药品安全大讲堂”36场,市本级举办12场;发放宣传资料9万多份、手机温馨提示短信23万余条。在广播电台、电视台和光彩户外电子屏,持续播放安全用药公益广告,强化宣传效果。加强从业人员培训，共举办 52 期，培训 1.1 万人次，强化企业的主体责任和守法经营意识。参加“百姓问政”市级媒体联动活动。

【完成监管体制改革】 按照省委、省政府的统一部署，市食品药品监管体制改革工作于 1 月正式启动，至 4 月底先后完成监管职能整合、相关机构组建和人员划转等关键性工作，市工商行政管理局食品流通监管科、市质量技术监督局食品生产监管科人员、编制、设备一并划入市食品药品监管局，市卫生局食品安全综合协调职能同期划入市食品药品监管局。改革后的市食品药品监管局新增食品生产、流通环节监管和食品安全综合协调的职能，内设机构由原来的 7 个增至 10 个。同时，在原食品药品检验所和食品安全监督所的基础上，组建食品药品检验中心和稽查支队 2 个正科级直属事业单位。县（市）区工商、质量技术监督、食品药品监督 3 局合并，组建市场监督管理局，乡镇（街道）在工商所的基础上建立市场监督所，综合行使市场监管职责，包括食品药品安全监管。9 月，市、区食品药品监管事权明确；年底，各县（市）区市场监管机构及派出机构又统一加挂食品药品监督管理牌子，食品药品监管网络健全，新一轮监管体制改革任务基本完成。体制改革期间，全市食品药品监督系统加强对基层食品药品监管工作的督查指导，先后开展 9 次监管业务培训，基层队伍食品药品监管能力得到提升，顺利实现新旧体制的平稳过渡。

【整治难点热点问题】 围绕食品药品安全热点和难点问题，以及保障重大节日市场安全，集中开展各类专项整治行动，打击制售假劣及各种违法违规行为。按照国家总局和省局统一部署，结合市“安全安庆建设年”专项行动，先后组织开展肉及肉制品、农村食品市场“四打击四规范”、学校食堂等食品安全专项检查整治 12 次，开展医疗器械“五整治”、中药材及饮片等药械类专项检查整治行动 11 次。发挥食品安全综合协调作用，与农委、工商、教育部门联合，组织开展食用农产品、食品批发市场、建筑工地和学校食堂专项整治，整体提高食品安全水平。全市共检查涉药单位 6587 家次，查处药械类违法案件 117 起；检查食品经营户 241143 户次，责令整改 6397 家次，查扣不符合安全标准食品 1721 公斤，查处食品违法案件 1278 起。打击食品安全犯罪行为，向公安机关移送涉嫌食品药品违法犯罪案件 4 起。

【确保重大活动期间食品安全】 2014 年，市重大活动多、时间长，食品安全保障要求高。市食品药品监督局强化监管，排除隐患，驻点监督全程保障，做好食品安全保障工作。提前谋划部署，分层召开会议，签订食品安全承诺书，明确企业主体责任。加强事前监管。3 月组织开展餐饮食品安全专项整治，全市联动，排查隐患，净化食品安全环境。省运动会期间，从各县（市）区抽调 31 名业务骨干充实安保一线，确保所有接待酒店至少 2 人驻点 24 小时全程监督监测；加大投入，采购一批食品安全快速检测装备，同时争取省局食品检测车和技术人员支持，开展不间断食品流动检测。明确片区督查责任，白天督查酒店安保工作，晚上会同区局巡查夜市，严防食品安全事件发生。加强宣传，张贴食品安全提示，提醒运动员和餐饮从业者做好食品安全工作。加强应急管理，保持投诉举报电话 24 小时畅通；完善应急预案，开展应急推演，确保遇有情况快速处置。全年完成重大活动、领导视察等各类食品安保 27 次。仅十三运期间，就对 72 家定点接待单位，共 2 万余人次，进行 79 天的食品安全保障，审核食谱 1623 份，采集留样食品 10273 份，张贴食品安全告示 5000 份。

（黄知开）

人力资源开发与管理

【专业技术人才队伍建设】 2014 年，全市共有 10 人获评 2014 年度全省战略性新兴产业技术领军人才。全面完成综合工程、建设工程、教育、艺术等序列的专业技术职务评定工作，评定高级职称 508 人、中级职称 4522 人。组织开展大中专毕业生专业技术资格认定工作，全面规范非公专技人员职务职称评审。

【技能人才队伍培养】 组织举办全市职业技能大赛，评定表彰 5 个工种高技能人才 25 人，3 人参加全省创业大赛、1 人参加全国创业大赛。强化人才培养基地建设，申报评定省级博士后工作站 1 个、技能大师工作室 3 个，审核认定市级技能大师工作室 12 个。全市共培养新技师 438 人，培训高级工 3410 人，开展职业能力鉴定 2.43 万人次。

【社会服务人才队伍建设】 加强政府特贴人员管理，出台《2015—2021 年市政府特殊津贴管理办法》。制定《安庆市社会服务人才队伍建设办法（试行）》，组织实施“企业和社会服务人才”行动计划，公开招募54名高校毕业生到基层社区从事服务工作，联合复旦大学举办社会服务骨干培训班，探索建立符合市实际的社会服务人才培养、引进和使用机制。

【公务员管理】 全面完成2014年度公务员考录工作，录用公务员513人。组织开展公务员初任培训、科级公务员任职培训，承办大别山基层公务员知识更新培训，提升公务员队伍整体素质。

【机关事业单位人事管理】 强化机关职位职数管理，开展机关事业单位超职数配备干部专项检查和“吃空饷”问题专项治理，推进机关事业单位人事管理规范化、制度化。健全事业单位岗位管理、合同管理和公开招聘制度，实现岗位认定的规范化、常态化。加大绩效工资调研力度，加快建立科学规范的指标体系，全面完成市直机关津补贴调整及事业单位2014年度绩效工资水平的核定工作。

（张　凡）

劳动就业管理

【推进就业】 推进就业促进民生工程实施，全市城镇新增就业8.98万人，下岗失业人员再就业2.88万人，就业困难人员再就业10042人，农村劳动力转移就业新增7.99万人，城镇登记失业率3.68%。

【推进创业】 夯实创业载体，持续推进创业园区标准化、规范化建设，安庆市人力资源产业园暨青年创业园顺利开园。强化大学生创业孵化基地建设，联合市科技局、团市委组织开展“促进高校毕业生创业”专项活动，对入驻基地的42名大学生创业领创人，安排22名干部实行“一对一”挂钩帮扶服务。举办创业模拟实训教学示范班，增强创业培训的针对性和实用性。

【加大服务企业用工力度】 创新建立职介经纪人制度，组建1200余人的职介经纪人队伍，采取市场化运作方式服务重点骨干企业用工，引荐3000余人就地就近就业。开展“三专、三代、三全”服务活动，建立服务企业用工长效机制。

【做好重点群体就业帮扶工作】 组织实施“三支一扶”、基层特定岗位招聘和就业见习计划，1313名高校毕业生实现基层就业。加强离校未就业高校毕业生就业帮扶，实名帮扶6028人，帮扶率100%。加强就业援助，创建市级充分就业社区29个、国家级充分就业社区1个。发放家庭困难高校毕业生求职补贴115.28万元，惠及1441人。

【开展职业技能培训】 创新技能人才培养模式，组建以安庆技师学院为龙头、8县（市）共同参与的技能人才培养战略合作联盟，推动办学教学资源优化整合，推进校地校企深度合作。全面开展“工学一体”就业就学省级试点，探索建立“政府引导推动、企校合作融合、招工招生同步”的就业就学人才培养模式，推进生产教学一体化，定向培养高素质技术技能人才。执行2014年就业技能培训工种目录和补贴标准，组织举办改善企业培训班，提高培训的针对性和实效性，满足企业经营管理人员和城乡劳动者多样化培训需求。2014年，全市组织开展就业技能培训24427人次、创业培训4220人、岗位技能提升培训12757人。

（张　凡）

对外开放

招商引资

【概况】 2014年，全市招商引资工作抢抓皖江城市带承接产业转移示范区建设的机遇，推进强势招商，克服各类要素资源制约，各项工作全面落实，招商引资总体态势良好。全年引进亿元以上项目291个，招商引资项目实际到资668.28亿元，占目标任务的119.3%。其中亿元以上境内省外项目到位资金为564.7亿元，全省排名第五位。新签约项目中重大项目增多，10亿元以上工业项目36个，覆盖全市各县（市）区、开发区和集中区。引进重大工业项目和战略性新兴产业，带动产业结构优化。新引进12个10亿元以上的服务业大项目，提升现代服务业整体水平。

年内，市委、市政府主要领导先后多次带队赴北京、上海、广州、深圳、杭州、宁波、福州、厦门等沿海发达地区开展招商引资，洽谈推进新能源汽车、富士康智能机器人、京港天然气、深圳宝捷迅集团、浙江海亮生态农业集团、杭州派迅实业公司、福建世纪金源集团公司等相关项目。分别在北京、上海、广州、杭州等地举行8场综合经贸交流和土地、文化旅游等专题招商活动。推行月度例会，市政府每月召开一次招商引资工作月度例会，听取各地招商项目情况汇报，通报在手项目信息，整体协调推进全市招商引资项目，推进项目引进工作。完善工作体系和管理机制，根据宏观环境、产业发展和形势变化，对《大项目招商引资政策导则》修订完善，合理界定大项目标准，在规划、土地、财税等方面完善大项目招商政策，发挥政策的引导作用，增强招商的针对性和有效性。

【创新招商方式】 分解下达市政府系统招商引资目标任务，结合安庆（深圳）经贸活动，市发改委、市经信委、市国土局、市商务局、市招商局等30多家市直单位引进一批新能源、高端装备制造、电子信息、生物制药等新兴项目，市直招商成效显著；北京、广东、浙江、上海4个驻外办事处招商进展顺利，有在手项目36个，康体产业园、汽车发动机油水分离器项目、二维单原子层样品和块材制备产业化项目等先后落户；结合市产业结构、行业特点和发展趋势，推动优势企业做大做强。市大观区飞凯高分子材料公司投资10亿元建设新生产线，望江县以纺织服装为主，推动申洲集团扩大生产规模，新增投资6亿元，开工建设申洲国际服装工业园，加速望江纺织服装产业的集聚度。

【夯实基础工作】 建立和完善招商引资“五库”（项目信息库、安庆籍商界精英名录库、商协会名单库、市主导产业国内外100强企业库、产业招商信息库）；完善安庆招商网，增加模块功能；重新录制《安庆招商宣传推介片》，市级层面毕马威企业咨询（中国）有限公司编印《安庆市投资环境研究报告》（2014版）、《安庆市投资环境研究报告》（深圳专版）、《安庆市招商政策汇编》和《安庆市重点招商项目册》，加大投资环境的宣传力度。同步推进电视台、电台、报社、网络媒体、移动平台等对招商活动进行全方位宣传报道。

【安庆（北京）经贸活动】 5月20日，在北京举办“安庆（北京）经贸活动”。各县（市）区积极对接洽谈项目，遴选参加集中签约工业项目19个，总投资137.41亿元人民币。市直有关部门与北京市经信委及28家北京企业交流对接，达成广泛的合作意向。会议期间，市领导走访考察中国航天科工集团公司、软通动力信息技术（集团）有限公司等多家知名企业。

【安庆（深圳）经贸活动】 11月28日，在深圳举办安庆（深圳）经贸活动。邀请正威国际集团、比亚迪深圳股份有限公司、广东省温氏集团、深圳三航工业技术研究院、毕马威企业咨询（中国）有限公司、安踏集团、深圳宝捷讯公司等70多家知名企业参会。对接项目375个,审核遴选集中签约项目75个,签约总额298.1亿元。

（耿存和）

外 事

【概况】 2014年,市政府外事侨务工作围绕市委、市政府中心工作,抓好两个服务,加强对外交流,规范外事管理,做好为侨服务,各项工作取得新进展。

扩大对外交往。加强与外国驻华使领馆的联系。在上海举办与外国驻沪总领馆联谊会,29个国家和地区的54位领事官员参加联谊会。年内,应邀先后参加土耳其驻沪总领馆国庆招待会、斯洛文尼亚驻沪领馆文化推介会和泰国驻沪领馆招待会。美国驻沪领馆签证官来安庆举办出国留学签证专题讲座,以色列领馆向市推荐莫沙夫培训项目。6月,邀请13个国家驻华使节来太湖参观考察五千年文博园,7个国家与五千年文博园合作共建中外文化交流中心。10月下旬,邀请阿根廷、乌拉圭和瑞典等12个国家驻沪总领馆官员到安庆进行参观访问,宣传推介天柱山旅游资源。

推进友好城市交往。2014年,友好城市俄罗斯列宁格勒州金吉谢普市市长维克多·格舍列率政府代表团来访,市委书记虞爱华会见并与其就城市基础设施建设、建筑材料等项目的合作进行洽谈磋商。与德国伯夏德市、西班牙阿甘达市建立友好合作关系,与意大利普拉托省坎塔嘎呐市就建立友好城市关系进行探讨交流。

外事管理服务。加强因公出国(境)管理。贯彻落实中央八项规定,根据因事定人的原则,加强因公出访管理工作。在审批过程中严格把关,切实根据工作需要安排出访,坚决制止一般性考察,防止没有实质性任务出访,切实规范因公出访活动。2014年,市级领导团组获批3个;自组县处级团组5个(人);获批的市直各类参双跨团人员13人。所有因公临时出国人员共计33人,与2013年基本持平。办理签证通知函电53份,79人次;办理护照11本。实施电子护照项目,7月1日正式启用因公电子护照,实现市因公出国(境)任务网上申报,标志着市外事管理跃上新台阶。加强涉外管理。召开两次全市涉外管理工作会议,使各县(市)区相关部门和单位对加强涉外管理工作起到应有的重视。完成我市涉外管理网络建设和调查统计摸底工作。

（任 鸿）

侨 务

【服务经济社会发展】 加大与国外知名侨领的联系,通过安庆籍侨领引荐,与各国安徽同乡会和知名商会进行联系与接触,邀请他们回安庆参加各项科技、教育和经贸等活动。加拿大温哥华安徽同乡会会长赵完全于5月率当地侨商与华茂集团就纺织工业创意坊合作建设事宜进行洽谈;美国南卡州文化教育交流中心的康怀英女士6月下旬来访,与市教育局、市属高校就对外合作项目进行洽谈,涉及缔结友好学校、教师学生互派和开办国际班等项目。通过合作交流,加深海外侨胞对安庆市经济社会发展的了解,增强安庆在海外的影响。

【服务侨资侨属企业】 围绕《归侨侨眷保护法》及《安徽省实施办法》,建立"五侨"联动机制,对全市范围内6家重点侨资侨属企业进行联合调研。针对侨资侨属企业经营发展、华侨投资权益保护等方面存在的问题,妥善予以解决,受到企业的好评。为4家具有发展潜力的侨属企业争取省财政、省侨办贷款贴息22万元。

【维护侨商侨眷权益】 做好信息沟通、政策引导等各项服务,妥善处理侨商陈良明来信反映要求促成望江县尽快开工建设滨河路延伸工程、侨商毛凌云请求帮助协调青岛市侨办解决其企业经营发展中遇到的民事纠纷。2014年,完成本年度侨属困难补助费的分配、发放工作,发放救济费35000元,归侨补贴费9600元;为10名侨眷子女办理升学加分证明;为1名华侨办理回国定居手续;为10名侨眷办理侨眷证;为岳西县争取"侨爱工程—陈沙立先生救护生命万里行捐赠"项目救护车1辆。

（任 鸿）

侨联工作

【接待来访】 2014年,市侨联接待3个侨团及友好市侨联来访。4月16日,香港颜纯炯先生一行5人率团来市,就市金属尾矿治理和综合利用,与市国土局、安监局等部门交流,到枞阳官桥恒源矿业公司实地考察,达成合作意向。9月9日,香港双龙集团董事长蒋建民一行来市就港口建设工作进行交流,与商务局、海关等单位座谈,达成合作协议。12月,邀请上海市侨联一行来安庆考察,就开展"健康光明行"活动达成共识,与上海市女企业家协会在安庆开展扶贫工作进行商谈。

【海外联谊】 完成马来西亚星洲日报集团对80名小学生资助工作的申报、核准、资金发放和检查验收工作。与澳门明爱中心进行合作,组织10位安庆市知名书画家作品赴澳门开展书画慈善展活动,为脑瘫患者、自闭症儿童募集首批慈善款2万元。组织市自闭症儿童培训中心校长陈源芳一行3人,赴日交流考察,双方签署项目合作协议,日本自闭症教育机构对市人员进行培训并给予项目支持。9月,在潜山野寨中学开设由浙江新华爱心教育基金会捐助实施的珍珠班,首期50名"成绩特优、家庭特困"的高中生,3年学费、住宿费全免,每人每年享受2500元生活补助。

【为侨服务】 为3家侨企协调解决融资贷款、利息补贴、道路通行证等困难。按照新调整的扶贫点,对枞阳县横埠村进行走访慰问,对老侨属进行慰问。争取2万元"志明公益基金"对自闭症儿童进行慰问。完成2名老归侨的口述历史笔录,收录进《徽风皖韵聚侨心》一书。

【招商引资】 牵线搭桥引进香港双龙集团公司投资建设汽车整车进口口岸项目,经省政府同意在安庆市建立,正向国务院上报。项目计划用地1500亩,年批零兼售进口车辆3万~4万台,交易规模约300亿元人民币,税收约100亿元。为ABT汽车改装及零部件项目提供服务,在厂房施工过程中,帮助其协调供电、渣土运送等方面问题,厂房主体工程已经完工。为岳西来榜镇引进由日资企业利通生物技术有限公司投资种植芥末项目,签定合作协议,项目已实施,日方保证每亩收益不少于4万元,为安庆市农产品转型升级提供示范作用。

(祁　兢)

出入境检验检疫

【概况】 2014年,安庆检验检疫局检验出境货物2170批,货值6761.2万美元;入境货物512批,货值10386.4万美元,包装789批。签发各类证书(单)4322份,优惠产地证1052份,一般产地证585份,新增产地证注册企业37家,新增进出口备案企业84家。优惠产地证签发金1.3亿美元,企业享受783.9万美元的关税减免,比上年同期增长4倍,首次签发新的中瑞产地证10份。5家企业被总局授予"中国质量诚信企业"。出入境体检1603人次,检出传染病102人次,其中1例艾滋病感染者。社会体检5237人次。省保健中心体检专用车首次驶进安庆口岸开展职工体检,为安庆远航公司200多名职工进行健康体检。

【质量安全】 茶叶出口实现零的突破。安徽良奇生态农业科技有限责任公司生产的绿茶首次成功出口到比利时、法国及非洲等国家。年内出口42批次,货物数重量585.57吨,货值271.427万美元。其中检出7批货物不合格,不合格数重量54.85吨,不合格金额22.02万美元,为企业挽回经济和信誉方面的损失。及时跟踪安庆旺旺食品有限公司从安庆口岸进口新西兰奶粉,沟通协调相关部门、单位,特事特办,量身定制检验检疫优惠政策,为奶粉进境通关便利化提供保障,确保奶粉顺利从安庆口岸进境。推进辖区肠衣生产企业对外注册,主动与上级相关部门联系,争取早日获得对巴西出口资格。年内辖区肠衣生产企业出口比上年同期批次增长100%,货值增长177.5%。发挥一类口岸优势,申报安庆港为国家粮谷(豌豆、大豆)的进境指定口岸。强化口岸进口粮食、饲料等产品的装卸、运输、加工和下脚料处理等全过程风险管理,对七楼植物检疫实验室进行全面的改造,获得总局原则同意。密切与海关的协作,推进关检"三个一"(法定检验检疫商品进出口,海关与检验检疫部门一次申报、一次查验、一次放行)工作,华泰林浆纸业等3家公司已率先实现"三个一"。海关和检验检疫的一次申报均已双向开通。至12月底,安徽华泰林浆纸有限公司、安庆昌胜进出口有限公司等13家企业的进口实现一次申报、一次查验、一次通关。开展退运产品调查,对6家出口纺织品、电子产品企业的14批退运产品实施稽查,约谈主要责任人,提升安庆出口商品信誉。创新服务,保健中心提供预约加急服务、邮寄快递证书服务和预约接种服务。复制上海自贸区做法,开展风险评估,建立企业质量安全承诺制度。

【检验监管】 向企业宣传贯彻政府双边检验检疫协议等相关政策，做好输非商品的检验监管工作，加大打击出口假冒伪劣商品的力度,在提高检出率上下功夫。加强对危险化学品及其包装,出口食品包装,进口棉花,成套设备、医疗器械等重点敏感商品的检验监管工作，特别是出口危险化学品及其包装检验，检验人员坚持100%的现场验货,保证检验工作质量,年内检验危险品包装392批,检出不合格8批。检验进口棉花30批,不合格27批,索赔27批,赔回28.38万美元。开展进境有害生物截获工作。对进境原木检验检疫，发现2批进境原木携带土壤等禁止进境物，并截获线虫、真菌等有害生物,携带有害生物的货物计103.19立方米,7.19万美元。加强医学媒介生物的监测工作。规范入境集装箱卫生检疫开箱查验工作。1—12月份集装箱检疫2881只标箱（其中出境1477只标箱;入境1404只标箱);出入境船舶检疫1艘;出入境人员检疫10人。出口食品集装箱适载检验93批次/251标箱;集装箱卫生处理1404只标箱(消毒)。入境船舶卫生监督发现问题1例,入境集装箱卫生检疫查验发现卫生学问题1例,检出2只植物害虫(茶翅蝽);出口食品集装箱适载检验发现问题10标箱。加强疫情关注,完善口岸联防联控机制,充实防控物质储备,提高突发事件应急处置能力。安庆口岸核心能力持续提升,从8月1日起,开展埃博拉防控日报告工作。

【新综合实验楼全面启用】 6月17日,新综合实验楼全面启用,使基础设施条件和执法把关能力得到提升。改变原保健分中心的X光机、机房的供电电源超负荷造成大楼存在严重的安全隐患。开辟专用停车棚，改善进口机动车辆检验无检验场地的困扰，给企业报检人员办理业务提供方便。新启用的保健分中心办公条件得到改善,使承担安庆、池州、铜陵3个地区的出入境人员传染病监测与健康体检的业务用房与办公用房独立,开辟候检大厅,安装电子显示屏,公告不同国家疫情通报信息。启用当天就办理华茂出口意大利坯布、鑫旺出口新加坡瓜子和利欧生物进口红花油等进出口商品业务23批；出国人员健康体检7人。

（黄向春）

海　　关

【概况】 2014年,安庆海关全年口岸货运量71.4万吨，比上年增长38%；监管进出口货值4.88亿美元,增长12%;审核报关单4934票,增长14%;入库税款2.3亿元,增长21%;监管集装箱1.59万标箱,增长10%。年内被授予安徽省“卫生先进单位”“第十届文明单位”。

【业务改革】 围绕贯彻长三角海关通关一体化、关检合作“三个一”,结合全面推广区域通关、无纸化报关、税费电子支付等贸易便利化措施,通过广泛宣传、上门推介、“一对一”帮扶,实现与长三角海关的通关一体化以及关检合作“三个一”的顺利运行。无纸化报关和税费电子支付除因企业特殊需求外,实现全覆盖。为企业拓宽进出口通道,节省通关时间和成本,为做强安庆口岸创造机会,2014年通过区域通关实现的口岸货运量占总量的61%。

【海关监管】 查遗补漏织牢综合监管网,采取措施完善修理物品监管的事前告知、严格单证审核、加大查验力度、加强修理过程的延伸监督,做到“重点监管、监管到位”。借公共保税仓库投入运营推进监管场所管理规范化，在推进保税仓库管理规范化的同时，延伸到海关监管场所。与经营单位签订合作备忘录,明确监管区的权力义务,规范管理、优化协作。提高实际监管能力。实施分类查验和查验分流作业,将监管查验工作“前推、后移”,实现查验率为5.99%,查获率为17.03%。改进加工贸易监管。建立周定期交流、重大事项及时交流的沟通机制以提高审批验厂、核查和核销三个环节的相互协作,形成整体合力。立足于早发现、早处置,将中期核查的周期由料件进口后半年逐步压缩到满2个月。

【打击走私】 加强风险分析,锁定棉花和冻品等重点商品,果断出击,在发现宿松某棉纺企业涉嫌走私保税进口棉花线索后,办案人员连续作战,固定证据。注重社会效果，坚持打防结合。针对安庆市具体实际，经总关同意，组织加工贸易企业开展自查自纠。提高案件查发能力，开展加工贸易核查24批次、企业稽查11次，查发违规情事10起。立案处理3起、移交总关缉私局案件线索4起（其中1起已刑事立案），累计案值约1522万元，涉税约530万元，责令3家加工贸易存货管理不规范的企业限期整改。

【服务企业】 坚持向下扎根，真心实意服务企业。及时修订公布《安庆海关行政职权目录表》，做好行政审批制度改革的后续衔接工作。深入各县区开展“察实情、鼓实劲、办实事”活动，与158家企业面对面交流。深化安庆海关创立的“海关客户服务制度”，坚持把国家政策送到企业，把企业疑惑难题解决在基层现场，打响“海锋”服务品牌。提出整改措施84条，立行立改72条，中长期整改12条，整改件件有落实。

（安庆海关）

雄　　峰

安徽雄峰实业有限公司成立于1998年，是专业研发、生产、销售胶条一体型材、彩色型材、无铅环保型材、节能门窗、冰箱配件、矿用机电机械设备、新能源电动车以及从事金融和国际贸易的高新技术企业。公司位于安徽省潜山经济开发区，占地积150亩，注册资本10000万元，总资产20255万元。生产的“雄峰”牌系列塑钢型材、冰箱配件、矿用设备等产品畅销全国各省、市、自治区，深受用户青睐。

公司已通过ISO9001:2008质量管理体系、ISO14001:2004环境管理体系和GB/T28001-2011职业健康安全管理体系认证，是国内首批通过欧盟“ROHS”指令的企业。被安徽省科技厅评定为“民营科技企业”；是安徽省“文明诚信企业”、“守合同、重信用企业”和“A级纳税信用单位”，连续多年跻身潜山县“工业十强企业”，并获潜山县“纳税进步奖”。“雄峰”型材经国家化学建筑材料测试中心检测，各项技术指标达到或超过国家标准，是全国工程建设重点推广产品。公司拥有“省认定企业技术中心”和“矿用装备产品研制中心”，是“安徽省创新型企业”、“安徽省专精特新企业”、安庆市“优秀创新型企业”、“安庆市知识产权优势企业”和“中国塑料加工工业协会异型材及门窗制品专业委员会”副主任单位。公司产品先后获“安徽名牌产品”、“上海世博会金奖”、“安徽省质量奖”等称号。“雄峰”商标2009年被认定为“安徽省著名商标”，2015年被认定为“中国驰名商标”。

开发园区

国家级开发区

【安庆经济技术开发区】 2014年，安庆经济技术开发区规上工业产值575亿元，比上年增长26.3%；规上工业增加值99.4亿元，增长14%；战略性新兴产业产值56.8亿元，增长11.7%；固定资产投资149.2亿元，增长21.5；限额上社会消费品零售总额21.9亿元，增长10.7%；进出口总额45308万美元，增长18.7%；财政收入10.9亿元，增长48.6%。

招商引资。全年新引进亿元以上工业项目33个，10亿元以上工业项目8个，电子商务大项目2个。创新合作模式，成功实现与中航、江汽、富士康、海王生物、嘉寓股份等大企业合作。引进中组部青年千人计划、北大量子材料科学中心超快纳米光电子学实验室主任孙栋，引进高科技领军人才、美国瑞纳玛特公司总裁周继扣，在区内建设高科技项目。依托滨江新区中小企业孵化一期14万平方米园区平台，引进广州五行电子商务公司建设长江电商生态城，"中国网库"成功与安庆20家企业签约，20个单品开展网上销售。

转型升级。安庆国家汽车零部件高新技术特色产业基地完成复核，环新集团被认定为国家汽车零部件出口基地企业，恒昌公司获评2014年国家火炬计划重点高新技术企业，活塞环公司"EVO2.5发动机活塞环组"列入国家重点新产品计划，天仙网络科技被列为省第六批软件企业。15家国家高新技术企业完成申报及复审，新申报并通过认定的省高新技术培育企业17家、省高新技术产品18项。全年发明专利申请量314件，增长63.5%；高新技术产业增加值17.2亿元，增长11.5%。产学研用合作加强，44个产学研项目签约并实施。企业上市步伐加快，"四板"实现零突破，建辉能源成功在上海股交中心挂牌，华鑫重工、南方实业、中力制动、天仙网络科技、绿巨人环境科技等5家企业在省股交中心顺利挂牌。

拓区建设。启动并完成12.5平方公里拓区建设范围内元山路等11条道路施工图设计。启动方兴路西侧老虎山放炮区约5万平方米和安枞公路沿线约13.6万平方米房屋拆迁。推进12.5平方公里控制性详规（包括12.5平方公里拓区范围的经开区三期产业规划编制）以及基础设施建设、征地、拆迁、土地出让计划。全年完成征地4101.57亩，拆迁35.22万平方米，建设还建房面积37.35万平方米，完成投资总额3.12亿元。市政道路续建工程竣工4个，新建项目完工3个，完成投资2000多万元。

（安庆经开区）

【桐城经济技术开发区】 桐城经济技术开发区辖1个街道、17个社区（村），面积68平方公里，常住人口5.6万人。至2014年底，全区入驻工业企业737家，连续多年获安庆市人民政府园区发展综合评价一等奖，被人民网等单位评为"中国最具特色产业开发区"。

主要经济指标稳中有升。2014年，全区财政总收入9.16亿元，其中国税1.46亿元，地税3.43亿元。工业总产值160亿元，比上年增长14.1%，规模以上企业实现工业总产值133亿元，增长14%。固定资产投资56.1亿元，增长7%。进出口总额1.89亿美元。

基础设施建设。完成龙池北路和物流南路的道路建设，续建望溪东路。完成东一路、同祥路、兴源路、南三路污水管网改造工程建设。沪蓉高速桐枞路下穿排水工程竣工并交付使用。完成桃园、大王、东郊安置小区15万平方米安置房建设，完成拆迁624户，安置395户，征地3336亩。架设高低压供电线路8600米，铺设供水管线400米。

招商引资。全年签约省外投资项目10个，引进内资31亿元,实际利用外资1034万美元。引进和正在洽谈的重点项目有:台湾丽晶先进材料股份有限公司拟投资的高光效蓝宝石长晶衬底片项目,中建材集团绿色住宅生产项目,预涂膜包装材料项目,五信科技有限公司新型阻燃材料项目等。

实体经济发展。开发区成为“首批省知识产权示范培育园区”,获“省级印刷包装产业园”。“友源”商标被认定为中国驰名商标,飞腾物流园被认定为“国家4A级物流企业”。艾瑞德、宜桐、金庆龙、中节节能等企业被认定为省高新技术企业,盛运、养和等多家企业17个产品被认定为省高新技术产品。电商产业园正式启动并运营,有100多家企业进驻阿里巴巴桐城产业带。中信银行在开发区设立支行。白兔湖动力、宜桐机械分别在新三板和科技板成功上市。规模以上企业新增10家,税收超50万元企业净增17家,100万元以上企业净增6家。养和医疗公司年纳税1659.7万元,亩均税收83万元;顺驰电缆公司年纳税1247万元,增幅186%;金科集团税收增幅达142%;汇通公司税收增幅53%;天红集团年纳税额突破1100万元。

重点项目建设。雨润集团生猪屠宰加工及生物制药项目、中建材集团超白压延玻璃项目、国家高分子材料质量监督检验中心项目、金田工业园预涂膜生产线项目、鸿江公司无纺布包装项目、冠誉织造公司的高档毛绒布生产项目建成并投入使用。全年重点项目累计完成投资36.1亿元。

社会事业。城乡居民养老保险做到应保尽保,其中,全区6566人达龄领取养老金,为1557位失地农民办理失地农民养老保险,修建村组水泥道路13公里,解决望城、和平、蒋山、涧桥4村2200人的安全饮用水问题,殡葬改革顺利推进。安全生产标准化创建达标企业42家。党建得到加强,区内共有47个支部、396名党员参加党的群众路线教育活动;全年新成立企业支部7个,发展党员27人,培养入党积极分子125人。

(汪　沛)

省级开发区

【安庆市高新技术产业开发区】 2014年,市高新区以基础设施建设、招商引资和项目落地、企业项目建设和服务为重点,推进各项工作。

主要经济指标运行良好。至11月,区规模以上工业总产值15.94亿元,比上年增长27.5%;规模以上工业销售产值13.91亿元,增长27.5%;规模以上工业增加值3.46亿元,增长27%;固定资产投资17.93亿元;税收3444万元。

基础设施建设。凤凰片路网管线基础设施建设:苯甲酸项目、七号地块、茅岭三期、华雯电子项目地块及标准化厂房地块等总面积940亩的土方平整结束,为项目落地提供先决条件。环湖西路五标段、东风圩路面工程已通车;霞虹路一标段、环湖西路三标段、四标段等基本建成;茅清路中段建成通车,园区南北向骨干道路茅清路全线贯通,“三纵三横”路网已基本建成。环湖西路一标段、二标段、纬三路等项目正稳步推进。“安庆变—曙光110千伏”线路建成,为曙光化工园投产奠定基础。公租房3栋楼主体工程均已封顶。凤凰片标准化厂房建设:一期12万平方米建成交付使用;二期44万平方米分批启动,年底前全部开工建设。凤凰片公用工程建设:总投资额为4.6亿的凤凰作业区工业品码头建设工程开工,至年底完成煤炭及件杂栈桥、转运楼桩基施工;公共管廊带一期项目建设加快推进,项目基础工程完成,项目上部桁架工程招标工作启动;安庆高新区消防站及训练基地项目的前期各项审批、项目供地完成,主体工程进入招投标环节。

山口片基础设施项目建设:市政府与中水电十三局签订总投资额为45亿元的“投资建设框架协议”,经市政府研究并提请市人大常务会议审议通过,以“投资—建设”模式实施。规划、土地报批、征迁、可研报告等工作正同步进行,其中山口片总体规划报省政府;控制性规划编制完成;其他各项准备工作年底前全部完成。安置房完成项目选址,年底前启动建设。

皖河片开发建设:皖河片基础设施项目建设进入前期准备阶段,市区两级分别成立由主要领导牵头,相关部门组成的建设指挥部和工作推进领导小组,全面组织、负责项目启动前期的各项准备工作。

招商引资。至11月初,签约项目20个,协议金额550亿元;在谈亿元以上项目25个,总投资300亿元。其中10亿元以上项目5个、5亿元以上项目8个、1亿元以上项目12个;在谈亿元以下项目11个,其中电子商务项目3个、研究院3家、达成意向的上市公司2家、高新技术企业3家。

项目建设。曙光丁辛醇项目完成投资2.3亿元，基础设计获中石化总部批准，正在推进增资扩股工作；煤制氢项目基本建成，完成投资18.7亿元；盈德空分项目完成进度96%，完成投资2.12亿元。4个落地项目于年底开工；5个亿元以下项目于年底入驻标准化厂房。大型投资项目正抓紧跟踪、落实，包括总投资450亿元的京皖公司煤制天然气项目；投资总额为64亿元的晋煤集团140万吨/年高端复合肥及精细化工系列产品项目；投资30亿元的重油催化裂解项目。中玺高分子项目的环评、安评、能评、规划等行政审批工作完成，年底完成进行土地招拍挂。

服务企业。强化与中石化、中安华谊的沟通对接，协调省市有关部门，推进中安华谊项目；泰发二期异辛烷项目完成投资近4亿元，正进行试生产。组织申报企业奖扶，按照市政府关于工业经济发展的相关文件精神和要求，区主动对接园内企业，对符合条件的3家入园企业在建工业项目，指导企业收集、整理资料，获批奖扶资金1200万。

加快人事改革。与市委组织部、市编办和市人社局对接，从全市党政机关选调一批能力强、品德好、作风正派的精干人员，充实高新区管委会力量；首创安庆多个市直部门联合赴省外国家重点高校招聘高素质专业性人才，取得成效；与人才公司和人事管理公司进行对接，探索建立新的薪酬绩效方案，实行全员目标绩效管理，改革内部人事管理制度，实现绩效挂钩。

（市高新区）

【安庆长江大桥综合经济开发区】 安庆长江大桥综合经济开发区位于安庆城区北部，与安庆经济技术开发区毗邻，北靠省级大龙山风景名胜区。占地面积11.8平方公里，建成区面积9.35平方公里。

2014年，园区经营（销售）收入218.64亿元，比上年增长13.8%；全社会固定资产投资33.95亿元，增长12.2%；限额以上社会消费品零售总额34.60亿元，增长11.2%；规模以上工业产值59.12亿元，增长16.3%；招商引资（内资）31.07亿元，招商引资（外资）6426万元；税收总额6.27亿元，占全区71.2%。全园区从业人员达20391人。

项目建设。进区项目累计达120个。年内新进区项目9个，旺旺5期PET生产线项目、小龙人糖果生产线项目、智慧产业园等23个重点建设项目有序推进。总投资10亿元的安庆旺旺5期PET生产线暨自动仓储系统项目获市政府1亿元奖励。“安庆市人力资源产业园”“安庆青年创业园”顺利开园。安徽省南翔贸易（集团）有限公司、安庆旺旺食品有限公司进入2013年度全省民营企业纳税百强；安庆旺旺食品有限公司进入2013年度全省民营企业营收百强和2013年度全省民营企业进出口百强企业。

基础设施建设。道路建设工程：胜利路（中兴大道—龙眠山路）改造完成；独秀大道（铁路桥—元山路）新建完工；文苑路桥、文苑路铁路线下穿完工；芭茅路建设推进。还建房安置工程：C—2、C—3还建房完工并安置；C—6二期还建房项目开工建设；C—4A区公（廉）租房项目基础全面完工；叶祠小学幼儿园完工。征地拆迁：B—10地块都市产业园、独秀大道（纬五路—铁路桥）完成征迁；B—10地块110千伏高压完成迁移。市政基础设施管理有序，园区道路环卫整治，纳入市区统一管理，实行市场化运作。

党建工作。建立机关党员干部联系制度，为企业解决困难。围绕开展创建服务型党组织活动，组织非公企业开展“双强六好”“三有两评”等活动。全年举办2期入党积极分子培训班，共组织78名积极分子参加培训，新发展党员14名，新成立中共安庆五金机电机械商会支部等5家党支部；“七一”区委表彰大会上，中共安徽永安电子科技有限公司支部等6家党组织被命名为“双强六好”非公企业党组织，中共安庆长江大桥经济开发区泉州商会支部等10家党组织被命名为非公党建示范点。2014年，大桥开发区获“区目标管理绩效考核先进单位”“区招商引资先进单位”、“区安全生产先进单位”等称号。

（周义法）

【安庆临港经济开发区】 安庆临港经济开发区（原迎江工业园）是2005年7月经安庆市人民政府批准设立的。2010年12月，安徽省人民政府批准将其更名并升格为省级开发区。开发区规划总面积4.24平方公里。园区以轻工纺织、机械加工及设备制造为主导产业，与周边园区错位发展，形成优势产业带动特色新兴产业集群发展的布局。

至2014年，区内基础设施实现“七通一平”，配套设施较为完善，承载能力得到增强。引进的项目有安徽华泰林浆纸公司、安徽华茂织染公司、安庆华茂佰斯特纺织科技公司、安徽安庆南风日化公司、安庆一枝梅日化公司、安庆横电电缆公司、安徽金斗机械制造公司等企业52家。2014年工业总产值34.02亿元，固定资产投资15.29亿元，税收6268万元。

（杨良泉）

【桐城双新经济开发区】 2014年，双新开发区完成固定资产投资9.06亿元（其中工业投资7.80亿元，基础设施投资1.26亿元），比上年增长33.8%；财税收入2001万元，增长16.4%。全年纳税100万元以上企业2家，新增规模以上工业企业1家。

招商引资。先后多次组织参加省、市招商活动，多次赴上海、江苏太仓、广东佛山等地招商，推介宣传双新开发区，掌握产业转移新动向。接待来自江浙、广东、上海等地客商20余批100多人次。6月，合肥经济圈第五次党政领导会商会议上，合肥包河工业区与双新达成合作共建协议。8月14日，合肥市发改委，合肥市包河区委、包河工业区管委会有关负责人率队来双新考察，双方就合作共建具体内容进行商谈。9月，双新开发区选派2名干部到包河工业区驻点招商。双新开发区与上海松江区石湖荡镇政府合作共建园区达成初步共识。

项目建设。全年新建成投产项目16个，新签约落地项目8个，意向项目12个。华猫标准化厂房项目一期11万平方米基本建成，成为双新开发区招商引资的重要平台。双新物流园入驻物流企业20家。

基础设施建设。双新开发区自来水厂正式投入使用，企业和居民用水难和安全用水问题得到根本解决。11千伏变电站项目邀请安庆市有关部门现场踏勘，正进行项目前期工作。完善道路、绿化、亮化等工程。经十一路（伊洛大道至杨新公路靠近双港镇区段）长477米，宽25米，建设投资470万元，完成征地和建设工程招投标。6月，在大沙河堤外侧建成临时排涝泵站，缓解开发区南片汛期内涝问题。全年签订拆迁协议103户，拆迁面积14253平方米，伊洛小区二期3万平方米安置房基本建成。

破解要素制约。争取市人大批准新增1.1亿元融资规模；与上海远东国际租赁有限公司合作，融资1.43亿元；区内茂丰、新之盛、金燃、博兴、新翔、润通、明翔兴7家公司，协助双新开发区融资1.4亿元，有效解决资金周转问题。意大利工业园项目争取土地指标120亩，全年共争取并落实用地指标200亩。

（汪　沛）

【怀宁经济开发区】 怀宁经济开发区以“一区一园”方式扩区建设，即怀宁经济开发区主区（位于怀宁县城，规划面积9.94平方公里）、茶岭园区（位于怀宁县茶岭镇境内，规划面积2.86平方公里），重点发展轻工纺织、新材料、机械电子等主导产业。

2014年，开发区新增签约项目20个，计划总投资22.57亿元，其中亿元以上如3D打印及智能设备、融成数控、赭石机电、弘华建材、福恩光电等项目10个。新增瑞沃科技、赭石包装、东渡电子、德奥新表面处理、惠尔凹印等开工项目15个；新增瑞沃科技、悦发管业、博世精密、福恩光电、盛华建材等投产项目17个。帮助企业解决排污、用地、融资、技术、市场等问题，引导企业通过资产重组、企校联姻等方式实施二次创业，中盛罐业牵手赭石投资实现效益翻番，嘉乐斯乐联姻清华大学实现技术升级，众和达寻求乾照光电入股有望上市，吉安汽车、双马机械等企业二期建成投产。

全年工业总产值177.95亿元，比上年增长17%。工业增加值48.92亿元，增长16%。固定资产投资22.50亿元，增长13%。进出口总额6102万美元，增长10%。实际入库税金1.64亿元，增长28%；其中国税1.12亿元，地税0.51亿元。纳税1000万元以上企业3家、500万元以上3家、100万元以上32家。实际利用外资2302万美元，增长15%。

【枞阳经济开发区】 枞阳经济开发区是由国家发改委于2006年4月正式批准设立的省级开发区，规划总面积23.5平方公里。由以纺织服装加工为主导产业的连城工业园、以装备制造为主导产业的新楼工业园、以汽车零部件为主导产业的横埠工业园和规划中以新型材料、现代物流为主导产业的桥港工业园等四个特色功能区组成。2014年开发区扩区规划获省政府批准，桥港工业园控规编制完成。

2014年，开发区规模以上企业产值48亿元，比上年增长12.3%；固定资产投资21亿元，增长24.9%，其中完成基础设施投入2.4亿元；出口额4000万美元，增长33%；财政一般预算收入1亿元。全年实现新签约项目12个，协议约定投资额14.67亿元；新开工项目10个；新增投产项目8家；新增省级高新技术企业3家（东星部件、宇腾真空、国电能源）；新增省级高新技术培育企业1家（大地食品）；新增国家级中小企业创新基金企业1家（天瑞新材料）。

（周小虎）

【潜山经济开发区】 潜山经济开发区是以发展工业为主，集工贸为一体的综合性经济开发区，规划面积 17.84 平方公里。2014 年,工业产值 159 亿元,固定资产投资 25 亿元,规模企业产值 149 亿元,进出口总额 7154 万美元,入库税金 2.89 亿元。

基础设施建设。完成投资 2.86 亿元,其中市政工程完成投资 1.72 亿元, 建成主次干道和小区区间道路 8.9 公里;安置房工程完成投资 1.14 亿元,建设开发区统建安置房 4.38 万平方米, 竣工验收并交付使用 3.03 万平方米。市政配套工程建设同步推进,完成宏昌挖掘机等工业项目及安置小区供电 3.2 公里 35 千伏和 10 千伏供电线路、182 户新开户供电安装、10.3 公里供水管网安装、填方 2.12 万立方米,新安装路灯 269 盏。皖国东路实现全线贯通,县综合服务中心工程室内外装修工程完工,统建 150 套公租房工程竣工。

招商引资。全年招商引进独立供地项目 12 个,合同总投资 31.9 亿元, 其中亿元以上投资项目 11 个,超 5 亿元以上项目 3 个。入驻园中园项目 36 个,总投资 4.4 亿元;洽谈项目 16 个,意向总投资 34.4 亿元,其中 Poleha 新型材料、热固性粉末涂料和美达威健身器材 3 个项目总投资 7.58 亿元。

项目建设。年内举行项目集中开工仪式 3 次,6 个项目集中开工建设,召开项目建设推进会 5 次。完成客商服务中心组建和统计信息与企业管理综合平台开发工作。全年在建项目 54 个,新开工项目 9 个,续建项目 26 个,扩建项目 19 个,新投产项目 15 个。新申报规模以上企业 18 家,总数达 96 家,规模以上企业总产值占全县规模以上企业 73%。新增专利授权量 176 件,新增院士工作站 1 个。

(李　娜)

【潜山源潭经济开发区】 潜山源潭经济开发区,前身为源潭民营经济园区, 总体规划面积 7 平方公里。至 2014 年,建成区面积 5.5 平方公里。新增 0.7 平方公里的南扩工程,土地征收、拆迁与土地平整结束;总投资 5000 万元全长 2.2 公里的 209 省道截弯取直工程竣工通车; 总投资 3000 万元的开发区南扩工程及 40 米大道 B 段(1 公里)开工建设;总投资 4000 万元,总长 3.2 公里的环镇南路,完成土地测量征收工作,建成 1.2 公里。

2014 年,潜山源潭经济开发区获批“安徽省新型工业化产业示范基地”和“省级产业集群专业镇建设示范点”。安徽省刷制品质量监督检测中心筹建论证工作通过专家组论证,制定条刷、环卫刷和工业刷三类地方标准并颁布实施。新上项目 11 个,招商引资 6 亿元。新增规模以上企业 7 家,总数达 41 家。工业总产值 37.4 亿元, 固定资产投资 9.3 亿元, 财政税收 1.23 亿元。区内企业获得国内国际各项认证 7 项,参加国外大型会展 10 余次,新获批 2 家省级创新企业,成功申请注册 3 家知名商标及市级名牌,获得各种发明专利 19 项;新增进出口企业 5 家,总数达 12 家;投入资金 1.2 亿元用于开发区基础设施建设。

技术改造。开发区企业总投资 4000 万元用于技改项目,完成设备采购 47 台(套),完成设备安装调试 37 个。安徽欣雨环卫机械有限公司投资 540 万元新增设备升级环卫车生产线,安徽宇昌刷业投资 256 万元购买盘刷生产设备, 柳林刷辊新增设备投资 75.85 万元,天瑞塑业新上拉丝生产线 2 台(套),安徽环美科技增资 103 万元购置扫雪车专用刷生产设备,安徽楠鑫刷丝新上 128 万元设备用于刷丝生产,一批企业初步实现转型。开发区现有规模以上企业 41 家,其中有 5 家企业拥有自主研发机构,拥有专利 60 余件。安徽环美商标被认定为安庆市名牌,同华中科技大学合作研发出扫雪车专用高强增韧除雪刷(省级)、扫雪车专用刷丝的生产设备, 并申报高强度破冰刷等专利,获省级创新试点企业;安徽欣雨环卫机械有限公司与合肥工业大学合作成立研发中心,成功研发出电动三轮清运车、电动三轮清扫车、电动全自动清扫车(省级)等产品,获得省级创新试点企业。安徽六顺达刷业成功申报 3 项专利; 安庆永大木业有限公司获得 ISO9001 环境认证和国际 CARB 认证。兑现 100 万元专项奖励资金,鼓励和支持企业加快技术改造和品牌创新。开发区有国际品牌 Quiksilver、element、girl;安徽名牌“农乐”;安庆名牌“环美”“晟三和”“福达”等。

项目建设。年内,江林科技发展有限公司、来客纸杯有限公司、丰收刷业、天瑞塑业等企业入驻开发区。源潭镇新增物流企业 5 家,总数达 30 家,发展运输吨位 220 余吨;新增拉丝企业 3 家,解决全镇刷丝原材料需求;强盛纸制品等 3 家包装企业入驻园区。开发区 41 家规上企业及其他小微企业,均利用阿里巴巴、百度商桥、天猫等网上交易平台实现产品销售和客户拓展。开发区全年共引进三产项目 16 个,比上年增长 78%。

(李　娜)

【太湖经济开发区】 2014 年 5 月,省政府批准开发区扩区至 11 平方公里。开发区设立两个平台,即安徽太湖经济开发区投资开发有限公司,太湖县经济开发区投资发展有限公司。开发区基本形成“机械装备制造、轻工纺织、新材料”三大主导产业。区内企业光华铝业入围省百强企业;金张科技、集友纸业、光华铝业、瑞晶生物为省高新技术企业;润邦科技、晟霖工贸分别在上海、深圳股权交易中心成功挂牌(四板)。开发区循环经济工业园被批准为省级示范园。

2014年,开发区实有企业105家。规上企业54家,其中年内新增8家;高新技术企业4家、拟认定高新技术企业1家、高新技术培育企业2家。全区经营收入100.3亿元、工业总产值99.7亿元、工业增加值24.3亿元、财政收入1.93亿元、税收1.6亿元,比上年分别增长21.3%、20.8%、20.2%、7%和8%; 固定资产投资16.2亿元,与上年持平。进出口贸易总额5231万美元,增长67%。其中出口3600万美元,增长64%;进口1631万美元,增长81%。利用外资1996万美元。

企业项目提质升级。开发区宏宇五洲、易昌泰、宏彰、丝路花语、绿动能源、五千年文博园等6个项目列入省“861”项目投资计划。新星家具公司新星柔情牌弹簧床垫及安庆市五千年文博园文化旅游获“2013年安徽名牌产品”称号。华佳服装获“2014年安徽省电子商务示范企业”称号。金张科技与东材科技(上证601208)成功重组,凯欣母公司福建红日在美国成功上市,润邦、晟霖分别在上海、深圳场外挂牌(四板),华佳服装启动新三板挂牌签约。绿动、富盈、宏彰、润邦等相继启动总部迁入。

重点项目顺利推进。绿动能源一期投产,年产CNG压缩天然气钢瓶20万只,二期场地平整动工;凯欣23000平方米多层厂房投入使用;富盈5栋、10000多平方米标准化厂房竣工;宏彰实业一期10400平方米多层厂房投入使用;华强二期两条双向拉伸新生产线投产;中磁二期完成项目总体规划、土地平整及前置审批,完成主体工程70%,两条生产线已投产;金张二期三条线投入使用;集祥公司正式投产;易昌泰电子科技笔记本电脑塑料部件投产,主要为联想等品牌配套;五千年文博园二期主体国庆节开放,截至目前已经累计接待游客400多万人次。丝路花语签约进驻安徽商之都;欣兴建材、皖江照明搬迁完成选址。引进固定资产投资4亿元的安徽富印新材料产业园落户开发区。

服务能力提升。开发区企业服务中心大厅启动运行,“开发区周六人才超市” 正式开放,“太湖开发区”微信平台投入使用。开发区劳动人事争议调解委员会成立。9月,20家企业同时发布2673个新增就业岗位。为23家税收达效企业,及时兑现财政奖励资金1458万元。帮助企业申报落实发展项目,对增加固定资产投资、双增双保企业,争取财政资金扶持,全年兑付30家企业专项扶持发展资金1396万元。正式接管民营经济创业园。

(詹婉平)

【岳西经济开发区】 开发区坐落莲云乡,实行开发区、莲云乡区乡合一管理体制。2014年,开发区工业总产值89.8亿元,固定资产投资5.26亿元,财政收入4001.8万元。

企业经济运行总体平稳,骨干企业发展态势良好。亿德太阳能全年实现税收550万元,增长180.6%,在安徽股权托管交易中心科技板成功挂牌。转型升级步伐加快,瑞林汽配与德国海力达(常熟)汽车系统有限公司签订DQ500项目,成为德国大众中国区一级配套企业;岳塑公司改制成功,完成半自动化生产线改造,并与长安、江铃汽车等公司合作成功;创奇电器公司电镀项目准备工作基本结束,即将投入运行;天堂唯高成功生产江淮汽车方向盘项目;科盛机电成功研制出线纱自动包装机、长金光电出口退税近百万元、环旅航空制袜规模不断扩大。电子商务发展迅速。有电子商务企业23家、电商产业园1个,全年实现网络销售额5000万元。

招商引资和项目建设。太阳能电动车生产线项目等8个项目协商入园。安徽德禾建筑节能科技有限公司新型节能墙材等9个项目签订入园协议。岳塑汽车公司生产力促进中心大楼全面完工;缸套生产线实现整体搬迁,7月竣工投产;双宇汽车零配件项目稳步推进;天馨按摩椅项目试投产;永欣商贸等9家企业入驻标准化厂房。

基础设施建设。全年完成基础设施建设投资9000万元。总面积3.46万平方米的安置房和保障房(凤形安置区、莲云路廉租房、椅形公租房)基本建成;3.22万平方米的王畈安置区安置房、公租房正进行基础施工;6万平方米的标准化厂房建成投入使用。完成开发区停车场、公共迁葬墓地的挡土坝及绿化工程和腾云安置区配套道路排水工程,建设国良区间道路、腾云河坝风光桥南段;完成国良产业园土方平整。全年开挖土石方约70万立方米,平整场地30公顷;建设道路3000米,铺设排水排污涵管6000米,铺设人行道及停车场1.5万平方米，完成30盏路灯安装，2万平方米草坪铺植及600棵绿化树木的栽植工程。

征地搬迁与安置工作。完成长生、关畈、腾云、平岗征地75公顷。搬迁砖厂、板材厂4家，签订房屋搬迁协议60户，拆除58户，迁坟74棺，支付搬迁款1077余万元。完成66户迁建安置，102户搬迁户选房安置，共安置房屋195套，安置面积20195.7平方米。落实长生、关畈等失地农民货币化补偿，支付生活出路安置资金2344.3万元。

（陈　龙）

【望江经济开发区】 2014年2月，开发区扩区经省政府批准同意，总体规划面积由1.2平方公里扩大至11.46平方公里。开发区综合服务区控规完成初稿。2014年，开发区工业总产值108.9亿元，增长0.2%；固定资产投资26.32亿元，下降26%；财政收入1.29亿元，下降11.6%，其中税收收入1.18亿，增长3.5%；实际利用外资901万美元，下降49.5%；用电量0.86亿度，下降49%；企业从业人员15625人，增长1.69%。

项目建设。2000万元以上的在建、续建工业项目20家，其中年内新开工在建项目4家。金时清洁扩建项目：总投资1亿元的PVA吸水棉技改项目，建成标准化厂房2万平方米，完成投资4200万元；雅泰纱线项目：总投资1.1亿元，完成主体厂房建设，完成投资2550万元；芭比玩具及胶带项目：总投资1亿元，由瑞晨橡塑制造有限公司投资兴建，建成标准化厂房1.4万平方米，完成投资3000万元；亚控电气化二期项目：总投资2500万元，建成标准化厂房1.5万平方米，完成投资3000万元。续建项目进展较快，其中联河米业三期新建生产车间、烘干车间、原料仓库等标准化厂房基本完成，购置大米生产线以及配套烘干系统等设备，该项目2014年完成固定资产投资1.28亿元；意达童装城项目一期建设基本完成，已有部分商户进驻经营生产；申洲针织班组长公寓楼总投资1.1亿元，11栋公寓楼正进行内外装饰，完成投资8500万元。争取项目为安达尔新能源汽车项目，现为县城投公司收购。长青路建设完成设计调整和预算编制，正申请土地指标和进行招标。

招商引资。加大招商引资工作力度，注重以商招商、选商补链。完成签约项目1个：会同华阳镇与江苏凯达集团签订总投资1.1亿元的球形硅微粉项目协议。全年累计完成工业项目进资（含分享）7600万元。

安商服务。明确考核目标，修订《2014年度安商服务考核办法》。助推企业发展，及时为企业提供服务；邀请市、县经信委专家宣讲《安庆市加快工业发展激励政策》和《望江县工业经济发展考核奖励办法》，将最新的优惠政策及时送达企业；服务索维机电提高注册资金成功打入中石油产品目录，帮助华东空间结构推行3G安全标准化管理。引导企业申报高新技术企业和中小企业科技创新基金等国家科技项目。精英机械制造、龙珠包装2家公司被认定为安徽省高新技术企业；联河米业成功进入省高新技术培育企业名单，“联河”牌大米成为全国驰名商标。帮助企业融资，发挥融资担保平台驻区优势，县担保公司下降担保费率、简化评估及业务操作流程等，为区内联河米业、亮亮纺织、望宇纺织、三鑫服饰、蓝通管业等企业提供2.68亿元的担保贷款，协助博泰电路等公司解决贷款过桥资金困难。服务申洲招工工作，9月赴岳西、潜山、宿松、太湖4县主动对接，至12月底，为申洲公司招录工人160人。继续推进一站式和全程代理服务，至年底，通过开发区投资服务中心和服务厅各窗口协调、受理各类服务事项268件（除税、费收缴外），按时办结率达99%，满意率达到100%。

（金群芳）

【宿松经济开发区】 2014年，宿松经济开发区工业总产值113.91亿元，比上年增长20.08%，其中规上工业总产值108.69亿元，增长20.12%；财政收入4.82亿元，其中税收1.71亿元，增长21%；新增企业25家，其中规上企业10家，新投产企业10家；用电6780万度，增长7.13%。全区亩均工业用地税收2.09万元；解决就业2万人，人均年收入3.5万元，拉动第三产业2.96亿元。

征地拆迁。新增开发面积0.9平方公里，拆迁20户，交地750亩，迁坟500余棺。破解征地拆迁历史遗留难题，完成振兴大道栗树段征地，振兴大道全幅贯通；完成南方电子产业园、宝捷讯电子产业园、浩瀚车都、晨旺产业园、卡为电子5个项目一期及有通玻璃、和平鸽实木门等17个项目的供地任务。及时兑付各项征迁支出3889万元。

招商引资。引进南方电子、宝捷讯电子和卡为电子3个超10亿元项目，为打造电子产业集聚区奠定基础。投资10亿元以上的晨旺产业园和投资1亿元以上的和平鸽实木门、刘氏蜂产品、有通玻璃等项目全面开工建设。服装产业园新签合同8家，进驻企业

22家，产业集聚效应显现，顺达新能源、浩通农业、永旺木业等10个项目建成投产，同路生物、恒达电气、威博特服饰等10家企业成功申报规上工业企业。

企业发展。红爱服饰进入全省百强企业，全年税收1122.49万元；互益纺织、晨旺木业、大松树脂等13家企业纳税百万元以上；红爱服饰、恒达电气、同路生物、兴克体育等4家企业亩均税收达10万元以上。中天石化、金诚混凝土、皖蜀春酒业、十二钗酒业、鑫鹏飞服饰、爱达针织、天和服饰等7家企业亩均税收3万元以上。战略性新兴产业量速齐增，友仁电子、普和电子等8家企业实现产值6.72亿元。中天石化获中国石化行业技术创新示范企业和安徽省创新型企业称号，柳溪机械、恒达电气等企业获省高新技术企业称号，顺达新能源纳入省“861”高技术重点工程项目，全区企业新获实用新型专利21项、外观专利9项，高新技术产业产值占工业总产值17.16%。完成技改投资18.6亿元，中天石化“诺贝润”、顶能食品“顶能”等商标获省著名商标称号，中天石化一专利技术获第三届安徽省专利优秀奖，友仁电子一项目进入工信部工业技术改造重点项目库，柳溪机械被省经信委评为2014年度省专精特新企业。

载体建设。利用省新型城镇化建设试点开发区机遇，完成拓区后13.74平方公里总体规划的编制工作，控制性详细规划完成前期工作。办理房产证8宗41500平方米，办理企业土地登记发证62宗1163亩，报批土地11宗320亩，完成土地供应17宗608亩。区内道路拓展延伸、水系管网设施、环境景观改造得到完善。完成工业孵化器等35个项目建设，完成投资额3.1亿元；城北污水处理厂建成并投入运营；振兴大道全线贯通；小河西路、龙山路、达山路人行道竣工验收；主干道路绿化提升工程全面完工。开发区获“第三届安徽投资环境十佳开发区”称号。

（王　皓）

【宿松临江产业园】 宿松临江产业园起步区规划面积6.08平方公里，有条件扩展区10.29平方公里，远期规划50平方公里，主导产业为轻化工、新型建材和仓储物流。至2014年，产业园基础设施全面升级，正成为工业发展的密集区、经济发展的核心区和工业经济的主要增长源。2014年，工业总产值31309万元，工业增加值8511万元，固定资产投资72656万元，税收收入1062.91万元，财政收入1597万元。

基础设施建设。道路大格局形成，经七路、纬三路路基处理完工；安置房860套建设完工，2个安置区初具规模；公租房一期500套建成，二期500套开工建设；排涝站、110千伏变电所动工建设；园区污水处理厂、燃气年底全部试运营；标准化厂房一期面积6万平方米封顶。自来水管网改造、供电线路统一规划建设、相关弱点管网建设等配套基础设施建设基本完成。

招商引资。参加省市组织的对外推介活动，宣传推介临江产业园，赴温州招商，促进亿博工业园配套产业入驻。新引进亿元以上项目有投资3.6亿元的纤维素项目、投资2.4亿元的中高档生产用纸项目、投资1.5亿元滨江新城自来水厂项目、投资1.37亿元的快鹿水泥粉磨站项目等。

重点项目建设。亿博工业园项目完成皮革园10万平方米工业标准化厂房建设，污水处理厂基本建成。中燃天然气利用项目完成LNG气化站建设1座，完成主干管网铺设，具备供气条件。园区污水处理厂项目正安装设备，污水主干管网建成。110千伏变电站项目开工建设，沿主干道路电缆架设完成。

（王　皓）

中共安庆市委员会

综　述

重要会议

1月4日，市委常委会召开会议，传达学习全省经济工作暨城镇化工作会议精神，研究全市全年经济社会发展主要目标和任务。市委书记虞爱华主持会议。会议听取并讨论《市委常委会向全委会的工作报告（送审稿）》、《市政府工作报告（送审稿）》。

1月6日，中共安庆市委十届八次全体（扩大）会议暨经济工作、城镇化工作会议召开。市委书记虞爱华代表市委常委会向全委会作工作报告并讲话。市委副书记、市长魏晓明传达全省经济工作暨城镇化工作会议精神，并部署2014年经济工作。市人大常委会主任康正和，市政协主席张金锐，市委副书记陶方启等出席会议。

1月8日，全市农业农村工作务虚会召开，市委副书记陶方启出席会议。

1月13日，全市信访维稳专题会议召开。市委书记虞爱华出席会议并讲话。市委常委、市委秘书长宋圣军出席会议，市委常委、宣传部长、政法委书记章松作工作报告。

1月15日，安庆军分区党委召开十一届九次全体（扩大）会议。市委书记、军分区党委第一书记虞爱华出席并讲话。市委常委、军分区党委书记、政委陈大林，党委副书记、司令员张军分别主持会议，军分区参谋长章新华，政治部主任黄体沈出席会议。

1月20日，市委常委会召开会议，传达学习习近平总书记在党的群众路线教育实践活动第一批总结暨第二批部署会议上的重要讲话精神，研究谋划市群众路线教育实践活动。市委书记虞爱华主持会议。

1月24日，市委书记虞爱华连夜主持召开市委常委扩大会议，研究部署森林火灾扑救工作，省林业厅巡视员汪炳瑜应邀参加会议并提出指导意见。虞爱华强调，全市各级各部门要把人民群众生命安全放在第一位，全力以赴做好森林火灾防扑工作，确保不死人、确保现有火点全部扑灭、确保不发生新火点、确保损失降到最低限度。

1月26日，市委书记虞爱华主持召开市委常委会议，传达学习省纪委九届四次全会精神，研究市贯彻落实意见。

1月26日，全市森林防火工作紧急电视电话会议召开。市委书记虞爱华主持会议并讲话。市长魏晓明出席会议并讲话。市领导康正和、张金锐、陶方启等出席会议。

1月28日，市委书记虞爱华主持召开市委常委会议，传达学习全国宣传部长会议和全省宣传工作会议、全国和全省统战部长会议、中央和省委政法工作会议、全省组织部长会议精神，研究市贯彻落实意见。

1月29日，全市党的群众路线教育实践活动动员部署会议召开。市委书记虞爱华主持会议并作动员报告，省委第十五督导组组长张秋保到会指导并讲话，市领导魏晓明、康正和、张金锐、陶方启等出席会议。

2月18日，全国未成年人思想道德建设工作电视电话会召开，市委副书记陶方启，市委常委、宣传部长陈爱军在安庆分会场出席会议。

2月25日，市委召开全市党的工作会议，总结过去一年党的工作“六大工程”实施情况，部署当前和今后一个时期党的工作各项任务。市委书记虞爱华出席会议并讲话，市领导张金锐、陈冰冰等出席会议，陶方启主持会议。

2月26日，市委书记虞爱华主持召开市委常委会议，传达学习省“两会”精神，讨论通过《中共安庆市委常委会2014年工作要点》,研究"三线三边"和城郊环境整治等工作。

2月27日,全市农村工作会议召开。市委书记虞爱华出席会议并讲话,市领导康正和、张金锐等出席会议,陶方启主持会议。

3月1日,全市公安工作会议召开,市委书记虞爱华出席会议并讲话,市委常委、市委秘书长宋圣军出席会议。

3月14日,全市殡葬改革小组会议召开,会议决定,3月20日召开全市殡葬改革动员大会,4月1日统一启动实施全市(岳西县除外)殡葬改革。市领导陶方启、陈爱军等出席会议。

3月17日,市委、市政府召开传达学习全国"两会"精神暨"三线三边"环境整治工作电视电话会议。市委书记虞爱华出席会议并讲话,市长魏晓明主持会议。

3月18日,市委书记虞爱华主持召开市委常委会议,传达学习省科协第九次代表大会精神,讨论通过《关于切实加强森林防火工作的意见》,研究成立全面深化改革领导小组等有关事项。会议讨论并原则通过《关于切实加强森林防火工作的意见》和《关于在干部工作中落实"三严三实"的若干规定》。

3月28日,市委召开常委扩大会议,分析1—2月份全市经济运行形势,部署当前重点工作。市委书记虞爱华主持会议并讲话。市委副书记、市长魏晓明出席会议。省委教育实践活动督导组组长张秋保应邀出席会议。

3月31日,市2013年度落实党风廉政建设责任制、推进惩防体系建设暨省管干部考核述职述德述廉会议召开。省委考核组组长、省委组织部副部长金春忠作动员讲话。市委书记虞爱华主持会议,并代表市委领导班子报告工作。市长魏晓明代表市政府领导班子报告工作。

4月9日,市委书记虞爱华主持召开市委常委会议,研究市创建国家公共文化服务体系示范区和省级卫生城市等工作,听取第十三届省运会开幕式暨群众文体表演方案等汇报。会议讨论通过《关于创建国家公共文化服务体系示范区的决定》及《安庆市创建国家公共文化服务体系示范区规划》和《实施方案》,以及《安庆市创建省级卫生城市工作实施方案》。

4月10日,市委书记虞爱华主持召开省十三运筹备工作推进会,传达贯彻谢广祥副省长在省运会筹委会全体会议上的讲话精神,听取相关部门工作汇报,研究筹备工作有关问题。市领导陈冰冰、宋圣军等参加会议。

4月11日,全市党的群众路线教育实践活动工作推进会召开。市委书记虞爱华主持会议并讲话。省委督导组组长张秋保出席会议。

4月21日,市委书记虞爱华、市长魏晓明主持召开省十三运筹备工作第一次调度会,研究有关场馆、道路、绿化等工程建设和省运会宣传、市场开发等工作。

4月25日,全市美好乡村建设推进会在桐城市召开,市委书记虞爱华出席会议并讲话,他强调,要认真总结全市美好乡村建设经验,统筹推进美好乡村建设各项工作,再接再厉,不断开创美好乡村建设新局面。市领导陶方启、宋圣军、胡红兵等参加会议。

4月30日,市委召开常委扩大会议,分析一季度经济形势,部署当前重点工作。市委书记虞爱华主持会议并讲话。市长魏晓明出席会议。

5月5日,市委书记虞爱华、市长魏晓明主持召开省十三运筹备工作第二次调度会,研究场馆及配套工程建设、设备器材采购、赛事保障等工作。

5月6日,中央党的群众路线教育实践活动领导小组召开视频会议,传达学习习近平总书记重要指示精神,安排部署下一步工作任务。省委驻安庆、黄山督导组第一组长李宏塔,省委第十五督导组副组长胡东辉,市领导虞爱华、魏晓明在安庆分会场集中收听收看。

5月6日,市委书记虞爱华主持召开市委常委会议,传达省委教育实践活动有关精神,部署市贯彻落实工作,研究《安庆市市区集体土地与房屋征收补偿安置暂行办法(送审稿)》、加快推进创建国家环保模范城工作等。

5月15日,市委书记虞爱华主持召开省十三运筹备工作第三次调度会,研究省运会安保、场馆及配套项目建设、职工运动会和市民运动会筹备等工作。

5月15日,全市防汛抗旱工作会议召开,市委书记虞爱华出席会议并讲话。副市长范先汉、安庆军分区参谋长章新华出席会议。副市长张小青主持会议。

5月26日,省委第二巡视组巡视安庆市工作动员会召开。市委书记虞爱华主持会议并讲话。省委第二巡视组组长王永和就即将开展的巡视工作讲话。

5月26日,市委书记虞爱华主持召开市委常委会议，听取2013年度全市综治工作考核验收情况的汇报，研究市经开区、市高新区干部人事制度改革等工作。

5月30日，市委召开常委扩大会议，通报1—4月份经济运行情况，分析当前经济形势，部署下一步重点工作。市长魏晓明出席会议并讲话，市领导康正和、张金锐、陶方启等出席会议。

6月11日，全市人口和计划生育工作会议召开，市委书记虞爱华出席会议并讲话。市委副书记陶方启主持会议。

6月18日，市委书记虞爱华主持召开市委常委会议，传达省委书记张宝顺对安庆市开好市委常委班子专题民主生活会的指示精神，安排专题民主生活会有关工作。

6月26日，市委召开常委扩大会议，通报1—5月份经济运行情况，分析当前形势，部署下一步工作。市委书记虞爱华主持会议并讲话。

7月11日，全省清房工作电视电话会议召开。市委书记虞爱华在安庆分会场出席会议并讲话。市领导刘大群、宋圣军、胡红兵、范先汉参加会议。

7月23日，市委书记虞爱华主持召开市委常委会议，审议通过2014年度"三看三比"活动和市委十届九次全体(扩大)会议方案，研究纪检监察机关"三转"工作和侨联、信访等工作。

7月31日，市委召开十届九次全体(扩大)会议，总结上半年工作，分析当前形势，部署下半年工作。会议强调，要坚定信心和决心，坚持苦干和实干，确保完成全年目标任务。市委书记虞爱华主持会议。市领导魏晓明、康正和、张金锐、陶方启等出席会议。

8月1日，市委召开落实党风廉政建设和反腐败工作党委主体责任集体谈话会议，市委书记虞爱华出席会议并讲话，市领导康正和、张金锐出席会议，市委副书记陶方启主持会议。

8月18日，市委中心组举行学习扩大会议，邀请省委组织部部务委员、副巡视员、干部综合处处长朱潜作新修订的《党政领导干部选拔任用工作条例》专题讲座。市委书记虞爱华主持会议并讲话。

8月28日，市委书记虞爱华主持召开市委常委会议，传达学习省委书记张宝顺在安庆调研时的重要讲话精神，讨论通过《市委关于全面深化改革的实施意见(送审稿)》，研究党的群众路线教育实践活动有关工作。

8月29日，市委召开常委扩大会议，传达省委书记张宝顺在安庆调研时的重要讲话和省政府专题会议精神，通报1—7月份全市经济运行情况，分析当前经济形势，部署下一步重点工作。市委书记虞爱华主持会议并讲话。市领导康正和、张金锐、陶方启等出席会议。

9月26日，市委召开常委扩大会议，通报1—8月份全市经济运行情况，部署当前和今后一个时期重点工作。市委书记虞爱华主持会议并讲话。

10月8日，中央党的群众路线教育实践活动总结大会召开。市领导虞爱华、魏晓明、康正和、张金锐等在安庆分会场参加会议。

10月10日，全省党的群众路线教育实践活动总结大会电视电话会议召开。市领导虞爱华、魏晓明、康正和、张金锐等，省委第十五督导组副组长陈蓓、胡东辉及督导组全体成员等在安庆分会场出席会议。

10月14日，全市党的群众路线教育实践活动总结大会召开。省委派驻安庆市、黄山市督导组第一组长李宏塔，市委书记虞爱华分别讲话。省委第十五督导组组长张秋保、副组长胡东辉，市领导魏晓明、康正和、张金锐等出席会议。陶方启主持会议。

10月28日，市委召开常委扩大会议，传达学习党的十八届四中全会和省委召开的领导干部会议精神，分析前三季度经济形势，部署当前有关工作。市委书记虞爱华主持会议，并传达党的十八届四中全会精神。市长魏晓明传达省委书记张宝顺在领导干部会议上的讲话精神，并对前三季度经济工作进行分析点评。

11月12日，市委书记虞爱华主持召开市委常委会议，研究机构改革有关工作。市委常委会组成人员出席会议。

11月30日，市委召开常委扩大会议，传达省委九届十次(全体)扩大会议精神，分析前10个月经济运行、工业经济、招商引资等情况，部署当前重点工作。市委书记虞爱华主持会议并讲话，市长魏晓明对全市经济工作进行分析点评。市领导康正和、张金锐等出席会议。

12月16日，市委书记虞爱华主持召开市委常委会议，听取市十六届人大四次会议和市政协十四届三次会议筹备工作情况的汇报。

12月26日，市委书记虞爱华主持召开市委常委会，传达学习全省经济工作会议精神，分析今年全市经济社会发展主要指标完成情况，研究明年经济社会发展主要计划指标安排及平安安庆建设等工作。

12月30日，市委十届十次全体(扩大)会议暨全市经济工作会议召开。会议的主要任务是，传达贯彻中央和全省经济工作会议精神，总结2014年工作，分析明年发展形势，部署2015年工作。市委书记虞爱华主持会议，代表市委常委会作工作报告和2014年度干部选拔任用工作报告，并作总结讲话。市委副书记、市长魏晓明对明年经济工作作出具体部署。市领导康正和、张金锐、陈冰冰，市委委员、市委候补委员出席会议。

重要活动

1月7—8日，省委书记张宝顺到安庆乡村、社区、企业和建设工地，考察经济社会发展和民生工作，看望慰问老党员、困难群众和一线职工。他强调，民生无小事，民生最关情。一定要把人民利益摆在首位，把百姓冷暖放在心上，扎实做好各项民生工作，不断增强发展的普惠性，进一步提升群众幸福指数。省委常委、省委秘书长唐承沛，省委副秘书长、省委办公厅主任闵光辉，省民政厅厅长吴旭军，省委办公厅副主任傅博，市领导虞爱华、魏晓明、陶方启、宋圣军等陪同调研。

1月10日，安庆行业好人评选启动仪式暨首届爱残扶残好人颁奖典礼举行，省委宣传部副部长、省文明办主任贺懋燮，省残联理事长张纯和，市委书记虞爱华共同启动安庆行业好人评选活动，市委副书记陶方启致辞。市领导刘大群、宋圣军、章松等出席颁奖典礼。

1月18—20日，市在合肥市安徽国际会展中心举办安庆市绿色有机农产品年货展销会，扩大市各类“名、特、优、新”农产品在合肥乃至全省的知名度与美誉度。市领导虞爱华、魏晓明、康正和、陶方启、宋圣军、胡红兵等参加活动。

2月26日，省委教育实践活动先进事迹报告团来市举行巡回报告会。市委书记虞爱华主持会议并讲话。省委督导组成员、市四大班子党员负责同志及全市各条战线上的党员代表等700多人参加报告会。

3月5—7日，省委副书记李锦斌先后赴市宿松、太湖、枞阳县和桐城市，对第二批党的群众路线教育实践活动开展情况、“三农”及农村综合改革、美好乡村建设、“三线三边”整治工作进行检查指导。省委党的群众路线教育实践活动督导组第15组组长张秋保、副组长陈蓓，省农委主任张华建、副主任王华，省委政研室副主任李中，市领导魏晓明、陶方启、胡红兵、王佩刚等分别陪同调研或出席座谈会。

4月9—10日，省政府副省长、省十三运筹委会主任谢广祥来市调研省运会筹备工作，并主持召开筹委会全体会议，听取市政府和省直有关部门情况汇报，研究推进下一阶段的重点工作。市委书记虞爱华，省政府副秘书长吴行，省体育局局长冯潮及筹委会各成员单位负责人出席会议。

4月14日，市委书记虞爱华会见来安庆市参观访问的俄罗斯金吉谢普市市长维克多·格舍列一行。市委常委、市委秘书长宋圣军参加会见。

5月28日，人民网安徽频道寻找“安庆之美”活动启动仪式在安庆举行。市委书记虞爱华讲话并宣布活动启动，市委常委、宣传部长陈爱军出席并致辞，市委常委、秘书长宋圣军，人民网安徽频道总编辑董祥玉出席仪式。

6月19日至20日上午，市委常委班子利用一天半时间，召开党的群众路线教育实践活动专题民主生活会。省委常委、宣传部部长曹征海全程参加指导专题民主生活会并作重要讲话。省委督导组第一组长李宏塔参加会议并进行点评。省委督导组组长张秋保，省委第二巡视组组长王永和，省委组织部副部长、省委老干局局长詹福稳，省纪委常委左振国，省委督导组副组长陈蓓、胡东辉等参加会议。市委书记虞爱华主持会议，市委常委会全体成员参加会议。市领导康正和、张金锐列席会议。

6月26日，省长王学军在副省长杨振超、省政府秘书长邵国荷陪同下，到桐城开发区和安庆城区调研，并在安庆石化召开座谈会，听取市县域经济发展及安全生产工作汇报。市领导虞爱华、魏晓明、康正和等和安庆军分区司令员张军分别陪同调研或参加座谈会。

7月30日至31日上午，市委书记虞爱华、市长魏晓明分别率队考察各县(市)区经济社会发展情况，开展以“看项目建设，看美好乡村，看民生工程；比发展质量，比改革力度，比服务群众的能力”为主旨的“三看三比”活动。

8月26日至27日上午，省委书记张宝顺到市农村、企业、工地，考察调研经济社会发展情况。在调研中他指出，安庆发展思路清晰，干部精神状态好，干事创业氛围浓，经济社会发展势头强劲，希望安庆以开展党的群众路线教育实践活动为契机，坚定不移地推进改革创新、推进转型发展、推进民生改善。省委常委、省委秘书长唐承沛，市领导虞爱华、魏晓明、陶方启等先后陪同调研。

8月29日，省委副书记李锦斌、副省长梁卫国在市委副书记陶方启、副市长张小青陪同下，前往安徽国际会展中心察看2014中国安徽(合肥)农业产业化交易会安庆展厅的布展情况。

9月14日，宣城市委书记姚玉舟率宣城市党政代表团来安庆市考察文化旅游工作，先后到桐城孔城老街、太湖五千年文博园、岳西温泉镇等地进行实地考察。市委书记虞爱华陪同考察。宣城市领导颜银河、王章来、汪谦慎、张黎勇参加考察。市领导康正和、宋圣军、胡红兵、施泽彪、张君毅、董磊先后陪同。

9月22日，湖南省永州市委书记陈文浩率永州市党政代表团来安庆市考察经济社会发展情况。市委书记虞爱华、康正和、张金锐、陈冰冰、宋圣军、李彪等陪同考察。

9月30日，2014年安庆“十一”黄梅戏展演周启动仪式在市黄梅戏艺术中心举行。全国政协外事委员会副主任、安徽省第九届和第十届政协主席杨多良，省政协副主席赵韩，省委组织部副部长、老干部局局长詹福稳，省委宣传部副部长汪家驷，省文化厅厅长袁华，市委书记虞爱华，市人大常委会主任康正和，市政协主席张金锐，市委副书记陶方启及市四大班子领导出席启动仪式。

10月12日下午3时，安徽省第13届运动会在安庆开幕。省委书记、省人大常委会主任张宝顺宣布开幕，省委副书记、省长王学军致开幕词，省委常委、省军区政委宋海航，省人大常委会副主任陈先森，省政协副主席赵韩，省武警总队司令员金林炎，省政府秘书长邵国荷，市委书记虞爱华，省政府副秘书长吴行，省体育局局长冯潮，省委宣传部副部长贺懋燮，市人大常委会主任康正和，市政协主席张金锐，市委副书记陶方启及市四大班子领导，省十三运组委会各成员单位负责同志，各市代表团及各高校代表团负责同志出席。副省长谢广祥主持开幕式，市长魏晓明致欢迎词。开幕式结束后，举行题为“金秋宜城”的群众文体表演。

10月16日，市举行“10·17”扶贫日、邀您一起公益行启动仪式。市委书记虞爱华就做好扶贫工作作出批示。市委副书记陶方启宣布“公益行”活动正式启动，市领导李玉萍、戴德民出席。

10月21日，省十三运闭幕式在安庆体育馆举行。省政府副省长谢广祥宣布闭幕。市委书记虞爱华，省政府副秘书长吴行，市长魏晓明，省体育局局长冯潮，省教育厅厅长程艺，蚌埠市市长白金明，省委宣传部副部长张宗良，市委副书记陶方启，省组委会各成员单位负责同志，各市、各高校代表团负责同志及安庆市有关负责同志出席闭幕式。

重要文件

1. 中共安庆市委关于深入开展党的群众路线教育实践活动的实施方案【庆发1号】

2. 中共安庆市委关于印发《中共安庆市委常委会2014年工作要点》的通知【庆发2号】

3. 中共安庆市委关于批转《市人大常委会2014年工作要点》的通知【庆发3号】

4. 中共安庆市委关于批转《市政协2014年工作要点》的通知【庆发4号】

5. 中共安庆市委、安庆市人民政府、安庆军分区关于印发《安庆市应急力量编制方案》的通知【庆发5号】

6. 中共安庆市委、安庆市人民政府关于创建国家公共文化服务体系示范区的决定【庆发6号】

7. 中共安庆市委关于印发《关于贯彻中共安徽省委关于贯彻落实中共中央建立健全惩治和预防腐败体系2013—2017年工作规划的实施意见的实施方案》的通知【庆发7号】

8. 中共安庆市委、安庆市人民政府关于落实单独两孩政策加强计划生育工作的实施意见【庆发8号】

9. 中共安庆市委关于全面深化改革的实施意见【庆发9号】

10. 中共安庆市委关于成立党的群众路线教育活动领导小组的通知【庆7号】

11. 中共安庆市委、安庆市人民政府关于表彰2013年度农业农村工作先进单位的决定【庆8号】

12. 中共安庆市委关于追授宋福应同志“优秀村

党组织书记”称号的决定【庆 9 号】

13. 中共安庆市委关于印发《在干部工作中落实“三严三实”的若干规定》的通知【庆 11 号】

14. 中共安庆市委关于成立全面深化改革领导小组的通知【庆 12 号】

15. 中共安庆市委、安庆市人民政府切实加强森林防火工作的实施意见【庆 13 号】

16. 中共安庆市委关于分解落实市委常委会 2014 年工作要点的通知【庆 14 号】

17. 中共安庆市委关于印发《市委目标管理单位 2014 年度考核目标》的通知【庆 21 号】

18. 中共安庆市委办公室、安庆市人民政府办公室关于印发《安庆市市直机关事业单位机构编制管理办法》等文件的通知【庆发办 1 号】

19. 中共安庆市委办公室、安庆市人民政府办公室关于加强和改进公共服务工作的通知【庆发办 4 号】

20. 中共安庆市委办公室、安庆市人民政府办公室印发《市直有关部门贯彻落实中共安庆市委关于全面深化改革的实施意见重要举措分工方案》的通知【庆发办 10 号】

21. 中共安庆市委办公室、安庆市人民政府办公室印发《市 2014 年度市直机关争先创优目标考核办法》的通知【庆发办 11 号】

22. 中共安庆市委办公室印发《关于深化“四风”整治、巩固和拓展党的群众路线教育实践活动成果的实施意见》的通知【庆发办 14 号】

23. 中共安庆市委办公室印发《关于加强全市基层服务型党组织建设的实施意见》的通知【庆发办 15 号】

24. 中共安庆市委办公室关于表彰 2013 年度“优秀单位”和“优秀公务员”、“优秀工作者”的通报【办 7 号】

25. 中共安庆市委办公室关于县(市)区政府职能转变和机构改革的实施意见【办 16 号】

26. 中共安庆市委办公室印发《安庆市安全生产党政同责、一岗双责暂行规定》的通知【办 17 号】

27. 中共安庆市委办公室、安庆市人民政府办公室关于成立安庆市森林防火消防工作指挥部的通知【办秘 1 号】

28. 中共安庆市委办公室、安庆市人民政府办公室关于印发《安庆市工商质监食品药品监督体制改革实施方案》的通知【办秘 2 号】

29. 中共安庆市委办公室、安庆市人民政府办公室关于推进安庆市新能源汽车“双示范”工作领导小组的通知【办秘 4 号】

30. 中共安庆市委办公室、安庆市人民政府办公室关于安庆市“三线三边”暨城郊环境整治工作方案的通知【办秘 8 号】

31. 中共安庆市委办公室、安庆市人民政府办公室关于成立安庆市殡葬改革工作领导小组的通知【办秘 9 号】

32. 中共安庆市委办公室、安庆市人民政府办公室关于成立安庆市开发区工作领导小组的通知【办秘 13 号】

33. 中共安庆市委办公室、安庆市人民政府办公室关于调整安庆市承办第十三届省运会暨第六届残运会、第七届民运会筹备工作委员会及内设机构组成人员的通知【办秘 17 号】

34. 中共安庆市委办公室、安庆市人民政府办公室关于市级部分领导和有关部门分工负责 2014 年防汛抗旱工作的通知【办秘 18 号】

35. 中共安庆市委办公室、安庆市人民政府办公室关于印发《安庆市信息工作考评办法(试行)》的通知【办秘 19 号】

36. 中共安庆市委办公室、安庆市人民政府办公室关于成立安庆市创建国家公共文化服务体系示范区工作领导小组的通知【办秘 20 号】

37. 中共安庆市委办公室、安庆市人民政府办公室关于转发市党风廉政建设责任制暨惩防体系建设工作领导小组《市直单位 2014 年反腐倡廉主要工作任务分工意见》的通知【办秘 21 号】

38. 中共安庆市委办公室、安庆市人民政府办公室关于成立以船为家渔民上岸安居工程领导小组的通知【办秘 22 号】

39. 中共安庆市委办公室、安庆市人民政府办公室关于开展市级领导联系、市直单位和有关重点企业结对帮扶 2014 年度美好乡村中心村建设的通知【办秘 23 号】

40. 中共安庆市委办公室、安庆市人民政府办公室印发《安庆市创建安徽省卫生城市工作实施方案》的通知【办秘 25 号】

41. 中共安庆市委办公室、安庆市人民政府办公室关于印发《安庆市农民文化乐园建设试点工作方

案》的通知【办秘 26 号】

42. 中共安庆市委办公室、安庆市人民政府办公室关于开展农村土地承包经营权确权登记颁证试点工作的通知【办秘 28 号】

43. 中共安庆市委办公室关于调整市电子政务内网建设和管理领导小组组成人员的通知【办秘 29 号】

44. 中共安庆市委办公室、安庆市人民政府办公室关于成立安庆市人力资源服务产业发展工作领导小组的通知【办秘 31 号】

45. 中共安庆市委办公室、安庆市人民政府办公室转发《市委组织部、民政局关于全市村党组织委员会和第九届村民委员会换届选举工作的实施方案》的通知【办秘 32 号】

46. 中共安庆市委办公室、安庆市人民政府办公室印发《2014 年全市信访工作责任目标考核办法》的通知【办秘 38 号】

47. 中共安庆市委办公室、安庆市人民政府办公室印发《安庆市违法建设网络化防控实施办法》的通知【办秘 39 号】

48. 中共安庆市委办公室、安庆市人民政府办公室印发《安庆市关于加强行政执法与刑事司法衔接工作实施办法(试行)》的通知【办秘 41 号】

49. 中共安庆市委办公室、安庆市人民政府办公室关于成立“宜游宜秀”建设工作领导小组的通知【办秘 42 号】

50. 中共安庆市委办公室、安庆市人民政府办公室关于调整市级领导和市直单位扶贫联系点的通知【办秘 43 号】

51. 中共安庆市委办公室、安庆市人民政府办公室关于严明纪律确保机构改革工作顺利进行的通知【办秘 45 号】

52. 中共安庆市委办公室、安庆市人民政府办公室关于进一步做好办公用房清理整改工作的通知【办秘 47 号】

中共安庆市委领导名录

市 委 书 记:虞爱华

市委副书记:魏晓明　陶方启(～2014.12)
陈冰冰(2014.12～)

市 委 常 委:刘大群　王　彪　陈大林(～2014.12)
陈爱军　张君毅　万士其　宋圣军
章　松　胡红兵　王佩刚　施泽彪
雷起平

纪 检 监 察

重要会议

1 月 28 日,市第十届纪律检查委员会第四次全体会议召开。市委书记虞爱华出席会议并讲话。市委常委、纪委书记刘大群作题为《聚焦中心任务　强化执纪监督　深入推进党风廉政建设和反腐败斗争》工作报告。

2 月 27 日,市政府召开第二次廉政工作电视电话会议,市委常委、常务副市长陈冰冰出席会议并讲话。

7 月 11 日,全省清房工作电视电话会议召开。市委书记虞爱华在安庆分会场出席会议并讲话。

8 月 22 日,中央、省纪委先后召开深入落实中央八项规定精神、持之以恒纠正“四风”工作电视电话会议。市委常委、市纪委书记刘大群在安庆分会场出席会议并讲话。

8 月 27 日,市纪委召开全市县(市)区纪委书记座谈会。市委常委、纪委书记刘大群主持会议并讲话。

10 月 17 日,市纪委监察局机关召开党的群众路线教育实践活动总结大会,市委常委、市纪委书记刘大群作总结讲话。

11 月 14 日,中央修订巡视条例工作座谈会在安庆召开,中央政治局常委、中央纪委书记王岐山,中央政治局委员、中央书记处书记、中央组织部部长赵乐际,中央书记处书记、中央纪委副书记赵洪祝等中央领导出席,安徽、湖北、河南、陕西、贵州 5 省省委主要负责人参加会议。

主要工作

【党风廉政责任制建设】 落实党风廉政建设责任制各项规定,年初由市级领导带队,组成 18 个检查考核组,对全市 11 个县(市)区和 24 个市直单位 2013 年度推进惩治和预防腐败体系建设暨落实党风廉政建设责任制情况进行重点考核,共召开述职述廉大会

47 场次，组织 2927 名干部群众以及社会各界代表对 11 个县（市）区及 24 个市直单位的领导班子和 708 名县级干部进行民主测评或民意调查。制定《市直单位 2014 年反腐倡廉主要工作任务分工意见》，将市反腐倡廉六个方面的工作内容，细化分解成 23 项具体工作任务，确定主要责任单位和协同责任单位，确保任务落实到位。

【作风效能建设】 查纠“四风”，组织开展吃喝风、红包风和会所问题专项治理，收缴红包金额 3.06 万元，关闭违规经营会所 1 个。查处违反八项规定问题 61 起，处理 99 人，选择 10 起典型案例，点名道姓、公开曝光。组织开展“千项办件看效能”活动，对 90 个单位 1512 个办结件进行电话回访，督促有关单位限期整改问题。继续开展“百姓问政”媒体联动活动，市直 9 个部门领导班子成员走进电视演播厅，与市民代表直面交流、接受监督。市政府负责人每月上线常态化，加大“1584”政风行风热线反映问题线下跟踪问效力度，强化部门责任。在市直 66 个窗口单位开展“服务窗口群众评”活动，通过开展网络投票、现场发放调查问卷等方式，让“办事者”直接评价“服务者”。开展公路执法、中小学乱收费、食品药品安全等涉及民生问题的专项治理，查处侵害群众利益案件 16 起，处分 70 人，维护群众利益。

【党风廉政建设】 开展清房工作。按照省委、省政府和省清房办文件要求，对全市 107329 名干部职工填报的房地产信息进行甄别核实，对违规的 2085 人，2376 套房产、17 宗土地进行处理，补缴回购款 3428 余万元；配合市委办对各县（市）区和市直单位的办公用房进行专项督查清理。开展公车治理。会同市公车办严格按照公务用车配备使用的有关规定，加大日常监管力度，严格审批新购车辆品牌，提升市公务用车的监管效力。开展廉政把关工作。对 81 人（次）干部（其中 15 人次因私）出国（境）办理备案手续。对 97 名拟提拔县级干部进行廉政意见的鉴定，对反映的问题进行甄别核实。

【查办案件】 把查办案件作为反腐败最直接、最有效的手段。全市纪检监察机关直接受理群众信访举报 3728 件（次），比上年增长 151%；立案 871 件，增长 63.1%，涉及县处级干部 15 名，乡科级干部 215 名。其中给予党政纪处分 780 人，增长 42.6%，澄清反映失实的问题线索 670 件。办理省委巡视组移交的问题线索。加强案件管理和审理监督工作，执行各项办案规定，严格工作纪律、工作程序和工作流程，确保依纪依法、安全文明办案。完善反腐败组织协调机制，加强与有关市直部门和下级纪委的协作、联动，查办案件工作合力增强。

【源头治理】 在全市全面推行党政正职“三个不直接分管”（不直接分管人事、不直接分管财务、不直接分管工程项目）制度，并纳入党风廉政建设责任制考核。督促落实《安庆市公共资源交易监督管理办法》，将市本级公共资源进场交易范围由 4 项扩大到 19 项，强化交易项目标前、标中和标后的监管。深化廉政风险防控工作，推进权力清单和责任清单“两单清理”工作，形成政府权力、责任事项、追责情形“三位一体”的权责体系。建立党员领导干部电子廉政档案制度，运用抽查核实结果，加强干部选拔任用和管理监督工作。制定《关于落实党风廉政建设党委主体责任和纪委监督责任的实施办法》、《党风廉政建设“一案双查”实施办法》、《领导干部问责约谈办法》等系列制度规定，推进党委主体责任、纪委监督责任明晰化、载体化，探索建立管用有效的党风廉政责任考核和追究体系。开展反腐倡廉制度执行情况大排查活动，使党风廉政建设各项制度规定真正落实到位。

【调查研究】 根据省纪委重点调研课题的部署安排，围绕“如何构建不愿腐、不能腐、不敢腐长效机制研究”课题，在调研的基础上，总结市工作开展的有效做法和成功经验，查找剖析目前存在的突出问题和原因，提出改进工作的建议和对策。制定下发《2014 年纪检监察法规研究工作安排意见》，16 个县（市）区纪检监察机关和市直有关单位均完成调研课题。全年报省纪委调研信息 22 篇、网评文章 65 篇，综合调研信息和网络评论水平明显提升。

【自身建设】 落实上级纪委关于纪检监察机关转职能、转方式、转作风的要求。市级纪检监察机关参与议事协调机构在 195 个清理至 22 个的基础上，进一步缩减到 12 个，清理率达 93.8%。县级纪检监察机关参与议事协调机构由 1072 个清理至 205 个，清理率达 80.9%。明确各县（市）区纪委书记均不再承担征地拆迁、招商引资等与履行纪检监察职责无直接关系的工作。整合市纪委监察局机关内设机构，充实一线监督执纪办案力量，拆并 4 个职能室，增设 2 个纪检监察室，使直接从事执纪监督主业的人员达到机关编制数的 74.2%。严格内部管理与监督，市纪委增设纪检监察干部监督室，加大正己力度。强化纪检监察干部业务培训，提升纪检干部专业化水平。市纪检监察机关办案点建设基本完成。

（张梦龙）

市委部门工作

组织工作

【概况】 2014年，市委组织工作服务大局、开拓创新，围绕中心抓大事、改革创新抓难事、强基固本抓实事，各项工作取得新的成效。坚持“活力工程”。学习贯彻新修订的《干部任用条例》，深化干部人事制度改革，营造良好的从政环境和干事创业氛围。新华社编发通稿《安徽安庆：“活力工程”让好干部有干头有奔头》；《人民日报》刊载《安徽安庆选人用人看实绩：年初讲“要干的事”，年底看“干成的事”》，报道“活力工程”的经验和成效。坚持选准人、用对人的用人导向，制定《关于在干部工作中落实“三严三实”的若干规定》，对违背“三严三实”要求、存在统计数据浮夸“掺水”、“三龄两历”弄虚造假等8种不当行为的干部，一律不予提拔使用并严肃处理。强化各类考核结果运用，对2013年度考核中群众反映问题较多的6个单位领导班子成员，及时进行交流、免职或延期转正等组织处理。根据班子结构需要，全年先后对3名县（区）党政正职、14名市直单位的正职进行调整，提拔和重用领导班子副职25名，交流使用领导班子副职40名。拓宽选人用人视野，改进干部选用方式，面向全市公开比选1名市直单位正职、7名经济工作部门副职，面向全省公选2名市管企业副职。充实金融、建筑、规划、环保、化工等领域急需的专业干部。与复旦大学合作，运用信息技术和先进理念，探索县级领导班子和领导干部综合考核评价“安庆模式”，制定《关于改进县级领导班子和领导干部综合考核评价工作的意见（试行）》，分类设置考核指标，李锦斌、邓向阳等省委领导先后就此作出重要批示，省委组织部以工作通报形式向全省推介。探索建立领导班子和领导干部综合研判机制，定期分析县级班子的整体情况和班子成员个体情况，为干部调整配备、日常管理提供依据。开展市管企业领导班子情况调研，提出加强市管企业领导人员管理的意见。制定《市经开区、市高新区干部人事制度改革总体方案》，推行全员聘任（用）制，变身份管理为岗位管理，建立人员能进能出、职务能上能下、待遇能高能低、优秀人才能脱颖而出的选人用人机制和薪酬分配机制。实施县级后备干部“123”计划，分别选拔正县级、县市区副县级、市直单位副县级后备干部118名、201名、337名。建立年轻干部人才库，采取针对性、差异化的培养措施，有计划地安排到基层单位、艰苦地区挂职任职。制定实施《2014—2017年安庆市干部教育培训规划》和年度培训计划，选调154名干部参加省以上培训机构学习，举办3期党的十八届三中全会和习近平总书记系列讲话精神集中轮训班、11期市委党校主体班次，培训1071人次；指导各地各单位举办培训班169期，培训8500余人次。在复旦大学、浙江大学等知名高校举办高新技术产业发展、金融改革创新、电子商务、文旅融合发展、企业经营管理人才等11期专题培训班，培训692人次。指导督促全市18724名干部参加在线学习，学习通过率达100%。会同有关单位，举办民族宗教、统计工作、公务员初任（任职）培训班8期，培训干部908人。

全面落实从严治党、从严管理干部。整治超职数配备干部，全市整改消化县、科级干部117人。整治违规兼（任）职，排查出违规在企业兼（任）职493人次、在社团兼（任）职401人次，全部清理到位。整治“裸官”，全面开展摸底排查，对确认的1名干部及时进行职务调整。从严加强对干部选拔任用工作的监督，做好巡视整改工作，针对省委巡视组反馈的关于干部选拔任用工作的意见，研究制定20项具体整改措施，整改工作进展顺利，部分问题已整改到位。把好选人用人关，防止“带病提拔”“带疑上岗”。加强对干部的日常管理监督，实行市委领导和县（市）区班子成员谈心谈话制度，完善组织部长与干部约谈访谈制度，健全干部经常性提醒教育工作机制。开展领导干部个人有关事项报告抽查核实工作，建成1246名县级干部个人有关事项信息数据库，建立抽查核实联系机制，按照4%的比例首次抽查53名领导干部的报告事项，对漏报、瞒报的给予批评教育，限期补充完善。加强对干部工作调动后工资关系迁转的管理，督促75名干部办理迁转手续，解决领导干部调动后工资关系迁转不及时的问题。严格规范领导干部出国（境）管理，突出对重点人群的审核，集中保管领导干部出国境证件，全年审批因公、因私出国(境)数比上年下降40%。强化审计监督,共对17名县(区)和市直单位主要负责人进行任期经济责任审计,对发现的问题及时予以纠正,对相关责任人进行组织处理。

人才工作取得成效。推进安庆人力资源产业园区建设,牵头组建安庆人力资源产业发展工作领导小组及办公室,引入第三方专业机构——博尔捷人力资源集团人才研究院,对安庆市中长期人力资源产业发展进行系统调查研究,编制完成《安庆人力资源产业园区发展规划》。对经营不善的神墩家居城进行升级改造,腾笼换鸟,实现人力资源产业园区顺利开园,招引入园企业27家,另有30多家企业达成入园意向。加强人才政策支持体系建设,对县区,制定印发《关于加强人才政策制度体系建设的通知》。对市本级,起草完成《关于加快人才资源开发若干政策规定》及其《实施细则》。开展人才需求调查,及时编制《安庆市重点产业领域人才需求目录》《人才资源开发若干政策措施解析说明及资金需求一览表》等。持续推进人才重点项目实施,推进市与高校、院所产学研战略合作,引进华东理工大学1名处级干部到高新区、中国人民大学1名博士到大观区挂职锻炼、协助工作,成立企业战略联盟试点单位6家。制订印发《关于产业创新团队建设情况调查的通知》,对市级49个产业创新团队建设情况进行跟踪督促、管理和服务,引导团队设立企业投入团队建设资金4820万元,培养创新人才1078人,获科技创新成果376项。争取国家、省人才政策支持,太湖县五千年文博园、兴牧禽畜公司成功申报省"115"产业创新团队,全市省级直接扶持的产业创新团队已达5个。实施"千名专家服务千村百镇"项目5个,先后邀请25名省级专家深入基层开展技术服务活动,举办专业技术培训班4期,培训技术人员218人,解决技术难题24个。申报首批"特支计划"项目10个。举办企业经营管理人才高级研修班,培训企业经营管理人才50名。加强人才工作宏观指导,注重人才工作顶层设计,推动出台《关于进一步加强党管人才工作的若干意见》。制订印发全市人才工作要点,编制企业经营管理人才、宣传文化人才等人才队伍建设PDCA过程管理方案10个,引导各地各单位统筹推进各支人才队伍建设。制订印发《关于开展2014年度人才工作目标责任制考核工作的通知》及《考核评分细则》,采用综合测评、民主测评、单位互评等"三评"方式,带动全市人才工作开展。2014年,全市新增院士工作站3个、省级博士后工作站1个、技能大师工作室3个、核定市级技能大师工作室12个,培养新技师438名、培训高级工3410名,评定高技能人才50人,10人获评省级战略性新兴产业领军人才,组建产业化研究院6个,引进高层次科技人才团队3个。

基层服务型党组织建设成效明显。农村基层组织建设水平进一步提升,全市1638个村的"两委"换届工作平稳顺利完成,一批符合"三有三带"要求的土能人、公道人、年轻人进入村"两委"队伍,实现"优化结构、提高素质、增强活力"的总目标。整顿软弱涣散,摸排出160个软弱涣散基层党组织,采取县级领导挂点、乡镇党委书记兼第一书记包点、市县党政机关结对联点、工作组驻点的整顿模式,调整村党组织书记38名、充实后备干部352名;开展10项专项整治活动,解决各类问题920个、确立各类经济发展项目270个、投资达1900余万元。落实村干部离任补助政策,28348名60岁以上的离任村干部领到生活补助。推进选派选聘,选派第六批220优秀年轻干部到村任职,选聘大学生村官164人,市委组织部被评为全省选派工作先进单位。推进大学生村官进村"两委"班子,全市有159名大学生村官通过选举顺利进入村"两委"班子,换届后又选拔36名大学生村官担任第一书记。出台优惠政策扶持大学生村官自主创业,自主创业人数达36人,有1个创业项目被列为全省首批10个大学生村官创业示范基地。非公企业和社会组织党建工作整体推进。继续选派1000名干部驻企服务,加强对1072名党建工作指导员管理服务,建立非公企业党组织2169个。提高"两支队伍"能力素质,分别举办全市非公企业党组织书记示范培训班和非公企业党建工作指导员示范培训班,培训180人次。推进社会组织党建,对全市2246家社会组织组织开展调查摸底,分类建立台账,全市有正常活动社会组织1507家;向952家派驻党建工作指导员或者联络员,917家有专职工作人员的社会组织已组建党组织533家。举办社会组织党组织书记示范培训班,培训党组织书记60名。推进出租车行业党建,在市区和2个县开展出租车行业党建试点工作,成立市出租车管理处党委,在13个出租车公司建立党支部,建立出租车行业党建微信公众平台。《安徽日报》以《安庆为党员"的哥"建新家》为题介绍市的做法。街道社区党建工作取得新进展。创新社区党组织设置,新组建功能型社区党支部12个、"支部+物业、支部+市场"式组织19个。推动3万多机关党员到社区报到,新组建社区党员志愿者队伍52支。完善相关制度,推进社区党建工作制度化、规范化。加强党员教育管理,严把党员入口。在农村,推行申请入党人“先上岗、后入党”培养模式;在非公企业,实行“三推一评一审”确定入党积极分子制度;在外出人员中,推行发展党员“四联”工作法,在中组部举办的专题培训班上作经验交流。探索不合格党员出口,明确10种不合格党员具体情形和8类政策界限,建立常态化处置工作机制。全市9858个党支部民主评议党员251642名,初步认定不合格党员275名。开展党员经常性教育,推出“焦裕禄式的优秀基层干部”宋福应等先进典型,七一前夕,省委追授宋福应为全省优秀共产党员。组建获得国家和省荣誉称号的6人安庆市先进事迹报告团,在全市巡回报告12场次,受众5000多人。

【群众路线教育实践活动】 抓好党的群众路线教育实践活动,《人民日报·内参》专题刊发《安庆“四位一体”推进群众路线教育实践活动》的报道。中央活动简报以《安徽安庆:啃“硬骨头”为群众办事》为题,介绍市切实解决突出问题取信于民的做法。坚持领导带头学、集中轮训学、专题讲座学、创新形式学、正反典型教育学,学习习近平总书记系列讲话精神、“三严三实”要求。《安徽信息·要情专报》专题刊发安庆市贯彻“三严三实”的做法。组织开展“四听四知”活动,采取群众提、自己找、上级点、互相帮、集体议等方式,听取群众意见,查找“四风”问题。实行“一诺三评”,定期晒整改“成绩单”。围绕开好高质量的专题民主生活会和组织生活会,抓好对照检查,引导党员干部反复查摆聚焦和修改完善,画准“集体像”和“个人像”。建立“四审”把关制,确保对照检查材料高质量。普遍开展2轮以上谈心谈话。抓好会上批评,引导党员自我批评开门见山、相互批评一针见血,达到“团结—批评—团结”目的。坚持聚焦“四风”查顶风,开展“一清三查”正风肃纪专项活动,常态化开展明察暗访,先后开展3轮反对铺张浪费专项检查、9次效能暗访、6次会风督查。坚持专项整治正作风,制定落实中央“7+4+10”专项整治和省“五整五建”实施方案,组织开展“小四风”专项整治和全市政法系统正风肃纪专项行动。专门设立解决问题小组,对活动中来信来访、网络反映、督导组收集的群众意见,建立问题台账,销号管理,跟踪问效。

【学习贯彻新修订的《干部任用条例》】 集中开展学习贯彻新《条例》系列活动,举办全市组织人事干部学习新《条例》培训班,在市委党校主体班次开设新《条例》培训课程,开展贯彻执行《条例》情况专项检查和知识测试,推动领导干部带头学《条例》、懂《条例》、用《条例》。严格执行《关于实名推荐县级职位人选的规定》,进一步规范干部的初始推荐提名制度;制定《市直单位科级干部选拔任用工作的实施意见》,细化工作流程、加强全过程管理;制定《干部选拔任用工作重要事项报告制度》和《组织工作重要事项报告制度》,强化组织把关和审核。

(市委组织部)

宣传工作

【理论武装】 围绕习近平总书记系列重要讲话精神、十八届三中、四中全会精神、“中国梦”、培育和践行社会主义核心价值观等党的理论创新成果,采取领导干部宣讲、专家宣讲、百姓宣讲、艺术化宣讲相结合,“立体宣讲”与“分众传播”相结合的方式,组织各级各类宣讲1600多场、受众超过30万人次。加强学习型党组织建设,建立党委(党组)中心组学习情况通报制度,开展县级党委中心组学习旁听活动,评选第二批学习型党组织建设工作示范点12个,华茂集团党委、怀宁县检察院党组获安徽省学习型党组织建设工作示范点。举办“坚持群众路线、践行三严三实”知识竞赛和演讲比赛,组织《习近平总书记系列重要讲话读本》等理论读物的学习宣传。组建群众路线教育实践活动先进事迹报告团赴各县(市)区开展巡回报告活动,推介最美基层干部宋福应等先进典型。承办第二届安徽文化论坛、第六届皖江地区历史文化研讨会等社科活动,新成立4个民办社科研究机构。

【舆论引导】 突出新闻宣传、对外宣传、网络宣传、社会宣传联动和传统媒体、新兴媒体共振,宣传安庆发展主旋律。做实新闻宣传,完善新闻通气会、重大主题宣传策划、新闻发布等工作机制,建立与中心工作职能部门、驻宜记者站常态化联络机制,加强对市内各类媒体的指导引导,提升新闻舆论宏观管理水平。改进党报党台的新闻报道、言论评论和版面编排、栏目设计、文字风格、文章标题,新闻报道更加直观形象。加强重点主题新闻报道策划,围绕经济社会发展取得的显著成就,推出“2014·年中盘点”和“年终盘点”,开设“全面深化改革、建设美好安庆”、“安庆起来了”等专题专栏。对33项民生工程、招商引资、森林防火、殡葬改革等重点工作，进行广泛持久的宣传和政策解读。注重对群众路线教育实践活动、省十三运、黄梅戏展演周等重大活动的宣传，营造良好舆论氛围。做好枞阳村委会爆炸案、西小湖油污染等10多起突发事件、敏感事件的舆情应对，防止负面热点的形成和扩散。打造民意沟通和舆论监督平台，支持媒体办好“百姓问政”、1584政风行风热线等栏目，将媒体曝光和批评问责、督促整改相结合，推动工作作风和政风行风好转。围绕市委、市政府的重大战略和重要活动，策划外宣选题，宣传推介美好安庆建设、民生改善、优化投资环境、打造“三最”城市的新举措，展示安庆良好城市形象。开展重大活动对外宣传，在黄梅戏展演周、省十三运期间，以及在上海、深圳等地举办的重点经贸招商活动和黄梅戏艺术周、演出季等活动中，组织省内外几十家媒体聚集报道。拓展文化外宣，围绕黄梅戏品牌，擦亮城市名片；围绕丰富旅游资源，展示“千年古宜城、百景新安庆”的靓丽风采；围绕厚重文化积淀，推介安庆的风土人情、名优特产。加强与北京、上海、广州、海南、合肥等地20多家有影响力的各类媒体沟通联系，与澳大利亚华厦传媒等建立合作关系，争取中央、省级和香港地区各类媒体支持。全年省级以上媒体共刊播安庆市正面报道4000余篇（条），其中中央重点新闻媒体报道的稿件155篇（条）。加强对境外记者来宜采访和驻安庆记者站的服务管理，发挥安庆记者站对外宣传主力军作用。建立新闻发言人制度，加强新闻发言人培训，召开新闻发布会18场，让群众及时获取权威新闻信息，及时回应社会各界关切。做强网络宣传。组织“网络媒体安庆行”，邀请人民网、新华网等来安庆采访报道，与人民网安徽频道合作开展寻找“安庆之美”活动，展示安庆生态之美、人文之美、发展之美、精神之美。坚持24小时网上涉宜舆情实时监测；建立网上突发敏感舆情应急处置工作机制，明确网上舆情监测预警、会商研判、网下处置、信息发布、组织引导等环节工作流程；建立网络舆情定期通报会商、网上舆论引导、“落地查证”等联动机制，推进网络舆情应急管理的规范化、制度化。加快网络自媒体平台建设，正式开通“安庆发布”微博平台，有粉丝数近20万人，在全省政务微博排名中保持前列；政务微信“安庆之声”正式上线，并在腾讯首届互联网政务峰会上获“互联网政务突破奖”；安庆手机报与安徽手机报顺利整合。安庆新闻网成功改版，开通市委宣传部机关门户网站，推出“安庆快报”移动客户端。“两网一报、两微一端”新媒体宣传平台初步建成。深化与人民网、新华网、中安在线等主流网络媒体的合作，走访腾讯、新浪、网易、凤凰、百度、天涯论坛、凯迪社区等大型商业网站论坛和省内合肥热线、万家热线、徽网等重点商业网站，建立联系互动机制，加强交流合作。推进“网德建设工程”，开展清理网络谣言、低俗信息等专项行动，加强互联网违法和不良信息举报工作；深化文明办网、文明上网，组织开展“坚守七条底线、共建网络文明”自愿签名、主题讲座和组建志愿者服务队等活动，2个社区被评为全省首批“文明上网”先进社区。实施网络信息员队伍“扩面提质”工程，完善网络信息员工作制度，加强网络信息员培训，建立200多人的网络信息员队伍，实现县（市）区和市直单位网络信息员基本覆盖。加强市网宣办工作力量和能力建设，多次选派人员参加国信办、省网宣办组织的业务培训，安排2名业务骨干到省网宣办轮流挂职学习。做细社会宣传。协调移动、联通、电信等网络供应商，以及城管执法、交通运输、建委等有关单位和社会各界的参与支持，综合运用手机短信、标语横幅、户外电子屏、公共交通、施工围栏、高速公路高炮广告等多种方式，开展文明创建、森林防火、殡葬改革、省十三运、黄梅戏展演周等重点工作、重大活动的社会宣传，为市委、市政府各项重点难点工作的推进赢得支持，为全市各项重大活动的成功举办营造浓厚社会氛围。省十三运期间举办的《“安庆之美”图片展》受到各方好评。

【培育和践行社会主义核心价值观】 实施道德提升、素质养成、环境治理、文明争创“四大工程”。开展“践行核心价值　打造好人安庆”活动，推动身边好人评选向村组、社区、企业、机关、学校和行业系统延伸，全年评选“安庆好人”51人、“安庆行业好人”201人；5人荣登年度“中国好人榜”，19人当选“安徽好人”，数量进入全省前列。开展学雷锋志愿服务活动，安庆市在安徽文明网登记注册志愿者达15万余人，民间志愿服务队伍2400余支，先后有30多个个人和集体被评为省江淮志愿服务优秀典型。合力推动诚信建设制度化，联合20家市直单位签署《“构建诚信惩戒失信”合作备忘录》，公布一批失信被执行人“黑名单”，发布一批产品质量“红黑榜”。推进全民阅读，开通“书香安庆”全民阅读网，“安庆大讲坛”被列入“书香安徽阅读季”机关阅读活动。以经典诵读、“童心向党”、“做一个有道德的人”、“走复兴路、圆中国梦”等主题教育活动为载体，加强未成年人思想道德建设；首次以市委、市政府名义命名27个市级爱国主义教育基地；争取中央补助资金740万元新建乡村学校少年宫37所。推动道德讲堂进学校、进社区、进机关、进企业，全市建成道德讲堂600多所。推进“三线三边”环境综合治理，全市各级财政共投入治理资金3.1亿元、吸收社会资金1.4亿元，清除垃圾14万余吨，整治拆除广告标牌13480块，其中高架广告224块，拆除违法建筑6840余处，关停非煤矿山43座，开展治理废弃矿山37座，完成“三线三边”绿化57860亩，110个乡镇实现垃圾处理市场化。动员社会各界力量开展以“喜迎十三运、再掀创建高潮”为主题的城市创建工作，健全城市管理体制，提升城市服务功能和整体形象，成功创建安徽省文明城市和未成年人思想道德建设工作先进城市，并首获全国文明城市提名。新增宜秀区罗岭镇黄梅村等4个全国文明村镇，新增市国税局等5个全国文明单位。桐城市获省级文明县(市)，太湖、怀宁县获省级文明县城，岳西县等5个县获省级文明县城创建工作先进县，迎江区获省级文明城区，迎江区龙狮桥乡等8个单位获省级文明村镇，怀宁县马庙镇等9个单位获省级文明村镇创建工作先进村镇，迎江区孝肃路街道荷花塘社区等28个单位获省级文明社区，安庆供电公司等90个单位获省级文明单位，太湖县、桐城市获省级未成年人思想道德建设工作先进县。

【文化建设】 全面推进国家公共文化服务体系示范区创建。提速四级文化设施网络建设，市文化馆新馆投入使用，开工建设市博物馆新馆，新建和提标升级县级文化场馆15个，乡镇综合文化站和农家书屋、广播电视“村村通”均实现乡镇、行政村全覆盖。全市189个公共文化场馆全部免费开放，接待群众400多万人次；组织开展农村公益电影放映、文化下基层“四进”等活动3万多场，实现每村每月放一场以上电影。提升打造特色品牌活动，试点建设3个乡镇综合文化服务中心、11个省级14个市级农民文化乐园，城区11个社区文化活动中心、4个广场舞台、23个社区文化舞台全面建成。结合省首届文化惠民消费季，组织开展黄梅戏文化旅游体验季活动，参与群众449万人次，拉动文化消费4.04亿元。繁荣发展文艺事业，推进文艺界“深入生活、扎根人民”主题实践活动，摄影、文学、戏剧等领域100多名文艺家下基层采风，53件作品62人获安庆市首届文学艺术奖。黄梅戏《徽州往事》《半个月亮》，歌曲《神韵天柱山》，电影《大山之恋》4部作品获省“五个一工程”奖，获奖数量居全省各市第2位。大型黄梅戏《寂寞汉卿》被省剧协推荐参评“梅花奖”。“十一”黄梅戏展演周共开展7大类20余项文化旅游活动、展演13台14场黄梅戏大戏，承办安徽省小戏折子戏调演活动并获奖项52个，全市小戏小品展演活动推出25部精品小戏，三项活动共惠及群众近20万人次。开展“广场文艺天天演”等群众文化活动，加大政府购买文化服务的力度，组织“送戏进万村”活动2000多场次，确保每个行政村每年演出一场以上正规大戏。赴北京、上海、深圳、合肥等地开展黄梅戏艺术周或演出季活动，共演出23场，到场观众2.3万人次，票房收入400多万元。其中《徽州往事》在国家大剧院演出创造连演场次、出票率、上座率等多项纪录。深圳黄梅戏艺术周集展演、展览、展销于一体，吸引8000多名深圳观众走进剧场欣赏黄梅戏，销售黄梅戏邮票、音像制品等2600多套。大力发展文化产业。9家企业跻身省民营文化企业百强，数量保持全省前列。安徽盛乐高网络科技有限公司成为市首家经国家认定的动漫企业。加快推进文化旅游产业园区(基地)规划，帝雅古典艺术文化旅游产业基地等26个项目进入省“861”项目库，年内完成投资24.09亿元，占年度计划的110%。全年共争取国家、省级文化扶持资金6742万元。全市文化旅游银企对接暨金融创新推进会对接项目87个、达成意向性贷款52.2亿元。全年文化产业增加值65.8亿元，比上年增长17.3%，占GDP比重4.26%。深化文化体制改革。出台《安庆市深化文化体制改革实施方案》。深化市级文化市场执法机构改革，实行市区范围内集中统一执法，提高执法效能和执法水平。深化国有文化单位改革，推进转企改制文化企业健全现代企业制度，进行股份制改造，继续推进安徽再芬黄梅文化艺术股份公司上市进程。黄梅戏《寂寞汉卿》、五千年文博园、安徽再芬黄梅文化艺术股份有限公司等3个项目分别入选省“十大演艺”“十大园区”“十大企业”文化品牌。探索推行公共图书馆总分馆制，市图书馆建成3个分馆、52个图书借阅点。各县(市)也结合本地实际，建设由县(市)中心馆、乡镇(街道)分馆、村(社区)农家书屋组成的公共图书馆服务网络。图书馆总分馆模式在全国公共文化服务体系建设会议上作经验交流。

【队伍建设】 开展党的群众路线教育实践活动，

把"三严三实"的要求贯穿到作风建设的全过程,深化"走转改",解决一批影响宣传思想文化工作发展的现实问题和体制机制问题。举办文化旅游融合发展、网络信息员、新闻发言人、文化产业、四中全会精神等各类培训班,1000多人次参加培训。实施项目化管理,把全年任务分解成37项重点难点工作,明确责任单位、责任人和时间进度,确保年度任务的全面完成。推进理念创新、手段创新和基层工作创新,"提神工程"入选省首届宣传思想文化工作创新范例,《安庆市围绕"一唱两走"全面推动黄梅戏艺术繁荣发展》被中办专报单条采用。青少年爱国主义读书教育活动、部刊工作、扫黄打非工作、思想政治工作重点课题调研、文化惠民消费季组织工作等获得省级表彰。

(查文平)

政法工作

【概况】 2014年,全市政法工作以市委"护航工程"为引领,社会大局平稳有序,全年没有发生大型群体性事件,进京非访下降40%,没有发生赴省集体访;刑事发案比上年下降18.1%,其中八类暴力犯罪案件下降25.6%,侵财型案件下降18.4%;人民群众安全感指数与上年基本持平,居全省前列。

实施护航工程。围绕市委、市政府工作大局,按照建成全省最安全、最稳定、最和谐的地区之一的目标,着力为经济社会发展保驾护航。做好重点时段、重点人群、重点领域维稳工作,确保全国全省"两会"、党的十八届四中全会、北京APEC会议和市承办的安徽省十三运期间社会安全稳定。开展建设环境、治安问题、信访秩序整治行动,打击影响工程建设违法犯罪活动,城区公安机关共立涉重点工程刑事案件26起,刑事拘留43人。深化"黄赌毒"问题整治,查处涉黄涉赌案件1004起,侦破毒品刑事案件291起,缴获各类毒品14.18千克。完善依法治访措施,对长期缠访、闹访"钉子户"实施依法打击。完善主动对接、常态服务、依法履职制度机制。法院制定落实服务市场主体20条工作意见,就预防化解金融风险组织专题调研、提出司法建议;检察院加大惩治和预防建设领域职务犯罪力度,深入重点工程、重点企业开展"检企共建";公安机关打击破坏市场经济秩序犯罪,先后破获潜山、桐城特大非法集资案件;司法行政机关推进普法依法治理质量提升年活动,推动公益法律服务活动由主城区向县域拓展,着力打造"法治惠民工程"。

社会治安综合治理。坚持打防并举,通过推进立体化数字化治安防控体系建设,稳步推进治安辅助力量建设,保持对各类违法犯罪的严打高压态势,切实提升人民群众的安全感和满意度。组织开展守护平安行动,破获刑事案件4259件,打掉黑恶团伙11个,现行命案侦破率为100%。组织开展严厉打击暴恐犯罪和宗教极端犯罪专项行动,开展整治"全能神"邪教百日攻坚行动,先后破获案件79件,查处涉案人员118人。研究制定立体化、数字化社会治安防控体系建设三年规划,启动实施"天网工程"。坚持创新治理,不断推进人民调解组织建设和矛盾纠纷排查调处机制建设,加强矛盾纠纷预防疏导,完善多元化解机制,提升社会矛盾预防化解水平。稳步推进矛盾纠纷排查化解专业化建设,建成各类人民调解组织2108个,调解队伍人数近1.3万人,专职调解员1878人。完善矛盾纠纷排查调处工作机制,坚持定期排查和专项排查相结合,全年共排查矛盾纠纷14439起,调处成功率95.2%。全年共调解各类矛盾纠纷4.9万件,调解成功率98%,防止群体性上访282件。市县两级全面建成医患纠纷、交通事故调解中心,共受理两类纠纷4284件,调解成功率达99.5%,市医调中心成功调处医患纠纷44起,调解赔付金额177.2万元。加强流动人口、肇事肇祸精神病人、刑释解教人员、社区矫正对象等特殊人群的服务管理。联合公安、教育、文化、工商、卫生等部门,先后两次组织开展中小学校园、幼儿园及市属高校安全专项督查。开展预防青少年违法犯罪工作,培训中小学校法制辅导员1500余人,开展法制宣传教育活动近4000次。开展社会服务管理信息化建设,制定《安庆市社会服务管理信息化建设工作方案》(建议稿)、《安庆市社会服务管理信息化建设实施方案》(建议稿)。坚持抓基层打基础,召开太湖现场会,一体化推进基层综治维稳信访工作平台和维稳应急救援队伍建设,市政府安排160万专项资金"以奖代补"。至年底,171个乡镇(街道)均建立维稳信访工作中心,1823个村(居)均建立维稳信访工作站;维稳应急救援队伍实现全覆盖。开展平安创建工作,至年底,经省命名的平安县(市)区达9个,市级命名的平安乡镇(街道)170个次、平安社区28个次、平安村27个次。开展平安志愿服务活动，至年底，全市共有平安志愿者8600余人，全年开展治安巡防10万余次，法律宣传8万余次。

维护社会稳定。制定出台《安庆市社会稳定风险评估工作考核办法》，推进重大事项社会稳定风险评估工作。全市全年共开展风险评估49件，覆盖农村征地、城镇拆迁、环境保护、社会保障、水利建设等重点领域，准予实施48件，暂缓实施1件。做好涉军群体稳定工作，定期召开联席会，及时研究解决问题，全市全年没发生涉军群体赴省进京集访和非访。加强舆论引导，做好森林防火、殡葬改革、禽流感疫情及枞阳县金社乡爆炸案等50余起突发事件和重大敏感热点舆论引导和处置工作。开展打击网络违法犯罪活动，稳控煽动上访和个人极端行为的人员130余名，查处网站黑客攻击案件42起，删除网上有害信息19265条，净化网络环境、保障网络安全。推进网格化治理模式，由乡镇（街道）自主划分单元网格，将乡镇（街道）、村（居）两委干部和维稳应急救援队员编组与各网格逐一对应，开展治安巡查。

加强执法监督。推进执法司法公开，市委政法委研究制定《关于在全市政法系统进一步推进执法司法公开的实施意见》。法院系统加强裁判文书、执行信息、审判流程建设，网上发布裁判文书13735份，上网数量居全省前列。检察机关严格执行讯问职务犯罪嫌疑人全程同步录音录像制度，并对不服检察机关处理决定的申诉案件实行公开审查。公安机关警务公开和司法行政工作公开有序推进。解决执法司法突出问题，针对“执行难”问题，推进网络司法查控信息系统建设，7月份投入使用以来，已通过该平台查询案件4788件、查询资金11.4亿元，提升执行绩效，案件执结率达74.3%。针对“有钱人”“有权人”刑罚执行违法问题，开展减刑、假释、暂予监外执行专项司法活动，共纠正不当减刑、假释、暂予监外执行124人。推动涉法涉诉信访改革，建立健全衔接配合机制，累计对413件信访问题进行甄别、分离，其中属诉类问题188件，对符合条件的46件诉类问题依法导入再审程序。化解涉法涉诉信访积案，省交办86件积案化解率100%。初步实现司法救助制度化。开展案件评查工作，共评查各类案件659件，对评查出的问题梳理归纳、分类处理，能立即纠正的立即纠正，不能立即纠正的制定整改计划。

政法队伍建设。组织开展为期4个月的正风肃纪专项行动，召开市县政法单位领导班子成员、市直政法单位副科级以上干警、城区公安派出所负责同志参加的“千人大会”动员部署。市委书记虞爱华出席会议并作重要讲话。会议要求清查干警的生活圈、交往圈、娱乐圈，随意执法、趋利执法、暴力执法和关系案、人情案、金钱案问题，努力实现干警清廉、队伍清正、司法清明。至年底，共查处违法违纪干警9人，其中1人涉嫌职务犯罪被检察机关立案查处、2人涉嫌严重违纪被纪检监察机关立案调查。发挥党委政法委协管干部职能作用，加强干部队伍建设，提请市委任命法、检、公“三长”兼任市委政法委副书记，并完善市委政法委员会工作规则，健全议事制度、请示报告制度。

【指导市法学会建设】 对全市在册法学会会员进行摸底，核对和完善基本信息，在此基础上建立市法学、法律人才库。开展法制研究工作，组织市中级人民法院和市检察院省法学会和社科联课题申报，其中市中级人民法院申报的课题被省法学会作为一般课题立项。开展法学交流，通过开展论坛等形式，提升会员理论素养，宣传全市经济社会发展和民主法治建设成就。开展法制宣传，结合党的群众路线教育实践活动，协助市活动办举办全市第二批“千名干部服务企业”专题讲座，精选企业常用法律法规汇编成册，供企业和驻企干部参阅。

【初步实现司法救助制度化】 市委政法委会同有关部门出台《关于建立完善国家司法救助制度的实施办法（试行）》，成立专门领导小组及其办公室，市财政投入200万元、同时向省争取资金20万元用于设立专项基金，全年共对6起案件进行救助，启用救助基金26.4万元。

（汪恒春）

统战工作

【概况】 2014年，全市统一战线工作围绕市委工作大局，履行自身职责，服务改革，加快转型发展，维护社会和谐稳定，为全市经济社会发展做出贡献。

巩固思想政治基础。组织引导统一战线成员学习十八届三中、四中全会和习近平总书记系列重要讲话精神，领会中央关于全面深化改革、依法治国的新思想新观点新要求。协助各民主党派开展坚持和发展中国特色社会主义学习实践活动，通过举办主题培训班、外请宣讲报告团、撰写理论研究文章等形式，提高理论学习实效。注重发挥统一战线教育基地(赵朴初故居)、宗教界爱国主义教育基地和潜山野寨抗战阵亡将士纪念馆、枞阳章伯钧故居等载体的宣传教育作用,以史明理,凝聚共识,增强统一战线广大成员对中国特色社会主义的道路自信、理论自信和制度自信。坚持学以致用,引导统一战线广大成员参与"公益行"等社会服务工作,心系社会民生事业,助力美好乡村建设,累计捐助各类款物310.8万元。

推进协商民主。配合市委在全省率先出台《关于进一步规范市委同民主党派、无党派人士政治协商的通知》,从制度上规范相关政治协商工作。完善市各民主党派、工商联和无党派代表人士建言献策直通车制度,组织市各民主党派、工商联和无党派人士就《中共安庆市委关于贯彻落实中央和省委部署全面深化改革的实施意见》和《安庆市人民政府工作报告》进行协商,直接向市委提出有分量、有质量的意见建议。各民主党派共提交社情民意、建言献策178件,被中央统战部、省委办公厅采用的有8件,被党派中央、省委采用的有86件,受到省市领导批示的有18件。推进同民主党派季度联系协商工作制度,围绕统一战线重点工作和党派自身建设等问题,广泛进行交流沟通和协商座谈。迎江区成立民主党派工作室,设立专项工作经费,创建区级民主党派组织与区委、区政府及政府有关部门对口联系协商制度,搭建基层多党合作的有效平台。

加强党外人士队伍建设。贯彻市委《关于加强新形势下党外代表人士队伍建设的实施意见》,指导各县(市)区相继出台实施意见。协助各民主党派做好2014—2016年市级组织领导班子后备干部建设工作,按程序产生相关后备人选,并与省委统战部、各党派省委进行协商。向市委推荐副处级党外后备干部人选27名,达到占副处级后备干部总数10%的要求。选调60多名市各民主党派负责人和党外处级干部参加省内培训,安排1名党派专职副主委在市高新技术开发区挂职。枞阳、望江两县完成无党派知识分子联谊会的筹备工作,首创全省县一级党外代表人士工作的平台和载体。选配党外干部担任政府部门行政正职的做法获全省统战工作实践创新成果奖。桐城市、宿松县分别在供销社、民政局安排一名党外干部担任正职。2014年,1个民主党派市委、11个党派基层组织、28名个人获得党派中央、省委表彰。

密切对外交流交往。接待台湾乡里长和基层民意代表大陆参访团,推动澳门庇道学校同安庆高琦小学缔结为友好学校,促成澳门明爱幼稚园与安徽盛晟集团正式签约合办阳光幼稚园项目。会同《安庆日报》社,首次在台湾主流媒体《旺报》开设专版,开展入岛宣传工作。怀宁县组织赴台举办的"徽韵梅香—黄梅戏入岛"活动,受到中央统战部的肯定。协助促成台企富士康与市鸿庆精机有限公司的合作。牵线侨商投资的整车进口基地项目已由省政府上报国务院待批,引进外资企业上海利通生物技术有限公司,与市统一战线"同心工程"示范基地岳西县来榜镇横河村签订种植芥末合作协议。怀宁县引进台商1亿元的食用菌深加工投资项目,潜山县开展"皖台基层农业交流周"活动,并组团赴台考察现代休闲观光农业。各级统战部门走访台、侨资企业和台胞台属、归侨侨眷,了解企业生产经营情况和家庭实际困难,解决实事11件。联系港澳台和海外慈善机构捐款近124万元用于援建学校、扶贫助学。牵线市外社会公益组织和爱心人士,为全市13位抗战老兵提供13.16万元的援助金和价值1万元的保暖衣物。

扩大统战工作影响。继续保持统战宣传工作位于全省前列的良好势头,在中央、省及市级媒体载体上刊登各类稿件信息500余篇。安庆统战网开辟"党外代表人士风采录"专栏,并编撰印发《党外人士风采录》一书,向社会集中宣传在本职工作、服务社会、参政议政、热心公益方面作出突出贡献的党外代表人士。宣传信息工作再次获中央统战部表彰,并再次进入全省统战系统前列,位居先进单位第二名。同时,还获得全省统战系统两项实践创新和一项理论创新成果奖。各民主党派在党派中央、省委组织的征文演讲比赛、理论研究成果评比中获得15个奖项。

【提升民族宗教工作】 完成省第七届少数民族传统体育运动会的筹备和承办工作,并开展服饰展、书画展等民族团结进步创建宣传活动。推进少数民族和民族聚居地区"共同发展"提升行动,大观区帮助保婴民族村争取农业发展项目资金25万元,望江县漳湖回民村入选首批中国少数民族特色村寨,市清怡针纺织品有限责任公司被国家民委命名为第二批全国民族团结进步创建活动示范单位。引导各宗教团体主动配合全市殡葬改革,推进殡葬改革工作。加强宗教界上层人士的培养和宗教场所管理,4名宗教界代表人士当选省宗教团体负责人,其中市天主教神甫当选为省天主教教务委员会主任。市伊斯兰教南关清真寺被国家宗教局命名为第二批宗教界爱国主义教育基地，市基督教圣诞堂被中央统战部、国家宗教局评为第二届全国和谐寺观教堂。太湖县组织举办“赵朴初人间佛教思想暨太湖禅宗文化研讨会”，并投资建成全省第一家佛教禅宗文化馆。

【促进非公有制经济发展】 历时2个月，市县(市)区统战部和工商联联动，在全市范围内组织开展影响非公有制经济发展的问题专项调研，走访代表性企业50家，召开专题座谈会20场次，形成专题调研报告报送市委、市政府和省委统战部、省工商联，被省委统战部、省工商联评为全省优秀调研成果一等奖第一名。针对非公有制经济人士反映的金融环境的问题，专题进行调研，形成专报直送市有关领导，得到市主要领导的高度重视和重要批示。结合全市开展的“千名干部进企业”活动，具体帮助4家非公有制企业协调解决融资和债务难题，市工商联在全市范围内选择120家样本企业设立非公有制经济发展环境监测点，并促成浦发银行安庆分行与市农副产品商会建立“共赢联盟”，为会员企业提供6000万元无抵押贷款扶持。枞阳县出台措施帮助企业破解发展瓶颈。岳西县开展“大走访、大谈心”活动，引导非公有制经济人士克服面临困难、坚定发展信心。引导非公有制经济人士投身社会公益事业。宜秀区组织民营企业家为美好乡村建设捐助15万元。市光彩事业促进会获安徽省光彩事业组织奖，1家企业和1名个人获突出贡献奖，4名非公有制经济人士被评为全省优秀社会主义建设者。市关于服务非公有制企业发展的做法获全省统战工作实践创新成果奖，并在全省统战部长会议上作经验介绍。

（市委统战部）

政策研究

【概况】 2014年，政研室市委主动适应经济社会发展，围绕全市发展大局和市委、市政府中心工作，坚持以政务文稿服务为主，统筹做好各项工作，取得较为明显的成效。

政务文稿质量不断提高。紧扣市委、市政府工作中心和重大活动安排，主动承担领导交办的文稿起草任务，将上级政策精神与安庆实际结合起来，将领导要求与基层期盼结合起来，形成一批领导比较满意、对全局工作具有一定指导性的文稿。起草和参与起草市委十届八次和十次全体扩大会议、市委常委扩大会议、全市党的群众路线教育实践活动动员部署会议、全市美好乡村建设工作推进会等重要会议讲话稿10多篇，为市委主要负责人参加全国人代会起草关于申报成为全国养老服务业综合改革试点市、请求国务院批准市为具有地方立法权的“较大的市”等重要议案、建议。完成主要领导政务活动文稿起草任务，为市委主要负责人接受新华社、中央电视台、《中国改革报》、中安在线、市场星报等媒体采访起草访谈提纲，在《人民日报》《学习与研究》《党建》《安徽日报》《江淮》等报刊杂志撰写领导署名文章共10多篇。根据市委主要负责人指示，起草总结宣传文稿30多篇，其中15篇被《安徽信息》采用，2篇获省委领导批示。完成其他领导文稿和部分政策性文件起草任务。起草市委、市政府有关负责人交办的讲话、汇报、新闻报道等文稿19篇，参与起草《中共安庆市委关于深入开展党的群众路线教育实践活动的实施意见》、《中共安庆市委关于全面深化改革的实施意见》等市委市政府规范性文件5篇，对2份省级文件(征求意见稿)提出修改意见。完成参与全市教育实践活动相关任务。起草市活动办讲话、汇报、专报等文稿100多篇，其中《安徽安庆：啃“硬骨头”为群众为实事》被中央活动办简报刊用，《安庆市以“三严三实”为标尺强化制度建设推进科学发展保障改善民生》获省委副书记李锦斌批示肯定。参与第八督查组、赴县第六指导组工作，完成各项督导任务。

服务决策能力有所增强。围绕市委、市政府决策，深入经济社会发展前沿和基层一线，开展前瞻性、针对性、储备性政策研究，形成一批有分量、有见地的调研成果，并得到有效转化。为认识新常态、适应新常态，与市统计局合作，深入8个县(市)开展县域经济发展专题调研，形成《主动适应新常态　务实推动新发展》，得到市委书记虞爱华批示肯定，明确要求市、县两级负责人参阅。响应中央重大决策，就市参与长江经济带建设进行调研，形成《抢抓机遇缜密谋划等高对接重振雄风》，发表在《安徽调研》上，反响较好。为加快国有企业转型升级，配合省委政研室对华茂集团进行调研，形成《华茂保持青春的要诀：“创新+转型”》，得到省委主要负责人批示肯定。围绕全面深化改革关键问题开展调研。为推进中心城市建设，就背街后巷改造情况进行调研，形成《关于城市建设管理情况的调查与思考》，后转化列为市政协十四届七次常委会议材料，其中一些建议已被市委、市政府决策采纳。为创新市食品药品监管体制，与市食品药品监管局开展联合调研，形成《蹄疾步稳推改革 健制提效强监管》。为促进机构改革，对市农委、市经信委、市商务局内部整合职能优化管理情况开展调研，形成《既要敢闯敢试 又要善作善成》。围绕重大活动开展热点问题调研。为贯彻落实中央关于加强乡镇队伍建设的决策，配合省委政研室深入市部分乡镇开展专题调研，形成《关于我省乡镇干部队伍建设情况的调研报告》，获得省委领导的批示。为配合专题招商活动的开展，与市委办公室合作，就优化发展环境问题进行调研，形成《既要“好项目”，更要“好环境”》，发表于《江淮》。为配合宣传活动，就潜山县官庄村美好乡村建设经验进行调研，形成《官庄样本：美好乡村建设的成功实践》，向省、市媒体进行推介。

推进中心工作成效明显。统筹开展市美好乡村办、市委改革办、市委党建办、市“宜游宜秀”办工作，将办文、办会与办事结合起来，有效提升领导和推动实际工作的能力。做好党刊编辑工作。编发《送阅材料》13 期，印发并呈送市、县和市直有关部门领导 1500 多篇次；编发《安庆工作》12 期，刊发文章 260 多篇，免费送阅和交流 1 万多册。

【市美好乡村办工作】 制定出台美好乡村建设考核办法，组织成立市级考核组，对首批 85 个省、市重点示范村进行逐村考核，并根据考核中发现的问题，反馈指导各地进行整改提高。全力做好迎接省考核验收工作，通过召开专题培训会、开展考前督导等方式，指导各地提升硬件、完善软件，省级重点示范村全部顺利通过省级考核验收，潜山、岳西、桐城被评为全省美好乡村建设先进县，市获得先进县的数量全省第一。推进 2014 年度中心村建设，组织筹办全市美好乡村建设推进会，组织开展“调研月”、摄影大赛等专题宣传活动，会同安庆电视台拍摄制作专题片《绘就农民幸福生活新画卷》，编发简报 25 期，省简报采用市信息 7 篇，省美好乡村网站采用信息 20 篇，两项总量全省第一。在全省美好乡村建设推进会上，安庆市的交流汇报、视频宣传、图片展览等均获得好评。完成 2015 年度中心村选点和申报工作，与市委组织部联合在浙江大学开展专题培训班，对列入 2015 年度省市中心村所在地乡、村负责人进行培训，该班获得全市组织系统“好班好课”评选一等奖。

【市委改革办工作】 市委改革办围绕全市全面深化改革工作重点，做好政务服务和综合协调各项工作。牵头起草《中共安庆市委关于全面深化改革的实施意见》，并制定重要举措分工方案，对 193 项主要改革任务进行分解。紧扣全市个性化重点改革，开展行政审批制度改革、农村土地确权登记颁证改革、机关科室职能整合等课题调研，及时总结推介改革经验。制定《全面深化改革工作报告和信息报送制度》，及时总结报送改革动态信息，向省委改革办、信息处报送安庆改革工作总结和信息 16 条，其中 3 条在全省范围内宣传推介；收集中央、省内其他各市及市改革信息，编发《安庆改革信息》16 期。履行综合协调职能，多次赴省委改革办汇报工作，接待省委改革办来宜开展国有企业改革、乡镇干部队伍管理制度改革、农村经营体系改革等专题调研活动 4 次，组织筹备改革办主任会议 2 次、有关部门负责人座谈会 4 次。

【市委党建办工作】 市委党建办从市委组织部改设到政研室后，政研室及时开展相关工作。根据省委党建办《党建调研联系点工作制度》要求，经过慎重比选，将桐城市范岗镇樟枫村党总支推荐作为全省党建调研联系点。配合党的群众路线教育实践活动，就如何完善作风建设制度进行调研，形成《改进作风在路上 完善制度新常态》，被省委党建办列为 2014 年度省委党建工作重点课题。总结宿松县实施 318 工程建强村党组织带头人队伍、太湖县全面加强村级业余党校建设、迎江区华中路街道光荣社区构建社区党建新平台 3 个基层党组织党建经验，推荐作为全省党建工作先进典型。参与党建其他相关工作，修改《安庆人力资源服务产业园建设规划》《人力资源中长期发展研究》等多个文稿。

【市“宜游宜秀”办工作】 市“宜游宜秀”办于 2014 年 9 月成立，市委政研室参与起草《宜秀区都市农业和休闲旅游工作情况汇报》，组织筹备支持宜秀区发展相关问题协调会和宜秀区都市农业和休闲旅游业发展专题会，起草会议纪要和新闻报道。结合美好乡村建设，参与谋划宜秀区建设精品旅游线路，至年底两条“一日游”线路已确定，五横乡还开展颇有特色的迎新年活动，杨桥镇打造余湾美食特色一条街。

（姚小兆）

党校教育

【概况】 2014 年，市委党校全年共举办全市县级领导干部学习贯彻习近平总书记系列讲话和十八届三中全会精神轮训班、县处级领导干部进修班、科局级干部进修班、乡镇街道党（工）委书记培训班、中青年干部培训班等各类培训轮训班23期，培训轮训各级各类干部共1932人次。新招收在职研究生155人，至年底在校学员达564人。全年共选派教师外出进修培训达20人次。

教学注重实效。发挥干部教育培训的主渠道、主阵地作用，深化教学改革。树立“以人为本、按需施教”的理念，加强需求调研，做到组织要求、岗位需求和干部个人需求的有机结合，在主体班分设经济转型班和社会治理班，开展专题教学。完善教教学内容，把党的十八大和十八届三中、四中全会和习近平总书记系列重要讲话精神作为主线纳入主体班教学，抓好以坚定理想信念、增强宗旨观念和改进作风为重点的党性教育。创新教学方法，在课堂授课、学员论坛、小组讨论等教学方法之外，成立案例教学组，由分管教学的领导牵头，教研室负责人和相关教师共同参与，形成《我国土地征迁问题研究》案例教学专题，开展案例教学，调动教师和学员两个方面的积极性；实施开放式教学，组织学员先后到岳西、怀宁和枞阳县开展实地教学3次，到经济发达的芜湖、浙江湖州等地开展异地教学2次；利用和整合多种优质教学资源，加大外请领导、专家和学者授课的比重，全年外请报告18场次。全年教学平均优秀率达86.9%，在省委党校举办的全省党校系统优秀教学比赛中，胡建国、吴洁老师分获二、三等奖。

发挥科研基础作用，服务于决策咨询和课堂教学。围绕党委政府中心工作，联系安庆经济社会发展的重点、难点问题开展市情研究，为党委、政府领导提供决策咨询服务，向省委党校提供2篇咨政报告。完成5项全省党校系统2013年度重点课题的结项工作，有3项课题被全省党校系统2014年度重点课题立项。设立校级课题13项，其中8项为教学课题。有2篇论文入选“全省党校系统纪念邓小平同志诞辰110周年学术研讨会”、1篇论文入选“第十三届海峡两岸社会保障制度学术研讨会”。加强对党的重大理论创新成果的研究和宣传，《安庆党校学报》第1—4期分别设立“学习贯彻党的十八届三中全会精神”“深入开展党的群众路线教育实践活动”“纪念邓小平同志诞辰110周年”“认真学习贯彻党的十八届四中全会精神”专栏，围绕专题集中组织发表一批理论文章，提高刊物的影响力。将一些重大理论和实践问题的研究成果直接作为主体班的教学专题，如校级科研课题“始终保持党的纯洁性问题研究”“党的群众路线教育实践活动政策研究”“当前中国国家安全形势与战略”“安庆市新型城镇化发展研究”等成为主体班的教学专题，推进教学科研一体化。制定《科研成果奖励办法》，完善《校级课题管理办法》等科研管理制度，健全科研激励机制。全年教职工共发表论文31篇，其中在中国人文社会科学核心期刊发表1篇、省级报刊发表12篇、市级报刊发表18篇。

加快图书馆网站和数字图书馆资源建设。在开展好书籍采购、分编入库、借阅、巡查、整架等工作，满足教职工和学员传统阅览学习的基础上，推动传统纸质图书库向数字图书库转变。在全省数字资源建设评比活动中，校获“先进示范单位”称号。全年向《安庆信息》和中央、省、市级网站报刊以及学校网站投稿110多篇，制作宣传栏4期。

【理论研究】 发挥党校人才优势，开展理论研究。教师朱选祥在人民网、中国共产党新闻网举办的“群众路线话语”有奖征集活动中获三等奖，吴洁的《在建立长效机制上下功夫，不断提高作风建设的科学化水平》在省委党的群众路线教育实践活动领导小组组织的优秀论文评选中获三等奖，刘裕和周维德的文章在市有关部门组织的评选活动中取得良好成绩，获通报表彰。

【举办全市党校系统继续教育专题培训班】 8月29—31日，全市党校系统继续教育专题培训班暨优秀教学选拔活动在市委党校举行。这次活动是全市党校系统深化教学改革、提升培训能力、实施“精品战略”的重要举措，是近两年来教学改革成果的大比武。共有18名选手参加选拔赛。比赛分市委党校组和县（市）区委党校组，每组分别选出2名选手参加全省党校系统的教学比赛。经过激烈角逐，最终市委党校组的胡建国、程瑞、李鑫分获一、二、三等奖；县（市）区党校组的方冬松获一等奖，张结桥、许凤鸣获二等奖，徐德忠、王德旺、黄婷获三等奖。

（李　青）

老干部工作

【概况】 2014年，市委老干部局着力提升离退休干部服务管理水平，发挥老同志在“四个安庆”建设中的作用。市委老干部局荣获全省老干部宣传工作、调研工作、信息工作先进单位和离退休干部统计全优报表单位。

市委、市政府高度重视老干部工作。教育实践活动中，市委主要领导分别上门走访或召开座谈会，听取老干部对市委常委领导班子及其成员作风建设和全市教育实践活动的意见和建议。1月，市长魏晓明和市委常委、常务副市长陈冰冰专题听取老干部工作情况汇报，研究指导老干部工作。7月，市委、市政府举行情况通报会，市委书记虞爱华、市长魏晓明向老干部通报上半年全市经济社会发展情况，征求对下半年工作的意见建议。9月，市委、市政府组织老干部考察市体育中心、安庆智慧产业园、旺旺集团等市政建设和工业生产。10月，市长魏晓明就老干部活动中心和老年大学升级改造工作进行调研，对市老干部活动中心和老年大学升级改造工作作出具体布置和安排。

老干部政治生活待遇有效落实。春节团拜会上，市委向厅级离退休老同志通报经济社会发展情况；组织市级离退休干部参加黄梅戏艺术节展演周活动和省十三运开幕式等重大活动。坚持老干部春节走访制度，陪同市领导慰问73名厅级离退休干部和125名住院老干部；为在宜的离休干部发放慰问券；对市直行政事业单位离休干部遗属发放节日慰问金；上门慰问来宜安置离休干部。国庆节期间，市四大班子主要领导和市委常委看望厅级实职离休干部32人，局班子成员慰问厅级离休干部25人。健全和完善特困帮扶机制，帮扶困难离休干部和离休干部遗属40人。争取市财政安排困难企事业单位离休干部医药统筹费补贴593.85万元，提高离休干部基本医疗待遇保障水平；再次提高离休干部护理费标准。做好全省老干部“双先”表彰推荐工作，向省委推荐2个离退休干部先进集体和10个离退休干部先进个人。

抓好老干部活动载体建设。12月19日，在桐城市召开全市老干部活动中心(室)建设经验交流会，组织县(市)区和市直单位有关人员参观桐城市经济开发区老年大学、桐城市文昌街道建设社区老年活动中心和桐城市老干部活动中心，桐城市、太湖县、安庆市公安局、经信委分别介绍老干部活动中心(室)建设的典型经验。督促人民路、四照园和宜园老干部活动室注重平时卫生保洁，加强日常管理和服务，添置设施，改善老同志活动条件。

推进老年教育工作。做好市老年大学的教学管理工作，全年开设教学班级37个，在校学员1200多人次。市老年大学办学经费由25万元增加到50万元，新添置投影仪、教学电脑40部等办学设施，改善办学条件。

提升关心下一代工作。召开全市关心下一代工作会议。举办全市“六一”少儿文艺调演、“心连心　手拉手　共绘中国梦”儿童书画大赛等活动。筹措14.4万元，资助101名品学兼优的贫困大学新生。做好《中国火炬》杂志发行组织工作，被评为先进单位。编印《关工通讯》12期。

深化“双学双比”活动。举办2014安庆市“博爱杯”健康老人评选活动、全市老年文艺调演，组织指导老干部活动团体开展安庆市第三届“宜城杯”老年人竞技麻将比赛、第22届老年门球选拔赛、安庆市“盾安杯”老干部中国象棋围棋竞赛、安庆市第57届离退休老同志竞技麻将比赛、2014“迎国庆·贺重阳”文艺演出等活动，安庆市代表队获全省离退休干部台球比赛团体冠军。

抓好调研。注重开展老干部工作调研，及时解决老干部工作中的重点、难点问题，《离退休干部文化养老初探》获全省优秀调研报告。做好省局利用社区资源为离退休干部服务专题调研工作，安庆市的做法和经验得到省局综合调研组的肯定。编印《安庆老干部工作情况交流》5期，《安庆老干部》网站点击人数25000多人次，并通过《中国老年报》《安徽老干部工作情况交流》《安庆日报》《安庆新闻》《安庆信息》等媒介进行宣传。《安庆市委老干部局构建三个平台建设三个之家倾情倾力服务老干部》被《中国老年报》刊载；《发挥离退休干部作用　促进经济和社会发展》被《安徽老年报》刊载。

【服务老干部】 2014年，市委老干部局构建三个平台打造三个之家，倾情为老干部服务，提高老干部工作满意度。构建老有所养的平台，打造老干部温暖之家。争取市财政对困难企业离休干部医药统筹费补贴近600万元，确保离休干部医药费按规定实报实销；建立困难老干部帮扶制度，解决助困资金2万余元；完善老干部走访制度，坚持重大节日、老干部生病住院、老干部家庭遇到困难、老干部有思想问题必访制度；完善老干部接访制度，为老干部提供快捷便利服务。构建老有所乐的平台，打造老干部幸福之家。规划扩建市老年大学校舍，改善老同志学习活动条件；先后举办老年书画笔会、老干部棋艺比赛、第三届“宜城杯”老年人竞技麻将比赛、第22届老年门球选拔赛等系列活动，丰富老同志的精神文化生活，提升老同志的幸福指数。构建老有所为的平台，打造老干部活力之家。开展“践行社会主义核心价值观，老少同心携手中国梦”主题教育，通过读书活动、报告会、征文、演讲比赛、书画赛、诗歌朗诵、座谈会、文艺演出、主题班会、缅怀先烈等形式，发挥离退休干部在弘扬优良传统作风中的独特作用；组织全市349名离退休干部与大学生村官结对，发挥离退休干部的传帮带作用；关爱留守儿童，动员全市2万多名老同志参与，组织城、乡学校结对，开展“手拉手，心连心”活动，保护留守流动儿童健康成长。

【开展“博爱杯”健康老人评选活动】 会同市委组织部、市老龄委、安庆广播电视台联合主办2014安庆市“博爱杯”健康老人评选活动。活动于4月10日启动，历时70天，经过宣传、发动，全市700多名老人报名参选。经过初选、复选和复赛，评选出祁明善等“十佳” 健康老人和50名健康老人。6月30日，“十佳”健康老人颁奖晚会在安庆石化俱乐部举行。组织市红十字博爱医院医护人员赴8县(市)为2014安庆市“博爱杯”健康老人评选活动参选选手500名老人免费体检，在城区赴20多个乡镇、社区为1000余老人进行健康咨询活动。

【举办庆祝重阳节活动】 重阳节期间，市委老干部局举办系列活动，丰富离退休老同志的精神文化生活。组织厅级离退休考察安庆市体育中心和宜秀区智慧产业园，让老同志亲身体验安庆市跨越发展的新成果；新中国成立65周年之际，召开庆祝报告会，并安排老同志参观庆祝新中国成立65周年图片展；会同有关单位举办《老少共筑中国梦》“博爱”杯安庆市老年、少儿书画作品展；9月15—18日举办安庆市“盾安杯”老干部中国象棋、围棋竞赛，10月13—17日举办安庆市第57届离退休老同志竞技麻将比赛，组队参加安徽省第23届老干部象棋围棋竞赛和全省第五届离退休老同志门球赛。

【举办第二届老年文艺调演暨元旦文艺晚会】 12月30日，全市第二届老年文艺调演暨元旦晚会在石化俱乐部举行。晚会共展演27个文艺节目，来自全市各地的老年演员用自己创作的歌舞、戏剧、曲艺节目，讴歌祖国的巨大变化，歌颂广大人民群众在革命建设和改革开放中取得的伟大成就。

（琚立志）

【市老年书画协会】 2014年，市书画协会通过讲课、看录像、笔会、讲座、点评、讨论等方式，提高会员的书画水平；组织“老年书画走基层”活动，到乡镇、社区现场作业，送书画，写春联。9月26日，由市关工委、市老干局主办，市红十字博爱医院协办，市老年书画协会承办的《老少共筑中国梦》“博爱”杯书画展在市科技馆举行，共展出协会及8县(市)3区选送的老年、少儿书画作品270件。上年创办的《安庆老年书画研究》会刊，至2014年底已出版2期。发展新会员，至年底，会员总数达300多人。

市直工委

【概况】 2014年，市直工委在市直单位党组织和党员干部中组织开展以“走进农村、走进社区、走进企业，服务发展、服务民生、服务群众”为主要内容的“三走进三服务”主题实践活动。市直机关党组织和党员干部进村入户3179人次，与229个村结对；开展惠农政策、法律常识、实用技术等宣传或培训112场次，结对帮扶困难党员和群众1067户；帮助推进重点工作任务268项，帮助结对村基层党组织，完善工作制度173条。各机关党组织结合群众路线教育活动，组织1311名党员干部深入社区，了解社情，倾听民意772条，帮助94个社区建立民心驿站；结合各自单位特点，成立30多个志愿服务队，认领志愿服务项目52个；举办各类便民服务140场次，接待群众3850人次、现场办证563份。各机关单位，坚持每月到企业调研一次，及时了解企业生产经营状况和需求；帮助解决企业生产经营中遇到的难题353件，帮办企业解决实事180多项；帮助53家企业建立健全党群组织，联合开展活动155次；帮助企业解决用地等历史遗留问题37个。

开展服务型党建品牌创建活动。组织引导30多个市直单位开展党建品牌创建活动，如市国税局创建“12366回访服务　为党旗添光彩”党建品牌，开展“便民服务春风行动”，自主开发回访系统，全程跟踪四员(税收员、税务稽查员、纳税评估员、行政审批员)，主动联系服务6259次纳税人，实现服务回访零投诉；市人社局创建“劳动保障进社区”品牌活动，先后到19个社区开展以“情系民生、社保同行”、“社保之窗、与民同行”为主题的政策咨询活动；市司法局创建“和谐共建　司法为民”党建品牌，打造法律援助服务网络无缝覆盖，探索试行“金牌调解”服务和“调解前置”服务模式；市应急办、市科技局、市交通局、市公安局等单位创建“当好应急先锋、贴心为民服务”、“我为党旗添光彩、争当最美驾驶员”、“护航出入境、服务内外宾”等党建品牌，组织实施“用户至上、爱心服务”、“爱心送考”、“定单式服务大企业”、“科技专家团服务企业百日行动”、“质量流动诊所”等系列活动，使机关党建工作更加务实有效。

开展“三亮三比三评”活动。在市政务服务中心、市卫生局、市房产局、市国税局、市地税局等97个行政审批、公共服务、中介服务窗口单位(行业)开展“三亮三比三评”(亮身份、亮承诺、亮标准，比技能、比业绩、比作风，自己评、群众评、领导评)活动。各窗口服务情况，每周一公示，每月一评比，季度一点评，评选出“红旗窗口”、“党员示范岗”、“党员先锋岗”。

开展送温暖献爱心活动。年初和“七一”举办“走基层、访民情、送温暖、献爱心”活动，注重听取基层老党员、生活困难党员和老党务工作者的意见，帮助他们解决生产、生活中的实际问题，及时送去党的关怀。共走访慰问各条战线的党员代表500余人，征求意见120多条，共计发放困难慰问金300余万元，体现党组织的温暖，促进社会和谐稳定。

加强机关党建工作考核。从责任落实、思想建设、组织建设、作风建设、党内民主、党风廉政、服务能力与创先争优等方面，对市直各单位2014年度机关党建工作进行量化考核，评选出党建工作先进单位，在年度工作会议上进行表彰并交流经验做法。

【思想建设】 加强党的十八大和十八届三中、四中全会精神的学习，认真落实“三会一课”制度和学习教育日制度，组织多场“市直机关大讲堂”，征集群众路线教育优秀学习心得96篇并评选出优秀学习心得30篇，组织开展“人人讲党课”活动，运用《安庆机关党建网》、手机短信平台、党员QQ群等开展“微党建”活动，全年网群信息达5万余条。在市直机关评选推出“十佳优秀服务机关(科室)”、“十佳党员先锋岗”、“十佳优秀共产党员”和“十佳群众满意服务明星”等先进典型。通过举办座谈会、先进事迹报告会、拍摄《时代先锋》专题片等形式，在安庆电视台、“安庆先锋网”、“安庆机关党建网”等平台广泛宣传他们的先进事迹，以身边的先进典型激励机关党员干部。

【组织建设】 配齐配强基层党组织班子，指导42个单位党组织进行换届改选，调整基层党组织书记28名。培训党务干部和入党积极分子518人，全年新发展党员199名。完善党建联系片制度，将市直99个单位划分为5个工作片区，按照“优势互补、资源共享、合作共赢”的目标，定期开展优势互补、互相促进的各类党建工作经验交流活动20余次。落实党建工作“双向述职”制度，年底组织市直各单位党组织书记就贯彻落实责任制的情况，在全体党员大会或代表大会上进行述职，并以党建联系片为单位进行互相评议，评出优秀、良好、合格和不合格等次。

【作风建设】 在市直机关开展“一清、三查”专项活动，先后多次组织人员到各单位抽查办公电脑、抽查考勤记录、抽查科室工作人员。了解单位电脑是否安装与工作无关软件情况，是否存在上下班迟到早退、擅离岗位、无故缺勤等现象，是否存在工作不力，“门难进、脸难看、事难办”等问题。对明察暗访中发现的问题进行13次通报。完成市直机关科级干部违规建房和多占住房问题专项清理工作。推进廉政文化进机关活动，长江航道管理处等单位被命名为全省廉政文化建设示范点。严肃党的纪律，7名党员受到开除党籍处分、1名党员被除名。

【群团工作】 科学筹划、严密组织省运会志愿者工作，招募571名学生志愿者和100名社会志愿者，在城区及市直单位招募3000名拉拉队，岗位培训130多场，开展160天的集中服务，共服务55场赛事，累计服务时间超过13万小时，累计上岗27000人次，日出勤率始终保持在100%，为各项赛事提供全方位、高质量的服务。省运会期间，志愿者还分别为安庆市首届职工运动会、“十一黄梅戏展演周”、全省体育工作表彰大会、全省体育科技大会、全省首届体育美术、书法和摄影作品展等活动提供志愿服务。组织市直机关党员干部开展文明创建活动，共计有7990人次参与交通劝道2165次，483人义务献血114000毫升，9325人爱心捐款108.66万元，参与义务植树活动3000多人次。

(程银胜)

党史研究

【概况】 2014年，党史工作得到市委领导的重视和充分肯定。3月，首次以市委办公室发文通报全市社会主义时期党史专题资料征编工作情况，有力推动党史征编工作的开展。市委党史室先后被列为市委党的建设工作领导小组、市农民乐园建设试点工作领导小组、市爱国主义教育基地工作领导小组等成员单位。市委、市政府对党史室连续5年被省委党史系统评为党史宣传教育先进单位发出贺电表示祝贺。

【党史专著】 8月,《安庆社会主义时期党史专题(第一集)》正式出版。全书共30余万字,真实地反映安庆市自新中国成立以来在中国共产党的领导下,在政治、经济、军事、文化等领域取得的成就,同时也客观反映"文化大革命"时期相关行业遭受破坏及其在困境中发展的情况。10月,《光辉历程——安庆市历届党代会资料汇编》编撰出版。全书收集20幅图片、32万字,汇聚安庆市1956—2011年历次党代会的翔实资料,回顾和再现历届市委团结带领全市人民解放思想、干事创业、科学发展的奋斗历程。

【党史专题】 落实市委交办的纪念"两弹元勋"邓稼先诞辰90周年专题,于6月25在《安庆日报》上发表宣传纪念文章《许身国威壮河山》。深化对陈独秀的研究成果的转化,继续征集陈独秀相关资料,开始编写《独秀简影》一书,初稿形成后多次征求专家学者意见,力争客观真实、通俗易懂且图文并茂。完成省委党史研究室布置的"改革开放实录"和"抗日惨案"专题上报工作。4月,《安庆市新型集体经济的兴起及其历史功绩》等3个研究课题入选《安徽改革开放实录》第一辑丛书,《安庆惨案》《宿松惨案》专题入选中央党史研究室编写的《抗日战争时期全国重大惨案》。推进《安徽知青口述史料简编》的资料征集和研究工作,组织力量编写安庆知青史综述,收集安庆典型知青回忆录、文件、文献,采访知青、拟写采访材料,约稿工作基本完成,向省委党史研究室提供15篇共11万字的知青访谈材料。完成省委党史研究室《红皖印记——安徽重要革命遗址与纪念场馆寻踪》、《安徽英烈》相关材料报送,提供安庆市陈独秀墓园景区、安庆烈士等文字材料和相关图片计27幅1.6万字。继续征集社会主义时期党史专题。完成党史重点专题20篇。开展对老领导、老同志党史资料征集工作,已征集笔记本5本、照片数十件。

同时,强化党史资料的管理,发挥室藏资料作用。科学规范地管理档案资料,及时编目和输入计算机方便查阅,分别为中国人民解放军海军政治部编研部、南京大屠杀纪念馆、嘉兴南湖革命纪念馆、吉林省汪清县党史办等部门提供安庆早期党史资料。

【党史宣传】 与市委组织部联合开展第五个"全市领导干部党史教育日"活动。2014年,"全市领导干部党史教育日"活动以"学习党的历史,增强三个自信"为主题,全市各级党组织通过组织领导干部前往党史教育基地、参观安庆党史图片展、组织党史宣讲员进机关宣讲地方党史等多种形式,弘扬革命传统精神,丰富活动内容。7月与市委组织部共同命名"两邓"故居(铁砚山房)为"安庆市党史教育基地"并举行授牌仪式。开展党史宣传教育"六进"活动。将近年来编纂出版的《中共安庆历史日志》(1949—1978)、《安庆市社会主义时期党史专题》(第一集)、《光辉历程——安庆市历届党代会资料汇编》、《安徽省抗战时期人口伤亡和财产损失——安庆卷》、《安徽省革命遗址通览——安庆卷》(1—4册)等5部著作送到各部门单位、机关、社区、企业、学校、农村,共计赠送1000多册。结合群众路线教育实践活动、社区活动等将新民主主义时期安庆地区革命历史浓缩为10副展板,制作《红色印记》大型图片展巡回展览。与市新华书店联合发行《中国共产党安庆历史日志(1919.5—1978.12)》和《安徽省革命遗址通览(安庆卷)》两书。在抗战胜利纪念日、公祭日期间,通过电视台《天天直播》、《新闻联播》等栏目介绍抗日战争时期安庆地区人口伤亡和财产损失情况。还为烈士陵园陈列馆建言献策,配合陈展设计公司多次修改布展方案大纲。

(王雄辉)

档案工作

【概况】 2014年,全市有国家综合档案馆12个。其中地市级馆1个,县(市)区级馆11个;档案行政管理部门12个,其中地市级档案局1个,县(市)区级档案局11个。市档案馆馆藏档案135341卷,以件为保管单位的档案11289件,资料35193册;县(市)区档案馆馆藏档案548097卷,以件为保管单位的150668件。资料105102册;市档案馆面积5016平方米,县(市)区档案局馆面积17516.87平方米。

机关和企事业单位档案工作。推进机关、企事业单位档案管理规范化建设,开展52个市直单位档案工作规范化建设调研指导。制定《关于做好党的群众路线教育实践活动文件材料收集归档工作的通知》,开展8个系统24个单位实践活动文件材料归档专项检查。会同市检察院、市财政局等单位组织开展下属22个单位档案工作目标管理考核。指导安徽合力股份有限公司安庆车桥厂等10个企事业单位档案规范化工作。引导安徽润通能源有限公司、安庆新创机械有限公司等6个非公企业规范建档工作。桐城市对微威集团、白兔湖动力集团公司、金阳钢构公司进行档案培训指导。组织参加省、市档案学术研讨活动,召开全市档案工作会议,推进全市档案工作的开展。

民生和专业档案工作。加强民生暨专业档案工作的监督指导,开展建委、农委、房产、环保、国土、人社、教育、税务8个系统26家单位民生暨专业档案工作调研指导。对7个系统19个单位民生暨专业档案工作进行专项检查。会同教育局、司法局、人社局全面启动教育、司法公证、城乡居民养老保险档案规范化建设工作。

农村和街道社区档案工作。推进街道社区和美好乡村建设档案工作,出台《安庆市社区档案管理办法》。对3区15个街道办事处、60个社居委档案工作进行执法检查。迎江区指导建立双莲寺社区档案规范化建设示范点,举办全区社区档案专题培训,街道、社区建档率100%。开展20个行政村美好乡村建设档案工作调研指导。宜秀区对全区12个美好乡村建设示范村实施档案规范建档。

重点工程建设项目档案。强化重点建设项目档案工作监管,开展全市36个重点建设项目档案工作调研指导。对50个重点建设项目档案管理进行规范登记。对18个重点建设项目档案工作进行执法检查。组织开展4个市重点建设项目档案验收工作。望江县开展全县重点建设项目档案工作专项执法检查,市公路系统对所属工程建设项目档案工作进行检查指导。

开发区(工业园区)档案。对开发区(工业园区)档案工作进行调研指导,开展6个开发区档案工作检查和存在问题整改落实情况抽查。

档案馆及信息化建设。完善国家综合档案馆建设,丰富档案信息资源,服务经济和社会发展。市国家综合档案馆依法接收市直机关形成满20年档案2646卷(件),东部新城综合写字楼档案中心接收档案5779件(册),接待查阅利用1619人次,开放满30年档案2005卷,征集收集珍贵档案资料25件(册)。怀宁县制定《怀宁县名人档案征集范围和征集办法》,筹建"怀宁名人档案特藏室"。枞阳县通过查档为4170多名离任村干部及老农机员、老兽医、老拖拉机手、老放映员解决生活补助问题。对县(市)区档案馆、专业档案馆及市直有关单位档案中心(室)安全体系建设进行检查。枞阳县、太湖县国家综合档案馆新馆即将投入使用;桐城市、宿松县国家综合档案馆新馆建设准备工作基本就绪,即将开工。指导市直38个单位档案目录数字化建设。全年完成市级馆藏档案目录数字化68520条。怀宁县建立馆藏档案数据库,累计完成目录数字化49.8万条、全文扫描56.4万页;迎江区、大观区完成现有馆藏档案目录数字化;宜秀区完成馆藏档案目录数字化20754条。望江县在全省率先开展数字档案馆建设,并在全省数字档案馆(室)建设推进会上作经验交流。推进国家试点县潜山县农村土地确权登记颁证档案工作,得到国家档案局、省档案局调研检查组肯定。办好安庆档案信息网,公开政府信息101条,回复市民心声5条。

档案工作目标管理考核。市及8县(市)区医疗、工伤、生育保险档案在全省率先100%达标。市医保中心、桐城市医保中心获省优秀等级;全省医保档案达标经验交流会在市举行。怀宁县地税局、潜山县、岳西县、大观区人民检察院通过省特级目标管理考核。岳西县第一次全国水利普查档案通过国家验收组抽查验收;国家统计局安庆调查队机关档案工作目标管理通过省二级考核验收;怀宁县财政局洪铺镇财政所、清河乡财政所、公岭镇财政所通过机关档案工作目标管理省一级考核。

【档案法制化建设】 加强档案法制宣传,推进档案工作依法行政。开展档案法律法规宣传,潜山县、迎江区通过不同方式组织开展"国际档案日"宣传活动。将档案法律法规作为培训内容,有16人获档案执法资格。公布市档案局权力清单和责任清单。组织开展县(市)区5个系统57个单位及市直51个单位全市档案工作年度执法检查。岳西县组织开展县直65个单位全县2014年度档案工作执法检查。

【档案人才培训】 加强各类档案业务培训工作,提高档案人员业务水平。全市170人参加档案人员岗前培训。举办各类档案培训班6期,培训717人。在全省率先探索新形势下社区档案工作,出台《安庆市社区档案管理办法》,免费举办街道社区及美好乡村建设档案培训班、238人参加培训。潜山县下发《关于加强档案管理建立档案队伍的通知》,加强档案干部队伍建设。望江县对县直机关100余名档案人员进行集中培训。宿松县对全县22个乡镇档案人员进行集中培训指导。召开市直档案工作协作组组长单位座谈会,指导协作组开展活动。

(陈腊平)

人大·政府·政协

安庆市人民代表大会常务委员会

重要会议

【市十六届人大三次会议】 2014年1月21—22日在安庆举行。会议听取和审议市人民政府工作报告；审议市2013年国民经济和社会发展计划执行情况及2014年计划草案的报告,审查、批准市2013年国民经济和社会发展计划执行情况的报告及2014年国民经济和社会发展计划；审议市2013年预算执行情况和2014年预算草案的报告,审查市2013年预算执行情况的报告和2014年预算草案,批准2014年市本级预算;听取和审议市人大常委会、市中级人民法院、市人民检察院工作报告。大会表决通过关于安庆市人民政府工作报告的决议、市2013年国民经济和社会发展计划执行情况与2014年计划的决议、市2013年预算执行情况和2014年预算的决议、市人大常委会工作报告的决议、市中级人民法院工作报告的决议、市人民检察院工作报告的决议。

【市十六届人大常委会会议】 全年共召开市人大常委会会议7次。

第八次会议于1月15日举行。会议决定任命施泽彪为市政府副市长。会议审议市政府关于安庆市"十二五"规划《纲要》实施情况的中期评估报告(草案）及市人大常委会主任会议有关审议情况的说明；审议通过市政府关于《安徽安庆国家农业科技园区总体规划》的议案及2013年度市本级预算调整方案的报告,分别作出决议;听取审议市政府关于市十六届人大一次会议代表议案、建议办理情况及市十五届人大1号议案办理情况的报告;听取审议市人大常委会人选工委关于市十六届人大一次会议代表议案、建议办理情况的报告;听取审议市政府关于市人大常委会审议意见书办理情况的报告;听取审议市人大常委会代表资格审查委员会关于补选代表的代表资格审查报告；审议并通过市十六届人大三次会议有关事项；听取审议《市人大常委会工作报告(审议稿)》、《市人大常委会2014年工作要点(稿)》。会议还进行其他任免事项。

第九次会议于3月18日举行。会议听取审议市政府关于市十五届人大有关加强菱湖风景区水源保护的"1号议案"办理情况的报告、市政府关于省十三届运动会准备工作情况的报告,传达学习十二届全国人大二次会议、省十二届人大三次会议精神。进行人事任免。

第十次会议于5月28日举行。会议听取审议市政府关于市殡葬改革工作情况的报告、市政府关于地方政府性债务情况的报告、市政府关于市属高校办学建设与发展情况的报告。会议还听取审议市人大常委会代表资格审查委员会关于补选代表的代表资格审查报告,进行人事任免。

第十一次会议于7月22日举行。会议表决通过有关任免事项。审议通过《关于许可市人民检察院对市人大代表石力采取强制措施并暂停其执行代表职务的决定》。听取审议市政府《关于安庆经济技术开发区建设投资集团有限公司申请发行企业债券有关问题的议案》并作出决定。会议审议通过市政府关于2014年1—6月份国民经济和社会发展计划执行情况、2013年市本级财政决算(草案)及2014年1—6月财政预算执行情况、2013年市本级预算执行和其他财政收支情况的审计工作报告并作出决议。会议还听取和审议市政府关于推进城区义务教育学校教师校长交流工作情况、市十六届人大"1号议案"(关于加强石塘湖应急备用水源保护的议案)办理工作情况的报告。

第十二次会议于9月17日举行。会议表决通过有关人事任免事项,决定任命李彪为市人民政府副市长,决定免去程小俊副市长职务(挂职期满)。会议听取审议市政府关于市十六届人大“2号议案”(关于改善安庆市城区交通状况)办理工作情况的报告、关于贯彻实施《安徽省林权管理条例》情况的报告。

第十三次会议于11月17日举行。会议听取和审议市政府关于市本级2014年审计整改工作、现代商贸服务业发展情况及关于《中华人民共和国禁毒法》《中华人民共和国中医药条例》贯彻实施情况的报告。会议听取和审议市政府《关于安庆高新区山口片基础设施项目建设有关问题的议案》的报告并作出相关决议,表决通过人事任免事项。

第十四次会议于12月23日举行。会议听取审议市政府关于2014年市本级预算调整方案的报告并作出相关决议。会议听取审议市政府关于安庆博物馆选址及大宜城发展战略规划、关于市人大常委会审议意见书办理情况的报告;听取审议市政府及市人大常委会人选工委关于市十六届人大三次会议代表议案、建议、批评和意见办理情况的报告;听取审议《市人大常委会工作报告(稿)》及起草说明;作出《安庆市人民代表大会常务委员会关于召开安庆市第十六届人民代表大会第四次会议的决定》,通过《安庆市第十六届人民代表大会第四次会议建议日程(草案)》。会议作出《关于许可市公安局对市人大代表徐冬斌采取强制措施并暂停其执行代表职务的决定》和《关于许可市公安局对市人大代表姚中美采取强制措施并暂停其执行代表职务的决定》。

【推进治理大气雾霾工作座谈会】 3月14日,市、县(市)区人大联动推进治理大气雾霾工作座谈会在怀宁召开。会议在总结各县(市)区人大上年度工作情况的基础上交流探讨年内的工作安排,并着重就市、县两级人大联动推进大气雾霾治理进行思想动员和研究部署。市人大常委会主任康正和出席会议并讲话,党组副书记、副主任胡南亭主持会议。各县(市)区人大常委会主任或主持日常工作的副主任、办公室主任、城建环资工委主任,市人大常委会副秘书长,各工作机构和综合办事机构负责人参加座谈会。怀宁县委主要领导到会介绍县情和经济社会发展情况。

【纪念全国人民代表大会成立60周年暨地方人大设立常委会35周年座谈会】 9月25日,市委、市人大常委会召开人民代表大会成立60周年暨地方人大设立常委会35周年座谈会。市委书记虞爱华出席会议并讲话。市人大常委会主任康正和主持会议。市领导张金锐、陶方启等出席会议。市“一府两院”、桐城市人大常委会的负责同志以及部分人大代表分别作发言。市中级人民法院、市人民检察院、各县(市)区人大常委会及市直有关部门负责人,部分乡镇人大主席,部分驻宜全国人大代表、省人大代表、市人大代表等参加座谈会。

主要工作

【依法开展监督】 加强对转型升级和结构调整的监督,关注经济运行。考察重点项目建设,召开产业发展、民生保障、生态环保、城市建设四个专题座谈会,听取和审议计划执行情况报告。听取财政政策实施及收入完成情况的报告,审议预算执行情况报告,督促有关部门依法组织收入。就开发区转型升级和行政审批制度改革开展调研,激发市场主体活力。听取和审议现代商贸服务业发展情况报告,关注小微企业融资难问题,帮助企业增强信心,应对局部的金融困难问题。深化预算审查。对市直一级预算单位进行全面审查,对20个部门进行重点审查。首次开展部门决算审查,对11家单位进行重点审查。审议审计整改工作报告,开展政府性债务专题调研,促进政府完善债务管理机制。促进城乡统筹。就农业产业化龙头企业发展发出议事意见通知书。开展粮食储备与流通工作调研,听取农业保险工作报告。开展农村土地确权发证、防汛抗旱、灌区续建配套和节水改造、汛期气象预测和气象灾害防御等工作调研。

加强对社会事业发展及生态建设的监督,推动社会事业发展。考察市体育场馆建设。听取义务教育均衡发展报告,督促政府稳妥推进教师校长交流工作。围绕加强市属高校建设管理发出审议意见书,审议《中医药条例》贯彻实施情况报告。听取旅游工作报告,推动有关部门树立大旅游理念。配合省人大常委会开展台胞投资环境调研。促进大气雾霾治理。与县(市)区人大联动,综合运用执法检查、视察审议等方式,督促各级政府加强环境执法体系建设,推动区域大气污染治理。举办农业农村人大代表培训班,就秸秆焚烧治理等问题,专门进行布置。开展大气雾霾治理专题询问,督促相关部门加大工作力度。开展“安庆环保世纪行”活动,曝光违法行为。督促解决热点问题。继续开展“食品安全江淮行”活动，督促政府强化源头治理。开展财政扶贫资金使用管理情况调研。呼吁关注和支持禁毒工作。就政府购买社会服务工作开展调研。开展妇女、儿童发展纲要中期评估督查，要求市政府进一步加强妇女儿童活动场所建设。

加强对普法和执法工作的监督，推动民主法治宣传。开展全国人民代表大会成立60周年暨地方人大设立常委会35周年纪念活动，邀请全国人大法律委员会主任委员来安庆作专题报告；召开纪念人民代表大会制度设立60周年座谈会；举办宪法法律知识竞赛、征文等活动；在首个国家宪法日，举办法治书画展，召开理论中心组学习会。开展“江淮普法行”活动，促进严格执法、公正司法、全民守法。检查法律法规执行情况。对《电力法》《海关法》《水法》《省林权管理条例》等7部法律法规贯彻执行情况进行检查，督促纠正法律法规实施中出现的问题。促进依法行政、公正司法。就统计依法行政工作发出议事意见书，促进提高统计数据质量。听审《行政监察法》贯彻实施情况报告。制定《组织市人大代表旁听人民法院庭审办法》，拓宽司法监督工作途径。

全年受理“一府两院”和县(市)区人大常委会报送备案的规范性文件19件，维护法制统一。保障群众民主权利。就第九届村民委员会换届选举工作开展调研和督查，促进村民委员会换届选举工作依法进行。

【讨论决定重大事项】 审查决算，批准计划和预算调整。审议市政府关于2013年市本级财政决算的报告，批准2013年市本级财政决算。听取和审议市政府关于2014年国民经济和社会发展计划、预算调整的议案，依法作出决议。决定重大融资及项目建设。听审《安庆市城区防洪排涝工程专项资金管理办法的议案》、《安庆经济技术开发区建设投资集团有限公司申请发行企业债券有关问题的议案》《安庆高新区山口片基础设施项目建设有关问题的议案》，作出决议，支持市政府融资。讨论改革发展重大问题。审议城区财政管理体制实施方案的报告，支持市政府合理调整城区财税分配关系。审查大宜城发展等战略规划，审议博物馆建设方案，讨论湖心路改造方案。听取全市推行殡葬改革情况的报告，向全市人大代表发出倡议书，动员群众移风易俗。

【依法任免国家机关工作人员】 行使任免权54人次，其中任命和决定任命36人次，免职18人次。对提请任命的市政府及组成部门负责人进行法律知识考试，对提请任命的法官、检察官，安排工作机构到所在单位了解情况，保证任免工作质量。坚持供职报告、颁发任命书、宣誓等制度。

【发挥代表作用】 推动议案办理。市十六届人大“1号议案”(关于加强石塘湖应急备用水源保护议案)、“2号议案”(关于改善安庆市城区交通状况议案)，常委会通过组织考察调研、听取工作报告等形式，推动议案办理。围绕备用水源保护，市政府编制石塘湖水环境综合整治规划，对进入石塘湖的工业和生活污水进行截流。围绕改善城区交通状况，启动编制大宜城综合交通、中心城区畅通工程等五个专项规划，加快推进外环北路、环城东路、机场大道延伸线建设等工程。督促建议落实。加强农村文化建设、政府购买服务、调控牛肉价格涨幅等9件建议，由主任会议成员领衔督办。对代表建议的办理工作进行考核评比，表彰先进单位和先进个人。在安庆电视台播放代表建议追踪节目26期，在安庆日报、安庆广播电视报刊发代表履职专栏文章93篇，促进建议落实。加强与代表的联系。建立代表接待日制度，主任会议成员定期轮流接待省、市人大代表，“一府两院”及相关部门负责人参加，现场研究解决代表提出的问题。制定《市人大常委会组成人员联系代表办法》《主任会议成员联系代表办法》以及《加强人大代表同群众联系的意见》，密切与代表和人民群众的联系。组织代表参加省人大专题培训，对农村基层代表集中培训。发挥代表作用。全年邀请市人大代表列席常委会会议22人次、参加考察调研等活动624人次。两次委托选举单位组织市人大代表围绕全面深化改革等重点工作开展专题调研和集中视察。7月中旬，组织驻宜省人大代表就重点项目和民生工程建设情况进行专题调研；11月下旬，开展新型农业经营体系发展情况集中视察。接待驻皖全国人大代表来宜，开展推动黄金水道长江经济带发展和美好乡村建设调研。推荐市人大代表参加“百姓问政”、绩效考核、民主测评等活动，发挥参政议政作用。

市人大常委会领导名录

主　任：康正和

副主任：胡南亭　童学军　程学东

李玉萍　檀宜宏

(人　大)

安庆市人民政府

重要会议

2014年，第十六届安庆市人民政府共召开常务会议14次。

2月18日，第十一次会议。听取进一步清理市级行政审批项目结果、申报“较大的市”、大气污染防治有关情况汇报，审议“1+4”公共服务政策文件，审议并原则通过《安庆市人民政府工作规则(送审稿)》、《安庆市基本公共服务体系行动计划（2014—2015)》，讨论并原则同意市公交公司组建方案。

3月14日，第十二次会议。听取2014年度经济发展主要工作目标任务分解、完善城区财政管理体制有关情况汇报。

4月3日，第十三次会议。审议并原则同意《关于推进市区住宅小区物业管理全覆盖的实施意见》、《安庆市市属单位生活小区移交工作方案》及《关于实行最严格水资源管理制度的意见》，听取供热价格、规范市区经营服务性收费、安全生产、质量工作和第三届市政府质量奖评选等有关情况汇报。

4月22日，第十四次会议。审议并原则同意《安庆市防汛抗旱应急预案》《安庆市区集体土地与房屋征收补偿安置暂行办法》《安庆市区国有土地使用权出让收支管理办法》《安庆市殡葬管理办法》，听取在全市实施流动人口居住证制度、经开区与迎江区四至调整等情况汇报。

5月13日，第十五次会议。审议并原则同意《安庆市工业项目建设审批流程图》《安庆市房地产项目建设审批流程图》《安庆市市级政府性债务计划编制及审批管理规定》《安庆市大建设项目资金拨付管理办法》《关于加快安庆市区标准化厂房建设的意见》《关于鼓励企业利用闲置和低效土地建设标准化厂房的若干意见》，审议并原则通过《安庆市2014年招商引资目标考核奖励办法》。

6月6日，第十六次会议。听取推进县(市)区区域内义务教育学校校长教师交流、人口和计划生育工作、下浒山水库工程推进、建设工程农民工工资专用账户管理、给予市公安局追逃工作组记集体二等功等情况汇报。

7月1日，第十七次会议。审议并原则通过《关于进一步强化土地节约集约利用工作的意见》、《安庆市行政处罚案件群众公议办法》，听取调整市区城镇土地使用税等级范围和税额标准的情况汇报，审议通过《安庆市市区工业企业城镇土地使用税奖励办法》。

7月23日，第十八次会议。审议并原则通过《安庆市加快工业经济发展若干政策》、《安庆市推进自主创新若干政策》、《安庆市促进现代农业发展若干政策》、《安庆市进一步推动现代服务业加快发展若干政策》(试行)等四大经济政策修订稿，听取电力迎峰度夏工作等情况汇报。

8月21日，第十九次会议。听取节水供水重大水利工程前期工作、给予宿松县和宜秀区重大招商引资项目专项奖励、民生安全月报编制工作等情况汇报，研究市政府与中水电十三局开展山口片基础设施建设投资项目、市政府与安徽省投资集团进行棚户区改造项目合作事宜，审议《关于进一步落实政府投资城市基础设施项目四到位机制的若干意见》，审议并原则通过《安庆市地方政府核准的投资项目目录(2014年本)》。

9月16日，第二十次会议。听取海口通公交、2013年冬季退役士兵安置、安庆市2013年度省政府目标管理绩效考核、2013年度县(市)区目标管理绩效考核及市直机关争先创优目标绩效考核等情况汇报，审议《关于市城区企业使用新增建设用地建设标准化厂房的若干意见》，审议并原则通过《安庆市商品房预售资金监管办法》。

10月20日，第二十一次会议。审议并原则通过《安庆市人民政府关于2014年承担省政府目标管理绩效考核任务的市直有关部门和单位考核办法》《安庆市地方性政府债务管理暂行办法》《调整安庆市城市生活垃圾处理费征收方式和标准方案》《安庆市城市生活垃圾处理收费管理办法》《安庆市基本建设项目大配套费征收使用管理办法》。

12月4日，第二十二次会议。审议《安庆市市区土地与房屋征收补偿复核确认办法(试行)》，审议并原则通过《安庆市政府投资大建设项目招投标绿色通道暂行办法》，听取桐城市“6·21”挡土墙坍塌较大生产安全事故调查处理情况汇报。

12月15日，第二十三次会议。专题审议并原则通过建立市级政府权力清单和责任清单制度。

12月25日，第二十四次会议。听取提高2015年城乡居民最低生活保障标准和特困供养人员供养标准、疏导安庆市非居民天然气到户销售价格、市级涉企收费专项清理、2013年度科学技术奖拟奖励项目的情况汇报,审议《安庆市放宽企业住所(经营场所)登记管理规定》、《关于进一步加强审计和审计整改工作的意见》,审议并原则通过《安庆市鼓励采购地产品实施办法(试行)》,审议并原则同意调整市区公有住房租金标准及出售价格的方案。

主要工作

【发展现代农业】 启动实施“5211”工程,新增省级现代农业示范区3个、农业产业化规模以上企业71家,总量均居全省第一。耕地流转面积211万亩,流转率居全省前列。新增农民专业合作社766家、家庭农场1070家。新增国家地理标志保护产品2个,总量居全省第三。农产品加工业产值首次过千亿,居全省第二。粮食总产258.6万吨,增产4.5%。

【发展工业经济】 工业腾飞“2135”行动计划实施,110平方公里安庆化工新材料产业基地规划获省政府批准。环新轻量化铝缸套、泰发异辛烷、桐城新能源材料等项目建成投产,旺旺五期、飞凯超纯氧化铝、怀宁瑞沃科技产业园等项目开工,电厂二期正式核准。新开工标准化厂房558万平方米,建成273万平方米。新增中国驰名商标2件,总量居全省第二。完成工业投资750亿元以上,新增规模以上工业企业170家,规模以上工业增加值增长12.6%,增幅居全省第二。战略性新兴产业产值增长16.1%。工业利税337.84亿元,增长14.4%。

【提升现代服务业】 金融机构各项贷款余额1259.7亿元、增长17.7%,总量、增幅分居全省第三和第五。场外市场挂牌企业41家。欧尚大型超市投入运营,上海新城体验式商业综合体签约落地。五千年文博园二期基本建成。获批创建“宽带中国”示范城市,4G网络实现乡镇全覆盖。电子商务交易额近20亿元,居全省前列,556电商产业园成为省级示范园区。游客接待量3800万人次,旅游总收入增长13%。

【加快科技创新】 与中科院、东南大学等开展合作,建成实体研究院10家,新建院士工作站3家。发明专利申请量增长104.3%,专利授权量增长76.2%,增幅均居全省第一。国家级高新技术企业111家,高新技术产业增加值增长16%。

【加强城市建设管理】 完成大宜城发展战略规划和24个专项规划编制。加强老城改造、新城配套,迎宾东路、祥和路、天柱山路东段建成通车,华中西路、黄土坑东路改造完成。人民路步行街建设基本完工。东围墙街等25条背街后巷改造基本完成。新建雨水管网75.9公里、污水管网53.3公里。完成61.6公里道路绿化提升,建成游园绿地14处。完成96个老旧小区2.5万户居民天然气管网配套建设。投资25亿元建成市及8县(市)综合体育场馆。成功获批国家森林城市。成功获批第三届省级文明城市,首获全国文明城市提名,省级卫生城市创建启动。城区住宅小区物业管理全覆盖工作有序推进,数字化城管系统建成。扎实推进环保创模工作,菱湖风景区水环境综合整治等重点工程全面展开,城东污水处理厂二期开工建设,安庆石化碧水蓝天工程进展顺利,脱硫脱硝率首次达到95%以上。11个大气污染防治专项行动扎实有效,淘汰黄标车和老旧车16774辆,关停超标排放企业11家,空气质量优良率居全省第四。节能减排任务完成。

【推进交通建设】 宁安城际铁路建设和安庆火车站改造进展顺利,岳武高速、望东长江大桥及接线建设加快,安庆至桐城、望江、枞阳一级公路城区段建设全面启动,国省道改造完成240公里,石门湖航道疏浚基本完成,安庆新港规划建设加快,天柱山机场改造完成,实现复航。

【开展各项改革】 工商、质监、食品药品监管和地方海事(港航)体制改革完成,部门内设机构整合取得突破。实施工商注册登记制度改革,新登记企业增长47.8%。市级行政审批项目下放58项、冻结26项、取消7项,精简31.6%。工业、房地产项目审批时限分别压缩到28、29个工作日。市政府核准投资项目由7大类减至4大类。开发园区行政事业性收费免收42项。城区79项经营服务性收费取消7项、免收2项、降标28项。建立市级涉企收费清单制度,收费项目从252项减少到86项。完成市、区财政体制改革,全面实施全口径预决算。“营改增”扩大范围试点任务完成。积极跟进投融资政策变化,市级政府平台融资132亿元,超过前五年总和,城市污水处理项目成为全国首批30个PPP试点之一。城区30个规模较小社区完成合并。农村合作金融机构全部改制为商业银行,村镇银行实现县域全覆盖。潜山、宿松农村土地承包经营权确权登记颁证试点工作基本完成。

【发展开放型经济】 实现与长三角区域通关一体化。皖西南公共型保税仓库建成运营，国际航运公司马士基在宜驻点。富士康集团入驻鸿庆精机公司。安庆口岸货运量71.4万吨，增长38%。招商引资力度加大，成功举办北京、上海、深圳招商活动，多次赴外地开展土地推介。嘉寓节能门窗等项目建成投产，新能源汽车产业园、润晶蓝宝石、宿松智能电子科技产业园等项目开工。引进亿元以上项目283个，其中10亿元以上项目36个，利用市外资金620亿元。

【推进美好乡村建设】 中心村建设稳步推进，改造农村危房1.7万户、县乡公路268公里，加固危桥117座，乡镇农村清洁工程实现全覆盖，"三线三边"环境治理扎实有效。潜山、岳西、桐城成为全省美好乡村建设先进县，岳西县水畈村入选年度中国十大最美乡村。岳西成为国家级生态县。潜山县列入全国生态文明示范工程试点，官庄村获中国人居环境范例奖。推进精准扶贫，完成贫困村、贫困户建档立卡工作，实施172个整村推进工程，减少贫困人口12万。

【加强水利建设】 下浒山水库施工准备工程动工，花凉亭灌区虎形潭渡槽重建工程开工。完成25个小型病险水库除险加固，解决22.7万农村人口饮水安全问题，"5588"小型水利工程建设进度全省领先。建成高标准基本农田46.8万亩，新增耕地2.3万亩。

【提升民生保障】 民生支出占财政总支出的80.7%。33项民生工程全面完成。城镇新增就业9万人，下岗失业人员再就业2.9万人，城镇登记失业率控制在4.2%以内。在全省率先建立农民工工资专用账户管理机制。大病补充保险全面实施。城市低保标准达到全省平均水平，农村低保标准大幅度提升，初步建立"救急难"机制。实施"1+4"公共服务政策，城区新增社区服务机构29个、社工组织6个，采取政府购买服务方式，实施70岁以上生活困难老人居家养老服务等项目。开工保障性安居工程住房2.9万套、基本建成1.5万套，城区建成还建房109万平方米。开通城区至海口镇等6条公交线路，城区乡镇公交实现全覆盖。物价保持稳定。

【加大社会建设】 圆满承办省第十三届运动会及残疾人运动会、少数民族运动会。国家公共文化服务体系示范区建设扎实推进，"黄金周·黄梅戏"展演活动成功举办，市文化馆新馆正式启用，市博物馆开工建设，乡镇综合文化站实现全覆盖，建成23个社区文化舞台、26个农民文化乐园。国家中小学教育质量综合评价改革实验区建设启动，完成290所义务教育学校标准化建设，新建、改扩建幼儿园29所。迎江区、大观区义务教育学校教师校长交流付诸实施。县级公立医院改革不断深化，药品零差率销售全面实行，宜秀区基层医疗机构"先看病后付费"做法在全省推广。市成为全国首批养老服务业综合改革试点，新建居家养老服务站33个、农村幸福院180个。全面加强信访工作，市、县两级联合接访，进京、赴省集体访大幅度下降。"安全安庆建设年"活动成效明显，安全事故起数、死亡人数双下降。城区油气输送管廊带隐患整治全面展开。常态化开展应急演练，危险化学品事故处置、森林防火应急演练成为全省示范。创造性军地联合组建应急救援队伍。森林防火、殡葬改革取得历史性突破。烈士陵园开工建设。村两委换届圆满完成。开展人民武装和"双拥"工作，国防动员和国防后备力量建设得到加强。

政府文件要目

文 号	标 题
宜政发〔2014〕1号	关于实施医药分开改革的决定
宜政发〔2014〕3号	关于印发安庆市大气污染防治行动计划实施细则的通知
宜政发〔2014〕4号	关于进一步加强民政公共服务能力建设的意见
宜政发〔2014〕5号	关于印发安庆市人民政府工作规则的通知
宜政发〔2014〕6号	关于分解落实政府工作报告提出的2014年主要工作任务的通知
宜政发〔2014〕7号	关于2014年实施33项民生工程的通知
宜政发〔2014〕8号	关于认真做好第一次全国地理国情普查的通知
宜政发〔2014〕9号	关于印发安庆市完善城区财政管理体制实施方案的通知

文　　号	标　　　题
宜政发〔2014〕10号	关于给予安庆边防检查站记集体二等功的决定
宜政发〔2014〕11号	关于实行最严格水资源管理制度的意见
宜政发〔2014〕13号	关于进一步加强土地节约集约利用工作的意见
宜政发〔2014〕15号	关于印发安庆市2014年加快工业经济发展若干政策的通知
宜政发〔2014〕16号	关于印发安庆市2014年推进自主创新若干政策的通知
宜政发〔2014〕17号	关于印发安庆市2014年推动现代服务业加快发展若干政策的通知
宜政发〔2014〕18号	关于印发安庆市2014年促进现代农业发展若干政策的通知
宜政发〔2014〕19号	关于发布安庆市地方政府核准的投资项目目录(2014年本)的通知
宜政发〔2014〕20号	关于2013年度县(市)区目标管理绩效考核先进单位的通报
宜政发〔2014〕21号	关于推行市级政府权力清单和责任清单制度的通知
宜政发〔2014〕22号	关于公布安庆市市级涉企收费清单的通知

市政府领导名录

市　长:魏晓明

副市长:陈冰冰　施泽彪

黄　杰　陈爱军(—2014.3)

张君毅　董　磊

范先汉　程小俊(—2014.8)

张小青　李　彪(2014.9—)

（市政府研究室）

行政服务工作

【概况】 2014年，共办理各类审批服务事项102.2万件,比上年增长280.5%;接待服务对象85.1万人次,增长83.8%;召开建设项目联合审批会议176次，增长131.5%，办理基本建设项目82个，增长382.3%;即办件率为90%,增加45个百分点;按时办结率99.5%,提前办结率91%,收到服务对象送来的锦旗56面、表扬信件51封,服务对象满意率99.9%。

【深化行政审批制度】 全方位推进行政审批项目清理。通过取消、下放、转变管理方式、冻结等措施,对全市各部门行政审批事项进行全面清理,全年下放58项、冻结24项、取消9项,市本级行政审批项目精简至143项，承接省政府下放行政审批项目精简至33项,市级共计保留行政审批项目176项,是全省行政审批项目最少的市之一。

推动“两集中、两到位”工作。2014年市安排进中心办理的行政审批项目为163项,占项目总数176项的92.6%,在此基础上还安排进驻与行政审批、群众生产生活密切相关的公共服务项目158项。78个行政审批部门和公共服务单位、中介机构在中心设立办事窗口;在30个设立行政许可科的部门中,行政许可科均进驻中心;在已进中心的项目中,93.7%的项目做到受理、审核、审批、缴费、制证在中心窗口完成。

重点优化行政审批工作流程。在第六轮流程再造中,按照“工业项目从交地到开工只需3个月、房地产开发项目从企业竞得土地到开工只需4个月”的目标编制工业、房地产项目建设审批流程图,经过流程再造,工业项目审批时限由63个工作日压缩到28个工作日,房地产项目审批时限由66个工作日压缩到29个工作日,在全省最短。

统筹精简项目前置审批条件。按照明确牵头单位,分月实施、统筹推进的模式,分别由市国土局等部门牵头对有关项目前置审批条件依照先梳理自查,再联合审查,最后公布上报的流程进行精简,至年底已将69项前置审批条件进行精简或变更为后置审批条件。

多维度规范项目收费。全面清理整治行政事业性收费,对市区纳入政府定价、政府指导价管理的79项经营服务性收费进行清理规范，预计可减轻企业负担2500多万元。在中心设立联合收费窗口，统一办理建设项目19项行政收费、城市规划综合技术服务等4项经营服务性收费和新建住宅管道燃气建安价格等5项公建配套收费，至年底，联合收费窗口已累计为全市106个项目审核建筑面积189.62万平方米，收费金额近亿元，减免缓各项费用4932.2万元。

监管督促中介行业健康发展。将与行政审批相关的检验、检测、评估、论证等中介服务事项纳入中心服务大厅开展配套服务，限时办结、规范运作，中心目前已进驻咨询、环评、安评、图审、检测、规划等中介机构12类18家。为加强对提供涉及行政审批前置服务中介机构的监管，维护中介机构市场秩序，促进中介服务行业健康有序发展，提请市政府制定《关于规范涉及行政审批前置中介机构服务行为的实施意见》，对中介机构的服务承诺时限、服务标准、服务收费提出明确要求。

【创新工作方式方法】 为给“两个流程图”实施提供制度保障，在全省率先运行建设项目前期辅导制度。由中心和市发改委牵头成立建设项目前期辅导工作小组，负责全市建设项目从纳入计划到开工建设全过程的辅导和服务工作，已对新城控股等11家企业项目开展前期辅导。为打造方便快捷“绿色通道”，在全省率先实行容缺受理制度，对纳入市重点工业项目，在具备基本审批条件、申报材料主件齐全，其他条件和申报材料暂缺的情况下，由申请人向相关职能部门设在中心的窗口申请，窗口可先予以受理，申请人须在承诺时间内将材料补齐，已为12个项目实施容缺受理。

采取“以点带面”的模式，先行推进部分窗口网上审批试点，在取得成功经验的基础上整体推动网上审批工作来提高审批效率，国土窗口网上审批系统已经升级完毕，独立宗地和公用宗地土地证均能实现网上办理；公安窗口已完成“安徽公安网”和市县行政审批平台对接试点工作，省、市联网审批已实现。

按照创建标准化服务大厅的总体要求，在半年的时间内建立起政务服务标准化体系，完成1122项标准的制定工作，确立桐城、岳西、怀宁3个县(市)为标准化建设示范县(市)，确立公安、建委、园林、城管、人防办等5个窗口为示范窗口，完成标准化宣贯工作，基本实现平台建设标准化、项目进驻标准化、办理程序标准化、网上服务标准化和服务管理标准化，11月，中心的标准化建设工作以位列全省第一方阵的成绩通过省专家组预评估，12月，中心联合市质监局完成8县(市)标准化预评估工作。

以加强政务服务体系基础建设为重点，着力推进怀宁、枞阳、宿松、潜山等县政务服务中心软硬件上台阶，在完善硬件设施基础上，探索推进市、县两级政务服务中心审批业务联动，加强乡镇(街道)为民服务中心、村(社区)为民服务工作站建设，培训基层政务服务代办员，为群众提供直接服务，提高全市政务服务水平。

【打通联系服务群众“最后一公里”】 为打通联系服务群众“最后一公里”，利用双休日或节假日，组织有关窗口开展以行政审批进园区、进企业、进乡村、进农家、进社区、进项目建设现场为主题的“六进服务”活动，全年开展32次，其中国土窗口到谐水湾、华棋、万豪逸景等小区上门开展土地登记发证业务，解决一批积压已久的土地登记发证历史遗留问题。

信访工作

【概况】 2014年，市信访联合接待中心共接待群众来访2627批12580人次，其中集体访605批10089人次，个访、群访2022批2491人次，规范处置群众来访事项，全市没有发生一起因处访不当引发的群体性事件或恶性上访事件；受理各类渠道转送、交办来信2611件，按期办结率达90%以上；受理网上信访1025件，按期回复率96%；共办理人民网网友给市委书记留言365条，市长留言162条，全部按期办结，办结率为100%，市信访局被人民网评为“全国网民留言办理工作先进单位”。安庆市及迎江区、宜秀区、怀宁县、岳西县、太湖县均被评为“2014年度全省信访工作责任目标管理优秀单位”，这是市连续第二年受到省委、省政府的通报表扬，也是表彰县(市)区最多的地级市。

【畅通信访渠道】 领导干部开门接访进一步制度化、规范化，着力解决一大批人民群众反映强烈的突出问题；全年共组织开展市级党政领导公开接访72期，接待群众123批1494人次；联合接访体制机制进一步完善，信访渠道更加畅通，群众反映问题、表达诉求更快、更有序；网上信访工作全面推进，为群众反映问题提供便利，减少信访成本。

【创新工作方法】 创新信访积案化解。2014年，对市领导领衔包案的17件疑难复杂信访积案，由市联席办牵头，逐案成立业务主管部门、信访部门和律师组成的“1+3”独立调查组，攻坚化解，一批钉子案、骨头案得到彻底解决。创新督查督办方式。市联席办联合市中级人民法院、市检察院、市综治办、市维稳办、市公安局、市委市政府督查室等单位对“老户积案”化解情况和信访工作情况进行3次实地督查，进一步落实属地管理责任的落实，促进信访问题的解决。

【服务中心大局】 牵头召开专门会议，研究部署全国、省、市“两会”，新中国成立65周年，北京APCE会议、南京青奥会以及省“十三运”期间的信访工作，建立健全信息收集上报和“零报告”等制度，成立应急处置工作小组，重点在隐患排查、矛盾化解、会场秩序等方面做好安排部署。省、市“两会”，省“十三运”期间，没有发生一起赴京、赴省集体访、异常访以及堵门堵路、冲击会场等事件的发生。

（信　访）

地方志工作

【概况】 2014年，市地方志办公室围绕“存史、资政、教化”的机构职能，各县（市）区地方志工作各具特色。8县（市）年鉴编纂实现全覆盖，编辑出版“大事记”已实现常态化。怀宁《康熙县志》正式出版、桐城3部旧志点校已基本完成；《桐城市志》《司空山志》《望江县志》《枞阳县志》《太湖县志》获2014年全省地方志成果一等奖，《安庆市宜秀区志》获二等奖；大观区十里铺乡五里村编纂出版市首部村志——《五里村志》；枞阳县将史志工作纳入全县目标管理考核。岳西方志馆与县图书馆合作，构建联盟馆，实现两馆资料互联互通。

【编辑出版《安庆年鉴》(2014)】 全面、系统、翔实记载安庆市建设经济强市、文化强市、生态强市、美好安庆的基本情况。紧贴全市各级各部门的工作实际，创新年鉴编纂思路，丰富年鉴内容，载录全市经济社会发展的新动态、新发展、新经验。调整年鉴篇目结构，跟进社会发展新成就和新行业、新产业、新业态，增设房地产企业、文化企业、新兴战略性高科技企业、旅游景区介绍、旅游线路推介等内容；紧贴服务社会经济发展的主线，选载一批市名优特产及老字号企业简介，协助柏兆记工贸公司等20多家企业申办商品原产地标志。拓展记载内容，将载录的范围延伸到乡镇。提高年鉴编纂质量和水平，确保年鉴的真实性、准确性和权威性。9月在全省率先出版发行。

【编辑出版《安庆之最》】 以独特视角挖掘整理安庆在全国、全省的首创之举。用史实与艺术相结合手法把安庆辉煌历史浓缩化、形象化，打造翔实、凝练、雅俗共赏的精品读物。为广大读者提供了解安庆、认识安庆和青少年进行爱国主义教育的生动教材。被市委、市政府指定为安徽省第十三届运动会和安庆对外文化交流礼品书，馈赠来宜的领导、嘉宾、客商和新闻媒体，推介安庆的历史地域文化，提高安庆的知名度和美誉度。

【办好《发展论坛》】 提高《发展论坛》的时效性、指导性和可读性。办好“热点聚焦”、“关注民生”、“史海钩沉”等传统栏目，新设“专家论道”、“开发区巡礼”、“皖江人物”、“文化长廊”等特色栏目。围绕全面深化改革、新型城镇化、工业化、经济转型升级、殡葬改革、网络舆情引导、经济新常态等编发紧贴时代要求的研究报告，为市委市政府中心工作凝心聚智，为决策提供参考。刊载一批高质量的对市发展战略进行理论思考的文章，反映全市经济社会发展重点、热点、难点问题，交流部门工作经验，突出刊物的服务功能，为部门和基层工作服务。贴近现实、贴近生活、贴近安庆，刊登雅俗共赏和民生关切的精品短文，写“安庆的人，安庆的事”，逐月编辑整理大事记，选载市情地情资料和有关文史资料，增强安庆地域文化特色。年内出刊6期，刊物质量显著提升，成为市各级领导决策的参谋、文史爱好者的知音。

【资政研究】 开展“安庆城市变迁”课题研究。从安庆城市历史变迁入手，总结历史经验和教训，对安庆城市在新的时代背景和方位中的规划发展进行深入研究，提出对策建议，形成《安庆城市历史变迁分析与展望》课题报告，得到市委市政府主要领导的充分肯定。开展“安庆民风民俗”课题研究。就安庆民俗文化的传承演变及主要内涵、安庆民俗对安庆文化及对当代安庆人行为方式的影响进行挖掘分析，用理性思维为社会治理提供历史借鉴，为政府决策提供参考。先后参与省参事室组织的“城镇化建设中地域文化保护与传承”课题和市政协组织的“安庆城区文物保护”课题研究，形成一批有价值的研究成果。资政报告《安庆文化与中国近代化》被收录入中国知识资源总库中国重要会议论文数据库（CPCD）。并应邀参加第二届安徽文化论坛“文化安庆与社会主义文化建设新路径”专题交流。在全省地方志工作会议上作题为“深化用志理念，拓宽资政服务”资政工作经验交流。

【资料服务】 树立“修志为用”新观念，拓展方志资源利用新途径。向市政府网站提供“安庆概览”“自然环境”“建制区划”“安庆人物”“历史安庆”“县区简介”等10个栏目地情资料；为市长热线提供素材，介绍地方志工作特色及群众关心的热点问题；向省十三运及黄梅戏展演周捐赠《安庆之最》等地情书籍；配合电视、报纸等宣传媒体，介绍省运会历史和黄梅戏发展情况；向人大、政协代表捐赠图书资料。开放方志馆，为社会公众免费查阅地方文化资料，年内达百余人次；接受社会捐赠家谱资料30余种。“ 安庆建城八百年史略”、“明清百科全书式文化大家方以智”在各类刊物上发表。

政府法制工作

【概况】 2014年，市政府法制办年度依法行政工作任务分解为六个方面18项重点工作，对全市依法行政的重点工作进行具体的规划和部署。

继续做好国务院法制办确定的市级规范性文件备案审查工作示范单位相关工作。激发经济发展活力，审查“2014年四大产业政策”、安庆市2014年大项目招商引资政策导则等多个文件；服务城市发展建设，审查安庆市市区集体土地和房屋征收补偿安置暂行办法、安庆市基本建设项目大配套费征收使用管理办法等；关注保障改善民生，重点审查安庆市流动人口居住登记管理暂行规定、安庆市贯彻《安徽省实施工伤保险条例办法》若干意见等文件；推进社会管理创新，审查安庆市城市生活垃圾处理收费管理办法、关于推进城区义务教育学校教师校长交流工作的指导意见等文件；保障专项整治工作，审查安庆市区三轮车综合治理工作方案、安庆市殡葬改革实施方案等一系列文件；加强政府自身建设，着眼于完善政府制度、促进依法行政，先后审查政府工作规则、关于进一步加强审计和审计整改工作的意见等文件，为进一步规范政府行为、提高政府效能提供制度保障。规范性文件制定到公布程序依法、民主、公开。对市拟出台与群众利益密切相关的规范性文件，在政府网站公开征求意见，广泛听取公众意见。对市烟草专卖零售点合理布局、垃圾处理费征收等重要事项，会同相关主管部门开展听证。坚持集体决策，规范性文件大部分经市政府常务会研究后决定，部分规范性文件经投融资委员会、城市管理委员会等专项会议通过。做好政策解读，在政府信息公开网开辟政策解读专栏，对市新出台的各项重要的规范性文件进行详细解读，扩大社会知晓度，便于理解、执行和监督。2014年，共审查市政府各部门、各县(市)区政府规范性文件100件。市政府制定的规范性文件38件及时报送省政府、市人大常委会备案，主动接受审查。

发挥法制监督职能。在全市范围内开展2013年度行政执法案卷评查和行政处罚优秀案卷评选活动。对人力资源、社会保障、环境保护、国土资源、市场秩序、安全生产监督、城市管理等涉及民生执法的90余份案卷进行重点评查。邀请专家组成评审委对报送参评的卷宗集中进行评审。评审结束后对行政执法案卷评查情况进行通报，同时对评选的2013年度行政处罚优秀案卷进行表彰。进一步减少和规范行政审批事项，简化办事程序，重点做好涉及人民群众切身利益、需要社会公众广泛知晓或参与的行政审批项目审批过程、审批结果公开工作。出台《关于打造“三最”、优化政务服务环境的实施意见》。在2013年清理的基础上，2014年2月下放58项，冻结26项，取消7项。市本级保留实施143项，承接33项，比上年度同期减少31.6%。两轮共下放100项，冻结57项、取消19项。初步实现全省行政审批项目最少、时间最短、收费最低的“三最”城市。配合市编办、市公开办对全市61家市直机关的行政职权进行确认和清理，进行合法性审查，经审查确认的行政许可、非许可的行政审批、行政处罚、行政征收等10类事项共计5300小项，编制成权力清单。按照市政府要求逐一发出400余条处理建议，经修改完善后，在本单位门户网站和政府信息公开网站等媒介对外公布，“晒”出权力清单。

行政执法行为规范化。实施行政执法人员资格认证和持证执法制度，对办理行政执法证件申领、换发，严把入口关。开展对全市行政执法证件年审和行政执法人员依法行政能力测试工作，公布合格执法人员名单，接受社会监督。对烟草专卖管理、安全监督管理、食品药品监督、国土资源、经济和信息等开展法制培训。组织全市市场监管人员1271人、城市管理执法人员347人开展行政执法资格认证及执法证件审核发放工作。全年共审核发放行政执法证件3000余套。

推进行政处罚案件群众公议工作。着力规范行政执法管理，推进行政权力阳光运行。将行政处罚群众公议工作列入2014年安庆市《政府工作报告》及市委《关于全面深化改革的实施意见》。7月市政府常务会议审议通过《安庆市行政处罚案件群众公议办法》,8月出台《安庆市行政处罚案件群众公议工作规则》。向全社会公开招募。在安庆日报、安庆政务公开网、市政府法制办门户网站等新闻媒体和网络平台上发布招募公告,经公开招募和有关企业、社会团体、民主党派推荐,报名人员近300人,从符合条件的人员中随机选取150名拟聘任为群众公议团成员,并向社会公示。集中开展培训。邀请市政府法律顾问等专家对150名公议员进行行政处罚法以及群众公议案件的公议相关知识培训。10月31日,首次行政处罚案件群众公议活动在市城管局举行,标志安庆市成为继合肥之后全国第二个全面开展行政处罚案件群众公议工作的城市。

【规范行政复议】 2014年,共收到行政复议申请36件,审结32件,受理23件,不予受理9件,告知4件。维持6件,驳回2件,撤销4件,确认违法1件,主动撤回申请终止6件。案件主要涉及土地管理、工伤认定、工资待遇、质量监督、城市管理、房产管理等领域。全年共接受各县(市)区政府及市直部门行政复议机构工作人员就行政复议工作方面的咨询80余次、书面请示4次。对在行政复议案件中暴露的行政执法工作中存在的问题,及时主动指导有关单位予以改进、完善,并定期联系人民法院共同从行政复议、行政审判的角度指导、完善行政执法工作。通过个案指导、案卷评查及相应的个案监督,有效促全市行政复议水平的提升。

做好行政首长出庭应诉工作。《安庆市行政首长出庭应诉工作办法》明确将行政首长出庭应诉工作纳入年度依法行政工作考核。2014年,共组织4次行政首长出庭应诉庭审观摩活动,让社会公众参与和了解行政诉讼案件审理程过程及结果,树立起政府工作以人为本,执政为民和公开、公正、公平、廉洁的良好形象。2014年,市两级人民法院全年共受理行政诉讼案件131件。其中,开庭审理行政诉讼案件128件,按照《办法》应当由行政首长出庭应诉的58件,行政首长出庭应诉15件,出庭应诉率为26%。其中,市本级2件,出庭应诉率为100%;市直部门38件,应当由行政首长出庭应诉的10件,行政机关的法定代表人出庭应诉3件,行政首长出庭应诉率为80%。

【完善法律顾问制度】 2014年,继续坚持和完善政府法律顾问制度,完成新一届政府法律顾问续聘工作,进一步发挥市政府法律顾问作用,强化政府法制机构法律顾问职能。至2014年底,共处理涉法事务近204件(次),其中,审查北京、深圳等重大招商合同文本109件。做好全市重大招商活动合同文本的审查工作。对全市重大招商引资活动拟签约文本,在组织市政府法律顾问初审基础上,进行法律审查。对重要招商项目坚持急事急办。对市政府与旺旺公司关于《"PET生产线暨自动仓储系统项目投资合作协议》,市政府与安徽投资集团棚户区等项目战略合作、与中国水利水电第十三工程局有限公司山口片基础设施建设合作有关框架协议、合作协议,以及省运会期间签署的有关合同等,及时提供法律意见。为政府处理涉法事务当好法制参谋助手。市政府协助望江县政府对越隆控股望江基地进行帮扶,及时组织市政府法律顾问开展法律尽职调查,提出处理意见和建议;对市与安徽国购集团、中国城建集团、吴中集团签订的有关协议、合同的合法性、合理性,组织市政府法律顾问进行法律论证,为政府领导决策提供参考;对棚户区改造项目相关协议、合同,对药品集中招标采购等组织法律顾问进行法律论证,为政府领导依法决策提供参考,防控法律风险,防止和减少决策失误。2014年共参与处理涉法事务近60件(次)。

(叶乐乐)

对台工作

【概况】 2014年,共达成合同台资项目2个,合同资金22亿元人民币,签约项目3个,达成意向性协议34个,办理公务赴台团组9个107人次(其中企业人员25人),商务赴台团组4个7人次,接待台湾中高层人士、台商团组4个87人次。

【对台宣传】 加强涉台教育。针对台海形势的复杂变化,多路并举加强宣传教育。结合赴台行前教育和敏感时机,邀请省台办负责同志来安庆作台海形势专题报告5场。同时到迎江区、市民革等地开展台海形势报告会、讲座等6场次,数百人受到教育。利用台湾媒体宣传安庆。会同《安庆日报》社,在台湾中视集团《旺报》刊登《千年古城 变身百景新安庆》、《百年黄梅 从群众来 回归群众》、《桐城 翰墨香如故 文章天下知》、《幸福安庆 和谐民生 宜居 宜家》,每周一个版面,连续四周,宣传推介安庆。台湾民众更加深入地了解安庆,进一步扩大安庆的影响,这是市首次在台湾主流媒体上开展专版宣传。利用网络加强信息传输。利用华夏经纬网安庆市台办网站,宣传安庆涉台动态、经济发展态势。借助团组赴台考察之机推介。市经贸团在台期间,《旺报》派记者全程跟踪报道,发稿10余篇,照片20余幅。同时,经贸团成员充分利用餐叙会时间与台湾企业家、同乡共话商机,共结情缘,共谋发展,融洽感情,增强认同。

【宜台经贸】 做好招商引资工作。全年达成合同项目2个:旺旺集团投资10亿元人民币,建设PET冷包装项目;厦门润晶光电(台湾晶禾光电)投资12亿人民币建设润晶蓝宝石晶体项目;签约项目3个:富士康集团投资安庆鸿庆精机公司、王明霖先生投资食用菌深加工项目,台湾利野光电科技公司投资高光效蓝宝石长晶、衬底片及光电高科技产业园项目。同时在电子、手机生产、五金加工、生物肥料、中华老字号企业技术嫁接、引进台湾大型百货及连锁超市、休闲观光农业、养老服务等方面达成34个合作意向。

加强经贸交流。市委书记虞爱华为争取富士康更多项目落户安庆,专程赴台拜会鸿海集团董事长郭台铭先生,并与其进行多次沟通、深谈。已有5个项目达成共识,其中数控机床从年产900台提高至年产2000台。市长魏晓明率市经贸团在台期间,紧扣经贸主题,采取统分结合,分块、分类、分组洽谈对接,全方位、多层次地开展食品、纺织、电子、社会养老、地产项目考察对接,先后召开对接会3场,考察工业园区3个,农业园区1个,同台湾110余家企业进行直接沟通对接,达成31个意向性合作协议和项目。市人大经贸团赴台参访稳鼎石化,对市国孚润滑油公司的废油加工项目很关注,商谈合作有进展。

邀请台商来宜考察。邀请30多位有实力的台湾旅游界人士来市踩线;20多家台湾美食商来市举办台湾美食展;有7个批次台胞台商来宜进行项目洽谈;吴伯雄先生一行30余人专门来宜考察安庆历史文化。

【宜台交流】 编制交流计划。赴台组团既坚持中央对台方针,又严格执行八项规定。2014年先策划主题,精选14个团组,经领导小组研定后于年中组织实施,确保赴台规范、有序、安全、高效,有效控制双跨团组。做好赴台人员行前教育和归后总结。严格按照规定,对每个赴台团组开展行前教育,做到接受教育不漏一人,增强教育内容的针对性和实效性,真正把行前教育作为一次涉台政策宣传。赴台人员回来后,及时督促赴台团组做好归后总结,梳理成果。完成"皖台基层农业交流周"活动。项目是国台办年内重点交流项目。选取农业资源具有互补性、商贸具有合作性的潜山县与台湾南部农业县市进行交流。潜山县参访团带乡镇长一行19人先后考察参访南投县、彰化县、云林县、屏东市现代农业,就农业转型升级、发展模式及农产品加工等方面进行交流。

【服务"三台"】 做好台商投资环境情况调研工作。对全市台商投资环境情况进行调研,9月,配合省人大、省台办到台资企业调研,形成专题调研报告。省调研组还重点深入旺旺总厂和安鑫体育用品有限公司实地察看,并对市在加强和改善台商投资环境,大力引进和发展台资企业给予充分的肯定。

全年协调处理台商诉求5件,其中省台办转办1件,直接受理4件,在办理过程中,坚持实事求是,以协商、协调为主,在法律法规范围内,切实维护台商、台胞、台属的合法权益。其中台胞高明勇请求解决住房面积的问题,台办通过枞阳县政府,并结合现行对台政策和省台办要求进行妥善处理。

(张复健)

扶贫开发

【概况】 2014年,全市减少贫困人口14.96万人。获2013年省扶贫开发工作考核市级扶贫办第一名。全市全年争取中央和省财政专项扶贫资金2.56亿元,比上年增加3200万元,增长14.28%。

实施"千村整推工程"。全市172个贫困村列入省"千村整推"规划,实施各类扶贫开发项目609个,整合各类资金2.62亿元,其中行业扶贫资金1.88亿元,群众自筹资金0.74亿元。以市级财政专项扶贫资金实施市级整村推进村3个,继续实施市级整村推进示范项目21个。

加大产业扶贫力度。协调争取中粮集团以结对共建方式对安庆市进行连片产业扶贫对口帮扶。全市共计争取扶贫贴息贷款项目计划1.82亿元,30多家企业将获得扶贫资金贴息支持。联合市委组织部开展市外百家民营企业结对帮扶市100个贫困村的村企共建工程。继续实施市级村企共建示范项目9个。

全年完成教育资助8873人,转移培训4210人,开展农村实用技术培训3.12万人次。争取"雨露计划"

改革试点资金905万元。协调开展"碧桂园关爱祖国花朵百城行动",资助100名家庭贫困的应届初中毕业生每人1000元;在迎江区长风乡新义村开展两期农村计算机应用专业培训班,共培训100人。

继续做好两项制度有效衔接工作,配合民政部门共同争取拟将2015年贫困地区农村低保每人每年提高至2400元以上,保证部分贫困人口的生活。抓好贫困村互助资金试点工作。抓好扶贫互助社管理工作,稳步推进扩点试点。岳西县建成179个以行政村为单元的扶贫互助社,实现互助社到村全覆盖,资金投入总额4335.9万元。抓好彩票公益金扶贫试点工作。潜山、宿松和望江3县共争取中央专项彩票公益金支持贫困革命老区小型公益设施建设项目资金约3000万元。创新推进雨露计划培训改革试点工作。争取增加潜山、太湖2县为雨露计划改革试点县;协调碧桂园集团开展扶贫助学项目。

【社会扶贫】 进一步完善定点扶贫网络,定点扶贫投入逐年增加。与中华供销总社、中石化等中直帮扶单位对接,争取政策、资金支持。争取省直单位驻点帮扶。协调省直厅级单位联系一个乡并争取帮扶1—3个贫困村。创新市直单位片区帮扶。市委办、市政府办印发《关于调整市级领导和市直单位扶贫联系点的通知》,由36位市级领导率170家市直单位,联系帮扶37个乡镇、73个建档立卡贫困村。会同市委组织部印发《关于认真贯落实"单位包村、干部包户"制度做好新一轮定点扶贫工作的通知》,创新以"单位包村、支部共建、联系到组、干部包户"定点精准帮扶方式推进干部包户工作的落实。由省、市、县第六批220名下派干部驻贫困村帮扶,建立起中央、省、市、县四级定点扶贫工作网络,帮扶资金近亿元。组织"爱心包裹"活动。争取潜山县作为全省唯一全国受捐县。累计接受捐赠20万元,组织全市捐赠31.37万元,潜山县4372名农村小学生成为爱心包裹受赠对象。开展首个"中国扶贫日"系列活动。举行"10·17扶贫日,邀您一起公益行"系列宣传发动工作。将扶贫助学、村企共建、项目认领和爱心包裹项目汇编为四大公益项目,首次编辑印发《安庆扶贫》宣传册,在安庆扶贫网、《安庆日报》、《读友报》发布广泛对外宣传,倡导社会参与扶贫公益活动。首次举行全市性"扶贫日"启动仪式及扶贫公益项目认领认捐活动,市直及各县(市)区共有128个单位和个人参与扶贫公益项目认领活动,累计认领项目128个,认领资金达到3000余万元。组织街头宣传,发放宣传材料400多份。抓好信息报送和政务公开工作,扶贫办获2013年度安庆市政务公开工作先进单位。

【精准扶贫】 创新推进精准扶贫。加强建档立卡精准扶贫"一号工程"的组织领导和宣传培训。下发《关于推进全市农村扶贫对象建档立卡工作的通知》,在安庆扶贫网刊载《致全市的市级定点扶贫各乡镇、村公开信》。科学分解指标、创新工作举措、严格工作步骤,完成全市涉及128个乡(镇)、440个贫困村、79.13万人贫困人口建档立卡工程,严格按程序完成识别、核查、录入等工作。市扶贫办加强建档立卡督导,发布两次督查通报。加强精准扶贫调研。市扶贫牵头开展的"解剖麻雀"的扶贫联合调研报告,得到市领导肯定并在《安庆政办通报》第4期全文转发。安徽省《扶贫开发》简报第八十一期全文转发市财政局撰稿的《眼中有人 精准扶贫——潜山县塔畈乡体元村精准扶贫工作调研报告》。

(李鸿基)

市直机关事务管理

【深化政务公开】 推动《机关事务管理条例》实施,发挥法制机构指导和法律顾问作用,把好重大行政决策、重要合同签订、各类招标采购等关,依法依规搞活职能,深化政务公开,完成信息公开网的历史数据迁移,规范基本目录设置,将机关事务决策、管理、服务、结果"四公开",接受社会各方监督。已办理落实市政协三项提案,全面公开财务预决算、"三公"经费支出、干部任免、工程招标等按规定需要公开的内容。同时办好局政务信息网和门户网站,加强信访接待和投诉受理,充分运用1584政风行风热线、网络市民心声问政平台、电子邮件等载体,收集和处理群众的意见和要求,至年底,涉及公车改革、班车运行、食堂物价、集体开户、安置房落实等40余件意见全部办复。

【政务新区服务】 研究制定《新区物业考核评分办法(试行)》,着力"三提升"保障东部新城综合写字楼稳健运行。安保防控能力提升。制定《写字楼内部接访工作方案》及应急预案,建立与信访、公安、物业和入驻单位联防协调机制,将写字楼安全监控系统与市公安"警示网"并网,加强保安"入口关"防守、动态巡查及节假日安全检查,重点做好群访、异访人员的疏导。2014年,妥善处理2000余次上访,处置化解群访

163起。设备运转质量提升。完善双回路电源供电,建立设施设备数据库掌握运行情况,督促工程施工方及供货单位履行保修责任,及时整改问题491项。为维护设备安全,对电梯、消防、空调、管道、强弱电、二次供水等系统进行定期检测维保。至11月底,共接报修3617件,回访率达99%。会议接待水平提升。升级安装移动、电信部门的4G设备,健全会议室的有线电视和视频网络,改造翻新千人会议室主席台,加强音响、灯光的日常检修调试和会场环境保洁。实行标准化服务,对会服人员进行业务培训、基础训练和实战演练。全年共接待会议1971场,其中300—1000人会议143场,完成首次承办的市人大、政协"两会"任务。同时,加强干部职工生活后勤管理,强化食堂就餐安全与就餐质量监管。整治车辆乱停乱放、交通不畅等问题,调整T线公交线路运行班次及停靠站点。将新区南面市民广场空地进行绿化。东城写字楼运行一年来,实现平稳高效运转的目标。

【推进公共机构节能】 "机制"推动。强化组织领导,成立市公共机构节能工作领导小组,形成市节能办、节能职能科室和各级公共机构联络员三级联动,并对市直机关大院、独立楼宇、市辖8县(市)3区公共机构、卫生、教育等重点系统进行连接贯穿,建立起覆盖全市的"三横四纵"网络化管理机制。组织举行2014年安庆市公共机构节能宣传周大型活动,全市3500多家公共服务机构同步进行能源紧缺体验和绿色低碳出行活动,《安庆日报》头版头条报道活动周盛况。

"龙头"推动。将东部新城综合写字楼列入申报国家级节约型公共机构示范单位,多次召开东城写字楼节能工作专题研讨和推进会,制定30多项节能措施,重点对机电设备、电器照明两大系统9个部位,采取定时、间隔、减压、关闭等方式予以实施。通过公用电梯四层以下停开、非高峰时间段减少运行台数、设置夏冬季节空调开启温度、对生活用水进行减压、室外绿化用水尽量使用周边沟池水等有效手段,节约水电费近百万元。"示范"推动。以节约型公共机构建设为主线,大力开展国家、省级节约型公共机构示范单位创建活动,帮助创建单位制定创建工作方案,逐项落实好新建筑节能、新产品推广、节能改造、节约用水、可再生能源利用、合同能源管理等重点项目。同时,加强统计监督和日常性检查督导。至年底,市已有8家单位获第一批省级示范单位,正在申报参选的第二批国家、省级示范单位的达31家。

【规范公务用车管理】 在现行公车管理体制下,严格按照《安庆市党政机关公务用车配备使用管理实施细则》,把好"三关"。对机关事业单位通过财政统购或自筹资金购置公务用车,必须经市公车办审核车辆编制数和"双标"内进行,以杜绝公车超编、超标现象。对市直机关上交的旧车由市公车办统一负责处置,由有资质的中介机构评估公司评估,没有价值的车辆直接进行报废处理, 其他车辆由拍卖公司挂牌公开拍卖,所得收入上缴市财政,年内组织两次公开拍卖。对公务用车入户, 市公车办严格审查新购车辆是否超编、超标,旧车是否妥善处置。通过有效监管,自中央八项规定下达以来,市新入户公务用车无一违规。还重点进行黄标车淘汰工作,根据《关于做好2014年市直机关"黄标车"淘汰工作的通知》文件要求,专门下发《关于黄标车报废淘汰限时处理的通知》,并会同公安交警部门对市直单位的黄标公务车情况进行摸底、核实和分类, 将38家单位116辆黄标车纳入淘汰处理范围。

【超标用房整改】 按照市清理办公用房领导小组的部署安排,抓好数据统计、政策宣传、制定标准、跟踪问效四个环节,并采取三项措施有力推进,确保全市超标办公用房在规定时限内整改到位。勘测核对,翔实掌握。在上半年就市直单位搬迁调整办公用房使用变化情况,及时跟进,主动到现场勘查测量,对用房数据进行重新统计,切实掌握市直机关办公用房使用现状。把握标准,迅速行动。根据市办公用房清理领导小组安排,主要抓省管干部办公用房整改,及时拿出整改方案,对部分省管干部的超标办公用房进行隔断分割改造。同时率先做好自身办公用房超标整改,并提前整改完成。依据政策,提出对策。针对市办公用房实际情况复杂,办公用房整改工作一度推进缓慢问题,提出"调整腾挪、合署办公、砌墙隔断"的整改措施,得到市办公用房清理领导小组的认可,配合参与全市机关办公用房使用情况专项督查,推进清理整改工作。至年底,市超标办公用房整改工作基本到位,市直单位共腾退出用房14257平方米,腾退出的办公用房部分将用来调剂或改善一些市直单位的附属办公用房和业务用房。

【规范院区服务管理】 菱湖北路30号大院部分单位搬迁后,按照保运转、保安全、提质量"两保一提升"的要求,加强老市委大院的后勤保障工作,一方面重点做好日常现场管理,一方面全力保障新迁单位入驻,采取主动上门沟通,对接统筹协调等方法,确保办公室装修、交通班车接送、食堂就餐等后勤服务保障到位,19家单位顺利进驻办公。2014年该大院组织实施办公楼粉刷出新、总电机房改造、非机动车库新建等维修工程9项,给大院提供良好的办公环境。此外,为进一步推进市机关后勤服务社会化,借鉴政务新区物业管理模式,拟定《关于拟在菱湖北路30号机关大院推行物业管理实施方案》,已经市政府批准同意。做好宜园等5个生活小区的移交工作。在过渡期间,和社居委联系,确保小区住户良好的生活秩序,严格按照创建文明城市的要求,对生活小区环境进行整治,清除小区内杂草,对绿化树木进行修剪,粉刷"牛皮癣"等小广告,清理各类乱堆乱放。同时,争取维修基金对新民里等小区的道路及下水管道进行维修,受到住户的好评。在先期完成生活小区环境卫生单项移交的基础上,除工农街小区正在交接外,宜园等4个小区以及零散楼栋的整体移交工作全部结束。

【发展幼儿教育事业】 以成功创建省级一类园为契机,坚持把幼教工作作为重要的民生工程抓实抓好。抓科学保教水平提高,选派优秀教师赴合肥、南京等地参加培训学习,到省委幼儿园参观取经,园班子成员分批赴合肥、芜湖等地参加省一类园园长培训班,更新幼教观念,提高执教能力;抓校园安全保健,增加保安配置,做好大型活动安全防范措施、卫生保健与疾病防控工作,未发生一起责任事故及爆发传染性疾病;抓扩招规模,克服困难创造条件,扩大东部新城碧桂园分园招生量,增设3个班级,招收新生150多名,缓解周边区域入园难题;抓名园品牌效应,幼儿打击乐《最炫民族风》参加安庆春晚,音乐剧《森林里的故事》、游戏《采果子》在安庆电视台播出;举办主题为"托起明天的太阳"大班幼儿毕业典礼暨第四届幼儿艺术节等活动,使该园在继安师院幼教实验教育基地之后,被合肥幼儿专科学校挂牌授予"合肥幼专教研实践基地"。

【做好社会服务工作】 根据市政府及市扶贫办的工作部署,采取多种形式开展扶贫帮困活动。多次到桐城市嬉子湖镇朱桥村和宿松县许岭镇灯塔村实地调研指导,帮助推进两村基础设施建设,送去慰问金及职工捐款共计18300元。成立招商引资工作领导小组及招商办,制定招商方案,编印招商资料,进行专题培训,发动全员参与,整理汇集客商及项目线索,选择引进符合安庆产业政策的投资项目,其中深圳年产70万件(套)世界品牌童装项目已经签约。做好驻企服务工作,为结对企业排忧解难,其中对洪福公司所反映的供地问题,形成专题报告上报。

(市直机关事务管理局)

机构编制工作

【概况】 深入市直机关开展调研,召开由市人大代表、政协委员和专家学者参加的座谈会和县(市)区编办主任座谈会,多方征求听取意见建议,多次向市编委领导及委员报告改革工作设想和建议,最终形成《安庆市人民政府职能转变和机构改革方案》,省委省政府已批复同意,正组织实施。加强对县(市)区政府机构改革工作指导,出台《关于县(市)区政府职能转变和机构改革实施意见》,指导县(市)区政府机构改革。按时完成县(市)区机构改革方案的审核报批工作,于12月底全部印发至各县(市)区执行。

研究提出全市工商质监食品药品监管体制改革方案,经市编委会、市委常委会研究并报省编办备案同意后,以两办名义印发。先后召开5次协调会,研究解决人员编制划转、国有资产划转、经费划转等重大问题,并对各县(市)区改革情况进行督促指导,确保改革工作有序推进。完成新组建的市食品药品监督管理局"三定"方案的审核报批和县(市)区市场监督管理局"三定"方案的审查备案工作。4月20日,新组建的市食品药品监督管理局和县(市)区市场监督管理局正式挂牌,初步形成市集中统一的食品药品监管体系。

按照"精简统一效能"原则,结合农业农村管理工作实际,研究制定农委机关和直属事业单位机构改革方案,重点精简压缩综合性、事务性科室和人员编制,充实加强业务科室和人员力量,成立适应新形势新任务发展需要的机构。优化事业单位机构编制资源配置,剥离事业单位承担的行政职能,将其划归市农委机关,对职能较少、职能重复弱化的事业单位进行撤并整合,增强事业单位发展活力。改革后,市农委机关内设科室由12个精简为7个,机关行政编制由55名核减为39名,所属事业单位由10个整合为6个,事业编制由241名核减为211名。

建立适应市场经济和科学发展需要的开发区管理体制,研究提出经开区、高新区改革方案。配合经开区、高新区机构改革工作，原则上要求经开区和高新区新进人员实行全员聘用制和岗位工资制，不再使用行政编制招录公务员，改变以往园区管委会行政化倾向，为建立机构设置综合、管理扁平高效、人员编制精干、运行机制灵活的新型园区管理架构作出有益探索。

研究起草《安庆市人民政府关于推行市级政府权力清单和责任清单制度工作的通知》，以市政府名义印发。组织编印培训材料和工作指南，召开2次市直有关部门培训会，对审核组成员及市直有关部门联络员进行系统性培训，抽调业务骨干赴各县（市）区指导培训，专门到芜湖、宣城等市学习“两单”建设工作经验。12月24日，全市“两单”制度建设工作电视电话动员会召开后，在相关部门的配合支持下，抽调19名人员进行封闭式办公，全面梳理、依法审核市级政府权力。

研究提出事业单位撤并意见，制定事业单位撤并整合工作实施方案，以市编委名义印发《关于开展市直事业单位撤并整合工作的通知》。共整合撤并市科技咨询服务中心、市盆景研究所等16家事业单位，收回事业编制206名，为加强市经济建设和社会发展重点领域所需编制腾出空间。

【深化重点领域改革】 推进公共资源交易体制改革，在全省率先将散落在政府有关职能部门的文化、科技、农村综合产权、环境能源等19项公共资源交易职能进行整合，组建市公共资源交易监督管理局，搭建相对集中、统一的公共资源交易平台。加强纪检监察工作，强化监督执纪问责，完成市纪委（监察局）机关内设机构调整。推进港航（地方海事）体制改革，研究提出市港航（地方海事）的机构职能整合意见，组建安庆市港航管理局（安庆市地方海事局），理顺港航（地方海事）管理体制。研究提出市重点工程建设局机构设置方案，设立安庆市重点工程建设局，加强工程建设领域机构编制力量，适应城市大建设大发展的需要。

【机构和人员编制核查】 印发《深入开展机构和人员编制核查全面推行实名制管理工作实施方案》，建立成员单位联席会议制度，明确各单位职责分工和工作流程。召开全市机构和人员编制核查全面推行实名制管理工作会议，对核查指标解释、工作口径及实际操作等问题进行专门培训。对全市4520家机关事业单位、94584名编制开展全面核查，共建立482盒基础台账，摸清13909名编外聘用人员信息，掌握市直400家单位的历史沿革、机构编制情况及15112名在编人员、5036人编外聘用人员信息，核查数据率先与省编办、中编办对接，实现市机构编制管理从抽象的数字统计式静态管理到人员编制岗位对应的实时动态管理的转变。

【实名制数据库建设】 加强实名制管理系统建设，依托安徽省党政内网信息平台，搭建实名制数据库，全市机关事业单位所有在编人员实名制信息全部进入数据库动态管理，实现省市县三级互联。通过2个月时间的努力，建成实名制管理网络机房，完善实名制数据库信息，力争在2015年上半年实现实名制管理网络横向联通。

【机构编制监督检查】 配合市委组织部做好超职数配备干部问题专项整治工作，依据各单位“三定”规定及机构编制管理规定，准确统计各单位核定的领导职数，为整治工作提供翔实的基础数据。对市政府执行机构编制管理规定情况进行自查，并上报自查报告。完成2013年度各县（市）区机构编制管理规定执行情况考核工作。研究提出市机关事业单位控编减编工作方案，对全市机构编制实行总量控制下的动态调控。

【事业单位登记管理】 全年共办理事业单位年检225家，设立登记10家，变更登记71家，注销登记10家。对10家事业单位设立登记进行现场核查。加强事业单位印章管理，与公安局联合印发《安庆市事业单位印章管理规定》。贯彻落实《事业单位登记管理暂行条例实施细则》，重新制作事业单位登记、年度报告工作指南。召开市直15个部门联络员参加的事业法人单位证书使用和管理专题会议，促进有关单位履行证书查验职责，规范证书使用和管理。

（段倩倩）

中国人民政治协商会议安庆市委员会

重要会议

【市政协十四届委员会第二次会议】 2014年1月20—22日在安庆举行。会议听取并审议政协第十四届安庆市委员会常务委员会工作报告和提案工作情况报告；列席市十六届人大第三次会议，听取并讨论市政府工作报告、市中级人民法院工作报告、市人民检察院工作报告和其他有关报告；补选政协第十四届安庆市委员会常务委员会委员；审议通过政协第十四届安庆市委员会第二次会议决议及提案审查情况的报告。

【市政协十四届委员会常委会议】 全年召开政协常委会议6次。

市政协十四届四次常委会议于1月10日召开，会议通过《关于召开政协第十四届安庆市委员会第二次会议的决定》；听取《关于政协第十四届安庆市委员会有关人事调整、增补问题的说明》；听取《关于市政府工作报告起草情况的说明》；听取关于市政协"两个报告"起草情况的说明、《政协安庆市委员会提案工作条例》修订情况的说明以及《关于增补政协第十四届安庆市委员会特邀委员的人事事项说明》；审议并原则通过政协第十四届安庆市委员会常务委员会工作报告；审议并原则通过政协第十四届安庆市委员会常务委员会关于十四届一次会议以来提案工作情况的报告；协商并原则通过政协第十四届安庆市委员会第二次会议议程（草案）、日程（草案）；协商通过"两个报告"的报告人名单、政协第十四届安庆市委员会第二次会议联组和小组分组办法及召集人名单以及政协第十四届安庆市委员会第二次大会秘书长、副秘书长名单；审议通过《政协安庆市委员会提案工作条例》；协商决定有关人事任免事项。

市政协十四届五次常委会议于1月19日召开，会议听取关于补选市政协十四届委员会常务委员说明，协商候选人人选；协商《选举办法》（草案）；听取分组会议情况的汇报；审议通过市政协十四届二次会议议程、日程；协商总监票人、监票人建议名单（草案）。

市政协十四届六次常委会议于1月22日召开，会议听取各组审议和讨论情况的综合汇报；审议通过《选举办法》（草案）；通过补选市政协十四届委员会常务委员候选人名单；审议通过总监票人、监票人名单（草案）；审议通过市政协十四届二次会议决议（草案）；审议通过市政协十四届二次会议提案审查情况的报告。

市政协十四届七次常委会议暨"加强老城区背街后巷建设与管理"资政会于6月10日召开，会议听取《关于市市区老城区背街后巷建设与管理的调研报告》；审议通过《关于"加强市区老城区背街后巷建设与管理"的建议案》；通过有关人事事项。与会人员还观看杭州市背街后巷改造工程有关资料片。部分委员和有关单位负责人就如何加强市区老城区背街后巷建设与管理作大会发言。

市政协十四届八次常委会议暨"加快发展现代农业，继续推进美好乡村建设"专题民主协商会于9月29日召开，会议听取市政府关于美好乡村建设、"四大政策"扶持实体经济以及《关于"做优做大做强石油化工产业"的建议案》办理情况的通报；书面听取市政协调研组《关于农村土地适度规模经营的调查与思考》以及《关于美好乡村中心村建设的调查与思考》两篇调研报告；桐城市政协以及部分市政协委员围绕会议主题进行大会发言。

市政协十四届九次常委会议于2015年1月7日召开，会议听取《市政府工作报告》（讨论稿）起草情况说明；会议讨论《市政府工作报告》（讨论稿）；通过《关于召开政协第十四届安庆市委员会第三次会议的决定》，审议并原则通过政协第十四届安庆市委员会常务委员会工作报告和提案工作情况的报告；协商并原则通过政协第十四届安庆市委员会第三次会议日程、议程（草案）；会议还协商通过有关人事任免事项。

主要工作

【协商民主】 精选重点协商主题。年初，市委、市政府、市政协首次共同研究制订《2014年度重点民主协商活动计划安排》，并以三办文件形式印发，确定将背街后巷建设与管理、城乡规划编制、现代农业发展、土地利用管理作为年度重点协商议题。市委、市政府、市政协高度重视协商活动，所有课题均由市委、市政府、市政协主要领导和分管领导牵头负责，市委、市政府相关职能部门会同市政协相关室、委共同承办，市委、市政府、市政协主要领导或分管领导出席协商会议，充分听取意见和建议，促进决策的民主化、科学化。组织专题协商。通过市、县（市）区政协联动，专委会、界别联合，民主党派、工商联参与，深入实地调研和借鉴外地经验相结合，召开市政协常委会和专题协商会，开展"做好城乡建设规划编制和实施"、"加快发展现代农业，继续推进美好乡村建设"及"加强土地管理，提高土地综合利用效率"等工作的专题协商，形成建议案、建言献策、送阅材料报送市委、市政府，为党委政府决策提供重要参考。强化提案办理协商。探索采取提前提供提案参考选题的办法，增强提案的针对性和时效性。邀请主流媒体定期报道办理工作动态，刊登重点提案，录播《提案追踪》，扩大提案的影响。十四届二次会议以来提案立案422件，至9月底全部办复。《关于整治和改善安庆市东部新城江堤沿线环境的建议》《加快安庆地区体育与旅游资源融合开发的建议》等提案，得到市委、市政府领导的高度重视，并在有关的决策和工作中予以采纳。规范相关协商制度。市政协与市政府首次共同出台《安庆市人民政府与市政协联系制度》，建立健全市长和主席联席会议、专委会和对口部门联席会议以及工作联系制度等，推动协商民主制度化发展。年内，市政府就殡葬改革、湖心路改造、城区义务教育教师校长交流、海口镇开通公交、三线三边整治、大宜城发展战略规划及三馆规划选址等重点改革和重要民生工程的决策，及时和市政协进行充分协商，凝聚广泛共识，助推各项改革的顺利进行。

【参政议政】 服务中心工作。全年共形成《建议案》2篇，《建言献策》6篇，《送阅材料》11篇，各种大会发言50多篇，其中《关于加大对新型农业经营主体政策性农业保险支持力度的建议》《关于引导社会资金投向实体经济项目的建议》，市委主要领导做重要批示，推动相关问题的解决。《以安庆为龙头，打造我省石油化工产业基地》、《扶持家庭农场要有管用的措施》等多篇材料在省政协常委会、专题协商会上交流发言；《着力抓好美好乡村建设的关键环节》在《学界兴皖》上刊发。聚焦民生工程。抓住城区背街后巷综合改造这一事关群众日常生活的重大民生问题，开展专题调研，广泛听取各方面意见，首次制作播放外地经验宣传片，召开专题资政会，提出《关于"加强市区老城区背街后巷建设与管理"建议案》，引起市委、市政府的高度重视，推动市区老城区背街后巷改造的规划修订和建设升级。同时，围绕保障房建设、省十三运场馆建设、粮食安全、食品药品监管、燃气工程、人防工作等重大民生工程组织专项视察，提出一系列合理化建议，助力民生工程的顺利推进。助推改革发展。围绕"关爱委员，优化发展环境，服务招商引资企业发展"主题，深入20多家委员企业，了解生产经营情况，协调解决有关难题，为企业转型发展献计出力。围绕全市加快工业经济发展若干政策的贯彻落实，深入重点骨干企业调研，提出针对性的意见建议，促进政策完善、推动转型发展。围绕民间借贷纠纷案件审理、查办和预防职务犯罪、加强社区矫正、加快城区养老事业发展、加快农民合作社建设、推进农村土地确权登记颁证、加强农村医疗卫生保障体系建设等工作，开展多项调研视察，促进有关领域的改革发展。关注文化建设。组织委员针对历史文化街区与旅游融合发展、民间组织服务文化事业、文物保护、文化产业发展、文化旅游开发、构建现代公共文化服务体系、文化惠民工程等进行调研。开展走进新"国保"、实体书店与文化沙龙融合发展等视察调研活动，提出"发挥民间组织作用，促进公共文化事业发展"等一系列对策建议，为"文化强市"战略的实施作出政协的一份努力。

【民主监督】 规范行使监督职能。制订市政协委员担任各类监督员实施办法，通过随机抽取，选派60名委员参与"政风行风评议活动"，选派30名委员担任民生工程特邀监督员和社会监督员，选派15名委员担任市纪委政风行风监督员，组织20名委员参与市法院、检察院、物价、环评、机构改革等方面的征求意见会、听证会。全年共组织委员参与各类民主监督活动近200人次。探索创新民主评议。首次开展对提案办理工作的民主评议，制订《民主评议提案办理工作试行办法》，成立专门评议组，对4家提案承办单位进行百分制评议，并对评议的结果以通报的形式报送市委、市政府，抄送被评议单位，拓展民主监督的内容，创新民主监督的形式，推动提案事项的办理落实。反映社情民意。全年共收集各类社情民意信息180多条，编报《社情民意》21期，其中11期得到党政主要领导阅批，促进相关问题的落实。如《边远农村小学教师结构性缺编现象应予关注》信息，市委主要领导批示后，市财政、编办等部门认真贯彻落实，采取积极措施，着力解决问题。同时，建立社情民意"反映与反馈"情况通报机制，首次在市政协网站和《视野》杂志上予以通报。向省政协报送信息，获全省政协系统信息工作先进单位称号。

【团结联合】 充分发挥民主党派、工商联的作用。市政协领导坚持定期走访慰问民主党派、工商联，首次组织民主党派、工商联承办部分考察调研课题，主动邀请民主党派、工商联负责人和无党派人士参加政协专题协商会。先后就"菜篮子"工程、培育消费热点、科技创新暨成果转化平台建设等课题联合开展调研，广泛汇聚民主党派、工商联和无党派人士的智慧力量，形成推进改革发展的强大合力。加强与民族宗教和港澳台侨界的联系。通过开展少数民族村脱贫致富、农村宗教事务管理等专题调研，参加重大宗教传统节日活动，走访慰问民族宗教界知名人士，邀请其参与市政协相关活动等，密切与民族宗教界人士的联系，巩固民族团结进步、宗教和谐和睦的良好局面；通过加强与台、侨等工作部门联系，组织赴外资企业视察，开展外向型经济调研，为服务进出口企业牵线搭桥等，密切与港澳台侨代表人士的联系，促进外向型经济的发展。开展与省内外商会和驻安庆异地商会的联谊活动。市政协领导分别带队拜会外地安徽商会和安庆商会，宣传安庆经济社会发展情况，对接来安庆考察和项目洽谈，充分发挥外地商会的桥梁和纽带作用，促进市招商引资工作。参与全市重大招商引资活动，推动机械装备制造业招商引资工作和重点项目取得重要进展。深化与各级政协组织的联系。全年参与配合全国、省及市外政协来宜重要调研考察活动 20 余次。参加大别山区鄂豫皖三省政协主席联席会议。加强与县(市)区政协工作联系，邀请县(市)区政协全程参与专题协商及有关调研活动。加强对县(市)区政协工作指导，推动《关于县(市)区政协机关机构设置的意见》落实，促进县(市)区政协内设机构建设。

【自身建设】 倾听委员及界别群众呼声。建立“委员接待日”制度，每月开展一次委员接待日活动，全年共开展活动 11 次，主席、副主席面对面接待委员 62 名，编印《信息专报》11 期，整理建议意见 200 多条。走访看望基层委员，安排基层委员参加市政协组织的调研考察活动，调动广大委员参与政协工作的积极性和主动性。出台委员联系界别群众办法，倾听群众呼声，了解民情民意，使委员建言献策更合实情。加强理论研究与宣传工作。举办纪念人民政协成立 65 周年座谈会，学习领会习近平总书记在庆祝大会上的重要讲话精神。强化委员学习，联合市交通银行，邀请专家作《当前中国经济形势分析暨中部地区经济发展解读》讲座，组织委员听取《中国传统文化价值的当代应用》等学术报告。市政协工作研究会就做好农业产业化、社会化养老及美好乡村建设等开展视察调研，提出积极意见。首次召开全市政协工作经验交流会，召开秘书长暨办公室主任和专门委员会工作座谈会，总结交流工作经验，推动政协工作发展。全年各级媒体刊播市政协工作新闻 200 多条(次)，《人民政协报》《江淮时报》等多次报道市政协履职的经验做法，获全省第八届“政协好新闻”组织奖。开展“委员风采”宣传报道活动，录播《政协论坛》4 期，编印《视野》杂志 4 期。征集出版《天南海北安庆人》第 3 辑和《安庆文史资料》第 33 辑，编印《陈独秀研究通讯》3 期，完成安庆市抗战史料征集任务。与赵朴初故居陈列馆联合再版《赵朴初手迹选》。全新改版市政协网站，增设议政建言、委员学习园地、专委会工作及视频栏目，拓展政协理论学习宣传阵地。

市政协领导名录

主　席：张金锐

副主席：盛云生　吴　涛　鲁　德

徐晓华　杨　林　戴德民

洪爱敏　胡万宝

（姚　远）

民主党派·工商联

中国国民党革命委员会安庆市委员会

【概况】 2014年,市委会共发展新党员13人,其中研究生学历4人,本科学历7人,专科学历2人,9人具有中级职称,一批政治素质好,业务能力强,有一定社会影响力和代表性的人士加入民革组织。

年内,安庆民革报送至民革省委的专题调研报告、社情民意信息共计40余篇,被省民革采用38篇,采用率达到95%。向民革省委、市政协、市委统战部网站以及《团结报》《工商导报》等媒体报送宣传信息72篇,被采用70篇。

【参政议政】 参加省政协、中共安庆市委、市政府、市政协等召开的协商会、通报会、座谈会,围绕全面深化改革、经济转型发展、群众路线教育、司法改革、协商民主等议题充分发表意见。市委会报送的《对国企改革中员工持股的思考与建议》被省政协列为界别协商会重点发言;针对市委会集体提案《政府重大招商活动中应引入法律顾问》,市法制办上门协商提案办理。

市委会报送的《稳妥推进县级公立医院改革》获得省委书记张宝顺批示,《县域农村金融“定向降准”亟须完善配套措施》被《安徽政协信息》采用,《城区废旧物资回收行业税收流失问题不容忽视》被市政协《社情民意》采用。《关于进一步加强企业财政性奖补资金管理的建议》获省委统战部《统战专报》采用。《争取“启运港退税”政策优惠促进外向型经济发展》《抢抓线上节日营销须加快电商平台建设》被中共安庆市委《要情专报》采用,《关于进一步加快现代物流业发展的建议》《关于借力合肥综合保税区促进我市外向型经济发展的建议》等多篇信息被市政协《社情民意》专刊采用。《社会个体构建文化自信的路径探讨》《关于推动我省加快发展家庭服务业的思考与建议》列为民革省委常委会专题发言。

【社会服务】 2014年,市委会参与民革省委“同心示范工程”,6月21日,市委会组织部分党员企业家赴民革省委“同心示范工程”联系点——六安市黄河村开展扶贫活动,捐赠资金2万元用于自来水进农家工程项目。

民革市委会会同市委政法委、市审计局对口扶贫怀宁县洪铺镇东风村。经济专委会组织部分企业家党员和医疗支部党员赴东风村开展送医送药送温暖活动。

至年底,一支部先后组织开展慰问看望“沐阳之家”脑瘫儿童活动,党员义务献血活动,慰问困难失独老人活动;八支部组织党员为“沐阳之家”脑瘫儿童开展义诊,并与“沐阳之家”签订结对共建协议;迎江区总支联合迎江区民政局共同开展“关爱失独母亲”活动;六支部、八支部在华中路第二小学联合举办“统一战线公益行·健康进校园”活动。

【促进祖国统一】 4月初,由民革安徽省委办公室、宣传部组成的“民革前辈史料采集工作组”来到安庆,采访拍摄安庆民革老党员陶芳田,以“口述历史、影像记录”的形式开展民革党史等相关资料的抢救性收集工作。

年内,市委会先后接待来宜祭扫张汇滔陵园的六安民革、蚌埠民革、阜阳民革、黄山民革等兄弟市委会。

组织开展一年一度的青少年暑期爱国主义教育活动,六支部党员吴丽萍所做的主题报告,激发青少年学生的爱国热情,活动得到省委会的肯定。7月中旬,市委会两位副主委带领祖国统一委员会、企业家委员会及十二支部部分党员赴台湾开展考察交流活动,在台期间,祖国统一委员会拜访部分安庆籍在台老兵的后裔。中秋节前夕,市委会组织召开中秋台胞座谈会和台情报告会，充分发挥民革组织加强两岸交流沟通、促进祖国和平统一的作用。

（民　革）

中国民主同盟安庆市委员会

【概况】 2014年全年共发展成员13人。至年底，全市共有盟员397人，支部21个，专门委员会6个。

民盟科技支部获“全国先进基层组织”称号，民盟安庆市委会获盟省委授予“机关建设先进集体”称号，安徽化校支部和机关支部荣获“全省先进基层组织”称号。盟员杨晓帆的《永不停歇的梦——为纪念民盟安徽省委成立60周年而作》获征文二等奖。盟市委网站成功改版。三中支部李长青老师主持的省教育科学规划立项课题顺利结题；安庆师院支部教师李佳莹撰写的《社会性别理论视域下地方高校图书馆男性馆员的生存状态分析——基于安徽省的调查》和教师黎莉撰写的《图书馆构建学习型组织的实践与探索》获“安徽省高等学校图书情报工作委员会首届学术成果奖”论文类一等奖，十一中支部成员教师程霞骊获得全省优秀教师称号；三中支部成员教师江慧、汪凯莉，十一中支部成员教师芦盈盈获得市优秀教师称号。安庆工业学校支部成员教师闻宝林获得2014年全省中等职业学校信息化教学大赛一等奖，并代表安徽省参加国赛。再芬剧院支部青年演员丁飞主演的《靠善升官》，黄梅戏艺术剧院支部青年演员郑玉兰主演的《为奴隶的母亲》、夏圆圆主演的《六尺巷》均赢得广泛赞誉。

【参政议政】 参加由中共安庆市委、市政府、市政协主持召开的各种协商会。先后就中共安庆市委关于贯彻落实党的十八届三中全会精神和全面深化改革的意见、市政府工作报告、市级人事安排等重大事项提出意见和建议。担任各级人大代表和政协委员的盟员，认真参与立法和执法检查，提交议案、提案、建议。担任特约特邀监督员、检察员、审计员、政风行风监督员等职务的盟员积极参与行风政风评议，依法依规履行监督职能。

在年初市两会上，盟市委共提交5篇集体提案，31篇委员个人提案，7份人大代表议案和建议。在省两会上，市会省政协委员和人大代表共提交提案、议案4份。完成《关于安庆市社区矫正工作的调查与建议》（与市政协社法委合作调研）等11篇调研报告，报送《关于提高农村教师待遇的建议》《关于沿江路交通信号灯的建设》《关于在民俗节日期间内在主城区限制燃放爆竹》等6篇社情民意信息。

参加盟省委组织召开的基础教育研讨会，在第六届“兴盟杯”基础教育论坛上，提交论文13篇，获第六届“兴盟杯”基础教育论文征文一等奖1人，三等奖3人，小教支部教师刘璟提交的《当前中小学生心理健康教育工作中存在的问题和建议》在众多高校支部参与竞争中荣获论坛论文一等奖，潘敏、李长青、杨勇3位盟员教师的3篇论文获论坛三等奖，参评论文数和获奖论文情况均为历史最好成绩。继续加强统战理论研究，《信息网络时代的协商民主研究》课题获民盟中央立项。

全年向各级各类刊物媒体和网站报送并刊载的稿件达50余篇次，编发2014年《安庆盟讯》1、2期，3、4期合刊。

【社会服务】 根据民盟省委和省司法厅的工作部署，依托市司法局的工作平台，发挥民盟自身优势，转发民盟省委《关于印发“黄丝带帮教行动”实施方案的通知》，印发《民盟安庆市委、安庆市司法局关于印发“黄丝带帮教行动”实施方案的通知》，成立“安庆黄丝带帮教行动”联席会议，建立联席会议制度，举行“安庆黄丝带帮教行动”启动仪式，在安庆监狱和大观区、迎江区、宜秀区、宿松县挂牌成立“安徽黄丝带帮教行动”基地，开展“黄丝带帮教行动”进社区、进监所、进帮教中心的“四进”活动。落实市扶贫工作会议要求，组织开展扶贫济困活动，组织盟内医务工作者、法律工作者，到扶贫点送医送法律，为困难群众捐款。

（施取全）

中国民主建国会安庆市委会

【概况】 2014年，共发展新会员17人。至2014年底，全会共有会员411人，会员中担任各级人大代表16人、各级政协委员73人、各级特邀行政司法监督员17人。

年内,安庆民建在民建中央网站发表文章48篇,在民建安徽省委网站发表文章120篇,在市政协网站发表文章57篇,市统战部网站发表文章43篇。民建安庆市委会获得民建省委“2014年度新闻宣传工作二等奖”。

【参政议政】 2014年市“两会”上,民建会员共提出议案8件、政协提案57件。内容涉及安庆市的经济发展、人文关怀、环境保护、文化繁荣等各方面。其中有3件提案被列为市政协重要提案。在2014年省政协会议上,民建安庆市委主委做的“进一步发挥民主党派在我国政治生活中的作用”专题发言。会员提案“加快发展混合所有制经济的几点建议”被列为重点提案。

2014年,共向上级组织提交社情民意50多件,被中共中央统战部《零讯》采用2篇;被安徽政协信息采用并获中共省委常委、省政府常务副省长詹夏来批示1篇;被民建省委采用5篇;被中共安庆市委《信息·专报》采用2篇,并被上报到中共安徽省委;被市政协采用2篇。市委会获得民建省委“2014年度参政议政工作先进单位二等奖”。

上半年,市委会按照民建省委《关于做好2014年重点课题调研工作的通知》要求,指导各区委、各专委会选定研究课题,组织和着手撰写论文。形成理论文章20多篇,向民建省委提交18篇,获得民建省委“2014年度理论研究工作优秀组织奖”。

【社会服务】 2014年,民建安庆市委、各区委、各专委会、企联会都相继开展扶贫慰问、捐资助学、社区服务、解决就业等公益活动。企联会通过与各区委和企工委分工协作,简化审批流程,发挥安庆民建企联会互助基金抱团取暖作用和理事股份单位新昌集团、民发集团等融资平台,为企业提供贷款、担保资金51.34亿元。同时开展不同形式的活动对会内暂时困难的企业进行各种帮助。获民建省委授予“2014年同心示范工程先进集体”称号。

(民　建)

中国民主促进会安庆市委会

【概况】 2014年,市民进实行常委会领导下的市委委员分工负责制,制度健全,财务公开,民主决策,求真务实;下设迎江区、大观区、宜秀区3个总支,6月将相关支部拆并重组为15个基层支部,全年新发展会员12人,会员总数286人。推荐后备干部6人进入考察培养,推荐11名会员受聘市首届行政处罚案件公议团成员。整理撰写安庆民进30年会史,召开纪念教师节30周年暨国庆65周年纪念大会,编印《安庆民进30年爱心助教活动纪实》专题画册;举办民进省参政党理论研究会分部暨安庆民进统战理论研究会2014年会,会员高申贵代表安徽民进赴京参加民进中央“中国特色社会主义参政党的时代使命”理论研讨会,编印《安庆民进》季刊4期,网站更新及时快捷,郭宵珍等7名优秀会员先进事迹在民进中央及省网站专题报道,8位优秀会员事迹入选安庆统战系统《党外人士风采录》。

2014年,民进市委会被民进中央授予“民进全国组织建设先进地方组织”称号,被省民进授予“全省民进2013至2014年度理论研究工作先进单位”、“全省民进2013至2014年度宣传信息工作先进单位”称号,获2014年度全市统战系统理论研究暨信息宣传工作先进集体称号;大观综合支部、宜秀综合支部和民进石化支部获评省民进先进基层组织,何传友、宋春和王志平3人获评民进全省组织建设先进个人,余翔获评民进全国新闻宣传优秀通讯员。

【参政议政】 在年初省、市、区三级“两会”上积极建言献策。省政协会议共提交委员7件提案,洪爱敏在界别联组会议《完善我省“失独家庭”养老扶助机制》专题发言,得到张宝顺书记批示,并被列为年度省政协重要提案;在市“两会”共提交15份集体提案、46份委员提案、7份市人大代表建议,7名民进委员分别就农村环卫机制、体育与旅游的结合、文化艺术改革、公交系统的完善、教育均衡发展、安庆一日游以及安庆城镇化建设问题等在联组会上建言。4件提案获评市政协2014年度重点提案,全年《安庆日报》、安庆电视台《提案追踪》聚焦追踪市民进提案10多件。区级“两会”上,共提交政协个人提案26份,4名委员获得优秀提案奖。

全年议政调研工作稳步开展。召开2014年议政调研工作会议,围绕全面深化改革和社会热点、焦点问题,组织开展视察调研、对口联系活动,参加省民进、市政协重点课题、专题协商会、专题调研等工作,全年完成专题调研报告、提案信息初稿80多篇;为省民进参与省政协专题协商提供3篇调研报告，全年提交各类社情民意信息30多篇，9件议政成果获省、市领导批示，被市政协采用6篇，《安庆信息》采用7篇、省民进采用10多篇。6月，徐先海代表安徽民进参与民进中央和长江水利委“长江保护与发展”论坛，提交《长江安庆段水域污染现状及治理对策研究》并做发言；9月，在省民进2014年参政议政工作会议上，安庆民进9件提案受表彰并作专题交流发言；杨国才就《加快发展现代农业，着力打造特色农业产业集群》，在市政协专题民主协商会上发言。市民进还根据市委、市政府和市政协协商安排，参与并重点承担首次专题民主协商课题——“做好城乡规划编制与执行情况”调研，为8月市政协召开的专题民主协商会，提交《关于我市城乡建设规划编制与执行情况的综合调研报告》、《芜湖、镇江城乡建设规划工作的经验和做法》调研报告，以及会上发言《关于转型背景下宜城板块开发区整合提升的几点建议》、《关于大宜城人口发展规模与城市规划的建议》和3份委员建议。

【社会服务】 2014年继续打造安庆民进“爱心系列行动·同心工程”品牌，5月，市委会捐赠书籍到岳西县来榜镇中心小学援建校“爱心图书室”，并组织城区优秀教师赴该校开展爱心送教和环保宣教活动。联合国誉律师事务所到社区街头开展3.15新消法法律宣教活动。10月，市委会先后组织民进“爱心妈妈”集体赴合兴小学、海口中心小学和新华小学看望、慰问结对儿童，送爱心资助款和图书学习用品，新结对6名贫困学童，民进“爱心妈妈”共结对迎江、大观、枞阳和太湖等地36个农村孩子，捐献爱心款、学习用品，还通过电话、书信、节假日登门等形式，了解受助儿童成长情况，给予更多的心灵抚慰，《团结报》《人民政协报》等多次报道安庆民进的爱心行动。12月，市委会领导赴市民进新一轮扶贫点——桐城市嬉子湖镇蟠龙村实地考察，走访慰问，谋划帮扶工作。

探讨搭建服务发展平台，推荐10名民营企业界会员参加省民进企业家联谊会理事会，胡桂友当选省会副会长。“三八妇女”节期间组织到起点孤独症学校、“沭阳之家”看望慰问自闭症、脑瘫儿童。2014年市民进会员岗位建功，共获20多项省级以上奖励。

（民　进）

中国农工民主党安庆市委员会

【参政议政】 在市政协十四届二次会议上，向市政协会议提交集体提案4件，《关于实行活禽集中定点宰杀加工制度的建议》和《关于对县级公立医院综合改革过程中存在问题的建议》被选为重点提案。农工党界别委员向市政协会议提交23件个人提案，王江红委员的提案《完善社会养老服务体系，加快社会养老事业发展》被选为重点提案。依托参政议政委员会完成《乡村全科医师生存与发展》和《改变服务模式提高服务效率》两个调研课题。指导基层组织开展调研和参观交流活动，形成《破解农村低保迷局》和《关于皖河中学发展状况的分析和建议》的调研报告。由参政议政委员会和六院支部联合调研的《安庆市社区卫生服务中心建设状况的调研报告》获得农工党中央《2013年度优秀调研报告》三等奖。

2014年，被上级组织和各类媒体共采纳文章信息20件，其中《边远小学教师结构性缺编问题应予关注》被市政协采用，市教育局通过调研，专门形成《关于我市边远农村小学教师结构性缺编情况的分析报告》。被省政协采用的有《应推广无房户租房住可以提取公积金的政策》等9件。《建立适合人口流动的医疗保险制度》被中共安徽省委统战部采用，同时在《前进论坛》2014年第1期参政议政栏目发表。

【社会服务】 1、7月，联合六院支部、妇女委员会前往“沭阳之家”看望脑瘫儿童，组织为“沭阳之家”脑瘫儿童募捐活动，获得爱心捐款6400元。5、12月，市一院支部前往市老年公寓及市某干部疗养所开展下基层、送温暖活动，为百余名80岁以上的高龄老人检查身体、制订康复计划以及为百余名年过8旬为国家做过贡献的老同志们提供免费诊疗服务。12月3日，组织农工界别骨干医生前往枞阳县育才村对村内五保户、困难户等特殊群体开展“点对点”送医送药活动，赠送药品4000余元。响应市委“10.17扶贫日、邀您一起公益行”活动的号召，组织农工党市委会机关前往枞阳县育才村开展扶贫帮扶活动。

九三学社安庆市委员会

【概况】 九三学社安庆市第七届委员会由9名委员组成，现有社员209人，其中年内发展新社员8名。其中有省政协委员1名，省人大代表1名；市政协委员20名，其中常委8名；市人大代表（常委）1名。九三学社安庆市委获社省委2013年度“社情民意信息工作先进集体”奖。九三学社安庆市委的科技一支社、科技二支社获社省委2013年度“先进基层组织”奖。师院支社主委王远志获2014年度安徽省战略性新兴产业技术领军人才称号。

【参政议政】 在市政协会议上，社共上交提案27件，其中集体提案9件，委员李皖生执笔的集体提案《发挥学校在加强“留守儿童”培育与监管中的作用》列为市重要提案；委员姚成西、委员李皖生代表九三界别作大会联席会议发言。市电视台《建议、提案追踪栏目》制作播放委员李皖生的《关于学生心理健康问题的调查》节目1期。九三学社安庆市委申报社省委参政议政竞标课题4个，其中《皖江湿地生态保护面临的挑战与应对研究》和《加快解决社会办医中非营利性医疗机构的瓶颈问题》调研课题中标。两个课题已经完成并报送社省委。向社省委报送《2014年度全省统战理论和实践创新成果》论文2篇，分别是《新时期新媒体时代高校统一战线工作研究》和《政治协商的程序对实质成果的影响关系》。全年上报社省委信息19条。《关于网络意见人士统战工作建议》、《农村公共卫生中的几个问题亟待解决》被省政协采用，陈玉琢等上报的信息被省委办公厅及省委统战部采用。2014年社中央第八届“九三论坛”在宁夏银川召开，市社社员阮宏广的《保护大别山区生态资源，需因地制宜发展生态农业》论文进行会议交流发言，获2013年度社省委参政议政成果二等奖。

【社会服务】 社承办《安庆市科技创新综合服务平台建设》课题任务。课题组先后赴蚌埠、芜湖、马鞍山、合肥开展专题调研活动，考察学习各地市科技创新综合服务平台建设的思路和经验、平台运作管理模式、配套实施的政策、意见等，为安庆市科技创新综合服务平台的建设提供依据。在社省委参政议政部的支持下，到省科技厅汇报调研进展情况，并得到省科技厅支持。8月，市政协、安庆九三学社邀请市部分科技型企业，共同举办科技创新综合服务平台建设调研座谈会。11月底调研课题完成。

开展“百名专家进乡村学堂讲科普”活动。全年举办讲座12场，受益人众超过5200人。

九三学社安庆市委获社省委2013年度“社会服务工作先进集体”奖，程玉胜、阮宏广获社会服务工作先进个人，胡万宝、李皖生获得“百名专家乡村学堂讲科普”活动优秀专家。多次开展扶贫多次和“三下乡”义诊活动。

（赵　立）

安庆市工商业联合会（总商会）

【概况】 2014年，新成立安庆市食品工业协会、安庆市中小企业发展促进会、安庆市建筑设备租赁行业协会3家行业商（协）会。指导部分商（协）会完成换届工作、成立党支部。依托全联“非公企业调研系统”，选择120家样本企业作为监测点，对民营经济发展突出问题设计问卷，跟踪调研。按时完成人民路承租户的拆迁安置工作。开展对外联络工作。与武汉安庆商会、南宁安庆商会、合肥安庆商会开展对接，为本地企业与外地安庆籍企业的交流合作牵线搭桥，达成多项投资合作意向。组织非公企业代表队255名职工运动员参加2014年安庆市首届职工运动会，取得16块奖牌优异成绩，被授予“优秀组织奖”。

《安庆市非公有制经济“三门”调研报告》获“全省工商联系统2013—2014年度优秀调研成果”一等奖；安庆光彩事业促进会被省委统战部、省工商联授予“安徽省光彩事业组织奖”，获通报表彰；百名排序工作被省工商联授予“一等奖”。

2014年，全市共有私营企业3.3万户，比上年增加7800户；个体工商户18.4万户，比上年增加1.9万户，私营企业和个体工商户数量分别居全省第三和第二位。民营经济增加值居全省第4位，占GDP的比重达60.5%，高出全省平均水平3.2个百分点。

【建言献策】 先后开展工学体一体、民营企业劳动关系、中小微企业发展状况等10余次全市范围内的调研，形成《安庆市非公经济发展情况调研报告》、《安庆市贯彻“民营经济20条”情况报告》等调研成果。针对民营经济热点难点问题，形成《关于影响非公有制经济发展“三门”问题大调研的有关情况摘报》、《华茂集团建议与发电企业直接交易》等5篇情况反映，通过“工商联直通车”上报市委、市政府，推动有关问题妥善解决。

【专题调研】 为破解影响非公经济发展的“玻璃门”“弹簧门”“旋转门”问题，激发市场主体活力，按照省工商联统一部署，市县工商联联动，组织调研活动，历时4个月。走访典型性企业50家，召开专题座谈会20场次，向8个县（市）3区民营企业发放调查问卷270份，收集问题近200个。市工商联调研报告直接报市委、市政府，并在全省调研汇报会上交流，被省专家组评为全省工商联系统“2013—2014年度优秀调研成果”第一名。

受省政府委托，全省工商联系统对《中共安徽省委安徽省人民政府关于大力发展民营经济的意见》落实情况进行评估。市工商联在全市范围内组织开展调查评估工作，共召开座谈会3场次，实地走访民营企业12家，发放问卷210余份，形成较为客观公正的评估报告。该调研成果被省工商联吸收并以专报形式报省委、省政府。

【民企百强排序】 组织上报有势力的企业参加省民企百强排序。共有6家企业进入纳税百强，9家企业进入营收百强，13家企业进入进出口百强，均居各奖项第3位，占全省奖项的9.3%，席次增长40%。在进出口百强中，市获13席，增长62.5%，其中，纺织服装业7家，机械装备制造业4家，食品加工业2家。民企百强排序工作被省工商联表彰为优秀等次。

【光彩事业】 全力支持美好乡村联系点建设，联系民企共捐资40余万元。争取省光彩会价值80万元奶粉，发放给全市17所小学和幼儿园。定向投资30万元用于安庆“沐阳之家”脑瘫儿童活动中心建设。2014年，全市非公经济人士捐款捐物达1000余万元。

（王文生）

社会团体

安庆市总工会

【概况】 2014年，市总工会发挥工会组织、引导、服务和维护职工权益的作用，各项工作实现新提升。获全国总工会财务工作先进单位、经审工作先进单位、全国职工公共安全健康知识普及竞赛最佳组织单位，全省工会创新工作示范单位、全省工会困难职工帮扶工作先进集体、省安康杯竞赛优秀组织单位、安徽省组织劳动竞赛先进单位、安徽省首届职工技术比武运动会优秀组织单位、全省推进工资集体协商工作优秀单位、全省宣讲中国梦“与改革同行与梦想齐飞”主题宣讲展示赛优秀组织奖等称号。

【工会规范化建设】 在全市范围内开展工会“固本强基、彰显活力”活动，深化“广普查、深组建、全覆盖”集中行动，推进非公企业特别是小微企业建会和农民工、劳务派遣工入会工作，最大限度地把广大职工组织到工会中来。建立乡镇(街道)工会干部兼职补贴和100家基层工会工作联系点，在国家、省级开发区配备5名职业化工会干部，举办乡镇街道和非公企业工会干部培训班，选树“双百三十佳”典型，推进工会组织规范化建设。至年底，全市有工会组织的法人单位达12670家，会员数近69.56万人，工会组建率达到85.09%。

【建功立业活动】 把握调结构、促发展主题，组织动员广大职工在重点工程、重点园区、重点项目行业开展“五比五赛”等多种形式的劳动竞赛，深化“工人先锋号”创建活动。全市1.1万家单位、50.2万人次职工开展、参与竞赛活动，110名职工分别获全国、省、市五一劳动奖章，209家单位和班组分别获全国、省、市劳动竞赛先进集体和工人先锋号。抓好职工技术创新活动，开展技术革新、发明创造、合理化建议活动，8个建议项目获“安徽省重大合理化建议和技术改进成果”，选树市创新能手和能工巧匠各10名，命名11家省、市劳模创新工作室，激发广大职工的劳动热情和创造活力。

【开展主题活动】 以“中国梦·劳动美·我的梦”为主题，通过宣传演讲、读书圆梦、知识竞赛、歌曲征集、车身文化等形式，加强正面宣传，感动教育身边人，传播社会正能量。推进社会主义核心价值体系建设，引导广大职工争做中国梦的模范践行者。强化企业职工文化阵地建设，督促落实非公企业职工活动场所，全市建成“职工书屋”213家，其中全国“职工书屋”示范点15家、省级“职工书屋”示范点8家、省级“职工书吧”示范点50家、市级“职工书屋”示范点10家。

【关爱帮扶活动】 开展“两节”期间送温暖活动，慰问困难职工和农民工12041户，发放慰问金1486.3万元；拓宽帮扶范围，深化职工互助保障工作，为职工提供多元化服务，全市建帮扶站点106家，251家单位、19549人次参加在职职工互助保障计划，参保总额达134.7万元，全年为336名受到意外伤害和罹患重大疾病的职工进行赔付，赔付金额达59万元，困难职工帮扶中心对241名患重大病或生活困难的职工开展日常救助，救助资金39.5万元；开展第17届“金秋助学”活动，筹措318.3万元，资助1523名困难职工子女上大学；开展女职工“关爱行动”，筹措资金26万元，为400名贫困女环卫工、困难女职工开展“两癌”检查和治疗救助。做好工会就业援助月、春风行动、民营企业招聘周等活动。做好服务劳模工作，为567名全国、省、市劳动模范发放低收入补助金、特殊困难帮扶金、春节慰问金330万元，不定期慰问、帮扶一批困难劳模，组织劳模疗休养活动。

【基层民主管理】 落实《安徽省企业民主管理条例》，制定下发安庆市厂务公开民主管理工作意见、职代会工作流程图、检查考核实施细则及非公企业示范单位检查标准，建立健全职代会会前报告和会后备案、先进单位动态管理等制度，通过召开企业座谈会、开展调研检查、创建示范单位、举办培训班等形式，国有企事业单位厂务公开工作进一步巩固规范，推动100人以上企业单独建立职代会，推行区域行业性职代会制度，实现对小微企业的建制覆盖率稳步增长。至年底，全市11146家企事业单位实行厂务公开，11143家企事业单位建立职代会制度，建立区域行业性职代会191家，覆盖企业2183家，建制率达到88%，全市职工的知情权、参与权、表达权和监督权得到进一步落实。

【开展和谐企业创建活动】 发挥政府与工会联席会议制度、协调劳动关系三方机制作用，建立市、县(市)区、企业三级工资集体协商指导员队伍，组织开展"集中要约行动"，深入市、县(市)区企业，通过观摩、座谈会、调查问卷、检查档案资料等形式，抓好建制覆盖面、程序规范化、职工参与度和履约质量，推动集体合同制度和工资集体协商实施落实。至年底，全市开展创建劳动关系和谐企业活动的企业达2850多家；签订集体合同2786份，覆盖职工30.6万人(含农民工)；签订工资集体协商2615份，覆盖职工28.6万人，其中，区域性行业性工资集体合同215份，覆盖企业1810家，覆盖职工8.56万人。

【维护职工安全健康权益】 开展以"广泛发动提质量，文化引领强基础"为主题的"安康杯"竞赛、安全生产知识技能竞赛，参加安全生产大检查、安全生产月宣传和夏季"送清凉"活动，加大对高危行业特别是中小型企业的作业现场劳动安全卫生、女职工劳动保护的监督检查力度，促进安全生产劳动保护工作。全市"安康杯"参赛单位达1658家，参赛职工152606人，参赛班组10386个，126家参赛单位、班组和个人在"安康杯"竞赛活动中获得表彰。

【工会普法工作】 开展农民工工资专用账户的宣传，组织对迎江区、开发区、大观区等在建工地进行《安庆市人民政府办公室关于农民工工资专用账户管理意见》宣传，向农民工发放《农民工维权问答》《农民工工资服务卡》等宣传资料5000余份，在《安庆日报》进行专栏报道，确保农民工及时了解市政府从制度上规范农民工资发放的渠道和方式。组织开展"12.4"宪法宣讲、法律法规知识培训、"普法进园区、送法进企业、进工地"和纪念《劳动法》颁布20周年普法征文及考试等系列活动。邀请安师院教授对市区100多名机关、企业工会干部进行宪法宣讲，为开发区100余名企业工会干部进行《劳动法》宣讲，向一线职工代表赠送劳动法知识书籍300多册。

【全市首届职工运动会】 以"健康、和谐、奋进"为主题，举办全市首届职工运动会，运动会历时2个月，进行12个大项、95个小项的比赛，4077名运动员参加比赛。组织开展"喜迎省运会、做好东道主、微笑展风采"文明行业创建倡议，深化窗口行业文明创建，认真做好省十三运会志愿者文明服务工作。

（马良泉）

中国共产主义青年团安庆市委员会

【概况】 2014年，团市委围绕全市中心工作和共青团重点工作，认真履行基本职能，加强自身建设，工作再上新台阶。获全国中学生科技创新示范竞赛奖、全省共青团信息工作先进单位、全省青年职业技能大赛优秀组织奖、全省青少年科技发明大赛组织奖。《中国青年报》、安徽广播电台等媒体10次报道团市委工作。

年内，成功承办全省共青团系统三大培训工作。全省共青团系统组织、电子团务、青少年事务社会工作培训班暨青少年综合服务平台推进会在安庆召开，省直单位及16市105县团委负责人200余人来安庆参会，受到团省委及其他市县团委的高度评价。

【青少年理论教育】 召开纪念五四运动95周年暨省十三运青年志愿者动员大会，市委书记虞爱华出席大会并对全市团员青年提出新要求。推进市县两级团委网站、微博、微信等新媒体建设，开通微信公众号12个，团市委官方微信公众号关注人数达4.3万，官方微博粉丝达1.6万。组建网络宣传员队伍12支2600人，其中市本级400人。围绕殡葬改革、出租车改革、海口通公交等中心工作，利用短信、QQ群，安庆E网等网上发布正面信息。线下开展签名倡议和宣传，直接与发帖者面对面沟通，用主旋律和正能量占领青少年思想高地。

【主题团日活动】 开展"我的中国梦""核心价值观记心中"等主题团日活动，组织开展"我的中国梦—

奋斗的青春最美丽”系列分享会75场次（本级12场），参加青少年3万人。注重典型示范带动，开展“双红双优”、“优秀少先队辅导员（员）、少先队员”、“青年文明号、青年岗位能手”、“乡村好青年”、“向上向善好青年”等评选表彰宣传活动，全年有92名青年和集体获省以上表彰。开展“我为核心价值观代言”、“青春格言大征集大讨论”等活动，引导青年深化对核心价值观的认识。推进学雷锋活动和青年志愿者行动，开展“争当文明市民　共建美好安庆”学雷锋统一行动，近万名青年志愿者参加服务。中高考期间组织700多名爱心青年参加“绿丝带爱心送考”活动。

【青年志愿者工作】 完成全市550名青年志愿者招募并培训。组织8县（市）团委开展青年志愿者招募、培训、服务和保障激励工作，完成市委市政府交办的任务。围绕“三线三边”环境综合整治，组建市县乡三级环保青年志愿者服务队189支，参与清除“牛皮癣”、拆除广告牌、清理垃圾、植树护绿等志愿活动，《中国青年报》以《安庆：青年志愿者助力“三线三边”环境治理》为题进行报道。建设“青年林”39处。开展拒放爆竹、文明祭祀团员青年承诺签名活动，发倡议、拉横幅、新媒体宣传等形式，引导广大市民形成文明祭祀习惯。

【服务中心工作】 围绕殡葬改革，通过发公开信、集体签名等形式，宣传殡改政策。开展“小手牵大手”活动，由学生影响和带动家长支持殡改。基层团干部还进村入户，做村民思想工作。参与海口通公交工作，组织企业参加就业招聘会，为车主提供岗位30个，资助贫困车主家庭学生11户。针对出租车营运改革，联系176名“爱心送考”车队司机，发短信打电话，引导他们理性表达诉求。

【促进青年就业创业】 多举措推进青年就业创业工作。营造创业氛围，赴高校举办青年创业典型事迹报告会7场。举办青年创业分享会，电子商务产业发展论坛、青年企业家创业高峰论坛，培训创业青年1100多人次。推进“促进高校毕业生创业”活动，对42家创业团队实行“一对一”帮扶。实施农村青年创业致富“领头雁”培养计划，推进邮储青年干部和共青团干部双向挂职工作。推进青年创业贷款项目，协调银行发放创业贷款398笔，金额4014万元。深化农村青年信用示范户创建，评定示范户203户，发放贷款1825万元。新建青年就业创业见习基地22家，见习369人。举办高校毕业生校园招聘会，提供就业岗位5752个。推进青年创业平台建设，安庆科技创业园被评为省“青年创业园创建单位”、宿松民富生态养殖合作社被评为省大学生村官创业示范基地（园）。

【维护青少年合法权益】 开展“共青团与人大代表、政协委员面对面”活动。推进青少年防溺水工作，组织大学生志愿者开展“大手牵小手、关爱伴成长”系列暑教活动，帮助留守孩子度过暑教“空白期”。以残疾儿童、服刑人员子女为重点，开展“阳光关爱”帮教行动。推进希望工程“爱心圆梦大学”助学行动，筹资252.3万元，资助贫困学生667人。推进留守儿童结对关爱，组织103名青年教师开展关爱103名留守儿童结对帮扶活动。以“七彩课堂”“七彩小屋”“手牵手”爱心艺术班推进关爱农民工子女志愿服务工作。举办航模锦标赛、庆“六一”文艺汇演、少儿艺术节、书画大赛、少儿才艺大赛等活动。加强中学生科技创新能力培养，“创意桥梁”模型设计与制作项目被团中央认定为最有创意、最有代表性的5个项目之一。

【基层组织建设】 召开市县两级团委班子学习市年轻干部工作会议精神。坚持用身边人、身边事教育团干部。团市委机关及县（区）团委转岗6人。建立完善乡镇团干部更新补充机制，2014年退出乡镇团委委员212人、补充委员246人，现有委员1320人，其中金融、权益委员310人，大学生村官兼任团干部264人。扩大团组织覆盖面。新建市直属团组织7家、非公企业团组织83家、农村合作组织建团148家，成立农村专业合作组织县域团工委9家，建立街道区域共建委员会7家。指导怀宁、宜秀、枞阳团委完成换届。以村“两委”换届为契机，推动符合换届条件行政村完成团组织换届任务。加大支持基层力度。争取团中央、团省委项目等经费128.5万元，向县（市）区团委划拨经费77.7万元。

【少先队建设】 推动少先队总辅导员配置和职称评定工作。开展“红领巾相约中国梦”、“核心价值观记心中”主题队日、“红领巾阳光体育健身”等活动。加强中学共青团工作，督查检查有关中学共青团工作文件的执行情况，严把中学生入团质量关。

（团市委）

安庆市妇女联合会

【概况】 2014年,市妇联围绕市委、市政府中心工作和省妇联提出的目标任务,找准"党政所急、妇女所需、妇联所能"的结合点,实施"五大工程",抓好各项工作的落实推进,做到服务大局有新业绩、服务妇女有新成效、服务基层有新举措、自身建设有新发展,各项工作都取得明显成效。

年内,落实省妇女创业扶持转移支付专项资金194.5万元,将项目设置为六大类40个项目点,按照省财政厅、省妇联要求对项目的申报、评审、实施、管理和督查进行全程跟踪和服务,所有项目点全部完成目标任务,通过省、市评审验收。

【引领工程】 召开"三八"国际劳动妇女节104周年纪念大会,表彰三八红旗手(集体),举行市"三八红旗手志愿服务团"成立仪式。与市文明办联合开展"寻找最美家庭"活动。开展"五好文明家庭""好婆媳""最美农家"评选活动,评选产生10户"最美家庭"、100户"五好文明家庭"、100名"好婆媳"、1000户"最美农家"。组织"三八红旗手志愿服务团"成员开展系列志愿服务活动,至年底,市三八红旗手志愿服务团有注册集体成员30个,个人成员1100名。

【环保宣传】 在环保集中宣传日开展各类形式的宣传活动,通过悬挂横幅、摆放宣传展板、发放环保宣传手册、环保袋,举行小型文艺演出、环保知识问答、手工编织品展示等方式宣传普及创模、大气污染防治工作主要内容和低碳环保常识,全市发放《环保宣传手册》18000份。

【组织参赛培训】 举办安庆市首届"徽姑娘"农家乐技能大赛,推荐太湖金梦湾"徽姑娘"农家乐代表安庆市参加全省首届"徽姑娘"农家乐技能大赛,获得团体三等奖和优秀组织奖。10月组队参加省"皖嫂"家政服务职业风采大赛,获组织奖。挂牌成立"皖嫂"家政枞阳分部。全年举办10期"皖嫂"家政服务技能培训班,培训初、中级"皖嫂"服务员700人,累计为2000个家庭提供家政服务。

【温暖工程】 "三八"维权月期间举办法律宣传进社区活动,发放宣传资料200多份,解答咨询70多人次。完成18个试点村的村规民约修订完善工作,增加7条保护妇女儿童权益等方面内容的条款。全年累计资助351名贫困女大学生,资助金额70多万元。为56名"两癌"妇女发放近40万元的救助金。开展贫困老年妇女干部救助活动,为55名贫困老年妇干部发放5.5万元的救助金。

【强基工程】 开展市级"妇女之家"建设工作,评选表彰30个市级"妇女之家"示范点。联合市委组织部、市民政局下发《关于做好全市村党组织委员会和第九届村民委员会换届选举中女性进村"两委"工作的通知》,全市1436个村有1631名女性进入村委会,比上届提高3.06%;村"两委"正职93人,比上届分别提高0.58%和1.65%。

(市妇联)

安庆市科学技术协会

【概况】 2014年,全市有县(市)区、乡镇、街道办事处科协组织198个,市、县(市)两级学会(协会、研究会)223个,会员13446人,农技协组织370个,会员170668人,企业科协组织20个。市科协服务于市委、市政府的工作大局,发挥科技团体优势和桥梁纽带作用,按照"工作碎片系统化、工作概念具体化、工作平台品牌化"的要求,动员组织全市科技工作者,发挥人才智力优势,投身于科教兴市的实践。联合市教育局成功举办2014年省皖南片青少年科技辅导员培训班,近200名青少年科技教育工作者和辅导员参加。

【开展重点课题研讨】 组织有关部门和市级学会开展2014年安徽省科协年会安庆分会活动,围绕安庆城市供排水(污)、供电、天然气、供热和城市公交等公用事业开展为期5个月的调研。调研中,与市直相关部门、单位进行沟通交流,广泛听取意见,赴合肥进行考察学习、征询意见,形成专题论文集,报送市委、市政府主要领导。

【助推科技与经济结合】 精心牵线搭桥,实施"5612"工程,开展"厂会协作"、"金桥工程"、科技咨询和科技培训活动。组织"厂会协作"、"金桥工程"各4项,评选表彰2013—2014年度"5612"工程优秀项目7个和优秀组织者7名。组织11个县(市)区以及安庆经开区、高新区的30余家企业参加第六届中国(芜湖)科普产品博览交易会,展示工业、农业、旅游业、文化产业的科研产品。

【科普活动】 5月17日市全国“科技活动周”活动在桐城市举行启动仪式。现场发放科普宣传画册、书籍，进行义诊和现场咨询活动。组织专家以及党员科普志愿者在桐城市蟠龙村举办送科技下乡活动。全市组织开展各类活动20场次。常年组织科技小分队开展送科技下乡活动，进村入户帮助农民解决实际问题。

9月19日市“全国科普日”主场活动在宜秀区举行，有关专家现场举办专题报告会、科普咨询、义诊服务等，开展青少年科学调查体验活动，现场展示参加省2014年青少年科技创新大赛获奖作品图片；向社区、学校赠送科普资料。开展百名专家乡村学堂讲科普、科技卫生下乡“送温暖活动”等，邀请11名省、市专家分赴10个县区11所学校举办多场科普报告会，3000名学生聆听讲座，全市主办科普日主场活动10场次，举办科普讲座、专题科普报告近110场。

向省科协、省财政厅组织申报推荐2014年安庆市“基层科普行动计划”9个项目。其中被省科协审核上报中国科协、财政部的项目7个，经中国科协、财政部评定项目6个，获得项目资金105万元。组织开展2014年安徽省科普惠农兴村“百万工程”项目的申报及实施工作，获得项目资金30万元。

开展市级科普示范单位评选工作，创建命名2个市级示范农技协、8个科普示范基地、7个科普示范社区，申报省级各类示范项目55项，获得奖补类项目22项、奖补资金70万元。

加大对《安徽科技报》的投稿力度，举办《科普大篷车》电视专栏节目，在《安庆广播电视报》开辟《科协之窗》和《科技博览》两个专栏。制订《市科协宣传工作管理办法》，新创建“安庆科普手机报”，对在各类媒体登稿者进行奖励，全年有近200篇稿件发表。

【青少年各类比赛】 成功举办安庆市青少年科技创新大赛，参加安徽省和中国科协的青少年科技创新大赛。在全省大赛中，市有4大类36个项目参加竞赛，35个项目获奖。其中3个一等奖项目获得全国青少年科技创新大赛的参赛资格，获全国奖1项。参加省及全国计算机表演赛，首次参赛即获得团体总分二等奖，在全国大赛中获得一等奖1个，三等奖3个，获全省优秀组织单位称号。组织参加全省青少年科学论坛、省机器人大赛、全国青少年科学调查体验活动，获得省级奖7项，全国奖6项。举办市第五届青少年科技创新市长奖，章约非等4位同学获市长奖，王小宁等5位教师获优秀科技教师称号。

【安庆科技馆正式开馆】 7月18日，安庆科技馆正式开馆，省科协书记王洵、市长魏晓明等领导出席。安庆科技馆项目总投资925.35万元，至年底，免费接待市民60000余人次。

【基层组织建设】 强化组织管理机制，严格领导干部在社团组织中的兼职管理。对市级学会进行全面规范清理，注销4个学会，新建2个学会，6个学会完成换届工作。举荐参加评选表彰活动，陈再高被评为“安徽优秀科技工作者”和“全国优秀科技工作者”。

（市科协）

安庆市文学艺术界联合会

【概况】 2014年，市文联落实习近平总书记在中央文艺座谈会上的讲话精神，开展各项文艺活动，繁荣文艺创作。组织各协会召开“全市文艺界座谈会”。学习习近平总书记在中央文艺工作座谈会上的重要讲话精神；开展“安庆市文联四项文艺活动”；组织摄影家协会到太湖县和宜秀区采风；组织书画家协会进社区送春联；组织作家协会到宿松县体验生活；组织编辑《安庆之美画册》；组织书法家协会举办“安庆市书法篆刻精品晋省展”，4月12日在合肥市中国书法大厦展览馆开展，首次在全省范围内集中展示安庆市书法界的艺术成就。

10月11日在全民健身中心举办以“共享全运、圆梦宜城、徽风皖韵”为主题的首届体育美术、书法、摄影作品展，承办以“安庆之美”为主题的图片展，遴选100余幅图片，分“转型发展”“城市建设”“投资环境”“美好乡村”“民生改善”“文旅融合”“体育事业”7个版块，全角度展示“十二五”以来安庆市经济社会发展的难忘瞬间和精彩时刻。

作家协会工作。洪放的中篇小说《清明》、欧阳冰云的小说《寂寞花开》参加全省小说对抗赛，《清明》获全省小说对抗赛金奖；杨健的《馨月流香》、李淑妮的《遥远的山那边》、殷会平的《爹的袜子娘的狗》、刘同炯的《大别山剑侠传》等小说相继出版发行；李登求的《一个人的田野》、欧阳冰云的《石磨上的时光》、李俊平的《武昌湖笔记》参加安徽作协首届“风起杯”散文大赛,《武昌湖笔记》获金奖;詹永东散文《雁过雷池》获安徽省作家协会首届散文大赛并获“国口杯淮河散文奖”;光其军的散文集《柔软时光》、王寒水的散文集《形迹》、晏弘的诗集《枝上》、陈小兵的散文集《散落的记忆》出版发行;钱续坤的散文诗《七步与八斗的诗情》获首届“曹植诗歌奖”优秀奖;张建新的诗《玻璃心》在《诗歌月刊》“全国七夕杯“爱情大奖赛特等奖;孙大顺的随笔《英雄》获“书香国土·智慧人生”临沂国土杯第二届全国读书大赛二等奖;岳西作家系列丛文《青玉案文丛》由河南人民出版社出版。

美术家协会工作。1月19日,在安庆市赵朴初故居陈列馆举办著名画家刘云画展;4月19日,组织30余名书画家到枞阳缘酒集团，参观缘酒的生产基地，召开座谈会,进行艺术交流,举行笔会;9月19日,在安庆市黄梅戏博物馆举办“半空山人——黄惠连纪念展”黄惠连纪念展;纪念、秦文版画参加第十二届全国美术大展,钱玲萍工笔画《晴雪》《丽影》《守望》等参加全国八大山人花鸟画展、全国线描画展、第八届民族百花奖——全国中国画作品展等6余次。徐寒杰、胡越忠等18位画家参加安徽省首届体育摄影美术书法作品展。

书法家协会工作。1月26日,组织书法家在新百百货公司为市民义务写春联;3月22日,组织书法家到岳西县来榜镇采风;5月1日,“澄怀观道——甘泉书法篆刻展”在科技馆展出;7月19日,安庆市书法篆刻精品晋省展(安庆巡展)在市图书城、世家酒店地质人珠宝城大厅展出;9月,选派郭迪、江毛安、叶核成等7人参加由省书法艺术研究院、省书协举办的兰亭奖学习班,推荐孙永玉、王金桥、姚悦参加书艺理论写作培训班,江山参加书法新闻报道写作班。王泽辉、朱仁安、王和祥等28人作品入省首届体育书画摄影展;余龙生、张胜奇、杨尚森、李飞等12人作品,入安徽省第三届书法大展;严书生作品入全国第十届刻字艺术作品展览;韩焰生作品入首届“欧阳杯”全国书法展;程久卫作品入“天下大同,魏碑故里”全国书法作品展,张胜奇作品入“金山岭长城杯”全国书法展。

戏剧家协会工作。开展 “黄梅戏编剧读书班”活动; 举办年度最具人气黄梅戏演员大众评审工作,培养发掘黄梅戏人才;开办再芬黄梅大讲坛和电视“再芬黄梅”栏目,成立再芬黄梅戏友会;开展黄梅戏“走出去”活动,组织艺术家赴安徽池州、马鞍山、广东、江苏、山东、四川等省市演出交流。创排精品剧目大型黄梅戏《寂寞汉卿》,在十一黄梅戏展演周演出;创排杂技剧《爱生事家庭》、《平衡世界》、《不老传说》,赴广东佛山演出。推动小戏创作,开展黄梅戏小戏剧本征集活动,收到49部,推荐25部入选,10月,承办安徽省小戏调演活动,58个新创剧目中安庆占18个,《六尺巷》参加全国小戏精品展演。

曲艺家协会工作。王晓马创作的黄梅大鼓《三严三实要弘扬》参加市政法委系统演出;江皓创作的小品《新三堂会审》由市京话剧团排练参加市宣口系统演出;王晓马创作的《王小六卖瓜》参加省文化厅举办的群星奖调演,获三等奖;市曲协与省曲协合作创作黄梅大鼓《妈妈像门神》,何成结创作的黄梅大鼓《大老梁与死难缠》,备战省曲艺节;刘丙福、方郎宇创作表演的快板联唱《门房闲话》参加省第七届曲艺节。收集安庆市曲协2002—2014年参加国家、省、市曲艺调演、大赛的获奖作品,编辑出版《安庆市优秀曲艺作品集》;收集参加省以上行业调演、及大赛的获一等奖作品;收集中国安庆黄梅大鼓研究会综述及照片;收集部分有代表性的曲艺演员剧照。

民间文艺家协会工作。筹划出版《安庆民间文艺大典》,由叶濒、朱林寿担任主编,对市民间非物质文化遗产进行系统的再搜集和资料的汇集整理工作,拟出版《大典》六卷,200万字,2000幅图片,完成卷一民间文学篇、卷二民间艺术篇。开展民间艺术展示活动,4月3日岳西县叶有权、叶庆提、王义先、张燕飞等4人参加由中国民协举办的“全国首届木偶展演大赛”,民艺作品《程氏下书》获国家民协颁发金奖;先后主办4场有奖灯谜展猜活动;8月19—29日，首届安徽省民间工艺精品展在合肥市徽文化艺术馆开幕,市参展作品达10多幅,其中有2幅作品获优秀奖,枞阳县查庆华根雕作品《鹰击长空》获银奖;10月组织奇石作品《喜洋洋》《南海观音》和根艺作品《秋韵》《舒广袖》参加安徽第二届盆景精品展并获奖。芦中士创作的蛋雕作品,参加海峡两岸第七届文博会,获铜奖。

音乐家协会工作。5月,组织音乐创作者到岳西进行采风创作,储向前创作的《中国人、中国梦》在中央电视台播放,徐华东创作的《庐山之恋》获2014年“大众音乐盛典,千名音乐人唱呼庐山”大型展评活动词曲金奖;7月,举办安庆市才艺大赛活动;8月,组织安庆考生参加中国音协音乐考级活动;10月,举办安庆市第二届器乐大赛。

舞蹈家协会工作。井锦、郁婷编排舞蹈《亲亲我的小树》在市六一文艺调演中获得银奖；文凯学校舞蹈《挑花舞》参加中国舞协主办的第二届“荷花少年”全国中学生舞蹈展演获“星光少年”奖；井锦、许芳的原创《兰花舞》前往北京参加央视CCTV—3《舞蹈世界》节目录制，在全国56个民族舞蹈比赛中荣获表演二等奖；叶文荟、何蕾编创健身舞《青春飞扬》《卓玛》在全市比赛中分别获得一等奖和二等奖；彭玲玲、潘盼编排舞蹈《剪纸姑娘》在市六一文艺调演中获得一等奖。组织学员参加中国舞蹈家协会五、六、九、十级考试，获得佳绩；参与安庆市电视台《小苹果》节目主题曲的录制工作。

收藏家协会工作。5月，在懒悟艺术馆举办“董之忱篆刻展”；10月，在皖江文化园组织“安庆市民间收藏交流会”；在黄梅戏博物馆举办“安庆市第四届民间收藏精品展”；11月举办“虚怀若竹——黄叶村画展”。

【承办安庆市首届文学艺术奖评选活动】 安庆市文学艺术奖，是为激励文艺家投身安庆的经济社会发展，多出精品、多出人才，繁荣和发展安庆的文艺事业，由市委、市政府设立，对安庆创作的优秀文艺作品的最高奖，安庆市文学艺术奖每年一届，由市委宣传部主办，安庆市文联承办，本次评奖为首届，对2014年以前5年的文艺创作成果作一次总结和表彰。评奖分为文学类、艺术类、演艺类三个类别进行，收到参选作品168件，经初评、复评、终评，有53件作品62人入选安庆市首届文学艺术奖，在评奖活动中注重艺术的原创性和本土性，注重作品的社会价值和经济价值；突出文艺创新，突出艺术表现，突出地方特色。评出一等奖5名，二等奖16名，三等奖32名。

【办好《振风》期刊和文联网站】 7月30日，《振风》创作与期刊编辑部召开“安庆市首届文艺期刊研讨会”，坚持把创作与编辑出版文艺期刊、建设文联网站，作为“发现和培养文艺人才、创作文艺精品、拓宽文艺发展渠道、创新文艺发展成果”的文艺发展新平台。《振风》以内容丰富多样、版式新颖活泼、彰显本土文艺的特色，受到广大读者的关注与喜爱，在省内文艺界产生较大影响。市文联网是宣传安庆市文艺活动的电子平台，适时发布最新文联系统综合工作和文艺活动动态，成为扩大文学艺术影响力的新渠道。

（胡越忠）

安庆市社会科学联合会

【概况】 2014年，市社科联发挥“桥梁纽带、组织协调、宣传普及、咨询服务”的作用，团结和带领广大社科工作者，紧贴工作中心，服务发展大局，研究市发展中的重大理论与实践问题，繁荣发展市哲学社会科学事业。

【举办第六届皖江地区历史文化研讨会】 10月25—26日举办以“皖江文化与创新发展”为主题的“第六届皖江地区历史文化研讨会”。组织市属各社会团体和大专院校等有关部门的专家学者参与活动，组织与会专家学者在宜期间文化考察。收到论文124篇，涉及经济社会、思想文化、民俗艺术、历史典籍、历史人物等方面，11篇论文入选本次研讨会论文汇编。

【组织“社科名家大巡讲宣讲团”活动】 根据《安徽省2014年社会科学知识普及活动方案》实施意见的要求，经全省上下遴选推荐省社科联审定，由47名专家组成“社科名家大巡讲宣讲团”。宣讲团采取“菜单”方式选题，邀请安徽大学科学发展研究中心主任方爱东在宜秀区，做“培育和践行社会主义核心价值观”的宣讲，从核心价值观的形成，培育和践行核心价值观的意义、基本内容、路径，及如何在实际工作中践行社会主义核心价值观等四个方面内容，做深入浅出、生动形象的讲解。

【做好省“第九届学术年会”征文工作】 围绕“全面深化改革与安徽实践”主题开展学术交流，年会收到论文近400篇，经专家委员会和年会学术委员会两轮严格评审，评选出60篇优秀论文参加学术年会大会交流，安庆市入选3篇，戴德民的《美好乡村建设应走富有特色之路》和陈斌的《浅论我国混合所有制发展策略》入选全省非教学研究部门优秀论文。戴德民的《美好乡村建设应走富有特色之路》在“经济改革牵引与全面小康建设”研究专场作大会发言，被省社科联《学界兴皖》（2014年第12期）以专版的形式上报省委、省政府，供领导决策参考。

【组织开展课题研究】 由社科联牵头，市委讲师团等单位参与申报的《网络思想政治工作研究》课题，经专家评审和省社科联主席办公会审批，作为2014年资助课获省立项。该课题围绕当前互联网技术日新月异和互联网内容爆炸式增长的条件下，面对网络新形势、新情况、新问题，研究以适应时代变化的需要。

【社会科学知识普及规划项目申报】 经市社科联推荐，由迎江区文明办编印的《社会主义核心价值观教育读本》，经资格审查、专家评审和省社科联主席办公会议研究，被确定为省社会科学普及规划项目。该书贴近社会现实和青少年生活实际，趣味性、可读性、引导性强，全书分为十二个篇章，每个篇章包含三至五首儿歌，并配上图画，用通俗易懂、生动形象的方式，潜移默化地对青少年进行价值观引导，深化价值观认同，让社会主义核心价值观在广大青少年中内化于心、外化于行。

（刘安礼）

安庆市残疾人联合会

【概况】 2014年，市残联以加快残疾人社会保障体系和服务体系建设为主线，实施惠残民生工程，抓好各项业务，全市残疾人事业呈现良好发展势头。

年内，召开全省残疾人文化交流现场会。中国残联常务副理事长孙先德来宜考察残疾人文化工作并出席安徽省第六届残疾人运动会开幕式。省委常委、宣传部长曹征海到市残联调研指导群众路线教育实践活动。省委常委、统战部长沈素琍，副省长梁卫国，省政协副主席童怀伟分别到安庆调研考察，现场指导残疾人工作。市委书记虞爱华出席“首届爱残扶残好人颁奖典礼”、接见省自强和助残先进事迹报告团成员、接受《安徽残疾人》杂志专访。市残疾人康复和辅助器具适配中心被国务院残工委授予“残疾人之家”称号，市残疾人就业服务中心被省政府授予“全省就业工作先进单位”称号；市残联获评“2010—2014年全省残疾人体育工作先进单位”。

出台系列惠残政策。贯彻安徽省《关于促进残疾人家庭增收加快实现小康步伐的意见》、《安庆市基本公共服务体系行动计划（2014—2015年）》等文件精神，推动出台《安庆市促进残疾人充分就业的实施意见》《安庆市市区重性精神病患者住院补贴项目实施办法》《安庆市政府购买残疾儿童康复训练服务办法》《安庆市政府补贴残疾人辅具适配办法》《关于进一步加强残疾人文化体育建设的实施意见》，在残疾人新办企业、社会新办福利性企业和用人单位超比例新增安置残疾人、接纳社会力量参与残疾人康复服务体系建设、残疾人基本公共文化服务、残疾人文化创业等方面提出并落实一系列惠残举措，着力为残疾人构建生存发展的特惠保障和服务机制。在政府购买残疾人康复服务方面，28名重性精神残疾人分别获得1000—3000元的补贴。18名10—16周岁听障、智障、脑瘫、自闭症儿童人均给予1.2万元康复训练补贴。为253名肢体残疾人免费适配辅助器具4类318件。在全省率先推行市区“一户多残”贫困残疾人家庭福利津贴制度、残运会与健全人运动会同等奖励、促进残疾人就业资金扶持、加强残疾人文化建设等多项政策举措。探索推进政府购买服务，贫困重性精神残疾人住院得到“二次救助”，残疾儿童康复训练补贴年龄段由0—10岁延长至0—16岁，贫困残疾人适配辅助器具费用由政府全额承担。

优化残疾人服务机构。完成残疾人康复机构类别化、专业化和“PPP服务模式”布局，健全五类残疾儿童康复机构和残疾人辅助器具适配中心，探索建立民办公助、购买服务的服务工作保障和经费保障机制，补齐市残联成立23年来康复机构建设的短板。将位于宜园路闲置的旧办公楼改建为医疗康复、辅具供应、技术指导“一体化”的残疾人康复和辅具适配中心，具备每年接训各类残疾儿童300名、供应辅具2000件的能力。从方便残疾人办事出发，对现用的综合服务楼的功能区予以调整，将信访接待、就业服务、亲子教学、听力检测等服务场所全部调至通行方便的楼层。加大理念引导、技术指导和民生项目支持的力度，扶持迎江区沐阳之家脑瘫儿童活动中心、迎江区起点孤独症儿童培训学校、大观区至爱家园智障儿童康复中心的发展，推动各县（市）残疾人康复机构全覆盖，形成残疾人康复机构由市级向县（区）延伸，由听障向脑瘫、智障、孤独症、肢残拓展，由公办单一主体向公办与民办结合、民办公助多元主体转变的局面。

强化残疾人组织建设。在全省率先启动全国残疾人服务状况和需求专项调查，受到省政府残工委表扬。残疾人就业数据库录入、残疾人证办理等基础业务得到加强。基层残疾人组织规范化建设继续推进，全市乡村两级残疾人专职委员选聘面达到100%，争取省级就业扶持资金141.2万元为1412名村残协专职委员发放误工补贴，组织145名基层残疾人专职委员参加中国残联网络在线学习，实现基层残疾人组织纵向到底、横向到边。充分发挥专门协会代表、服务、维权的职能，腾出机关办公房为市级残疾人肢体、盲人、聋人、精神残疾人及其亲友、智力残疾人及其亲友五类专门协会主席安排工作间，各协会每年保障基本工作经费4000元。市盲协组织的“盲人农庄一日生活体验”活动获得中国盲协创先争优创新奖。太湖县获得全省残疾人工作示范县命名。

【举办安徽省第六届残疾人运动会】 10月26—29日，安徽省第六届残疾人运动会在安庆市举办。这是继省第十三届运动会在市成功举办之后，市首次承办规模最大、规格最高的全省残疾人综合体育赛事，也是省残运会与健全人运动会首次同城举办。

10月26日，省第六届残疾人运动会在市体育馆开幕。省委副书记李锦斌宣布开幕，中国残联常务副理事长孙先德致辞，副省长梁卫国致开幕词。开幕式上，举办题为《共享欢乐》的文艺表演。

残运会期间，全省19个代表团的686名残疾人运动员参加田径、游泳等10个大项比赛，安庆市代表团夺得74块奖牌、34块金牌，取得奖牌总数第一、金牌数第三的历史最好成绩。

10月29日，省第六届残疾人运动会举行颁奖仪式。省政协副主席童怀伟，市委书记虞爱华等领导出席。省、市领导分别为获得奖牌总数前8名的代表团、获得“体育道德风尚奖”的代表团和“优秀志愿者”及获得“2011年全国第八届残运会、2012年第十四届伦敦残奥会特殊贡献奖”的单位颁奖。

【完成省定惠残民生工程】 省定惠残民生工程提前完成，考核成绩全省第一。组织实施“贫困残疾人生活特别救助”和“贫困残疾人康复”省定民生工程。为50944名三级以上贫困残疾人（一、二级每人800元，三级每人400元）落实生活特别救助3708.88万元，完成省定任务数的101.1%。为913名贫困白内障患者实施免费复明手术，超出省定任务数93例；为5377名贫困精神残疾人按照每人1000元标准落实药费补助；为听障、脑瘫、智障、孤独症、肢残5类贫困残疾儿童792人实施抢救性康复。

【落实残疾人优惠政策】 2014年实施惠残项目34个，68293名残疾人直接收益，总投入折合资金7160.25万元，其中争取省级以上项目资金5728.2万元。直接受益人数比上年增加1473人，投入资金增加1068.894万元。全市按比例新增安排残疾人就业1156名，增长9.7%；残保金征收首次突破3100万元，增长12.4%。争取资金43.35万元救助贫困残疾大学生和义务教育阶段贫困残疾学生217名。申请资金27.15万元分别补助176名残疾在校大学生。依托残疾人就业基地，开展服装缝纫、电脑应用、保健按摩、种植业等实用技能免费培训2564人，1245人实现就业。开通全国唯一的残疾人就业婚恋信息网，搭建残疾人就业、婚恋桥梁。市县两级联动举办残疾人就业专场招聘会31场，推介1352名残疾人上岗。投入资金240万元帮扶1200名残疾人在加工、种植、餐饮、养殖、修理等行业创业，投入53.5万元扶持28家阳光兴残就业基地、14家集中安置残疾人就业企业和残疾人自办企业得到扶持，投入29.2万元扶持146个阳光大棚。全市按比例安排残疾人稳定就业5635人，征收残保金达到3163.28万元。向外地转移残疾人就业425名。投入资金105.5万元，建设残疾人托养服务机构118个，安置残疾人525人，2365名残疾人获得居家照料服务。为1234名残疾人机动轮椅车车主发放燃油补贴总计32.084万元。为279名农村残疾人实施危房改造、20户贫困残疾人家庭实行无障碍改造。

【开展系列助残活动】 1月10日与市文明办举办“安庆行业好人”评选启动仪式暨首届“安庆爱残扶残好人”颁奖典礼，5月18日开展“六送六助六个梦”（送技能助力自强梦、送岗位助力就业梦、送康复助力回归梦、送法律助力平等梦、送文化助力共享梦、送真情助力同行梦）助残日系列活动，7月9日邀请省首届自强模范与助残先进事迹报告团在市直机关作专场报告会，弘扬残疾人身残志坚、自强不息的精神和助残人士扶危济困、乐善好施的美德。以残疾人自强典型为题材编创黄梅小戏《向着太阳奔跑》参加民营黄梅戏剧团优秀剧目展演，组织312名残疾人及工作者观看“黄梅戏、黄金周”残联专场演出，在省第六届残运会开幕式上组织残疾人担纲演出《梦想不落》、《皖风徽韵》。

（王雪志）

台　　联

【涉台政策宣传】 通过网络媒体、召开座谈会、制作宣传册、登门拜访等多种方式广泛宣传党的对台方针政策、市委重大部署决策以及市台联会各项活动。组织台胞台属学习习近平总书记会见连战时提出的四点意见和《起来了，安庆》专题片材料。精选近几年来市台联的主要活动和部分台胞台属的事迹制作《安庆市台联掠影》宣传画册。

【帮扶企业】 先后到台资企业安庆固捷光学有限公司、台属企业安庆市九水昌盛实业有限公司、台联理事投资的池州美奥电梯有限公司等企业进行实地调研，了解企业存在的实际困难，为企业发展献言献策，为企业的销售和相互合作牵线搭桥。进驻安庆市金立捷纸塑包装有限公司和安庆正太电力有限公司进行帮扶。

【关心台胞台属生活】 1月23日，陪同省台联会长陈清海一行慰问胡根生和徐治源两位老台胞。5月12日，陪同全国台联台胞部部长杨骅、副部长郭京斌一行看望困难台胞徐治源。春节之前，安排专人深入台胞台属家中进行慰问。多次上门到居委会和街道办进行协调解决台属孙熙东廉租房问题。深入安庆汽运有限公司进行走访，促进台胞所在单位加大对台胞的培养力度。选送1名市优秀年轻台胞参加全国台胞培训，向省台盟组织推荐1名盟员。

【两岸交流】 6月12—13日，台湾乡里长和基层民意代表大陆参访团一行25人来宜进行为期两天的参观访问，精心安排有关活动，参访团先后参观台湾书法家谢宗安在天柱山摩崖石刻书法作品《秋兴八首》和天柱山风景区，考察望江县经济开发区申洲针织安徽有限公司、安徽省联河米业有限公司及武昌湖湿地保护区，与当地各界代表举行座谈会。7月19日，接待回乡探亲的台湾著名书画家范融，安排部分台联书画家与其进行笔会活动。精选高山族台胞书画家陈生源和台属画家刘琼两幅作品参加全国台联举办的“中国梦·台胞情”全国台联系统书画作品精品展活动。

【联谊活动】 中秋节前夕，召开迎中秋茶话会暨理事会，畅叙友谊，共谋发展。8月26日，与潜山县委统战部负责同志、潜山台联会长、理事、台胞台属代表进行座谈交流，促进市县台联间的相互联络。3月27日，邀请原市书画院院长姚道馀，振风书画院院长王智，著名台胞书法家高山族台胞陈生源等5位书画家在台联书画社开展笔会活动。11月1日，邀请市九水昌盛实业有限公司董事长江淮泗考察台属企业池州美奥电梯公司，促进两家企业展开合作。11月11日组织台侨界政协委员及企业家考察横店电缆有限公司及长风乡合兴村新农村建设，促进企业家在宜投资和发展。10月31日，前往黄山市台联（台办）进行考察学习，增进两地台联了解和交流。

（徐冬冬）

安庆红十字会

【概况】 2014年，市红十字会圆满地完成全年的工作任务。被省红十字会评为全省造血干细胞捐献工作先进单位。组织参加省红十字会应急救护技能大赛。5月10—13日，安徽省首届红十字应急救护技能大赛在合肥举行，首次在全省范围内组织的应急救护技能比赛，16个地市、省红十字会医院、省红十字会学校共18支代表队参赛，安庆市代表队获第六名被授予优秀奖。

落实省红十字会应急救护核心项目。根据省红十字会的要求，与安庆医药高等专科学校、市红十字博爱医院完成对6000名干群、学生进行群众普及性应急救护培训。开展应急救护培训和掌上学堂“人人学急救，急救为人人”活动。分别对市区80名武警消防官兵、60名无偿献血志愿者、全市230名监管民警、2520名党校中青年干部、中小学教师、企业救护员开展培训。经理论和实践技能的考核，发放应急救护培训员证书。利用新媒体，传播应急救护知识。在市政府网站、安庆E网、市红十字会网站、各县(市)区红十字会网站、红十字急救掌上学堂普及应急救护知识。“9·13”世界急救日，在安庆医药高等专科学校向新入学的新生发放日常急救手册1600本。

【救灾备灾】 2月13日，市红十字会制定《安庆市红十字会自然灾害突发公共事件应急预案》，被市政府应急办纳入全市应急预案体系。7月，怀宁县部分地区遭受强对流天气影响，普降大到暴雨。灾情发生以后，怀宁县红十字会及时报灾，市红十字会开展灾情核报上报工作，省红十字会先后下拨安庆市怀宁县红会价值36余万元的救灾物资、5万元现金和10万元大米用于抗洪救灾。8月3日，云南省昭通市鲁甸县发生6.5级地震，全市红会第一时间通过网站、电视等载体发出为地震灾区募捐倡议书，公布捐款账号,呼吁社会各界捐款捐物,共接收社会各界和个人捐款达 20.94 万元,全额汇缴省红十字会,由省红十字会统一安排支援云南鲁甸抗震救灾。

潜山县天柱山景区红十字救护站运转正常,成为全省景区红十字救护站的样板。孔雀东南飞景区红十字应急救护站项目获准执行，为省红十字会在 4A 以上景区开展的红十字应急救护站项目，通过省评审，首批 8 万元的项目款已拨付怀宁县红十字会。

【社会救助】 开展形式多样的人道救助工作。潜山县红十字会争取到北京一企业定向捐赠 34 余万元的书籍和设备给潜山县黄泥镇中心小学;枞阳县红十字会争取美的集团定向捐赠给□山镇万桥小学 100 万元用于学校建设;望江县、桐城市、岳西县、太湖县、宜秀区红会通过社会呼吁,开展对困难群众和职工定向捐赠;宜秀区、迎江区、大观区等各县(市)区红十字联合各级卫生局开展“服务百姓健康行动”大型义诊周活动。全市“小天使基金”项目获准资助 23 名,资助资金 83 万元;“天使阳光基金”获准资助 6 名,资助金额 9 万元。申报“博爱家园:红十字生命健康安全教育项目”和“中央专项彩票公益金支持失能老人养老服务项目”,失能老人项目获资金约 15 万元的物资。配合省红十字会,对曾在市参加遗体(器官)捐献的两个困难家庭开展送温暖活动,每家送去 1 台冰箱和价值 500 元的慰问物资。

【“三献”工作】 通过“5.8”世界红十字日与安庆市红十字会冠名单位安庆市红十字中心血站、安庆市红十字博爱医院联合在市人民路开展弘扬以“人道、博爱、奉献”的红十字精神为主题的宣传活动,推进无偿献血、造血干细胞捐献、遗体(器官)捐献等“三献”工作。活动当日，发放红十字知识宣传品 800 余份、《日常急救手册》300 余本、造血干细胞宣传笔记本 300 本、《爱相髓》(安徽省造血干细胞捐献工作 10 年回顾书籍)300 本、时代发现杂志 200 本。“6.14”世界无偿献血者日、国庆节和血站开放日,联合安庆市红十字中心血站宣传无偿献血、造血干细胞捐献的相关知识。无偿献血协会志愿者深入学校、社区、街头、企事业单位宣传无偿献血。

年内，受理 12 例捐献遗体申请和 2 例捐献角膜申请,完成咨询、登记、协调等相关工作。完成 2 例遗体捐献,2 例角膜捐献(其中包括 1 例遗体捐献)。怀宁县红会、市红十字会各完成 1 例遗体捐献,市红十字会、枞阳县红会各完成 1 例角膜捐献。枞阳县红十字会角膜捐献者张熠的父亲张文忠获 2014 年 6 月份“安徽好人”称号。市造血干细胞志愿者王书平完成造血干细胞的采集,实现造血干细胞的捐献。5 月 18 日，在合肥召开的中华骨髓库安徽分库建库 10 周年纪念会上,市红十字会被省红十字会评为全省造血干细胞捐献工作先进单位并通报表彰。

【能力培训】 选派 47 人次参加中国红十字总会、省红十字会组织的应急救护师资及管理培训班;2 人参加红十字总会组织的新闻宣传工作培训班;4 人参加省红十字会组织的“三献”骨干培训班;1 名参加全国人体器官捐献协调员培训班,获全国人体器官捐献协调员资格;2 人参加省红十字会组织的造血干细胞捐献培训会;5 人参加全省县级红十字会赈济骨干培训班;1 人参加海峡两岸红十字青年骨干训练营;3 人参加全省遗体器官捐献业务骨干培训班;5 人参加全省红十字会系统宣传骨干业务培训班。

【助学活动】 4 月 23 日,上报安庆医药高等专科学校志愿服务项目“用挚爱撑起脑瘫儿童康复的蓝天”通过省红十字会专家组评审，获项目经费 8000 元。用于“用挚爱撑起脑瘫儿童康复的蓝天”志愿者的保险、公共交通、宣传材料等基本费用。10 月 20 日，上报的安庆师范学院“乐天伦”关爱失独家庭服务项目，通过省红十字会专家组评审，获项目资金 7000 元。与市红十字中心血站开展“博爱在江淮益起来助学”活动,对 10 名参加无偿献血的贫困大学生进行资助,每人 1000 元。配合省红十字会对 1 名白血病患儿开展慰问活动,给患儿家庭送去 1 台冰箱、500 元的慰问物资和一些学习用品。获省红十字会“博爱在江淮益起来助学”助学金 24000 元,对 12 名年内考入大学的贫困大学生进行救助。配合省红十字会举办“益起进乡村”暑期社会实践活动,10 名大学生志愿者到天柱山镇林庄村对 10 名留守儿童开展结对活动，送去学习用品,进行地震、溺水、火灾、烫伤等灾害事故、意外事件的避险与救护等安全知识的教育。与安庆师范学院共同设立“红十字医疗救助金”，首笔救助资金 6.4 万元，用于救助部分家庭经济困难无力支付医药费的大学生。

（丁德霞）

法　治

公　安

【概况】 全市公安机关受理报警205766起，比上年同期上升14.3%。共立刑事案件14834起，比上年同期下降18.1%；破案绝对数8249起，其中破获现行刑事案件4843起，破获年前案件3053起，协破外省（区、市）案件353起。发现受理治安案件51242起，比上年同期上升24.1%；查处治安案件50379起，比上年同期上升23.4%。抓获违法犯罪人员5111人，比上年同期上升28.0%；提请逮捕1256人，比上年同期上升6.4%；移送起诉2871人，比上年同期上升13.4%；刑拘3282人，比上年同期上升24.3%；治安拘留3663人，比上年同期上升37.0%。发现受理交通事故1558起，死亡271人，受伤2053人，比上年同期分别减少8.2%、2.5%、10.0%；直接经济损失857.0万元，比上年同期上升39.0%。发生火灾325起，比上年同期减少39.7%。死亡3人，受伤4人，直接财产损失1244.9万元，比上年同期下降69.8%。全市没有发生大规模群体性事件。

【严打整治行动】 开展打黑除恶、命案侦破、防范电信诈骗、打拐等专项严打整治行动，破获各类刑事案件4843起，抓获公安部督捕命案逃犯1468人；打掉恶势力团伙21个，破获涉恶案件116起。推进打击非法集资、恶意欠贷、传销等专项行动，抓获公安部B级通缉犯犯罪嫌疑人359名，为国家挽回直接经济损失7500万元。开展扫毒行动、夏秋扫毒和百城禁毒会战，侦破毒品刑事案件310起，首次缴获个案涉毒6.4公斤，市扫毒会战名列全省第二。密集开展扫黄打赌"清风行动"和"风暴行动"，主动服务和优化重点工程建设治安环境，促进市经济社会发展。

【社会治理】 开展户口登记管理专项整治，制定实施流动人口居住证制度，并将之纳入城市公共服务体系；户证集中受理服务中心建成投入使用。加快网上办事平台和公安微博建设，全市15个分县局"平安江淮网"子网站全部建成。坚持民意导向，打造民生警务，岳西县局"背包警务"经验被人民日报、人民网、安徽日报等多种中央和省级媒体推广。加强互联网安全管理，处置有害信息2.5万余条。

【数字化立体防控建设】 推进立体化数字化社会治安防控体系建设，"天网工程"建设方案通过省厅论证。视频巡查防控系统初步建立，已接入联网平台的视频探头2408个，动态巡查防控点508个。坚持动中布警、整体防控，全面推进市区社会面网格化巡控工作，新增武装巡控车辆、摩托车等巡控设施，落实一、二级网格常态化巡逻防控勤务模式，实行全天候不间断巡逻防控。招录辅警，全市社会治安辅助力量占总人口比例提升。

【公共安全管理】 开展安全安庆生产建设年活动，查处交通违法行为135万起，治理10处挂牌督办事故多发路段隐患，淘汰报废"黄标车"和老旧车辆16379辆。开展"清剿火患"、重大火灾隐患、劳动密集型企业、人员密集场所等专项整治行动，摸排整改50处重大火灾隐患单位。开展缉枪治爆专项行动，强化涉枪涉爆企业、水电油气等重点治安保卫单位检查。

【执法规范化建设】 开展规范执法攻坚年活动，深化执法质量考评，市公安局获全省六五普法中期先进单位，2个单位被评为全国执法示范单位，8个单位被评为全省执法示范单位。宿松县局五里派出所所长孙长江获得"全国公安机关爱民模范"和"心动2014安庆年度人物"称号，岳西县公安消防大队获"全国公安机关爱民模范集体"称号。

（局办公室）

检　察

【概况】 2014年,全市检察机关继续进行"护航工程",履行职能与服务发展并重,全力推进民生检察。围绕党委政府稳增长、促改革、调结构、惠民生的决策部署,打造教育实践活动检察样本。创新服务方式,深入安庆石化、电厂二期等重点企业、重点工程推进共建,提高依法治企水平。开展优秀民生检察案(事)例评选活动,引导检察干警关注民生诉求,拓宽便民利民渠道。开展查办和预防发生在群众身边、损害群众利益职务犯罪专项工作,查办征地拆迁等领域贪污贿赂案件57人;开展破坏环境资源和危害食品药品安全犯罪专项立案监督活动,监督行政执法机关移送案件21人,起诉污染环境、危害食品安全等犯罪案件11人。

打击犯罪与保障人权并重,维护社会和谐稳定。推进平安建设,确保人民安居乐业、社会安定有序。保持打击危害国家安全犯罪、严重暴力犯罪、多发性财产犯罪等严重刑事犯罪高压态势,全年批准逮捕883件1150人,起诉1923件2819人。参与社会治理创新。落实宽严相济刑事政策,对符合法定条件轻微刑事案件依法不捕不诉。参与立体化社会治安防控体系建设,结合办案依法对社会治安突出问题提出检察建议84份。推进涉法涉诉信访改革,全市检察机关连续4年无信访积案,连续14年无涉检进京访和集体赴省访。

查办与预防职务犯罪并重,坚决有力惩治腐败,科学有效预防腐败。全年立案查办贪污贿赂、渎职侵权案件126件157人。查办省旅游局原局长胡某、马钢集团原副总经理施某、市重点工程局原副局长王某、桐城市原副市长潘某等有影响有震动的案件。开展"预防工作提升年"活动,提升预防职务犯罪水平。组建"检察长宣讲团",拍摄"预防宣传片",推进预防进机关、进企业等活动开展。全省检察机关预防职务犯罪工作现场会在市举行。

强化法律监督与强化自身监督并重,增强司法公信力。加强和规范诉讼活动监督,切实防止检察权滥用。强化立案、侦查和刑事审判活动监督。完善刑事诉讼监督机制,推动市委市政府出台"两法衔接"实施办法,建立漏犯、漏罪及另案处理人员信息库,全年监督立案92件,纠正漏捕41人,纠正漏诉57人,纠正漏罪77件。强化刑罚执行和监管活动监督。重视监管场所安全,检察环节连续16年无超期羁押。开展"减刑、假释、暂予监外执行"专项检察活动,对全市职务犯罪、金融犯罪和黑社会性质组织犯罪等"三类"犯罪对象逐案审查、逐人建档,依法收监,潜山、怀宁检察院驻所检察室被授予"全国一级规范化检察室"。强化民事行政检察监督。推进民事行政检察工作专业化建设,在11个律师事务所设立检察联络站,枞阳县检察院被评为"全省民事执行监督示范单位",市检察院报送的"某交通事故责任纠纷案抗诉书"被评为首届全国民事行政检察优秀法律文书。

打造过硬队伍与抓实基层基础并重,筑牢检察工作发展根基。树立强基固本思想,坚持一手抓队伍建设,一手抓基层基础,提高检察软实力和群众满意度,涌现出"全国模范检察官"袁国霞等一批先进典型,全市13个集体、21名个人受省部级以上机关表彰。抓纪律作风,完善全市检察人员违法违纪统一投诉处理机制,强化2309举报网站"检察干警违法违纪举报"专区建设,对17起举报干警违法违纪线索逐一排查、件件落实。抓专业化建设,联合厦门大学开展检察素能专题培训,参加上级组织的各类培训790人次,10名干警入选全省检察专门人才库。抓检察品牌,开展"抓特色、创品牌、育典型"活动,怀宁"检察党建"、桐城"检察约谈"等品牌被省检察院挂牌指导,望江、宿松、怀宁等县检察院控申接待室获"全国文明接待室"称号。

【商业贿赂专项治理】 推进城建领域商业贿赂专项治理,查办贿赂案件52人,提供行贿犯罪档案查询5542次;依法快捕快诉集资诈骗等破坏市场经济秩序犯罪案件,批捕69人,起诉58人,维护经济金融市场稳定。

【人权司法保障】 依法保障当事人及其他诉讼参与人合法权益,完善律师执业权利保障机制,配备律师阅卷所需复印、速拍、刻录等设施,审查逮捕职务犯罪案件全部听取律师意见。重视对妇女儿童等弱势群体司法保护,慎捕慎诉涉罪未成年人,依法不捕18人,不起诉27人,市检察院侦查监督部门获"安徽省妇女维权岗"称号。

【开展重点领域专项整治】 针对职务犯罪易发高发领域,推进工程建设等领域突出问题专项治理,查办城乡建设领域职务犯罪33件38人、行贿犯罪31

件32人、涉企领域51件54人、执法司法领域20件20人，其中，查办庐江监狱等监管场所职务犯罪案件8件8人，遏制系统腐败和行业不正之风蔓延势头。

（华国栋）

审　判

【概况】 2014年，市中级人民法院围绕“努力让人民群众在每一起司法案件中都感受到公平正义”目标，把握司法为民、公正司法主线，履行宪法法律赋予的职责，服务地方社会经济发展。全市法院共受理各类案件44376件，较上年增长19.5%；审（执）结案件42895件，法定审限内结案率99.91%。其中，市中级人民法院受理各类案件6447件，审（执）结案件6154件。全市法院受理刑事案件2264件，审结一审刑事案件2021件，判处罪犯2397人。其中市中院受理刑事案件278件，审结270件。依法平等保护各类市场主体合法权益，审结商事案件9102件。制定《发挥商事审判职能平等保护市场主体实施意见》，服务市经济转型升级。依法调节民事关系，审结各类民事案件20860件，市中院审结各类民事案件1792件。依法办理行政案件，全市法院共审结各类行政诉讼案件683件，其中市中院审结140件。推进行政机关首长出庭应诉工作，行政机关首长出庭应诉率较2013年上升26%。创新“查询、发布、惩戒、联动”执行机制，强化执行工作。全市法院全年共受理执行案件9843件，执结8633件，实际执结率87.71%，执行到位标的额25.6亿元。

【司法为民工作】 优化便民诉讼机制。全力推进诉讼服务中心标准化、规范化建设，为当事人提供“一站式”和“全方位”诉讼服务。运用信息化手段拓展司法为民新领域、新渠道，推行电子送达、视频调解、网上查询、预约开庭、巡回审判、错时办案、假日法庭等工作。出台便民利民举措140条，巡回审判案件545件。完善司法救助制度，为691名当事人缓减免诉讼费323万元，发放司法救助金138.5万元。高效化解矛盾纠纷。强化审判流程管理，严格审限延长、案件中止审批标准，防止超审限结案。充分发挥简易程序、小额诉讼程序、督促程序、轻微刑事案件快速审理机制等制度优势，高效处理当事人诉讼。推动多元化矛盾纠纷化解，会同市司法局联合出台《进一步加强人民调解工作具体意见》，建立第三方参与矛盾调处机制，指导或联合各类调解组织诉前化解矛盾纠纷1366件，依法确认人民调解协议541件，全市法院民商事案件调解撤诉率达64.34%。妥善处理涉诉信访。探索“诉访分离”和案件终结机制，推动第三方参与化解信访案件；运用信息化手段，推进网上申诉信访和远程视频接访。全年化解涉诉信访案件134件，化解率同比上升23%。加强审判监督。保障当事人申诉和申请再审权利，审结申诉和申请再审案件124件。

【民主公开】 树立庭审中心理念，贯彻证据裁判原则，严格执行法定证明标准，严把事实证据审查关，严格适用非法证据排除规则，严守冤假错案底线，确保无罪人不受刑事追究。加强审级监督、审判监督，完善发回重审、改判实名通报制度。尊重和保障律师权利，平等对待控辩双方，保障司法公正。推进审判管理“三化”年活动，依托审判管理软件和法院局域网，建立多层次、全方位、立体化审判管理工作体系，加强审判运行态势分析应用，建立案件评查常态化机制。提升案件质量，建立全市法院审判管理调度会机制和审委会委员“庭审亲历”制度。深化司法公开，加快建设审判流程、执行信息、裁判文书公开三大平台，审判流程公开平台和执行信息公开平台于12月底建成投入使用。制定《裁判文书上网公布办法》，全年全市法院在互联网公布裁判文书17542份。开展“法院开放日”、庭审直播、新闻发布会等活动，与市电视台联办栏目《周末说法》，让社会公众深入了解司法工作。推进落实人民陪审员倍增计划，加强人民陪审员培训和管理，发挥人民陪审员作用，提升司法公信力。全市人民陪审员由上年的159名增加到580名，全年人民陪审员参与审理案件9455件，一审陪审率90.77%。

【自身建设】 加大队伍教育培训力度，全面推进法院队伍正规化、专业化、职业化建设。开展“办案能手”、“调解能手”、精品案例、优秀裁判文书评选活动，提升法官职业素养和专业水平。开展“正风肃纪”专项活动，落实党风廉政建设主体责任和监督责任，促进公正廉洁司法。指导和监督审判法庭和人民法庭建设，全市36个人民法庭按照规范化法庭建设要求完成新建或改建；市中院审判综合楼竣工落成并投入使用。加强信息化建设，实施“天平工程”，建成连接省高院、市中院、基层法院、人民法庭的法院专网和29个科技法庭;完善执行指挥中心建设,审判执行工作实现动态监控、数字化管理。

司法行政

【概况】 落实《法治安庆建设纲要》,完善“谁执法、谁普法”的法治宣传工作责任制,开展“江淮普法行”、“12·4”宪法宣传日、公民旁听庭审、十八届四中全会精神宣讲等活动。法治宣传教育载体全面拓展,在广播电台、电视台开办《安庆普法热线》《法治课堂》,建立法治文化主题公园(广场),举办大型法治安庆书画展。全市组织公民旁听庭审活动177场次,参加旁听人数5423人;放映20多部法治类影片,188场次,观众16万余人。

法律服务提升。围绕经济社会发展、贴近群众需求,加强法律服务行业诚信建设,提供优质法律服务,法律服务队伍素质提高。全市律师事务所41家,执业律师398人,其中专职律师382人;办理各类案件共9046件(其中刑事1125件、民事7581件、非诉讼340件),顾问单位　2009家。全市公证处9个,公证员31人;全年办理国内公证文书23182件,其中经济合同公证10676件、涉外及港澳台公证文书3456件。全市司法鉴定所7家,执业司法鉴定人142人;全年办理各类司法鉴定案件3340件,采信率98%。

扩大法律援助事项范围,建立并开通统一“12348”法律服务热线平台。全市办理法援案件5148件,其中刑事案件570件、社会律师承办2426件。

加大行业性专业性人民调解组织建设。全市实现医疗纠纷人民调解委员会全覆盖,市区设立道路交通事故人民调解委员会。全市各级各类人民调解组织共调解各类纠纷44416件,调解成功43348件,调解成功率98.69%。其中医疗纠纷、道路交通事故纠纷受理案件3776起,调解成功3751件,成功率99.36%。

完善社区矫正执行体系,加强社区矫正制度建设,刑释解教和社区矫正人员过渡性安置基地全面建成,监督管理、教育和帮扶力度加强,社区服刑人员重新犯罪率控制在0.2%以内。

全市各级司法行政机关扎实推进覆盖城乡公共法律服务体系建设,按照法律服务体系提供公共法律服务、公益法律服务、市场法律服务的三大功能定位,探索形成一批多层次、个性化法律服务产品,让群众充分享受方便快捷的“一站式”服务。建立政府法律顾问制度,全市167家政府机关聘请法律顾问。

【律师工作】 2014年,全市律师业务总数9046件。其中民事经济类案件7581件,刑事辩护代理案件1125件,行政诉讼案件80件,非诉案件340件。担任法律顾问2009家,其中政府顾问167家。6月15日,安庆市第四届律师协会代表大会召开,选举产生新一届协会理事会,律师协会会长不再由司法行政机关领导担任。2014年始,律师协会承办行业管理具体事务。

推进律师参与公益法律服务,开展“学雷锋,公益律师在行动”等活动,律师服务深入基层对百姓关心的婚姻家庭、拆迁等问题提供法律咨询。全年170多名律师到市信访局涉访涉诉中心接访,引导信访当事人按正常渠道依法理性解决诉求。

军事

安庆军分区

【概况】 2014年，安庆军分区思想政治建设扎实有效。落实《中国人民解放军思想政治教育大纲》，加强学习型党委机关建设，制订印发《关于进一步加强理论学习的意见》，加强理论学习指导。抓好“牢记强军目标、献身强军实践”主题教育，开展“军队要像军队的样子”和战斗力标准大讨论，官兵使命意识、责任意识增强。加强民兵政治工作规范化建设，省军区在安庆军分区召开现场会观摩交流，总结推广宜秀区人武部民兵思想政治教育宣传教育法。

军事斗争准备持续推进。投入20万元建设全区作战值班室视频系统，达到“叫哪哪通、叫谁谁到”要求。开展练将练官练机关活动，组织民兵营(连)长、基层武装部长集训和全区防卫作战基础训练课目组训法比武竞赛、军地联合实兵演练等，有效提高应急应战能力。在岳西县国动委演练试点观摩基础上，对各县(市)区国动委演练逐个进行检验考核。日常战备常抓不懈。以“抓日常、抓基层”为突破口，下发《安庆军分区日常战备工作实施意见》《日常战备工作意见》和《作战值班十二条硬性规定》，在怀宁县人武部组织召开安庆军分区日常战备规范化建设现场观摩会，提升日常战备工作标准能力。

部队发展基础夯实。开展“学法规、明职责、严纪律、正秩序”活动，打牢官兵职工安全发展的思想根基。完善《公勤队八项基本制度》，围绕“保障好、管理好、效益好”目标，加强后勤规范化管理，综合保障能力提升。推动人武部新址建设，宿松人武部迁入新址，望江人武部主体工程完工，潜山人武部新建方案上报省军区，大观、迎江人武部迁址工作列入地方党委政府计划。

军政军民关系更加密切。开展“迎省运、树新风、作贡献”系列活动，协调驻宜部队和民兵全程参与第十三届省运会服务保障；加强全民国防教育，军分区领导带头到各县(市)区给地方党政领导宣讲国防形势。持续开展“情牵贫困学子、爱心助学圆梦”活动，全区与121户贫困户、172名贫困学生结成帮扶助学对子，捐赠资金16万余元。突出“一老一少一基层”，与市人社局联合出台《安庆市军人随军家属就业安置实施细则》。

【军地联合实兵演练】 组织全市应急力量进行“宜城2014—1”(市级)、“宜城2014—4”(省级)森林防火军地联合实兵演练，实战检验军地联合行动指挥效能。在无提前预演情况下，市森林防火指挥部以宜秀区大龙山镇中心村鹅公山突发森林火灾为背景，采取不设预案方法，依据市森林火灾应急预案，组成军地联合现场指挥组，一线调度各类应急资源、统一指挥各类应急力量联合参与扑火救灾行动，实地锻炼行动实战能力。在无事先磨合的情况下，以《安庆市应急力量编制方案》为依据，采取不经准备方式，将应急力量拉到地形较为复杂、生疏山区进行森林防火实兵检验性演练，练指挥、练程序、练行动，提高应急救援力量快速到位行动、快速投入战斗实战能力。实际探索快速高效行动用兵方法。在无预定脚本情况下，以火场就是战场、时间就是生命要求，采取适时、不间断的动中指挥方法，组织所有应急力量快速多路开进、快速到达火场、快速区分任务、快速展开行动。演练得到到场观摩副省长梁卫国等军地领导高度肯定。

4月28日，吸取青岛“11·22”东黄输油管道泄漏爆炸事故教训，安庆市委、市政府、军分区和安庆石化组织代号为“宜城2014—2”安庆市油气管线突发事件军地联合应急救援实兵演练。驻安庆军警民企共32个单位、657人、400多件套装备器材参加演练，安庆市委、市政府、市人大、市政府、军分区领导及市国防动员委员会成员单位领导共60多人观摩演练，省政府副省长杨振超率工作组莅临指导。研究探索军地联合应急处置突发事件程序方法、步骤措施，全面展示安庆市本级应急力量建设成果，锻炼提高信息报知、应急处置、封控疏散、舆论引导等军政企联动综合应急救援能力。

5月下旬，军分区按照实地、实情、实案演训要求，组织“宜城2014—3”防汛抢险应急救援实兵演练。以实情设置演练背景，在实地组织军地联演。在望江县华阳闸现地成立防汛抢险前进指挥所，由军分区参谋长章新华任现场指挥长，统一指挥调度军地防汛力量共512人，编配1所8队高效完成抢险排涝、封堵管涌、构筑子堤、加固堤坝、水上救援等演训任务。演练以《安庆市防汛抗旱应急预案》为指导，以从难从严从实为演风，以精干快速高效为训风，以科学处置突发险情为实战要求，采取时间跨越、场景移位方法，用实战演练为论证实案手段，防汛应急方案得到验证、充实、完善。省军区宋海航政委现场观摩并就实战化演训作指示。

【练将练官练机关活动】 6月14—23日，安徽省统一组织，安庆军分区实弹战术演练指挥组、市民兵防空团宜秀区双37高炮连参加民兵预备役高炮部(分)队实弹战术演练。在安徽安庆和江苏射阳地区全程演练战备等级转进、跨区机动集结、作战筹划实施、撤出战斗阵地等课题，完成双37高炮班、排、连对低空航模拖靶考核性实弹射击任务，实弹射击考核中取得命中拖靶2发的好成绩。

9月15—23日，军分区在市国防动员训练基地组织全市基层专武部长集训。突出法规学习，组织《兵役法》《国防教育法》学习辅导。突出规范程序，规范民兵整组程序，强化基层武装部“按程序、按标准整组”意识。突出强化观念，组织安全形势分析、战备工作规定学习。

机关首长训练。采取学、训、考相结合的方式，增强两级主官打仗意识、提高两级主官打仗本领。把“三情”作为集训学习研究重点内容，围绕《“四知一明白”理论》读本，学习研究。通过理论考、体能测、战法评方式找出差距，以问题倒逼方式促使主官训实、训全、训精。改变以往偏重队列、体能等简单课目方式，以军事理论、战术计算、战术标图、辖区地形图默绘等新、难课目为重点，使大家掌握“岗位必备的、大纲规定的、作战急需军事技能。

【大沙河应急抢险】 7月4日8—18时，安庆普降大到暴雨，桐城市铜锣站雨量达189.9毫米，桐城大沙河水位46.51米，超警戒水位0.01米。军分区立即启动防汛应急响应，所有及民兵应急分队保持待命，相关人员连夜驰援大沙河。23时，军分区司令员张军、参谋长章新华陪同市防汛指挥部指挥长、市长魏晓明连夜建立防汛前进指挥所，一线指挥防汛工作。

【国防教育月系列活动】 9月，军分区协调国防教育委员会成员单位组织系列活动，增强全民国防教育观念，开展以“出台一部法规性文件、召开一次国教委成员单位会议、组织一次城区防空演练、开展一次万人励志签名活动”为主要内容的“八个一”国防教育宣传活动。

【民兵整组】 民兵整组工作自1月下旬开始至4月底结束，按照计划准备、组织实施、检查验收和总结上报四个步骤，采取业务培训与检查指导、试点先行与重点帮带、任务牵引与紧贴实际、严格标准与灵活务实“四个相结合”的方式，加强基干民兵应急队伍、支援队伍和储备队伍组建，完成全市基干民兵整组。

【退役士兵就业招聘周活动】 2月8—15日，市人社局、民政局、安庆军分区联合举办退役士兵就业招聘周活动。活动以“强化就业服务，积极促进退役士兵就业”为题，市、县(市)举办22场退役士兵专场招聘会，活动现场设立就业创业和社会保障政策咨询台，进行政策解读、职业指导、技能培训、创业项目推介、合法权益维护等有关咨询服务，帮助退役士兵用好国家扶持就业政策。各级公共就业人才服务机构集中收集发布一批适合退役士兵就业岗位信息，为退役士兵提供便捷、有效就业渠道。

（张旭超、张小武、任节、张小武、王飞、聂竹青）

武警支队

【概况】 2014年，安庆市武警支队围绕强军目标，破解矛盾求发展，战斗力提升，部队建设稳步发展，连续31年实现“三无”目标，被安徽省武警总队评为应急保障能力评估优胜单位。

坚持把筑忠诚、聚兵心、提士气作为支队再创先进的“提神工程”，紧贴官兵思想实际，通过唱响强军战歌、创作“强军风采微电影”、开设“战士开讲”大讲坛、组织“战斗力标准”大讨论、开展主题演讲、弘扬“九成创业精神”等活动，铸牢官兵忠诚品质。注重政治工作成果转化，参加总队文艺汇演，分别取得创作、表演3个一等奖。

强能力保中心。大抓实战化训练，同步参加“卫士—14”演习，开展重难点科目教练员、搏击散打和狙击手集训，备战总队组织机动分队比武暨县(市)中队狙击竞赛以及训练标兵评选活动，部队上下持续兴起练兵习武热潮。按照精兵、精装、精训、精保要求加强处突反恐应急力量建设，优化机动中队、特勤排、县(市)中队应急班人员编成，常态组织实兵实装检验性拉动，部队遂行任务能力提升。全年支队动用兵力7399余人次，先后担负森林灭火、城市武装巡逻、山体滑坡救援、省运会安保、森林防火演练、中央首长来宜警卫等各类临时勤务76起。

创安全强根基。修订完善各类制度规定，及时消除管理盲区。突出管严车辆，强化枠弹顶级安全防范意识，以制度落实促进车辆、枪弹管理安全。落实“日警示、周排查、月预测分析、季讲评并兑现奖惩”机制，保持严抓安全的常态化。结合第二批党的群众路线教育实践活动，坚持以上率下，纠“四风”改作风。

【抢险救灾】 1月24—26日，安庆市大龙山国家森林公园、杨桥、五横等多处发生山林火灾，支队出动兵力1431人次，车辆91台次，昼夜兼程2100余公里，累计扑灭火线总长53800余米、火点10730个、清理烟点34760个，过火面积29000亩，疏散群众1870人，转移物资3700立方米。

【重大活动现场安保】 全年每逢重大节日和敏感时期，支队每天出动20余名官兵，累计1800余人次，在安庆市城区主要街道武装巡逻。2月5—24日春运期间，支队每天出动兵力20人，在安庆市火车站、火车西站执勤。10月12—21日省十三运期间，支队出动兵力454人次、车辆16台次，完成安徽省第十三届运动会安保任务。

（黄　俊　查天地）

消防支队

【概况】 2014年，全市消防部队共接警出动1230次，出动车辆1807辆次，出动警力10261人次，抢救被困人员381人，疏散被困人员1887人，抢救财产价值7699.41万元。全年发生火灾326起，死亡3人，受伤1人，受灾104户，烧毁建筑14143.2平方米，直接财产损失1402.4万元。全市消防检查单位11045个，发现火灾隐患7685条，整改隐患7548条，临时查封99处，依法“三停”58家，罚款294.57万元，拘留58人；消防审核274个工程，验收206个工程。

创先争优取得成效。开展思想政治教育，涌现出一批先进集体和个人。支队年终考评取得全省第二名，望江大队被评为全省标兵大队，太湖中队被评为全省标兵中队；26名官兵荣立三等功；支队荣获全省实战化训练大比武第一名，全省政治工作大比武第四名；岳西大队被评为全国公安机关爱民模范先进集体单位；特勤中队党支部被评为全国消防部队先进基层党组织；太湖大队、岳西大队被评为全省公安现役部队廉政文化建设先进单位。

部队战斗力提升。全体官兵增强警魂意识和为民服务意识，严格落实条令条例、“五条禁令”和“三项纪律”及有关规章制度，部队执勤、训练、工作、生活“四个秩序”进一步规范。成功处置“1·24”系列山林火灾、“5·11”西小湖突发漏油事故、“7·12”怀宁客渡船翻覆等急难险重任务，完成省十三运会消防安全保卫任务，承办全省消防部队指挥中心主任及接警调度员培训班和全省消防部队参谋长联席会议。

基础建设迈上新台阶。支队实施“暖心暖兵”工程，打造拴心留人环境，全面推进基层基础建设，官兵执勤生活条件大幅提升。先后对菱北、宜秀中队进行原址改扩建，对大观中队进行装修改造，启动占地60.9亩、建筑面积1.04万平方米高新区特勤消防站暨支队训练基地建设项目。全年新购执勤车、应急救援器材和个人防护装备，在全省装备核查清理评比活动中取得第一名，战勤保障大队“两室一站”被总队评为全省“示范站”。

【火灾防控】 市委书记虞爱华专题听取消防工作汇报，主持召开专题会议研究光彩大市场升级改造工作，解决区域性火灾隐患；市长魏晓明3次调研消防工作，就加强和改进全市消防工作作出重要指示，并现场办公解决问题。2014年，安庆市政府消防工作被省消防安全委员会考核评定为优秀，支队防火处被部局表彰为消防执法达标单位，支队执法质量考评位列全省第三。

预备役二团

【概况】 2014年，全团官兵坚持举旗铸魂、深化准备、转变作风、夯实基础、狠抓安全、提升能力，部队整体建设稳步发展。思想政治建设坚强有力。开展“牢记强军目标、献身强军实践”主题教育活动，组织“战斗力标准”大讨论和“军队要像军队样子”征文活动，促进强军目标在官兵思想中扎根、工作中生根。6月，协调安庆市应急办、地震局、人防办等13个部门（单位），组织应急分队抗震救援行动综合演练。组织基层党组织书记培训和全团现役官兵赴安庆市“独秀园”进行政治拉练，举行“为民务实清廉”主题演讲比赛，增强官兵主动参与意识。召开专题民主生活会和组织生活会，增强班子凝聚力战斗力。注重参与驻地经济社会建设，组织252人次完成辖区森林扑火和高速道路扫雪除冰任务；出动264人次完成省第十三届运动会安保任务。安全管理更趋正规。严格落实出入营门人员登记排查、安全保密和兵器室定期检查制度，部队秩序不断规范。响应上级“艰苦奋斗、厉行节约”号召，在官兵中开展“节约连着你我他，团队建设靠大家”活动，从节约每一滴水、每一度电开始，营造浓厚的勤俭节约氛围。

【参加安庆森林火灾救援演练】 3月21日，团官兵参加安庆市森林火灾救援演练，紧扣受领任务、快速集结、紧急出动、明火扑救、火场清理及撤离集结等课题，突出组织指挥、协调控制和行动协同演练，军警民联防联控，多课目连续实施，验收兵员整组成果，检验预备役应急分队快速反应能力。

【协助完成全省地震救援骨干集训】 12月2—3日，依托团地震救援训练基地，协助省地震局完成全省地震救援骨干集训，主要完成地震理论学习和救援技能训练。参训70人，团参加5人，预备役师参赛队伍获救援技能比武第二名。

人民防空

【人防工程建设与维护管理】 全年超额完成市政府和省人防办下达的人防工程建设任务，开展人防工程建设管理规范年活动，推动人防工程建设量质并进，促进人防工程规划、建设、使用、管理协调发展，全面提高人防工程建设管理规范化水平。强化人防工程建设质量管理，执行人防工程质量标准和防护标准，加强人防工程设计、施工图审查、监理资质、防护设备等管理，从源头上把好人防工程质量关；组织人防工程安全生产大检查。按照“全覆盖、零容忍、严执法、重实效”要求，对全市包括市辖县（市）所有在建人防工程、平时开发利用人防工程、早期人防工程进行拉网式检查，确保全年人防工程建设安全无事故；完成人民路地下（人防）商业街建设收尾工作。对照市民及商户对商业街使用管理等方面通过“市民心声”栏目发布帖子按时、热情、准确答复，做好服务与稳定工作。开展人防专项规划编制。安庆市为住建部、国家人防办确定的安徽省城市地下空间规划研究试点单位之一，市人防办积极与相关部门沟通协调，与市规划局联合成立规划编制工作领导小组，确定合肥市规划设计院为编制单位，按照时间节点顺利完成规划编制工作。

【人防指挥通信建设】 开展人防业务学习和训练比武。组织参加国家人防办举办的信息化条件下人民防空应战、应急业务培训和人防信息化建设培训班，参加全省人防分片轮转训练皖中片跨区训练。首次组织民防通信志愿者训练。制订训练计划，从训练单位、内容、方法、时间、措施等方面进行落实，在服务政府应急中提升保障能力。全年参加应急演练和应急实战20余次，完成市新能源汽车项目开工仪式保障，实现两地视频互动新模式，人防指挥通信系统经受不同应急任务、不同地理环境、不同气候条件、不同电磁环境的考验。完成空情仿真训练系统的安装调试、北斗卫星导航定位及授时系统的安装，实现与公安350M数字超短波通信的联网。安装防空警报器6台，提高音响覆盖率。申请采购无人机、便携式卫星等装备，提高应急和应战保障能力。结合防空警报试鸣，指导和组织市“9·16”学校带防空背景防震疏散演练。

【人防宣传教育】 利用“人防、民防周日电视公开课”录制契机，开展人防“五进”普法活动；利用重大节日走上街头，开设人防法律法规咨询台，为群众答疑解惑，发放人防法律法规宣传册(单)3800册(份)。加大人防执法力度，共进行执法检查3次。加强执法队伍建设，制定下发2014年依法行政知识学习培训工作计划》，参加省办组织的行政执法人员培训，不断规范执法程序。印发《安庆市人防办行政处罚案件群众公议实施方案》，落实行政执法责任制，规范执法人员执法行为，加强执法监督。通过进机关、进学校、进企业、进社区、进网络的“五进”活动，扩大人防宣传影响力。依托媒体抓宣传教育，在国家级媒体发表文章及新闻报道百余篇，在省、市级媒体发表数百篇；与安庆电视台联合开设“人防、民防周日公开课”课堂，每月一期。突出重点人群进行宣传教育，将在校学生作为人防宣教重点，在安庆职业技术学院和安庆高等医药专科两所高校开展人防宣教活动，全市发放中学生、大学生防空防空知识读本36200册。

【县级人防建设】 怀宁、桐城、太湖已把指挥所建设摆上重要议事日程，望江县人防办指挥所建成。县级人防与公安系统指挥通信平台建设继续推进，各县(市)多次参与全市应急通信指挥演练与重大活动保障。基层人防工作扎实开展，人防工作站建设进一步正规有序。宿松县、桐城市、望江县、怀宁县人防办被省人防办表彰为全省县级人防先进单位。5个县市的乡镇人防工作被省人防办表彰为先进单位。

（邵　良）

盛　运

安徽盛运环保集团创办于1997?年，现有员工2900人，拥有总资产109.7亿元，年营业销售总值56.8亿元，注册总资本19.6亿元；集团下属32家全资公司，3家控股公司以及8家参股公司，1个国家地方联合工程中心、2个省级工程技术研发中心和1个省级博士后科研工作站。2010年，“盛运”商标被认定为“中国驰名商标”。

潜山县

省委书记张宝顺在县调研

市委书记虞爱华在县调研

市长魏晓明在县调研

县委书记张劲松在企业调研

县长梅耐雪调研新农村建设

天柱风光

瓜蒌生产基地

水吼镇割肚冲

梅城晨景

2014年6月26日，省长王学军在桐城调研

2014年3月，省委副书记李锦斌在桐城调研党的群众路线教育实践活动

安庆市委书记虞爱华在桐城中建材公司调研

市长魏晓明在桐城调研体育、教育、文化工作

市领导慰问部队官兵

市长陆应平在企业调研

今日桐城龙眠河畔

龙眠河

桐城市

市委书记　胡红兵

市长　陆应平

2014年，桐城市全年地区生产总值217.5亿元，比上年增长9.5%；财政收入22.66亿元，增长0.5%；规模工业增加值124亿元，增长13.1%；固定资产投资221.4亿元，增长15%；社会消费品零售总额67.1亿元，增长13%；城镇常住居民人均可支配收入21953元，增长10.1%；农村常住居民人均可支配收入10713元，增长13.1%。

桐城市体育馆

桐城文庙

桐城经济技术开发区

东作门

安徽白兔湖动力股份有限公司

公路客运中心站

桐城市首家上市企业——安徽盛运股份有限公司

怀宁县

副省长陈树隆在怀宁调研

怀安河公园夜色

副省长方春明在县调研

市委书记虞爱华在县调研交通基础设施建设

美好乡村——普济村

观音洞水库风光

县城风光

国家级AA旅游景区—香茗山

望江县

省委常委、副省长陈树隆在县调研

中国网箱养鳝第一县

市委书记虞爱华在县调研

全国粮食生产先进县

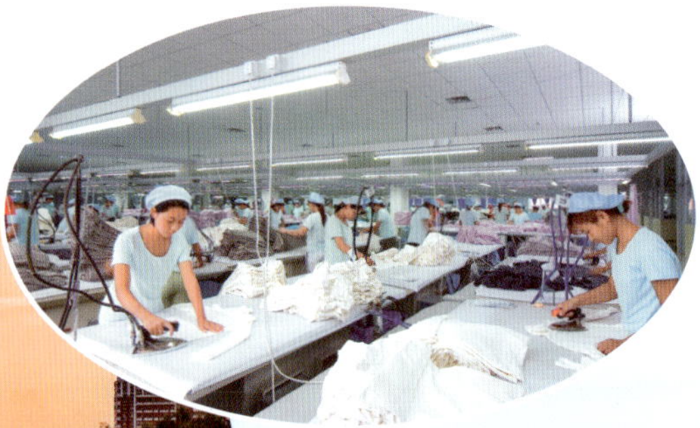
安徽省最大的服装生产出口企业——申洲针织(安徽)有限公司

国家优质棉生产、出口基地县

望江新城

迎江区

省委书记张宝顺在先锋巷调研

康体娱乐创新科技园项目签约仪式

市委书记虞爱华察看人民路综合改造工程现场

安徽新生代高新科技有限公司
标准化厂房开工仪式

市长魏晓明调研迎江区中小学教育质量综合评价改革工作

新洲乡环岛公路开工建设

西湖片棚户区改造项目一期工程封顶

欧尚超市盛大开业

宿松县

习近平、李克强等党和国家领导人接见“全国公安机关爱民模范”宿松县公安局五里派出所所长孙长江

2014年3月5日省委副书记李锦斌在宿松县乌池村调研

副省长梁卫国在宿松检查防汛工作

县委书记、县长王华与深圳宝捷讯集团董事长签约

县委常委班子专题民主生活会

华阳河湖群湿地·风力发电

湿地候鸟群

宿松体育馆夜景

山水公园夜景

北沿江公路建设誓师大会

农民广场舞大赛

互益纺织公司车间

乡园禽业养鸡车间

洲头现代农业实验区——金坝葡萄园

建设中的东北新城

大观区

召开党的群众路线教育实践活动总结会议

百年老店柏兆记

①城西江畔焚烟亭
②汇峰广场
③家乐福入驻华茂1958
④石化厂区全景图
⑤海口镇公交开通
⑥石化800万吨厂区远眺

生态养殖

安庆经济技术开发区

赛富环新汽车零部件产业园开工

首制马克8M25机台架交验

富士康科技集团投资鸿庆精机签约仪式

富士康安庆自动化生产制造及系列研发量产项目签约仪式在富士康科技集团深圳龙华园区举行

召开老峰片“两区共建”项目动员大会

市领导与农发行总行客户三部商谈经开区老峰片两区共建(一期)项目合作

新能源汽车项目建设四大班子通气会

安庆新能源汽车零部件产业园项目开工仪式现场

潜山经济开发区

国家档案局领导在区调研指导档案工作

开发区党工委副书记、管委会常务副主任王续旺慰问困难群众

开发区召开党的群众路线教育实践活动动员会

开发区举行项目集中开工仪式

开发区全景图

开发区举办居委会干部培训班

县领导在开发区调研

开发区党工委召开民主生活会

开发区召开2014年工作会议

开发区党工委举办入党培训班

岳西经济开发区

省委常委、宣传部长曹征海在县调研

市委书记虞爱华在县经济开发区实地考察经济社会发展情况

省发改委副主任刘健在开发区企业调研

省经信委主任牛弩韬率队在开发区企业调研

市政协主席张金锐在缸套公司参观考察

安庆市工业项目集中开工现场调度会岳西县分会场在县经济开发区举行

省艺术家在开发区慰问演出

安徽[illegible]汽车工业股份有限公司揭牌仪式

宿松经济开发区

省委书记张宝顺在开发区视察

省政协主席王明方在开发区视察

中小企业孵化器

服装产业园

锦绣经纬编
公司产品展厅

标准化厂房

入园项目集中开工

以园为家大型文艺演出

中国人民银行 安庆市中心支行

安庆市小微企业与银行对接会

召开长江经济带四省八市人民银行经济金融信息共享第一次会议

召开扶贫开发金融服务推进会

举办金融IC卡知识竞赛

举行创建人民币流通"创新工程 满意工程"示范县暨便民服务活动启动仪式

召开安庆市金融业综合统计工作动员大会

举办"金融知识普及月"集中宣传活动

中国农业银行

AGRICULTURAL BANK OF CHINA

安庆分行

市分行党委书记、行长李富强做年度工作报告

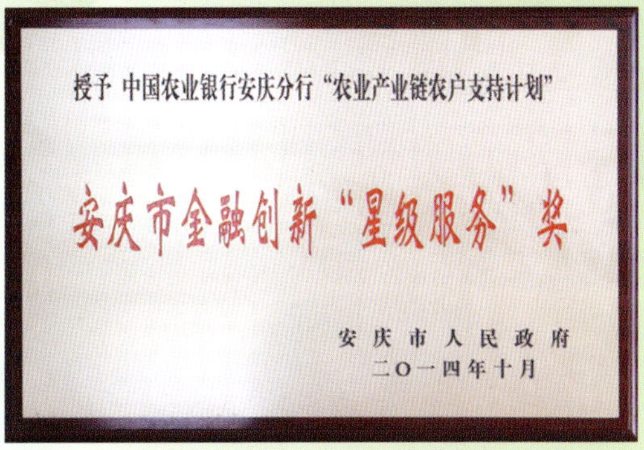

授予 中国农业银行安庆分行“农业产业链农户支持计划”

安庆市金融创新“星级服务”奖

安 庆 市 人 民 政 府

二〇一四年十月

获市金融创新“星级服务”奖

举办第五届柜台业务技术比赛

全市农行工作会议

在2014安庆银行业明星大堂经理评选活动中取得优异成绩

举办“展翅2014”青年骨干培训班

举办2014年“与改革同行，与梦想齐飞”主题宣讲展示赛

启动普及金融知识万里行活动

中国建设银行股份公司
China Construction Bank

安庆市分行

市分行行长丁大庆向行龄30周年以上员工颁发荣誉勋章

安徽省建行与宿松县政府签订战略合作协议

分行领导走访小企业

参加市小微企业银企对接会

开展“三严三实”专题党课活动

启动龙狮桥菜市场“闪付”

向市民开展金融知识宣传

青年员工展示才艺

中国银行股份公司 安庆分行

省分行副行长刘清在安庆分行调研指导

安庆中行首家惠民金融服务站在怀宁县石牌镇广丰村开业

开展学雷锋主题志愿活动

召开党的群众路线教育实践活动动员会

开展维护金融消费者权益宣传活动

开展“六一”儿童节关爱山区儿童活动

举办安庆分行第四届小音乐家钢琴比赛

开展金融知识宣传服务月活动

徽商银行 安庆分行

中国银监会银行二部主任杨丽平一行在安庆调研

安庆分行行长洪少平在全市金融创新推进会上做获奖发言

岳西支行开业标志着安庆分行实现县域网点全覆盖

召开网点产能提升启动会

开展消防安全培训

召开银担企座谈会

举办国际业务推介会

安庆农村商业银行股份公司

市委书记虞爱华在行调研

爱心捐赠

开展金融宣传

金华联“农改超”银团贷款签约会

更名揭牌仪式

参观邓稼先故居

为种植户发放“福农卡”

安徽桐城农村商业银行

桐城农商银行成立于2012年7月17日，是安庆市第一家挂牌的农商银行，注册资本50168万元。下设35个支行、1个营业部、1个分理处，现有员工476人。截至2014年末，全行资产总额达116.66亿元；各项存款101.53亿元，各项贷款74.72亿元，存、贷款总量分别位居桐城市各金融机构第1位、安庆市9家农村商业银行第1位、全省83家农村商业银行第10位和第6位。2010年至2014年连续五年监管评级均为2B级，是全省83家农村商业银行中唯一一家连续五年监管评级为2B级的农村银行。

2008年10月28日，首次实现从本土经营到跨区域经营的历史性突破，成立安庆支行，位于安庆市开发区湖心北路15号。目前下设一家二级支行，两家金融便民服务点，一家分理处。截止2015年上半年，各项存款余额达6.74亿元，自成立以来，累计投放贷款63.2亿元，缴纳各项税费2511万元。该行全体员工积极为全市“中小微企业”提供方便、快捷的金融服务，为安庆市区域经济发展作出更大的贡献。

召开2015年股东大会

发起设立的江西两家江淮村镇银行

参加安庆市银行业首届“星光”杯比赛

桐城农商银行

桐城农商行安庆支行

公益基金会成立

安庆市水利水电规划设计院

与兄弟院学习交流

安庆市水利水电规划设计院成立于1956年，于2011年转企改制。历经多年的发展，现已拥有较健全完善的体系、制度。具有水利行业设计乙级资质，水利工程施工监理甲级资质，以及水土保持方案编制、建设项目水资源论证、工程咨询资格资质。

全院本着“信誉为本，合同为基；规范管理，顾客为上”的方针，2014年完成设计项目100余项，取得良好的社会效益和经济效益。

2014年年终总结大会

参加安庆市首届职工运动会

与桐城市范岗镇樟枫村结成共建单位

虎形潭渡槽工地查勘

安庆市第六人民医院

市政协主席张金锐在市六院调研

上海区精神卫生中心与安庆六院开展第二期院际业务合作

市六院与潜山县大水村开展结对帮扶

新落成的康复楼、病房楼

举办精神健康大讲堂

宽敞、洁净的病区

生物反馈治疗

2014年，安庆市第六人民医院深入开展“优质服务年”、“三好一满意”和文明城市创建活动，加强卫生民生工程建设，强化医疗质量，提高服务水平，各项工作平稳运行。全年门诊45847人次；出院4418人次，比上年增长1.3%，入出院诊断符合率99.6%；病床利用率163.9%，增长33.5%；治愈好转率89.8%；业务收入增长26.6%。获2014年度安庆市直卫生单位综合目标考核“优秀”等次和市总工会和市安全生产管理局颁发的“安康杯”竞赛“优胜单位”。

教　育

综　述

2014 年,全市教育系统围绕教育改革,教育公平更加体现,教育质量迈上新台阶,教育发展取得新成效。以国家中小学教育质量综合评价实验区建设为龙头,各项改革整体推进。岳西县、大观区通过教育部义务教育基本均衡县(区)评估认定。这是安徽省第二批、安庆市第一批通过县(区)。省委组织部、省政府教育督导委员会、省教育厅下发文件,潜山、宜秀被评为全省教育强县(区)。

教育公平保障有力。义务教育保障标准城区增幅 40%,农村小学和初中均有一定提高。特教学校和随班就读残疾学生公用经费标准提高到 4025 元/生·年,全年累计拨付义务教育保障经费 5.3 亿元。资助体系扩大到 7 项,分别是义务教育免费提供教科书、高中国家助学金、中职免学费、高中孤儿免费教育、孤独症儿童教育资助、新入学贫困大学生资助和贫困寄宿生补助生活费,累计拨付 1.9 亿元;5 个义务教育学生营养改善计划试点县食堂供餐率走在全省前列。教育技术进步,市政府出台《安庆市基础教育信息化发展规划(2014—2020)》,建设教育城域网,宜城板块 154 所学校全部接入;开通网上"数字图书馆""名师讲坛",提供 15 万册在线图书、2000 集精品课程,桐城市、岳西县开通 122 个"在线课堂"。项目建设取得成效,中西部农村义务教育薄弱学校改造等 4 个项目获省教育厅通报表扬;在全省率先实施教育内涵项目,设立专项资金,建设 15 个项目,支持有能力的学校在课程建设、培养模式、教学手段等方面探索创新。城区中小学布点规划通过专家评审,城区幼儿园布点规划编制完成现状摸底和初步方案设计,拟定城区 2014—2020 年新建中小学时序安排。

师资队伍加强。坚持师德为首,落实《安徽省中职中小学教师职业道德考核办法(试行)》,严肃查处群众意见突出的补课家教问题,健全教育、宣传、考核、监督与奖惩相结合的师德建设机制。加强名师引领,出台《安庆市中小学名师培养工程实施意见(2015—2020 年)》,以 3 年为周期,拟培养 800 名"骨干教师"、200 名"学科带头人"和若干名"名师工作室主持人",形成三级培养梯队。启动义务教育阶段校长教师交流,每年 10%~15%教师在县域内交流,重点从优质学校、城镇学校到薄弱学校、农村学校,让每一个孩子能共享优质教师资源。

教育治理卓有成效。推进"办学行为规范年"活动,处理投诉 112 件、相关人员 116 名(含 7 所学校主要负责人),严肃处理多所名校教师有偿家教行为。创新督学机制,设立督学责任区 80 个,聘任责任督学 367 人,定期深入学校了解舆情、加强监督,并作为第三方对办学质量进行评价,让社会、家长参与教育管理。加强依法行政,完成机关行政审批项目第六轮流程再造以及标准化服务规程编制任务,启动制定机关权力清单,简政放权,逐步合并、取消 26 项行政审批及处罚事项。保障校园安全,实行学校安全形势季报制度,编印《校园安全事故典型案例分析手册》,启动青少年道路交通安全教育基地建设,加强校车安全及防溺水工作,对学生上下学车辆问题进行实地督察和传染病防控与食品安全管理专项督察。

各类教育蓬勃发展。学前教育提质增量。新建乡镇公办幼儿园 10 所,改扩建 22 所,取消 53 个 C 类看护点,学前三年毛入园率超过 80%。出台《安庆市一类幼儿园评估办法》,2 所幼儿园通过市级一类园评估。义务发展更加均衡,完成 290 所义务教育学校标准化建设,继续实施城区义务教育阶段"零择校"政策,取消 5%择校比例和特长生招生,严格学区房认定,建立局长校长约谈机制,确定 12 所重点督导校。高中教育优质发展,深化普通高中课程改革,优化全市高中教育资源配置,改革特长生招生培养方式,太湖朴初中学、宜秀白泽湖中学申报创建省级示范高中。职业教育转型发展,成立职教联盟,建立7个专业群委员会,深化校企合作,实行“订单式培养”。成功举办安徽省第五届皖江城市带职业教育办学模式改革校企对接会,推动职业学校聘用企业人才,破解学用分离问题,全市职校师生共获国家级、省级大奖80多个。

2014年全市教育经费投入70.92亿元,比上年增长4.94%;其中,国家财政性教育经费为61.13亿元,比上年增长4.46%。全市中小学校2043所,其中普高92所、初中276所、小学1222所、幼儿园402所、特教学校8所、中职学校43所,在校(园)学生80.94万人,教职工6.05万人,其中专任教师5.27万人。中小学专任教师35岁以下1.51万人,占教师总数30.22%;35至50岁教师3.49万人,占总数69.78%,专任教师中,中学高级教师、一级教师分别占总数13.61%和48.47%。中职学校师生比为1∶29.93,专任教师学历合格率87.33%,专业课和实习指导教师63.24%,双师型教师占专业课和实习指导教师40.62%。

普通教育

【概况】 2014年,全市有普通高中92所、初中276所、小学1222所。普通高中招生3.50万人,在校生12.93万人,毕业生5.64万人;初中招生5.26万人,在校生16.94万人,毕业生6.32万人;普通小学招生5.13万人,在校生30.86万人,毕业生5.91万人。初中阶段适龄人口入学率100%,小学学龄儿童入学率100%。

【教育质量综合评价实验区建设】 教育部基教二司将安庆市列为联系点,市政府组建实验区建设咨询委员会、家长委员会等,邀请教育部、上海教委及省直相关部门专家指导,与教育部基础教育监测中心、北京师范大学、科大讯飞公司建立指导关系,自主研制25套测量工具,初步建立全市初中学生学业发展水平基础数据库。全覆盖监测,全市12个县(市)区同步启动,遴选200名实验骨干成员,首批确定300所市、县级样本校,分层监测、分批实验。完成首轮大规模测评,首次绘制安庆教育教学现状图。加强结果反馈,逐步实现向各地各校提出个性化教学整改方案。加强考试招生改革,实施中考全市统一网上阅卷,试点高中自主招生,建立全市心理健康教育中心和青少年校外活动中心。市教育领域综合改革工作得到教育部领导充分肯定,省政府办公厅第12期《信息参考》专题介绍。

8月8日,教育部基础教育二司副司长刘昌亚到安庆岳西调研并指导国家中小学教育质量综合评价改革实验区工作。刘昌亚一行先实地察看岳西汤池中学、温泉镇西营小学、温泉中心学校,充分肯定安庆市实验区工作准备充分、基础扎实、推进有力,配套实施“零择校”及相关改革成果。

12月16—17日,安庆市国家中小学教育质量综合评价改革实验测评工作正式开始,全市81所市级实验样本校(其中中学42所、小学39所)9422名中小学生参加。这是全省首次对一个地区教育教学质量进行大规模、系统把脉和诊断。

【高中招生改革】 首次实施网上统一阅卷,抽调2859名阅卷教师,扫描试卷388969份,统一标准、统一进度,综合比较、综合评价。从全市查分查卷汇总数据看,没有发现一起阅卷问题,得到社会、学校、考生及家长一致好评。安庆七中试行自主招生,由学校自行组织笔试和面试录取20名学生。

【教育信息化工作获得国家表彰】 中国教育技术协会与中国教育报刊社联合举办首届全国教育信息化区域应用典范推选活动,促进信息化在教育教学中应用。市教师龙鹏飞被评为“全国教育信息化创新应用新闻人物”(全国共10名),迎江区被评为“全国教育信息化创新应用典范区域优秀实践奖”。

【评选“最美校园”】 为打造一批具有引领性、榜样性、影响性、标志性、内涵性安庆名校,扩大市教育事业知名度和影响力,市教育局联合“人民网·安徽频道”开启“寻找安庆之美——最美校园”活动,从历史底蕴、校园文化、办学特色、创新精神等方面,打造、寻找、挖掘和宣传安庆“最美校园”。安庆一中等10所学校获安庆“最美校园”称号、安庆四中等20所学校获安庆“优美校园”称号。

【市6名学生获宋庆龄奖学金】 第十一届宋庆龄奖学金获奖名单揭晓,安徽省有68名学生获奖,其中安庆市绿地实验学校陈坤、石化一中张心怡、怀宁县独秀初中朱颜玙、潜山县彰法山小学王泺、岳西县姚河中心学校杨智君、安庆四中徐琬婷等6名学生榜上有名。

中等职业教育

【概况】 2014年，市有中等职业教育学校43所，各类中等职业学校(含技工学校)招生3.28万人，在校生9.77万人，毕业生4.13万人。年内，全力推进教育教学改革，加强校企对接，成立安庆职业教育联盟，先后完成职业教育集团化办学调研、赴望江申洲公司进行校企对接会等活动。至年底，安庆职教联盟有加盟单位193家，其中企业170家、行业协会2家、科研机构2家、职业院校19家。借鉴先进职业教育理念，推进课程教材开发，尤其是鼓励各学校立足实际，开发适应安庆市主导产业、特色产业和新兴产业发展的校本课程教材。引导全市中职学校开设服务区域经济的特色专业，增强职业教育服务当地经济社会的功能。抓好职业院校升学考试工作，审核中职对口高考加分认定材料，全年共有228名中职学生考上相应二本院校，对口升入本科人数占全省17%。

【安徽省第五届皖江城市带职业教育办学模式改革校企对接会】 6月20—21日，安徽省教育厅和安庆市人民政府主办安徽省第五届皖江城市带职业教育办学模式改革校企对接会在安庆召开。全省职业院校百名校长和百家企业代表，分别就装备制造业、原材料产业、现代服务业和现代农业四大产业开展校企对接交流，还围绕提高教育质量、深化职业教育办学模式改革、校企合作和学生就业服务体系建设等方面进行交流。会后，安排职业教育系统校长参观考察安庆曙光化工股份有限公司、安徽华茂集团有限公司、安庆环新集团有限公司和安庆职业技术学院。

【望溪职校晋升首批国家中职改革发展示范校】 7月，教育部、人力资源社会保障部、财政部联合公布"国家中等职业教育改革发展示范学校建设计划"第一批项目学校验收结果，桐城市望溪职校顺利通过终审复核，成为全国251所首批国家中职教育改革发展示范校之一，安徽省获得此项殊荣的中职学校仅9所，望溪职校是安庆市唯一一所。

【市中职学生在全国全省竞赛中获奖】 1月，教育部、中央文明办等六部门联合举办全国第十届中等职业学校"文明风采"竞赛活动结果揭晓，市获得全国竞赛优秀奖8个、优秀组织奖1个。

安徽省组织全省中职学校信息化教学大赛，市选拔26件作品参加，夺得一等奖3个、二等奖2个、三等奖7个，4名教师被推荐参加11月在南京举行的全国职业院校信息化教学大赛。

高等教育

安庆师范学院

【概况】 安庆师范学院是皖西南地区唯一省属本科师范院校。学校办学历史悠久，是安徽近代高等教育发源地。1980年，安庆师范学院成立，并成为全国首批学士学位授予单位。2007年获得教育部本科教学工作水平评估"优秀"等次。有龙山、菱湖两个校区，占地面积2858亩。设18个二级学院，67个本科专业，涵盖文学、经济学、历史学、法学、教育学、理学、工学、管理学、农学、艺术学等十大学科门类。教职工1500余人，其中副高以上专业技术职称者500余人，有博士、硕士学位教师占专任教师总数80%以上，国家级教学名师、省级教学名师、省学术技术带头人等各类优秀人才110余人。全日制在校生21000余人。

教学水平优秀，有国家级特色专业、国家级教学团队、国家级人才培养模式创新实验区、国家大学生文化素质教育基地、国家级大学生校外实践教育基地、国家级精品课程、国家大学生素质教育精品通选课程、国家精品视频公开课等。学科实力雄厚，有5个一级学科硕士点、30个二级学科硕士点，教育硕、化学工程2个专业硕士学位点，建有中央与地方共建高校特色实验室、共建国家认可实验室、省重点实验室、省人文社科重点研究基地、省级协同创新中心、省工程技术研究中心等17个省部级科研平台。

开放办学活跃。学校与美国索尔兹伯里大学、德国希尔德斯海姆大学、韩国韩瑞大学等12所国外高校结成友好合作学校，开展联合培养英语专业"3+1"和国际经济贸易专业"2+2"双学位项目，在教师交流、教学科研等方面进行实质性合作;与国内一批著名高校、科研院所、大型国有企业开展合作研究。办学特色鲜明,在长期办学实践中形成“文化育人、服务立校”办学特色。以社会主义核心价值观为引领,围绕优秀地方文化传承创新,凝练人文社会学科方向;汲取地方文化研究成果。立足皖西南,全方位服务地方经济社会发展,在桐城派与桐城文化、黄梅戏传承创新、服务教师教育和石油化工新材料等地方主导产业、生物多样性保护等方面取得突出成绩。2014 年,实现教学科研场所“无线网络”全覆盖。

育人成果丰硕。2014 年,在“创青春”全国大学生创业大赛中获得银奖,在安徽省第四届大学生艺术展演中获得一等奖,在安徽省第五届大学生科普创意创新大赛中获得一等奖。学校获全国大中专学生暑期“三下乡”社会实践活动“先进单位”和“优秀组织单位”称号,成为全国学校共青团重点工作创新试点单位,连续 10 年被评为全国大中专学生青年志愿者暑期“三下乡”社会实践活动先进单位,连续 7 年获得安徽省普通高校毕业生就业工作先进集体,连续 4 年被授予安徽省就业工作标兵单位。

【教学质量工程建设】 学校是国家大学生校外实践教育基地,获批省级质量工程项目 30 项,获批国培计划综合改革试点项目 3 项,完成 1400 名中小学、幼儿园骨干教师培训任务,分两批选派 582 名师范生赴安庆地区中小学开展顶岗支教工作。至 2014 年 8 月 31 日,根据国家和安徽省就业数据库分析,2014 年本科毕业生 5862 人,其中就业 5436 人,就业率为 92.73%。科研工作取得重大突破,全年获批国家基金 19 项,获得全国商业科技进步奖特等奖 1 项,安徽省科技进步奖一等奖 2 项、二等奖 1 项、三等奖 3 项;获批安徽省社会科学文学艺术出版奖 6 项,石油化工新材料研究中心获批省级协同创新中心,桐城文化研究获批优秀传统文化传承创新成果转化重大项目立项。

【学科建设和研究生教育】 深化内涵建设、优化办学结构,调减招生计划 900 人。突出应用性,将政法学院拆分组建政治学院和法学院;整合资源和队伍,成立传媒学院,成立教师教育中心和发展规划处。新增教育硕士、化学工程 2 个专业硕士学位授权点,一级学科硕士点、二级学科硕士点全面招生,研究生教育覆盖大部分院系。

(吴晓峰)

安庆医药高等专科学校

【概况】 学校位于安庆市宜秀区大龙山镇,占地 630 亩,校舍建筑面积 14 万平方米。教职医护员工 616 人,其中专任教师 242 人。专任教师中,教授(主任医师)、副教授(副主任医师)等高级职称 62 人。馆藏纸质图书 22 万多册,电子图书 7450GB(折合纸质图书 149 万册)。有直属附属医院 1 所(安庆市中医医院),非直属附属医院 3 所(安庆市第一人民医院、安庆市石化医院、海军安庆医院),校外实习实训基地 115 个。

学校教学机构设临床医学系、护理系、药学系和公共基础部及教辅机构图文信息中心,普通专科开设临床医学、康复治疗技术、医学影像技术、医学检验技术、公共卫生管理、药学、药品经营与管理、生物制药技术、药物制剂技术、药物分析技术、中药学、护理、助产等 13 个专业;五年制高职开设康复治疗技术、药学、护理 3 个专业,另有内地新疆中职班护理专业。2014 年,学校获批省级质量工程项目 11 项,省高等教育振兴计划项目 3 项,省教育厅自然科学、人文社会科学重点项目各 1 项,发表论文 23 篇,编写教材 20 部,获新型实用专利 2 项,完成 30 余项质量工程等项目的检查、结题工作。

2014 年,学校招收各类全日制新生 2616 人(其中,普通专科 2174 人,初中起点五年高职 381 人,内地新疆中职班 61 人),招收成人学历教育 1153 人。首次举行中职毕业生升学自主招生,录取 100 名。首次实施临床医学基层免费定向生培养,完成 30 名计划。毕业生就业率 92.27%,高于全省平均水平。

【教师队伍建设】 公开招聘引进硕士毕业生 5 人,实施“杏林计划”,对新进教师进行“传、帮、带”。加强“双师型”教师队伍建设,选派教师到医院(企业)临床实践,继续实施“名医名家进课堂工程”,聘请资深专家来校教学。组织 5 名中层干部赴安徽中医药高专、10 名教研室主任赴广东医学院、21 名中青年干部和骨干教师到安师院挂职学习;举办第四届中青年教师教学基本功大赛,组队参加第四届全国医学(医药)院校青年教师教学基本功比赛,钱燕获三等奖。

【学生管理】 管理重心下移,加强对各系部学生工作宏观指导。关心贫困学生,及时、足额地将款项发放到学生手中。做好助学贷款、家庭困难毕业生求职补贴、孤儿学生免学费等工作，设爱心助学基金，拓展校内外勤工助学岗位，救助家庭困难学生，学生资助工作获省厅奖励。

青年志愿者活动活跃，全校注册志愿者超过7000人，定期到敬老院、特殊教育学校、孤独症儿童康复中心和社区开展志愿服务活动，全年开展各项志愿服务活动260余次。

【内地新疆中职班】 根据教育部、国家发改委、财政部安排，学校自2011年起承办内地新疆中职班护理专业教育教学。第4届61名内地新疆中职班同学于2014年9月1日到校，学校创新管理模式，开创混住模式，增进民族团结，促进学生培养。

（黄　骏）

安庆职业技术学院

【概况】 学院为安徽省示范性高职院校，设电子信息系、社会事业系、外语系、经济贸易系、机电工程系、建筑工程系、园林园艺系等7个系，公共基础部、中专部、成教部、思想政治理论课教研部等4个部，图文信息中心、实验实训中心等2个中心，开设35个专业，初步形成农林园艺、建筑工程、机械制造、旅游文化、纺织服装、财经物流、电子信息等七大类服务区域支柱产业发展的专业群。

学院有固定资产总值4亿元，建筑面积21万平方米，各类仪器设备总值5000万元，各类图书165万册。有在职教职工350人，其中专任教师230人，博士6人，硕士118人，正教授8人，副教授和高级工程师85人，双师型和双师素质教师222人；聘请客座教授和兼职教授22人、外籍教师2人，聘请企事业单位专家和能工巧匠200余人为兼职兼课教师。有国家职业教育教学指导委员会委员3人，省级“教学名师”“专业带头人”“科技领军”等15人，省级教学团队3个。有国家发明专利3项、实用型专利39项，省部级以上教科研项目130余项，安徽省教学成果奖15奖。有国家级实训基地3个，中央财政支持的提升专业服务产业能力建设项目2个，省级示范实训中心、省级人才培养模式创新实验区7个，省级精品课程、“精品资源共享课”、“精品视频公开课”8门，校企合作开发课程20余门。设国家职业技能鉴定站，可鉴定花卉园艺工、化学分析工、车床工等62个工种高、中级职业技能，是全国职工教育培训“示范点”，安徽省专业技术人员继续教育基地、贫困地区劳动力转移培训基地，安庆市社会服务人才培训基地、农民工定点培训基地、中小学校长培训基地、旅游人才培训基地、职教系统专业技术人员继续教育培训基地等。

学院以“勤学笃行，德技双馨”为校训，践行“就业与育人结合，实践与理论并重，技术与人文融通”办学理念，推进教学质量与教学改革工程建设以及“教学做合一”人才培养模式改革，提升学生的综合素质与职业能力。成功申报教育部人文社会科学研究项目1个，获教育部人文社会科学研究立项项目4项，在全国同类院校中位居前列；成功申请专利35项，申报高等教育振兴计划项目4项、世界银行委托课题1项、省教育厅高校自然科学和人文社科科学研究项目2项、质量工程项目16项。全年，学院老师发表学术论文109篇，出版学术专著5部。

招生就业持续保持“两旺”态势。2014年，第一志愿报考率上升至99%，录取率100%、共报到新生3357人，位居全省同类院校前列，有全日制在校生近万人。创业培训工作有序开展，培训学生480人。截至12月31日，2014届高职毕业生2999人，毕业生就业率超过96%，获“安徽省普通高校毕业生就业工作先进集体”“安徽省高校大学生创新创业教育示范校”等称号。与第三方合作，完成《安庆职业技术学院社会需求与培养质量2014年度报告》，获“安徽省高校大学生创新创业教育示范校”称号。

【通过省示范校建设验收】 2010年被确定为“安徽省示范性高职院校”立项建设单位，学院坚持深化改革和体制机制创新，确立并践行“育人与就业结合、实践与理论并重、技术与人文融通”办学理念，形成“人文导航、技术扬帆、文化育人、技能强人”办学特色，以“植物保护”等三个专业和“基于科学人文艺术融通的学生素质拓展体系构建”等三个项目为重点，围绕安庆和皖江城市带经济社会发展，立足学院办学实际，创新人才培养模式，优化课程体系，强化“双师”队伍建设，改善实习实训条件，加强学生素质拓展体系与后勤育人基地建设。通过3年示范建设，办学定位和示范建设目标任务很好地适应地方经济社会发展需求，学校四大职能很好地支撑学校的办学定位和示范建设目标任务的实现，围绕培养目标深化教学改革，有效促进人才培养各环节之间的紧密衔接，通过示范校建设改善办学条件，显著提高教学资源对人才培养的保障水平。12月1—3日，省教育厅组织专家组对院开展省级示范性高职建设项目验收暨人才培养工作个性评估，认定学院很好地完成省示范建设各项任务，改革发展和示范建设成效显著，通过评估专家组验收。

【承办安徽省职业院校技能大赛】 4月，首次承办由安徽省教育厅、安徽省经济和信息化委员会、安徽省财政厅、安徽省人力资源和社会保障厅主办的安徽省职业院校技能大赛4个项目赛事，全省38所院校139支代表队318名选手参加比赛。安庆职业学院获一等奖8个，二等奖10个，三等奖15个，共33个奖项，学院获优秀组织奖。4个项目代表安徽省参加全国大赛，其中两个项目获全国二等奖，1件作品获全国职业学校创新创效创业大赛三等奖。

【合作办学】 全年接待来自美、韩、澳等国外高校和国际机构代表30多人次交流访问，与韩国韩瑞大学的合作范围进一步扩大，中德合作在课程建设、师资培训等方面逐步深入，与澳大利亚塔斯马尼亚州教育部、美国弗吉利亚国际大学达成合作意向。新增校企合作班9个，校企合作办班达到26个，合作企业12家，合作地域扩大。

【校园文化艺术节】 举办以"青春梦·大学梦·中国梦"为主题第六届校园文化艺术节，开展高雅艺术进校园、"徽风皖韵"进校园、"秦潭好声音"校园歌手赛、艺术展演征文比赛、艺术设计作品展、学生合唱比赛等活动。41个院级社团活动缤纷多彩、各具特色，逸风书法社联合安庆师范学院、安庆医药高等专科学校筹备开展中国古典艺术——水墨书画展(第二届安庆高校书画联展)活动；棋类爱好者协会联合安庆师范学院、安庆医学高等专科学校共同举办首届"高校杯"安庆市4校联谊团体赛，学院代表队获第三名。活动中涌现一批文艺达人，创作出一批优秀作品，5件作品参加安徽省第四届大学生艺术展演。

【学生志愿服务】 青年志愿者自觉践行社会主义核心价值观，开展交通文明劝导、争当文明市民、关爱儿童、为农民提供农业知识服务等活动。酒店管理专业学生甘明凤因表现突出受到实习单位和青奥会运行中心表彰。安徽省第十三届运动会上，学院志愿者在行政接待、竞赛、安保等后勤服务部门尽职尽责，赢得省市领导、嘉宾、运动员和市民好评，339名志愿者获省运会表彰，学院获2014年安徽省运动会志愿者工作先进单位。

（陶宜生　王金根）

安庆广播电视大学

【概况】 2014年，以学校顶层设计为契机，着眼电大可持续发展，树立全面质量观；以内涵建设为重点，以教育教学工作为中心，完善教育教学支持服务体系，提高教育教学质量；以招生、就业工作为主线，拓宽办学渠道，扩大办学规模；加强学校管理，提高办学水平。2014年春、秋季两季各类招生3919人，其中校本部招生2776人，县站招生1143人。校本部招收的学员中：开放教育本、专科生1435人，奥鹏远程教育本、专科生259人，成人高等教育本、专科生314人(含秋季录取的2015级新生158人)，三年制中专生257人，高中一年制中专生511人。2014年度毕业学生3595人，其中开放教育本科、专科2507人（市直本部：1189人、县站：1318人），奥鹏远程教育本、专科270人，成人高等教育专科生94人，三年制中专生365人，高中一年制中专生359人。2014年秋，在校生规模11118人，其中校本部7038人，县站4080人。校本部在校生中：开放教育本、专科生4246人，奥鹏远程教育本、专科生1014人，成人高等教育本、专科583人，三年制中专生719人，高中一年制中专生476人，在校生数创历史新高。学校获2014年度安徽电大招生工作"综合奖"一等奖，潜山电大工作站获2014年度招生工作"综合奖"二等奖。2014年度，学校杨贤妹等5位教师获安徽广播电视大学第三届"三育人"先进个人称号，教师钱鹂鹂获安徽省教育工会"优秀工会工作者"称号，教师刘剑亚获"优秀援疆教师"称号。9月23日，学校通过市级重点建设专业(建筑工程施工专业)、重点实训基地(建筑工程施工专业实训基地)、示范中职学校评估认定。

【非学历教育】 全市18654人参加市委组织部依托学校教育教学资源开展干部在线学习，其中参加在线学习并完成学习计划人数14367人，通过率100%；完成学分考核人数16027人，通过率99.79%；组织全国计算机等级考试2次，教育部网考3次约5000多人次，完成财会考试、林业局计算机、组织部等6个项目的培训。

【教研教学】 鼓励、引导教师开展教学研究和课程教学研究，组织教职工参加上级主管部门开展的各项教研活动，在省校举办"网页设计大赛"等三项教学竞赛中，学员陈继伍(B/S组)　、黄海龙(网页组)、方华国(网页组)、邓韦韦(网页组)　获一等奖。在“安徽电大首届会计基础知识大赛”、网页设计大赛等三项教学竞赛、“手牵手——农村青少年阅读行动”征文活动学校获组织奖,教师段友林、李立荣获“优秀指导教师”奖,教师黄代高、吴建华、陈尚志合作完成的教学成果《零距离上岗: 中职校本教材编写的探索与实践（教材)——以《建筑电工》课程为例》获省级教学成果二等奖。教师童方明在2014年全省职业院校技能大赛中职教师组“计算机辅助设计(建筑CAD)”项目竞赛中获一等奖,教师桂徐贵“汉英自谦语对比研究与翻译”在国家开放大学第六届优秀科研成果评选中获优秀奖,教师黄代高“建筑构造”在省电大第二届“网上精彩一课教学评比”活动中获一等奖,教师段友林指导安庆电大代表队在“金种子”杯安徽电大首届会计基础知识大赛中获三等奖, 教师盛树屏指导学员在“手牵手——农村青少年阅读行动” 读书征文活动中获学生组三等奖,教师杨贤妹获省电大第三届“优秀三育人”称号。

安徽黄梅戏艺术职业学院

【概况】 安徽黄梅戏艺术职业学院是全国唯一一所以戏曲剧种命名的艺术类高职院校,2011年4月由教育部和安徽省人民政府批准设立, 前身为1958年创建的安徽黄梅戏学校,是“非物质文化遗产传习基地”“京剧梅派人才传承基地”和“皖南国际文化旅游示范区重点支持单位”。学院位于安庆市北部新城,占地面积201亩。设表演、音乐、美术、舞蹈、综艺系,有戏曲表演、杂技、编导、音乐表演、作曲技术、艺术设计、工艺美术品设计与制作、美术绘画、歌舞表演、舞蹈表演、影视表演、少儿舞蹈编导、文化事业管理、主持与播音、社会文化艺术、人物形象设计、高速铁路动车乘务等专业。各类专业教师140余名,聘请京剧表演艺术家、梅派艺术传人梅葆玖,黄梅戏表演艺术家韩再芬、黄新德和作曲家陈精耕,著名编剧贺东久、王长安、侯露等专家学者为名誉院长。学院坚持“立志、有恒、求实、守勤”八字校训,打造“学生向往,教师幸福,家长放心,社会满意”美好校园。至2014年,学院培养6000多各类艺术专业人才,80%毕业生活跃在舞台和银幕上,涌现出谢雨欣、田海蓉、斓曦、丁同、刘广慧、周莉、郭霄珍、潘启才、余淑华、许梅花、刘国平、吴美莲等一批知名演员。在国家及省市举行的各项黄梅戏青年演员大奖赛中,院历届毕业生获奖者均占七成以上,在校生新秀每年在全国戏曲小梅花奖大赛中争金夺银,被誉为“黄梅沃土、明星摇篮”。

2014年,学院强化教育教学,教学科研成果丰硕。学院首次获“文华艺术院校奖”铜奖(该奖项是文化部主办的专业舞台艺术政府最高奖——“文华奖” 的分项之一);学生马腾获全国第四届“黄梅之星”黄梅戏青年演员电视大赛“黄梅新星”称号,总成绩名列第一; 在第十八届中国少儿戏曲小梅花荟萃活动中,学院喜摘4朵小梅花金奖,是学院有史以来获“小梅花”奖项人数最多的一次,其中学生方梦跻身全国十佳之列。音乐系学生窦祖莲在“中国民族文化艺术展示盛典”活动中获安徽赛区青年组声乐大赛二等奖,在省十三运开幕式中,院表演系、综艺系和舞蹈系的100多名学生参加演出,学院获“安庆市综合性重点工作先进集体”称号。2014年课题和项目申报比上年有明显增加,高校人文社科研究重点项目《安徽高校艺术人才培养与安徽地方民间艺术资源整合的研究和实践》成功立项。

剧目创作再获佳绩。在国家艺术基金2014年度100个舞台艺术创作资助项目中,安徽省12个项目获得资助,学院编创的《骄杨》、《红娘》同时入选,《骄杨》获安徽省小戏小品展演“优秀剧目奖”、“编剧一等奖”和“表演一等奖”,《红娘》获安庆市小戏小品展演专业组“优秀剧目奖”和“表演奖”;黄梅小戏《惜别》获“中华颂”第五届全国小戏小品曲艺大展银奖,话剧《梦想在路上》获“青春·理想”安徽省第三届大学生原创话剧大赛一等奖,黄梅戏《闪婚》获2014年“文化强市”建设专项资金资助,大型校园青春版黄梅戏《梁祝》参加2014年安庆十一黄梅戏展演周展演。

【设施建设】 学院争取各级财政对学院扶持,增加资金投入,化解学院基建债务。申请省教育厅“以奖代补”专项资金200万,争取省委宣传部“文化强省”建设专项资金100万和市财政投入49万元, 改善学院教学条件,强化学校基础设施建设。加大信息化建设投入,购置图文信息中心、教务、财务、人事等办公软件,为学院管理以及师生教学、科研等方面提供便利。加快学院基础设施建设,铺设塑胶跑道,建设校园广播站,完善教学、教辅设备及资料的更新和添置,购置数12套多媒体和教学视频监控设备, 采购图书馆管理软件,增添书籍。11月,市委书记虞爱华一行来学院考察,中国戏曲学院、省教育厅、省黄梅戏艺术发展基金会等各级领导也先后到学院考察、交流,对学院取得的成绩给予高度评价。

【教学改革】 2014年是学院"教学改革年",建立既适应高职发展形势又符合自身实际的教学模式,完善专业设置。尝试开设泗州戏、花鼓戏班,根据市场对艺术人才的需求,申报市场急需的新型专业,2014年增设高速铁路动车乘务、人物形象设计、工艺美术品设计与制作3个专业。完善课程建设,恢复早功课程,强化学生基本功。改革教学手段,歌舞表演专业首次在昆山市"四季周庄"文化演出有限公司实施院外教学,黄梅戏表演专业在对口招生中试行院外集中教学。举办各专业汇报演出和作品展,让学生在实践中学习,在学习中实践。推进项目申报,成立专业教研组,鼓励教师参与新课题、新项目研究。

【提高师资水平】 多措并举,力促教师成长。采取"选""招"结合的方式,招考9名研究生,并从剧团调入3名具有高级职称人员到校任教,充实学院双师型教师队伍。加强教师职称评聘工作,全年高校教师系列1人取得讲师资格,艺术系列1人取得二级编剧资格,9人取得初级职称资格。支持教师投身艺术实践和舞台演出,邀请黄新德、石楠、郝戎等知名专家学者来校举办专题讲座,提升教师文艺素养和文化水平。通过教学基本功大赛,促进教师成长,实现"以赛促教、以赛促学、以赛促发展"。

【联合办学】 加强与各文艺院团、文化旅游服务机构联系,与云南杨丽萍文化传播有限公司、南京"舞之源"歌舞团、昆山市"四季周庄"文化演出有限公司、安徽省演艺集团等大型企业演出团体开展合作,开设"再芬黄梅艺术实验班""五千年文博园班"。扩大黄梅戏受众群,以"黄梅戏进校园"活动为契机,通过安庆广播电视台进行黄梅戏专业培训,在宜秀区五里中学开设黄梅戏班。建立生源基地,在枞阳牛集高级中学、枞阳职教中心、怀宁职教中心、怀宁职业技术学校、望江职教中心等学校建立"优质生源基地",2014年,学院录取新生392人,创建校以来历史新高,其中新疆学生2名。

桐城师范高等专科学校

【概况】 桐城师范高等专科学校是皖西南地区唯一一所培养小学教育、学前教育师资公办高等学校。校区占地400余亩,校园建筑面积近11万平方米,在校生5000多名。

学校设人文系、理工系、艺术系、外语系、教育系,开设18个专业和3个成人高等教育专业(本专科)。学前教育专业和艺术设计专业是获得中央财政专项资金支持的"省级特色专业",初等教育专业获批教育部"专业与课程改革"示范项目。有教职工265名,高级职称教师59名,其中教授2名、研究馆员1名、副教授?28名,其中有博士学位的4名、硕士学位的87名,省级教学名师3名,"双师素质"教师60余名。

学校建有安徽省计算机NIT培训考试基地,安徽省高等教育自学考试学习服务中心和普通话测试站。图书馆纸质藏书37.36万册,现刊389种,建有普通物理、普通化学、计算机维护、心理、语言、音乐、艺术设计、学前教育等实验室32个,建有标准化塑胶田径场、篮球场、排球场、羽毛球场及专用乒乓球室,艺术楼有电子琴教室4间,钢琴200余台,标准舞蹈教室4间,书画、试唱专用教室12间。学生剧场可容纳千余人,配备专业舞台演出设备。

国培规模和类别再创新高。圆满完成国培计划(2014)安徽省幼儿园转岗教师和新教师、保育员和安徽省小学体育教师"送培送教"项目培训任务,成功申报国培计划(2014)安徽省中小学综合改革项目学前教育专业培训项目。

秉承"质量强校,人才兴校"办学理念,着重培养学生综合素质和实践能力,提高人才培养质量。在全国高职院校艺术专业技能比赛、全国高职院校中国舞表演大赛、省第十三届运动会(高校组)比赛、第五届安徽省高等学校师范生教学技能竞赛、第九届安徽省大学生职业规划设计大赛暨大学生创业大赛等各类比赛和2014年暑期大学生"三下乡"社会实践活动评比中,学校学生均取得骄人的成绩。

【教研科研】 以校级省级质量工程项目和科研项目为抓手,促进教科研扩面提级,首批32项校级质量工程项目结题,新立项建设50个项目。1项国家语委科研课题、1项省高等教育振兴计划重大项目、2项省人文社科重点项目、7项省质量工程项目、3项省社科联课题获得立项。

【迎评促建】 8月,学校启动迎接人才培养工作评估工程,成立评建工作领导机构和工作机构,明确工作目标、工作任务、工作阶段。召开全校动员大会,组织学习领会人才培养评估文件精神,通过专题讲座、考察调研等多种形式，理解和掌握评估指标体系及内涵，提高评建工作针对性和科学性。编制高等职业院校人才培养评估工作计划，进行任务分解。组织系、校两级专业剖析，广泛开展"说课"活动和比赛，促进教师教学水平和课堂教学质量提升。

【校园文化建设】 重视校园文化建设，推进校园特色文化培育，成功举办第三届校园主持人、第二届校园排球赛、校园青春美大赛等各种赛事，悉心指导学生会、学生社团组织开展第二届校园辩论赛、首届三人篮球赛、"3·7女生节"等系列品牌校园文化活动。联合桐城网开展"衣旧情深关爱女孩活动"、"向日葵的微笑——关爱失独老人"等活动，校青年志愿者注册人数1000余人，在2014年度安徽省大中学生志愿者暑期科技文化卫生"三下乡"社会实践活动评选中，学校社会实践获表彰。

（杨　琦　龙澹宁）

科　技

科技工作

【概况】 2014年,市本级财政安排自主创新专项资金5000万元,带动县(市)区配套资金1亿元。同时,将自主创新专项资金聚焦投向鼓励发明创造及科技成果转化、加强科技创新平台建设、促进科技创新和产业创新融合、增强创新发展基础能力、引进高层次科研团队项目。

优化科技发展环境,全市科技系统实施“大企业订单式服务”、“服务小微企业专项行动”,切实提高科技服务水平;引进、扶持科技服务机构,已有各类科技服务机构20多家;直接面向市场主体免费开展知识产权、研发、高新产业、科研项目等各类科技培训和上门服务,全年仅市科技局就开展此类培训10余次,上门服务数百人次;力促科技和金融的融合,已经与10多家投融资机构建立联系和合作。

为使科技创新和产业创新深度融合,安庆市与北京大学、清华大学、中科院等20多所高校科研院所建立多层次的产学研合作关系。建成北京化工大学安庆技术转移中心等2家技术转移中心;新建虹泰、华业、宇顺等3家院士工作站;新建产业技术创新战略联盟试点单位5家;新成立安徽华茂纺织染整技术研究院等10家实体研究院;新建国家级技术实验室1家、省重点实验室1家;新成立省级企业技术中心6家、新申报省级工程技术研究中心10家;市小微企业仪器设备共享平台基本建成。

全年全市共组织实施国家、省科技项目81项,争取经费3169.7万元。其中国家级科技项目24项,争取经费1912万元,创历年新高。同时,已申报待批的还有国家级项目16项、省级科技项目40项。市本级设立科技计划项目55项,总额达1100万元,主要用于支持科技企业的研发和科技创新平台建设。

【知识产权工作增量提质】 全市共申请专利5481件,居全省第七位,比上年增长27.2%,增幅居全省第五位,其中,申请发明专利2560件,居全省第七位,增长104.31%,增幅居全省第一位;全市共授权专利2456件,居全省第七位,增长76.18%,增幅居全省第一位。继续实施知识产权优势企业培育工程,共培育国家、省、市级知识产权优势企业3家、6家、34家,省第三批知识产权优势企业培育工程企业4家。国家级安庆经开区、桐城经开区成为首批省知识产权示范培育园区,2项专利获省专利优秀奖,2家专利服务机构与安庆市开展经常性业务合作。

【创新成果产业化】 全市科技系统搭桥为企业引进重要技术成果20多项,解决重要技术需求200多项。市科技局积极引进重大科技成果产业化项目落户安庆,引进的“千人计划”专家、北京大学孙栋教授领衔的“石墨烯单原子层块材制备项目”已经落户安庆经开区,国家重大科技专项——中科院陈国良院士领衔的“龙芯高性能服务器”项目、国家973重大研究项目——清华大学的“无机纳米材料合成应用项目”、北京化工大学的“高性能碳纤维复合材料项目”已决定落户安庆。

【高新产业发展增速】 2014年新认定国家高新技术企业42家,省高新培育企业59家,省级高新技术产品121项,新增创新型(试点)企业14家,均创历年新高。19家科技型企业挂牌省股权交易中心科技板,居全省第二。国家级科技孵化器在孵企业76家,累计培育12家国家高新企业、10家省高新培育企业、4家省级软件企业,新三板拟上市企业2家,新四板挂牌企业4家。

【获安徽省科技奖5项】 2014年安庆市共获得安徽省科技奖(三等奖)5项。分别是:DK—20e系列环保型大功率柴油机,完成单位为安庆中船柴油机有限公司；双速液力软启动装置技术研发与应用，完成单位为安徽攀登重工股份有限公司；FD 型非晶材料制带机，完成单位为安徽华晶机械股份有限公司；高支超细天丝棉色织商务衬衫面料关键技术研发，完成单位为安徽华茂纺织股份有限公司；丁位癸内酯合成香料研发及产业化，完成单位为安徽华业香料股份有限公司。

（郭　睿）

防震减灾

【概况】 2014 年，市地震系统全面贯彻国务院、安徽省政府加强防震减灾工作文件精神，落实全省防震减灾工作会议要求，推进市防震减灾"十二五"规划实施，巩固市防震减灾工作在省内的先进位次。市地震局在全省市级防震减灾综合评比中荣获二等奖。

加强抗震设防要求管理。市地震局重点对新建重大建设工程抗震设防要求进行检查、监督，确保重大建设工程按法律法规要求做地震安全性评价。通过市政府常务会议，将抗震设防要求核定纳入安庆市工业和房地产项目建设两个审批流程，将地震部门审查意见作为工程规划许可证发放的必备条件，全年对 158 个项目进行抗震设防要求核定，其中对 9 个重大项目开展地震安全性评价。牵头组织建设、国土、水利、房产等部门对全市病险工程开展排查工作。

推进地震应急体系建设。在市委出台文件明确地震局成立地震现场保障队，预备役二团和消防支队承担地震专业救援工作。年内按照"有预案、有队伍、有装备和物资储备、有技术系统、有避难场所、有应急演练"要求，强化市地震应急准备工作。首次联合市应急办、人防办、消防支队对 8 县 3 区应急工作进行"回头看"督查工作。6 月，市地震局在安徽省应急救援基地开展市级地震应急救援实战演练，演练过程包括震情发布、应急救援、余震监测、火灾救援等环节。

建立健全群测群防网络。全市各县（市）区都配备相应的宏观观测员以及防震减灾助理员，共有宏观观测点 30 个，防震减灾助理员 158 名。市地震局每年安排群测群防专项经费，用于补贴基层一线群测群防员。年初下发《安庆市群测群防网点工作管理办法》；年中开展对各县（市）、区网点大检查；年底开展全市群测群防员和防震减灾助理员的培训，并评选全市优秀的地震宏观观测点，使群测群防网切实有效运转。

普及和宣传防震减灾知识。坚持"主动、稳妥、科学、有效"的方针，开拓社会资源，把防震减灾宣教工作引向深入，突出利用政府门户网站，普及科普知识；突出重点时段，如"5·12"防震减灾日、"7·28"唐山地震纪念日、全国科普日、法制宣传日等，开展科普宣传；突出联合新闻媒体，先后 5 次录制防震减灾专题节目。加强防震减灾宣传教育阵地建设，推进防震减灾科普示范学校、示范社区创建活动，启动安庆市第一个地震科普馆建设工作。全年市地震系统共组织活动 1000 余次，增强社会大众防震减灾意识，提高防震避震和自救互救能力。

【加大地震台网的建设步伐】 2014 年新建潜山、岳西测震台以及桐城、怀宁、太湖、宿松前兆台，枞阳、怀宁、望江 3 县地震台正式投入运行。与 313 地质队合作的枞阳 3000 米深井观测项目完成前期准备工作。全市境内已有 8 个地震台、4 个前兆台同时运行，县（市）台站覆盖率达 100%。提前完成"十二五"安庆市"一县一台"建设规划目标，形成覆盖全市的地震区域台网。

【安庆市地震应急监测指挥中心建成启用】 2014 年 4 月，总投资 100 多万元的安庆市地震应急监测指挥中心建成启用，该中心配备数据服务器、网络设施及视频会议系统，中心系统包括全市地震监测虚拟台网系统、安庆市地震自动速报系统、安庆市地震应急辅助决策系统、应急社会资源库等。

【市内共发生 4 次地震】 根据安徽省地震监测台网测定，全年全市境内发生 4 次地震，具体参数如下：

发震月日	发震地点			震级 M
	纬度	经度	所在县(市)区	
3 月 23 日	30° 9′	116° 8′	桐城市	1.2
7 月 21 日	31° 0′	117° 1′	桐城市	1.0
8 月 1 日	30° 1′	116° 2′	宿松县	3.0
10 月 10 日	30° 9′	117° 4′	枞阳县	1.4

（张　帆）

气象工作

【概况】 全年地面测报工作基数 103601.8 项，酸雨观测基数 4992 项，无错情，报表审核出站合格。全市 VP 报及时率 100%，区域站等资料传输及时率 99.6%以上，GPS 资料的平均传输及时率 98.8%以上，均达到优秀标准。全市 10 个国家站顺利完成业务切换，正式运行实时历史气象资料一体化业务系统，提高观测数据的可用性。市气象局获得 2014 年全省重大气象服务先进集体荣誉称号。

高空常规观测工作基数全年达到 30783 个，无错情；探空高度 28225 米，雷达测风高度 27015 米；报表审核无错情，报文、报表、资料上传及查询答复及时。全部超额完成五项指标，高质量完成 2014 汛期高空加密观测、青奥会高空加密观测等加密观测工作。全年多普勒雷达系统可用性达 99.5%，常规维护填报率 100%，各项指标达到目标考核要求。

2014 年前三季度，市气象台 72 小时低温预报准确率全省排名第一。24 小时综合得分位于全省前列。订正技巧 72 小时综合时效综合得分全省排名第二。其中晴雨雪订正得分全省排名第一，降水分级检验订正得分全省排名第二。24 小时订正得分全省排名第一，其中晴雨雪订正得分全省排名第二，暴雨雪订正得分全省排名第三。在第七届气象行业职业技能竞赛中获得团体第四名，个人第二、三名的好成绩，在县级综合业务竞赛中获得优秀组织奖。

全年共发布旬、月天气趋势预报 50 多期，各种专题报告、天气公告 100 多期，发布各类预警信号 148 次（含变更、确认、解除）；其中制作“春运天气专报”6 期、“高考、中考天气专报”6 期、“十三运天气专报”14 期、“残运会、民运会天气专报”5 期；启动重大气象灾害应急响应 3 次，同时启用“96121”山洪地质灾害反拨系统，结合大喇叭等多种形式加强预警服务。完成省十三运、第七届民运会、省第六届残运会的气象保障服务和协助完成南京青奥会等气象保障任务；开展人工增雨作业，有效缓解森林防火与汛期旱情压力。

2014 年汛期，7 月 4—5 日安庆市出现大暴雨天气过程，局部出现特大暴雨，过程平均降水量为 162 毫米，共有 196 个雨量站降水量超 100 毫米，其中 80 个超过 200 毫米。针对本次强降水天气过程，气象局加强监测与会商，及时向市委市政府及相关部门呈送《重要天气信息专报》1 期、《天气情况快报》6 期、《农用天气预报》1 期、《山洪灾害气象风险预警》2 期、《中小河流洪水气象风险预警》2 期、《城市暴雨气象服务专报》1 期。通过短信、显示屏、乡村大喇叭等手段向农户发布预警信息，同时借助电视台、广播电台、门户网站、报纸等宣传平台向社会公众报道和刊登天气信息和防范措施。

【气象现代化】 1 月 1 日，安庆高空探测站搬迁到北部新城气象站新址，实现综合观测一体化，安庆步入大观测时代。4 月 30 日，安徽省气象局与安庆市人民政府签订共同推进安庆市全面实现气象现代化合作协议，标志着安庆气象现代化建设迈上新的征程。双方将共同实施安庆多灾种气象防灾减灾工程、共同推进农业气象服务和农村气象灾害防御两个体系建设、共同建设一流基层气象台站。10 月 28 日，安庆市气象局由原址搬迁至东部新区，新址防灾减灾综合楼软硬件设施均达到省内较好水平。

【气象应急减灾】 市政府首次将气象防灾减灾列入对各县（市）政府的目标考核与《安庆市人民政府关于印发安庆市基本公共服务体系行动计划（2014—2015 年）》，建立健全覆盖城乡、功能完善、运行高效的气象服务体系，提升城市气象防灾减灾服务能力。协助政府制定出台《安庆市突发事件预警信息发布暂行管理办法》(简称《办法》)。完善应急预案,强化应急演练。参加政府组织应急救援演练4次,自行组织全市汛期应急演练、人影演练3次。加强与应急、国土、水利、交通、农业、教育等部门和单位的应急联动,建立部门之间的沟通机制,互通信息,与相关部门签订协议实现资料共享。加强与应急办沟通联系,在市气象局建设安庆市气象灾害应急指挥中心并纳入全市应急服务指挥平台,实现与应急办、水利、环保等部门的视频连接;与国土部门合作建设"96121"山洪地质灾害反拨系统;与旅游部门合作,开展旅游景区气象预报服务。

【气象法制建设】 为强化气象社会管理职能,成立法规科具体负责气象行政执法体制改革事宜。全年利用世界气象日、防灾减灾日、法规宣传日等重要节点深入到学校、乡村、社区、企业等基层单位发放宣传材料4000余份,切实提高全社会气象法制意识。加强探测环境保护立法力度,推进防雷管理规范化,防雷技术服务水平与工作效率明显提高,气候可行性论证工作有序推进。协助市政府出台《安庆市推进基本公共气象服务均等化实施方案的通知》,强化政府责任,实现基本公共气象服务均等化。

(方海义)

文化·传媒

“十一”黄梅戏展演周活动

【概况】 9月30日至10月7日，2014年安庆“十一”黄梅戏展演周举办。展演周活动由省文化厅、安庆市人民政府共同主办，以“黄金周·黄梅戏”为主题，以“白天看景、晚上看戏”为特色，以惠民乐民为主旨，以优秀黄梅戏剧目展演、全市小戏小品展演、第四届黄梅之星全国黄梅戏青年演员电视大赛、黄金周旅游、地方特色名品展销等为主要内容，开展广场文艺天天演、百场黄梅戏电影展演、地方特色名品展销活动等7大类20余项文化旅游活动，丰富群众文化生活、促进文化惠民乐民，推进文化与旅游、体育、商贸等融合发展，展示“千年古宜城、百景新安庆”独特魅力。省政协副主席赵韩宣布展演周活动启动，启动仪式后举行黄梅戏小戏小品专场演出。展演周期间通过“走出去请进来”方式，开展对外宣传，全方位、多角度展示安庆新成就新形象。通过市政府驻外办事机构邀请10多批在外工作的安庆籍老乡回乡参加展演周，让他们感受家乡的热情和问候；邀请国家审计署等在宜开展工作人员与市民一起欣赏黄梅戏乡的独特魅力。开展文明创建活动，市区市容环境、交通秩序、灯饰亮化等大为改观，展演周活动成为打造、展示安庆新成就新形象载体。

【展演周启动仪式】 9月20日，2014年安庆“十一”黄梅戏展演周启动仪式在市黄梅戏艺术中心举行，全国政协外事委员会副主任杨多良、省政协副主席赵韩、省委组织部副部长詹福稳、省宣传部副部长汪家驷和市领导虞爱华、康正和、张金锐等出席启动仪式。

【黄梅戏舞台展演活动】 展演周期间大戏小戏登台展演、名角新星同台竞技、台上台下互动参与、广场社区巡回演出，城区“处处是舞台、天天有演出”，推动黄梅戏“一唱两走”、传承发展。百场黄梅戏电影展演周于9月30日在市文化广场开始，到10月7日，《天仙配》《女驸马》《逆火》等12部黄梅戏电影在全市各大广场放映70场，在社区、敬老院、工地放映32场。展演周期间，市文化馆在皖江文化广场组织8场广场文艺天天演，市文化馆2个综艺专场，迎江、大观、宜秀文化馆各1个专场，另有黄梅戏专场、全国戏迷专场等，演出大型歌舞、黄梅小戏等100多个节目。全市8个演出院团展演13台14场黄梅戏大戏(其中新创剧目2台)，吸引来自全国各地15000多名戏迷观看，场均上座率90%以上，近万名普通市民在社区、广场观看黄梅戏演出和“百场黄梅戏电影展映”。第四届“黄梅之星”全国黄梅戏青年演员电视大赛吸引来自湖北、江苏、安徽省69名演员参赛，历时3个多月海选、初选和复、决赛，产生“黄梅新星”10人、“黄梅之星”10人、“黄梅二度星”1人，推出一批黄梅戏新人新秀。全国戏迷群英会吸引来自香港和内地7省戏迷登台表演；“广场文艺天天演”活动中增加“八方贺黄梅——全国戏迷联谊会专场”。在剧目展演中，通过增加售票窗口、延长售票时间等方式，让“想看戏的人能买到票，想请人看戏的人能提前买到票”，出售门票收入2.3万元。

展演周期间推出一批精品小戏。遴选的25台小戏参加全市黄梅戏小戏小品展演，其中获奖的16台优秀小戏连续9天走进9个社区开展巡演。民营院团首次登上剧目展演舞台，由民营剧团望江县长江黄梅戏剧团新创的全本大戏《胡久根卸任》赢得观众赞誉，为黄梅戏创作表演领域打开新的空间，来自6个省41个民间班社500多人参加在五千年文博园举办的首届全国黄梅戏民间班社大赛。

【文旅体商融合活动】 展演周期间文化与旅游、体育、商贸等活动融合推进、相得益彰。组织旅游推介团赴台湾和周边重点客源市场，开展“十一黄金周哪里去，请来安庆看黄梅戏”、“千年古宜城，百景新安庆”旅游宣传，推出3条“黄金周·黄梅戏”精品旅游线路，在天柱山、文博园、巨石山等主要景区都有黄梅戏表演，安排游客在看戏、观景之余观看省运会比赛，享受文化与体育带来的假日乐趣。“十一”期间全市共接待游客414.74万人次，旅游收入19.172亿元，同比分别增长23.08%、19.34%。在5个景区、9家宾馆酒店同时举行安庆地方特色名品展销，共有柏兆记、麦陇香、胡玉美等33类近百种老字号产品参展，展销活动一直延续到省十三运闭幕。

公共文化服务建设

【概况】 示范区创建工作全面展开。着眼满足群众基本文化需求，加快创建国家公共文化服务体系示范区，全市公共文化服务提质增效。制定出台创建规划、实施方案、任务分解等27项制度措施，建立实施公共文化服务体系建设协调会商、群众文化需求调查反馈、多媒体宣传推广、文化艺术活动资讯半月预告、创建过程管理和督察考核等工作机制，举办报告会、调度会、推进会等专题会议，指导推进示范区创建工作规范开展。组织专家、管理人员和基层代表共同开展《公共文化服务系体系建设的“反弹琵琶”模式》课题研究，探索总结可资借鉴推广经验模式。联合创建成员单位组成督察组，督察指导全市示范区创建工作。接受国家创建示范区工作中期督察，公共文化服务模式、品牌建设等方面得到督察组肯定。

人才资金保障。举办乡镇综合文化站站长、文化辅导员、文化志愿者等培训班，初步建成一支结构较为合理、素质较为优良、数量较为充足的文化人才队伍，潜山、望江等县注重凝聚培养群众文艺骨干和乡土文化能人。至年底，市县两级文化单位业务人员2063人，其中高级职称126人、专职文化辅导员278人；注册文化志愿者2520人，业余文化骨干3500人，非物质文化遗产传承人82人；注册非营利性社会文化服务组织378个，从业人员21168人；黄梅戏民间剧团班社210个，从业人员6000余人。推动市本级安排年度文化强市建设专项资金2000万元、示范区创建专项资金1000万元，全市各县（市）、区均设立文化发展专项资金，优先保障公共文化建设。

【文化基础设施提标升级】 推进市级“三馆一院”、县级“两馆一场”建设。通过房屋置换，市皖江公园内的市文化馆新馆投入使用；市博物馆新馆建设确定选址，相关工作加快推进。全市各地结合实际，将文化建设与美好乡村建设、文明城镇创建等工作有机结合，新建改建扩建文化广场、文化活动中心等一大批文化基础设施。宜秀区图书馆建成投入使用；桐城文化博物馆基础建设完工，展陈文本修编提升；枞阳县博物馆、宿松县文化影视中心基本建成；岳西县文化馆建设进行招投标。坚持典型引路、以点带面，按照“一场两堂三室四墙”标准要求，推进3个乡镇综合文化服务中心、11个省级、14个市级农民文化乐园试点和城区11个社区文化活动中心示范点建设。岳西县选择5个中心村试点建设县级农民文化乐园，太湖县创建国家文化先进县和安徽省公共文化服务体系示范区，潜山县博物馆成为全市首家安徽省社会科学知识普及基地，怀宁县月山镇文化站获“全国文化系统先进集体”称号。

【文化民生工程】 推进公共文化场馆开放、农村文化建设专项补助、公共文化服务信息化建设、广播电视“村村通”等文化民生工程，全市完成2640个广播电视“村村通”建设任务，新建33个公共电子阅览室。放映农村公益电影18396场次，实现每村每月放一场电影目标。全市189个公共文化场馆全部免费开放，接待进馆（站）参加活动群众超过400万人次。经国家新闻出版广电总局推荐，岳西县广播电视“村村通”工程接受缅甸瑞丹伦传媒公司采访拍摄。推行政府采购公共文化服务，引导社会力量参与公共文化服务，开展“送戏进万村”、文化下基层“四进”等活动3000余场次，实现每个行政村每年演出一场正规大戏。开展农家书屋专题调研和问卷调查活动，指导推动农家书屋延伸服务。完成全市1342个行政村农家书屋出版物补充更新，为每个书屋补充更新出版物126种（册）。

【均等便利服务创新推广】 面向老年人、青少年、残疾人、农民工等社会群体提供零门槛、零障碍、零距离服务，联合教育、关工委、工会、共青团、妇联、残联、广播电视台等部门开展送演出、电影、图书、展览进农民工工地、特教学校、敬老院、留守儿童之家等活动900余场次。免收养老院、五保户、特扶家庭等群体有线电视安装及收视费,让困难群体看到优质电视节目。针对农民工、老年人、青少年等群体活动特点,调整图书借还、展览展示、培训辅导等文化服务方式和时间,为老年读者送书上门。招募特教学校手语老师为文化志愿者,配合文博单位讲解员为残疾人提供展览手语讲解服务。全市新建少儿图书阅览室、少儿电子阅览室、乡村青少年宫、留守儿童服务中心、残障读者阅览室123个,新增盲人读物4000多册、盲人有声阅读设备135台(套)。太湖县图书馆获2014年全国盲人阅读推广优秀单位,怀宁县美术馆被该县列为校园美术教学基地。引导数字影院、社区文化设施等优质文化资源优先向东部新城区集中,推进市政务服务中心图书室、电子阅览室和书画长廊建设,推动完善东部新城文化功能,完成城区4个广场、23个社区"文化舞台"建设。推行公共图书馆总分馆制,建成3个分馆、52个图书借阅点。太湖县以县图书馆为总馆、15个乡镇综合文化站为分馆、188个农家书屋为基层服务点,完成省级公共图书服务城乡一体化试点建设。安庆市数字公共文化服务平台和黄梅戏、桐城派文化、望江挑花数字资源库建设继续推进。

【公共文化活动丰富多彩】 开展百馆(站)千村文化结对、广场文艺天天演、全市"六一"少儿文艺调演、"五一"电影展演周、全民阅读、图书漂流、"我的书屋,我的梦"中小学生读书征文等一系列公共文化活动,直接惠及城乡基层群众约200万人次,丰富群众生活,迎江区宋崇明、岳西县储晓东等2户家庭获首届全国"书香之家"称号。市直文博单位举办"安庆文化遗产精华展""安庆市第四届民间收藏展""赵朴初故居馆藏安庆名家书画展"等15个临时展览,接待观众约50万人次。组织参加2014"中国腔·中国梦"全国小戏精品邀请展演、"江淮群星奖"选拔赛、全省"六一"少儿文艺调演、"放歌皖江"第七届皖江8市群艺(原生态民歌)大赛等活动,大观区文化馆新创现代黄梅戏小戏《赔鸡》获第十二届华东六省一市戏剧小品大赛金奖,潜山县木偶戏《程氏下书》获"首届全国木偶戏展演大赛"金奖,剪纸作品《指点江山》获全国邀请赛银奖。安庆市图书馆和太湖县图书馆被安徽省公共图书馆阅读推广联盟评为2014年度"十佳图书馆"。岳西县、怀宁县、桐城市、潜山痘姆乡、望江高士镇、宜秀区罗岭镇被评为"2014年度安徽省民间文化艺术之乡"。

文艺创作和演出

【特色文艺精品常创常新】 坚持以人民为中心创作导向,发挥黄梅戏特色文化优势,全市艺术精品生产演出成果丰硕。开展以"中国梦"为主题文艺创作活动,创作散文、小小说、小戏剧、音乐广播剧等一批作品,启动美好安庆"江山如画——诗、书、画、印话安庆"艺术创作工程,再芬公司大型黄梅戏《寂寞汉卿》展演获好评,创意杂技剧《爱生事家庭》《平衡世界》《不老传说》成功上演,望江县长江黄梅戏剧团创排推出黄梅戏新剧目《胡久耕卸任》,版画《沙尘暴来了》入选安徽省公共机构节能书画和摄影展并获一等奖。组织举办2014年安徽省黄梅戏剧本研讨会、安庆市"黄梅戏编剧读书班"、大型剧目创作论证会、主创人员研讨会、民营剧团优秀剧本创作研讨会等活动,培育黄梅戏编剧队伍,推动精品剧目创排,促进黄梅戏传承创新。开展黄梅戏小戏剧本征集活动,收到社会各界剧本49部,评审推荐《巧嫂卖瓜》《红娘》等25部进行排演。黄梅戏大戏《徽州往事》和小戏《红娘》《骄杨》成功申报国家艺术基金2014年度舞台艺术创作资助项目。

【艺术展演普惠百姓】 举办2014年"十一"黄梅戏展演周文化活动,将"好戏演给百姓看"作为活动根本目的和评价标准。青春版传统戏《五女拜寿》《靠善升官》《梁祝》,经典古装戏《天仙配》《女驸马》《牛郎织女》,新创现代戏《半个月亮》《榴花不开盼哥回》《寸草心》等13台14场大戏竞相出彩;剧目展演在推出10元起惠民票价的同时,特别安排省"十三运"参与者等慰问专场。举办全市小戏小品展演比赛,组织获奖小戏走进社区"文化舞台"巡演,让老百姓在家门口舒舒服服看好戏。响应"首届安徽文化惠民消费季"活动,承办2014安徽省小戏折子戏调演活动,5天演出15场74个小戏折子戏。市16个原创小戏折子戏参加全省小戏折子戏调演,获国有文艺院团组优秀剧目奖2个、剧目奖7个,编剧奖一等奖1个、二等奖1个,导演奖二等奖3个,表演奖一等奖4个、二等奖5个、三等奖8个;民营文艺院团和非专业文艺院团组优秀剧目奖2个、剧目奖3个,编剧奖一等奖2个、三等奖1个,导演奖二等奖1个,作曲奖三等奖3个,表演奖一等奖2个、三等奖3个。展演活动直接惠及群众近20

万人次，为民惠民举措得到社会好评。

再芬公司最新原创黄梅戏《徽州往事》走进北京、上海，在国家大剧院连演6场，并参评“上海白玉兰戏剧表演艺术奖”。举办2014深圳·安庆黄梅戏艺术周活动，市黄梅戏艺术剧院展演经典剧目《天仙配》《女驸马》《六尺巷》《为奴隶的母亲》和两台黄梅戏小戏折子戏，中国黄梅戏博物馆展出“黄梅戏发展历程”精美展板，安徽省邮政公司安庆分公司展销黄梅戏特色个性邮票，全方位展示“安庆黄梅戏”之美。桐城黄梅戏新剧目《惊天一兰》应邀赴国家大剧院成功演出。开展“黄梅戏艺术进校园”“暖冬行动”送戏进养老院、黄梅戏师徒传承、京剧演唱会等活动，在黄梅村、广丰村等地开办黄梅戏辅导班，开设“再芬黄梅大讲坛”和“再芬黄梅”电视栏目，成立再芬黄梅戏友会，“再芬黄梅”品牌更加响亮。引进钢琴音乐会、卡通人偶剧在黄梅戏艺术中心上演，带给安庆市民全新感受。引导黄梅戏、杂技等专业院团、民营剧团走进安徽工业大学、河海大学文天学院、安庆职业技术学院等高校和池州、马鞍山、广东、江苏、浙江、山东、四川等地，开拓培育演出市场，宣传推广安庆文化。至11月中旬，市直国有文艺院团商演748场次，观众41.59万人次，收入1372万元；市黄梅戏艺术中心接待活动105场次，观众6.3万人次，收入100万元。

文博图事业

【概况】 突出科学保护，注重合理利用，弘扬彰显安庆地域优秀历史文化，文物保护工作加强，完成市保高冈鸣凤传统民居、总铺公社立新大会堂、严凤英旧居、张家药铺传统民居、大王庙街古民居维修及张家药铺后围墙抢险加固工程，协同推进振风塔、叶氏宗祠、劝业场大楼、六中神甫楼等修缮，推荐安徽古今文物保护有限公司成功申报一级文物修复资质。配合做好皖河治理、曙光发电等重点工程项目文物保护工作，完成第六批和第七批国保单位档案编制，开展古城保护中文物违法与消防安全专项督察。举办安庆市2014年国际博物馆日系列活动，增强全社会共同保护文物意识。

非遗保护工作。完成国家级非遗项目保护资金和省级非物质文化遗产保护名录项目申报工作，《孔雀东南飞》入选国家级非遗项目，推荐胡玉美蚕豆辣酱制作技艺、铸胎掐丝珐琅制作技艺、岳西鼓书、九井沟传说、宿松民歌、许岭灯会等6个项目入选安徽省第四批省级非物质文化遗产名录，推荐桐城《桐城歌》、潜山《痘姆陶器手工制作技艺》、桐城《铸胎掐丝珐琅》、潜山《桑皮纸制作技艺》、枞阳《东乡武术》申报省级第二批非物质文化遗产传习基地，确定熊辰龙等53人为第三批市级非遗传承人，推荐吴美莲等14人为第五批省级非遗传承人，潜山县国家级非遗项目桑皮纸制作技艺传承人刘同烟发明“以传统工艺生产桑皮纸的专用抄纸装置”和“专用于桑皮纸传统生产工艺的焙笼”双获国家“实用新型专利”。

可移动文物普查。按要求抓实抓好全市第一次全国可移动文物普查第二阶段调查认定，指导督促各地各相关单位填写整理《文物登记卡》和《可移动文物认定信息登记表》，组织市级专家组对全市各地可移动文物进行认定，在太湖县博物馆举办全市文物鉴定培训班。

文化遗产项目申报。联合市建委、市财政局推荐太湖县汤泉乡金鹰村蔡畈古民居、龙潭寨古民居、岳西县响肠镇响肠村、请水寨村等传统村落申请中央补助资金项目7341万元，推荐国保单位世太史第和桐城文庙申报文物消防百项工程。编制国保单位天主堂和世太史第文物保护规划立项报告，上报省文物局和国家文物局，争取国家重点文物保护专项补助资金1209万元、中央补助地方文化体育与传媒事业发展专项资金220万元、中央补助非物质文化遗产保护专项资金1071万元、省级文物专项经费410万元。

古籍保护。安庆市图书馆有线装古籍8.5万余册，其中善本4321册，9部入选国务院颁布的《国家珍贵古籍名录》。完成馆藏民国以前所有图书初步著录，被省文化厅命名为“安徽省重点古籍保护单位”，《周礼注疏四十二卷》等23部馆藏古籍入选首批安徽省珍贵古籍名录。“十一五”国家古籍整理重点图书出版规划项目《安庆市图书馆藏稀见方志丛刊》、《中国古籍珍本丛刊·安庆市图书馆卷》，11月由国家图书馆出版社出版。

分级图书馆建设。启动本地特色总分馆建设模式，推进区域内公共图书馆服务“标准化、均等化”建设，制订《安庆市公共图书馆总分馆体系建设实施方案》，建立以市图书馆为总馆（中心馆），以市少儿图书馆、各区图书馆、街道(乡镇)、社区(村、学校)图书馆为分馆,各基层图书借阅点、自助图书馆为补充的三级图书馆网络服务体系,形成“总馆+分馆+自助分馆+基层流动借阅点”的服务模式。宜秀区试点建设分馆,在建成的50余个基层流动图书室基础上,更新安装新一代总分馆图书馆集群化管理系统,实现通借通还、“一卡通”服务。5月末,安庆市首家标准区级分馆——宜秀区图书馆正式运行开放;8月,第一个社区分馆——“书香一品”分馆建成并开放,为读者提供10万余册优秀正版电子图书。9月,少儿分馆完成搬迁改造并开展借阅服务;12月,首个24小时自助图书馆分馆完成装修并进入设备安装。

【“书香人生”阅读推广活动】 将阅读推广活动以“书香人生”为品牌进行重点包装打造,通过网站、微博、海报、展台等形式向读者发布新书通报、借阅排行榜、馆藏精品图书和“中国好书榜”,推荐读者阅读。开展“你选书我买单”服务,持证读者可去书店选荐图书,由图书馆购回提供读者阅读,2014年读者选书3000册。市图书馆利用“世界读书日”“图书馆服务宣传周”“六一”等节庆纪念日,以“阅读,请到图书馆”、“图书馆——传承优秀传统文化,建设民族精神家园”为主题,组织开展系列阅读推广活动。5月,开通“书香安庆”——安庆市全民阅读网。开展“图书漂流”“图书交换”活动,在菱湖公园、图书城设立图书漂流站,配置小书架投放图书供读者随意选取阅读。

【继续举办“安庆大讲坛”】 “安庆大讲坛”公益讲座以“传播优秀文化,培育人文精神,共享文明成果,提升城市品位”为宗旨,引领主流文化、把握时代脉搏。“安庆大讲坛”自2011年6月创办,三年来已举办讲座107场。2014年“安庆大讲坛”举办各类公益讲座38场(送基层5场),听众6000人次,被省委宣传部、省新闻出版局列为“书香安徽阅读季”品牌和省理论宣讲范例。

【市博物馆完成前期准备工作】 市博物馆项目是省“861”重点项目和安庆市“六个一重点工程”。10月23日,市城乡规划委员会2014第十一次专委会,研究和确定安庆博物馆新址及规划建筑方案,重新选址于潜江路与祥和路交叉口东南角地块。规划用地面积46697.7平方米,建筑面积32384平方米(其中地上建筑面积29435平方米,地下建筑面积2949平方米)。项目概算造价33215万元,包括陈列展示区、文物藏品区、文物保护及业务科研区、公共服务及活动区、多功能报告厅及4D展示区等多个功能单元。工程将于2015年1月正式开工建设。

【市博物馆陈列展览联盟】 8月26日,市博物馆陈列展览联盟组建座谈会在怀宁县万豪国际酒店会议室召开,安庆市15家公共博物馆、部分民办博物馆及安庆博物馆之友负责人参加,联盟正式组建。安庆市博物馆陈列展览联盟推进市国家公共文化服务体系示范区建设,整合利用全市文物资源和专业人才,提升市博物馆陈列展览,合力打造弘扬安庆优秀传统文化的优质陈列展览,宣传安庆历史文化。安庆市博物馆全年举办《任秀英剪纸布贴画手工艺展》《安庆市第四届民间收藏展》《杨善耀书画展》《马东升先生书法篆刻遗作展》等13个展览,并将《黄梅百年——黄梅戏发展历程展》、《徽章、徽人、徽文化——彭保友徽章收藏展》、《安庆文化遗产精华展》等制作成流动展览,送展到社区、工厂、军队、学校。

广播电视

【概况】 加强广播电视播出机构、网络传送机构和电信IPTV业务管理,常态化开展非法电视台(点)查禁工作,规范广播电视事业健康有序发展。联合公安、工商、国家安全等部门开展卫星电视地面接收专项整治行动,不定期对电子产品市场和电脑城进行检查,查处非法安装、使用卫星地面接收设施等行为,防控杜绝非法“网络共享”网站及其设备产品出现。针对群众反映强烈的电视广告播出问题,加强管理,叫停安庆有线电视网络开机、调台广告以及游动字幕广告和安庆电视台违规医药广告、挂角广告。加强对农村电影放映工作监管,按照省局要求给80套农村电影放映设备安装GPS,并启动监管平台,实时掌握各地农村公益电影放映情况。

【安全播出】 保障“两节”“两会”等重要节点安全播出,对全市各地安全播出进行全面检查。开展设施保护宣传日活动,加强与610办、公安和无线电管理等部门的联系,做好安全播出突发事件各项应急处置准备工作。开展县级广播电视安全播出达标年活动,组织全市广播电视优秀作品评比,择优推荐参加全省评选,获广播类新闻、电视类新闻一等奖2个。推动广播电视外宣工作，市文广新局2013年度外宣工作获全省第一，宜秀区、岳西县、望江县政府受到省广电局贺电表彰。

【广播电视"村村通"工程】 围绕广播电视村村通项目建设、达标、管理和使用，组织工程实施建设。市政府成立由分管副市长为组长，市发展改革委、财政、人事、扶贫办、文广新局等相关部门为成员的安庆市广播电视"村村通"工作领导小组，市文广新局设立村村通办公室，负责工程建设日常事务。制订以"有线光缆联网为主，以无线覆盖为辅，以直播卫星地面接收为补"工程建设技术方案，印发《安庆市广播电视"村村通"工程建设实施方案》，在上级配套2096万元建设资金基础上，市财政配套2万元工作经费，并自筹资金681万元，完成2310个盲村建设任务，其中有线联网方式2182个，直播卫星方式128个，望江县、岳西县两个无线台站完成基础设施建设。

新闻出版和文化市场管理

【依法行政加强】 实施执法普法法律服务"一体化"工作机制，推进依法行政、法治创建和"六五"普法等工作。开展"江淮普法行"百场法制电影进乡村、社区活动，放映《森林防火》《农村防范拐卖妇女儿童》《法官妈妈》等法制影片188场次，并在公益电影放映中插播普法宣传标语口号滚动字幕，提高群众的法律意识。组织参加省有关厅局举办法制、执法资格培训，协助省版权局在市举办全省出版物鉴定培训班，加强行政执法人员证件管理和工作人员能力提升，完成全市800余家新闻出版单位统计年报及年检和2014年全市370余名新闻采编人员岗位培训及考试等工作。组织推荐行政处罚案件参加全省评比，太湖县执法案卷被省新闻出版广电局评为全省优秀案卷。

【政务服务优化】 加强市政务服务中心文广新窗口建设，参加"千件办件看效能"、"政务公开政务服务标准化实施年"等活动，完成第六轮行政审批流程再造和职权清理，文广新行政审批事项削减至十二大项，制定文广新行政审批项目标准化文本，实行一次性告知、服务公开承诺和亲切服务等机制。至11月中旬，文广新局政务服务窗口办理各类行政许可审批78件，换证64个；在市效能办抽查中服务对象满意度达100%，获"2014年第三季度红旗窗口"称号。

【综合执法】 召开全市文化市场管理工作座谈会，组织对全市文化市场综合执法管理等工作进行考评。组织参加省文化厅文化市场技术监管与服务平台培训，举办全市文化市场技术监管与服务平台上线应用培训班，完成文化市场技术监管与服务平台数据采集、复核、校验和上线应用经营单位注册、激活等工作。突出校园周边、城郊结合部等重点部位和放学后、夜间、假期等重点时段，采取重点布控、联合检查、暗访抽查、技术监管、受理举报等方式，重点加强出版物、演出、网吧和娱乐等市场监管。全年市本级共出动执法检查人员11211人次，检查各类经营场所2891户次，立案查处违规经营场所40户次，行政罚款7.8万元，取缔无证经营单位1家，收缴各种非法出版物3000余册，收缴擅自安装和使用卫星地面接收设施56件(套)，责令3家擅自安装卫星地面接收设施的宾馆限时整改。

【"扫黄打非"】 组织开展打击新闻敲诈，打击假媒体、假媒体机构、假记者活动，深化整治少儿出版物市场，治理印刷复制业和中小学教辅材料，规范报刊发行秩序等专项行动。组织实施"清源2014""净网2014""秋风2014"等专项行动，严厉查堵政治性非法出版物和有害信息，坚决扫除网络淫秽色情等文化垃圾，打击侵权盗版出版物和非法报刊。承办2014年安庆市侵权盗版及非法出版物集中销毁活动，在市区主会场销毁侵权盗版及非法出版物12054件。在"4·26"世界知识产权日之际，开展以"拒绝盗版，共筑未来"为主题的"绿书签行动"系列宣传及"保护知识产权宣传周"活动，向群众派发绿书签，组织"加入绿书签行动"签名活动，在城区3所中小学校、10家网吧、10家书(音像)店、3家影剧院等场所，张贴"绿书签行动2014"宣传海报。推荐安庆市五千年文博园投资有限公司成功申报"安徽省版权保护示范单位"。

【推进软件正版化】 落实国务院办公厅印发《政府机关使用正版软件管理办法》，向全市政府机关单位及各县(市)、区人民政府印发贯彻落实《办法》通知。按照省软件正版化工作机构部署要求，推进6家省垂直系统机关单位、4家诚信示范企业、2家上市公司及安庆日报社软件正版化整改工作。

文化产业

【文化产业品牌化战略稳步实施】 实施龙头引领、骨干支撑、小微补充发展战略，挖掘整合地域优势资源，全市文化产业发展加力加速。重点扶持培育文化产业园区基地和骨干文化企业，8 个文化产业项目列入市重大项目调度计划，千年宜城记忆广场项目完成土地招拍挂、项目地块沿江中路广告围墙制作、临时办公保安用房搭设和规划设计方案编制，五千年文博园二期、桐城玉雕文化产业园二期开园，岳西国际养生文化产业园有关项目相继建成，孔雀东南飞文化产业园、大别山文化产业园等重点文化产业园区建设加快推进。9 家民营文化企业跻身全省民营文化企业 100 强，桐城省级印刷包装产业园区正式挂牌，五千年文博园被命名为“全省重点扶持文化产业示范园区（基地）”，安徽再芬黄梅文化艺术股份有限公司被评为全省“文化改革发展示范企业”，孔雀东南飞文化公司被授予省级影视产业基地，安徽盛乐高网络科技有限公司被文化部、财政部、国家税务总局认定为动漫企业，实现市动漫企业零的突破。

【文化产业项目化建设】 产业项目化发展力度加大。组织申报国家和省级文化、广电影视、新闻出版等产业资金项目，调研修订完善文化服务业相关政策，组织文化企业申报现代服务业发展资金，全市 24 个项目获奖补扶持发展资金 204.1 万元。建立实施全市文化产业综合测评机制，拟订安庆演艺集团组建方案，建立并报送 8 家文化企业直接融资后备资源库，数量位居全省文化系统第 7 位。成功申报“安庆市黄梅戏保护设施”项目，作为国家文化和自然遗产保护设施建设 2014 年中央预算内投资计划，中央投资 1000 万元；申报千年宜城记忆广场、五千年文博园两个项目为中央文化项目奖补资金项目，财政部已公示为拟补助项目；推荐“馆藏珍贵文物无酸纸、智能化保护装具的研发生产”项目申报文化部 2015 年国家文化科技提升计划项目选题建议。市本级争取到文化强省建设专项资金 280 万元。

产业融合化发展程度加深。促进文化与金融、信息、科技等多行业融合，安庆市黄梅戏会馆和五千年文博园成为长三角城市群“心醉夜色”体验之旅示范点，并被命名为“情浓语淡天仙配”和“千年一梦赏古今”特色文化旅游品牌。市区新设立数字影院 3 家，农村数字电影院线公司平稳运行，位于人民路地下商场“宜影影城”和欧尚超市“星美国际影城”竣工开业。

【文化产业招商】 组织参加赴京拜访知名文化企业、深圳文博会和上海、深圳黄梅戏展演系列活动，宣传推介安庆发展优势和重点文化项目。建立全市重点文化产业项目库，编印文化产业招商项目册，制作文化招商 PPT，加大文化产业精准招商引资力度。举办全市文化旅游银企对接会，对接项目 87 个，达成融资意向 52.2 亿元，6 家文化旅游企业现场签约。

安庆日报

【新闻宣传】 发挥主流媒体作用。“三报一网”新闻宣传围绕“提神工程”要求，实施提质工程，传播好声音、传递正能量、弘扬好作风、提振精气神。

《安庆日报》报道全市学习贯彻十八届三中全会情况，开设“认真学习贯彻三中全会精神谱写改革开放新篇章”专栏，宣传市实施百日会战建设百项工程等改革开放新举措、新成效。开设“2013 年年终特稿”、“改革创新、奋发、2014 新看点”、“全面深化改革进行时”专栏，报道市各地各条战线取得的巨大成就、建设保障房情况、把人民路打造成明码标价示范街区等。5 月推出“全面深化改革、建设美好安庆”专栏，重点报道全市上下认真贯彻落实党的十八大和十八届三中全会精神，学习贯彻习近平总书记系列讲话精神，围绕“全面深化改革，建设美好安庆”这一主题，报道全市各项事业蓬勃发展，为凝聚力量，促进发展营造良好舆论氛围。如头版头条报道“确保美好乡村建设全省领先”，起到很好的宣传效果。

改进“两会”宣传报道。创新报道方法，在刊登市长政府工作报告时，有关键词、图表，图文并茂；刊登代表委员发言摘登时，有新闻背景、图片。做好全国及省市两会报道，全国、省两会期间，报社首次派出记者随安庆代表团采访，开设“聚焦省两会”“代表委员感言”“两会特别报道”等专栏，对全国、省二会进行报道宣传，将两会新风尚、新气象、新热点展示给读者。

围绕文明城市创建、大力整治“三线三边”等市重点工作加强新闻策划报道，报道工作贯穿全年，不间断地刊发“掀起新热潮、创建文明城”稿件，开设“整治脏乱差、创建文明城”、“大力整治‘三线三边’携手共建美丽安庆”栏目，曝光占道经营、卫生死角现象。4月，在民生专版《党报微博》专栏推出“整治‘三线三边’共建美好家园”的评论；5、6月，为扼制创建文明城市回潮现象，加大曝光力度，掀起新热潮宣传。加大“安庆好故事”专栏的发稿密度，报道市各地体现社会主义核心价值观的好人好事，宣传社会主义核心价值。4月，整版推出2014年一季度“安庆好人”拟表彰人选事迹公示及安庆市“最美家庭”候选家庭公示。

加大评论刊出力度。根据市委、市政府中心工作和市委主要领导讲话精神，刊发系列评论“修身才能永葆本色”、“用权必须心存敬畏”、“零容忍动真格破除‘健忘症’”等文，针对市干部作风比较突出问题进行抨击。《安庆日报》还就市贯彻落实中央八项规定、反对四风，开设“厉行节约在行动”、“倡导节俭务实新风”专栏，高密度刊发简朴务实做法。

重视突发性事件报道。1月，对市多地发生森林火灾及时予以报道，并配发评论，刊发市委、市政府各项要求和指令。5月，西小湖遭到污染，在头版头条刊发市主要领导现场指挥调度西小湖油污应急处置工作的“西小湖污染湖面已得到控制”一文。

【“新春走基层”采访活动】 组织记者在春节期间以多种形式走进基层、深入农村采访报道，推出一批高质量体验式新闻和现场报道。开设“党报记者在基层”栏目，报道市经济社会快速发展成就，展现节日期间丰富多彩群众文化生活，展示基层群众欢度节日喜悦心情，报道市保障和改善民生措施成效。继续开设“走进现场看发展”等专栏，记者们用发展的眼光，独特的视觉，走进市重点项目、重点工程工地现场，报道工程进展情况，展望未来发展前景，剖析工程给广大市民所带来的好处。继续开展“新春记者行”特色品牌活动，2014年主题是“在路上、在现场、在基层”，由报社领导带队，编辑记者们到村庄社区、厂矿企业等生产生活一线采访，采写大量反映基层新面貌、乡村新变化的优秀稿件，58名记者见报稿件300多篇。

【宣传管理】 打造健康报业文化。坚持民主集中制，社务公开透明，重大事项集体研究决策。坚持周一编前会制度，进行业务交流，学习中央、省市的重要文件精神；各部门每周召开例会，让所有职工及时了解报社情况，保证全报社各部门及时根据报社的中心任务规划宣传报道。

图书发行

【概况】 2014年，安庆公司面对机遇和挑战，落实集团战略，推进三轮改革，图书发行持续健康稳定发展。实现销售6024万元，预算完成率101.86%，其中主营业务销售2159万元，比上年增长23%，预算完成率109.8%；多元销售3865万元，增长12%，预算完成率100.5%。教育服务板块实现营收33170万元，其中传统业务营收30608万元，增长7.99%，教育装备业务销售2562万元，增长39%。

重视重点图书营销工作。销售《百年佛缘》701套，营收47.67万元；销售《社会主义核心价值观》5591册，营收17.4万元；销售《习总书记系列讲话读本》28641册，营收86.64万元。开展多种形式营销活动，举办流动售书、好书进校园61次，销售金额60.6万元。暑期读一本好书活动中发行活动用书9.6万册，码洋154.2万元，比上年同期增长106.7%。

重视会员发展工作，实行会员卡发行周报制。全区发展会员23012人，占总部下达任务的386.56%；付费入会会员数17552人，入会费收入53.3万元，完成数为总部下达任务的13.7倍。加大改造店面的力度，提升资产收益率，全年改造卖场3家，面积1100平方米，提高多元销售380万元。

加强工会和职代会建设，制定《三项制度改革方案》，保证三项制度改革顺利进行。加大绩效考核工作力度，完善各项绩效考核细则，加强对分公司绩效考核指导和以绩效为导向的管理。开展各项培训工作，公司共有1246人次参加由集团公司、公司以及各职能部门举办的各类培训25项。

【推进教育装备业务】 强化教育新业务，全年累计参与投标项目75个，中标项目46个，中标金额2562万元，增长39%。其中中标江苏省县域教育装备两笔业务大单，中标金额1650万元。参与中小学与高校馆供图书招投标项目，中标金额205.9万元，中标率高达60%。提升服务标准，“送书到校、分书到班”。公司践行“满足客户需求是我们存在的唯一理由”的服务理念，为79所学校、2697个班级、154340名学生，提供及时、细致的到校教材分发服务，传统业务生均购书248元，比上年同期增长42元。

（刘民益）

社会科学研究

皖江历史文化研究

2014年,全国共发表皖江历史文化研究论文460余篇。其中,桐城派研究论文64篇,黄梅戏研究论文84篇,陈独秀研究论文96篇,赵朴初研究论文12篇,朱光潜研究论文37篇,张恨水研究论文27篇,海子研究论文63篇;皖江其他历史人物研究110余篇,如许苏民《方以智为什么说西学"拙于言通几"——论方以智的中西哲学比较研究》(《江淮论坛》2014年第5期),肖玉元《从"六尺巷"考证张英的礼让精神》(《兰台世界》2014年第18期)等;皖江历史文化综合研究论文60余篇,如杨昌辉、周开乐、冯南平《城市群创新发展中的产业转移研究——以皖江城市群为例》(《江淮论坛》2014年第5期),江小角、王蔚林《关于皖江地区文化遗产保护与利用的思考》(《理论建设》2014年第4期)等。

2014年,全国共出版皖江历史文化研究著作17部。桐城派与桐城文化研究著作2部;黄梅戏研究著作2部;陈独秀研究著作6部;赵朴初研究著作1部;海子研究著作3部;张恨水研究著作1部;方以智研究著作1部;此外,其他研究著作4部,操竹霞著《皖江城市带回族文化涵化研究:以几个回族传统社区为例》;柯国富、华骏铭编《邓石如篆书〈千字文〉入门》;赖慧玲著《二十世纪仙学大师:陈撄宁仙道养生思想研究》;张国定编著《从文化育人到实践成人:安庆师范学院特色文化建设的探索与创新》等。

全国召开相关学术会议7次。7月18日,"张恨水与文化自强学术研讨会"在潜山举行;

10月11日,"赵朴初人间佛教思想暨太湖禅宗文化学术研讨会"在合肥举行;

10月24—26日,第六届皖江地区历史文化研讨会在安庆举行;

10月25—28日,"桐城派与桐城文化传承和创新"学术研讨会在安庆举行;

10月31日至11月2日,赵朴初思想研讨会在香港举行;

11月26—27日,2014年安徽省黄梅戏剧本创作研讨会在安庆举行;

12月28日,第二届安徽文化论坛在安庆召开,主题为"文化安庆与社会主义文化建设新路径"。

桐城派研究

【"桐城派与桐城文化传承和创新"学术研讨会在安庆市举行】 10月25—27日,由安庆师范学院主办,安庆师范学院文学院、安庆师范学院桐城派研究中心、安庆师范学院皖江历史文化研究中心承办的"桐城派与桐城文化传承和创新"学术研讨会在安庆师范学院召开。参加本次会议的代表分别来自北京师范大学、中国传媒大学、首都师范大学、华东师范大学、河南大学、上海交通大学、中南民族大学、湖南师范大学、福建师范大学、南京财经大学等高校以及安徽省图书馆、桐城派研究会。

北京师范大学文学院院长、博士生导师过常宝教授指出,桐城文化是安徽地域文化的重要组成部分,在明清时期有过辉煌的成就和巨大的影响。河南大学著名桐城派研究专家关爱和教授、湖南师范大学博士生导师赵炎秋教授、华东师范大学博士生导师朱惠国教授、安徽师范大学吴微教授作了主题发言。首都师范大学博士生导师陶礼天教授、华东师范大学博士生导师彭国忠教授对学术主题发言作了点评。

与会专家围绕桐城派与桐城文化传承和创新主题展开讨论。安庆师范学院已建立桐城派研究中心，在桐城文化的文献整理、文学艺术研究，学术文化研究，政治文化研究、教育学研究等领域已取得显著成绩，这次会议的召开对于推动该学院桐城派研究，传承和创新桐城文化具有重要意义。

【桐城派研究成果】 全年桐城派研究发表论文64篇，如叶当前《桐城派与赠序文体》(《中山大学学报(社会科学版)》2014年第5期)，漆永祥《乾嘉考据学家与桐城派关系考论》(《文学遗产》2014年第1期)等；研究著作有：《桐城地域文化研究》(吴功华著，安徽师范大学出版社，2014年2月)，本书运用文化学及地域文化学的理论，对桐城文化进行研究，在充分运用前人研究成果的基础上，论述桐城文化的内涵与外延、产生和发展的过程。《方以智心性论研究》(刘元青著，北京师范大学出版社，2014年11月)，本书从心性论的角度与“当谓”的解释层面研究方以智的思想，按照道体→心性→情→工夫→境界的逻辑次第展开对其心性论的探讨，以前被学界忽视的领域，如方以智的天道观、“公心”、“公性”，以及相关的工夫论与境界论等皆首次进入方氏思想研究视域。《桐城吴汝纶研究》(曾光光著，黄山书社，2014年)，本书以中国近代著名学者、杰出的教育家吴汝纶为研究对象，通过对近代这一典型人物的个案研究，具体生动地展现近代中国文化转型的演变轨迹。

赵朴初研究

【赵朴初人间佛教思想暨太湖禅宗文化学术研讨会在合肥市举行】 为纪念赵朴初居士遗骨回乡树葬十周年和安徽省赵朴初研究会成立十周年，10月11日，由安徽省赵朴初研究会和安徽大学赵朴初研究中心联合举办的“赵朴初人间佛教思想暨太湖禅宗文化学术研讨会”在合肥市新文采国际酒店举行。

安徽省赵朴初研究会会长郑牧民，中国佛教文化研究所所长宋立道，太湖县安徽赵朴初研究会副会长聂万健以及县人大、县政府、县政协有关领导和专家学者、大德法师出席会议。中国佛教协会副会长圣辉法师、澳洲中国汉学密宗研究院智及宗师特派代表参会。来自全国各省(自治区、直辖市)、中国香港地区的专家学者、高僧大德、各界嘉宾以及赵朴初先生亲属100多人参加会议。

11日上午，研讨会开幕，安徽省赵朴初研究会副会长周德义主持会议。与会代表充分肯定太湖县悠久的禅宗文化历史和赵朴初先生一生的丰功伟绩，堪为“一代觉者，百世师范”。他提出的“人间佛教”思想不仅使佛教自身得到极大的发展，也使佛教在国家建设中发挥了积极作用。

宗性法师、净因法师、徐玉成、宋立道、黄复彩、史向前等法师、专家就赵朴初人间佛教思想和太湖禅宗文化进行主旨阐述。下午，大会分成赵朴初人间佛教思想研讨、太湖禅宗文化研讨和深入开展纪念赵朴初工作研讨3个小组，分别就赵朴初人间佛教思想、太湖禅宗文化、深入开展赵朴初研究工作进行热烈研讨。本次会议共收到来自全国各省(自治区、直辖市)、中国香港地区的论文80余篇。

闭幕式上，安徽大学赵朴初研究中心主任王国良做大会总结。赵朴初人间佛教思想是对2000余年佛教发展进行高度总结和凝炼而形成的智慧结晶，是以契理契机的精神变革中国佛教所取得的伟大成果。赵朴初人间佛教思想有着周密的体系、丰富的内涵、较强的可实践性，是中国佛教在新时代所进行的一次伟大的理论探索和系统建设。赵朴初是人间佛教思想伟大的倡导者、实践者，为“文革”后中国佛教的恢复和发展奠定坚实的基础。

【赵朴初思想研讨会在香港举行】 10月31日，香港宝莲禅寺与南京大学中华文化研究院、香港大学佛学研究中心及中文大学人间佛教研究中心，联合举办“赵朴初思想研讨会”，邀请有识之士共同探讨赵朴初人间佛教的思想，追思赵朴初居士的光辉业绩。香港宝莲禅寺在万佛宝殿朴初堂举行隆重开幕揭牌仪式暨“赵朴初思想研讨会”开幕式。国家宗教事务局、中国佛教协会、中国佛学院、香港大学领导、教授及宗教界人士出席仪式。

11月1日，“赵朴初思想研讨会”在富豪机场酒店内举行，研讨会分别以“赵朴初与人间佛教”、“赵朴初与佛教的自身建设”及“回忆赵朴初居士”为题作分组研讨。11月2日在酒店宴会厅内举行闭幕式。闭幕式上，主办方还为大家呈现洞箫、古琴、舞蹈及梵呗等不同元素的舞台表演，并展示赵朴老的诗词墨宝。

【赵朴初研究成果】 全年赵朴初研究发表论文

12 篇，如陈辽、袁普泉《赵朴初、星云法师的新佛教观比较》(《江苏省社会主义学院学报》2014 年第 1 期)，徐文、王昊《赵朴初：摩腹大有益》(《新湘评论》2014 年第 24 期)等；研究著作有：《赵朴初传：行愿在世间》(谷卿　汪远定著，东方出版中心，2014 年 1 月)。本书在赵朴初诗词赏鉴、书法赏析等方面有详细的解读和述说。把他的成长放在历史和诗的环境中来写，还挖掘赵朴初与西泠印社的艺缘及其与书画家、篆刻家们的交往酬答等。

张恨水研究

【张恨水与文化自强学术研讨会在潜山举行】 7 月 18 日，“张恨水与文化自强”学术研讨会在安徽潜山开幕，标志着张恨水诞辰 120 周年系列纪念活动正式启动。季昆森、黄杰、刘江颖、朱良剑、卓晓静、张劲松等省、市、县领导为张恨水纪念馆揭牌；省、市党政领导、有关部门负责人和来自全国的专家学者及张恨水先生的亲属等 200 人参加会议。

张恨水之女，安徽省文史研究馆海外特约研究员、美国大华府中华文化艺术同盟主席张明明女士作了讲话。张恨水先生是中国文学的骄傲，他坚持平民立场、民族气节，笔耕 50 余年，创作出 3000 余万字的文学作品，具有极其丰富的研究价值。张恨水研究会成立近 30 年来，取得丰硕的研究成果，极大提升了张恨水和潜山的知名度和影响力。北京大学中文系教授孔庆东、苏州大学中文系教授汤哲声、中国文艺评论家协会理事解玺璋做主题发言，来自全国各地近百名学术专家进行学术交流。

投资 520 多万元的张恨水纪念馆，建筑面积 700 平方米，纪念馆前是张恨水铜塑像墓地，其中主展厅面积 270 平方米。纪念馆陈列分为“少年才俊”“新闻生涯”“创作成就”“人生情怀”“夕照青山”“故土情结”“传播与研究”七个部分。

【张恨水研究成果】 全年张恨水研究发表论文 27 篇，如王木青《论张恨水的写实追求与新文学作家的批评》(《江淮论坛》2014 年第 5 期)，季剑青《过眼繁华：张恨水的北京叙事——从〈春明外史〉到〈啼笑因缘〉》(《文艺争鸣》2014 年第 8 期)等。研究著作有：《张恨水年谱》(谢家顺著，安徽文艺出版社，2014 年 7 月)，本书以张恨水活动及相关事实为经，以其亲朋及与其有直接关系的人物为纬，综述当时的政治、经济、文化等方面，以记张恨水本事为主，兼记与之相关的人物的情况。

黄梅戏研究

【2014 年黄梅戏展演周】 9 月 17 日至 10 月 6 日，13 部黄梅大戏在黄梅戏艺术中心、石化俱乐部依次上演。这是安庆市第二次举办黄梅戏展演周活动。9 月 30 日开始，8 场广场文艺天天演在皖江公园连续上演，上百个节目供市民、游客免费观看。9 个社区舞台进行小戏小品巡演。9 月 19—21 日，连续 3 天 6 场，25 台小戏依次亮相登台面向群众展演。经过评选，获得优秀剧目奖的小戏《巧嫂卖瓜》、《红娘》和小戏《六尺巷》还入选开幕式，成为当晚令人瞩目的亮点节目。100 场黄梅戏电影走进社区、广场、工地、学校、敬老院。据不完全统计，展演周期间，全市共向社区居民、环卫工人、公交司机等基层群众免费发放戏票 2000 余张；15000 多名来自全国各地的戏迷观看 14 场大戏演出；近万名普通市民在社区、在广场观看黄梅戏演出和电影展映。

展演周期间，安庆市以黄梅戏旅游为主题，拟定多条精品旅游线路，充分整合黄梅戏演出活动、票友广场文艺活动、黄梅戏名人故居和安庆山水旅游资源。活动吸引各地游客和旅行团来宜，台湾旅行商一行 25 人走进天柱山、文博园进行踩线考察。长三角千人自驾来安庆观景听戏。还有 10 家媒体来宜体验风情。

9 月 30 日至 10 月 7 日，黄梅戏展演周系列活动之一名品展销活动在市 5 大景区、9 家宾馆酒店进行。参展商品包括安庆中华老字号企业生产的系列产品、获得省级以上名牌农副产品以及安庆的地方特色名优产品。

【全省黄梅戏剧本研讨会在安庆举行】 11 月 26—27 日，全省黄梅戏剧本创作研讨会在安庆市举行，来自省内外的黄梅戏专家学者及剧本创作者，对 2013 至 2014 年度的黄梅戏新剧本进行研讨。

此次研讨会在全省范围内共征集2013至2014年度黄梅戏大戏剧本11部，小戏剧本9部，其中大戏为《酱王胡玉美》《珍珠塔》《卖鬼肉》《二婚记》《余梅救子》《夫人城》《竹痴县令》《血染金鸡碑》《花未全开月未圆》《太湖名士王大枢》《露水夫妻》；小戏为《天台路上》《翠翠的梦》《撵媳妇》《神仙井》《好汉坡》《张果老作媒》《新娘梦》《借新郎》《送错礼》，剧本既有来自专业作者的创作，也有部分出自业余作者之手。

此次研讨会从新剧本中遴选出《酱王胡玉美》《花未全开月未圆》《露水夫妻》《太湖名士王大枢》4部大戏进行专门研究讨论。两天的时间，来自安徽省及湖北省的专家、作者紧扣剧本，各抒己见，对新剧本给予充分的肯定和鼓励，并为剧本的完善和提升提供意见。

此次活动由安徽省黄梅戏艺术发展基金会、安庆市文广新局联合主办，安庆市黄梅戏剧院承办，旨在稳定黄梅戏创作队伍，激发编剧人员的创作热情，为黄梅戏舞台演出提供更优秀的剧目。研讨会以安庆为基地，迄今已连续举办13届，参与研讨的剧本达62部，通过研讨搬上省内外专业院团舞台的有17部。

【3剧获得国家艺术基金立项资助】 国家文化部公布国家艺术基金2014年度舞台艺术创作资助项目名单，全国100个，安徽有12个，安徽再芬黄梅文化艺术股份有限公司申报的黄梅戏《徽州往事》、安徽黄梅戏艺术职业学院申报的黄梅戏小戏《红娘》和《骄杨》3项艺术项目成功入选。

【黄梅戏职业学院成果丰硕】 黄梅戏职业学院首次获"文华艺术院校奖"铜奖（该奖项是文化部主办的专业舞台艺术政府最高奖——"文华奖"的分项之一）；学生马腾获全国第四届"黄梅之星"黄梅戏青年演员电视大赛"黄梅新星"称号，总成绩名列第一；在第十八届中国少儿戏曲小梅花荟萃活动中，学院喜摘4朵小梅花金奖，是学院有史以来获"小梅花"奖项人数最多的一次，其中，学生方梦跻身全国十佳之列。音乐系学生窦祖莲在"中国民族文化艺术展示盛典"活动中获安徽赛区青年组声乐大赛二等奖；在省十三运开幕式中，职业学院表演系、综艺系和舞蹈系的100多名学生参加演出，学院因此获"安庆市综合性重点工作先进集体"称号。2014年高校人文社科研究重点项目《安徽高校艺术人才培养与安徽地方民间艺术资源整合的研究和实践》成功立项。

黄梅小戏《骄杨》获安徽省小戏小品展演"优秀剧目奖"、"编剧一等奖"和"表演一等奖"，《红娘》获安庆市小戏小品展演专业组"优秀剧目奖"和"表演奖"；黄梅小戏《惜别》获"中华颂"第五届全国小戏小品曲艺大展银奖；话剧《梦想在路上》获"青春·理想"安徽省第三届大学生原创话剧大赛一等奖；黄梅戏《闪婚》获2014年"文化强市"建设专项资金资助；大型校园青春版黄梅戏《梁祝》参加2014年安庆十一黄梅戏展演周展演。

【黄梅戏研究成果】 全年发行《黄梅戏艺术》（季刊）4期。全年黄梅戏研究发表论文84篇，如邵敏《黄梅戏的生态形式与媒介形式》（《当代文坛》2014年第2期），黄晶《黄梅戏文献整理与研究》（《图书馆杂志》2014年第7期）等。研究著作有：《严凤英画传》（张凤高编著，中央文献出版社，2014年3月），本书记录和展示传主严凤英38年的人生经历、追求黄梅戏艺术的艰难道路及其艺术成就，通过图文并茂的形式，再现新中国成立后严凤英从艺、从政的冲天热情和深受广大黄梅戏观众喜爱的动人场面。《徐代泉黄梅戏唱腔作品选》（徐代泉编著，安徽文艺出版社，2014年7月），本书收编十几部黄梅戏音乐电视剧选段（66段）及几个舞台剧和广播剧的唱腔，除《汉宫秋》及《桃花扇》属广播剧外，其他都是舞台剧，共24段。另外还收录20首黄梅歌。

陈独秀研究

【主要活动】 4月1日，市政协、市陈独秀学术研究会组织清明节祭扫陈独秀墓活动。市政协副主席、市陈独秀学术研究会会长鲁德主持，市政协主席张金锐致祭词。安庆师范学院、安庆职业技术学院、安庆医专、安庆职教中心、安庆育才中学师生参加祭扫活动。

3月，安庆市陈独秀学术研究会副会长李银德主编的《陈独秀画传》由中央党史出版社出版，在全国发行。

6月12日，美籍华人陈独秀研究专家赵沈允，到安庆进行学术交流。市陈独秀学术研究会常务理事张皖生负责接待，向客人介绍近年来安庆陈独秀学术研究会的研究成果。

12月28—29日，在合肥市安徽大学举办"新文化运动百年反思系列学术研讨会议”。北京大学、复旦大学、浙江大学、中山大学、武汉大学、中国社会科学院、首都师范大学、台湾政治大学、台湾东海大学共40多位学者参加了研讨会。安徽省陈独秀研究会副秘书长、安庆市陈独秀学术研究会副秘书长、市独秀园管理处主任徐克平参加研讨会。

【陈独秀研究成果】 全年陈独秀研究发表论文96篇,如陈祥明《陈独秀与蔡元培教育思想之比较》(《学术界》2014年第1期),彭春凌《〈新青年〉陈独秀与康有为孔教思想论争的历史重探》(《北京大学学报(哲学社会科学版)》2014年第3期)等。研究著作有:《先驱之死:陈独秀的晚年岁月》(张宝明 刘云飞著,华文出版社,2014年1月)、《酒旗风暖少年狂:陈独秀与近代学人》(石钟扬著,山东画报出版社,2014年1月)、《硬骨头陈独秀五次被捕纪事》(丁晓平著,中国青年出版社,2014年8月)、《陈独秀思想研究新论》(贾钢涛著,光明日报出版社,2014年9月)。

2014年,研究会编印两期《陈独秀研究通讯》。

2014年,《陈独秀研究》网站改版,容量大幅度增加。网站现存文章1720篇、照片210张,每天点击量在300人次左右。

(李银德)

其他社科活动

【安徽省第九届学术年会】 2014年12月20日,省社会科学界第九届学术年会在合肥召开。本次年会围绕“全面深化改革与安徽实践”主题开展深入的学术交流,年会共收到论文近400篇,经各专场专家委员会和年会学术委员会两轮严格评审,评选出60篇优秀论文参加学术年会大会交流,同时按学术专著范式公开出版。60篇优秀论文中,安庆市入选3篇,市政协副主席戴德民的《美好乡村建设应走富有特色之路》和市财政局国资办主任陈斌的《浅论我国混合所有制发展策略》作为全省非教学研究部门入选优秀论文中仅有的2篇。戴德民的《美好乡村建设应走富有特色之路》不仅在本届年会“经济改革牵引与全面小康建设”研究专场作了大会发言,收到与会学者充分肯定,同时还被省社科联《学界兴皖》(2014年第12期)以专版的形式上报省委、省政府,供领导决策参考。

【第二届安徽文化论坛在安庆市举行】 12月28日,第二届安徽文化论坛在安庆召开。本届论坛由安徽省社会科学院、安庆市委、市政府和安庆师范学院联合主办,主题为“文化安庆与社会主义文化建设新路径”。

来自省内外社科研究、高校和宣传文化单位的专家学者约120人出席会议。本次论坛以“文化安庆与社会主义文化建设新路径”为题,说明安庆文化在安徽占据着重要地位。安庆市委常委、宣传部长陈爱军认为,推进文化建设必须以科学发展为方向,以品牌打造为引领,文化要“有说头”“有看头”,还要“有赚头”。要着力彰显安庆文化特质特色;着力推动事业产业做大做强;着力加快体制机制创新创造;着力深化资源业态整合融合。

会上多位专家学者就安庆历史文化遗产整理、保护与历史文化名城建设、安庆籍历史文化名人作了大会交流。

【第六届皖江地区历史文化研讨会】 10月25—26日,以“皖江文化与创新发展”为主题的第六届皖江地区历史文化研讨会在安庆市召开。本届研讨会由安徽省社科联与安庆师范学院联合主办,安庆市社科联、安庆职业技术学院、安庆市皖江文化研究会协办。

省社科联办公室主任韩修良主持开幕式,来自沿江各市社科联的嘉宾和省内外专家学者、有关单位代表,共计124人出席研讨会。

安庆师范学院副院长汪时珍教授主持大会主题学术发言,方盛良、徐国利、董根明等7位来自各地的专家学者进行主题学术发言。汪谦干研究员、朱洪教授对主题学术发言分别作了现场点评。下午,研讨会分经济社会、思想文化、戏曲艺术、历史典籍、历史人物等5个研讨小组进行深入交流,省社科院研究员、省文史馆馆员沈葵主持大会集中交流。

本届研讨会共收到论文124篇,涉及经济社会、思想文化、民俗艺术、历史典籍、历史人物等多个方面,安庆市推荐的11篇论文,入选本次研讨会论文汇编。

【枞阳县设立方苞文学奖和朱光潜艺术奖】 为了繁荣枞阳本土文化,枞阳县于3月31日出台《关于印发枞阳县方苞文学奖朱光潜艺术奖评选奖励办法的通知》,设立方苞文学奖和朱光潜艺术奖。“两奖“设立后成为奖励在枞阳创作或以枞阳为题材创作的优秀文学艺术作品的最高奖。”方苞文学奖“评奖范围包括小说、诗歌、散文、剧本、儿童文学等；”朱光潜艺术奖“评奖范围包括没学、书法、摄影、曲艺、舞蹈、影视、美术、民间艺术等。”两奖“每2年评选一次，各设奖金10万元，设立一等奖1名，二等奖2名，三等奖若干名。评奖委员会由枞阳县人民政府、县委宣传部、县文联和相关专业协会负责人及专家评审组组成。首届“方苞文学奖”和“朱光潜艺术奖”创作重点座谈会于7月6日在合肥举行，座谈会由枞阳县文联和皖江文化研究会合肥分会举办，会上研讨如何组织创作优秀作品参评，对完善评奖办法提出了建议。

【新四军研究】 9月28日，市新四军研究会召开庆祝建国65周年系列活动。与市委党史研究室联合举办《红色印记图片展》。编印以庆祝新中国成立65周年为主要内容的《皖江烽火》第十六辑和《皖江风云》第二十九期。

梅　城　镇

位于潜山县境中南部，国家级风景名胜区天柱山的东南部，为潜山县县城所在地。历史悠久，春秋时，周王封偃姓大夫于此，名皖国，安徽省简称“皖”源于此。梅城作为潜山县城所在地，至今已有700年左右。梅城古镇，扼据险要，历代战事不绝。梅城又是著名的文化之乡，境内著名历史与现代人物有：我国最早叙事诗《孔雀东南飞》主人翁刘兰芝、焦仲卿；晚唐诗人曹松；北宋大画家李公麟和著作家朱翌；清代徽班的领袖程长庚；现代通俗小说大师张恨水等。境内主要名胜古迹及古建筑有：晋咸和年间建造的太平塔、始建于北宋年间的天宁寨、《孔雀东南飞》故事发生地焦家畈孔雀台、广教寺、刘源庙、胭脂井、乔公墓、舒王读书台（王安石任舒州通判时读书的地方）、烈士陵园等。

卫生·体育

卫　生

概　述

2014年，全市拥有医疗卫生机构2347个，卫生人员总数28731人，其中卫生技术人员20887人，占总数的72.7%。拥有执业（助理）医师8186人、注册护士8140人；拥有床位18814张，平均每千人口拥有卫生技术人员3.4人、执业（助理）医师1.3人、注册护士1.3人、床位3.0张。全市医疗卫生机构总诊疗量2159.6万人次，比上年增长4.02%；新农合实现农村居民全覆盖；婴儿死亡率4.44‰、5岁以下儿童死亡率5.87‰、孕产妇死亡率9.91/10万，提前达到“两纲”要求。

年内，为乡镇卫生院输送17名“支医”高校毕业生、34名特岗全科医生，免费培养28名农村定向医学生，培训乡镇卫生院管理及医疗骨干315名、村医1576名。完成88名全科医学师资、100名全科医生岗位（转岗）培训，开展住院医师规范化培训84名。加强继续医学教育，实施全员在岗培训。全市3788人参加全国卫生专业技术资格考试和护士执业资格考试，2495人取得卫生专业技术资格。组织开展医学重点学科评审，加强45个市级重点学科建设与管理。

医药卫生体制改革

【县级公立医院综合改革】 贯彻落实省政府《关于巩固完善县级公立医院综合改革的意见》，严格执行全省公立医疗机构药品、医用耗材、医用设备集中招标采购政策，累计拨付县级公立医院药品零差率补助经费3462万元。14家县级公立医院（不含省直管县宿松）门急诊306.25万人次，比上年增长14%；住院24.02万人次，增长7%；住院患者药品占医疗收入比重降至37%。各县（市）均选择1所县级公立医院和3所乡镇卫生院启动“先住院后付费”诊疗服务试点工作，改善群众就医感受。

【基层医改】 落实基层医改政策，完善与专项补助、奖励基金、绩效工资、医保支付等挂钩的考核办法，每村卫生室的公用支出3600元纳入追加预算，用水、用电执行民用价格工作基本落实到位。市政府办公室出台《关于加强乡村医生队伍建设的若干意见》，村卫生室医疗执业风险分担机制初步建立，2493名符合条件的到龄退出村医领取到300元/月的生活补助。全市乡镇卫生院门急诊269.14万人次，比上年增长0.53%；住院6.32万人次，基本持平。全市村卫生室门诊547.49万人次，增长9.5%；门诊次均费用28.25元，下降0.6%。推进非政府办社区卫生服务中心实施药品零差率。

【新农合保障】 人均筹资标准达390元，参合率达99.58%（省指标95%），筹集资金16.84亿元，650余万人次受益。新增13种常见病纳入按病种付费管理；新农合大病保险列入省、市政府民生工程，实现全覆盖。所有统筹地区均建成新农合短信平台，采用二代身份证就诊报销覆盖率达90%。全市100%公立医疗机构实现网络即时结报。每季度对辖区内定点医疗机构住院人次及增长幅度、病种结构、次均住院费用、上涨情况、存在问题及整改落实情况进行通报。对住院人次超常增多、病种结构异常、费用涨幅过大的医疗机构实行重点监控，严格控制医疗费用上涨幅度。

重大疾病和公共卫生防控

【基本公共卫生项目】 11类43项基本公共卫生服务被纳入省、市政府民生工程，对照目标要求，规范实施，各项指标全部或超额完成。全市建立居民健康档案407.61万人，规范化电子档案管理率82.98%（省指标70%以上）。65岁以上老年人、高血压患者、Ⅱ型糖尿病患者、重性精神病患者规范管理率分别达74.95%、60.22%、69.69%、97.5%（省指标55%、45%、45%以上、80%以上）。实行0—6岁儿童预防接种信息化管理30.6万，累计免费为适龄儿童接种免疫规划疫苗91.73万剂次，扩大国家免疫规划预防接种任务完成率106.3%，适龄儿童建卡率100%，疫苗接种率持续保持90%以上；在全省率先推行“谁接生，谁建卡、建证”的新模式，有效避免重复建卡和漏建卡。实施孕产妇保健管理21.6万人次，孕产妇系统管理率80.67%（省指标75%）；0—6岁儿童保健管理35.29万人次，3岁以下儿童系统管理率83.95%（省指标80%），7岁以下儿童保健覆盖率91.78%（省指标90%以上）。为37.93万名65岁以上老年人开展中医体辩识和中医药保健指导，为11.61万名0—3岁儿童进行中医药健康指导，管理率分别达67%、79%。加强传染病和突发公共卫生事件报告和处理，建成覆盖210个乡镇的疾病监测报告系统。全市诊疗机构传染病网络直报系统正常运行率100%；法定传染病网报综合率99.96%，报告综合质量位于全省前列；法定传染病报告发病率437.79/10万，继续维持在较为稳定的流行水平。在全市136个乡镇建立卫生监督工作站，聘任乡镇卫生监督协管员386人，建立横向到镇、纵向到村的卫生监管网络。

【重大疾病防控】 落实结核病、艾滋病、血吸虫病等重大疾病防控措施，全年救治结核病病人887例，完成率105.6%；救治艾滋病病人167例，完成率181%；救治晚期血吸虫病病人1470例，完成率105.8%。继续推行“医防结合”防治策略和“三位一体”的新型结核病防治服务模式，继续保持现代结核病控制策略（DOTS）管理率100%，发现活动性肺结核病人完成率103.9%，治愈率92.2%，耐多药结核病可疑者筛查完成率112.2%。加大艾滋病高危干预和宣教力度，开展同伴教育、安全套推广，定期组织实施高危和重点人群干预活动，开展集中和经常性的艾滋病防治知识宣传教育；33家艾滋病自愿咨询检测监测点累计完成免费自愿咨询检测7050例，完成率101.44%；落实艾滋病“四免一关怀”政策，所有符合条件的艾滋病病人均得到免费抗病毒和抗机会性感染治疗，艾滋病感染者和病人随访率100%。全市实现血吸虫病传播控制标准，累计查螺1.9亿平方米，完成率169%；药物灭螺2776万平方米，完成率200.3%；查病54.1万人次，完成率159.7%；治疗6.8万人次，完成率135.7%；聘用164名禁牧协管员（不含宿松县）；创建3个省级、1个市级血吸虫病网络诊断实验室，创建3个省级血防综合治理示范区；全年未发现感染性钉螺、无报告急感病例。

【爱国卫生运动】 启动安徽省卫生城市创建工作，明确“建管并重，重基础、重实效、重民生、重常态”的工作思路，确定“一年打基础，两年上台阶，三年基本达标”的工作步骤，全面推进卫生城市创建。全市各级财政投入80余万元建设灭鼠毒饵站2万个，完成8个农贸市场的整治，新增移动式公厕10个，东部新城开工建设公厕5个，城区主要道路更新果皮箱2568个、公厕指示牌268个。卫生创建再创佳绩，怀宁县平山镇被省爱卫会命名为省级卫生镇，实现市省级卫生镇“零”的突破；太湖县江塘乡大塘村、岳西县政务服务中心、枞阳县农委分别被省爱卫会命名为“安徽省卫生村”“安徽省卫生先进单位”，岳西县冶溪镇、怀宁县公岭镇三铺村、安庆市公安局等30个镇、村、单位分别被市爱卫会命名为“安庆市卫生镇”“安庆市卫生村（社区）”“安庆市卫生先进单位”。

【健康教育】 强化健康促进工作，围绕卫生宣传日、全民健康生活方式行动等，通过多种形式组织开展90余次（场）大型宣传活动，现场发放各类宣传制品4万余份。通过电视台播放健康教育公益广告366次，在《安徽日报》《新安晚报》《安庆日报》《安庆晚报》等平面媒体刊发相关稿件100余篇，在卫生门户网站开辟专栏；累计发放各类宣传资料134.4万张（册），设置宣传栏7291个，举办健康讲座、咨询等1.32万次。

【卫生应急】 调整充实市公共卫生应急处理工作领导小组、市卫生应急专家咨询委员会，健全各类卫生应急专业队伍，现有各类卫生应急队伍116支764人次，卫生应急专家库专家510人。健全应急预案体系和信息报送、风险评估、监测预警等制度，加强突发事件公共卫生风险分析评估，市人感染H7N9禽流感疫情风险评估工作在全省风险评估培训班上作经验交流。强化卫生应急演练与培训，举办“人禽流感、SARS、鼠疫等突发传染病防治”、“突发公共卫生事件流行病学调查与监测处理”等培训班20余次，累计培训人员1000余人次；开展并参与省、市级相关应急演练5次。及时、有效处置流感、H7N9流感、细菌性痢疾、手足口病及疑似登革热疫情等传染病疫情30余起，均未造成扩散。成功处置4例H7N9流感疫情，其中2例痊愈，受到省卫生厅和市委、市政府的高度肯定。完成14名来自埃博拉疫区人员的健康监测和管理工作。

【妇幼卫生】 为75181名准婚人员实施免费婚前健康检查，完成率125.51%，平均婚检率89.21%。为35245名农村育龄妇女免费提供叶酸，完成率114.06%。农村孕产妇住院分娩率99.99%，为36152名农村孕产妇提供住院分娩补助资金1084.56万元，完成率116.99%。为4名婚检中检测出艾滋病病毒抗体阳性的病例、3名孕产期检测出艾滋病病毒抗体阳性的病例、13名孕产期检测出梅毒阳性的病例，采取综合预防阻断措施，提供咨询、心理支持和综合关怀服务。潜山县作为全国儿童贫困地区营养监测项目实施县，完成200人基线调查，为5631人发放营养包38855盒，有效食用率98.3%。太湖、枞阳两县作为全省两癌筛查项目实施县，完成4031人乳腺癌及3.1万人宫颈癌筛查任务。

医疗服务管理

【提升医疗质量】 开展基层医疗机构规范化建设年活动，健全基层医疗机构执业规范，查处一批违规执业、存在安全隐患的诊所或其他医疗机构。开展“三好一满意”活动，落实医疗质量和医疗安全核心制度；加强医院感染管理工作，组织开展医疗机构医疗废弃物处置、血液透析室及消毒供应中心等专项检查，全面启动“加强手卫生管理”活动，强化医务人员手卫生意识。推进预约诊疗、临床路径管理及优质护理服务。落实53种疾病不需要静脉输液措施。加强血液安全监管，市政府制定年度无偿献血指导计划，构建无偿献血工作长效机制，全年无血液违法案件发生。实施贫困白内障患者复明手术921例，完成率112.3%。推进“平安医院”创建，二级以上医院均设立客户服务中心，及时调处医患矛盾和患者投诉；建立出院患者电话回访制。联合市公安局，建立警医联动机制，在二级以上医疗机构设立警务室或治安室；迅速处理市立医院“5·24”暴力袭医事件。市、县均建立医疗纠纷人民调解组织，市医调委2014年受理调解医患纠纷53起，调解成功率100%。完成省第十三届运动会、第六届残运会、第七届民运会以及“市两会”、中高考等重点时段的医疗卫生保障任务。

【提高医疗机构服务能力】 市第一人民医院—宜秀医疗联合体工作稳步推进，安庆石化医院改制重组顺利实施。全市将城乡医院对口支援工作与“万名医师支援农村卫生工程”项目、“县级医院骨干医师培训”项目相结合，组派二级以上医院33支医疗队164名医生对口支援乡镇卫生院，组织城区6所二级以上医院为12个城市社区卫生服务中心提供医疗技术支援。落实万名医师支援农村、脑卒中高危人群筛查与防治、公立医院院长、骨干医师、专科护士、康复治疗、临床检验、院前急救、儿科、采供血人员等培训项目，累计培训450人次；对市、县、乡、村四级医疗机构药师进行基本药物合理使用培训，累计培训4400人。

【推进中医药事业】 实施“三名”（名院、名科、名医）工程，市立医院被评为省级综合医院中医药工作示范单位；全市拥有“省国医大师”1人、安徽省名中医5人、基层名中医12人；拥有省级名老中医工作室4个。培养基层中医临床骨干9名；实施农村中医一技之长人员纳入乡村医生管理工作，23人通过临床技能考核和理论考试。结合国家公共卫生专项资金和省级重点专科专病建设项目，强化县级中医院专业人才培训；组织乡村医生参加中医专业中专学历教育；招聘招募中医院校本科毕业生或中医类别执业医师到乡镇卫生院工作。

【卫生行风建设】 强化医德教育，组织学习《加强医疗卫生行风建设“九不准”》和《安徽省医疗机构从业人员行为规范实施细则》等规定，开展反面典型案例教育及“严格遵守九不准守住行为规范底线”培训活动，强化纪律意识，提高职业素养。开展深化作风建设提升群众满意度活动，从完善服务制度、强化医疗监管、加强收费监管、严查不正之风等四个方面，规范服务行为。深化医药购销领域治理商业贿赂工作，针对市电视台第七期《百姓问政》节目曝光的个别医生引导患者到指定商店购买眼镜问题，制定《关于严禁医务人员利用职务之便谋取不正当利益的通知》，开展自查自纠，查处违纪违规问题。认真执行医药购销领域商业贿赂不良记录规定，全面落实签署《医疗卫生机构医药产品廉洁购销合同》制度，对回扣、红包专项治理、“一清三查”等工作开展专项督查，及时查处和回复来信来访、网友留言、电台热线、局长信箱等渠道反映的行风问题。“1584政风行风热线”办结率和反馈率100%。

依法行政和卫生监督

【依法行政】 开展卫生系统行政不作为乱作为专项整治活动,编制市卫生局行政权力清单和行政权力流程图,推行市级政府权力清单和责任清单;开展对医疗卫生涉法事务的法律咨询和审查工作。推进卫生法制建设,组织开展各种形式的"六五"普法、"法律六进"、"12·4"国家宪法日等宣传教育活动。开展卫生行政审批服务项目第六轮流程再造活动,实现审批再提速及无缝承接省级下放的许可项目,项目即办率由20%提高至43%,即办件比例由42%提高至86%,许可事项申报材料减少10%,行政审批办结率达100%。政务中心卫生窗口接待群众咨询5608人次,受理事项、办件15450件,未出现投诉、超时和差错现象,被评为"2014年先进窗口"。

【卫生监督】 加强卫生监督机构能力建设,创新人员培训模式,采取大班授课与小班培训并举,现场制作文书与相互点评结合,举办卫生监督培训班6期,培训365人次。规范卫生行政处罚案卷,评选优秀案卷35份;修订完善37种执法文书参考范例,被作为蓝本在全省推行。全市现有医疗机构、公共场所、生活饮用水单位、职业放射卫生技术机构等被监督对象8912户,开展经常性监督13752户次,实际监督8833户,监督覆盖率99.11%,合格率99.8%;经常性卫生监督覆盖率位于全省前列。完成公共场所、生活饮用水、农村集中式供水单位、医疗机构、传染病防控、消毒产品及放射(职业)卫生、人感染H7N9禽流感防控等重点及专项监督检查任务;推进打击非法行医专项行动,我市1起无证行医案入选全国《典型案例》,为我省唯一入选案例。推行个体诊所"三统一"(统一诊所标牌、信息公示和监管档案)规范化监管,全市287家个体诊所,255家达标,达标率88.85%。全市卫生监督执法立案186起,结案161起。

(钱　昕)

体　　育

概述

2014年,全市体育工作以"省十三运"为重点,明确任务,落实措施,群众体育基础日益雄厚,竞技体育快步提升,体育产业发展不断加快。4月26日—10月21日,举办省第十三届运动会;10月26—29日,举办省第六届残运会;11月3—6日,举办省第七届民族运动会。"三运"同城,开创全省体育发展史之先河。在省十三运开幕之前成功举办首届市民运动会、首届职工运动会。参加省运会取得比赛名次全省第二、综合名次全省第三的历史最好成绩,安庆代表团获"体育道德风尚奖"。

安徽省第十三届运动会

【举办安徽省第十三届运动会】 4月26日至10月21日,举办省第十三届运动会。省委书记张宝顺、省长王学军等省党政军领导出席开幕式,接见全省群众体育和体育系统先进代表。开幕式前后,举办全省群众体育及体育系统先进表彰大会、体育科学大会和首届体育美术书法摄影展等系列活动。本次省运会有16个市、69所高校1万多名运动员参赛,加上裁判员、教练员、工作人员和志愿者等,总人数超过2万人,创省运会历史记录。全部30个大项、738个小项的比赛,前后历时半年。青少年部有1人6次打破3项全省成年纪录,37人24队124次打破56项全省青少年纪录;高校部有37人6队61次打破25项全省大学生纪录。裁判员恪尽职守、公正执裁,各代表团严格管理、严明纪律,运动员赛出风格、赛出水平,没有出现一例赛风赛纪问题。183个运动队、1083名运动员、164名裁判员荣获"体育道德风尚奖"。

【安庆市代表团创历史最好成绩】 本届省运会上,安庆市代表团组织700余人,参加20个大项、362个小项的比赛。获得129枚金牌、71枚银牌、67.5枚铜牌、团体总分数4282.5分,赛场金牌总数、奖牌总数位居全省第2位;综合金牌总数、综合奖牌总数、综合团体总分数、赛场团体总分数均居全省第3位,获"体育道德风尚奖"。创造安庆市在省运会历史最好成绩。

【突出群众参与性】 开幕式和闭幕式的文体展演，突出群众性、地方性、艺术性、体育性，展现全民健身的辉煌成果、地域文化的独特魅力，受到场内外观众包括社会各界人士的广泛赞誉。开闭幕式的文体表演活动，由普通群众唱主角，演老百姓喜闻乐见的节目。参演的2600多人主要是普通市民和学生，年龄最小的13岁、最大的77岁。本次省运会所有赛事和活动门票均为免费，群众免费乘坐公交车观赏开闭幕式，有10多万群众走进赛场、观看赛事、欣赏表演，共享省运的精彩、欢乐与激情，让省十三运真正成为体育的盛会、人民的节日。为省运会新建和改造的体育设施，赛后绝大多数将向市民免费开放，大型场馆也将降低使用成本，让老百姓"进得去、玩得起"。

【强化服务保障】 改革竞赛办法规程，科学设置竞赛项目，合理编排竞赛日程，促进办赛工作的规范化、标准化。加强重大活动的组织协调，保障各项工作有序衔接、无缝对接。对开幕式交通疏导和4万多人员的进出，制定严密的安保措施、科学的交通保障方案和周全的应急预案，通过实名制门票、分时段安检、快速摆渡等办法，实现进场时安全有序、散场时分流快捷。城区安排58家接待宾馆，各县(市)也安排定点接待宾馆，所有宾馆均配备安保、医疗卫生、食品安全、志愿服务等工作人员。建立联系单位对口接待制度，安排专人组成工作组驻点，全程做好服务保障工作。市、县两级招募1100多名志愿者，在长达7个月时间内，提供25000人次的志愿服务。市辖8县(市)均承办省运会比赛，达17项次。解决市区场馆设施不足的问题，推动各县的体育设施建设，提升县级承办高水平体育赛事的能力，促进体育事业的全面发展。

【做好舆论宣传】 坚持传统媒体与新兴媒体相结合，通过内宣、外宣与社会宣传等各种渠道，多角度、高密度、有深度地报道省运会盛况，实现开闭幕式卫视、广播和网络现场直播。利用公交车、站牌亭、大巴车、出租车LED显示屏、高速"高炮"广告、室外电子显示屏等各类载体，宣传省运，为省运会圆满成功营造良好的社会氛围。

【推动竞技体育提升】 进入省十三运周期以来，在重点抓好田径、游泳等传统优势项目的基础上，优化项目设置，调整项目布局，拓宽夺金面，全市注册运动员达到1622人、其中具备参赛资格运动员714人，市参赛省十三运项目夺金点全面开花，填补安庆弱势项目夺金点的空白。

群众体育

【开展系列群众体育活动】 开展系列"与省运同行"群众体育健身活动，促进"我运动、我健康、我快乐"的理念。全市单项体育协会达到17个，为2010年的两倍；省级体育专项特色项目学校达到3所、省级体育传统项目学校达到11所。举办市级群众性体育活动百余场，参加人数超过10万人次。获全国群众体育先进单位。2014年前三季度，全市城乡居民人均与体育相关的直接消费较上年同期增长40%。

【完善群众体育设施】 新建4万席的市体育中心及水上运动中心、全民健身中心，改造市体育场和体育馆，具备承办国际赛事的能力。各县都新建和改造体育场馆，实现"县县有场馆，一步跨十年"。启动实施城区的沿江、滨湖全民健身工程，打造集市民休闲、健身于一体的综合性场所。结合美好乡村建设，实施319个村的体育健身工程。

【举办体育惠民活动】 完成4600人国民体质监测，开出运动处方。举办"8·8"全民健身日全民健身系列展演活动，开展大型科学健身宣传活动，全市体育场馆免费开放。截至2014年，培训社会指导员6014人，推动群众体育开展。

体育产业

【高危险性体育项目管理】 对所有涉及体育的职权进行清理。2月对各类行政审批、行政监管及行政处罚条款，逐条进行梳理。4月下旬组织各县(市)区参加省体育局、法制办举办的行政执法人员培训，10人取得体育行政执法资格。6月下文对全市、各县(市)区经营场所安全管理工作进行全面部署，游泳场所进行执法检查。参加省局举办救生、游泳项目社会体育指导员的业务培训，确保游泳场所的安全，全市有9家游泳经营单位获的高危险性体育项目许可证。

【推进体育产业园建设】 安徽亿乐体育器材制造有限公司是安徽地区资质最全、规模最大、业绩最好的健身器材专业生产、销售企业之一。2014年自筹资金100万元，省级政府财政补贴40万元，进行二期建设，至年底投产。"亿乐"商标被认定为"安徽省著名商标"，至10月，实现产值2900万元，利税60万元，解决就业人员40人。岳西彩虹瀑布景区启动体育旅游健康休闲产业园项目建设。总投资超过4000万元。安徽小龙山(巨石山)体育健康休闲产业园二期“户外营地项目和高尔夫”项目继续推进。项目预计年接待人员20600人左右,年收入800万,直接带动或提供岗位80人,整体带动周边餐饮农家乐的发展。岳西盛世天源国际养生文化发展有限公司、望江县武昌湖、潜山永大木业有限公司正在积极打造体育产业基地。

【引导产业发展】 全市职工运动会和首届市民运动会采取企业冠名赞助的方式,安徽省第十三届运动会获得全省近百家有知名度、有实力的企业主动参与,电台、电视台、《安庆日报》、《安庆晚报》、互联网等主流媒体上下联动,做好宣传和推介,展示企业风采,实现“体育搭台、经济唱戏”,社会效益和经济效益双丰收,为全市体育实行市场化运作、发展体育产业提供宝贵的经验。4月对全市体育产业调查工作摸底,补充上报省局名录库,完善体育产业名录。组织2014年度体育文化、体育旅游博览会参展工作,宣传推介安庆体育产业企业和体育产品。安庆市巨石山旅游景区、岳西彩虹瀑布旅游风景区入选2014年度体育旅游精品项目名录。国家体育总局、中国奥委会、国家旅游局博览会组委会授予市局优秀组织奖。组织4家单位申报获得省级体育项目资金扶持。安庆市、桐城市、潜山县体育场馆得到免费低收费开放补助资金补助。

【发展体育休闲业】 岳西县彩虹瀑布举办帐篷节、“缤纷夏日,悦动彩虹”漂流大赛、“出彩彩虹瀑”水上冲关比赛、雪花“勇闯天涯”安徽赛区选拔赛和“妈妈去哪儿”为爱徒步行走比赛;巨石山旅游景区“我和爸爸共成长”夏令营、首届手机摄影大赛、安徽省首届音乐帐篷节、骑行露营盲信周,“玉兰节”连续举办五届,望江县武昌湖度假村举行垂钓比赛。

孔 城 镇

千年古镇孔城镇位于桐城市东部,与庐江县、枞阳县接壤,是桐城市人口第一大镇,为省级历史文化名镇。相传三国时,吴将吕蒙曾在此筑土城,屯兵布防,后人有“人烟开小聚,传设吕蒙城”之说。隋朝时,孔城一带连遭涝灾,旧镇冲毁无存,后又重建街市。北宋时为桐城九镇之一(见《元丰九域志》)。清代仍为县内四大名镇之一,是水陆转运商埠,陆路西至桐城,东至枞阳、庐江,北至舒城、六安;水路直达安庆、芜湖、无锡、苏杭。明清乃至民国处鼎盛时期,位居枞、汤、孔、练四大古镇之首,经历了一个从最初的军事防御城池到水运商埠重地,再到某一地区物资集散中心城镇的漫长衍变过程,形成了以商业文化为基础,以多元宗教为内涵,以桐城派为代表的儒家文化为亮点,以水乡古镇民俗民间文化为特色的综合文化类古镇。

镇内明清古迹众多,“桐城八景”中“孔城暮雪”、“荻埠归帆”、“桐梓晴岚”三景出自孔城;镇北有“江北小九华”之称的著名佛教胜地——藻青山,山色秀美,妙趣玲珑;镇区内孔城老街,全长2公里,临街铺面保存完好,是华东地区保存最为完整、体量最大、原汁原味的一条老街。老街南北走向,共十甲七巷十三弄,为安徽现存最长的古街。著名的桐乡书院朝阳楼坐落其中。沿街建筑风格古朴苍劲,木制阁楼、青石板街面更是江北奇观;老街三面环水,富有灵气。清代文学家、“桐城派” 代表人物之———戴名世葬于南山岗砚庄之南(现镇清水塘村),其墓俗称“榜眼坟”,属省级重点文物保护单位。桐乡书院,建于清道光二十年(1840),为县级文物保护单位。

社会生活

民生工程

【概况】 2014年,在巩固2013年实施的民生工程基础上,市继续实施33项民生工程。根据全省民生工程总体部署,市各级各部门紧扣民生工程目标任务,强化工作责任,筹措资金,抓好工程进度,确保33项民生工程顺利实施。针对民生工程项目变更的问题,及时调整民生工程协调领导小组成员单位,完善联络员制度。3月,市政府印发《安庆市人民政府关于2014年实施33项民生工程的通知》,市财政局印发《关于2014年33项民生工程资金筹措有关问题的通知》。市全面建立市级民生工程特邀监督员制度,市级特邀监督员60名,县级特邀监督员145名,监督员队伍涵盖医卫、教育、农业、经济、文化、基层群众等各民生领域。9月,市制定出台《安庆市民生工程信息网上公示暂行办法》,全面实行民生工程信息网上公示,增强民生工程透明度,民生工程项目信息公开步入公示时间更长、覆盖范围广泛的"网络时代"。12月,安庆市政府常务会议审议并原则通过《安庆市政府投资大建设项目招投标绿色通道暂行规定》,将工程类民生工程项目纳入招投标绿色通道项目的适用范围,为工程类民生工程项目的顺利实施提供政策保障。至年底,共投入资金76.24亿元,其中中央和省级资金56.97亿元,市县配套(含其他)19.27亿元。

【省33项民生工程实施情况】 就业促进工程。2014年,市组织就业技能培训2.44万人,培训合格率达到90%以上,累计拨付培训补贴资金1358.9万元,完成年度目标任务的107%;通过购买服务,安置公益性岗位2859个,开发基层特定岗位218个、提供高校毕业生就业见习979人,分别完成年度目标任务的106.4%、100%、103.7%。

农村五保供养及敬老院建设。至年底,市建设44个农村敬老院(其中新建25个、改扩建19个)项目,均完工,完成投资5237.5万元。农村五保供养5.26万人,全部按政策保障到位,发放五保补助资金13044.11万元。五保供养资金按规定及时发放,提高农村"五保户"供养标准,达到当地农村居民平均生活水平。

社会养老服务体系建设。2014年,制定《安庆市社会养老服务体系建设实施办法》,开展优惠政策宣传,计划指导社会办养老机构建设床位1926张,已实际新增床位2276张。全市发放高龄津贴或补贴,发放对象共计60813人,发放资金1546.9万元。

保障性安居工程。2014年计划开工公租房(含廉租房)7384套,棚户区改造21343套。至12月底,已开工公租房7384套,完成投资24282万元;棚户区改造开工21354套,完成投资95061万元;基本建成14891套,完成目标任务的105.4%;累计发放租赁补贴1251万元。

农村危房改造。2014年计划完成17210户改造任务。至12月底,已开工17964户,完工17964户,完成投资53946.8万元。

山区库区农村住房保险试点。在全市山区库区开展农村住房保险试点工作,探索政府通过购买商业保险进行风险管理的新模式,有效帮助参保农户提高抵御自然灾害风险的能力。至12月底,全市累计参保73.2万户,保费1171.6万元,发生理赔1624起,理赔资金350.83万元。

城乡居民大病保险。2014年,整体推进建立城乡居民大病保险制度。至12月底,市已享受城镇居民大病保险1309人次,基本医保统筹基金支付费用5597.4万元,大病保险基金支付费用721.1万元;新农合大病保险补偿21290人,支出补偿资金5610.98万元。

贫困残疾人救助与康复。2014年计划完成贫困白内障复明手术900例，贫困精神残疾人药费补助6134人，贫困残疾儿童医疗康复894人，救助一、二级贫困残疾人46806人，三级9631人。至9月底，已完成贫困白内障复明手术1001例，贫困精神残疾人药费补助6137人，贫困残疾儿童医疗康复894人；贫困残疾人救助对象共56437人，救助资金已全部发放，共发放资金4127.1万元。

政策性农业保险。2014年，市种植业保险共承保14683252.01亩，保费收入168257730.12元，投保农户2235525户，共赔付110258332.83元，赔付面积1314213.08亩，受益户次269933户；养殖业保险共承保125644头，保费收入7538640元，投保农户13949户，共赔付6052000元，赔付数量6052头，受益户次5667户。小型农田水利设施改造提升工程。2013年续建的31座一般小(2)型水库主体工程已经全部完成。2014年完成38座小水库建设，全面完成15074千瓦的小泵站建设，计划114个小水闸任务实际完工144个，计划11个中小灌区项目实际完工13个，完成15510个塘坝扩挖任务，完成999条河沟清淤，39.39万亩的末级渠系已全部完工。

农村饮水安全工程。2014年计划解决21.7万人、5.7万名师生饮水安全问题。所有项目已全部完工，累计解决28.39万人饮水安全问题，完成投资13057万元。

农村公路危桥加固改造。2013年续建的23座已全部完工，完成投资3852万元。至12月，2014年135座任务(两批下达)已全部开工，完工114座，完成投资8937.4万元。

一事一议财政奖补。2014年，市共实施一事一议财政奖补项目1466个，占全部行政村的88.5%，直接受益群众423.03万人，占全部农业人口的79.6%。至12月8日，项目完工率和资金拨付率均实现百分百，累计拨付项目资金31453.26万元（其中各级财政奖补资金21835.58万元)提前完成年度目标任务。

农村居民最低生活保障。印发《安庆市农村居民最低生活保障实施办法》，持有省农业户口的农村居民，凡共同生活的家庭成员年人均收入低于户籍所在地农村低保标准的，均有权享受农村低保待遇。各地规范农村低保审批审核程序，规范农村低保工作。至12月底，核定农村低保对象221992人，通过“一卡通”已发放农村低保资金41278.8万元。将符合低保条件的农村居民全部纳入保障范围，按规定标准及时、准确、足额发放补助资金。

生活无着人员社会救助。至12月底，累计救助分散孤儿3457人，发放救助资金2592.62万元；救助流浪乞讨人员10584人次，支付救助金1178.4万元。

计划生育家庭特别扶助。市特扶对象于4月份按序时进度要求完成资格确认及信息录入工作，全年核定保障人数3814，8月份将扶助资金已全部发放到户，累计发放资金1317.1万元。

城乡医疗救助。对城乡低保对象、农村五保户、符合医疗救助条件的重点优抚对象取消医疗救助起付线；对城乡低收入家庭大病患者的医疗救助起付线，由各地结合市级合理确定。至12月底，城乡医疗累计救助384855人次，拨付救助资金9272.374万元。

基本公共卫生服务。至12月底，完成居民健康档案475.6万份，累计开展健康教育讲座、咨询活动14741次，65岁以上老年人健康规范管理40.8万人，慢性病规范管理46.9万人，重症精神病患者规范管理7288人，0—6岁儿童第一类疫苗接种37.94万人，孕产妇保健管理23.18万人次。

县级公立医院药品零差率补助。至12月底，全市8个县（市)16个县级公立医院累计药品零差率的药品收入62626万元，拨付医院补助经费3686.2万元。

重大传染病医疗救治。至12月底，救助艾滋病人198名，结核病病人1015名，晚血病人1758名，分别完成目标任务的181.5%、105.6%、104.9%。

妇女儿童健康水平提升工程。至12月底，农村孕产妇分娩实际补助4.37万人，完成任务的117.3%，补助金额1311万元；免费婚检4.39万对，完成任务的125.6%，补助金额790.2万元；免疫规划实际接种119.27剂次，完成任务的106.1%。

义务教育经费保障机制。同步推进城乡义务教育经费保障机制改革，继续免除城乡义务教育阶段学生学杂费，全面免除农村地区义务教育阶段学生教科书费用，并补助农村贫困寄宿生生活费。至12月底，累计下拨公用经费37233.4万元，发放贫困寄宿生补助资金1986万元，免除学杂费2652.6万元，累计为487361名学生提供免费教科书。

高校、中职和普通高中家庭经济困难学生资助。落实各项助学政策，扩大受助学生比例，对农村家庭经济困难学生和涉农专业学生免除学费，逐步提高资助水平，从制度上基本解决家庭经济困难学生的就学问题。2014年向30491人次学生发放各类助学金6051.1万元，对21729人次发放中职学生免学费3993.6万元，向16276人次发放校内贫困生资助1005.6万元。

公共文化场馆开放。11个公共图书馆，12个文化馆，2个美术馆，154个乡镇综合文化站，12个博物馆已全部对外开放。

农村文化建设专项补助。2014年，市共开展“送戏进万村”文艺演出2280场，农村电影放映活动19110场，体育活动8197场，更新农家书屋出版物18万册。

城镇居民基本医疗保险。至12月底，实际参保92.65万人，居民医保享受待遇近15万人次，统筹基金支付金额26693.4万元。

新型农村合作医疗。2014年继续计划参合504万人，至12月底，实际参合504.87万人，累计补偿896.4万人次，支出补偿资金194266.5万元。

城乡居民养老保险。城乡居民养老保险。2014年，市计划参保324.26万人，基本实现全覆盖，符合领取条件的人员养老金发放率达到100%。至12月底，全市实际参保330.35万人；养老金发放83.38万人，发放资金56178.37万元。

美好乡村公共服务体系奖补。2014年计划安排专项资金38908万元，至12月底，实际到位资金44152万元，支出37828.3万元。

乡镇公办幼儿园建设。强乡镇公办幼儿园建设，大力发展农村学前教育，利用中小学闲置校舍改扩建公办幼儿园。2014年，市计划新建幼儿园10所，改扩建22所。11月底所有项目全部完工；累计完成投资3902万元。

农村清洁工程。2014年计划在42个乡镇实施农村清洁工程。12月底，垃圾转运站、焚烧炉已全部完工，配置的垃圾运输车以全部采购到位，完成投资5643万元。

广播电视“村村通”。2014年计划完成2640个20户以下已通电自然“盲村”广播电视村村通工程建设任务。9月底所有项目已全部完工。

公共文化服务信息化建设。2014年计划完成33个公共电子阅览室建设。7月底，33个项目全部完成，并投入使用。

（民生办）

人民生活

【概况】 2014年，全市经济社会发展成效显著，居民收入水平快速提升，居民消费结构不断优化。收入水平快速提升、增速全省靠前。市居民人均可支配收入14137元，比上年增长11.5%，增速比全省平均水平高0.7个百分点，居全省并列第1位。城镇常住居民人均可支配收入22109元，增长9.5%，增速比全省平均水平高0.5个百分点，居全省第2位；农村常住居民人均可支配收入9024元，增长12.3%，增速比全省平均水平高0.3个百分点，居全省并列第3位。

工资收入发挥增收主动力作用。全年城镇常住居民人均工资性收入13430元，增长10.0%，对可支配收入增长贡献率为63.7%；农村常住居民人均工资性收入3567元，增长12.6%，对可支配收入增长贡献率为40.3%。经营收入增长较为稳定。全年城镇常住居民人均经营净收入3107元，增长6.0%；农村常住居民人均经营净收入2550元，增长8.9%。财产收入增长空间较大。全年城镇常住居民人均财产净收入1258元，增长7.3%；农村常住居民人均财产净收入163元，增长7.2%。市城乡居民财产净收入的总量还比较小，对居民增收推动作用比较有限，提升的空间较大。转移收入增长动力强劲。全年城镇常住居民人均转移净收入4314元，增长11.2%，增速在四项中最快，对可支配收入增长贡献率为22.7%，仅次于工资收入；全年农村常住居民人均转移净收入2743元，增长15.7%，增速同样居四大项首位，对可支配收入增长贡献率为37.6%。

消费水平稳步提升、结构不断优化。随着收入的快速提升，市城乡居民消费水平稳步提升。2014年，市城镇常住居民人均消费支出13047.5元，增长10.2%；农村常住居民人均消费支出7434.1元，增长14.2%。

市城乡居民不断追求高品质生活，以教育、文化娱乐为代表的“发展型”和“享受型”消费支出增速明显快于传统的衣、食、住等“生存型”支出。恩格尔系数稳步降低。全年城乡居民食品消费金额分别为4806.5元和2973.6元，仍然是消费支出中最大项目。但随着以教育文化娱乐消费、医疗保健为代表的“发展型”和“享受型”消费不断升温，食品消费支出在总消费占比,即恩格尔系数下降。2014 年市城乡居民恩格尔系数分别为 36.8%和 40.0%,分别比上年下降 1.2 和 1.6 个百分点。文娱消费凸显活力。全年城乡居民教育文化娱乐服务支出分别为 1268.5 元和 957.9 元,分别增长 12.4%和 18.3%。市城乡在文化娱乐用品、文化娱乐服务、教育消费支出均保持高速增长,其中文化娱乐服务增速最快。健康意识不断增强。全年城乡居民医疗保健支出分别为 787.7 元和 510.3 元，分别增长 14.4%和 17.1%。随着市城乡居民健康意识的不断增强,医药、保健支出将会继续保持快速增长。网络购物日益火热。随着电子商务的进一步发展,2014 年市城乡居民在网络购物上的花销也不断提高。全年城乡居民在互联网上购买商品服务支出分别为 134.6 元和 28.5 元,分别增长 18.4%和 43.7%。

2014 年安庆市城乡常住居民可支配收入增长情况表(单位:元)

指标	2013 年城镇居民	2014 年城镇居民	增幅(%)	2013 年农村居民	2014 年农村居民	增幅(%)
人均可支配收入	20191	22109	9.5	8035	9024	12.3
工资性收入	12208	13430	10.0	3168	3567	12.6
经营净收入	2933	3107	6.0	2343	2550	8.9
财产净收入	1172	1258	7.3	152	163	7.2
转移净收入	3878	4314	11.2	2372	2743	15.7

【城乡居民收入增长主要因素】 工资性收入增长支撑。宏观经济形势稳定向好,2014 年全市地区生产总值 1544 亿元，增长 9.3%，高于全省 0.1 个百分点;规模以上工业增加值 686.8 亿元,增长 12.6%,比全省高 1.4 个百分点,居全省第 2 位;社会消费品零售总额 589.8 亿元,增长 13.1%,比全省高 0.1 个百分点;固定资产投资额 1394.8 亿元,增长 17.6%,比全省高 1.1 个百分点。市主要经济指标发展势头均优于全省平均水平,为企业的健康发展和居民就业水平提升打下基础,为市城乡居民工资收入增长创造条件。就业形势良好,2014 年市委市政府围绕民生关切,扩大就业,成效显著。市委、市政府通过实施“高校毕业生就业促进计划和创业引领计划”,开展“工学一体”就业试点,有效解决高校毕业生的就业难问题;通过组建职业技术学校与 8 县(市)合作的技能人才培养战略联盟,提升企业职业技能培训水平,促进下岗人员的再就业。全市全年新增城镇就业 8.98 万人,下岗失业人员再就业 2.88 万人，就业困难人员再就业 1 万人,农村劳动力转移就业新增 7.99 万人,就业群体的扩大提高市城乡居民工资收入的总量。工资标准的提高。从 2013 年 7 月 1 日开始,按全省统一部署,市区最低工资标准提高到 930 元 / 月,8 县（市）提高到 860 元 / 月；市区非全日制用工小时最低工资标准提高到 10 月 / 小时,8 县(市)提高到 9 元 / 小时。此外,市各级机关单位按部署上调津补贴标准,也推动城乡居民工资收入增长。

经营收入增长支撑。近年市落实强农惠农政策,2014 年全市通过财政“一卡通”向农户发放各项惠农补贴资金超过 11 亿元,提高农民的积极性,全年粮食增产 4.45%。此外,市还通过实施 5211 工程,促进农业产业化转型提升，全年农产品加工值首次突破 1000 亿元大关,总量居全省第 2 位。这都有效促进我市城乡居民第一产业经营收入增长。市不断优化营商环境。通过一系列的政策措施,如市政府专门成立全市民营经济发展工作领导小组,下发《关于印发全市民营经济考核评价办法的通知》《关于印发安庆市 2014 年推动现代服务业加快发展若干政策的通知》《关于印发全市清理规范经营服务性收费实施方案的通知》《关于印发安庆市 2014 年推进自主创新若干政策的通知》等文件,减轻企业负担,有效促进民营经济和小微企业的发展,提高市城乡居民第二、三产业经营收入。

转移收入增长支撑。企业退休人员养老金标准的提高。2014年市普调企业退休人员养老金标准,超过10.0%,全市14.8万企业退休人员受益。调整后,企业退休人员人月均养老金增加近170元。城乡低保标准再度提高。2014年,城区居民低保标准由2013年的每人每月360元提高到420元,提高16.6%,达到全省平均水平。农村居民低保标准从2013年的2100元/人年,提高到2014年的2400元/人年,提高14.3%。民生工程的促进作用。2014年,市继续实施33项民生工程。将城镇职工医疗保险年度最高支付限额从25万元提高至30万元,将贫困残疾人生活救助标准提高10%,将城镇居民医保财政补助标准、新型农村合作医疗参合补助标准由2013年的280元/人年提高到320元/人年,均提高14.2%。将城镇计划生育家庭特别扶助标准提高到270~240元。多项民生工程的深入实施均促进城乡居民转移收入的增长。

(张　成)

社会保险

【加快社会保障体系建设】 全面实施基本医疗保险大病补充保险,全年支付基金1013万元,1941名参保患者享受待遇。开发建设医保网络智能审核及远程监控系统,完善居民医保普通门诊统筹政策,职工医保年度最高支付限额从25万元提至30万元。全面开展工伤保险政策清理,制定出台《〈工伤保险条例〉实施细则》。会同交警部门建立交通类工伤事故处置联席会议制度,提高交通事故工伤案件的处置效率。成功举办海峡两岸社会保障制度学术研讨座谈会。

【加强社会保险扩面征缴】 组织开展"全民参保推进年""社会保险费清欠百日攻坚行动",加强社会保险扩面征缴,各项社保参保人数及基金征缴目标任务全面超额完成,参保人员社保待遇及时足额兑现。2014年,全市职工养老、职工医疗、失业、工伤、生育和居民养老、居民医疗参保人数分别达到59.47万、45.76万、24.16万、37.65万、30.47万和330.97万、92.6万人。

【落实社保减负政策】 组织实施"缓、降、补"社保综合减负政策,帮扶企业渡过难关,支持企业健康发展。2014年,全市缓征企业社保费2795万元,减征企业社保费6527万元,发放稳岗、培训、职介补贴4575万元。

【提升经办服务水平】 采集上传社会保障卡数据信息294万份,持卡人数20万。推进网站扩容、异地灾备,健全网上办事功能,完善自助查询服务,人社工作信息化建设取得新进展。医保窗口柜员制服务、个体参保人员委托银行按月代扣代缴社保费、异地居住企业离退休人员养老金"网银直发"全面推行,便利参保人员,提升服务效能。

(张　凡)

社会救助

【城乡最低生活保障】 城乡低保标准提高10%以上。全市城市低保对象5.62万人,覆盖面为5%,平均保障标准为每人每月418.82元(不含宿松县,下同),超过全省平均水平,累计人均月补差322元,发放资金2.27亿元。全市农村低保对象22.2万人,覆盖面为4.4%,平均保障标准为每人每年2347元,累计人均月补差153元,发放资金4.12亿元。城乡低保对象动态管理进一步加强。全市开展"阳光低保"专项行动。在专项行动中共复核城乡低保对象23.69万人,退出1.25万人,其中因"人情保"、"错保"退出130人,查处案件19起;新增对象8766人,其中通过"救急难"主动发现机制新增1238人。全市各地建立低保对象长期公示制,以及低保经办人员及村(居)委干部近亲属享受低保备案制度。居民申请救助家庭经济状况核对平台建设稳步推进,完成系统论证、评估等工作,已进入招投标程序。社会救助协作机制加快建立。市民政、卫生、房产、教育等部门加强协作,对城乡困难群众开展医疗、住房、教育等全方位综合救助,初步建立"救急难"主动发现机制,全市有130个乡镇(街道)设立统一标识窗口,实行社会救助"一门受理、协同办理",确保困难群众能够得到及时有效的救助。

【城乡医疗救助】 医疗救助制度进一步完善,市民政、财政、卫生、人社等部门联合出台新的《安庆市医疗救助实施办法》,优化操作程序,将救助标准由

50%提高到60%~70%,增加特困供养人员和低保对象的门诊救助内容,取消病种限制。各地加强医疗救助与新农合和城镇居民医保制度衔接,资助困难群众参保参合工作。全年城乡医疗救助共38.5万人次,支出救助资金9255.9万元。

【救灾】 开展防灾减灾宣传活动。组织各级减灾救灾委员会及其成员单位围绕"城镇化和减灾"这一主题,部署开展全国第6个"5·12防灾减灾"宣传日活动,提高城乡居民防灾减灾意识和避险自救能力。继续开展综合减灾示范社区创建工作,推荐上报"国家级减灾综合示范社区"4个、"省级减灾综合示范社区"8个。9月30日,市减灾救灾委员会、市民政局在宜秀区杨桥镇举办市首次自然灾害应就疏散演练活动进行,检验《安庆市自然灾害救助应急预案》的可操作性,锻炼应急救援队伍,为提高救灾应急反应能力和水平积累工作经验。安庆市救灾物资储备库项目建设扎实推进,主体工程顺利完工。增强农民抵御自然灾害能力,根据全省统一部署,在桐城、潜山、岳西、太湖和宿松5县(市)山区库区开展农房保险试点工作,共有72.5476万户农户参保,1160.76万元保费全部由省、县两级财政负担,累计理赔1634户359.05万元。全市自然灾害应急救助工作科学开展,2014年市先后遭受洪涝、台风和风雹等自然灾害6次,全市各级民政部门快速准确上报灾情、全力转移安置受灾群众,及时发放救助资金和物资,确保受灾群众吃、穿、住、行等基本生活需要。全年全市累计有156.81万人受灾,紧急转移安置10168人,倒塌农房367户835间,损坏农房1441户2193间,直接经济损失65178.4万元,争取国家救助资金2671万元。

社会福利

【农村五保】 农村五保政策全面落实,全市农村五保对象共4.56万人,其中分散供养2.98万人、集中供养1.58万人,集中能力达到60%。全市分散供养平均水平为每人每月167.9元、集中供养平均水平为每人每月281元,均超过上年度标准的10%以上,累计发放五保供养资金近1.1亿元。探索建立农村五保对象意外伤害保险制度,为市辖区1909名农村五保对象按每人每年180元的保费标准购买意外伤害险,共筹交保费34.362万元。农村五保机构建设持续推进,新建、改扩建农村敬老院43个,建成床位3550张,投资4987.5万元。在9个农村五保供养服务机构开展合作共建或公建民营管养方式,其中岳西县天堂湖养老服务中心已被省民政厅认定为首批农村五保供养服务机构转型升级省级试点单位。

【社会救助】 着力保障孤儿基本生活,将事实无人抚养的困境儿童纳入孤儿生活保障范围,全市孤儿保障人数2732人,共发放保障资金2062万元。开展生活无着人员社会救助,全年全市累计救助生活无着的流浪乞讨人员10038人(不含宿松),使用救助资金1074万元。市民政局印发《关于市辖区城市三无对象入住市社会(儿童)福利中心有关工作的通知》,将城区26名城市"三无对象"安排入住市社会(儿童)福利中心(老院区),实行集中供养。

【社会养老服务体系】 7月,市被国家民政部、发改委正式列为42个"全国养老服务业综合改革试点"地区之一。借助试点工作契机,加强社会养老服务体系建设。支持11家民办养老机构建成1726张床位,拨付国家补助资金254.9万元。完善居家养老服务网络,在城区原有51个社区居家养老服务站的基础上,又新建居家养老服务站33个,下拨补助资金385.5万元。同时新建农村幸福院180个,为城乡社区老人提供日间照料、中介、家政、生活照料、文化娱乐和精神慰藉等服务,并整合卫生资源,依托社区医疗机构提供医疗康复服务。实施政府购买城区70周岁以上生活困难老人居家养老服务项目,即由社会组织每月向每位服务对象提供水电维修、餐饮配送、家庭保洁、个人护理等价值100元标准的居家养老基本服务。完成首批养老机构设立许可,全市共有47家养老服务机构获得设立许可,占全省的18%。

优抚安置

【优抚】 及时兑现4.5万名重点优抚对象抚恤补助金和优待金,共发放抚恤补助金约1.5亿元,优待金5982.23万元。继续完善优抚对象医疗费"一站式"结算服务工作,实施重点优抚对象门诊及住院补助925

人次，支付补助资金 88.24 万元。市第一光荣院正式启用，首批孤老优抚对象入院集中供养。完成全市 2120 名残疾军人证的换发工作。创新优抚对象服务方式，向特殊涉军群体提供延伸化服务。市民政局试点实施“烈属关怀项目”，通过购买社会组织服务，采取“工作组 + 职业社工 + 社区 + 志愿者”的“1+3”服务模式，在开展困难烈属物质慰问的基础上，将服务内容拓展到心灵抚慰、生活帮扶以及政策宣传等多种关爱服务项目。继续组织开展慰问活动，春节和“八一”期间两次走访慰问驻宜部队和重点优抚对象，市、区两级发放慰问资金 244.28 万元。9 月 30 日，组织全市各地开展我国首个革命烈士纪念日公祭活动。

【安置】 新旧退役士兵安置政策顺利衔接。全市共接收退役士兵 2768 名，其中自主就业（自谋职业）2685 名，符合安置政策 107 名。根据省、市安置政策，对符合安置政策的退役士兵联系用人单位，让退役士兵选岗落岗。严格按政策落实补助经费，全市共发放退役士兵一次性经济补助 7725 万元，待安置期间生活费 133 万元。加大退役士兵职业技能培训和就业推荐，建立民政、军分区、人社、培训机构四方互通联动机制，提升退役士兵自主就业能力，拓展职业选择渠道。全年全市共组织 1786 名退役士兵参加职业技能培训，联系有关部门组织 11 场退役士兵专场招聘会。

社会事务

【殡葬管理】 根据市委、市政府决定，4 月 1 日起市城区启动殡葬改革，6 月 1 日起县（市）全面实行殡葬改革。全市各级各相关部门平稳有序地推进殡葬改革的各项工作，取得阶段性成果。全市乱埋乱葬现象得到全面遏制，丧葬环境明显改善。4 月 1 日至 5 月 30 日，市辖区共死亡 628 人，市殡仪馆共火化遗体 691 具（含邻县及 4 月 1 日前）。6 月 1 日至 12 月 31 日，全市共死亡 17925 人（不含岳西县），火化遗体 18014 具（含外市死亡人员及无名遗体）。全市各地累计投入 3.3 亿元新建和改造殡葬基础服务设施，建成农村公益性公墓 339 处，累计免除群众殡葬基本公共服务费用 1600 余万元。

【婚姻登记】 开展婚姻登记机关等级评定标准化工作。指导全市婚姻登记机关积极参加民政部开展的婚姻登记机关等级评定申报工作，着力加强婚姻登记机关业务能力和行风建设。桐城市婚姻登记机关已通过 3A 等级评定验收。2014 年，全市共办理婚姻登记 62318 例，登记合格率保持 100%。

【社会组织管理】 全市累计登记社会组织 2203 个（市本级登记社会团体 226 个、民办非企业单位 142 个、基金会 4 个），其中社会团体 1547 个、民办非企业单位 651 个，基金会 4 个。落实市委、市政府关于加强和改进公共服务“1+4”政策，市民政局制定出台社会组织直接登记、等级评估、购买社会服务、公益项目资助以及奖补等 5 个培育发展社会组织政策，调动社会组织参与社会服务的积极性。指导各城区成立 26 个社区社会组织联合会和 29 个公益慈善类、城乡社区服务类社会组织。建立社会组织孵化基地，成功培育 10 个市级社工组织。引导和扶持社会组织开展“烈属关怀”、“失独家庭怡养家园”、“民政部、李嘉诚基金大爱之行——定点扶贫”等 19 个社会工作服务项目，取得良好社会效果，在全省树立社工服务的典型。同时，坚持服务和管理并重原则，开展社会团体规范管理集中推进行动，从严控制领导干部在社会团体兼任职务，全面集中排查清理社会团体的会费收取和使用情况，引导社会团体建立健全以章程为核心的独立运行的法人治理结构，优化市各类社会组织发展环境。

城乡社区建设

加强村（居）委会规范化建设，市民政局印发《安庆市关于进一步加强社区服务站建设工作的指导意见》，从基础设施、形象标识、服务流程、配套制度等四个方面提升社区标准化建设水平。支持社区人才队伍建设，联合市人社局从高校毕业生中招募 55 名人才到基层从事社区服务工作。启动全市第九届村委会换届选举工作，全市 1341 个村（不含宿松县），1340 个村完成换届，参选选民 319.9 万人，参选率为 94.8%。新产生的村委会班子文化结构和综合素质均有较大改善，一批政治坚定、公道正派、工作务实、具有较强致富能力的新成员进入村级领导班子。社区管理体制改革顺利完成，根据市政府的决策部署，市城区围绕优化社区服务资源配置、科学设置社区规模、推进社区网络化建设的改革思路，精细谋划，扎实工作，顺利完成社区管理体制改革任务。全市城市共撤并社居委30个，由原来的133个减到103个，每个社区平均1.1万人左右。

（市民政局）

人口和计划生育

【概况】 2014年，全市人口和计划生育工作以稳定适度低生育水平为核心，以提升出生人口素质、优化人口结构为重点，坚持农村地区和流动人口并重、依法行政与优质服务并举、强化管理与利益导向并行。全市人口出生率为10.2‰，自然增长率为4.6‰，政策符合率为91.07%，出生人口性别比为114.39，完成省政府下达的人口计生目标任务。

落实“单独两孩”政策，推行“宣传倡导、服务关怀、基层自治”的“新三为主”工作机制。综合治理出生人口性别比，建立乡镇、村干部包保责任制，实行孕环检、早孕发现、孕情跟踪、定点分娩、产后随访、出生实名登记等全程跟踪服务。联合纪检、政法、法院、公安、卫生、药监等相关部门，在全市开展集中整治“两非”(非医学需要鉴定胎儿性别和选择性别终止妊娠)行为的专项执法检查。通过开办“关爱女孩网”、开设关爱女孩班、开展帮扶助学等“关爱女孩”系列活动，弘扬先进性别文化，关爱女孩成长全过程。完善依法查处“两非”工作机制，与鄂、豫、皖、湘、赣5省各市、县签订“两非”跨区域协作协议书，加强联防联管，严查“两非”大要案，严厉打击“两非”。2014年，全市共立案查处“两非”案件144件，出生人口性别比比上年下降1.64个百分点。

加强流动人口服务管理。推进流动人口计划生育基本公共服务均等化试点工作，为流动人口建立健康档案、开展健康教育、加强流动儿童预防接种、落实传染病防控措施、加强流动孕产妇和儿童保健管理、提供计划生育基本公共服务。打造“城市生活e站”等流动人口综合服务平台，围绕群众需求开展技能培训、职业介绍、文体活动、子女教育、维权援助、慰问帮扶等各项活动，全市建成“城市生活e站”24个。推行流动人口“共建服务体系”、“支部+协会”等区域协作工作模式，先后在苏州、泉州、宁波、杭州成立4个安庆籍流动人口计生服务工作站。

完善人口计生利益导向体系。推进奖励扶助扩面、特别扶助提标、节育奖励全覆盖，向计划生育家庭奖励(特别)扶助对象44808人发放资金5325万元；向落实长效节育措施的计划生育家庭对象31643人次发放资金1038万元。市政府办公室出台《关于进一步加强计划生育特殊困难家庭扶助工作的实施意见》，在加大经济扶助力度、加强基本生活保障、养老保障、医疗保障、帮扶关怀等方面提出16条具体措施。落实法定奖励政策，共发放独保费3130万元，发放独生子女父母退休一次性补助862万元。推进“生育关怀·幸福家庭”项目，筹集人口基金771万元，开展扶贫济困、助学成才、平安保障、创业扶助等活动。

强化人口计生依法行政。推进便民维权，规范计划生育证件办理程序，简化办证手续和材料，缩短办证时间，最大程度方便群众办证。推行“阳光计生”，全面开展行政职权清理，编制权责清单，推动行政权力公开运行，广泛接受监督。开展社会抚养费征收清理清查和基层不文明执法专项检查活动，规范基层执法行为。密切关注群众反映强烈的人口计生工作的热点问题，通过“1584”政风行风热线、12356热线、市民心声、电话来访、网上信访以及参加《百姓问政》互动栏目等方式，畅通群众诉求渠道，及时答复和办理群众反映的问题，提高群众满意度。2014年共办理1584热线、市民心声留言、电话咨询及来访近400件(人次)，办结率达100%。

健全完善目标管理责任制考评。调整完善考评方案，建立“常数分析、均数监控、个案调度、过程问责、兑现奖惩”的考核监督机制，实行“月积分、季考评、季兑现”，将工作指导到村，任务落实到人，责任包保到人，奖惩兑现到人。精简考评指标，减轻基层负担，实行分类指导与考核。发挥信息化手段，确保指标值客观公正。统计监测情况显示，全市人口发展态势良好。

【落实“单独两孩”政策】 市委、市政府出台《关于落实单独两孩政策加强计划生育工作的实施意见》，全面加强新时期计划生育工作。全市上下认真开展生育意愿调查及单独夫妇信息核查，对出生人口现状及趋势情况进行预研预判，有针对性地提出促进政策实施的工作举措；开展政策宣传，提高群众对“单独两孩”政策的认知程度；主动做好优生指导，加大对高龄生育人群的优生优育服务；优化再生育审批流程，规范证件办理程序，最大程度方便群众办证。全市共有1674个符合条件的家庭领取单独两孩准生证。

【推进"新三为主"工作试点】 推行"宣传倡导、服务关怀、基层自治"的"新三为主"工作机制，"新三为主"试点乡镇(街道)覆盖面达30%以上。全市形成众多内涵丰富实在、影响示范力强、社会广泛认同的人口文化品牌，促进人口文化建设。以免费孕前优生健康检查为重点的优生优育技术服务网络更加完善，全市免费孕前优生健康检查参检人数54124人次，目标人群参检率达105%。形成以"自我教育、自我管理、自我服务"为核心的计生基层群众自治工作体系。

（市卫计委）

民族宗教事务

【概况】 2014年，全市少数民族和民族聚居地区经济社会发展获得新进展，民族团结进步事业赢得新成果，宗教事务管理取得新成效。

推动民族经济加快发展。全年共争取省财政少数民族发展资金和地区补助费资金202万元，安排市发展资金26万元，协调各对口帮扶单位投入141.5万元，实施项目25个，推动民族聚居地区继续完善基础设施、提升发展质量。落实省千百培训计划，组织开展水产和牛羊养殖培训，帮助全市100余名少数民族水产及牛羊养殖户、专业户提升技能、开阔视野。组织实施"民族一家亲"爱心行动，将5户少数民族贫困农户和1户少数民族创业户纳入专合帮扶，每户平均纯收入可望增加2000元。帮助清怡、柏兆记两家民族企业争取贴息贷款3.1亿元，享受贴息金额726万元；"柏兆记"牌烘烤糕点获评"苏浙皖赣沪名牌"，"清怡针纺"牌棉纱荣获"安徽名牌产品"称号。

推进少数民族民生工程建设。组织实地勘察，推进新回民公墓的选址工作。开展回民养老需求状况调查，支持重点社区老年照料中心建设。争取省教育厅帮扶资金10万元、市财政奖补资金31.5万元，完成市民族幼儿园重建工程。支持迎江区对大南门民族文化街区重新进行规划，更加突出民族特色，做到保护与发展的有机统一。维护少数民族合法权益，全年受理民族成分更改39人，出具民族成分辨率证明126份。

加强教育基地规范化建设。推进两个全省民族团结进步教育基地的软硬件建设，在全省教育基地互观互检活动中赢得省民委和兄弟市的充分肯定；支持望江县投入20万元重新打造漳湖镇回民村渡江战役伊斯兰英雄纪念馆；丰富安庆回族历史文化陈列馆布展内容，力求更全面地展示市各民族团结一心共建家乡的历史与成就；争取市、县文化旅游部门支持，将两个教育基地列入国家级历史文化名城、中国优秀旅游城市以及望江县文化旅游的重要景点，免费向公众开放，全年共接待参观人员约5000人次。

开展民族团结创建活动。全年共组织广场文艺演出、民族题材书法绘画比赛、"送科技、送医药、送温暖'三下乡'"、扶贫帮困、民族电影周等各类活动14次。市民宗工作领导小组自7月初至9月底，在全市10个县(市)区及市直机关开展"民族团结进步之星"评选活动，产生市级民族团结进步之星模范个人25人、模范集体16个，省级"民族团结进步之星"模范个人5人、模范集体2个。市南关清真寺伊玛目马健被评为第六次全国民族团结进步表彰模范个人，受到国务院表彰。清怡针纺织品有限责任公司被国家民委命名为第二批"全国民族团结进步创建活动示范单位"。

夯实宗教工作基础。完成214处寺观教堂和244处固定处所登记证换发和主要教职人员认定备案工作。14名宗教教职人员进入省"百名教职人员培优人才库"。市天主教神甫胡小树当选为省天主教教务委员会主任，市道教教职人员李奕木当选为省道教协会副会长。调整充实市道教协会工作班子，增补2名副秘书长。召开市伊斯兰教第四次代表大会，市伊协顺利换届。

开展"和谐寺观教堂"创建。组织"宗教政策法规学习月"活动；在"2014年安徽省佛教讲经交流会"和省宗教局举办的"宗教慈善·人间大爱"演讲比赛中，全市2名教职人员分别获得一等奖。对全国宗教界爱国主义教育基地安庆天主堂、南关清真寺重新进行布展。参加第四届省级和谐寺观教堂命名和第一届全省创建和谐寺观教堂先进集体和先进个人评比活动；谷林寺等15处宗教活动场所命名为第四届省级和谐寺观教堂，市基督教三自爱国会和宜秀区源浦禅寺等3处宗教活动场所推选为省创建和谐寺观教堂第一届先进集体，释天通等2名教职人员推选为先进个人；

市29处宗教活动场所被市委统战部、市宗教局命名为市级和谐寺观教堂。

规范宗教事务管理。联合市旅游局、工商局、质监局、文物局开展规范旅游景区宗教场所文明敬香工作，对迎江寺、三祖寺等重点寺院及周边店铺进行检查，生态寺院建设进一步加强。指导潜山、枞阳依法加强对天柱山风景区、浮山景区宗教场所的管理。协调解决市佛教协会、市天主教爱国会在市重点工程拆迁中的房产问题；帮助市基督教圣救主座堂解决周边群众信访问题，联合市法制办对枞阳县望龙庵行政复议案进行调处，将寺庙房地产归还给寺庙。开展佛教乱建寺庙和基督教私设聚会点专项治理工作，制定“基督教以堂带点管理协议书”和村（社区）监管“基督教活动点管理承诺书”。

配合做好殡葬改革工作，教育引导少数民族群众、宗教界人士和信教群众支持殡葬改革，对道教教职人员从事丧葬活动进行规范，就尊重佛教教职人员、少数民族丧葬习俗明确相关政策规定。

开展“宗教慈善周”活动。组织全市宗教界共募捐善款37万余元，捐赠价值4000余元的大米、食用油等，帮助百余名家庭渡过困境；协助做好省基督教、天主教团体在安庆市开展宗教慈善周活动，捐助少数民族困难群众13万元。

【成功承办省第七届少数民族传统体育运动会】 2014年11月3—6日，安徽省第七届少数民族传统体育运动会在安庆市举行。本届民族运动会是参赛人数最多、竞赛项目最全、参赛民族成分最广、规模最大的一届民族体育盛会。市委、市政府高度重视、精心谋划、精密组织、精准实施，做好各项承办工作，全面诠释“节俭、特色、精彩”的办会宗旨，将本届民族运动会办成有史以来组织水平最好、接待质量最优、比赛场馆设施档次最高、与会人员最满意的一次民族运动会，获得上级部门、社会各界和各族群众的广泛赞誉。市代表团取得参加省民族运动会以来的最好成绩，共获得38枚奖牌，名列总成绩第五位，一等奖第三位。

【望江县漳湖回民村入选首批中国少数民族特色村寨】 9月23日，望江县漳湖镇回民村被国家民委命名为首批“中国少数民族特色村寨”。12月18日，省民委主任孙丽芳、副主任白和平到漳湖回民村举行授牌仪式。2013年，漳湖回民村正式启动少数民族特色村寨建设，推进保护特色民居、培育特色产业、发展民族文化和促进民族团结进步四大建设，累计投入800多万元，实施民族文化广场、特色民居、村庄绿化、基础设施配套、道路亮化、特色种养业等20多项重点工程和项目建设。至2014年，回民村村庄整洁，环境优美，基础设施基本完善，特色产业优势初显，民族风情浓厚，民族特色鲜明。

【推进重点宗教场所建设】 迎江寺启动振风塔维修工程，市天主教堂完成院内绿化美化工程以及爱国主义教育基地重新布展工作；岳西二祖寺完成二期工程，启动三期维修工程，潜山三祖寺二期工程基本完工，太湖西风禅寺建成“禅宗文化馆”，为文化安庆建设再添新亮点。

（全隆国）

精神文明建设

【概况】 2014年，全市深入推动文明创建工作。“三线三边”环境整治工作取得实效。开展“迎省运，讲文明，树新风”活动，营造良好城市环境。开展文明创建督查，市城管执法局共组织各类督查20余次，分别对城市本级乡镇卫生清扫保洁和垃圾处置、城市进出口道路偷倒的建筑装潢垃圾处理、城市户外广告的整治情况、主要干道卫生秩序和占道经营现象进行督查，对发现的问题及时督促整改，收到较好效果。整治城市环境卫生的突出问题，针对城市进出口道路建筑装璜垃圾偷倒严重，影响城市市容和环境的问题，市城管执法局自筹资金，组织环卫保洁公司进行专项清理，分别清理曙光路、振风大道、皖江大道、天柱山东路、环城西路等路段偷倒的建筑装潢垃圾200余吨。开展广告整治工作，主要对城市进出口道路周边的广告、城市中各类高炮广告以及楼顶和墙体三面翻广告进行整治，拆除各类广告1500块，面积72850平方米，特别是拆除宜秀区高速路边大龙山山体广告、碧桂园墙体广告。对影响城市市容的非交通指示牌进行摸底，共计76块，已拆除未经审批、影响城市市容的指示牌12块。拆除占道经营设施，针对城区存在的长期性占道经营设施的问题，组织实施，拆除沿江东路花卉市场、菱湖南路北二巷、湖心南路、德宽路、元山路等路段占道经营设施共80余处，面积达600余平方米。拆除电信公司废弃的51个IC卡电话亭。开展施工现场扬尘污染治理,改善城市环境质量。对市郊商品混凝土生产企业督查扬尘治理进行督查检查,要求企业转型升级,降低扬尘,减少对空气质量的影响,改善城市周边环境。组织广告营运商、施工单位利用墙面广告、电子屏、施工围墙等广告媒介大力宣传省十三运;组织窗口单位和经营性公共场所开展省十三运宣传活动;组织部分社区出宣传专栏,悬挂宣传标语,扩大群众对省十三运的知晓率和参与面。

以文明程度指数测评为抓手,巩固创建文明城市、文明县城(城区)成果。把文明创建工作作为各区效能建设考核的重要依据。开展公共文明指数测评工作,对城区公共场所文明指数进行分解,把工作任务具体部署到各个单位,并开展检查督促活动。公共文明指数不断提高,顺利通过全省公共文明指数测评,为申报全省文明城市奠定基础。开展督察活动,及时曝光,跟踪问责,督促整改。各区各部门根据《安庆市文明大创建实施方案》,开展市容环境、交通秩序、"三小"整治、市场秩序等整治活动,城市环境面貌进一步改善。制定《安庆市文明县城、文明城区、文明街道办事处、文明乡镇评选表彰办法》,实现文明创建评选表彰规范化。针对各县(市)争创第三届全省文明县城,市组织开展明察暗访、综合考评,分值量化,作为推荐申报的有效依据。市推荐桐城、太湖、怀宁、潜山、望江、枞阳等县(市)参加省级文明县城评比,岳西县参加省级先进县城评比,迎江、大观、宜秀等区参加首届省级文明城区评比。创建文明县城工作取得新的成效,完善城市管理体系,建立健全部门创建责任制,完善督查和考评机制,把文明创建工作纳入政府目标管理体系加以考核。

【"三线三边"环境整治】 2014年,各县(市)区高度重视"三线三边"环境治理工作。市领导多次调研指导,建立线长、边长、重点长"三长"制。各地基本实现"一把手"负责制,成立组织机构,建立部门联席会议制度和调度会制度,初步形成政府主导、群众主体、社会参与的治理工作格局。各地因地施策,解决一批群众反映的突出问题,环境面貌大有好转。市级领导督查"三线三边"治理工作40余次,指挥部办公室召开4次调度会,组织3次全境范围的督查考核,并对考核结果进行全市通报,全市媒体宣传报道达3000余条次。全市各级财政投入治理资金2.7亿元,吸收社会资金1.4亿元;清除垃圾13万余吨;整治拆除广告标牌13480块,其中高架广告224块;拆除违法建筑6840余处;关停非煤矿山43座,开展治理废弃矿山36座;完成"三线三边"绿化56000余亩;有110个乡镇实现垃圾处理市场化。

【市志愿服务活动稳步推进】 2014年,市志愿者队伍由零星的、间断性的实现向规范化、经常化转变,志愿者队伍不断壮大,在安徽文明网登记注册志愿者有15万余人,超过城镇人口20%以上。市成立志愿服务总队,各县(市)区成立志愿服务支队,市直单位、社会团体、企事业单位和各街道社区、乡镇成立志愿服务工作站,分布在社会各个层面、注册登记和未登记的、自愿成立的民间志愿服务队伍有2400余支,多层面参与广的志愿服务队伍体系基本组成。围绕讲文明树新风、扶贫济困、社区管理、环境保护、卫生健康、科普普法、应急救援、大型活动等方面,开展志愿服务活动,市前后有30多个个人和集体被评为安徽省江淮志愿服务优秀典型,建立社区志愿服务星级广场20多个。在年内市举办的省十三运中,市组织招募培训专业志愿者在700余人,文艺演出志愿者4000余人,安全保卫志愿者3000余人,出租车志愿者100余人,为省十三运提供接待、咨询、联络、秩序维护等志愿服务活动,展示市志愿者的良好形象。

附:2014年市文明创建工作先进名单:

全国文明城市提名城市:

安庆市

全国文明村镇:

安庆市宜秀区罗岭镇黄梅村

怀宁县平山镇

枞阳县浮山镇

全国文明单位:

安庆市国家税务局

安庆市第一中学

安徽省地质矿产勘查局311地质队

岳西县自来水公司

复查确认全国文明村镇:

安庆市潜山县源潭镇

太湖县弥陀镇

桐城市新渡镇

桐城市新渡镇香山村

怀宁县高河镇谢山村

复查确认全国文明单位:

安徽华茂集团有限公司

安徽省高速公路控股集团有限公司高界公路

管理处
国网安徽省电力公司安庆供电公司
安庆市地方税务局(机关)
天柱山风景名胜区管理委员会
中国人民银行安庆市中心支行
中国建设银行股份有限公司桐城支行
安徽省文明城市:
安庆市
安徽省文明县市:
桐城市
安徽省文明县城:
太湖县
怀宁县
安徽省创建文明县城工作先进县市:
岳西县
潜山县
枞阳县
宿松县
望江县
安徽省文明城区:
迎江区
安徽省文明村镇:
迎江区龙狮桥乡
岳西县店前镇
枞阳县浮山镇
桐城市金神镇
怀宁县平山镇
望江县鸦滩镇
桐城市范岗镇
宿松县洲头乡
安徽省创建文明村镇工作先进村镇:
安庆市怀宁县马庙镇
宜秀区五横乡
大观区十里铺乡
潜山县天柱山镇
望江县太慈镇
宜秀区罗岭镇黄梅村
潜山县黄铺镇黄铺村
太湖县寺前镇
宿松县北浴乡迎宾村
安徽省文明单位:
国网安徽省电力公司安庆供电公司
安庆市迎江区人民法院
安庆市迎江区教育局
安庆市立医院
安徽省邮政公司安庆市分公司
安庆市公安局交通警察支队
中国人民银行安庆市中心支行
安庆供水集团公司
中华人民共和国安庆海事局
长江南京航道局安庆航道管理处
安庆市征收管理办公室
安庆市公路运输管理处
中国电信股份有限公司安庆分公司
安徽省地质矿产勘查局311地质队
安徽省地质矿产勘查局326地质队
安庆市第一人民医院
安庆海关
安庆市大观区人民法院
安徽华茂集团有限公司
安庆市地方税务局
中国石油化工股份有限公司安庆分公司
安徽盈创石化检修安装有限责任公司
安庆市气象局
安庆市第一中学
中国工商银行股份有限公司安庆分行
安庆市殡葬管理所
安庆市宜秀区人民法院
安庆市烟草专卖局(公司)
安庆市疾病预防控制中心
安庆市人民检察院
安庆市国家税务局
安庆市公路管理局
中国移动通信集团安徽有限公司安庆分公司
安庆市审计局
中国银行业监督管理委员会安庆监管分局
安庆师范学院
安徽理工学校
安庆市房地产管理局
安庆市宜秀区国家税务局
桐城市财政局
桐城市气象局
桐城市地方税务局
国网安徽桐城市供电有限责任公司

桐城市烟草专卖局
中国建设银行股份有限公司桐城支行
桐城师范高等专科学校
桐城市国家税务局
太湖县国家税务局
太湖县地方税务局
太湖县气象局
太湖朴初中学
安庆市公路管理局太湖分局
国网安徽太湖县供电有限责任公司
太湖县图书馆
怀宁县地方税务局
怀宁县国家税务局
怀宁县气象局
国网安徽怀宁县供电有限责任公司
安徽省高速公路控股集团有限公司高界公路管理处
怀宁县人民检察院
怀宁县财政局
中国建设银行股份有限公司怀宁支行
天柱山风景名胜区管理委员会
安庆市公路管理局潜山分局
国网安徽潜山县供电有限责任公司
潜山县国家税务局
潜山县地方税务局
望江县国家税务局
望江县地方税务局
望江县市场监督管理局
望江县人民检察院
望江县中医医院
枞阳县人民法院
国网安徽枞阳县供电有限责任公司
枞阳县人民检察院
枞阳县地方税务局
枞阳县气象局
枞阳县财政局
枞阳县国家税务局
岳西县人民检察院
岳西县自来水公司
岳西县地方税务局
岳西县国家税务局
岳西中学
国网安徽岳西县供电有限责任公司
国网安徽宿松县供电有限责任公司
宿松县国家税务局
中国建设银行股份有限公司宿松支行
宿松县地方税务局
宿松县人民检察院
宿松县中医院

安徽省文明社区：

迎江区孝肃路街道荷花塘社区
迎江区新河路街道地质社区
迎江区华中路街道光荣社区
迎江区人民路街道先锋社区
迎江区建设路街道南水社区
大观区菱湖街道菱湖社区
大观区花亭路街道湖心社区
大观区德宽路街道腊树园社区
大观区龙山路街道近圣社区
宜秀区大桥街道芭茅巷社区
宜秀区大龙山镇燎原社区
宜秀区罗岭镇凤溪社区
宜秀区大龙山镇中心社区
开发区菱北街道盛塘社区
开发区菱北街道乌岭社区
桐城市龙眠街道城郊社区
桐城市文昌街道三里社区
太湖县晋熙镇晋熙社区
太湖县晋熙镇长河社区
怀宁县高河镇陶亭社区
怀宁县黄墩镇黄墩社区
潜山县梅城镇东关社区
望江县华阳镇宝塔社区
枞阳县枞阳镇新华社区
岳西县天堂镇城北社区
岳西县天堂镇城西社区
宿松县东北新城龙井社区
孚玉镇古塔社区

安徽省未成年人思想道德建设工作先进城市：

安庆市

安徽省未成年人思想道德建设工作先进县城(城区)：

太湖县
桐城市

县(市)区

桐 城 市

【概况】 总面积1571平方公里，总人口75万人，辖1个国家级桐城经济技术开发区、1个省级双新经济开发区、12个镇和3个街道。2014年，全市地区生产总值217.5亿元，比上年增长9.5%；财政收入22.66亿元，增长0.5%；规模工业增加值124亿元，增长13.1%；固定资产投资221.4亿元，增长15%；社会消费品零售总额67.1亿元，增长13%；城镇常住居民人均可支配收入21953元，增长10.1%；农村常住居民人均可支配收入10713元，增长13.1%。

工业经济提质增效。规模企业三年翻番顺利完成，新增规模工业企业31家，规模工业总产值519.4亿元，增长14.2%。产业转型升级步伐加快。完成工业投资157.7亿元，增长18.5%；技改投资115.7亿元，增长51.4%。中建材一期、雨润生猪屠宰加工及生物制药项目竣工投产，盛运垃圾焚烧设备、丹凤2号池窑、万信光电、风力发电等项目快速推进，抽水蓄能电站通过水规总院预可研审查。

农业产业化效益提升。农产品加工企业产值达133.7亿元。国家级现代农业示范区正式获批，新增部级畜禽标准化养殖示范场1家、水产养殖示范场1家。农业适度规模经营面积持续扩大，全市土地流转总面积42万亩。新型农业经营主体达2100多家，新增国家级示范社2家。粮食流通稳健有序，政策性收购政策有效落实。完成农饮水安全工程30处，解决3.9万农村人口饮水安全问题。龙眠河城区下段治理、新店河防洪工程全面完工，挂车河新安渡段治理工程开工建设，完成5座小型水库除险加固任务，建设高标准基本农田6.78万亩。农机化装备和作业水平不断提升，粮食生产综合机械化水平达67.5%。

第三产业加快提升。外贸进出口稳步增长，进出口总值2亿美元，增长7.5%。桐城电子商务产业园投入运营，阿里巴巴桐城产业带正式上线，2家企业成为省级电子商务示范企业。嬉子湖水产养殖公司成功创建国家级渔业休闲示范基地。完成房地产开发投资11.6亿元，4家建筑企业晋升一级资质。中信银行桐城支行开业，银行业金融机构增至11家。年末金融机构各项存款余额288.1亿元，比年初增加30.1亿元；各项贷款余额165.9亿元，比年初增加15亿元。

城乡一体化进程加快。城市功能得到完善。《桐城市城市总体规划(2013—2030年)》和《桐城历史文化名城保护规划》获批。文昌城中村改造工程完成规划和前期拆迁，老城区背街小巷及老旧小区改造工程、“三街一巷”修缮保护工程有序进行，同安路、红星路、沙塘路等整修改造如期完成。征收房屋13万平方米，新建续建安置房近10万平方米。西郊公园、盛唐中路、文昌大道绿化提升改造，同康路照明工程获阿拉丁神灯“优秀工程奖”。电网建设有序推进，35千伏青草变投入运行。“三线三边”环境整治、千万亩森林增长工程持续开展，桐城成功创建首批“安徽省森林城市”。新渡、孔城获批全国重点镇，嬉子湖湿地公园通过省级验收，孔城跻身首批“安徽省宜居小镇”。吕亭、大关创建“省级森林城镇”，大关王集等10个村成为“省级森林村庄”。双港练潭入选全省首批传统村落名录。桐城市获2013年度“安徽省美好乡村建设先进市”称号，杨安、玉嘴、樟枫获评“安庆市美好乡村建设模范村”，第二批11个省级示范村建设成效明显。农村清洁工程实现全覆盖。

社会建设得到加强。33项民生工程全面完成，投入财政资金8.3亿元。保障性安居工程稳步推进，完成棚户区改造4227户，建设保障性住房270套。新增城镇就业4600人，开发公益性岗位430个。开展大病保险补偿，新农合基金抗风险能力增强。城乡低保、五保供养等社会救助标准提高，农村五保供养机构新增床位600张，“家和尊养”老年护理院正式开园。“银龄安康保险行动”启动实施，全市80周岁以上老人获得高龄津贴，老民师、老村干等“老字号”群体生活补助全面发放，23户以船为家的渔民全部上岸安居。国家公共文化服务体系示范区创建有序推进，建成农民文化乐园4个。成功承办省十三运部分赛事，在省运会获得6.5枚金牌。高中布局调整稳步开展，城乡教育资源优化整合，望溪职校获批“国家中职改革发展示范校”。《桐城市志》获全省地方志成果一等奖。

【《惊天一兰》《青山鉴》获田汉戏剧奖】 10月29日，市新创作的戏剧《惊天一兰》《青山鉴》，双双获得第28届田汉戏剧文学奖二等奖。新编黄梅戏历史剧《惊天一兰》(在国家大剧院连续上演并获得成功)讲述剑翘(原名施谷兰)历经十年，刺杀军阀孙传芳，报家仇雪国恨，伸张民族大义的故事。《青山鉴》是现代戏，由桐城市戏剧家协会国家二级编剧徐启仁编剧。该剧讲述的是大学毕业生张兰兰、周立凡胸怀大志，绿化荒山，报效祖国的志向和追求。

【拟恢复重建六尺巷、宰相府】 由桐城文投公司承接、北京清华同衡规划设计研究院有限公司设计的《六尺巷、宰相府恢复重建的规划》通过市规划委审议，并批准执行。该规划是《“三街一巷”保护、整治与利用详细规划》的子规划。规划保护、修缮和重建的总体原则是采取家族园林式布局形式，新建建筑的风貌及立面设计按照与保护建筑相协调进行。规划通过审议后，相关部门将严格按照规划进行张氏宰相府展览馆、吴氏府邸文化展览馆两处大型展览馆进行单体设计。之后，根据未来考古发掘、文献资料整理、口述史研究等相关研究成果，按原形制进行恢复重建张英、张廷玉事迹展区，结合家庙布置张氏宗族展区，桐城名宦展区位居其后。按规划恢复、新建范围包括宰相府区域、吴氏府邸区域及旅游配套设施。

【练潭村名列第一批安徽省传统村落】 2014年，省住建厅、财政厅、文化厅、文物局联合公布的第一批安徽省228个传统村落保护名单，安庆市共有21个村落入围，双港镇练潭村名列其中。练潭村前称练潭镇，系桐城历史四大名镇之一，现有900多户，人口3000多人。重点文物有秋月亭、吴鳌墓等。根据住房和城乡建设部、文化部、国家文物局和财政部2014年4月出台的《关于切实加强中国传统村落保护的指导意见》，国家用3年时间，安排专项资金对列入中国传统村落名录的村落给予相应的支持，使当地文化遗产得到有效保护。

【“友源”、“百世佳”获中国驰名商标】 2014年，国家工商总局认定一批中国驰名商标，桐城市的安徽友源食品有限公司“友源”商标和安徽百世佳包装有限公司“百世佳”商标位列其中。至此，桐城市中国驰名商标增至11件。

【中组部来桐调研干部和基层组织建设工作】 2014年4月17日，中组部研究室(政策法规局)巡视员、副主任张景虎一行4人，来桐调研干部工作和基层组织建设工作等情况，实地考察全国创先争优先进基层党组织——安徽华祥集团党委和全省“五个好”村党组织标兵——范岗镇范岗村党委，全面了解全市干部队伍建设和基层组织建设的一些制度改革、创新做法和新鲜经验，广泛听取基层党员干部和群众的意见建议。省、安庆市及桐城市有关领导陪同调研。

【举办首期大型电视问政节目《问政桐城》】 《问政桐城》节目由桐城市委、市政府主办，是落实教育实践活动坚持“开门搞活动”“开门抓整改”的工作方针而打造的问政新平台，通过问政于民、问需于民、问计于民，实现听民声、集民意、转作风、促发展的有效互动。此档节目由部门职能介绍、问政代表现场提问、被问政单位即兴回答、特邀评论员现场点评、现场互动、部门工作群众满意度现场测评等六个部分组成。首期被问政单位是市交通运输局。市人大代表、政协委员、党风党纪监督员、特邀监察员代表和基层群众代表、服务对象代表、媒体代表就市民关注的城乡公交一体化、出租车运营管理、乡村道路建设管护、交通安全监管等热点问题现场发问。市交通运输局负责同志就此逐一现场作答，并作出整改承诺。问政代表们根据回答情况现场进行“部门工作群众满意度”评分。

桐城市2014年主要领导名录

市　委　书　记:胡红兵
人大常务会主任:王志义
市　　　　　长:吴三九
政　协　主　席:徐家涛

【乡镇简介】 新渡镇　位于桐城市南部，面积117平方公里，辖18个村、2个居委会，人口7.1万人。是全国重点镇、全国文明镇、全国小城镇建设试点镇、全国创建文明村镇工作先进村镇、全国新农村建设科技示范镇、全国包装印刷产业基地、安徽省重点中心镇、安徽省综合改革试点镇、安徽省产业集群专业镇建设示范点、安徽省环境优美乡镇、安徽省森林城镇。2014年,全镇财政收入9855.6万元,增长15%;工业总产值79亿元,增长17.5%,其中规模以上工业总产值74.2亿元;全社会固定资产投资12.2亿元,其中工业项目投资10.8亿元。

党委书记:姚芬兰　镇　长:周朝元

大关镇　位于桐城市北部,面积169平方公里,辖15个村,人口7.1万人,镇区规划面积6平方公里,镇区人口2万余人,城镇化水平达37%。是全国著名的“制盖之乡”“蛋鸭基地”。2014年,全镇财政收入4440.9万元,增长13.2%,其中国税完成1570.1万元,地税完成2737.7万元。实施部级高产创建示范片10210亩,田间工程建设项目20000亩。市区至小关202路公交线路开通运营。“百世佳”商标被认定为中国驰名商标,实现全市镇级中国驰名商标“零”的突破。

党委书记:詹向前　镇　长:汪杰贤

双港镇　位于桐城市的东南部,面积96平方公里,辖18个行政村,人口5.5万人。素有“塑料之乡”、“鱼米之乡”“教育之乡”之美誉。是桐城的经济重镇,安徽省综合改革试点镇、省中心建制镇。2014年,全镇财政收入4019.22万元,其中国税收入1557.7万元,地税2561.52万元。规模以上工业企业总产值43.78亿元,全社会固定资产投资11.6亿元。

党委书记:吴新宇　镇　长:高光柏、张　力

黄甲镇　位于桐城市西部,距市区10公里,面积107平方公里,辖8个村,人口1.4万人。山场12.8万亩,水面7809亩,森林面积覆盖率达90%,海拔1057米桐城最高峰——大徽尖位于境内。2014年,全镇国内生产总值2.1亿元,增长10%;财政收入487.4万元,增长16.77%,增长幅度全市排名第二;农村常住居民人均可支配收入6818元,增长9%。

党委书记:刘汉兵　镇　长:刘建权

金神镇　位于桐城市东南部,面积132平方公里,辖18个村,人口6.2万人。2014年,地区生产总值30亿元,财政总收入8598万元,全社会固定资产投资19.06亿元,完成招商引资3.2亿元,农民人均纯收入达11000元。获得第三届安徽省文明村镇、市委市政府促进科学发展考评一类单位第二名、发展工业经济金牌奖等系列荣誉。盛运集团筹建的“固废、危废焚烧处理装置及尾气控制国家与地方联合工程研究中心”成为安庆市第一家也是唯一一家获得国家级工程研究中心。

党委书记:潘利民　镇　长:吕兆芳

吕亭镇　位于桐城市区东北部,是桐城通往合肥经济圈的重要连接点。面积124平方公里,辖15个行政村,人口6.3万人,其中建成区人口2.6万人。是安徽省首批扩权强镇试点镇、安徽省科技示范镇、安徽省环境优美乡镇、安徽省家纺服装产业集群镇、安徽省农业产业化优秀乡镇、安庆市财政贡献先进镇、安庆市精神文明建设先进镇。2014年,全镇规模企业工业总产值28.03亿元,农业总产值6.4亿元,全社会固定资产投资18.05亿元,财政收入4707万元,农民人均纯收入11951元。

党委书记:江学潮　镇　长:曹五四

孔城镇　位于桐城市东部,面积145平方公里,辖20个行政村、2个社区,人口7.9万人,是全市人口第一大镇,省级中心镇、安徽省历史文化名镇、安徽省文明创建村镇、安徽省优秀旅游乡镇、安徽省宜居小镇、全国重点镇。2014年,全镇地区生产总值42.35亿元,财政收入5653.6万元,农民人均纯收入10013元。城乡公交一体化率先在孔城镇实施,连接市区南岛客运站和孔城镇跃进村的201路公交车于8月正式开通运行。

党委书记:张星生　镇　长:陈　炜

嬉子湖镇　位于安徽省桐城市东南,三面环湖,呈狭长半岛状。面积135平方公里,其中环绕镇区的水域面积76平方公里,占总面积的56%。辖9个行政村,人口2.5万人。生态农业、水产养殖和加工业、生态旅游业是全镇的主导产业。是安徽省最佳旅游乡镇、安徽省环境优美乡镇,位于双店村的嬉子湖生态旅游区系国家AAAA级旅游景区。

党委书记:章劲松　镇　长:殷　锐

范岗镇　位于桐城之南,面积134平方公里,辖

18个村、1个社区，人口7.3万人，为全国“制刷之乡”。先后获“国家级综合发展改革试点镇”“安徽省现代农业示范区”“安徽省乡镇企业百强镇”称号。2014年，范岗镇被省文明委授予“安徽省文明村镇”称号。财政收入8160万元，规模以上企业实现总产值31.4亿元，固定资产投资15.2亿元。樟枫、杨安两村获安庆市“美好乡村建设先进村”称号，杨安村代表全市接受省级美好乡村评比验收，获皖中片区第一名。樟枫村原党总支书记宋福应被追授为安徽省优秀共产党员，当选年度“心动安徽·最美人物”，被誉为“真实的铁人”，焦裕禄式的优秀基层干部。

党委书记：戴向前　镇　长：王建海

青草镇　位于桐城市西南，面积170平方公里，辖2个居委会、20个行政村，人口7.4万人，是全国创建文明村镇先进镇和安徽省中心建制镇。素有“山水青草，梦中江南”之美誉。2014年，全镇地区生产总值11.1亿元；财政收入2432万元；规模以上企业总产值6.7亿元，增长14.9%；全社会固定资产投资4.1亿元，增长28%；引进各类项目7个，实际到位资金3亿元；农民人均纯收入1.1万元。

党委书记：程　赟　镇　长：疏旺根

唐湾镇　位于桐城市西部边陲，地处桐、舒、潜3县交界处，平均海拔680米。面积123平方公里，其中山场总面积7.4万亩，耕地面积4871亩。辖8个行政村，人口1.4万人。是桐城市食用菌生产基地和养蚕基地，“龙眠绿芽”“龙眠春翠”“桐城小花”等名茶产地。雾聚岭茶叶在大别山山区手工茶暨第三届“桐城小花”茶评比中获一等奖，白云尖茶叶获二等奖并有望加入“国礼徽茶”连锁品牌。2014年，全镇地区生产总值3.1亿元，工业总产值5.96亿元，财政收入1108.2万元，农民人均收入7200元。

党委书记：殷金生　镇　长：张神飞

鲟鱼镇　位于菜子湖与长江出口处，周边与安庆市迎江区、枞阳县和池州市接壤，是桐城市唯一的通江口岸。是安庆市最早命名的小康镇。面积2.81平方公里，辖桐江、内江2个居委会，人口1100人。2014年，全镇财政总收入794.37万元，工业总产值2.13亿元，固定资产投资2.25亿元，招商引资1.34亿元，居民人均纯收入14209元。

党委书记：桂稳成　镇　长：束文化

（汪　沛）

怀　宁　县

【概况】　怀宁县国土面积1276平方公里，辖15个镇、5个乡，204个村，37个居委会，总人口70万人。2014年，地区生产总值174.5亿元，比上年增长10.2%；固定资产投资150.93亿元，增长15.3%；财政收入突破20亿元，增长10%；规模工业增加值93.4亿元，增长13.2%；社会消费品零售总额57.89亿元，增长13.1%；城乡常住居民人均可支配收入分别达到22648元和10782元。

农业经济。全县耕地面积86.51万亩，粮食、油料、棉花、玉米、豆类、蔬菜等产量稳中有升，全年农业生产总值37.24亿元。全县粮食产量34.91万吨，增长1.7%；油料产量3.12万吨，增长2.9%；棉花　5886吨；生猪出栏28.93万头、家禽731万只，分别增长3.2%和4.4%；肉类产量3.20万吨，增长2.3%；禽蛋2.29万吨，增长2.1%；水产品2.68万吨，增长3.5%。全年化肥用量1.35万吨，减少0.2%。现代农业提质增效，黄墩蓝莓基地、独秀现代农业园区、平山现代农业示范区等经营主体蓬勃发展。新增农民专业合作社21家、市级示范家庭农场6家，实现农产品加工产值57亿元。新雪莲科技生物在“四板”市场挂牌，皖山食品登陆省股权交易中心科技板，科林木业、稼仙大米获中国驰名商标，“皖山媒鸭”获第十二届中国国际农产品交易会金奖，怀宁贡糕、润香植物油成功注册国家地理标志商标。

工商业经济。全县规模以上工业企业总数达到249家，净增22家，产值超亿元企业125家，工业经济效益指数达到387.6，规模企业实现利税31.5亿元，增长33.7%。装备制造业实现产值79.8亿元，增长20.8%。高新技术企业11家，实现增加值11.1亿元。战略性新兴产业实现产值39亿元，增长19.1%。海螺水泥、永恒动力等6家企业进入安庆企业50强，25家老国有集体企业进入改制程序。淘汰落后产能，实施技改项目33个，关闭矿山企业5家，关闭拆除黏土类轮窑56家。新培育限额以上商贸法人企业10户，新发展个体工商户1419家、各类企业579户,实现外贸进出口7769万美元。发展电商骨干企业12家,“711生活购物电子商务平台”上线运营,全县电子商务交易额突破1.2亿元。

项目建设。全年列入省“861”行动计划项目41个,完成投资45.35亿元,增长53.57%。实施市重点项目57个,完成投资58.65亿元,增长42.39%。县体育馆、稼先路跨铁路大桥主体工程完工,望东长江大桥北岸连接线、212省道皖河大桥及接线工程正在实施,206国道升级改造已经启动,瑞沃科技产业园、独秀现代农业园区、华能风电、巴比商务中心、德辰城市综合体、数字式称重传感器等一批重大项目陆续开工,获批建设腊树分离立交桥,完成2.5产业园(指介于第二、第三产业之间的生产性服务业,既提供服务又提供产品,集创新思想先进技术等知识和智力密集型产业如研发、培训、物流、广告等,也包括一些高附加值、低污染具有核心技术的新兴都市工业如软件和动漫开发、创意产品、计算机装配等产业等。2.5产业园是一个高质量、高产出、低能耗和生态型的现代办公园区)规划编制。申报总投资规模超千亿元“十三五”重大项目168个。报批建设用地2770亩,争取用地指标1383.5亩,落实项目供地3168.65亩,县国土局2014年目标管理考核排名全市第一,获得奖励用地指标100亩。引进亿元以上项目22个,实际到位资金50.79亿元,居全市第二。投资9亿元的高传风电、投资5亿元的3D打印机器人等一批项目成功签约。再度入选“2014年度中国最具投资潜力中小城市百强县市”名单,怀宁县连续第9年入选百强,位次由上年的第49位上升到当年的第44位。

园区经济。怀宁经济开发区以“项目建设、平台建设、产城发展”为工作重点,增强整体功能、推动转型发展、夯实招商平台,提质提速提效,超额完成目标任务,全年完成工业总产值177.95亿元,增长17%;完成工业增加值48.92亿元,增长16%;完成固定资产投资22.50亿元,增长13%;完成进出口总额6102万美元,增长10%;实际入库税金1.635亿元,增长28%;实际利用外资2302万美元,增长15%。围绕机械电子、轻工纺织、新能源新材料三大产业集群,严把准入门槛,新增签约项目20个,计划总投资22.57亿元,其中亿元以上项目10个,主要有3D打印及智能设备、融成数控、赭石机电、弘华建材、福恩光电等项目。瑞沃科技显示材料产业园近4万平方米厂房基本建成并投入试生产。电子专业园16万平方米标准化厂房基本建成,5个工业项目入驻试生产。

城镇与美好乡村建设。开展县城“三治三增三提升”(三治是指治脏、治违、治乱;三增是指增强功能、增加绿量、增进文明;三提升是指提升规划水平、提升建设水平、提升管理水平)行动,获“第三届安徽省文明县城”称号。县城基础建设投入5.68亿元,怀安河公园、永宁广场建成开放,东经一路建成通车,县污水处理厂二期工程完工,滨河路、东经二路等8条道路加快建设,县城老汽车站交叉口综合改造工程如期竣工,高河大道、政和路和育儿路绿化提升工程效果明显。经开区基础建设投入3亿元,纬九路和纬十路延伸段、里仁西路建成通车,2号河道园区段整治工程结束,一期、二期有线电视管道、二期主供水管线和三期自来水加压站基本建成,纬十三路、稼先路延伸段工程有序推进,园区污水管网疏通工程稳步实施。集镇建设迈出新步伐,石牌镇、月山镇再次跻身全国重点镇,平山镇成功创建市内首个省级卫生镇并跻身全省文明村镇行列。首批建成并通过验收10个省级重点示范村,第二批10个省级重点示范村加快规划建设,洪铺五桥、石牌普济成为市级美好乡村建设模范村。全年改造农村危房1450户、县乡公路16.4公里、农村公路危桥16座,完成铁路道口“平改立”工程2处。实施小型水利设施改造提升1072处,建成高标准农田4.8万亩,完成土地整治3941.9亩,新增耕地2753亩,解决农村居民饮水安全3.49万人,农田水利基本建设投资达到2.12亿元。农村电网升级工程有序推进,新农村电气化进程加快。纵深推进“三线三边”环境综合治理,遏制街道私搭乱建、流动经营等问题,拆除石牌同马大堤、黄高线高河大河入口等重点部位违法建筑,农村清洁工程和环卫保洁市场化实现乡镇全覆盖。

公共服务。实施政府机构改革,工商质监食品药品监管体制改革全面完成,城乡规划局、招标采购管理局组建成立。出台《政府投资城乡基础设施重大项目建设管理暂行规定》,重大工程建设管理规范。完善财税体制,改革部门预算、国库集中支付和乡镇财政体制,开展财政投资评审和绩效评价工作。建立部门涉税信息交换与共享机制,健全协税护税机制。金融工作取得突破,全年新增贷款27.33亿元,增量、增幅居全市前列。县农商行、县交通银行挂牌营业,江淮村镇银行获批筹建,中国银行石牌广丰惠农金融综合服务站建成开业。优化金融生态环境，先后为10余家企业提供融资帮扶。做大做强县中小企业担保公司，政府平台实现融资10.96亿元。完成地方政府性债务甄别工作。推进土地"三项清理"工作，土地收储实质性开展，盘活各类用地7500亩。完善征地拆迁工作机制，206国道石镜石门湖段拆迁工作顺利完成，独秀大道北延伸段国有土地房屋征收补偿工作取得突破，高河"城中村"改造项目启动实施。农村土地承包经营权确权登记颁证试点工作有序展开。开展生态县创建和大气污染防治工作，落实减排项目10个，黄标车治理工作成效明显。殡葬改革稳妥实施，建成农村公益性公墓39处。新增森林面积2.25万亩，森林防火应对有力。秸秆禁烧实现卫星监测和省现场巡查零火点，综合利用走在全市前列。县政务服务中心金瓯办事大厅正式启用，43个窗口单位全面进驻，全年完成办件21.99万件、接待群众22.4万人次，社会保险视觉识别系统在全省先行先试，顺利跻身"全省政务服务标准化示范中心"行列。

民生与社会发展。32项民生工程深入实施，投入资金8.32亿元，其中县级投入1.3亿元。城镇新增就业7033人，下岗再就业2649人，新增农村劳动力转移就业8856人，培训新型职业农民400人。开工建设保障性住房2890套，基本建成2092套，实物配租1107户。新增敬老院床位250张。新农合参合率103.38%，住院实际补偿比达55.07%。贯彻落实《血吸虫病防治条例》，实施以传染源控制为主的血吸虫病综合防治措施，怀宁县珠流河流域被命名为全省首批"血吸虫病综合治理示范区"。扶贫对象建档立卡工作顺利完成，残疾人基本状况和需求专项调查工作全面启动。70周岁以上老人实现免费乘坐公交，80周岁以上老年人高龄津贴已经在年底组织发放。"老字号"群体工龄补助发放工作有序推进，渔民上岸安居工程顺利完成。城乡居民最低生活保障月人均补助水平分别提高11.4%和11%。成功承办省运会足球和橄榄球赛事。义务教育全面改薄计划加快推进，165所中小学校完成标准化建设。实施农村中小学校舍维修改造项目12个，维修改造面积9580平方米，新建扩建公办幼儿园2所。高中布局调整取得明显成效。公共卫生服务体系建设和中医药健康管理项目扎实推进。县级公立医院补偿机制不断完善，县医院跻身"全面提升县级医院综合能力第一阶段500家县医院"行列，石牌院区改制工作顺利完成。科技创新步伐加快，完成专利申请496件，专利授权287件，新开发高新技术产品18项。

【加快现代农业发展】 怀宁县合理规划，城乡统筹，打好基础，稳住产量，做响品牌，推进现代农业发展。全力提高农业综合效益，推进20万亩水稻产业提升行动核心示范区和11个国家级万亩高产创建示范片建设。因地制宜发展水果、花卉、中药材、食用菌、畜禽等特色农业。黄墩镇蓝莓种植规模达5000多亩，建成美林蓝莓、锦华蓝莓等规模种植基地5个、蓝莓种苗繁育基地1个、蓝莓研究所1家，引进蓝莓深加工企业2家。平山镇着力打造"种、养、加、饲、肥"五级循环产业链条，农兴花卉公司引进原生态杜鹃花5000余株，建成8320平方米杜鹃花盆景培育基地；皖山食品公司投入资金570余万元，在示范区建成200亩应用物联网综合技术的"稻鸭共生"示范基地；绿茵农业公司二期投资5200万元的杏鲍菇深加工项目开工建设；牧之金有机肥厂一期工程投产，可年产有机肥料1万余吨。实施"菜篮子"工程，扩大蔬菜基地建设，石牌镇蔬菜外销达40000多吨，销售额近5000万元，菜农户均收入1600元。启动独秀现代农业综合开发园区建设，提升洪铺东圩和金拱白莲圩农业综合开发示范区建设，加快粮食产业园建设，争创国家级现代农业示范区。怀宁县现有农业产业化县级以上龙头企业140家，省级以上龙头企业10家；有绿色食品20个，无公害农产品22个，有机食品14个；有3家农业产业化企业在四板挂牌上市，3家农业产业化龙头企业产品获得"中国驰名商标"。

【文化建设呈现亮点】 怀宁县加大文化惠民投入力度，挖掘人文资源，丰富活动载体，开展各类文化活动，推动全县文化繁荣。启动海子文化园、高河谢山农民文化乐园、石牌普济农民文化乐园建设。开发拓展方志资源，丰富怀宁历史文化资料，点校出版康熙版《怀宁县志》，编辑《怀宁年鉴(2008—2012)》和《怀宁大事记(2013)》，开展党的群众路线历史渊源研究、戏剧研究、民风民俗研究、家谱文化研究、陈撄宁研究、徐中舒研究、陈俊愉研究、乐府诗《孔雀东南飞》中的礼教辨正研究，研究成果均在文史类杂志上发表。组织第二十届全县青少年爱国主义读书教育活动。举办"海子诗歌朗诵会"、"戏曲之乡·怀宁"全国名票名家群英会、"乾隆牡丹书画作家笔会"、"'完白之星'百米长卷书画创作比赛"、"最美怀宁诗文拉力赛"、"德琳杯"少儿舞蹈大赛、"完白故里"美术作品联展等重要文化活动120余场,其中举办的"戏曲之乡·怀宁"全国名票名家群英会吸引来自广东、海南、陕西等7个省及香港特别行政区共90余名戏曲爱好者参加。央视《走遍中国》栏目组走进"面点师之乡"江镇镇。独秀文化志愿者服务队组织各类义务演出近百场。县黄梅戏剧团、洪铺镇黄梅戏剧社、小市镇黄梅戏剧团3个文化服务单位共同完成241场"送戏下乡"任务。开展送文化下乡、周末大舞台、送书画下乡等活动80余场。农村群众自行开展文化活动426场次、放电影2500余场。黄梅戏《卖膏药》荣获全省小戏调研剧目奖,黄梅戏《独秀山下的女人》荣获省社科文艺出版二等奖。《怀宁文艺》等3家刊物被评为全市文联系统优秀文艺期刊。

"孔雀东南飞"传说入选国家级非物质文化遗产名录,孙家城遗址被批准为国家重点文物保护单位,月山镇综合文化站被评为国家级优秀乡镇文化站,怀宁县第三次被评为为"中国民间文化艺术之乡"。

【提高新农合满意度】 全县平稳运行新农合基金,提高保障水平,减轻参合患者医疗负担,群众满意度大幅提高。加快新农合审核补偿速度,全年办理手工结报17475人次,发放补偿金6412.06万元,办理即时结报56849人次,拨付补偿金15425.88万元。

推进新农合大病保险,全年办理大病保险1475例,大病保险基金支付1017.9万元。

启动"二代身份证"替换"IC就诊卡"工作,共投入建设经费50余万元,通过政府招标采购二代身份证阅读器免费发放至县内各新农合定点医疗机构,调取公安户籍数据对原参合数据进行比对纠错更新,对信息系统进行升级改造,通过短信群发、电视公告、发放告知书等多种方式进行广泛宣传、告知。进一步简化就诊报销程序,方便参合患者。同时也增强参合人员对个人信息的自我保护意识,有效防范潜在风险。

开展按病种付费试点工作,对县、乡两级新农合定点医疗机构按病种付费病种及定额进行适当调整。全年县级医院执行按病种付费4122例,患者实际补偿比均达75%~80%,尿毒症透析10658人次,实际补偿比达90%。乡镇卫生院执行按病种付费1024例,患者实际补偿比达80%~85%。2014年度,县内新农合定点医疗机构按病种付费出院病例占参合住院总数比例达20%,居全市首位。

【电子商务交易额突破亿元大关】 将电子商务作为转型升级的重要抓手,依托产业和区域优势,科学定位,形成特色,不断优化电子商务发展环境。组织举办各类电子商务培训班,邀请专业认证讲师授课,搭建创业交流平台;开展"电商企业跟班学习"活动,通过实践操作,提升电商知识应用能力。组织相关企业到先进省市考察学习,了解电商前沿发展模式,开拓企业视野;邀请电子商务专家到当地适合发展电商业务的企业进行走访调查,帮助解决企业发展电子商务遇到的问题。吸引电子商务创业者和企业电商部门入驻,开展电子商务讲座、电商创业沙龙等活动,推动电子商务主体集聚发展。

从个人小打小闹网上寻找商机,到政府引导企业、农户组团销售特色农副产品,怀宁县的商家、企业和农户们每天都在不断刷新网上销售记录,其中"怀宁711生活购物"就能通过网站、APP移动客户端、24小时呼叫中心、便利店等四个平台,将消费者需要的商品以最优惠价格和最快速度(10—30分钟),免费送货上门。全年全县新发展电商骨干企业12家,全县电子商务交易额突破亿元大关,达到1.2亿元。

【平山镇获"第四届全国文明村镇"称号】 2014年,平山镇把文明乡镇创建工作列入全镇经济社会发展规划,坚持走农村城镇化、城乡一体化的发展路子,聘请甲级设计单位上海汉丰设计院对3.2平方公里的集镇区进行修建性规划和景观设计,按规划实施硬化、绿化、亮化、净化、美化工程,打造功能配套、设施完善的新城镇。镇政府创建财政拨款、单位出资、社会捐资、吸引外资等多渠道筹资机制,其中群众自发捐资近2000万元。实行镇干部"管一村,包一线,抓一片"的责任制,推行村民"自治、自理、自建、自享"模式,开展环境整治活动。订立乡规民约,成立村民理事会,组织村民开展文明村、卫生村创建活动。组织村组干部、村民代表、种粮大户、从业人员等开展学习培训活动,促进公民思想道德素质不断提升。开展中小学生爱国主义读书教育活动。开展"文明单位""五好文明家庭"、"十星级文明户"等评选活动。2014年,平山镇被省爱卫会评为"安徽省卫生镇";占地8000平方米的平山居民文化广场被批准为国家级全民健身广场工程。中央精神文明建设指导委员会授予怀宁县平山镇为"第四届全国文明村镇"。

怀宁县2014年主要领导名录

县　委　书　记:刘飞跃

人大常委会主任:王学龙

县　　　　长:郭家满

政 协 主 席:丁风生

【乡镇简介】 高河镇　旧名高河埠,位于怀宁县西北面,是怀宁新县城所在地。面积83.5平方公里,辖16个村、8个居委会,人口75182人。区位优势明显,交通便捷,是皖西南地区重要的交通枢纽和商品集散地,是皖西南地区二三产业发展的重镇。2014年,国地税收入19190.5万元。

党委书记:丁劲松　镇　长:马宜来

石牌镇　位于怀宁县西南部,是怀宁老县城所在地。面积81.7平方公里,辖18个行政村、4个居委会,人口79879人。是皖西南重要的农副产品聚散地和商贸重镇。镇内有徽班进京京剧鼻祖程长庚故居、戏剧名伶杨月楼家谱;戏剧盔帽制作坊是石牌独有的特色;潘氏宗祠为县级文物保护单位,有前街、后街、汀字街、正街、新民街等徽派建筑。特产有银丝贡面、顶雪贡糕。2014年,国地税收入3216.7万元。

党委书记:谢长兵　镇　长:张　智

月山镇　位于县境东南部,东南距安庆市18公里,西北距新县城高河镇16公里,面积71.58平方公里,辖8个行政村、3个居委会,人口30888人。镇内矿产资源丰富,有石灰石、铜、铁和金、银、钼、铀等稀有矿产。非矿物资源有煤、大理石等。生物资源植物种类近百种,常见动物种类30余种。2014年,国地税收入4898.3万元。

党委书记:佘世俊　镇　长:刘　芳

茶岭镇　位于怀宁县中部,离安庆市区30公里,面积63.38平方公里,辖11个行政村,人口33293人。粮食作物以水稻、小麦为主,经济作物有油菜、棉花、蔬菜等。2014年,国地税收入2117.7万元。

党委书记:汪世祥　镇　长:乔　涛

公岭镇　位于县境西北部,距县城高河镇12公里,辖10个行政村、1个居委会,人口27534人。2014年,国地税收入924.3万元。

党委书记:程志平　镇　长:韩宗林

洪铺镇　位于怀宁县城西南部,面积84.4平方公里,辖12个行政村、1个居委会,人口39448人,居民除汉族外,还有少量回、布依、蒙古、壮等少数民族。矿产资源有铜、铁、锌、硫铁矿、大理石、方解石、石灰石、白云石等,其中以非金属矿类为主。2014年,国地税收入3292.6万元。

镇　长:江俊杰

黄墩镇　位于安庆市北郊,怀宁县中部,面积57.3平方公里,辖10个行政村、2个居委会,人口37716人。从独秀山南麓至三桥为一条黄土岗,当地俗称黄泥墩,镇以此而得名。是省级中心镇,省“千村百镇”示范镇。矿藏资源有重晶石、硅灰石、石灰石、大理石和石煤等,其中石灰石、大理石储量丰富。蓝莓种植规模达5000多亩,建成美林蓝莓、锦华蓝莓等规模种植基地5个、蓝莓种苗繁育基地1个、蓝莓研究所1家,引进蓝莓深加工企业2家。2014年,国地税收1266.1万元。

党委书记:朱联生　镇　长:何刘圣

黄龙镇　位于怀宁县西南,面积27.9平方公里,辖7个行政村、1个居委会,人口19573人。圩区地势平坦,土质肥沃,是县内万亩大圩之一,县粮食基地,素有“鱼米之乡”之称。2014年,国地税收入402.7万元。

党委书记:王本贵　镇　长:盛春林

江镇镇　旧名江家嘴,面积77.36平方公里。辖13个行政村,人口35755人,少数民族有回、壮、藏等。江镇镇历史悠久,明末著名戏曲家阮大铖曾在镇东张阳山落户隐居,江家嘴和罐子窑俗称“戏窝子”。老街保留有百年老王纸扎工艺、回民食铺、牛肉包子店、千年竹器加工等明间传统工艺传承。80年代开始,“馒头经济”成为江镇最具影响的特色经济,在外从业人员有15000多人,年创收8亿元以上。2008年获“中国面点师之乡”,拥有巴比、麦喜、德比、大眼、万福等20多个颇有市场知名度的品牌。2014年,国地税收入571.8万元。

党委书记:刘苗先　镇　长:董红军

金拱镇　位于怀宁县北部,素有怀宁县北大门之称。面积61.50平方公里,辖10个行政村、2个居委会,人口 30087 人。合安高速与沪蓉高速交汇于镇鸽子墩,建有华东最大互通立交,高速入口位于金拱镇境内。2014 年,国地税收入 2186.9 万元。

党委书记:汪俊友　镇　长:汪胜斌

腊树镇　位于怀宁县西南部,面积 94 平方公里,辖 12 个行政村、1 个居委会,人口 35426 人,其中回族和布依族各 1 人,土家族和瑶族各 2 人,苗族 3 人。金属矿藏有铜、铁、金、银、钼、钴、锌等;非金属矿有石英石、石灰石、大理石、煤矸石等,其中石英石藏量大、品位高,开发前景广阔。2014 年,国地税收入 574.3 万元。

党委书记:陈文彬　镇　长:李曹林

雷埠乡　位于怀宁西南边陲,面积 59.68 平方公里,辖 7 个行政村、1 个居委会,人口 22942 人。境内有金鸡湖、金鸡岭水库,境西北有麻塘湖水库。矿藏资源有铜、钾、重晶石等。林业和水面资源丰富,山场面积 2000 公顷,可养殖面积 400 公顷。2014 年,国地税收入 1154.1 万元。

党委书记:陈　刚　乡　长:杨文力

凉亭乡　位于怀宁县东面,面积 65.59 平方公里,辖 10 个行政村、1 个居委会,人口 30572 人,其中壮族 1 人,土家族 2 人。乡内水面三鸦寺湖、方家湖、夏湖、芝麻湖为国营渔场。2014 年,国地税收入 897.6 万元。

乡　长:余深华

马庙镇　位于桐城、潜山、怀宁 3 县交界处,面积 80.85 平方公里,辖 13 个行政村、3 个居委会,人口 45071 人。镇是三国故地、历史名城,是享誉盛名的"板材之乡""棕刷制品之乡",是怀宁县经济强镇,安徽省百强乡镇,全省首批产业集群专业镇,有省级民营科技示范区 1 个。2014 年,国地税收入 6257.3 万元。

镇　长:汪忠山

平山镇　位于怀宁县西南部,皖水、潜水、长河三水在境内交汇。面积 76 平方公里,辖 9 个行政村、3 个居委会,人口 36220 人。以皖水为界,自然形成大洼、平山两片,大洼片为圩畈区,是优质稻谷种植基地;平山片则为浅山丘陵地带,山场、林业资源丰富,境内有省级现代农业综合开发示范区。平山是明末状元刘若宰的故里,境内有太平天国古战壕等人文景观。2014 年,国地税收入 736.7 万元。

党委书记:王立新　镇　长:汪金生

清河乡　位于怀宁县腹地,面积 45.3 平方公里,辖 8 个行政村、1 个居委会,人口 21280 人。矿产资源有大理石、石灰石、煤、铅、锌、铜、铁、铝、金、重晶石、白云石、透闪等 10 余种。境内有小型水库 5 座,千亩圩堤 1 个,大小当家塘 400 余口。境内有千年古刹、省重点寺庙龙池庵,县重点寺庙梅花庵,道教遗迹灵源观;省知名品牌"龙池香尖"茶叶。美林苑生态观光园是观光休闲的生态度假区。2014 年,国地税收入 688.8 万元。

党委书记:何宏少　乡　长:汪言平

三桥镇　位于怀宁县腹地,素有"怀宁重镇,水埠三桥头"之说。面积 55.6 平方公里,人口 27649 人。境内有皖河流域的万亩湖泊白洋湖,容量为 5000 方以上的塘、塥、堰 300 个,小型水库 6 座,有效库容 500 万立方米。植物资源主要有粮食和淀粉植物,纤维类工业原料植物以棉、麻为主。蜜源植物种类繁多。2014 年,国地税收入 2305.9 万元。

党委书记:程廷尚　镇　长:李桂花

石镜乡　位于怀宁县中部,面积 48.07 平方公里,辖 8 个行政村、2 个居委会,人口 24531 人。境内盛产望春花,每年初春花开之际,众多外地游客来此游览、摄影。境内观音洞风景区修建有长 5 公里、宽 5 米的环湖观光廊道,为 3A 级景区。拥有五星级农家乐山水独秀大酒店、四星级农家乐石门湖农庄和香冲水库农业生态园。2014 年,国地税收入 861.4 万元。

党委书记:汪　太　乡　长:丁霞光

小市镇　位于怀宁县西部,古称"小吏港",又名"焦吏港",是东汉著名乐府长诗《孔雀东南飞》的故事发生地。面积 52.23 平方公里,辖 7 个行政村、1 个居委会,人口 24598 人。自古以来是商贾云集、商贸繁荣的古老商埠,是皖西南地区重要的商品集散地。镇内历史人文景观众多,有孔雀东南飞文化产业园、焦刘合葬墓、孔雀台、永镇寺、"小市安徽龟"化石出土点——王家山新石器遗址、清乾隆年间纯种洛阳牡丹园等知名景点。占地128亩的“孔雀东南飞”影视基地,已完成大型历史剧《孔雀东南飞》和《麻姑传奇》的拍摄,影视基地被评为国家4A级旅游景区。2014年,国地税收入805.1万元。

党委书记:郑安宁　镇　长:何世权

秀山乡　位于独秀山北麓,因独秀山得名,距新县城7公里。面积41.2平方公里,辖7个行政村、1个居民委员会,人口22789人。省重点中型水库观音洞水库坐落境内。2014年,国地税收入625.4万元。

党委书记:程春辉　乡　长:张　浩

(陈何来)

枞阳县

【概况】 枞阳县位于安徽省西南部,长江下游北岸。全县国土面积1808.01平方公里,辖22个乡镇,259个行政村(社区),人口96万人。全年地区生产总值192.2亿元,比上年增长9%。社会消费品零售总额56亿元,增长13%。固定资产投资173.6亿元,增长15%。财政一般预算收入14.56亿元,非税收入比重下降2个百分点。年末金融机构存款余额247.89亿元、贷款余额76.86亿元,分别增长18.07%、12.49%。重点项目完成投资54亿元,其中省“861”及市重点项目完成投资41亿元,增长32%。外贸进出口总额5300万美元,增长71.2%。

工农业经济。2014年,净增规模以上工业企业11家,总数达217家。规模以上工业增加值90.5亿元,增长16.3%。企业技术改革投入49亿元,增长26%。战略性新兴产业产值增长63.6%,“金誉金属材料”二期、“诚易金属新材料”等项目建成投产。农业方面,全县粮食总产“十一连增”,连续三年被评为全国粮食生产先进县。农业六大主导产业发展规划深入实施,引进海亮集团建设现代农业综合养殖基地。新增地理标志证明商标1个、绿色系列食品4个、省级龙头企业1家。水利建设投入4.32亿元,大砥含、桂家坝崩岸段得到治理,长河五七圩段等5条中小河流治理主体工程完工,除险加固小水库8座,改造提升一批小型水利工程。全县供水规划编制完成。农村电网改造升级完成投入4116万元,新建35千伏变电站4座,改造10千伏线路88.86千米。建成高标准基本农田9.6万亩,新增耕地2515亩,土地流转面积41.2万亩。新培育家庭农场198家、农民专业合作社58家。自主创新亮点纷呈。发明专利申请量、专利授权量分别增长101%、56.5%,新增国家高新技术企业4家、中小企业创新基金企业1家,新增安徽省质量奖1个、高新技术产品4个、著名商标5件、专精特新企业2家,通过“三合一”认证企业6家。

现代服务业。县大运车辆综合市场开工建设,红星美凯龙城市综合体项目签约落户,商业步行街入选省级特色商业示范街区。县人民政府出台电子商务激励政策,电子商务交易额1.8亿元。浮山景区接待游客36万人次,旗山汉武文化生态园成功创建4A景区。

城镇建设。县城总体规划(2011—2030)完成编制。规划展示馆、科技馆、档案馆、博物馆已经建成,公路客运中心、文广影视中心、疾控中心等工程主体完工。金坛路、市场路、蒲洲路、纬一路、体育馆路、望龙南路建成通车。东湖路污水提升泵站建成使用。银塘路景观工程全面竣工。新增绿化面积17万平方米。县城区山体、湖泊保护规定出台实施。渡江北路停车场、背街小巷人行道、路灯、排水等一批便民市政工程建成使用。县城文明创建获安徽省创建文明县城工作先进县称号。“百日集中拆违行动”拆除违法建筑5000平方米。县城饮用水源安全隐患得到有效治理。2014年安庆至枞阳一级公路、池州长江大桥、800千伏特高压输电工程开工建设,引江济淮、祁济高速枞阳段、国道G347枞阳段等重大项目前期工作顺利推进。全县城镇化率达43.8%。

美好乡村建设。30个美好乡村中心村、2条示范带建设扎实推进,首批7个省级中心村通过验收,义津老街、周潭镇彭桥村、陈瑶湖镇水圩村获批省级传统村落。“三线三边”环境治理取得成效,联合治超、矿山环境综合整治加强,周潭镇环境连片整治工程扎实推进,乡村面貌得到改善。交通建设投入2.12亿元,义小路、合铜路枞阳段、江堤堤顶公路白荡闸至湖东闸段、下北线长河段、横埠河大桥改造工程全面完工,改造县乡公路100公里。8万亩森林增长工程实施,人工造林2.14万亩,新建森林长廊15公里,创建森林城镇2个、森林村庄9个。新建养殖小区沼气工程10

处、农村户用沼气 800 口、服务网点 9 个。

社会事业和保障。国家中小学教育质量综合评价改革实验区建设启动。义务教育"改薄工程"取得进展,完成 40 所学校标准化建设。横埠中心幼儿园被评为市级一类园,在全市乡镇幼儿园中是第一家。县级公立医院综合改革深入推进,新农合大病保险启动实施。城区医疗卫生资源布局调整优化,设立社区卫生服务站 14 个。血防达标通过省级考核验收,妇幼保健院完成整体搬迁。全县 31 项民生工程共投入 10.45 亿元。建设公租房 1726 套,改造棚户区房屋 1876 套、农村危房 1700 户。建成乡镇公办幼儿园 6 所、农村敬老院 11 所、村级公共电子阅览室 3 个、农村清洁工程 8 个、广播电视村村通工程 298 个。改造农村公路危桥 8 座。21 户以船为家渔民上岸安居。城镇新增就业 6066 人,城镇登记失业率控制在 3.9%以内。发放 7 类"老字号"人群补助金 907.54 万元。社会儿童福利中心、流浪乞讨人员救助站完成建设。整村推进 20 个扶贫工作重点村,减少贫困人口 2.1 万人,完成 11.5 万贫困人口和 65 个贫困村建档立卡。

【设立方苞文学奖和朱光潜艺术奖】 3 月 31 日,县出台《关于印发枞阳县方苞文学奖朱光潜艺术奖评选奖励办法的通知》,设立方苞文学奖和朱光潜艺术奖。"两奖"设立后成为奖励在枞阳创作或以枞阳为题材创作的优秀文学艺术作品的最高奖。"方苞文学奖"评奖范围包括小说、诗歌、散文、剧本、儿童文学等;"朱光潜艺术奖"评奖范围包括没学、书法、摄影、曲艺、舞蹈、影视、美术、民间艺术等。"两奖"每 2 年评选一次,各设奖金 10 万元,设立一等奖 1 名,二等奖 2 名,三等奖若干名。评奖委员会由枞阳县人民政府、县委宣传部、县文联和相关专业协会负责人及专家评审组组成。首届"方苞文学奖"和"朱光潜艺术奖"创作重点座谈会于 7 月 6 日在合肥举行,座谈会由枞阳县文联和皖江文化研究会合肥分会举办,会上研讨如何组织创作优秀作品参评,完善评奖办法提出建议。

【《中国共产党枞阳县历史大事记》出版发行】 5 月,《中国共产党枞阳县历史大事记》(1921—2012 月)正式由中共党史出版社出版。该书由枞阳县史志编纂委员会办公室编纂,共 23 万字。分新民主主义革命时期、社会主义革命和建设时期、改革开放和社会主义现代化建设新时期三个阶段,粗线条地展现中国共产党在枞阳地区开展革命斗争、经济建设的历程。

【旗山汉武文化生态园景区通过 4A 级景区评审】 旗山汉武文化生态园总体规划面积 82 公顷,总投资 3.5 亿元,于 2010 年 9 月开工建设,2012 年 9 月 19 日正式开园,由旗山主景区、莲花湖景区、黄镇图书馆景点和烈士陵园景点等多部分组成。12 月 19 日,枞阳县旗山汉武文化生态园景区在 2014 年度安徽省 4A 级景区验收评审会上通过 4A 级景区评审。

【《枞阳县志》获安徽省地方志成果一等奖】 11 月 3 日,安徽省地方志及安徽省地方志学会联合发文,公布 2014 年全省地方志成果评奖结果。《枞阳县志》(1978—2002)获全省一等奖。全书为章节体,设 8 篇 44 章,篇首有概述、大事记,篇末列有附录、索引、编纂始末等栏目,志前有《枞阳县行政区划图》(2002 版)、《枞阳县对外交通示意图》,彩色图照 15 页。

【池州长江公路大桥开工】 12 月 30 日,池州长江公路大桥正式开工建设。池州长江公路大桥是枞阳县第一座长江公路大桥,也是长江流域第 10 座公路大桥。项目路线起自枞阳县会宫镇,接规划中的北沿江高速公路,在石矶头东约 2.2 公里处跨长江,过江后穿过宁安城际铁路,跨秋浦河,止于池州市殷家汇,接南沿江高速公路,全长 41.03 公里,概算投资 60.19 亿元,建设工期 4 年。其中长江主桥长 5.82 公里,主通航孔桥采用主跨 828 米的不对称混合梁双塔斜拉桥方案。全线按高速公路标准建设,设计时速 100 公里,其中枞阳东互通立交起点至池州西互通立交终点段,长江大桥、引桥及接线采用双向六车道,其余路段为双向四车道。

枞阳县 2014 年主要领导名录

县 委 书 记:汪恕东
人大常委会主任:何宗华
县　　　　长:罗成圣
政 协 主 席:胡海峰

【乡镇简介】 *枞阳镇* 位于长江下游北岸,是枞阳县政治、经济和文化中心,为枞阳县委、县政府所在地。面积 90.58 平方公里。水面 7630.5 亩,山场 31490 亩,耕地面积 28713 亩。辖 14 个居委会,12 个行政村。2014 年末总人口 95821 人,其中非农人口 59619 人。全年财政收入 9480 万元,比上年增长 4%;固定资产投资 6.5 亿元;招商引资新增固定资产到资额 1.56 亿元。新开工千万元以上工业项目 3 个、亿元项目 1 个。

规模工业产值完成 7.2 亿元,增长 11%。

党委书记、镇长:黄思甜

铁铜乡　位于县城以南约 1 公里,辖 4 个行政村、52 个村民组,人口 1.2 万人,面积 12.3 平方公里。2014 年,财政收入 65 万元;招商引资 3200 万元;固定资产投资完成 7202 万元。年内利用江心洲优势大力发展特色农业,实施 300 亩黄蜀葵种植加工项目;发展订单蔬菜 2300 亩,特色蔬菜 3800 亩,实现农民增收 420 万元,人均增收 400 元,农民人均收入达 7400 元。

党委书记:吴松柏　镇　长:叶志娇

𠙶山镇　南滨长江,与池州市隔江相望。全镇面积 87.6 平方公里,辖 9 个行政村、1 个居委会。2014 年工农业总产值 7.2 亿元,其中农业增加值 1.4 亿元,工业增加值 1.1 亿元。

党委书记:曹宗南　镇　长:吴福舟

凤仪乡　位于长江中下游贵池河段的江心洲上,是枞阳县 3 个江心洲之一,东南与池州市隔江相望,东西长 6.81 公里,南北宽 3.42 公里,面积 23.3 平方公里。2014 年,农业总产值 4420 万元,其中种植业产值 2700 万元,养殖业产值 1720 万元;工业总产值 4320 万元;社会消费品零售总额 3000 万元;全社会固定资产投资 1400 万元左右,招商引资 2000 万元;交通运输营运收入 4320 万元;农民人均纯收入 4860 元;财政收入 32 万元。

党委书记:左郁祯　乡　长:左　解

汤沟镇　位于长江北岸,南与池州、铜陵隔江相望。面积 97.4 平方公里,辖 27 个行政村,2 个社区居委会,人口 9.67 万人,其中镇区人口 2.2 万人。2014 年,全镇生产总值 16.7 亿元,其中农业总产值 8.2 亿元;工业总产值 9.5 亿元。全镇固定资产投资 6 亿元,规模以上工业产值完成 9.5 亿元。招商引资到位资金 8600 万元,财政收入完成 940 万元,农民人均纯收入 6350 元。

党委书记:段方斌　镇　长:张　康

长沙乡　位于枞阳县中南部长江江心洲上,由长沙洲、新长洲、木排洲、泥洲四部分组成,是安徽省升级生态示范乡。辖 3 个行政村 45 个村民组,人口 6640 人。2014 年工农业总产值 5100 万元;招商引资 2200 万元;固定资产投资 5400 万元;财政收入 68 万元,农民人均纯收入 4000 元。

党委书记:刘科平　镇　长:方习平

老洲镇　位于枞阳县东部,长江北岸,面积 115.30 平方公里,辖 19 个行政村,364 个村民组,人口 7.5 万人。2014 年,生产总值 23.96 亿元,工业总产值 19.73 亿元;规模企业总产值 18.1 亿元;农业总产值 2.78 亿元;招商引资固定资产到资 1.03 亿元;商贸服务限上企业产值完成 1.3 亿元;财政收入 1318 万元。

党委书记:王杰彬　镇　长:朱德兴

周潭镇　位于枞阳县东部,北与芜湖市无为县牛埠镇毗连。面积 79.89 平方公里,辖 11 个村民委员会,264 个村民小组,人口 45648 人。至 2014 年 11 月,工业总产值完成 25.3 亿元,其中规模以上工业总产值完成 20.06 亿元;农业总产值达 2.4 亿元;招商引资完成 1.5 亿元,固定资产投资 6.04 亿元;财政收入 453 万元。

党委书记:李田华　镇　长:殷惠国

陈瑶湖镇　位于枞阳县东北部,面积 87.8 平方公里,辖 15 个村,274 个村民组,人口 5.02 万人。2014 年,被评为全国重点镇。全年财政收入 1782 万元,其中国税完成 750 万元,地税完成 797 万元。固定资产投资 9.5 亿元。工业产值 34.5 亿元。

党委书记:徐国东　镇　长:周巨飞

横埠镇　位于枞阳县东部,面积 112.51 平方公里,辖 19 个行政村、3 个居委会,人口 7.8 万人。2014 年,被评为全国重点镇。全年财税收入 2779 万元,规模企业总产值 9.1 亿元,固定资产投资 7.4 亿元,农业增加值 3.4 亿元,农民人均纯收入 7948 元。

党委书记:丁文立　镇　长:张文满

钱铺乡　位于枞阳县东北端,陈瑶湖水系上游。北与庐江、无为两县接壤,面积 68.20 平方公里,辖 9 个行政村,105 个村民组,人口 29106 人。2014 年,工业总产值 26 亿元;全社会固定资产投资 4.2 亿元;农民人均纯收入 5000 元;一般预算收入 2000 余万元。

党委书记:李友好　镇　长:赵胡健

项铺镇　位于枞阳县中部，面积33.86平方公里,辖6个村民委员会,192个村民小组,人口2.9万人,城镇常住人口0.9万人。2014年,工农业总产值6.5亿元,固定资产投资3亿元;财政税收950万元,其中国税530万元,地税420万元;招商引资实际到位资金7200万元。

党委书记:张　颂　镇　长:何东升

白梅乡　是枞阳县山区贫困乡，面积44平方公里,有七分山场一分田之称。辖8个行政村,5959户。2014年,固定资产投资1.5亿元,规模以上工业产值2.5亿元,农业增加值4515万元,财政收入290万元。

党委书记:齐美发　镇　长:王高友

白湖乡　位于枞阳县最北端，距枞阳县城41公里。面积61.32平方公里,辖8个行政村,1个居委会,362个村民小组,人口40349人。2014年全乡经济总量18.1亿元,其中农业总产值2.1亿元,规模工业总产值达16亿元;实现工业增加值5.2亿元;固定资产投产4.1亿元;财政收入突破1000万元;招商引资完成1.3亿元;农民人均纯收入6300余元。

党委书记:钱文泽　镇　长:王会情

金社乡　位于枞阳县中部,面积63平方公里,辖12个行政村,人口43000余人。至2014年11月,财政税收525.8万元,其中国税209.3万元,地税316.5万元。新增固定资产投资到位资金6570万元;固定资产投资累计完成4.3亿元;新增500万元以上规模企业2家。

党委书记:黄　杰　镇　长:周　璋

钱桥镇　位于枞阳县北部，西北与庐江县交界。面积89.09平方公里，辖11个行政村,504个村民小组，人口5.8万人，其中集镇常住人口1.5万人。至2014年11月,完成税收795万元。固定资产投资5.4亿元,规模以上工业企业总产值15.5亿元,农业生产总值4.8亿元。

党委书记:陶　芳　镇　长:许　月

麒麟镇　因“麒麟送子”美丽传说而得名,西与桐城市、北与庐江县接壤,西南临菜子湖,是以农业为主的枞阳县西北门户重镇。面积91.57平方公里，辖7个行政村,人口44105人。2014年,麒麟镇成功创建国家生态乡镇。至11月,完成固定资产投资4.1亿元,工业生产总值10.2亿元,财政收入881.3万元。

党委书记:姚庆勃　镇　长:杨国刚

义津镇　位于枞阳县西北部,距县城30公里。西南滨临菜子湖,与桐城市隔湖相望。面积100.63平方公里,辖13个行政村和义津、杨湾2个社区居委会,601个村民组,人口5.5万人。至2014年11月,财政收入1200万元,固定资产投资4亿元,千万元以上项目新增固定资产到资额1.15亿元,规模企业产值完成9.2亿元。

党委书记:钱　进　镇　长:唐高春

浮山镇　是“省级文明乡镇”和“省级优秀旅游名镇”。因镇政府驻地位于国家地质公园、国家森林公园、省级风景名胜区——浮山而得名。面积48.8平方公里,辖5个行政村,人口21600人。2014年,被评为安徽省文明乡镇。全年生产总值11亿元，财政收入520万元，固定资产投资3.2亿元，农民人均纯收入6370元。

党委书记:章宪法　镇　长:方　敏

会宫镇　位于枞阳县中部,西倚高甸群山,东连白荡湖水,北接浮山风景区,南与长江隔湖相望。面积76.21平方公里,辖11个行政村,1个社区居委会,人口4.7万人。2014年,工业总产值36亿元;固定资产投资5亿元。至11月财政收入1038万元,农民人均纯收入7538元。

党委书记:江习明　镇　长:孙公明

官埠桥镇　位于枞阳县西部。横跨白荡湖、菜子湖两大水系。西南与安庆市宜秀区隔河相望。辖11个村民委员会,368个村民小组，人口37658人。2014年,工业生产总值33亿元;固定资产投资6.5亿元;财政收入1670万元,其中国税1020万元,地税650万元;完成招商引资1.4亿元。

党委书记:姚尚龙　镇　长:胡何龙

雨坛乡　位于枞阳县西南部、菜籽湖东岸、西南隔菜籽湖与桐城市嬉子湖镇及安庆市宜秀区相望，距安庆市区22公里、枞阳县城12公里。面积87平方公里，辖10个行政村，人口30016人。至2014年11月，固定资产投资2.08亿元；规模工业产值2.73亿元；财税收入657.3万元，其中国税42.6万元，地税204.7万元。

党委书记：吴玉萍　镇　长：刘曙光

（周小虎）

潜　山　县

【概况】 潜山县域面积1686平方公里，其中耕地36万亩，山场136万亩，水面9.6万亩，呈“七山一水两分田”的地貌特征，素有“皖国古都、二乔故里、安徽之源、禅宗之地、京剧之祖，黄梅之乡”的美誉。合九铁路、沪渝高速、济广高速、105国道、318国道贯穿县境，交通便利。辖1个国家风景名胜区、2个省级经济开发区、1个省级旅游度假区和16个乡镇，185个村（居），人口58.3万人，其中农业人口52.7万人。2014年，生产总值130.4亿元，比上年增长11%；固定资产投资95.6亿元，增长20.3%；规上工业产值198.5亿元，增长15%；社会消费品零售总额49亿元，增长15%；公共财政预算收入突破10亿元，增长16.3%，“十二五”规划的“十亿财政”目标提前实现。

农业。粮食总产24.1万吨，农业总产值34.8亿元、增长4.3%。继续扶持农特产业发展，基地规模不断扩大，质量效益得到提升。新增省市龙头企业14家、农民专业合作社9家、示范家庭农场8家。跻身全国茶产业百强县、农作物生产全程机械化部级示范县。

工业。规上工业增加值49.6亿元、增长15.1%，战略性新兴产业产值45亿元、增长17.2%。净增规上工业企业30家、达179家，4家企业进入省民企营业收入、进出口百强企业。新增高新技术企业4家、省企业技术中心2家，新认定省著名商标2件、高新技术产品17个，新授权专利169件、增长56.5%。八一纺器“潜阳”牌商标获评中国驰名商标，卫康制药入选省发明专利百强企业，华业香料设立院士工作站，中合产业园在上海股交中心Q板挂牌。

旅游。天柱山景区对潜山居民免费开放。运用促销政策，主景区游客量突破百万人次大关，带动周边景区游客量大幅增长。世界地质公园博物馆、三祖寺二期、茶庄集镇改造等工程稳步推进。天柱山旅游公司被评为全国旅游标准化示范单位，白马潭、山谷流泉文化园晋升国家4A级景区。

城乡市场。组建市场监督管理局，实行工商登记“先照后证”和注册资本认缴登记，新登记企业933家、增长59.5%。新建乡镇商贸中心5个、村级连锁直营店23个。新增限上商贸企业8家。1号店特产中国潜山馆、天柱山馆上线运营，实现电子商务交易额1.79亿元。新增进出口备案企业17家，实现外贸进出口7800万美元。

发展平台。完成县开发区基础设施投资2.86亿元，建成主次干道8.9公里；新开工亿元以上项目9个、新投产11个；实现税收2.8亿元，增长17.2%。度假区建成安置房120套，皖山南路基本贯通，获批省级服务业集聚区。源潭开发区引进3000万元以上项目10个，税收增长18%，获批省新型工业化产业示范基地。黄铺、梅城、余井、王河等重点乡镇园区引进2000万元以上项目16个，税收增长20.6%。

招商引资。出台招商引资政策导则，建立双月调度、政策审定和预评审机制。加强与央企对接，组建3个驻外招商组，开展10余次赴外招商活动，引进各类招商项目72个、其中亿元以上24个，利用境外资金850万美元。风能资源开发、节能科技园等一批大项目正式签约。

要素保障。开展金融生态县创建，徽商银行潜山支行、村镇银行余井支行开业。被列为省农村金融综合改革试点县。开展3次银企对接活动，签约资金26.83亿元、履约率达88%。金融机构年末存款余额159.5亿元、比年初增加18.16亿元；贷款余额80.15亿元、比年初增加8.2亿元。处置批而未供、低效利用、闲置土地3364亩，实施土地增减挂项目966亩，新增耕地3007亩。完成220千伏天柱变扩建和4个35千伏变电站改造。每月举办用工招聘会，助企招工3860人。

基础设施。拓改升级县乡道路26.3公里，加固改造农村危桥15座。农村客运实现公司化运营。实施“一事一议”财政奖补项目185个。建成沼气池600口。除险加固水库7座，黄泥粮川闸灌区改造提升、红旗水库增效扩容工程顺利完工，解决3.2万人农村饮水安全问题,农田水利基本建设连续3年、第四次荣获省“江淮杯”金杯奖。

生态建设。完成人工造林2.7万亩、森林抚育3.8万亩,创建省级森林村庄15个。大气污染防治行动计划启动实施,黄龛河、新田河等小流域治理扎实推进,秸秆禁烧、节能减排任务全面完成。省级生态县创建通过技术核查,天柱山、水吼分别跻身国家和省级生态镇,潜山被评为全市生态建设先进县、获批全省唯一的国家生态文明示范工程试点县。

社会保障。实施31项民生工程,总投入7.94亿元,其中县级配套7635万元、比上年增加2948万元。80周岁以上老人享受高龄津贴,60周岁以上老村医、老村干、老民师等“八老”人员享受生活补助,村干报酬补助和村级组织运转经费保障水平得到提高。城乡居民养老保险服务延伸到村居,城镇职工医保实现市级统筹,新农合参合率达97.94%。“母亲健康快车”超早期宫颈癌筛查公益项目成效明显。重残人员、五保供养、城乡低保等困难群体救助标准进一步提高。改造农村危房2180户,建成公租房938套,新增农村敬老院床位600张。免费为全县农户房屋投保。实施23个整村推进项目,完成精准扶贫建档立卡,减少贫困人口1.5万人。开展各类技能培训1.54万人次,新增城镇就业再就业7667人,转移农村劳动力8059人。农民人均纯收入6936元,增长12%。潜山县被评为全国新型职业农民培育工程示范县。

社会事业。新建和改扩建幼儿园23所,营养餐基本实现食堂供餐,中高考成绩位居全市前列,潜山县被评为省教育强县。县数字测震台基本建成。国家公共文化服务体系示范区建设扎实推进,张恨水纪念馆建成开馆,孔雀东南飞传说入选国家非遗名录,痘姆乡被评为省民间文化艺术之乡。出台文学艺术奖励办法,城乡文化活动丰富多彩。全国基层中医药工作先进单位、省级慢性病综合防控示范区通过评审,县级公立医院改革和基层医改成果进一步巩固。“单独两孩”政策平稳实施,人口计生利益导向机制更趋完善。城区学校体育设施对外开放,省“十三运”赛事承办任务高质量完成。殡葬改革稳妥实施,建成乡镇公益性公墓25处。第三次全国经济普查圆满完成。县残疾人康复中心主体工程竣工。住房公积金支持职工住房消费水平得到提升。《潜山年鉴(2010—2012)》出版发行。县气象服务中心完成搬迁。邮政网点实现乡镇全覆盖。

【潜山县被列为全国美丽乡村建设标准化试点县】 2014年,潜山县紧扣建设“旅游城市、风情小镇、美好乡村、幸福家园”的目标,按照“建点、连线、成面”的思路,全域推进美好乡村建设,编制16个乡镇总体规划、135个省划定区域村庄建设规划和1449个村庄布点规划,整合各类资源,优化布局、扩面提质、均衡发力,建成127个美好乡村示范点、4条美好乡村示范带,覆盖全县所有乡镇、国省道和重要县道沿线,中心村建成公共服务中心35个、污水处理设施32处,走出一条符合潜山实际的新农村建设之路。10个省级、9个县级中心村基本建成,4个精品示范村启动建设,20个省中心村通过验收。官庄村美好乡村规划建设项目入选中国人居环境范例奖,天柱山镇和官庄村被评为省宜居镇村,水吼镇和黄龛等4个村居被评为省特色景观旅游名镇名村,黄泥街道、槎水乐明等5个村居入选省传统村落名录。潜山县被列为全国美丽乡村建设标准化试点县,获评全省美好乡村建设先进县,入选住建部编纂的《建设美好城乡 迈向住有所居》唯一县级代表城市;燕窝村庄环境整治工程获中国人居环境范例奖,求知村被农业部评为美丽村庄创建试点村。

【县城规划建设管理取得成效】 潜山县围绕建设山水田园城市的目标,把县城当作城市建设、把城区当作景区管理,城市框架不断拓展,城市功能不断完善,城市环境不断优化,城市建管水平大幅提升。11月6日全省县城规划建设管理工作江淮及皖南区域片会在芜湖县召开,县长张劲松作《建设山水田园城市、打造生态宜居家园》交流发言。

坚持“山城一体”思路,科学规划。彰显“山水田园城市”的规划主题,将县城建设成为皖西南风景旅游城市,市域次中心城市,宜居宜业的历史文化名城。严格管控,规范城市规划管理操作规程,实行规划许可与批后监管职能分离,组建县城乡规划管理监察大队,确保规划顺利实施;坚持“防、控、拆”并举,严查违法建设行为,2014年组织拆迁83处、4100平方米。

突出“生态宜居”理念,建设精品。实施“五大工程”:路网畅通工程,全面推进城市外环路、骨干路和连接线建设,25公里县城大外环建成通车,全长88公里的“五纵七横”城区路网基本形成,县城建成区面积拓展至18.1平方公里。管网建设工程,建成5万吨水厂、县污水处理厂,新改建给排水、天然气等市政管网145公里;推行管线入地,新区道路同步建设强电弱电地下管道,在全省县级率先开展地下管线普查,累计探测各类地下管线611公里,建立信息数据库和管理系统。城区活水工程,在潜水城区段新建两座橡皮坝,疏浚治理5条城区内河,形成梯级水面,改善城市水生态、打造城市水景观。亮化增绿工程,实施城市重要节点景观亮化,城区主干道亮灯率达100%;在沪渝、济广高速城市出入口,分别建成皖公公园、古皖皖镇,提升县城对外形象;结合堤防加固等水利工程项目实施,投入1680万元、绿地面积20万平方米的潜水滨河公园一期工程建成使用。民生改善工程,推行“老城做减法”,开展背街小巷、老旧小区整治,实施潜山二中、幼儿园等城区单位搬迁工程,建成20个便民公厕,优化老城区功能,改善老城区环境,疏解老城区交通;通过招商引资,引进外地客商,成立公交、出租车公司,公交线路延伸到周边3个乡镇,方便市民交通出行;建设保障性住房6151套,有效解决“双困”家庭住房困难;建成市民休闲广场9个、8万平方米,2014年投入300万元、建设3处城区公共停车场。

探索“改革创新”路径,精细管理。市场化管理:按照“政企分开、管养分离”的思路,改革环卫管理体制,环卫市场化模式推广到乡镇、村居和美好乡村示范点,全面建立农村环卫管理长效机制。建成投资近亿元的黄铺、源潭两个县级垃圾处理场。在路灯管护、绿化管养、户外广告、渣土运输、停车场等其他城市管理领域,全面推向市场,实行市场化运作。数字化管理:全面建成数字化城管平台,安装51个视频监控点和12个音频呼叫系统,所有执法队员配备执法记录仪,通过移动信息终端进行现场执法,并与公安110指挥中心、交警视频监控平台实现信息共享,建立起反应快速、责任到位、考核规范的数字化城管新模式。持久化管理:开展专项整治行动,全面取缔载客三轮车,改善城区交通环境;采取强力措施,规范城区殡葬治丧活动,扭转游街送葬陋习。2014年,潜山县投入400万元,在城区菜市场周边,建成占地2000平方米的农产品自产自销区,解决农民自家农产品沿街道销售问题;规划建设3个夜市排档集中区,重点解决夜市流动摊点管理难题。坚持专项整治与长效机制相结合,落实“门前三包”责任,建立“网格化”管理模式,实现城市管理全天候、全覆盖。

【完成农村土地确权发证】 2011年,潜山县被列为全国土地确权试点县,潜山县选择天柱山镇、黄泥镇、油坝乡和源潭镇路口村作为试点,通过抓好组织领导、宣传动员和技术培训,严把方案制订、调查摸底、现场核实、公示确认和问题调处“五个关口”,开展试点工作。至2014年,潜山县全面完成农村土地确权发证工作任务,确权地块63360块,土地实测面积56481亩,比二轮承包面积多出50.8%,涉及19个行政村、607个村民组、14718户、5.85万人。2月28日,安徽省农村土地承包经营权确权登记颁证试点工作会议在合肥召开,潜山作为安徽省唯一全国试点县在会上交流经验。4月6日,中央新闻联播以《给承包的土地办身份证,让土地变成“活资产”》为题,报道潜山县农村土地承包经营权确权登记试点工作。

潜山县2014年主要领导名录

县委书记:卓晓静
人大常委会主任:卓晓静
县长:张劲松
政协主席:刘东贤

【乡镇简介】 *梅城镇* 位于潜山县东南部,为潜山县政府所在地,是潜山县政治、经济、文化中心,历代郡、州、县治均设在此。面积134.4平方公里,辖9个居民委员会、13个村民委员会,人口111418人,城镇化率47.2%。是安庆市十强乡镇、安徽省百强乡镇。境内有省级潜山经济开发区、天柱山旅游度假区、潘铺生态工业园区。2014年,税收8170万元,固定资产投资8.9亿元,规模以上工业总产值5亿元。招商引资引进项目12个,其中5000万元以上项目5个,实际到位资金2.04亿元。农民人均纯收入7993元。

党委书记:余永灿　镇长:操龙文

源潭镇 位于潜山县东部,地处桐、怀、潜3县(市)交界处,距潜山县城24公里,是“潜山县东大门”、“县域次中心”。面积165.35平方公里,辖13个行政村、5个居民委员会和1个省级经济开发区,户籍人口66648人。是工业主导型乡镇,生产各类工业刷、环卫刷、民用刷,为“中国刷业基地”。有面积7平方公里的省级潜山源潭经济开发区,主打特色制刷产业。2014年,新上项目20个,招商引资6亿元。净增规模以上企业7家,达41家;工业总产值46.6亿元,其中轻工制刷产值35亿元。财政税收1.23亿元,农民人均纯收入7881元。2014年获批“全国重点镇”、“安徽

省新型工业化产业示范基地”。

党委书记:张　曾　镇　长:余金苗

天柱山镇　位于潜山县城西北部,是安徽省中心建制镇,安徽省最佳旅游乡镇,安徽省生态环境优美乡镇。面积71平方公里，辖6个行政村,51个村民组,人口13761人。境内有国家著名5A风景区、国家森林公园、世界地质公园——天柱山;全国汉族地区重点寺庙三祖寺;全国重点文物保护单位天柱山山谷流泉摩崖石刻。镇域经济以旅游为特色,全镇共有农家乐经营户80家。2014年,财政总收入1561.7万元,粮食作物产量1664吨,农民人均纯收入6695元。工业以木材加工和矿泉水为重点,总产值2000万元。

党委书记:张文胜　镇　长:王小平

水吼镇　位于潜山西部，因境内河流落差大,水声似雷鸣狮吼而得名。面积215平方公里，辖14个村,人口33300人。境内林木、水电资源丰富,建有大小水电站12座,总装机容量2.2万千瓦。是潜山县能源重镇、安徽省最佳旅游乡镇,全国首批农业旅游示范点。2014年，粮食作物总产量8743吨，茶叶产量661吨,财政收入438万元。

党委书记:彭　林　镇　长:华小芬

五庙乡　位于潜山县西部,境内山势陡峭,河流众多,是潜山县重要的边贸集镇。面积43平方公里,辖6个村,人口11125人。耕地面积320公顷,山场3000公顷,林业、矿业资源丰富,林木蓄积量30万立方米,千年银杏、百年香樟、潜厚朴等名贵古木繁多。大理石蓄积量达0.5亿立方米。农业主要以种植和养殖业为主,主要产品有茶叶、蚕桑、生姜、中药材,茶叶产量322吨,是“天柱剑毫”原产地。2014年,财政收入282.5万元,农民人均纯收入5970元。

乡　长:张怀德

油坝乡　位于潜山县东南,距县城11公里。面积32平方公里,地形地貌属皖水、潜水冲积平原,陆地面积18.8平方公里,水面3.2平方公里,素有“鱼米之乡”美称,农业以种植水稻、棉花为主,水产养有鲢、鲤、鲫、鳝等鱼,年产5万公斤。辖6个村委会,人口21140人。2014年,财政收入298.7万元,农民人均纯收入7718元。

党委书记:马云志　乡　长:成　卢

王河镇　位于潜山县西南部,距县城24公里。辖17个村(居委会),人口54595人。境内有著名的全国重点文物保护单位“薛家岗遗址”。地形以圩畈为主,丘陵次之，耕地总面积6771公顷，粮食作物产量25450吨,是潜山县主要粮油生产基地之一。2014年,财政收入642.5万元,农民人均纯收入7640元。

党委书记:林胜利　镇　长:金　飞

黄泥镇　位于潜山县东南,地处潜山、怀宁、太湖3县交界,素有“三县重镇,五邑市场”之称。面积32平方公里,辖6个行政村、1个居委会,人口20608人。镇历史悠久,始建于宋末元初,三面环水,四街八巷,木质梁枋、青砖灰瓦马头墙,古色古香,省级非物质文化遗产《十二月花神》诞生地在此。2014年,财政收入185.5万元,农民人均纯收入7531元。

党委书记:黄　欣　镇　长:方勤结

黄铺镇　位于潜山西南部,因地处丘陵,多黄土,古驿道五里一墩,十里一铺,故曰黄铺。为安徽省、安庆市文明、特色乡镇。面积152平方公里,辖14个行政村,人口50317人。2014年,粮食作物产量29299吨,财政收入1772.1万元,固定资产投资64005万元,农民人均纯收入7729元。

党委书记:金泉水　镇　长:徐　瑾

痘姆乡　位于潜山县中部,距县城9公里。面积38平方公里,辖6个行政村,人口18947人。文化底蕴丰厚:域内曾出土6000万年前古新世中晚期时代的化石“东方晓鼠”,古潜阳十景有3个景点“吴塘晓渡”、“酒岛流霞”、“诗崖漱玉”坐落境内。2014年,全镇拥有规模以上工业企业3家,工业产值4.5亿元;粮食作物产量8852吨;财政收入561万元;农民人均纯收入6434元。

党委书记:张　莉　乡　长:胡　凯

余井镇　因镇政府驻地位于原名“余家井”的余井村而得名。面积134平方公里,呈“三山一水六分田”之体貌特征。为全国农业推广县示范基地。辖14个行政村、1个居委会,人口59721人。2014年,工农业生产总值12亿元,固定资产投入40015万元,财政收入1231.4万元，规模以上工业9家，外贸出口达1000万美元，粮食作物产量33254吨，农民人均纯收入7236元。

党委书记：黄源林　镇　长：冯玉常

龙潭乡　位于潜山县中部，天柱后山，属大别山边缘山区。辖9个行政村，人口20171人。西南有万亩竹海、千年古树、龙潭飞瀑奇松异石等自然景观，被省旅游局评为安徽省优秀旅游乡镇。2014年，财政收入531.5万元，粮食作物产量3625吨，茶叶产量226吨，农民人均纯收入6079元。

党委书记：李桃生　乡　长：郑小结

槎水镇　位于潜山县北部，天柱山北麓，距潜山县城44公里，是岳西、桐城、舒城环潜山山区之门户。面积176平方公里，是潜山—岳西工业走廊，系安徽省优质蚕桑生产第一大镇，全县民营经济强镇。辖12个行政村、1个居委会，人口35502人。2014年，固定资产投资2.2亿元，粮食作物产量7983吨，茶叶产量273吨，财政收入1675.2万元，农民人均纯收入6130元。

党委书记：刘云南　镇　长：李晓东

黄柏镇　因历史上盛产中草药黄柏而得名，位于潜山西北部，距潜山县城47公里。面积61.74平方公里，人口15452人。境内生产的"皖山云雾"茶叶在中国（安徽）第五届国际茶业博览会"祁眉红茶杯"评比中获金奖；境内瓜蒌籽产业基地评定为安徽省潜山瓜蒌标准化建设示范基地。2014年，粮食作物产量4292吨，茶叶产量372吨，财政收入347.5万元，农民人均纯收入6110元。

党委书记：王水生　镇　长：江大年

官庄镇　位于潜山县东北部，桐、岳、舒、潜4县交界处。面积188平方公里，辖13个行政村、1个居委会，人口30157人。境内群山连绵，众峰挺拔，主峰1539米，为潜山县最高峰，大别山第三高峰。镇森林覆盖率68%，矿产资源丰富，优质大理石蕴藏量8000万立方米。国家级非物质文化遗产桑皮纸生产工艺和产品诞生在此。2014年，固定资产投资14780万元，财政收入1039.5万元，粮食作物产量15114吨，茶叶产量448吨，农民人均纯收入6233元。

党委书记：王续豹　镇　长：王学杰

塔畈乡　位于潜山县西北部，因史上境内平原处有座大圣塔而得名。面积112平方公里，辖11个行政村，人口21121人。资源丰富，有万亩生态茶园；有板仓省级自然保护区，是国家AAA级旅游区，被评为安徽省最佳旅游乡镇和安徽省茶叶特色专业示范乡镇。2014年，财政收入225万元，粮食作物产量4195吨，茶叶产量376吨，农民人均纯收入5805元。

党委书记：吴功新　镇长：聂　军

（李　娜）

太　湖　县

【概况】　全县总面积2040.76平方公里，其中耕地面积26660公顷，辖10镇、5乡，174个行政村，9个居委会，总人口57.2万人，其中农业人口50.33万人。人口出生率11.19‰，死亡率11.13‰，年均降水量1613毫米，年平均气温16.8℃。

全年实现地区生产总值92.7亿元，比上年增长9.5%；财政一般预算收入6.5亿元，增长20.8%；全社会固定资产投资89.6亿元，增长21%；社会消费品零售总额33.5亿元，增长13.3%；居民人均可支配收入11407元，增长13.2%。

工业。开发区11平方公里扩区规划经省政府正式批复，扩区控制性详规启动编制。区内标准化厂房、保障性住房、道路等配套设施建设加快推进。徐桥工业集聚区初具规模。金张科技引进大股东东材科技（上市公司），实现优势互补。国电风力发电项目建成运营，光华铝业、集祥包装等7家企业完成技改，易昌泰电子、绿动能源一期建成投产，宏宇五洲等8个工业项目被列入省"861"计划，光华铝业等2家企业通过高新技术企业认定，华佳服装被评为"安徽省电子商务示范企业"。涉企收费清单制度初步建立，土地"三项清理""腾笼换凤"步伐加快，供应批而未供土地5宗。开发区企业服务中心建成，"人才超市"用工服务平台正式运行。2014年，全县规模以上工业企业总数达112家，实现总产值175.2亿元，增加值38.6亿元，分别增长15.1%、13.6%。

第三产业。五千年文博园二期建成开园,全省首家“智慧旅游”试点景区创建工作顺利推进,成功举办13国驻华使节文化交流活动,花亭湖主题生态岛屿建设规划、李杜岛等3个岛屿修建性详规启动编制,新旅游码头主体完工,新一轮船舶运营改革顺利完成。禅宗文化馆建成开放,罗河谷漂流总体规划通过评审,县烈士陵园纪念塔、纪念广场建设顺利完工,刘畈高干会议旧址修复完工,蔡家畈、龙潭寨古民居保护得到加强。村镇银行、徽商银行成功挂牌开业。金融机构年末存款余额114亿元,增长15.5%;贷款余额51.99亿元,增长33%。融资平台杠杆效应凸显,供销社资产经营公司启动组建,城投、交投、开投、旅投以存量换增量,实现国有资产保值增值的同时,实现各类项目融资超过6亿元。县担保公司在保余额达4.8亿元。晟霖工贸、徽光电子成功在场外市场挂牌,新增4家自营进出口企业,新增进出口实绩企业2家,新增5所社会养老服务机构。

农业。熙岸农业示范区被认定为省级现代农业产业示范区,农村土地承包经营权确权颁证试点扎实开展。徐桥、小池等5个高标准农田建设项目通过验收,流转耕地、林地总面积达32.9万亩。粮食等主要农作物生产保持稳定,综合机械化率达59.8%。新增油茶面积7000亩、茶叶8000亩、城郊蔬菜500亩、苗木花卉3263亩。年出栏生猪61.5万头、肉鸡1836万羽,新增国家级标准化养殖场1个、省级5个。花亭湖绿色食品、兴牧、来兴湖等9家省级龙头企业发展步伐加快,绿之洲、三源、久鸿、珠珊湖、万秀园等成为现代农业发展的新亮点。新增农民专业合作社106个、家庭农场33家,创建国家级示范合作社2个、市级以上示范组织14个。培训新型职业农民300余人,新增绿色、有机、无公害“三品”认证37个,被评为全省绿色农产品示范基地。新增省名牌(农)产品1个,成功创建“天华”等省级著名商标3个、市级知名商标12个。程岭黑猪、天华谷尖等2个地理标志产品,“太湖六白猪”“太湖黄牛”等2个地理标志商标通过国家初审。

项目引资。全年申报并获批省“861”、市“3231”项目40个,完成投资39.06亿元。积极申报2015年省“861”重点项目及亿元以上项目48个,计划投资48亿元。储备重大投资项目近400个。华能集团风电光伏、富印新材料产业园、中国供销集团农产品物流园等重大项目签约落户。全年实际利用县外资金45亿元,直接利用境外资金1836万美元。

城镇建设。全年完成市政设施建设投资1.5亿元,拓展县城建成区面积0.6平方公里。建成城区道路8.4公里。体育中心一期工程交付使用,并成功承办省十三运会专项赛事。新增城市绿地面积5万平方米。实施8条新建道路亮化工程,改造县城人行道4.2万平方米,铺设雨污分流管道5.1公里。二水厂完成改扩建。实施105国道城区段违章搭建等环境专项整治,城市精细化管理水平明显提高,被评为全省第三届文明县城。农网改造升级、35千伏城东输变电、智能电网建设全面完成。徐桥镇被批准为全国重点镇,寺前镇获“安徽省特色景观旅游名镇”称号。2013年度6个省级重点示范村通过验收,2014年度8个省级中心村、51个自然村建设任务基本完成。

基础设施。全年完成交通投资3.6亿元。完成太怀公路、天弥二期、S212、X102等干线公路升级改造工程60公里,123.6公里干线公路升级改造正在实施。赤百线一期工程完成总工程量的80%,西门换乘中心改造完工,城东换乘中心开工建设,农田水利基本建设成效明显,完成投资2.02亿元,新增、改善农田有效灌溉面积18.3万亩,全面完成投资7384万元的小农水重点县项目建设任务,当年完成投资2484万元。农村饮水安全工程深入实施,解决7万农村人口饮水安全问题。完成11座小(2)型水库除险加固任务。方洲水库通过国家级水管单位验收。特教学校迁建进展顺利,实验中学教学楼建设步伐加快,新城小学龙山路校区开工建设。新建、改扩建104所中小学食堂和4所乡镇幼儿园。完成5个乡镇卫生院和8个村卫生室改扩建任务。

民生工程。深入实施33项民生工程,投入资金6.53亿元。建成保障性住房532套,开工建设保障性住房和棚户区改造546套。改造农村危房1780户,改造农村危桥25座,69户渔民上岸安置。

社会保障。落实更加积极的就业政策,城镇登记失业率控制在3.9%以内。全面落实老民师、老农技员等7个“老字号”群体生活补助政策,发放老人高龄津贴、孤儿生活补贴500多万元,惠及11000余名老人及200余名孤儿。残疾人康复、帮扶工作成效显著,被评为全省残疾人工作示范县。为67个贫困村、12.41万贫困人口量身定制帮扶措施。选派133名干部投身基层扶贫事业。

社会事业。设立县、乡镇两级文化发展专项资金,建成15个村级公共电子阅览室,省、市级农民文化乐园试点工作扎实推进，县"三馆一站"免费开放，《太湖年鉴(2008—2012)》、《风韵太湖》、《太湖馆藏文物》编纂出版，门球、农民书画展、广场舞等群众性文体活动蓬勃开展。年度教育考核获省优秀等次。县级公立医院综合改革深入推进。农村医疗条件进一步改善，新农合参合率达99%。完成全国第三次经济普查。稳妥推进殡葬改革，死亡人口火化率达100%。"平安工程"深入实施，法律援助、社区矫正等顺利开展，关闭烟花爆竹企业4家，全年无重特大事故发生。妇女、儿童事业长足进步，被评为全省"两纲"示范县和全省家庭教育示范县。

（方鹏德）

【五千年文博园二期开园】 9月30日，五千年文博园二期开园暨全国首届黄梅戏民间班社群英汇开赛仪式举行。省人大常委会原主任孟富林出席仪式并宣布五千年文博园二期开园。五千年文博园二期景区经过近3年的规划建设，主体景点已初步建设完成，展馆陈列、旅游配套设施在国庆前已全部建设完成，可以在国庆期间正式接待游客试运营。同时，五千年文博园、安徽韩再芬黄梅艺术基金会等单位结合五千年文博园二期开园，决定共同承办全国首届黄梅戏民间班社群英汇，通过调演、擂台等不同形式的比赛方式，奖励优秀黄梅戏演出团体和优秀演员。

文博园二期"十里画廊"景区占地600亩，总投资10.8亿元，于2011年10月开工建设。二期工程是一期的延伸和补充，由"三百六十行"文化园、"清明上河图"文化园、"烟雨江南"文化园和"创意石界"文化园等景点组成。与一期相比，二期的建设突出中国水乡的悠远韵味，河道建设是其亮点之一，不仅是风景，更是连接景点的交通要道，具有观赏性和实用性。

【赵朴初人间佛教思想暨太湖禅宗文化学术研讨会召开】 10月11日，由安徽省赵朴初研究会和安徽大学赵朴初研究中心联合主办的"赵朴初人间佛教思想暨太湖禅宗文化学术研讨会"在合肥市新文采国际酒店举行。安徽省政协副主席夏涛，安徽省政协原副主席、安徽省赵朴初研究会会长郑牧民，中国佛教文化研究所所长宋立道，县政协主席、安徽赵朴初研究会副会长聂万健等有关领导、专家学者、大德法师出席会议。中国佛教协会副会长圣辉法师、澳洲中国汉学密宗研究院智及宗师特派代表参会。中国佛教协会副秘书长、广济寺方丈演觉法师，著名佛学专家杨曾文、王志远教授等为大会发来致词、题词。一些单位和个人现场捐赠善款和画作。来自全国各省、香港地区的专家学者、高僧大德、各界嘉宾以及赵朴初先生亲属100多人参加会议。

太湖县2014年主要领导名录

县 委 书 记：应杰苗
人大常委会主任：张达华
县 长：程志翔
政 协 主 席：聂万健

【乡镇简介】 晋熙镇　太湖县经济、政治、文化中心，全国重点镇，是国家4A级风景区花亭湖的主景地。面积168平方公里，辖14个村委会、6个社居委，人口10万人。境内人文荟萃，蕴藏着吴楚文化和江淮文化精髓。名胜古迹有二祖弘法、五祖修炼、李白博弈、唐宣宗避难、蔡呈图筑室、赵文楷中元报喜遗迹，百年老街、千年古刹、龙山龙宫等；书院寺庙、楼台亭阁、摩崖石刻、石壁浮雕移步可见。农村已形成以粮油、蔬菜、板栗、茶叶、肉鸡、黑猪、劳务为主导的特色产业。城区已形成房地产建筑开发业、工业制造业、商饮服务业为主导的产业体系。景区已形成以西风洞、湖外湖、情人岛、月亮湾、千缘山庄为依托的旅游业。2014年，镇财税收入1.54亿元，比上年增长32.07%；固定资产投资4.1亿元；落实重点引资项目9个。全镇规模以上工业企业19家，实现产值4亿元；现代农业新增示范合作社、家庭农场和龙头企业10个；全镇合作社总数达97家、家庭农场30个，龙头企业40户。远华林业农民专业合作社评为国家级示范合作社。以红土地为龙头的蔬菜基地，以百品园为龙头的苗木基地，以程岭黑猪为龙头的生猪养殖基地，以兴牧公司为龙头的肉鸡养殖基地，以天头山为中心的"茶山竹海"基地等五大产业基地初步形成，程岭黑猪获地理标志产品。旅游文化产业进一步壮大，文博园二期顺利开园，罗河谷漂流二期项目顺利推进。电商、物流、个性化餐饮等新的服务业蓬勃发展。

党委书记：刘道元　镇　长：殷跃平

徐桥镇　始建于清咸丰年初，素有"小上海"之称。面积103平方公里，辖10个行政村、1个居委会、225个村民小组，人口5.2万人。为安徽省中心建制镇、全省重点中心镇、全国重点镇。2014年产粮2.5万吨,产棉2.3万担,产油菜籽8000吨,生猪存栏2.9万头,牛羊存栏3000头,家禽存栏72万羽。全镇有招商引资企业72家,其中规模企业9家,实现年生产总值13亿元,年完成净税收1500万元。镇工业聚集区已进行全新规划,全力打造纺织服装产业园,向纺织服装产业化镇迈进。老品牌汪协泰食品享誉全国。

党委书记:叶剑明　镇　长:张世跃

新仓镇　位于太湖县东南,西临县城,北与潜山、东与怀宁、南与望江3县交界;是皖西南商贸、客流聚散地之一。面积168平方公里,辖16个行政村,人口7.6万人,属典型的丘陵、圩畈结合地区。长河、黑河穿境而过,汇流入皖河。为太湖县东南重镇。2014年,镇引进工业项目4个,工业投资3.5亿元,利税1300万元,工业产值22亿元。

党委书记:章和平　镇　长:陈　烈

小池镇　位于太湖县东部,距县城16公里,东邻潜山,素有太湖东大门之称。面积126.2平方公里,辖14个行政村、1个居委会,人口42600人。小池古为驿站,历史悠久,新石器时代,商周时代、战国时代遗址占多,三国时期的青阳县治上格城、唐代建造的海会寺等一批省级重点保护文物保存较好。为省级中心镇,全省村、镇建设先进单位。2008年被省政府命名为产业集群专业镇。农作物以水稻、油菜、山芋为主;经济作物主要有茶叶、蚕桑、板栗、柑橘、香菇、黑木耳、蘑菇、茯苓等;养殖业以猪、牛、鸡、鸭、鹅等畜禽为主,年出栏生猪8万余头,肉鸡280万羽。主要产业以瓷器、铝锭及铝制品、塑料制品、服装制造、建筑、木制品加工、农副产品加工为主。2014年,地区生产总值25.73亿元,增长18.3%;财政一般性预算收入2208.16万元;固定资产投资6.77亿元,增长23%;社会消费品零售总额3亿元,增长14%;居民人均可支配收入11407元,增长13.2%。

党委书记:汪大普　镇　长:汪筱慧

江塘乡　位于太湖县西南部,面积101平方公里,是县城区的后花园和农副产品供给基地。辖11个行政村,人口3.6万人。2014年,国地税收入277.19万元,非税收入108.42万元。发放涉农补贴1428.4万元,项目投资2260万元,投放扶贫互助资金1264.24万元。农村居民存款余额19779万元,增长19.54%;贷款余额8949万元,增长15.14%。农民人均纯收入7795元,增长8.4%。

党委书记:金介平　乡　长:王丙宇

北中镇　位于大别山南麓,是皖鄂省际边贸人流、物流、商流、信息流的聚散地,面积182平方公里,辖18个行政村,人口4万人。是太湖县茶叶、蚕桑、板栗、马铃薯、油茶生产大镇。旅游景点主要有黄花岭明代古凉亭、金龙山正觉寺、华佗庙。2014年,全镇生产总值2.98亿元,增长11%;固定资产投资4.3亿元,增长21%;地方财政收入326.94万元,增长39.71%;银行存款额突破3亿元。

党委书记:周学恒　镇　长:姚礼汉

牛镇镇　距离太湖县城西北24公里,是花亭湖上游的一个库区镇。面积163平方公里,辖10个行政村,人口2.6万人。牛镇码头客流量占花亭湖水运的80%以上。牛镇文化底蕴深厚,旅游资源丰富,是中国禅宗文化的发祥地。有二祖山(狮子山)、二祖禅堂、博士湾、周家河漂流等景点及散落在各村落的自然人文景观。镇按照“农业稳镇、基础固镇、旅游兴镇、生态立镇、开放活镇和城镇化”六大战略定位,坚持科学发展,全镇经济和社会各项事业不断进步。2014年,财政收入350.3万元。

党委书记:朋　腾　镇　长:章新望

天华镇　为太北线进山第一镇,距县城26公里,西与宿松县毗邻。面积188平方公里,辖14个行政村,170个村民小组,人口3.27万人。镇域独拥花亭湖西水岸全线,达148公里,湖水面9955亩。境内森林覆盖率达73.5%,主峰天华尖海拔978米。自然资源丰富,盛产茶叶、柑橘、板栗、油茶、毛竹、松杉。有天华谷尖、李杜茶干、野生猕猴桃、瓜蒌、葛粉等土特产,为国家级生态乡镇、太湖县文化旅游名镇。2014年,地区生产总值4.2亿元,其中规上工业产值1.9亿元;财政收入1479万元,增长65%;全社会固定资产投资3.2亿元,增长33.6%;农民人均纯收入5063元,增长10.5%。

党委书记:王　彬　镇　长:方根应

刘畈乡　距太湖县城50公里。既是山区、库区,又是革命老区,是刘邓大军千里跃进大别山刘家畈高干会议、高敬亭红二十八军军政会议旧址所在地。面积117平方公里，辖7个行政村，人口2.13万人。建有万亩南阳河茶叶基地、5000亩红光板栗基地，是沼气池千池乡。刘畈乐盛普茶、南阳河名茶色味俱佳，是纯天然绿色饮品，产品先后获省部级奖章，远销省内外。2014年，全乡农民人均纯收入4825元。

党委书记：程元法　乡　长：洪礼彬

汤泉乡　因汤水湾温泉而得名。面积124平方公里，辖10个行政村，人口17555人。森林覆盖率为76%。多经产业发展迅速，全乡板栗种植超万亩，属安徽省八大栗乡之一，年产板栗500吨。粮食总产达4700吨，油料247吨；水产品养殖面积2500亩，年产量150吨。汤湾温泉拥有独特的地热资源，水温常年保持在47.2摄氏度，水质纯正优良，富含偏硅酸、锶、锂、锌、硒、钾、钠、钙、镁等20余种人体所需、有益的矿物质，具有饮用、浴用、疗养、特种养殖等多种用途，堪称"华东第一泉"。乡内名胜古迹众多，有太平天国英王部属安营扎寨遗址屏峰寨、蔡畈村徽派民居群等，其中的四祖河下游的龙潭寨，曾被中央电视台选为电视剧拍摄基地，也是游客"农家乐"项目的理想去处。

党委书记：胡汉文　乡　长：童元平

弥陀镇　位于大别山南麓，因唐贞观年间弥陀寺而得名。是太、岳、英、蕲4县人流物流信息流的聚散地。面积153平方公里，辖10个行政村，人口4万人。集镇规划区面积5平方公里，建成区面积3平方公里。为省级改革发展试点镇、全国文明村镇、省首届文明乡镇、全国环境优美镇。2014年，完成项目投资1.2亿元，实现经济总收入6.3亿元，财政收入797万元。特产"弥陀参条"历史悠久，已被列为市级非物质文化遗产。

党委书记：金运宝　镇　长：周建东

寺前镇　位于太湖县城西北部，因西晋时期西域高僧佛图澄建佛图寺而得名。面积172平方公里，辖15个行政村，其中库区村12个，山区村3个，人口3.2万人。森林覆盖率68.7%。寺前镇是原全国政协副主席、杰出宗教领袖赵朴初先生的故乡，是国家级生态乡镇，全省最佳旅游乡镇，全省特色景观旅游名镇、全市特色风情小镇。镇实施"发展绿色经济，实施转移工程，建设名人故里，开发禅宗文化，打造风情集镇"五大战略，建设生态强镇、文化强镇、旅游强镇。2014年，全镇地区生产总值3.68亿元，固定资产投资2.02亿元；新增规模以上企业1家；一般财政总收入330.5万元；城乡居民可支配收入8010元，

党委书记：吴铁柱　镇　长：汪世平

大石乡　位于太湖县东南端，东与望江县接壤，西南隔湖与宿松相望。境内地势北高南低，丘陵与湖泊相连。面积103平方公里，辖9个行政村，1个渔业队，人口33297人。是太湖县重要的粮油棉、水产品和畜产品生产基地。乡山川秀美，资源丰富。大安山山峦起伏，绿树成荫；泊湖烟波浩渺，沙鸥翔集，千帆竞渡，是投资开发、垂钓、游览、休闲的理想场所。大石岭农民暴动纪念碑、抗日英烈园是全县爱国主义教育示范基地。现有规模以上企业7家，有省级龙头企业常润米业和市级龙头企业太湖县纯野生态茶油有限公司、泊湖渔业公司、泊兴棉业、三源养殖有限责任公司。纯野生态油茶示范基地面积达万亩，国电风力发电项目已投产运营。2014年，财政收入231万元，比上年增长50.8%。

党委书记：黄东升　乡　长：查乐平

城西乡　位于城郊结合部，集山、库、畈区为一体，面积88平方公里，辖6个行政村，人口2.6万人。境内矿产丰富，现已探明并在开采的矿藏有石英石、瓷土、金红石、重晶石、云母等，其中石英石系列产品远销广州、上海、湖北等省市，并出口东南亚地区，水晶石销往山东；化工产品白炭黑远销广州、深圳等地。现有省级新农村建设示范点1个，县级新农村示范点2个。2014年，财政收入392.9万元。其中国税87万元，地税251.7万元。

党委书记：甘结凡　乡　长：朱金焰

百里镇　位于太湖县西北边陲，太岳交界，因昔日沿长河故道到县城100华里而得名"百里"。面积96平方公里，辖9个村、1个居委会，人口26000人。北倚司空山，南临花亭湖，百里长河自北向南纵贯全境，两岸土地肥沃，日照充足，盆地气候利于作物生长，素有"山区粮仓"之称。镇风景秀丽，百里大桥净跨90米，是全省公路单跨石拱桥中"第一桥"；三尖寨、唐家寨、祖师寨三峰突兀，山奇景秀；三千禅寺法相庄

严,游人如织。镇人文荟萃,全镇博士 50 多人,硕士 150 多人,大专院校毕业生 2000 余人。古有清代名人王大枢远行伊犁而成《西行漫记》,“介于石”碑刻哲理醒人;现有东口、共和二村被誉为“状元村”,“一门五博士”传为美谈。镇农业发达,省级龙头企业——华源农业科技开发有限公司引领着太湖油茶的发展;久鸿农业开发公司主营黄牛养殖、蔬菜种植及加工、储运;传统粮食作物生产稳定,茶叶、瓜蒌、金银花等特色产业悄然兴起。2014 年,财政收入 323.5 万元,农民人均纯收入 4856 元。

党委书记:章周中　镇　长:赵学斌

(詹婉平)

望　江　县

【概况】 2014 年,全县地区生产总值 94.5 亿元,比上年增长 8.6%,三次产业结构比为 27.8:45.4:26.8;规模以上工业增加值 41.5 亿元,增长 10%;固定资产投资 92 亿元,增长 14%;社会消费品零售总额 35.2 亿元,增长 13%;财政一般预算收入 6.91 亿元,增长 15.1%,其中地方一般预算收入 4.59 亿元,增长 15.5%;城镇、农村居民家庭人均可支配收入分别达 19395 元、8290 元,分别增长 11.2%、13.8%。

农业经济。全年粮食总产 52.21 万吨,增长 6.5%;油菜总产 7.04 万吨,与上年持平;皮棉总产 2.07 万吨,减产 13.8%;全年出栏生猪 41.96 万头、家禽 1994.83 万只、牛羊 1.93 万头,分别增长 0.8%、0.4%、3.2%;肉类总产 6.32 万吨、禽蛋产量 3.58 万吨、水产品产量 6.65 万吨,分别增长 0.6%、4.4%、3.9%。全年兑付各项涉农补贴 2.84 亿元,建成高标准农田 7.9 万亩。新增农民专业合作社 58 家、家庭农场 168 家,分别达 543 家、224 家;市级以上农业产业化龙头企业实现产值 90 亿元,增长 21.5%。鼓励企业创牌申证,新增国家驰名商标 1 件、省级著名商标 4 件、“三品”认证 6 个。全县流转土地 33.62 万亩,占全县耕地面积的 35%。完成武昌湖水产养殖权发包工作,全国绿色食品原料(水稻)标准化生产基地通过农业部验收,合成圩成为省级现代农业示范区。实施“5588”小型水利改造提升工程,完成投入 1.9 亿元;新增造林 2.6 万亩,创建省级森林城镇 1 个、森林村庄 8 个;农业生产综合机械化率达 63.6%,召开全省农田水利基本建设暨造林整地现场会、动物卫生监督工作现场会,创造“望江经验”,跻身全国小型水利工程改革创新试点县、第六批小农水重点县,连续六年被评为全省支农资金整合先进县。全年完成 25 个村整村推进任务,减少贫困人口 2.3 万人。

工业经济。新增规模以上工业企业 11 家、达 109 家,全年实现规模以上工业总产值 175 亿元,增长 9.4%;完成工业固定资产投资 58 亿元,增长 2.2%。产值达亿元以上的企业 42 家,增加 3 家,产值 5 亿元以上的企业 7 家。申洲针织产值 42 亿元,年纳税 5867 万元,首次跻身安徽企业 100 强。启动桥港经济开发区规划调整工作,县经济开发区扩区规划通过省政府批准。县中小企业服务中心被认定为省级中小企业公共服务示范平台,鸦滩镇荣获“安徽童装第一镇”称号。培育战略性新兴企业 2 家、省高新技术企业 4 家;申请发明专利 154 项、授权专利 52 项;龙珠包装、沙氏汽配在省股权交易中心科技版挂牌上市,金泉生物科技、现代养殖进入全国股权交易系统上市辅导期。完成落后产能、矿山、码头整治项目 48 个,淘汰燃煤锅炉 11 台、黄标车 142 辆,黏土窑厂、烟花爆竹生产企业全部关停。

项目建设。全年争取各类项目资金 18.93 亿元、增长 9.7%,建设用地指标 1889 亩、增长 51%;健全项目督察推进机制,84 个重点项目完成投资 40.5 亿元,加快推进望东长江大桥及北岸高速接线、北门塔输电等项目,如期完成体育中心一期、华莲线改造一期、窝甘线路面改善、麦望线大中修、合成圩中型灌区节水改造、杨湾排涝站拆建、江调圩崩案治理三期等项目,香茗山风电一期项目投产发电;加强与央企、省企合作,参与北京、深圳、上海经贸洽谈会等招商活动,签约引进项目 103 个,其中亿元以上工业项目 14 个,协议总投资 39.28 亿元,到位资金 16.8 亿元,直接利用外资 901 万美元。外贸进出口总额 1.01 亿美元,总量居全市第二。

招商引资。全年评审项目 59 个,项目总投资 28.6 亿元。其中工业项目 58 个,非工项目 1 个,5000 万元以上工业项目 21 个,亿元以上工业项目 11 个,全年新开项目 65 个,协议总投资 21.2 亿元,其中工业项目 26 个,协议总投资 11.52 亿元。招商引资实际进资 16.8 亿元,其中工业项目实际进资 11.95 亿元。直接利用外资901万美元。

城乡建设。全年完成县域镇村体系规划、绿道总体规划和8个省级中心村规划；完成县城建设投资10亿元，建成运行垃圾运转站、汽车加气站等项目。新增城市绿化16.5万平方米，改造提升5.3万平方米，新建绿道9.4公里；房地产预售面积为31.5万平方米；全面建成乡镇消防站、垃圾中转站，完成高士污水处理厂规划选址，确定鸦滩镇、长岭镇为全国重点镇。改造县乡道路21.5公里、农村危桥27座，延伸村道221公里，被评为“全国农村公里养护年先进单位”。首批6个省级中心村通过验收，25个中心村建设和53个自然村整治完成投资1.16亿元，改造农村危房2700户，建成农村生活污水微动力处理工程10个。高士镇被评为安徽民间文化艺术之乡，漳湖镇回民村获首批“中国少数民族特色村寨”称号，沿江油菜花景观入选“中国美丽田园”。全年健全文明创建机制，推进“三线三边”环境整治，被评为全省创建文明县城工作先进县，鸦滩镇、太慈镇分别被评为省级文明村镇、省级创建文明村镇工作先进村镇，华阳镇宝塔社区被评为省级文明社区。

社会事业。31项民生工程投入资金7.84亿元，其中县财政配套1.1亿元。新增城镇就业3850人，转移农村劳动力7600人，帮扶就业困难人员就业756人；解决3.31万农村人口饮水安全问题；发放城乡义务教育保障经费、中职和普通高中困难学生资助金5071万元；建成老年公寓1个、社区养老服务站2个，改扩建农村敬老院6个；推进廉租房、公租房并轨运行，开工建设公租房409套，建成保障房756套。兑现乡镇教师历年欠发津补贴755万元，发放老村干、老民师等农村“老字号”群体工龄补助936万元。59个校舍工程竣工。皖江职校机电技术应用专业被列为省级重点实训基地建设项目。宏艺职校加入安徽现代农业职业教育集团。血吸虫病传播控制通过省级达标考核，创建全省第二批卫生应急综合示范县。启动国家公共文化服务体系示范区建设，完成省“十三运”青少年部手球比赛承办任务。完成第三次全国经济普查、第六次全国体育场地普查、第一次全国可移动文物普查。启动实施有线电视数字化整体转换工作，广播电视村村通工作受省广电局表扬。《望江县(1988—2015)》获省地方志书类一等奖。推进计划生育“新三为主”工作机制试点，落实“单独”两孩政策，兑现计划生育奖励扶助、特别扶助资金399万元。在全市率先完成以船为家渔民上岸任务。

【安徽省沿江流域棉花机械化采收现场会召开】 11月6—7日，中国农业科学院棉花研究所和安徽省农科院棉花所举办的安徽省沿江流域棉花机械化采收现场会在华阳镇中棉所长江生态试验站召开。此次机采棉现场会在安徽省尚属首次，演示机械为我国贵航自主研制的自走式三行采棉机。中国农业科学院棉花研究所副所长侯志勇、安徽农科院副院长刘万程、安徽省农委种植局局长牛运生、望江县政府副县长曹晓革观摩现场会。省农机推广总站、省农技推广总站、市农委、全省植棉大县等领导专家约150位代表参加此会。现场演示结果显示，使用采棉机，棉花采净率达90%以上。

【全省农田水利基本建设暨造林整地现场会召开】 11月12日，全省农田水利基本建设暨造林整地现场会在望江召开。会议的主要任务是学习贯彻全国冬春农田水利基本建设电视电话会议精神，以及省委省政府推进小型水利工程改造提升等决策部署，分析形势，交流经验，研究部署今冬明春农田水利基本建设和造林整地工作任务。省委副书记李锦斌出席会议并讲话，副省长梁卫国主持会议。省委副秘书长王信、省政府副秘书长孙正东、省水利厅厅长纪冰、省林业厅厅长程中才，市长魏晓明、市委副书记陶方启、副市长张小青等出席会议。

【香茗山风电首批机组年底发电】 2014年底，省“十二五”新能源项目和“861”重点工程——国电望江香茗山风力发电项目，风力发电机组已安装过半，110千伏升压站设备安装完毕进入全面调试阶段，首批23台机组实现投产发电。国电香茗山风力发电项目工程，包括47台单机容量为2千瓦的风力发电机组和1个110千伏升压站，跨望江、太湖两县。工程于2013年12月5日动工，项目总投资8.45亿元。建成后年发电量将达到2.1亿千瓦时，能大大缓解华东电网的输电压力

【申洲获2014年安徽企业100强称号】 2014年，安徽企业100强发布暨企业高峰会在芜湖市召开，望江县申洲针织(安徽)有限公司第一次申报就成功入围，获2014年安徽企业100强称号，是全省唯一一家服装行业的百强企业，也是全市仅有入围的4家20亿元规模以上企业之一。

望江县2014年主要领导名录

县 委 书 记:李跃云
人大常委会主任:王学平
县 长:霍 辉
政 协 主 席:钱和森

【乡镇简介】 华阳镇 县城所在地,面积143.3平方公里,辖9个行政村、15个社区,人口11.8万人。境内的国家重点工程华阳过船闸是安徽、湖北2省5县市水上交通枢纽,在建的望东长江大桥是国内外最大的钢混组合梁斜拉桥,可停泊5000吨级江海轮的华阳港是长江黄金水道上最大的支农港口。是全国优质棉生产、出口和全省优质粮、优质油生产基地;县级生态示范建设试点乡镇;望江县的重要工业基地。拥有桥港经济开发区、省级经济开发区及镇属工业集中区,农业以粮棉油种植和畜牧水产养殖并重,工业上形成纺织、化工、建筑建材、食品、农副产品加工等行业竞相发展的格局。华阳镇宝塔社区被评为省级文明社区。2014年,农业总产值57421万元,固定资产投资83329万元。

党委书记:肖好汉 镇 长:孙结松

杨湾镇 位于望江县西南部,境内华阳河穿腹而过,通航里程30公里。由五大圩口组成,属典型的圩区乡镇,素有“二水分三野,五圩连一乡”之称。面积67.2平方公里,辖6个行政村、2个社区,人口3.18万人。农业以种植棉花为主,兼种水稻、油料等,是全国优质棉生产基地。2014年,农业总产值38245万元,固定资产投资6000万元。

党委书记:王绍东 镇 长:任水松

漳湖镇 位于望江县东部,坐落在古雷池之滨,位于武昌湖与长江“黄金水道”之间,面积94平方公里,辖6个行政村、1个社区,人口2.86万人。镇水资源丰富,基本形成网箱黄鳝、棚鸭养殖以及特色水产养殖三大基地。境内有拔地184米的亚洲第一塔——葛上回民跨江塔,解放战争渡江圣地——“回民湾”及1663年顺治皇帝游览故地顺治庙等闻名胜地。漳湖镇回民村获首批“中国少数民族特色村寨”称号,沿江油菜花景观入选“中国美丽田园”。2014年,农业总产值40168万元,固定资产投资12660万元。

党委书记:周晓霞 镇 长:王小节

赛口镇 位于望江县东北部,面积73.8平方公里,辖9个行政村、2个社区,人口4.04万人。赛口镇三面环水,丘陵圩湖相间,是“农家乐旅游”示范镇和优质农产品生产基地及服装生产工业基地,全国最大的网箱养鳝乡镇,安徽省最大的肉鸭养殖基地之一。境内有汪洋、汪家山等新石器时代晚期文化遗址。2014年,农业总产值38888万元,固定资产投资31000万元。

党委书记:李 菁 镇 长:范结友

高士镇 位于望江县北部,面积146平方公里,辖13个行政村、3个社区,人口8.25万人。盛产粮、油、棉,粮油加工业经久不衰。水产资源丰富,武昌湖鲜鱼、武昌湖牌大闸蟹、南山绿鸭遐迩闻名。武昌湖生态文化园以国际湖泊旅游休闲为定位,精心打造的国家4A级风景区。高士黄梅戏、莲湘舞等民间艺术远近闻名,被命名为2014—2016年度“安徽民间文化艺术之乡”。2014年,农业总产值56822万元,固定资产投资96672万元。

党委书记:徐四新 镇 长:阮 波

鸦滩镇 位于望江西北隅,北倚香茗山,东临武昌湖,境内自然风光旖旎,名胜古迹众多,唐代诗人罗隐在此隐居。面积155.6平方公里,辖12个行政村、3个社区,人口7.89万人。为优质农产品生产基地,已建成杨树圩农业综合开发示范园、五合圩农业示范园、香茗山茶叶生产基地、食用菌生产基地、麦元“小粒红”花生生产基地、三联水蜜桃生产基地、新发柑桔生产基地、麦元“三元”杂交猪养殖基地等,被列入全国重点镇名单、省级文明村镇。国家级非物质文化遗产——望江挑花源于此,其工艺品多次进京,作为北京人民大会堂安徽厅装饰品。联河米业有限公司是安徽省省级农业产业化龙头企业。2014年,农业总产值53880万元,固定资产投资56525万元。

党委书记:檀革才 镇 长:汪结冰

长岭镇 位于望江县西部,是安徽省中心建制镇、国家住房和城乡建设部确定为“工程项目带动村镇规划实施”试点镇、省新农村建设试点示范镇、省科技创新示范镇、省环境优美乡镇。面积182.8平方公里，辖14个行政村、3个社区，人口7.66万人。有省级重点文物保护区的黄家堰新石器时代遗址和汪公坟、南台寺、龙山庙等人文景观。2014年，农业总产值56346万元，固定资产投资90910万元。

党委书记：陈铁生　镇　长：邵　平

太慈镇　位于望江县中部，面积168.9平方公里，辖13个行政村、2个社区，人口7.6万人。省道322线“安九公路”和建设中的济广高速穿镇而过。境内地势起伏，山峦重叠，山场水面资源丰富，农作物以水稻、油菜、棉花为大宗，从事建筑业的人口众多，被誉为“建筑之乡”，被评为省级创建文明村镇工作先进村镇。2014年，农业总产值56311万元，固定资产投资50980万元。

党委书记：陈海银　镇　长：方　跃

凉泉乡　位于望江县中部，泊湖、岚杆湖、武昌湖镶嵌其两侧，太阳山、祈雨山坐落其中，山青水秀，地盛物丰。面积138.5平方公里，辖8个行政村、2个社区，人口4.4万人。有全国优质棉基地40000亩，优质意杨基地2500亩，太阳山蕴藏丰富的陶土、石灰石等矿产资源。境内的渡江战役二野四兵团司令部旧址——陈氏宗祠为省级文物保护单位。2014年，农业总产值37988万元，固定资产投资12750万元。

党委书记：李新云　镇　长：王亚松

雷池乡　位于望江县东南部，系雷池文化的发源地，成语“不越雷池一步”即源于此。面积161.1平方公里，辖9个行政村、3个社区，人口5.3万人。属传统农业大乡，素有“鱼米之乡”、“白云之乡”之称，盛产粮、油、棉，是现代农业和新农村示范区，雷池村稻鸭共生绿色示范项目年可创经济效益500余万元。规划建设了雷池化学工业功能区和湖东工业集中区。2014年，农业总产值46394万元，固定资产投资47704万元。

党委书记：肖远鹏　镇　长：金目明

（金群芳）

岳　西　县

【概况】　总面积2398平方公里，辖13镇、11乡，182个行政村和6个社区。2014年末，全县户籍总人口40.57万人，其中非农业人口4.58万人。全年地区生产总值73.4亿元，比上年增长9.6%。其中第一产业增加值15.26亿元，增长4.7%；第二产业增加值41.02亿元，增长11.8%；第三产业增加值17.12亿元，增长7.8%。三次产业结构为20.79∶55.89∶23.32。财政总收入首次突破10亿元，达到10.17亿元，增长13.6%，其中一般预算收入6.01亿元，增长20.9%。财政总支出27.75亿元，增长10.1%；固定资产投资74.18亿元，增长15.79%；进出口总额8808万美元，增长63.74%。招商引资市外资金实际到位51.77亿元。城乡居民储蓄存款余额58.59亿元，增长20.4%。全县金融机构年末各项存款余额92.16亿元，增长18.5%；金融机构各项贷款余额53.01亿元，增长19.3%。社会消费品零售总额21.66亿元，增长13.4%。城镇居民人均可支配收入18531元，增长10.2%；农村居民人均可支配收入达8001元，增长13.2%。单位GDP能耗、主要污染物排放控制在规定指标以内。

农业。全年粮食种植面积17248公顷，其中稻谷12205公顷、小麦2098公顷。种植棉花107公顷，油料2014公顷，蔬菜15977公顷。全年粮食总产量90310吨，比上年增长4.3%。其中，夏粮6962吨，增长0.3%；早稻283吨，增长0.7%；秋粮83065吨，增长4.7%。全年油料产量3623吨，下降0.9%。棉花产量205吨，下降17.3%。蔬菜产量200959吨，增长2.8%。畜牧业全年肉类总产量17926吨，增长1.7%。禽蛋产量2311吨，增长0.1%。水产品产量1130吨，增长2.7%。新建和改造茶园600公顷，干茶总产4450吨，产值5.59亿元，增长3.4%。新建和改造桑园280公顷，蚕茧产量3371吨，蚕桑生产综合指标保持全省领先。新造毛竹、雷竹、构树、香榧、三桠、油茶、红樱桃等特色林1300余公顷。发展林下经济，形成野生茶油、食用菌、山野菜、有机动物食品四大系列特产。有机黑猪、鲟鱼等特色养殖业发展迅速。工艺被“咏鹅”品牌获中国驰名商标，6个系列产品获有机认证。姚河乡被评为全国一村一品示范乡，全县市级以上一村一品示范乡镇、示范村24个。新增市级以上农业产业化龙头企业8家,达82家;新增市级以上家庭农场7家。主簿原生态果菜专业合作社被评为国家级示范社。温泉省级现代农业综合开发示范区和菖蒲省级现代农业示范区建设有力推进。

工业。全年全县规模以上工业企业103户,比上年净增2户。规模以上工业实现增加值37.35亿元,增长13.7%。全县规模以上工业经济效益综合指数243.37,比上年下降1.69个百分点。实现主营业务收入142.72亿元,增长12.5%;利税11.03亿元,下降2.5%。实施“招强扶大助小微”行动,实行县级领导联系重点企业和干部进企业制度,兑现企业奖补资金5000多万元。信华、亿德、天翔等骨干企业稳健发展,国良产业园塑胶模具、彩印包装、服装纺织、川泰通讯、创奇表面处理中心等项目开工建设,瑞林成为德国大众中国区配套企业,缸套实现整体搬迁,华岳欧式陶瓷瓦、岳塑汽车变速杆操纵总成、天馨轻纺等项目扎实推进。牛草山风电项目进展顺利。汽配电子、轻纺服装、新能源新材料等产业初具规模。新增高新技术企业4家,新增战略性新兴产业2家。新建企业工程技术中心2家,发明专利申请授权量117件。列入市“双百”企业20户,产值超亿元企业27户,新孵化出口实绩企业7家。恒力硅业等18家企业技术改造项目投产达效,全县完成技改总投资28.4亿元。平台建设扎实推进。县开发区新征土地75公顷,完成国良片土地平整及21栋标准化厂房建设。县循环经济产业园5万平方米标准化厂房交付使用。温泉产业园区路网竣工通车,叶畈、罗城安置区基本建成。亿德太阳能在安徽股权中心科技板成功挂牌,岳塑公司作为全市第3家企业成功在“新三板”上市。矿物钾肥、电商产业园、新能源助力车3个总投资10亿元以上的项目成功签约。

旅游业。全年接待游客710万人次,增长31%;旅游综合收入45亿元。新增农家乐60户,总数达300户,农家乐接待游客160万人次。石关国家体训基地和省干休所、天峡等扩建工程竣工,大众温泉公园、慧可居酒店建成开业。温泉养生园、司空山二祖道场、司空禅峡、龙园生态园等项目稳步实施,请水寨项目正式签约。合肥至岳西旅游直通车开通。妙道山景区成功创建4A,彩虹瀑布景区荣膺国家水利风景区和安徽十大优秀景区,明堂山评为省森林旅游示范景区。成功举办第七届大别山(安徽·岳西)映山红旅游文化月活动,岳西成为中央电视台《美丽中国乡村行》拍摄基地。

金融。徽商银行岳西分行正式营业,县农村合作银行成功改制为农村商业银行。设立1270万元的“资金池”,为中小微企业提供3850万元调头资金。县城投、担保公司共为102家企业提供161次总额5.42亿元的担保或借款。

电子商务。电商产业势头强劲。“百千万亿”电商行动实施,组建县电商协会及安徽鸿网电商公司,来榜建成全省首家乡镇电商产业园,太平村建立农村电商服务站。岳西旅游馆、1号店“特产中国”岳西馆上线运营。全县电商企业、网店新增800家,网络交易额1.14亿元。

城乡建设。完成新一轮县城总规修编。温莲大道一期、温泉大道及天堂西路二期、东山路、中洲路基本建成通车。完成天堂西路、高速路口、天际大道、滨河西路、天一雅居休闲公园绿化提升改造,推进竹篙尖公园二期建设,县城建成区绿化率达43.4%。实施衙前河两岸立面改造、景观提升及亮化工程,完成天堂路“白改黑”及两侧建筑立面改造,一水厂异地迁建扩容工程建成投产。新客运站、城西农贸市场竣工。完善市场化保洁机制,查处违法建设行为99起。开展“三线三边”整治,县城及乡村进一步绿化、亮化、美化、净化。打造风情小镇,建设精品乡村。2013年省批12个中心村顺利通过验收,2014年10个省级中心村和13个县级后备村建设扎实推进,累计完成建设投资1.67亿元。黄尾、店前入选全国重点镇,请水寨、响肠和店前村入选中国传统古村落。基础设施不断夯实。全力推进“561”行动计划,累计完成投资33.5亿元。岳武高速路基基本建成,完成投资10.54亿元。全年自筹3000万元、总投入2.2亿元,实施国省道和县乡道建设。省道211、361和青姚线青天段升级改造工程全面开工,209省道来包段及岳菖路一期、石关至巍岭、桃阳至冶溪、烂泥坳至小岐岭县道改造完工。硬化村组公路300公里,实施21座危桥加固。仙河输变电项目顺利推进,130个台区农网改造、23处农饮工程和防洪、小农水重点县、土地整理、基本农田建设等一批涉农项目全面完工,农村生产生活条件明显改善。六安景铁路列入中铁公司储备项目,随麻安铁路前期工作加快推进,岳桐高速启动前期工作,通用机场开展选址工作,抽水蓄能电站投资主体确定,相公庙水库完成可研编制。

居民生活。扶贫开发继续推进,精准识别贫困人口10.9万人，贫困户建档立卡“四个回头看”做法全省推广。实施“六大扶贫工程”，累计投入扶贫资金8338万元，实施产业化扶贫项目86个，贫困人口减少4.1万人。民生工程总投资6.71亿元，县配套1.01亿元，33项民生工程全面完成，综合考核位居全市前列。社会保障日趋完善，城乡居民医疗、养老保险基本实现全覆盖。发放五保、低保资金6925万元，在全市率先开展困难老人养老服务补贴试点。老村干等“七老”补助全部按规定兑现到位。完成危房改造2882户，1415套公租房基本建成。

社会事业。全县共有乡镇文化站24个，在建体育场馆3个，艺术表演团体1个，文化馆1个，公共图书馆1个，馆藏图书45.8万册(包含电子图书)，文物管理局1个，岳西高腔传承中心1个。广播电台1座，全县有线电视用户6.8万户。有卫生机构216个，有各级各类学校162所。义务教育均衡发展在全省首批通过国家验收，高考综合质量评价全市第一。县医院门急诊外科大楼投入使用，中医院门急诊康复大楼即将竣工。人口计生工作继续保持省市先进。《岳西高腔剧目集成》出版发行，岳西鼓书入选省“非遗”名录，《司空山志》编纂出版并获省评比一等奖。体育馆投入使用，成功举办省十三运岳西赛区篮球赛和绿色运动会，获评全省群众体育工作先进县。彩票公益金试点项目考评获全国第二。提前完成656个自然村“盲村”广播电视村村通工程，建成农民文化乐园6个。完成第九届村民委员会换届。文化产业异军突起。泉源盛工艺、翰林根艺入选全省民营文化企业100强，盛世天源、泉源盛公司成为安徽省文化产业基地，天堂文化旅游园成为省级服务业集聚区。

【国家级生态县创建通过验收】 10月11—12日，岳西县经国家环保部考核验收组考核，通过国家级生态县考核验收，按程序报环保部审议批准。岳西县成为安徽省第四个、安庆市第一个国家级生态县。岳西生态县创建工作，于2012年7月启动，县委、县政府对生态县创建进行部署，编制生态文明示范县建设规划、县城饮用水水源地保护规划、生物多样性资源现状及保护行动计划。加强生态建设和保护，构建绿色屏障；加强生物多样性保护，建设大别山物种基因库；加强环境综合治理，建设美好乡村；加强污染减排，保护蓝天碧水；发展生态产业；建设生态文化；强化政策、资金、科技、人才保障等系列措施，取得成效。2014年底，岳西县24个乡镇中有生态乡镇23个，其中国家级生态乡镇7个、省级生态乡镇14个、市级生态乡镇2个；182个村中有生态村142个，其中国家级生态村1个、省级生态村19个、市级生态村122个。

【蚕桑生产综合指标连续六年位居全省第一】 蚕桑产业是岳西农民持续增收的重要来源之一。2014年，岳西农技部门引进、推广“强桑一号”“皖广三号”等优质桑树新品种和电动剪枝新机具，推广商品化小蚕共育、大蚕省力化饲养技术，完善“共育户+农户”蚕种服务模式体系，并利用省财政厅茧丝绸发展专项资金110万元，对岳西县9家蚕桑专业合作社、家庭农场优质基地建设进行扶持，促进蚕桑产业稳健发展。全县桑园面积3655公顷，全年发种量71263盒，产茧3371吨，产值近1.1亿元。有养蚕户数18593户，小蚕共育室229个，年饲养10盒以上养蚕户3716户，年产蚕茧300吨以上乡镇5个。实现养蚕量、产茧量、蚕农收入等综合指标连续6年全省第一。岳西县蚕桑局局长陈宗庆参与研究的《家蚕系列新品种育成与健康饲养关键技术应用及推广》成果获安徽省人民政府颁发的省科学技术二等奖。

【水畈村获“中国十大最美乡村”称号】 10月25日，由国家农业部、住建部，国家旅游局、新闻出版广电总局，中央电视台等单位共同发起，CCTV—7农业节目主办，《美丽中国乡村行》栏目承办的“2014寻找中国最美乡村推介活动”颁奖晚会在浙江衢州举行，岳西县菖蒲镇水畈村获“2014年度CCTV中国十大最美乡村”，成为全省唯一获此称号的乡村。

水畈村位于岳西县菖蒲镇东部，面积12.8平方公里，辖20个村民组、563户、2142人。有耕地56.95公顷，山场面积693.73公顷，茶叶为主导产业，有茶园145.33公顷(其中高标准无性系茶园123.33公顷)。村坚持生态优先战略、强化基础设施、壮大富民支撑原则，调整产业结构，发展无污染、不破坏生态的茶叶等特色产业，打造4A景区理念，整合各类涉农资金，改善基础设施建设，发展乡村旅游，农民年人均纯收入近万元。村庄内道路全部硬化，实行沼气池建设与改圈、改厕、改厨“一池三改”，建有“五位一体”村级活动中心、村民健身广场、农家书屋、留守儿童活动中心与农民公园，村容村貌美化、绿化、靓化。该村已成为自然生态美、生活幸福美、文化和谐美、创新引领美、兴业富民的美好乡村建设典范。形成“村在碧绿中，房在茶园中，人在画景中”的美好景象。

【公民道德建设显成效】 2014年，岳西县强化社会主义核心价值观宣传教育，加强公民道德建设。组织召开社会主义核心价值观联席会议和诚信建设联席会议6次，举行1000多人参加的诚信建设启动仪式。组织开展“身边好人”系列评选工作，江兴美获“中国好人”称号，项至祥、江兴美2人获“安徽好人”称号，储琳等5人获“安庆好人”称号，代伟等14人获“最美岳西人”称号，刘东升等7人获岳西道德模范称号。开展江淮志愿服务活动，招募注册志愿者7000余人，组织大型志愿服务活动70余次，汪国保、王华2人被评为省“感动江淮”志愿服务优秀典型，岳西义工联盟被评为“感动江淮”志愿服务优秀集体，天堂镇城北社区时间养老储蓄项目获“第二季度安庆志愿服务优秀项目”。开展城乡文明同创活动和文明风范评议活动，加大城乡环境整治力度，改变公民不文明、不道德习惯与行为。岳西县被省文明委授予“第三届安徽省创建文明县城工作先进县”称号，刘志强家庭获“第九届全国五好文明家庭”称号，储昭海家庭获安庆市“最美家庭”称号，肖丽云获安徽“最美媳妇”称号；县委办等118个单位分别获省、市、县文明单位称号。

【《司空山志》出版发行】 9月，由岳西县政府主办、县地方志办公室承办、《司空山志》编纂委员会编纂的《司空山志》正式出版发行。25日，县政府在天际大酒店召开《司空山志》发行会议，人民网、新华网、《安徽日报》、《安庆日报》等新闻媒体到会进行报道。

《司空山志》是岳西县第一本山水志，是岳西文化建设的一个新成果。该志由国家方志出版社出版、安徽新华印刷股份公司印刷，全书34.8万字，翔实记述司空山地区自然、人文、宗教、文学艺术、民俗、旅游、人物等方面情况，是保存历史、传承文明的重要载体和了解司空山的窗口与平台。该书出版发行，有利于提高司空山知名度，促进司空山旅游开发，为司空山文化的研究打下基础。

【岳西县获安徽省森林城市称号】 4月，经省千万亩森林增长工程建设领导小组和省绿化委员会考核验收，岳西县获安徽省森林城市称号。2013年开始，岳西县开展省级森林城市创建工作，先后投入资金3000多万元，完成县城建成区绿化51公顷，环城绿化115公顷，绿色长廊53公里，森林提质工程8800公顷，重点营造林工程4247公顷。2013年底，全县有林地面积18万公顷，活立木总蓄积687万立方米，森林覆盖率75.54%；县城建成区绿化覆盖率43.4%，绿地率41.76%以上，人均公共绿地面积12.08平方米；河流、水库和道路绿化率90%；乡土树种占城市绿化树种使用量的80%。全县有2个镇获森林城镇称号、10个村获森林村庄称号。

岳西县2014年主要领导名录

县　委　书　记：周东明
人大常委会主任：程首初
县　　　　　长：刘中汉
政　协　主　席：储诚根

【乡镇简介】 *天堂镇* 岳西县政府驻地，面积42平方公里，辖4个村、6个社区，人口4.91万人。是山水旅游、红色旅游胜地，全国重点烈士纪念建筑物保护单位、安徽省爱国主义教育基地和安徽省国防教育基地——大别山烈士陵园和省级重点文物保护单位——红军中央独立第二师司令部旧址（汪氏祠堂）坐落境内。全镇有规模以上企业29家，其他企业108家；个体工商户2200多家。工业初步形成以汽车配件、工艺被、农特产品加工、房地产开发、建筑建材为主的企业群体。农业以水稻为主，小麦、玉米次之，发展茶叶、蚕桑、食用菌、中药材、花卉等。2014年，财政收入8512.6万元，固定资产投资9.97亿元，农村居民可支配收入8535元。

党委书记：周景彪　镇　长：储胜芳

温泉镇 位于县城北郊，面积86平方公里，辖12个行政村，人口3.46万人。地下热水资源丰富，汤池温泉久负盛名，是旅游、健身、美容、康复之佳所。人文资源有新石器时代遗址——汤池祠堂岗古遗址，刘、王、杨、储等姓氏祠堂及牌坊、寺庙等古建筑。是中共安徽省委首任书记王步文烈士故乡。是农业大镇，正在筹建温泉经济开发区(副县级)和建设温泉省级现代农业综合开发示范区，有长宁工业园区、钾长石产业园。2014年，财政收入2204.3万元，固定资产投资6.63亿元，农村居民可支配收入7600元。

党委书记：柯照华　镇　长：吴留胜、包先武

响肠镇 位于县城南部，面积64平方公里，辖7个行政村，人口1.95万人。是国家级生态乡镇、安徽省历史文化名镇、环境优美乡镇、优秀旅游乡镇，源于响肠、无愁、浒槽河的秦河为潜水干支流。境内有革命

纪念地请水寨暴动旧址，国家级重点文物保护单位——初建距今1680年的法云寺千佛塔，以及兴禅寺、惜字亭、万家楼，方、胡、王、秦姓宗祠，胡叶吉故居等古建筑、古民居。岳西县循环经济产业集中区坐落镇区，金山农民工创业园初步形成。2014年11月，千佛塔村入选全国乡村旅游扶贫重点村。2014年，财政收入347.2万元，固定资产投资1.27亿元，农村居民可支配收入9500元。

党委书记：黄长河　镇　长：刘新民

菖蒲镇　位于县东南部，面积140平方公里，辖12个行政村，人口2.47万人。是国家级生态乡镇。最低处海拔90米，为全县最低处。有商代古遗址撞钟蟹形面和毛畈鼓形包，有白云寨古寨址。县内最大河流潜水穿越镇区，境内12公里河道已开发竹筏、皮划艇漂流，天仙河风景区被誉为华东第一漂，旅游综合开发潜力巨大。生态建设成效明显，水畈村被命名为国家级生态村，获"2014CCTV中国十大最美乡村"称号；水畈村大塘中心村被列为省级农民文化乐园建设示范点。正建设菖蒲省级现代农业示范区和省级毛竹科技示范基地。2014年，财政收入428.7万元，固定资产投资1.26亿元，农村居民可支配收入8200元。

党委书记：金家放　镇　长：王启兵

五河镇　位于县西南部，面积132平方公里，辖12个行政村，人口1.96万人。是国家级生态乡镇。镇域是皖河支流潜水的发源地，最高峰妙道山主峰海拔1460米。4A景区妙道山国家森林公园，是天然动植物基因库。小河南古民居村落入选安徽省传统村落名录，有县级文物保护单位8处，省级文物保护单位1处，其中蒋氏六行堂正申报国家级文物保护单位。老艺人王琦福为国家级非物质文化遗产岳西高腔代表性传承人之一。主要农产品有粮食、油菜、茶叶、桑叶、瓜蒌、大棚蔬菜等，建有响山毛竹基地、妙道山农业生态示范园、茅山速生泡桐基地、桃李农业示范园、中科农林构树基地、"乘风制药"中药材基地等。2014年，财政收入425.6万元，固定资产投资1.65亿元，农村居民可支配收入5559元。

党委书记：王　蕙　镇　长：李兴琪、金　鑫

店前镇　位于岳西县西南部，面积181平方公里，辖11个行政村，人口2.54万人。是全国重点、国家级生态乡镇，省63个重点中心建制镇和全省新农村建设"千村百镇"示范镇之一。是省优秀旅游乡镇、省特色景观旅游名镇，中国佛教禅宗第一山暨司空山风景名胜区坐落镇域西部，另有白鹿峡谷、太子坳原始森林等。2014年，财政收入431.2万元，固定资产投资2.19亿元，农村居民可支配收入8160元。

党委书记：王传新　镇　长：王贻峰

冶溪镇　位于岳西县西部，与太湖县、湖北省英山县接壤，面积106平方公里，辖11个行政村，人口2.47万人。镇域四面环山，中间一马平川，大片山地阡陌相连，形成得天独厚的冶溪盆地，有"大别山中小江南"之称。中国佛教禅宗第一山暨司空山风景名胜区坐落镇域东部，另有九老亭、风波亭、松波寺、联庆堂、转背桥等人文景观。生态良好，古树成群，树龄100年以上的有2158株。实施1500亩现代农业示范区建设，打造茶叶、中药材、蔬菜、雷竹等四大支柱产业；有国家农业部批准的中稻万亩高产创建示范片项目，建成乌儿畈省级农民工回乡创业园1个。2014年，财政收入379万元，固定资产投资1.32亿元，农村居民可支配收入7040元。

党委书记：徐险峰　镇　长：吴德全

白帽镇　位于岳西县西部，与湖北省英山县杨柳镇接壤，面积135平方公里，辖10个行政村，人口2.13万人。全镇森林覆盖率78.2%，植物资源中乔木类有500多种，花卉品种繁多，古有"桂花之乡"美称。有余八相公纪念馆、广佛庵、羊角尖、深村红叶、永宁桥、松鹤亭等旅游景点。初步形成油茶、中药材、茶叶、特色养殖4大基地。有土黑猪等规模养殖场8家、规模养殖户200余户。工业企业40余家，其中规模以上工业企业4家，入驻县工业园区企业2家。2014年，财政收入269.3万元，固定资产投资1.74亿元，农村居民可支配收入8275元。

党委书记：汪　球　镇　长：方　球

河图镇　位于岳西县西部，面积172平方公里，辖7个行政村，人口1.13万人。是省首批优秀旅游乡镇，2014年获"安徽省特色景观旅游名镇"称号。有明堂山、天峡2个国家4A级风景区和正在开发的驮尖风景区，精华景区面积98平方公里。红28军重建会议旧址凉亭坳汪胡氏宗祠是省级重点文物保护单位，

列入全国30条红色旅游精品路线和100个经典红色旅游景区。在建的岳武高速公路在境内设出入口。2014年,财政收入700.2万元,固定资产投资3.84亿元,农村居民可支配收入7750元。

党委书记:孟文俊　凤良向

镇　　长:凤良向　程宝生

来榜镇　位于岳西县中部,面积134平方公里,辖12个行政村,人口2.25万人。已形成桑、茶、菜、瓜蒌4个支柱产业。桑园面积和产茧量居全省各乡镇之首,是县内茶叶生产重点乡镇,是华东地区最大的瓜蒌生产乡镇。养殖业已建成万头有机黑猪与10万只土鸡生产基地、10万尾鮰鱼养殖及加工基地、人工洞养娃娃鱼(大鲵)繁殖及培育基地。在县内乡镇中第一个建立工业园区,兴皖玻璃钢公司是生产党徽、国徽、警徽的全国3家定点厂之一,市场份额占全国的70%。泉源盛工艺品有限公司被国家六部委命名为"国家文化出口重点企业",评为安徽省民营文化企业100强、安徽省文化产业基地。2014年,财政收入1519.8万元,固定资产投资4.9亿元,农村居民可支配收入8532元。

党委书记:胡天南　镇　长:汪训卫

黄尾镇　位于岳西县北部,面积103平方公里,辖6个行政村,人口7012人。为县西北部重要的山口边贸重镇。是省级生态乡镇,黄尾村被评为"安徽省特色景观旅游名村"。2014年,黄尾镇入选全国重点镇,并成功创建安徽省乡村旅游示范区(点)。有革命纪念地黄尾河暴动纪念亭,4A级旅游景区——大别山彩虹瀑布。2014年,财政收入459.4万元,固定资产投资1.21亿元,农村居民可支配收入7232元。

党委书记:舒寒冰　镇　长:储海英

头陀镇　位于岳西县北部,面积123平方公里,辖5个行政村,人口1.04万人。淮河流域的淠河源头之一的头陀河贯穿全镇,森林覆盖率79%。境内民主革命时期爆发头陀河暴动。茶叶和高山蔬菜为镇农业两大传统支柱产业,野生油茶林、毛竹、瓜蒌等特色种植业发展较快。2014年,财政收入340万元,固定资产投资1.58亿元,农村居民可支配收入8100元。

党委书记:宋杏芳　镇　长:金　鑫、王智平

主簿镇　位于岳西县东北部,面积99平方公里,辖6个行政村,人口8162人。是国家级生态乡镇。地处大别山多丛山脉东段江淮分水岭东北坡,名贵中药材有200余种,植物种类达1900余种,古井园自然保护区晋升国家级通过评审。已形成茭白、猕猴桃、中药材、茶叶、生态养殖五大支柱产业。高山蔬菜茭白和旱地四季豆实现规模种植,获全国首批"一村一品(高山茭白)示范镇"称号。猕猴桃种植面积400公顷,年产鲜果3500吨,基地规模和产量居华东各乡镇之首。镇原生态果菜合作社获批为国家级生态合作社。2014年,财政收入258.7万元,固定资产投资9500万元,农民人均收入8861元。

党委书记:产银杰　镇　长:储昭霞、储爱华

毛尖山乡　位于岳西县东部,面积78平方公里,辖6个行政村,人口1.42万人。境域整体呈"三山夹两河"之态,境内旅游景点有天堂湖(即毛尖山水库)、鹭鸶河大峡谷、双峰寨。乡民王柏林纯手工桑皮纸制作技艺列入第一批国家级非物质文化遗产扩展项目名录,桑皮纸制作技艺入选首批国家级非遗名录。产品销往北京故宫和海内外。农作物以水稻、小麦、玉米、油菜为主,经济作物以茶叶、板栗、蚕桑为主。水面网箱养鱼是库区村民主要经济来源。为省级生态乡镇,有省级生态村2个,板舍村进入全省美好乡村示范点行列。2014年,财政收入479.1万元,固定资产投资9470万元,农村居民可支配收入7986元。

党委书记:徐进达　乡　长:刘亚维

中关乡　位于岳西县中部,面积77平方公里,辖7个行政村,人口2.09万人。森林覆盖率80%,存千年银杏2棵,沙村红叶(乌桕树)遐迩闻名。是全县闻名的烈士之乡、文化之乡。旅游景点有请水寨暴动、中共岳西县委、省抗日三十一工作团和鄂豫皖军政大学皖西分校等旧址,桃园寨、鸬子尖、沙村红叶、大龙潭水库等。特色农业主要有茶叶、瓜蒌、蘘荷、蚕桑、高山蔬菜等,茶叶为全乡主要经济作物和支柱产业。同发机械有限公司生产的茶机产品,注册商标为"请寨"牌,为安庆市知名商标。2014年,财政收入245.4万元,固定资产投资1.03亿元,农村居民可支配收入6886元。

党委书记:洪　星　乡　长:胡新生

莲云乡　位于岳西县中部,面积45平方公里,辖

6个行政村,人口2.08万人。县经济开发区坐落境内,实行区乡合一管理体制。境内有飞旗寨、桃园寨等古寨,腾云寺、观音寺、祈永寺、云济寺、通真观等古刹,傍山建成的大别山映山红生态文化大观园是休闲、旅游、避暑胜地。是县城蔬菜、肉食品供应基地之一,乡内各类企业400余家。2014年,财政收入471.7万元,固定资产投资7.69亿元,农村居民可支配收入8050元。

党委书记:李曙光　乡　长:储德林

田头乡　位于岳西县西南部,面积91平方公里,辖8个行政村,人口1.19万人。生态植被良好,松、杉为基本树种,有银杏、赤楠、香樟、栎、槠、枫树等阔叶珍贵树种。有田头高腔剧社1个,乡民蒋小送为国家级非物质文化遗产岳西高腔传承人之一。以农、林经济为主,重点发展茶、桑、竹、板栗、杜仲等项目。乡"闵山贡茶"在中国(安徽)第七届国际茶产业博览会获金奖。2014年,固定资产投资4129万元,财政收入94.2万元,农村居民可支配收入6580元。

党委书记:王金禄　乡　长:储爱华、吴国柱

古坊乡　位于岳西县西部,面积47平方公里,辖5个行政村,人口9140人。地处大别山南坡,森林覆盖率78%,是长江流域皖河水系店前河的发源地。是纯农业乡镇,以种植、培植茶叶、蔬菜、水稻、中药材为主。乡林兰名茶厂生产的"岳西翠兰""长岭兰芽"多次在全国及省、县名优茶评比中获特等奖、金奖。民间文体活动丰富,素有"文体之乡"美称。2004年被省农委和体育局授予"亿万农民健身活动先进乡镇"。2014年,固定资产投资1700万元,财政收入56.5万元,农村居民可支配收入6800元。

党委书记:储天届　乡　长:王松林

和平乡　位于岳西县西北部,面积100平方公里,辖6个行政村,人口9246人。有光岩寨、多枝尖、驼尖等自然景观。是省级生态乡镇。特色农业以种植茶叶、高山蔬菜、瓜蒌等经济作物为主,并发展三桠、油茶、香榧等经济林。江兴美老人荣登2014年12月"中国好人榜"。刘志强家庭被授予"第九届全国五好家庭"。2014年,财政收入172.3万元,固定资产投资2550万元,农村居民可支配收入6750元。

党委书记:汪松林、王潜林　乡　长:刘三星

青天乡　位于县西北部,面积117平方公里,辖8个行政村,人口1.14万人。有丰富的水能、风能和铜、铁、花岗岩等矿藏。有多枝尖、牛草山、明山寨等自然景观和河口寺、观音寺、地藏庵等古刹。汪氏宗祠是1937年鄂豫皖边区国共和谈会议旧址。发展茶叶、瓜蒌、高山蔬菜、蚕桑、养殖业等农业特色产业,基本形成"一村一品"产业格局。养生布鞋销往国内外几十个大中城市。明山寨旅游开发、牛草山风力发电等项目稳步推进。2014年,财政收入316.1万元,固定资产投资2.43亿元,农村居民可支配收入7100元。

党委书记:王朝阳　乡　长:刘和发

包家乡　位于县西北部,地处皖鄂两省3县(岳西、霍山、英山)结合部,面积123平方公里,辖4个行政村,人口5580人。乡全境为鹞落坪国家级自然保护区,实行区乡一体、社区共建管理体制。境内保存有大面积的天然次生林和一批珍稀、古老孑遗物种,属于国家重点保护的珍稀濒危动植物有40多种,属国家级管理的药材有3种。有锁口山、甘露寺、石佛寺等名胜风景点。鹞落坪是中国工农红军第28军和皖西特委机关驻地。包家乡和包家村分别被命名为省级生态乡、生态村。茶叶、高山蔬菜为主体特色农业,石佛绿茶声名远扬。2014年,财政收入176万元,固定资产投入5900万元,农村居民可支配收入7145元。

党委书记:储卫星　乡　长:孟文俊

石关乡　位于县城北部,面积93平方公里,辖8个行政村,人口1.22万人,是省优秀旅游乡镇,所辖石关村2014年11月入选全国乡村旅游扶贫重点村。地处江淮分水岭,属典型高寒山区,年均气温13℃,境内河谷幽深,凉爽湿润,空气清新,有"天然氧吧"之称。安徽省省直机关干部休养所、国家体育训练基地坐落其间,是旅游、度假、健身之佳地。重点发展高山蔬菜产业,已建成高山蔬菜基地1650公顷,年产鲜菜约2.8万吨。2014年,财政收入398.1万元,固定资产投资1.1亿元,农村居民可支配收入7380元。

党委书记:胡祥炬　乡　长:徐　峰

巍岭乡　位于县东北边部,面积40平方公里,辖3个行政村,人口3841人,是全县规模最小的乡,国家级生态乡镇。位于夹河村的太平寨风景区,海拔1251米,自然景点众多,新闻媒体多次进行宣传推介。太平

湖(云峰水库)湖水清澈。农作物以水稻、高山蔬菜为主,多经以茶叶、中药材、板栗、茯苓和天麻为主。2014年,财政收入168.4万元,固定资产投资1678万元,农村居民可支配收入5680元。

党委书记:王潜林、李兴琪

乡　　长:程宝生、余洪波

姚河乡　位于县东北部,面积77平方公里,辖6个行政村,人口8416人。是生态乡镇、名茶之乡。被国家环境保护部评为国家级生态乡镇,获全国科普惠农兴村先进单位、安徽省十佳绿色生态乡镇和安徽城市经济杰出贡献强镇称号。拥有香炉石、马石石伞、竹山古茶园、省级重点文物保护单位孙氏宗祠等多处景观。乡域盛产茶叶、蔬菜、油茶、板栗等经济作物,是全国名茶岳西翠兰的核心产区之一。香炉村是国宾礼茶的生产基地。2013、2014年,姚河乡连续两年被国家农业部评为"全国'一村一品'专业示范(村)镇"。良奇生态农业科技有限责任公司被确定为省级产业化龙头企业、全国茶叶行业"百强"企业。"良奇"商标为中国驰名商标。2014年,梯岭村被列入"安徽省首批传统村落名录",并获2014年度"安徽省特色景观旅游名村"称号。2014年,全乡固定资产投资8870万元,财政收入411.9万元,农村居民可支配收入8180元。

党委书记:刘文祥　乡　长:吴陈平

(汪子彬)

宿　松　县

【概况】 全县国土面积2394平方公里,辖9镇13乡,208个行政村(社区)。2014年末全县总人口为85万人。全县地区生产总值144.3亿元,比上年增长9.2%;财政一般预算收入8.96亿元,增长16.1%;固定资产投资122亿元,增长21.4%;社会消费品零售总额48.5亿元,增长13.3%;城乡居民人均可支配收入11190元,增长10.6%。其中城镇居民可支配收入18215元,增长8.5%;农村居民可支配收入8074元,增长11.8%。在岗职工年平均工资47725元,增长13.4%。年末全县金融机构各项存款余额162.19亿元,增长13.3%。金融机构各项贷款余额74.09亿元,增长23.8%。

工业经济。全县规模以上工业企业达169户,新增27户。规上工业增加值53.4亿元、增长13%。新注册私营企业492户,民营经济占生产总值比重提高到70.5%。主导产业纺织服装业增加值占全县规上工业比重达44%,比上年提高3.3个百分点。战略性新兴产业产值14.5亿元,增长11.6%。支持企业加快技术改造和自主创新,完成技改投资26.4亿元,新增国家级高新技术企业2家、省级企业技术中心2个、授权专利126件。推动品牌战略,2家企业获评国家级"守合同重信用"单位,新增省名牌产品1个、著名商标3件。新增出口备案企业7家,实现进出口总额7221万美元,其中出口总额6743万美元。工业能耗下降和主要污染物减排年度目标全面完成。

农业经济。全年粮食作物种植面积66369公顷,比上年增长1.8%;油料种植面积28878公顷,比上年减少60公顷;棉花种植面积23893公顷,比上年减少1530公顷;蔬菜种植面积11108公顷,与上年基本持平。全年粮食产量36.88万吨,比上年增产1.61万吨;油料产量6.44万吨,增长5.9%;棉花产量3.01万吨,减产0.12万吨。全年肉类总产量3.66万吨,增长3.1%,其中猪牛羊肉产量3.2万吨,增长14.3%。禽蛋产量1.79万吨,增长5.9%。水产品产量8.28万吨,增长4%。落实强农惠农富农政策,发放涉农补贴2.4亿元。11个部级万亩高产示范片完成年度创建任务,大宗作物增产增效,被评为"全省粮食生产先进县"。千万亩森林增长工程超额完成年度任务。全年流转土地3.5万亩,新增专业合作社205家、家庭农场106个、"三品"认证10个,农业机械化综合水平达57.9%,农产品加工业产值增长15.5%。黄湖大闸蟹成为国家地理标志保护产品,黄雀畈现代农业示范区被列为市重大农业产业化项目。中小河流治理等重点水利工程完成投资4.55亿元,农饮工程提升改造全面启动,农建工作再获"江淮杯"二等奖。

第三产业。年末商业限额以上单位达71家,其中企业53家,全年新增限上企业11家。限上消费品零售总额增长24.5%,增速位居全省同类县前列。改造后的光明大市场交付使用,浩瀚汽车城奠基动工,投资近8亿元的新发地农副产品批发市场项目达成合作意向。18家电子商务企业实现交易额1.26亿元。县农商行完成组建,徽商银行宿松支行挂牌营业,县融资担保公司注册资本突破亿元。全年新增贷款14.26

亿元,存贷比提高3.9个百分点。白崖寨旅游总体规划编制完成,石莲洞景区二期加快推进,智慧旅游手机APP项目正式运营。全年接待国内外游客271.6万人次,增长19.5%。实现旅游总收入14.2亿元,增长18.7%。自驾游、亲子游、体验游蓬勃兴起。社会养老、体育健身、物流快递等新兴业态发展迅速。

项目建设。51个项目进入省"861"计划,中央及省级到位资金9.8亿元,123个在建重点项目完成投资78.5亿元,拉动经济增长作用明显。华阳河蓄滞洪区安全区、合安九客运专线等重大项目前期工作扎实推进,北沿江一级公路、国电风力二期工程进展顺利,华阳河湖群湿地生物多样性保护、黄大湖生态环境保护项目启动实施。竹墩二号桥改造和21座危桥加固基本完工,农村客运中心即将投入使用,105国道宿松段、徐洪线等9条重要公路改造项目有力推进,农村公路网格化项目加快建设。县域电网改造完成投资近4亿元,电力保障能力得以提升。

招商引资及园区建设。开展精准招商、定向推介,产业招商、大项目招商取得成效。将电子信息产业作为"首位产业"聚力突破,成功引进宝捷讯、南方智能2个投资超10亿元项目,并获市政府扶持资金1亿元。纤维素、晨旺产业园、唐骏特种车辆等重大产业项目签约落户。全年引进内资项目75个,其中亿元以上项目5个;实际固定资产到资21.38亿元。经开区新增开发面积0.9平方公里,规上工业总产值突破百亿元,工业税收增长21%。中小企业孵化器等35个基础设施项目完成投资3.1亿元,服装标准化厂房完成招商,振兴大道全幅贯通,城北污水处理厂投入运营。临江产业园基础设施建设加快推进,经七路、纬三路路基全面完工,污水处理厂、燃气项目投入试运营,6万平方米标准化厂房和860套安置房基本建成,对江排涝站、110千伏变电站动工建设。

城乡建设。县城总体规划深化及交通、排水等专项规划编制完成,东北新城东区城市设计通过评审,县城规划区32平方公里实现控规全覆盖。年度城建重点工程和惠民实事完成投资1.68亿元。体育馆投入使用,城市绿道示范段、规划展示馆基本建成,洋河西路一期、环城南路、龙门南路等工程加紧推进。人民西路配套完善、47条背街小巷治理等10件惠民实事如期完成。东北新城核心区路网框架基本成形,通车里程达13公里,市民广场基本建成,南区还建房、龙湖公园加快建设。加强城市管理,组建城市管理委员会,推行网格化管理,获"全省创建文明县城工作先进县"称号。集镇建设步伐加快,复兴、汇口跻身全国重点镇,长铺、许岭、二郎等集镇规模不断拓展,千岭、五里、凉亭等集镇功能进一步完善。推进美好乡村建设,46个建设点共完成房屋改貌4198户,村组道路硬化33.3万平方米,修建改造排水排污管道72.3公里,打造省际和县城周边出入口景观各6个。10个乡镇环境保护规划编制完成,隘口乡、陈汉乡获省级"生态乡镇"命名,柳坪乡大地村、趾凤乡团林村入选"中国传统村落"名录,洲头乡金坝村被列入"全国宜居村庄示范"。

社会事业。全年33项民生工程共支出27.55亿元,占财政总支出的82%,增长13%。实现城镇新增就业9991人,失业人员再就业1696人。设立劳动人事争议仲裁院,帮助清欠农民工工资524.8万元。社会保障力度加大,各项保险累计参保人数达68.9万,支付医保补偿金3.54亿元,向贫困弱势群体发放各类救助金1.11亿元。开工保障性安居工程住房2829套、基本建成1996套,完成农村危房改造1921户。以船为家渔民上岸安居工程扎实推进。实施精准扶贫,减少贫困人口2.2万。学前教育三年毛入园率达78.16%,新建、改扩建7所公办幼儿园。义务教育学校"全面改薄"启动实施,率先在全省实现义务教育学生营养改善计划100%食堂供餐。复兴中学迁建、实验中学新校区动工建设,职教中心主体工程完工。县人民医院新院区项目启动,血防、妇幼保健综合楼工程顺利推进,完成5所乡镇卫生院标准化建设,血吸虫病疫情传播控制达标通过省级验收。"单独两孩"生育政策平稳实施,出生人口性别比实现"四连降"。国家公共文化服务体系示范区创建工作扎实有效,农村区域文化服务创新与示范项目通过文化部验收。公共文化信息共享平台获省广电科技创新二等奖。程岭乡获省"农民文化艺术之乡"称号。长铺社区荣获"全国科普示范社区"称号。省十三运会举重赛事成功承办,首次组队参加省残运会并夺得8枚奖牌,被评为"全省残疾人体育工作先进单位"。第九届村民委员会换届选举圆满完成。首个"烈士纪念日"公祭活动隆重举行。第三次全国经济普查圆满完成。

改革创新。新一轮政府职能转变和机构改革扎实启动,新的市场监管体制率先在全省实行,工商注册资本登记制度改革全面实施,土地管理和城市管理机制更加完善。政府权力清单和责任清单加快编制,行政审批行为规范,取消、冻结、调转行政审批事项35项。涉企收费清单公布实施,减少收费项目166项、精简66%。事业单位分类改革有序推进,医疗卫生机构公益性体制机制不断健全,基础教育三项改革扎实实施,职业教育资源有效整合。农村综合改革稳步推开,土地承包经营权确权登记颁证基本完成,高岭、汇口小型水利工程管护机制创新试点初见成效,集体"三资"监管得到加强,殡葬改革平稳实施。财政预算管理方式不断创新,预算信息实现公开;国库集中支付优化,直接支付率达96%;政府性债务纳入全口径预算管理,举债审批更加严格。

【数字电影《大山之恋》在宿松拍摄】 3月30日,由安徽京门影视文化有限公司与宿松县委宣传部联合摄制的数字电影《大山之恋》在县城山水公园正式开机拍摄。电影讲述大山深处,老教师苏文敬常年坚守在贫困的乡村,既当老师,又是校长,兼做保姆,一干就是30多年,把全部的心血倾注在山村贫困的孩子身上。电影《大山之恋》以当前贫困山区留守儿童教育及生活的现状为切入点,通过描述一对青年大学生甘愿献身山区教育事业的故事,歌颂新时代青年支边支教无私奉献社会的高尚情操,弘扬社会主旋律。该影片是宿松县全程参与,在宿松全景拍摄的首部电影,充分展示宿松独有的风土人情、优美的风景名胜以及厚重的历史文化。影片已于9月11日在央视六套晚8时15分黄金时段播放。同时,该片入选安徽省"四个一"文艺类重点项目并荣获安徽省"五个一工程奖"。10月24日《大山之恋》首映式在宿松县人民影剧院举行,影片在宿松的票房收入,全部用于资助品学兼优的贫困学子。

【黄湖大闸蟹成为国家地理标志保护产品】 宿松是全国水产大县,渔利之兴,历史悠久。上个世纪末注册的"黄湖牌"大闸蟹,多次被评为省名优产品和省无公害农产品,曾获"中国国际农业博览会名牌产品"称号,畅销东部沿海城市并出口中国香港地区。2014年4月18日,国家质检总局科技司组织专家委员会对黄湖大闸蟹产品进行技术审查。专家委员会一致认为"黄湖大闸蟹"名称使用比较规范,产品质量特色较鲜明,与产地地理及人文的关联性较明显,产品名称具有较高的省内知名度,产品历史渊源考据较充分。原则通过"黄湖大闸蟹"地理标志产品保护技术审查。6月25日,国家质检总局发布公告,正式批准宿松县黄湖大闸蟹为国家地理标志保护产品。黄湖大闸蟹产地范围为宿松县华阳河水系相互连通的黄湖、大官湖、龙感湖、宿松境内的泊湖水体及相关毗连水域湖汊、池塘,总面积83.8万亩。

【成功承办省运会举重比赛】 10月16—20日,安徽省第十三届运动会"体育彩票杯"青少年部举重比赛在宿松县体育馆举行。来自全省14个市的代表队参加比赛,228名运动员展开26个级别的角逐,共产生26枚金牌,14名运动员先后35次刷新省运会抓举、挺举和总成绩记录。运动会期间,宿松县省运会筹委会的行政接待、志愿者服务、安全保卫、医疗保障、赛事保障等部门与举重竞赛委员会密切配合,确保各项组织有序。场馆安排、赛事服务、设备设施、比赛执裁等各项工作得到全体运动员和参会人员的肯定。省十三运举重竞委会向宿松县颁发"魅力举重、出彩宿松"奖牌。

宿松县2014年主要领导名录

县 委 书 记:王 华
人大常委会主任:周跃进
县 长:王 华
政 协 主 席:吴捍东

【乡镇简介】 孚玉镇 位于宿松县中部偏西,孚玉镇历来为县治所在地,旧名城关镇,是全县政治、经济、文化、交通中心。面积77.29平方公里,辖6个行政村、7个社区,人口8.61万人。是安徽省百强乡镇。境内有4A级风景区石莲洞国家森林公园。2014年,地区生产总值27.78亿元,社会固定资产投资6.38亿元,财政一般预算收入7863万元,农民人均纯收入9858元。2014年,获安徽省"第三次全国经济普查先进集体"称号。

党委书记:石承抚 镇 长:汪百春

复兴镇 位于宿松县东南部。面积79.44平方公里,辖7个行政村、3个社区,人口5.85万人。是首批全国发展改革试点镇,安徽省扩权强镇试点镇和新农村建设示范镇,安徽省优秀旅游乡镇。长江岸线33公里,省级开发区宿松县临江产业园位于境内。是国家重点优质棉基地,素有"棉乡"美誉。拥有国家级3A风景名胜小孤山,年接待游客近40万人次。2014年,固定资产投资4.56亿元,一般预算收入3014万元,农民人均纯收入 9637 元。

党委书记:郭斯文　镇　长:石桂华

汇口镇　位于宿松县西南部,地处皖鄂赣 3 省结合部,处三江交汇之地而得名,是八百里皖江上游第一镇。面积 106 平方公里,辖 9 个行政村、2 个社区,人口 4.97 万人。素有“书法之乡”“诗词之乡”美誉。是第三批国家发展改革试点镇、安徽省电子产品集群专业镇。是国家优质棉花、油菜和水产品生产基地。工业逐步形成造船、电子、纺织、服装加工、农副产品加工等五大支柱产业。2014 年,地区生产总值 15.12 亿元,固定资产投资 3.7 亿元，一般预算收入 695.61 万元,农民人均纯收入 7492 元。

党委书记:周　骎　镇　长:王硕华

洲头乡　位于宿松县东南部,面积 93.38 平方公里,辖 11 个行政村,人口 5.3 万。是全国优质棉生产基地,安徽省纺织服装特色专业镇、县统筹城乡发展及现代农业产销一体化示范区,国家农业部批准的全国“美丽乡村”创建试点乡。洲头现代农业示范区被省政府批准为第二批省级现代农业示范区。2014 年,地区生产总值 14.2 亿元,固定资产投资 4.23 亿元,一般预算收入 1360.9 万元,农民人均纯收入 8250 元。

党委书记:陈耀华　乡　长:吴彬兰

九姑乡　位于宿松县中南部,石料、山场、水面等资源丰富，为全县重要的禽畜养殖和石料产业基地。九姑是明朝“田园宰相”石良的故乡,朱书“杜溪书屋”所在地。面积 45 平方公里,辖 8 个行政村,人口 2.69 万人。2014 年,地区生产总值 4.2 亿元,固定资产投资 2.5 亿元，一般预算收入 409 万元，农民人均纯收入 7865 元。

党委书记:余菽华　乡　长:石桂安

千岭乡　位于宿松县中南部，面积 97.8 平方公里,辖 11 个行政村,人口 4.9 万人。可养水面 7 万亩,滩涂面积 3.5 万亩,盛产无污染的鱼、蟹、虾、螺、蚌等原生态水产品及莲子、芡实等绿色食品,是宿松优质棉和出口棉的重点乡镇之一。2014 年,地区生产总值 5.02 亿元,固定资产投资 4.8 亿元,一般预算收入 726 万元,农民人均纯收入 6700 元。

党委书记:罗沐海　乡　长:唐志华

许岭镇　位于宿松县东部,素有宿松“东乡重镇”之称。是清朝翰林院编修、皖江文化首倡人朱书的故乡,朱书墓为省级重点文物保护单位;许岭灯会在县内外享有盛名,为省级非物质文化遗产。面积 98 平方公里,辖 11 个行政村、1 个社区,人口 5.43 万人。2014 年,工业生产总值 4.47 亿元,一般财政收入 1031 万元,固定资产投资 4.1 亿元,农民人均纯收入 7693 元。

党委书记:陆克武　镇　长:沈国和

下仓镇　位于宿松县东南部，水陆交通方便,历史上商贾云集,是“鱼米之乡”,在长江中下游享有“小南京”之誉。大湖风景秀丽,万亩荷花,十里飘香,“黄湖日出”被列为宿松十大风景之一。面积 128 平方公里,辖 11 个行政村、1 个社区,人口 3.8 万人。2014 年,地区生产总值 2.5 亿元,固定资产投资 1.8 亿元,一般预算收入 268 万元,农民人均纯收入 8072 元。

党委书记:罗朝斌　镇　长:王坤福

长铺镇　位于宿松县中部,省示范高中程集中学坐落境内,素有“文教重镇、建材之乡”之称。面积 84.41 平方公里,辖 5 个行政村、1 个社区,人口 3.46 万人。是全国基层团建示范乡镇。2014 年,规上工业总产值 7.39 亿元,固定资产投资 3.2 亿,一般预算收入 994 万元,农民人均纯收入达 7262 元。年内,长铺社区被中科协、财政部命名为“全国科普示范社区”。

党委书记:杨文龙　镇　长:吴国新

程岭乡　位于宿松县东部,历史悠久,文化底蕴深厚，为宿松东乡泊湖区域文化中心,“程岭大鼓书”列入省非物质文化遗产名录。石灰石矿产资源丰富,石料加工颇具盛名。面积 74 平方公里，辖 8 个行政村,人口 2.94 万人。2014 年,地区生产总值 3.1 亿元,固定资产投资 2.21 亿元,一般预算收入 506 万元,农民人均纯收入 7376 元。

党委书记:王丰国　乡　长:祝志斌

高岭乡　位于宿松县东北部，面积 42.8 平方公里,辖 7 个行政村,人口 2.38 万。可养水面达 1000 公顷,淡水养殖条件好。姚大圩是优质有机米生产基地,服装加工业已初具规模,水蛭养殖、绿化苗木种植和家禽滩涂养殖颇具特色。2014 年,规上工业总产值 1.8 亿元,固定资产投资 2.01 亿元,一般预算收入 510 万元,农民人均纯收入7228元。

党委书记:胡 翀 乡 长:夏仕能

五里乡 位于宿松县城东郊,素有“十里桃源”的美誉。唐代大诗人李白曾经在境内南台山上的太白书台吟咏唱和,梁昭明太子萧统曾在境内法华寺编纂《昭明文选》。城郊特色经济和第三产业发达。面积50.57平方公里,辖6个行政村,人口2.82万人。2014年,规上工业总产值4.7亿元,固定资产投资2.77亿元,一般预算收入1836万元,农民人均纯收入7693元。

党委书记:周建新 乡 长:张倍乐

佐坝乡 位于宿松县西南部,皖鄂两省毗连。面积128平方公里,辖14个行政村,人口5.3万人。2009年成立安徽省宿松统筹城乡发展实验区,先后引进蓝新钢构、瑞发复合材料、觅仙泉矿泉水等企业。“三水经济”蓬勃发展,已形成花卉专业村、经果林专业村和畜禽养殖专业村6个。2014年,规上工业总产值6.6亿元,一般预算收入1509万元,农民人均纯收入8937元。

党委书记:夏幼华 乡 长:石宗亮

破凉镇 位于宿松县中部,与县经济开发区对接。面积84.86平方公里,辖9个行政村、1个社区,人口4.11万人。梦情湖、西林寺、古民居、古战场,人文历史厚重,旅游开发潜力大。梅墩坂“宿松粮仓”久享盛名,畜禽养殖渐成规模。2014年,规上工业总值3.15亿元,固定资产投资1.96亿元,一般预算收入1836万元,农民人均纯收入8074元。年内,省861重点工程“黄梅戏主题文化园”启动建设。

党委书记:齐长升 镇 长:朱元松

隘口乡 位于宿松县西北部,是山区与丘陵区结合部,山场和旅游资源极具开发潜力,拥有号称“三省后花园”的九井沟等独特自然景观,有始建于唐代的燃灯古寺,清代闽浙巡抚罗遵殿故居。面积61.68平方公里,辖11个行政村,人口2.51万人。为安徽省生态乡镇。2014年,一般预算收入492万元,固定资产投资1.8亿元,农民人均纯收入6327元。

党委书记:李正东 乡 长:李方中

二郎镇 位于宿松县西北部,历史悠久,自古就是商贾云集之处,是县域西北部最活跃的商品集散地,集镇辐射人口达20万人。矿产资源丰富,主要有磷、金、铜、铁、蛇纹石、石英石等。面积58平方公里,辖8个行政村,人口3.58万人。2014年,地区生产总值8亿元,固定资产投资2.2亿元,一般预算收入837万元,农民人均纯收入6580元。

党委书记:高治平 镇 长:朱文忠

凉亭镇 位于宿松县北部,素有宿松“北大门”之称。凉亭御膳雪枣曾被列为朝廷贡品,柳溪玉叶、凉亭豆货,远近闻名。境内有“严恭石道”和“仙田瑞谷”二景。瓷土储量丰富。面积86平方公里,辖9个行政村、1个社区,人口4.15万人。2014年,工业生产总值4.6亿元,固定资产投资4.18亿元,一般预算收入686.32万元,农民人均纯收入7599元。获2014年安徽省“金融服务下乡示范乡镇”称号。

党委书记:尹 宏 镇 长:吴 辉

河塌乡 位于宿松县东北部,面积64.51平方公里,辖6个行政村,人口3.16万人。农业以种植水稻、棉花、油菜、花生为主;畜牧业以生猪、家禽饲养为主;工业以服装加工、机械加工、建筑材料为主。2014年,工业总产值2.5亿元,固定资产投资1.61亿元,一般预算收入220万元,农民人均纯收入6730元。

党委书记:周 维 乡 长:高良才

趾凤乡 位于宿松县西北部,乡境为大别山余脉,是典型的山区乡。旅游资源丰富,3A级景区白崖寨始建于元末明初,有“南国小长城”之美誉,为国家重点文物保护单位;山下古民居“养英山庄”始建于清朝晚期,至今保存完好,为省级文物保护单位。是安徽省环境优美乡镇、优秀旅游乡镇、红色旅游乡镇。面积47.7平方公里,辖8个行政村,人口1.4万人。2014年,工业总产值2963万元,一般预算收入459万元,固定资产投资1.1亿元,农民人均纯收入6395元。

党委书记:张小平 乡 长:贺桂华

陈汉乡 位于宿松县西北部,是两省三县结合部,属库区、老区一体的山区乡。面积94平方公里,辖13个行政村,人口2.65万人。县最大水库(中二型)钓鱼台水库坐落乡境内。森林资源、水资源丰富,库区风景如画，梅屋古民居古色古香，陈汉茶叶、豆腐在县内外均有美名。2014年，规上工业总产值1.6亿元，固定资产投资2.37亿元，一般预算收入371万元，农民人均纯收入5690元。年内，获安徽省生态乡镇称号。

党委书记：张松球　乡　长：余苍松

柳坪乡　位于宿松县西北部，全县最高峰—海拔1011米的罗汉尖就雄居于此。物产丰富，蕴藏磷矿石、大理石、花岗岩等矿产资源和水力资源，有“茶乡竹海”之誉。大地村“吴家五房屋”古民居，始建于清乾隆四十八年（1783），距今200多年，被列入中国第二批传统村落名录。面积35.02平方公里，乡辖7个行政村，人口1.38万人。2014年，工业生产总值3.56亿元，固定资产投资9200万元，一般预算收入283万元，农民人均纯收入6342元。

党委书记：郭继春　乡　长：黄文胜

北浴乡　位于宿松县西北部，皖鄂两省三县结合部。生态环境优美。境内汉白玉大理石、黑芝麻大理石、滑石、磷矿等储量丰富。雨量充沛，落差大，水力发电、纯净水生产、发展生态旅游潜力大，廖河新屋古民居、古戏台、溶洞、寺观庙宇均蕴藏着深厚的风土人文价值。面积49.73平方公里，辖6个行政村，人口1.38万人。2014年，工业生产总值8001万元，固定资产投资1.98亿元，一般预算收入165万元，农民人均纯收入6200元。

党委书记、乡长：吴成明

（王　皓）

迎　江　区

【概况】 迎江区位于安庆市东南部，辖6个街道办事处、4个乡镇，人口25万人，面积207平方公里。2014年地区生产总值131.6亿元，比上年增长9%。

产业转型。全省城市商贸服务业发展示范区建设如期完成，全省服务业综合改革试点成效明显，省级服务业集聚区顺利获批。示范区累计实施项目62个，兑现奖扶资金1200万元。骨干商贸项目建设加快，人民路商业步行街全面建成开放，全球零售业500强企业法国欧尚超市正式开业。电商文化产业园启动建设，电子商务业发展迅速，交易额突破亿元。工业项目建设量质并举，佰斯特高档面料、帆兴交通设备等项目顺利投产，华泰林浆纸完成工业总产值20.57亿元，增长73.9%。战略性新兴产业产值增长26%，新增国家高新技术企业2家、省产业技术创新战略联盟企业1家。农业产业化快速推进，培育龙头企业6家，发展新型农业经营主体15家，新增农产品品牌10个。

改革创新。推进注册资本认缴登记制度改革，放宽登记条件，新增注册企业768户、个体工商户1269家，分别增长35.9%、12.5%，新增著名、知名商标5件。探索政府与社会资本合作模式，吸引社会资本参与项目投资，成功引进东坤康体创新科技园、一枝独秀电商文化园、怡亚通和乐连锁超市等项目。稳步推进农村综合改革，启动土地确权登记颁证试点，完成土地流转5074亩。推进产业扶持方式改革，动态兑现各类产业引导资金2600万元。出台公共资源交易管理办法，工程招投标、政府采购、改制企业资产处置、大额资金拨付等公共资源监管有效加强。全面启动教育质量综合评价改革，校长教师交流有序推进，督学责任区建设全市领先。深化国库集中支付和公务卡制度改革。在全市率先启动社区管理体制改革试点。

城乡建设。坚持依法征迁、阳光征迁、和谐征迁，全年累计征地1500亩，拆迁房屋30万平方米。加快实施保障性安居工程，全年建设还建房15.5万平方米。加快市政基础设施建设，华中路、状元府街改造全面完成，联兴路、内环南路建成通车，宜光东路等背街后巷改造有序推进，元林路等农村道路如期竣工。实施农贸市场提升工程，红旗小区、水师营、杨家山等农贸市场改造顺利完成，棋盘山、康熙河等农贸市场改造稳步推进。创建“国家环保模范城市”“安徽省卫生城市”，开展燃煤锅炉整治、黄标车治理、秸秆禁烧等专项行动，大气污染防治计划有效落实，森林增长提质工程超额完成，新洲乡被评为全省“森林乡镇”。美好乡村建设全面推进，柘林中心村建设通过验收，天然、合兴中心村建设全面启动。全力突破重点难点。人民路综合改造工程，实现城区国有土地房屋征收的重大突破，投资20亿元的高端城市综合体项目可望落地。康熙河东侧棚户区改造项目，仅用4个月时间基本完成征迁任务，新城控股集团成功拍得土地经营使用权，总投资60亿元的新城吾悦广场盛大开工。组建城乡管理委员会，建立定期调度、多方联动、齐抓共管的高效运转机制,城市管理统筹能力有效增强。整合全区城管执法力量,充实45名协管队员,城市管理体制逐步理顺。84家市属单位152处生活小区顺利移交,物业管理全覆盖稳步推进。建立网格化违法建设防控体系,拆除违章建筑6700平方米。抓好森林防火,森林火灾“零发生”。破解空间和土地制约瓶颈,推进“土地三清”,新增城市建设用地供地率、单位GDP建设用地下降水平全市领先,土地卫片执法检查实现“零约谈”“零问责”。

社会事业。落实就业政策,强化就业技能和创业培训,新增城镇就业5557人。强化低收入群体住房保障,无房渔民实现安居梦,875户农民告别危旧房,744户家庭享受住房补贴,478户家庭配置廉租住房和经济适用房。全面落实高龄老人津贴、到龄退出村医生活补助、“老字号”群体生活补贴等政策,城乡特殊群体基本生活得到保障。青少年校外活动中心基本建成,人民路小学顺利搬迁,办学条件进一步改善。启动国家公共文化服务体系示范区创建,顺利建成滨江健身长廊。围绕迎接省“十三运”召开,广泛开展群众体育活动,获得安庆市民运动会总分第一名。建立医疗机构责任风险共担机制,完成新洲乡卫生院综合改造。

社会治理。开展文明创建活动,获“安徽省首届文明城区”称号。全面开展“三线三边”和环境卫生综合治理,城乡面貌持续改观。改造维护环卫、市政设施,基本建成宜家花园街、先锋巷等特色饮食街区。精神文明建设成效显著,涌现出“全国最美家庭”1个、“全国优秀志愿者”1人、“中国好人”2人、“安徽好人”3人。全面加强城乡基层组织建设,第九届村委会换届选举顺利完成,宜城路街道蝉联第二届“全国和谐社区建设示范街道”。计生利益导向机制不断完善,省级计生优质服务先进区创建有效加强,建成省级命名“城市生活e站”6个。全面实施殡葬改革,政策内火化率达100%。完善公共法律服务体系,建成司法行政服务平台64个。开展“安全迎江建设年”活动,安全生产形势平稳。组建迎江公安防巡大队。建成基层综治信访维稳中心(站)65个。

【全市首家省级服务业集聚区获批】 5月上旬,安徽省发改委批复同意安庆市迎江区东部新城中央商务区为省级服务业集聚区。该集聚区位于皖江大道与独秀大道交汇处,规划面积1200亩,主要建设总部办公区、商旅休闲区、商业综合区和商务综合区等四大功能区,着力打造金融服务、商务办公、科技信息、文化娱乐、旅游休闲等现代化城市功能的现代服务业集聚区。按照规划,集聚区发展目标是建成迎江区的经济增长引擎、安庆发展的核心区和活力之核。2013—2015年,建成标准楼宇100万平方米以上,完成投资100亿元,入驻企业达100家以上,实现年营业收入60亿元,吸纳从业人员1万人。2016—2018年,累计建成标准楼宇198万平方米以上,建成2~3座标志性楼宇,完成投资146亿元,入驻企业达150家以上,实现年营业收入160亿元,吸纳从业人员1.8万人。建设总工期为2013年1月—2018年12月,计划总投资146亿。

【人民路48号电商文化园正式筹建】 8月,迎江区经发投公司、安庆一枝梅化工有限责任公司、安庆野娃食品有限责任公司、安徽双敏集团、安庆钱立兵家居电子商务公司、安庆皇明太阳能有限公司等6家企业,出资2008万元,注册成立安庆一枝独秀电子商务投资有限公司,负责人民路48号电商文化园的投资运营、管理服务和招商引资。至年底,深圳怡亚通金商汇、“淘宝·安庆馆”、庆牌酒业、尺度文化传媒、京怀龙腾科技等企业已签约入驻。

迎江区2014年主要领导名录

区　委　书　记:叶　建
人大常委会主任:许建国
区　　　　　长:李　斌
政　协　主　席:丁士甲

【乡镇简介】 新洲乡　位于安庆市迎江区东南部长江冲积洲上,四面环江。西北距安庆市15公里,东南距池州市25公里,西南与东至大渡口镇隔江相望,地理环境较为独特。面积54.21平方公里,辖5个村民委员会,79个村民小组,3200户,人口1.2万人。全乡以发展农业为主,传统农业、特色农业齐头并进,拥有农业协会2个,家庭农场6家,经济合作社7个,农业企业10家。2014年固定资产投资25510万元,税收1030.8万元,人均收入11077元。新洲的特色农产品有花生、野生藜蒿、芦柴笋、长江野生水产及生态放养畜禽等。

党委书记:鲁希林　乡　长:倪文主

长风乡 面积73.8平方公里，辖11个行政村和2个社区，人口3万余人。2014年，财政一般预算收入1725万元，地方一般预算收入1058万元，规模以上工业总产值3.78亿元，固定资产投资7.91亿元；招商引资3.09亿元。乡依托安庆市城市东扩发展规划，将全乡规划为工业片区、生态片区、农业片区三大发展区域，着力打造农业产业、水产养殖加工两大特色带，初步形成以建筑材料、纺织、服装为支柱的工业体系，以绿阳禽业、谷润农产品两家省级农业龙头企业为主的农业产业化基地，以仓储物流为支柱的服务业渐露头角。

党委书记：王小顺 乡 长：王岳桐

龙狮桥乡 位于安庆市城区东部，是安庆市规划建设中的东部新城核心区域，是迎江区着力发展的政务、商务中心。面积11.57平方公里，辖7个社居委，户籍人口2.7万人。2014年一般预算收入5532万元，比上年增长33%，地方一般预算收入3573万元，增长35%；全乡规模以上工业产值1.27亿元，增长23.9%；社会固定资产投资39.7亿元，增长24.5%，限额以上消费品零售额4516.8万元，增长101.7%。

党委书记：江 峰 乡 长：黄 震

（杨良泉）

大观区

【概况】 大观区地处安庆市西部，因辖区内名胜古迹大观亭而冠名。全区辖7个街道、1个镇、2个乡，面积236平方公里。人口27.67万人，其中农业人口7.22万人。2014年生产总值84.8亿元，比上年增长9%；一般预算收入6.4亿元，增长27.4%，城镇、农村居民人均可支配收入分别增长12.1%和12.4%。

城市经济。2014年，新增限额以上商贸业5家，规模以上服务业5家。外贸进出口强势进位，全区所有乡镇街道平台均发展有外贸进出口企业，完成外贸进出口3.18亿美元，增长23.1%。老城区新商圈基本形成。汇峰广场、八佰伴、马山国际广场等商业综合体项目加快建设，华茂1958、家乐福、大润发超市顺利开业。大观新城“省级现代服务业集聚区”品牌效应放大，沿丁香路大型综合汽车市场形成规模，宝马、福特等一批4S店项目加快建设，汽车文化园项目稳步推进。传统服务业改造升级加快，中盛粮油等12家企业转变营销模式，电子商务发展取得明显成效。安徽信道大宗商品电子交易平台积极推进。

农村经济。现代农业示范区核心区基础设施不断完善，投资700余万元的示范区主入口道路建成通车。美好甜园试开园。新认定国家和省部级蔬菜标准园、示范合作社、家庭农场、渔业健康养殖示范场8家。新申报农业、林业龙头企业11家。参加上海、合肥农产品交易会，农产品知名度大幅提升。

社会事业。民生工程投入1.43亿元，比上年净增2400万元。成功开通城区至海口镇公交，方便10万群众出行。实施以船为家渔民上岸安居工程，完成228户无房、危房渔民安置。首次启动并完成851户农村危房改造任务。完成蒋冲桥等3座农村危桥改造工程。投资618万元，完成1.5万人农村饮水安全工程。投资3093万元，实施小型水利改造提升和广成圩小龙潭防洪工程。发放财政贴息小额担保贷款2136万元，组织就业创业培训600余人次，城镇新增就业7065人，菱湖社区获“国家级充分就业社区”。新农合参合率达100%。完成老民师、老村干等7个涉老群体的生活补助发放工作。发放贫困残疾人救助金160万元、农村低保补助金433万元、城乡医疗救助金330万元，足额发放733户保障性住房租赁补贴。

【局长驻点工作室】 区探索推行“局长驻点工作室”为民服务长效机制，组织全区60名科局级单位主要负责人，采取“固定场所、统一挂牌、驻点办公、定期服务”的方式，在村和社区建立“局长驻点工作室”。履行理清发展思路，化解矛盾纠纷，指导基层党建，助推重点发展四大职责，驻点干部带领2至3名机关干部组成服务团队，深入到村和社区，为联系点及群众提供组团式服务，做到“定期驻点有局长、长期服务有团队”。

【海口镇开通公交】 6月23日，狮子山公园至海口镇及皖河农场的501路公交正式进入试运行，海口镇彻底告别无公交车时代。在开通城区至海口镇和皖河农场公交工作中，区政府坚持科学决策，周密工作部署，部门合力联动，广泛宣传造势稳妥解决174户道路运输经营业主的生计问题，海口通公交工作得以顺利实施。公交车的开通，将极大缓解镇区交通压力，推动海口城镇发展，重塑海口对外形象。

大观区2014年主要领导名录

区　委　书　记:何　谦
人大常委会主任:许　鹏(女)
区　　　　　长:王爱武(女)
政　协　主　席:蔡　健

【乡镇简介】 十里铺乡　古城安庆的北大门,出入安庆的咽喉之地。古来兵家必争之地——集贤关,太平军与清军殊死拼搏之战场——红水塘,陈独秀陵园坐落境内。全乡面积15平方公里，人口5万人。2014年,围绕工业化、商贸化、城市化的发展方向,全面深化改革,加快转型升级,推进城市管理,着力改善民生,全乡经济平稳健康发展。全乡财政收入8320万元,增长18.5%;招商引资2.77亿元;固定资产投资3.5亿元,其中工业投资2.6亿元。全年规模以上工业企业实现产值7.27亿元。

党委书记:汪　沛　乡　长:余竹林

海口镇　位于安庆市西郊，辖8个行政村,2个居委会,其中1个少数民族村,1个三峡移民村。面积109.8平方公里,人口5万人。是安徽省示范中心镇、扩权强镇试点镇、科普示范镇;是市无公害蔬菜基地、优质棉生产基地和意杨基地。镇内拥有临港生态工业园,属于省级工业园,主要发展纺织、服装、农副产品加工、机械制造等产业。现代农业综合开发示范区,规划面积5.69万亩,其中核心区面积1.85万亩,计划投资11.39亿元,已完成投资2.5亿元,引进企业15家。西江拥有4000亩优质可养水面,4000亩滩地，是发展养殖、休闲观光产业的天然之所;长江镇内拥有20多公里长的深水岸线,是建设运输码头和物流产业的绝佳境地。2014年,全镇财税收入2555万元,固定资产投资2.3亿元,规模以上工业产值2.8亿元,工业投资2亿元,招商引资2.5亿元,农村居民人均可支配收入9000元。

党委书记:叶庆虎　镇　长:方贻尚

山口乡　位于安庆市大观区城西,是传统的农业乡镇,为安庆市高新技术产业辐射区和承载区。面积55.5平方公里,辖4个村民组,人口1.2万人。山口乡历史优悠久,以境内山口镇而得名,古称皖口,近700多年的城隍庙坐落此地。自然资源丰富,境内水面2.9万亩,宜林面积4.10万亩。矿产资源主要有石英石、白云石、方解石、石灰石等,吸引安庆亿海矿产品开发有限公司、安徽中宜矿业有限公司、安徽鑫山矿业有限公司等企业入驻。境内百子山山峰奇特,风景秀丽,是安庆旧十二景中的"百子晴岚",通江湖泊石门湖贯穿而过。乡确立"产业强乡、生态富乡、科教兴乡"的发展思路,提出建设"富裕山口、平安山口、和谐山口"的发展目标。2014年,财税收入1946.1万元,固定资产投资29267万元,招商引资23288.3万元,规模以上工业产值达到13514万元,工业投资16978万元,外贸进出口总额2307万美元。

党委书记:左青嵘

(王　彬)

宜　秀　区

【概况】 国土面积414.4平方公里,辖2乡3镇1个街道,共58个村(社区),总人口16.4万人。2014年,地区生产总值48.4亿元,比上年增长9.8%;固定资产投资77.4亿元,比上年增长17.1%;财政一般预算收入8.4亿元, 增长17.5%; 城乡居民可支配收入15327元,增长10.3%。

工业。工业对经济增长贡献率达70%,全年完成工业投资33.6亿元,增长14.2%,新进规模以上工业企业8家,规模以上工业增加值22.8亿元,增长13.8%;润普纳米、国孚润滑油在四板上市;新增省级企业技术中心2家,省级专精特新企业3家,市级企业技术中心3家;新增国家高新技术企业2家,外贸经营权资格企业2家;新增省著名商标4件,市知名商标13件,安庆名牌6件,旺旺集团获市政府质量奖。

农业。杨桥省级现代农业示范区、双山湖全国渔业休闲基地获批。国家级翘嘴红鲌水产良种场建成投产,皖江水产、兰馨花卉、杨亭野茶、罗岭蓝孔雀等特色农业初具规模。建成休闲垂钓、果品采摘、花卉观赏、农耕体验等36家,杨梅采摘节、河蟹节、观鸟节成功举办。完成罗岭镇农村土地确权登记,建成全市首家土地流转信息服务平台,流转土地7660亩,新增新型农业经营主体27家、平安农机示范合作社3个。

服务业。全年完成社会消费品零售总额21.3亿元，增长13.1%，完成外贸进出口总额1.15亿美元，增长29.8%，新增限上企业4家。556电商产业园成为省级示范园区。10家小贷、担保公司运行平稳。宜游宜秀建设拉开序幕，"两邓故居" 获批国家3A级旅游景区，杨桥、罗岭获批安徽省特色景观旅游名镇。

项目建设。全年开工建设亿元以上重大项目25个，累计完成投资48.51亿元。云存储设备、永安电子LED照明等项目主体工程基本完工，小龙人糖果、嘉欣医疗用品等项目建成投产，安庆七街等一批重点项目加速推进。全年实际引进到位境内资金58.1亿元，境外资金6426万美元。共引进10亿元以上项目1个，亿元以上工业项目12个。旺旺五期乳品饮料生产线完成设备安装调试，获市政府表彰奖励。

园区建设。大桥开发区产业聚集优势进一步凸显，规模工业产值占全区57%，财政税收占全区71.2%，综合实力跻身全市同类园区前列。正在建设健康食品产业园、英德利机械制造园、三鑫小微企业创业园等专业化"园中园"，支持企业自建标准化厂房70万平方米。智慧产业园、青年创业园建成开园。北部新城提升规划获批，安庆一中龙山校区项目正积极推进，安庆一院龙山院区暨安庆国际友谊医院挂牌开诊，鹅公山、龙珠山修复植绿基本完成，环一路A段建成通车。大龙山国家森林公园总体规划获批。龙山风水文化旅游产业园克难前行，机场大道延伸线、滨湖路一期路基工程基本完工。

城乡建设。成功创建省级生态区，五横、罗岭分别获批国家级和省级生态乡镇，新增市级生态村（社区）16个，菜子湖获批省级湿地公园。依法关闭2家采石场，完成"黄标车"清理，节能减排任务全面完成。全力服务大宜城建设，征迁工作创全市样板，白泽湖乡、大桥街道、大龙山镇等基本完成潜江路三期、中山大道、206国道宜秀段等24个重点项目征迁，征地3500亩，拆迁42万平方米。违法建设得到全面管控。基础设施建设步伐加快，实施城市大建设项目81项。杨桥获批全国重点镇，罗岭、五横接入城市自来水，五横、杨桥燃气管网正在建设。完成乡村道路建设30公里，村级道路网络化工程14公里。小型水利工程改造提升，杨亭水环境优美乡村省级试点项目顺利实施，二石河区大圩段防洪工程主体建设完工，杨桥鲍冲湖和五横大烟冲小流域水土保持治理项目全面完成。美好乡村提标扩面，整合投入各类资金2.25亿元，杨亭、黄梅、溪安中心村建设示范引领，虎山、凤溪、小龙山、鲍冲湖快速跟进。黄梅村"小理事会带动大发展"的成功经验在《人民日报》头版刊登。开展"三线三边"环境整治，58个村（社区）环卫工作全部纳入市场化运作、常态化管理，城乡面貌焕然一新。

民生事业。28项民生工程顺利实施，累计投入2.05亿元。建设还建房4600套，面积48.37万平方米，南山园二、三期竣工，C—2、C—3安置基本完成，万名群众迁入新居。建立企业用工网络服务平台，城镇新增就业2984人，农村劳动力转移就业1680人。探索养老服务多元途径，建成47个社区、村养老机构，寿山福海养老项目顺利推进，五保集中供养率达91.5%，全省领先。建成全省唯一的残疾人文化交流中心。广播电视村村通工程获省表彰。新增发明专利103件。获安徽省"教育强区"称号，获批"改薄"实验区，争取资金5978万元，罗岭中心学校获"全国教育系统先进集体"称号。罗岭获批省民间文化艺术之乡，黄梅村省级农民文化乐园建成开放。张四墩遗址保护规划立项获批，龙山风水系列丛书首卷完成送审稿。创建省级慢性病防控示范区，血吸虫病传播控制省级达标，"先看病、后付费"新型诊疗模式全省首创。实施大病保险，近300个家庭受益。人口计生基层基础工作城区领先，人口自然增长率控制在3.33‰。

社会治理。"绿色宜秀"扎实推进，森林防火、封山育林、"青山白化"治理和"绿色长廊"建设成效显著，完成植树20万株，新增造林1万余亩，建成高速绿色长廊1500亩，开辟防火隔离带92公里。区信息指挥中心成立运行，森林防火科技指挥体系和长效防控机制初步建成，全省森林防火综合演练现场会在区举行。殡葬改革破难稳进，君山等4个农村公益性公墓建成使用，绿色、环保、健康的文明祭祀新风正在形成。完成政府机构、工商质监食品药品监管体制和社区管理体制改革，58个村（社区）成功换届，燎原、芭茅巷社区分别被评为全国和谐社区建设示范社区、全国科普示范社区。大龙山综治维稳信访工作中心、燎原社区工作站规范化建设在全市示范推广。率先建成社区矫正中心，获批省级社区矫正工作示范区。办理法律援助案件241件。"2014—宜秀"战时国防动员演练成功举行，全省民兵预备役政治工作会议在大龙山镇召开。区佛协第三届换届工作顺利完成。

【成功创建省级生态区】 宜秀区委、区政府重视环境保护和生态建设，坚持"生态立区"发展战略，成立以区委、政府主要负责人为组长,区四大班子分管领导为副组长,20个相关部门主要负责人为成员的生态区创建工作领导小组;建立"党委领导、政府负责、人大政协监督、部门协作、全社会参与"的生态区创建工作机制,并将创建工作成绩纳入年度目标责任考核。发展生态环保产业,加强自然资源、生态环境、生态人居、生态文化和能力保障等体系建设,推进生态工业、生态农业、生态林业、生态旅游等方面重点工程建设,生态经济得到发展,资源优势得到释放,产业优势不断增强,人文优势逐步提升,城乡统筹进一步发展,生态环境质量显著改善。宜秀区2014年成功创建省级生态区,成为安徽省首个城市建成区中获此殊荣的区。

【"绿色宜秀"建设】 2014年春,宜秀区实施"绿色宜秀"建设,内容包括森林防火、封山育林、"青山白化"治理、"智慧宜秀"和"绿色长廊"建设方面。全年累计投入6000余万元,完成义务植树20万株,新增造林1万余亩,建成"绿色长廊"21公里,森林防火科技指挥体系和长效防控机制初步建成。设立封山牌318块,严格做到"四个不准"(即刀斧不准上山、明火不准上山、畜牧不准上山、殡葬不准上山),拉设封山铁丝网41公里,开设92公里防火隔离带;建成145个祭祀点和焚烧池;组建专业防火队,共46支队伍,580人,设置14个远程电子监控点,配备58台护林员GPS定位系统,既封山又护林。全区设置178个卡口,区级领导包乡镇,区机关包到村,区、乡、村三级干部全部到岗到位。从3月开始全面进入绿色宜秀建设,完成绿化造林1万亩,清理松材线虫病枯死树50万株,更新造林2300亩;完成21公里绿色长廊建设;开展全民植树造林活动;抓经果园和花卉苗木建设,打造生态宜秀城市花园。建成数据指挥中心、封山牌、防火道、铁丝网、应急防火队、祭祀点等6项护林防火长久性基础工程。源头治理青山白化,殡葬改革稳步推进,探索殡仪服务市场化运作。11月11日,副省长梁卫国考察宜秀区,对"绿色宜秀"给予高度评价。

【推行新型诊疗服务模式】 5月1日,宜秀区在全省以县域为单位率先推行"先看病、后付费"新型诊疗服务模式。优惠政策适用于以下三类患者:参加宜秀区新型农村合作医疗的居民、因病情严重需采取紧急医疗救治措施的非参合患者、医疗机构认定的其他人员。因交通事故、打架斗殴、意外伤害、自杀自残等受伤致病的患者不在享受"先看病后付费"政策范围内。新模式规定,符合条件的住院患者在办理住院入院手续和住院治疗期间无须交纳住院押金,但须与所在医疗机构签订"先看病、后付费"服务协议书,将本人就诊合法证件交给医疗机构保管,医疗机构即可根据新农合有关政策规定提供相应的诊疗服务;患者出院结算时只需支付新农合报销后个人所承担的费用。为严防和遏制恶意欠费,规定对恶意欠费的患者,拉入新农合参合黑名单,不再享受服务新模式。新型诊疗模式年内惠及1600多人次,无一恶意欠费。12月5日,全市"先住病、后付费"诊疗服务现场推进会在宜秀召开,与会代表现场观摩大桥街道社区卫生服务中心和白泽湖乡卫生院,宜秀区在大会上作先行试点工作经验交流,对全市启动"先住院,后付费"工作起到很好的示范带动作用。

宜秀区2014年主要领导名录

区　委　书　记:李顺琪
人大常委会主任:汪于飞
区　　　　　长:娄雪松
政　协　主　席:刘　华(女)

【乡镇简介】 白泽湖乡　位于长江北岸,安庆市东北郊,东临破罡湖、长风港,西接石塘湖,面积68.23平方公里,辖4个行政村,5个社区居民委员会,人口2.9万余人。乡历史悠久,文化底蕴深厚,党的创始人之一陈独秀祖籍在沈店村陈家破屋。区位优势明显,毗邻市经济技术开发区和大桥综合经济开发区,与新建城际高速铁路客运站紧密相连,市政府政务新区位于乡境内。市金融中心、白泽组团、外环北路、潜江路四期等市政重点工程项目正在规划建设中,将成为安庆市政治、文化、商业、居住的中心,是安庆"大宜城"建设的核心地带。2014年,全社会固定资产投资9.8亿元,增长14.3%;规模以上工业产值6.8亿元,增长22.1%;财政一般预算收入4136万元,增长25.4%。

党委书记:邓建群　乡　长:章友厚

大龙山镇　位于安庆市北郊集贤关,因大龙山得名,是安庆通往西北辖县(市)的咽喉要地,素有"安庆关外第一镇"之称,是安徽省首批扩权强镇试点镇、安徽省优秀旅游乡镇、安徽省发展乡镇企业"百强乡镇"、安徽省新农村建设"百镇千村"试点镇。面积

53.38 平方公里，辖 8 个行政居委会，140 个居民组，人口 2.65 万人，其中农业人口 1.87 万人。流动人口 3.5 万人，其中在校学生 3 万余人。大龙山镇自然景观奇特，人文底蕴深厚，作为安庆北部新城和宜秀政务新区所在地，是市“双百城市”的重要组成部分，集行政办公、休闲旅游、科学教育、商贸物流、生态居住为一体的“宜商、宜居、宜游、宜学”的新城区。2014 年，财政收入 7284 万元，工商税收 5284 万元，工业总产值 7.6 亿元。

党委书记：杨贤才

罗岭镇　位于安庆市北郊，东临枞阳，西接怀宁，北连桐城，距安庆城区 25 公里。面积 102 平方公里，其中耕地面积 2.5 万亩，水面 4.5 万亩，山场 4.7 万亩，森林覆盖率 39%。辖 4 个村、4 个社区，232 个村民组，人口 2.8 万余人。罗岭镇是文化之乡，桐城派发源地之一，清代就以“五里三进士，隔河两状元”闻名遐迩；是黄梅戏一代艺术大师严凤英的故乡；此外，以胡氏龙灯、百年龙舟为代表的民俗文化和海潮庵、梅溪寺、大王庙等禅宗文化也久负盛名。罗岭镇是生态之乡，环境优美，境内有国家 4A 级巨石山风景区和省级菜子湖湿地公园，先后获安庆市环境优美乡镇、省最佳旅游乡镇、安徽省民间文化艺术之乡、安徽省特色景观旅游名镇（村）、安徽省生态乡镇等称号。2014 年，财政一般预算收入 1477 万元，规模以上工业产值 5.8 亿元，招商引资到位资金 2.45 亿元，全社会固定资产投资 4.5 亿元，农民人均纯收入 12818 元。

党委书记：王朝东　镇　长：王晓峰

五横乡　位于大龙山北麓，属浅山丘陵区，面积 48.98 平方公里，耕地面积 1.3 万亩，山场面积 4.8 万亩。辖 5 个村（居委会），常住人口 1.91 万人。五横乡自然资源丰富，文化底蕴深厚，是安徽省国防教育基地，安庆市党史教育基地，是远近闻名的“生态之乡”“文化之乡”“书法之乡”，有邓石如、邓稼先故居，源浦寺、明代崇祯石塔、千年驿站五横桥等名胜，有邓晓峰、杨善禹、杨善耀等几十位农民书画家。2014 年，全社会固定资产投资 1.04 亿元，工业投资 1583 万元，招商引资 1.07 万元，财政收入 502 万元，获全市信访工作责任目标管理先进乡镇（街道）、市级卫生乡镇、廉政文化示范机关、省级文明乡镇、国家级生态乡镇等称号。

党委书记：蒋卫东　乡　长：鲁绪超

杨桥镇　位于安庆市北郊，南临秀丽的石塘湖，北倚大小龙山，是全国重点镇、安徽省特色旅游名镇、安徽省生态乡镇、安徽省现代农业示范区，面积 100.1 平方公里，辖 13 个村（居委会），人口 3 万人。杨桥镇山水兼融，物产丰富，人文厚重，交通便捷，“龙山十八景”美如图画，有“安庆小桂林”美誉；“大红袍”柑橘、龙泉峰茶、中方佛茶、生态水产享有盛名；龙汝言、肖谦中等贤达辈出，清代以“五里三进士、隔河三状元”而闻名遐迩。2014 年，地区生产总值 3.8 亿元，全社会固定资产投资 6.78 亿元，财政一般预算收入 2520 万元，农民人均纯收入 11875 元。

党委书记：刘迎春　镇　长：陈杰南

（周义法）

人物·先进名录

年度人物

叶尚志

叶常志，又名叶光亮，1919 年 9 月出生，宿松县人，红军干部，原上海市委组织部常务副部长，中共党员。大革命时期，随长兄叶光欧参加革命活动。抗日战争爆发前夕，加入中华民族解放先锋队，在青年救国会做抗日救亡工作。1937 年冬，由蒋南翔、杨学城介绍，赴山西抗日前线，又经李昌、彭雪枫介绍，到八路军总部炮兵团参军，后到延安抗大学习。抗大期间，曾随一分校挺进山西、山东抗日根据地，历任一分校政治部秘书、三团专职总支副书记兼二支队党委委员等职。1942 年调中共中央山东分局组织部工作，不久任冀鲁边区巡视员及新海县、商惠县县委书记等职。1948 年调中共渤海区委组织部，并任中共渤海区委党校党委副书记兼教育科科长。1949 年底调北京，先后任中共中央统战部干部三处(局级)处长、中央民族事务委员会人事司司长。“文化大革命”期间被错误批斗。1977 年恢复工作后，曾参与平反冤假错案，任中共上海市委统战部副部长，兼上海市宗教事务局党组书记、局长。1981 年起任上海市委组织部常务副部长，两届上海市政协常委，在党的建设、干部培养和民族、宗教、统战政策的宣传落实方面均有建树。离休后勤于著述，出版政论、改革、党建、统战、人才、历史、回忆和诗词书画等内容的著作 16 种，数百万字。出任中国人才研究会副理事长、中国统战理论研究会常务理事、上海人才研究会会长、上海安徽经济文化促进会会长，京、沪、皖、苏陈独秀研究会顾问等职务，创办《人才开发》杂志并主持杂志社工作 18 年。2014 年 12 月 29 日，在上海逝世，享年 96 岁。

余英时

余英时，1930 年 1 月生于天津，潜山县人，美国哲学会院士。1950 年至 1955 年，就读于香港新亚书院及新亚研究所，师从钱穆先生。1956 年至 1961 年，就读于哈佛大学，师从杨联升先生，获博士学位，曾任密歇根大学、哈佛大学教授、香港新亚书院院长兼中文大学副校长，现任普林斯顿大学教授，是著名历史学家、汉学家，全球颇具影响力的华裔知识分子之一，2006 年获得有“人文诺贝尔奖”美誉的克鲁格人文与社会科学终身成就奖，2014 年获得首届唐奖 “汉学奖”。著作有《中国思想传统的现代诠释》《文化评论与中国情怀》《历史人物与文化危机》《方以智晚节考》《论戴震与章学诚》《红楼梦的两个世界》《现代儒学论》《中国文化史通释》等。

曾玉琴

曾玉琴，女，1949 年出生，太湖县人，全国文化系统先进工作者、全国“群文之星”。曾玉琴任太湖县图书馆长 20 余年间，图书馆从当初 24 万元资产发展到 3200 万元资产，从 300 平方米的馆舍到占地 4800 平方米新馆舍，从 2000 册藏书到 15 万册藏书，从年接待读者 1700 人次到 22 万人次，该馆连续三次被文化部评定为一级图书馆、全国文化先进单位。

1994 年开始，曾玉琴将馆藏文献资料进行二次加工，整合各类科技信息，每月编印《科技参考》，免费发到农村科技户、扶贫户及人大代表、政协委员、选派干部手中。2002 年，曾玉琴建起全省第一个卫星三级站，太湖县被文化部命名为“全国文化共享工程示范县”。她经手建起 30 个村级电子阅览室，让农民上网查询资料，留守儿童与在外打工父母视频交流，春运时农民工在网上订购火车票。2011年前后,曾玉琴建起全省首家县级图书馆盲人读者阅览室、残障读者活动室,将每月19日确立为“残障读者活动日”。曾玉琴还在全省率先进行农村公共图书服务一体化试点,实行县乡图书总分馆制,建立城乡图书通借通还平台。2014年10月,在由国家文化部主办,北京市文化局、北京市东城区人民政府、中国图书馆学会、国家图书馆、文化部全国公共文化发展中心共同承办的2014年中国图书馆年会上,曾玉琴被评为“中国图书馆榜样人物”(共8位)。

释圣权

释圣权,1956年1月出生,江苏泰州人,1980年出家于扬州大明寺,1982年9月受戒于苏州西园寺,2004年起担任安庆迎江寺主持。圣权法师是安庆市政协常委、迎江区政协常委,在担任迎江寺住持期间,制定迎江寺整体规划,运用法律手段对省保单位的建设控制地带进行有效的保护,制止乱建高楼大厦,对寺内省保“熊范二烈士专祠”筹集资金修复。圣权法师积极参与申报“振风塔”成为第六批国保单位,筹集资金维修振风塔时,发现16幅明代壁画,及时请省文物局组织专家进行保护修复。在中国文物保护基金会发起并主办的第七届“薪火相传——寻找文化遗产守护者年度杰出人物”评选中,圣权法师荣获2014年度杰出人物称号,并应邀出席在北京举行的颁奖典礼,全国共有10人获此荣誉。迎江寺是汉族地区佛教全国重点寺院之一,其内振风塔为第六批全国重点文物保护单位,颁奖方认为,圣权法师带领僧众,发扬爱国爱教优良传统,以自己实际行动,为保护和恢复历史古迹做出了突出贡献。

储成才

储成才,1966年出生,岳西县人。1986年安徽师范大学毕业,1989年获中国科学院植物研究所硕士学位;1996年获德国马丁·路德大学博士学位,1997年至1998年在德国植物遗传和作物育种研究所进行博士后研究。1999年入选中国科学院“百人计划”,2006年经国务院批准享受政府特殊津贴,2008年获得国家杰出青年基金。储成才担任植物基因组学国家重点实验室副主任,国家植物基因研究中心(北京)理事会秘书、主任助理,中国科学院遗传发育所浙江嘉兴农作物高新技术育种中心副主任等职,同时兼任中国科学院研究生院教授,南京大学、北京师范大学、天津师范大学、安徽农业大学、河南农业大学兼职教授,中国遗传学会第七届理事会理事,中国遗传学会国际交流委员会委员,中国生物化学与分子生物学会农业分会理事。

2005年1月,中科院遗传发育所与浙江省嘉兴市签约共建“中科院遗传发育所嘉兴农作物高新技术育种中心”,储成才担任育种中心副主任,这是中国科学院第一个具有独立法人地位的高新技术育种中心。2004年至2014年,储成才和育种家合作通过分子标记辅助选育技术培育出优质晚粳稻新品种“秀水134”和“秀水114”,并取得巨大经济和社会效益。“秀水114”2009年通过浙江省和上海市的品种审定,高抗条纹叶枯病和矮缩病,产量比对照增长12.57%;“秀水134”2010年和2011年分别通过浙江省和上海市品种审定,亩产达680多公斤。2010年,“秀水114”和“秀水134”双双入选农业部水稻丰产高效技术集成与水稻翻耕直播万亩示范片。2012年,“秀水134”单一品种种植面积占嘉兴市晚稻面积67%,单一品种覆盖率创历史新高。2014年,“秀水134”成为农业部推荐的30个水稻主导品种之一。“秀水114”和“秀水134”累计推广面积已超过1000多万亩,实现增产粮食6亿公斤,新增经济效益9亿元。

张结海

张结海,1966年3月出生,望江县人。1982年初中毕业后,外出务工当泥瓦工,先后辗转江苏省江阴、淮阴、淮安等地。1998年,张结海的视网膜突然脱落,手术后视力仅为0.2,几乎成为盲人。

2000年,张结海参加县畜牧局举办的畜禽养殖培训班,瞄准蛋鸡养殖产业,从事蛋鸡养殖。2001年,蛋鸡存栏从400只增加到2000只。十几年来,张结海成为当地养鸡大户,建有鸡舍14栋,山场散养基地2个,蛋鸡存栏达4万只、年出栏生态鸡2万多只,年产值达1000万元,固定资产达2000万元,他的养殖场被安庆市残联评为“阳光助残就业扶贫基地”。

2011年,张结海发起成立望江县德康养鸡专业合作社,吸纳合作社成员128户从事养殖业,带动当地18户农民发展蛋鸡养殖,其中残疾人户3户、贫困户

10户。2013年,张结海与当地条件较好的农户合伙,共投资23万元,在武昌村租用林地300亩,新建鸡舍2栋,发展林下养鸡,安排4名残疾人在鸡场工作,养鸡1.5万只。张结海还与相邻的皖河农场、怀宁县海口镇、安庆市大观区等地的残疾人合作,传授经营管理经验,共同发展养殖事业,帮助他们发展蛋鸡养殖业。2014年,张结海被中国残联评为第四届全国残疾人"自强创业之星"(安徽仅1人)。

余晓八

余晓八,1966年4月出生,潜山县人,官庄镇官庄村党总支书记,安庆市十五、十六届人大代表,2008年荣获"潜山县十大杰出青年"称号,2012年被授予安徽省劳动模范。

余晓八2005年被推举为官庄镇官庄村村委会主任后,依托官庄村资源优势,创办明珠制衣厂,解决本村百余村民的就业问题。同年他将村茶场公开招标,从原来的年收入2万元上升到6万余元。他积极争取上级各部门支持,投资2000余万元改造本村境内的公路,使本村42个村民组组组通水泥路,打通官庄至舒城万佛山景区及省城合肥的便捷通道。他还投资300余万安装本村主干道路的路灯,投资300余万元购买垃圾车、洒水车、垃圾桶等环卫设施,清洁美化官庄村村容,对村民房屋按徽派风格统一改造的予以补助,使官庄的新农村建设形成亮点。

2008年村两委换届,通过公推直选,余晓八当选官庄村党总支书记。当年,他带领村两委及4380名群众,利用几年的时间初步建成村貌有"看头"、特色有"说头"、干群有"奔头"的秀美村庄。官庄村于2013年获"安徽省美丽宜居村庄和特色景观旅游名村"称号,2014年获"中国人居环境范例奖""中国宜居示范村""中国美丽田园"等荣誉。

2014年底,余晓八请来专家规划研究院编制乡村旅游发展规划,建起传统农业豆制品加工生产基地,新规划发展500亩现代农业生态园,在此基础上吸引本地在外创业的能人回村投资入股,组建"安徽省德馨庄生态旅游发展有限责任公司",注册资本1000万元,由村委会控股,他担任董事长。余晓八抓住国家七部委大力发展乡村旅游业的大好机遇,为官庄村发展乡村旅游业打下了坚实的基础。因而也吸引了省内外大批游客休闲观光。2015年4月,余晓八被授予"全国劳动模范"荣誉称号。

蔡小明

蔡小明,1966年出生,望江县人。1996年来到北京组建施工队,2014年,他的施工队伍发展到6000多人。2007年3月,蔡小明和工友接下地铁1号线两个站点的迎奥运改扩建工程,这是他首次试水地铁运营线工程。他会同技术人员反复勘察论证,科学调整施工流程,最终如期完成任务。2012年,地铁13号线受大雨侵蚀,很多高坡路基出现垮塌。蔡小明施工队承接13号线五道口站到北苑站25公里路基边坡治理任务。全队职工在高温的炙烤下,在雨季来临之前保质保量完成这项超难工程。2014年,APEC峰会在京召开,老旧地铁线路1、2号线车站出入口装饰面需要集中整治。蔡小明接受任务后,和技术人员反复测算,不仅控制了成本,还使原定四个月的工期缩短为两个月。全部车站修葺一新后,成为峰会期间展示首都风貌的一道靓丽风景。蔡小明非常热心公益事业,2007年5月,他给望江县雷阳中心学校捐赠人民币8万元,用于改善农村留守儿童学习条件;2008年底,他捐资5.5万元帮助家乡修建水利设施;2014年1月,他捐资10万元帮助家乡寒门学子完成学业,捐资10万元建设华阳镇敬老院配套设施。2015年4月,蔡小明被授予"全国劳动模范"荣誉称号,他是北京建筑业进城务工人员中唯一一个获此殊荣的人。蔡小明先还后获得"全国五一劳动奖章""北京市劳动模范"等荣誉称号,参建工程也多次荣获"鲁班奖""长城杯"等建筑业顶级奖项。

张建松

张建松,女,1970年11月出生,岳西县人,新华社上海分社调研部主任兼政文部副主任、主任记者,上海市"三八"红旗手,闵行区政协委员。2007年至2008年参加中国第24次南极科学考察,是新华社历史上第一位赴南极采访的女记者。2010年参加中国第4次北极科学考察,是新华社历史上第一位抵达北极点采访的女记者。2012年9月,中国海监赴钓鱼岛海域进行维权巡航。张建松跟随海监船一同前往进行采访报道。她拍摄的多幅照片让很多中国人第一次真切感受到了钓鱼岛。

近年来,张建松共采写上百篇关于海洋问题的新华社内参。在黄岩岛、钓鱼岛、南极外大陆架、北极航道等诸多海洋热点问题上,深入采访,多次获得中央领导的批示。在东海维权关键时刻,她密切联系上海的海洋专家,组织召集上海交通大学、复旦大学、中国海洋问题研究中心等众多专家,召开海洋问题沙龙,围绕热点问题展开研讨,积极为中央领导建言献策。

2014年"三八"妇女节,她在船上女队员中开展"爱护地球、祝福南极"放飞千纸鹤活动,这一活动同时还与上海科技馆举行的"雪龙南极行——中国第3 0 次南极科考展览"联动,将观众的留言也"放飞"在南极,取得良好的公益宣传效果。

张建松将多年来的极地采访经历,编著出版《最接近天堂的地方——新华社女记者238天南极、北极之旅》。2013年,《最接近天堂的地方》入选国家新闻出版广电总局"向全国青少年推荐百种优秀图书"(科学科普类)。中国科学报、中国妇女报、新民晚报、上海人民广播电台等多家媒体予以报道。

2014年,张建松应邀到国家海洋局东海预报中心、上海市科协、上海闵行区政协等单位做过报告,从不同角度宣传我国海洋事业的发展,为提升海洋的公众影响力、增强全民海洋意识做出贡献。年末,张建松被推荐参与2014年度"海洋人物"评选。

孙长江

孙长江,1971年9月出生,宿松县人,县公安局五里派出所所长,1993年参加公安工作,二级警督,从警21年,先后3次荣立个人三等功,被评为"全省公安机关学雷锋活动先进个人""全国公安机关深入开展学雷锋活动成绩突出个人""全国公安机关爱民模范"。2013年4月3日,孙长江出席公安部举行的学雷锋活动先进事迹报告会,并在大会上作事迹报告。2014年3月4日,孙长江应邀参加安徽省公安厅举办的"学雷锋日"视频访谈活动,被网民称为"助学哥"。2014年10月28日,作为全国公安机关爱民模范代表,孙长江在北京人民大会堂受到习近平、李克强、刘云山等党中央领导人的接见。

孙长江在趾凤派出所工作3年,辖区没有出现一起外地人作案,在下仓派出所工作4年,辖区没有发生重大刑事案件和涉法信访案件。他创新推出"借力外援法",即借助外界力量帮助民警解决疑难问题。例如在解决矛盾纠纷时,请当地德高望重的前辈帮助民警化解矛盾,并设立QQ警务室,为群众提供警情通报、防范提示、在线交流、举报投诉、法律法规等服务。近年来,他化解各类矛盾纠纷121起,调处各类案件28起,敦促4名逃犯主动投案自首,参与侦破查处各类案件428起,预防制止群体性事件9起,救助遇险群众7人。

孙长江参加公安工作21年,先后帮扶过266户困难家庭。2001年,他发动从事教育工作的父亲和妻子,以及在广东开艾美涂料厂的弟弟一起参与助学,并创建"艾美助学基金",助学对象已达85名,捐物捐款35万元,使36名失学儿童重返校园,26名失学儿童完成学业,23名特困高中生考取了大学。2014年3月,在县公安局的支持下,"孙长江学雷锋志愿服务队"成立,成员已达122人。11月"中国好人榜"揭晓,孙长江光荣上榜(助人为乐型)。

陈幼兰

陈幼兰,女,1975年10月出生,太湖县人,太湖县晋熙镇计划生育服务所干部,2013年3月被安庆市妇联授予"优秀爱心妈妈"称号,2014年被太湖县文明委授予"助人为乐道德模范"称号,同时获得2014年安庆市"优秀志愿者"称号。

2012年,晋熙镇建起留守儿童活动室,陈幼兰兼职做义务辅导员,周末和寒暑假都到中心来"上班",辅导孩子做作业,陪孩子玩游戏,教孩子们上网与远方的父母交流。2013年6月,陈幼兰发起成立"晋熙镇关爱留守儿童爱心社",社员达92人。爱心社秉承无偿献爱宗旨,以留守儿童为主要服务对象,兼顾其他弱势群体,募集社会爱心善款,给关爱对象提供物质帮助或心理疏导。

晋熙镇天台小学地处深山区,70余名在校生半数以上是留守儿童,学校教学设备缺乏。针对这一情况,爱心社为学校送去价值万元的电脑、音响及体育设备。2013年"六一",爱心社又为23名寄宿生送去蚊帐,为58名留守儿童送去学习文具。在给予物质帮助的同时,爱心社社员不忘孩子们的心理健康,自带设备逐校放映《变形记》等心理教育片;给孩子们上公共卫生课,增强他们的环保意识;给孩子们开展交通安全、防溺水专题讲座,提高他们的安全意识。

近年来,陈幼兰个人爱心捐助财物超过两万元。

2014 年,爱心社为关爱对象提供善款、善物达 5.3 万元,给 7 所完小捐赠教学工具,有 157 名留守儿童、8 名贫困大学生、9 名重症患者、5 位孤寡老人得到物质帮助或心理疏导。

单 德 森

单德森,1980 年 10 月出生,安庆市人,安庆供电公司输电运检室线路带电班副班长,高压线路带电检修技师。他所在班组多次获得省公司"优秀班组",市级"模范班组""青年文明号""无违章"班组等称号;他本人先后被评为安庆公司 "先进生产者"、"优秀团员"、"十佳青年"、"抗雪灾保供电标兵"、省公司"优秀职工"等诸多称号。安徽省"十大能工巧匠"暨"安徽省五一劳动奖章"。2014 年被授予 "全国五一劳动奖章"。

2009 年,单德森研制出新的水平取销器,解决了更换线路绝缘子串过程中的难题,降低了作业中的风险,该成果在当年获中国电力企业联合会 QC 成果一等奖、安徽省群众性创新三等奖。2011 年, 单德森研发通用性闭式卡具, 该成果在 2012 年被安徽省电力公司推荐参加中国水利电力质量管理协会优秀 QC 成果评选。他率领带电班 QC 小组在 2012 年被中国水利水电质量管理协会授予"全国电力行业优秀质量管理小组"的称号,2013 年再次被评为"全国优秀质量管理小组"的称号。近年来,他和班组员工一起,共计开展带电作业 950 多次, 为企业多盈利 100 多万元。2015 年 4 月,单德森被授予"全国劳动模范"荣誉称号。

先 进 名 录

2014 年获省部级以上表彰先进集体情况表

单位名称	所获称号	授予单位
安庆市	全国文明城市提名	中央文明委
安庆市国税局	第四届全国文明单位	中央文明委
安庆市第一中学	第四届全国文明单位	中央文明委
安徽省地矿局 311 地质队	第四届全国文明单位	中央文明委
岳西县自来水公司	第四届全国文明单位	中央文明委
中国建设银行宿松支行	第四届全国文明单位	中央文明委
怀宁县平山镇	第四届全国文明村镇	中央文明委
枞阳县浮山镇	第四届全国文明村镇	中央文明委
宿松县洲头乡	第四届全国文明村镇	中央文明委
宜秀区罗岭镇黄梅村	第四届全国文明村镇	中央文明委

单位名称	所获称号	授予单位
宜秀区五横乡	国家级生态镇	国家环保部
宜秀区杨桥镇	全国重点镇	国家住建委等七部门
宜秀区大龙山镇燎原社区	全国和谐社区建设示范社区	国家民政部
大观区菱湖街道菱湖社区	国家级充分就业社区	国家人社部
大桥街道芭茅巷社区	全国科普益民示范区	中国科协、国家财政部
望江县漳湖回民村	首批“中国少数民族特色村寨”	国家民委
安庆市清怡针纺织品有限责任公司	第二批全国民族团结进步创建活动示范单位	国家民委
大观区教育局	全国义务教育发展基本均衡区	国务院教育督导委员会
宜秀区罗岭中心学校	全国教育系统先进集体	国家教育部
农行安庆分行	全国金融系统职工代表大会制度建设示范单位	中国金融工会全国委员会
农行岳西县支行	第七届全国农行精神文明建设工作先进单位	中国农业银行
安庆市审计局	全国审计机关先进集体	人力资源和社会保障部、国家审计署
安庆市审计局	2013 年度全国政府性债务审计先进公务员集体	国家审计署
安庆市烟草专卖局监察室 96500 中心	2014 年度全国质量信得过班组	中国质量协会、中华全国总工会、全国妇联、中国科协
安庆市残疾人康复和辅助器具适配中心	残疾人之家	国务院残工委
安庆市委统战部	宣传信息工作先进单位	中央统战部
枞阳县	全国粮食生产先进单位	国家农业部
怀宁县委办公室	全国网民留言办理工作先进单位	中央网宣办
怀宁县	中国民间文化艺术(黄梅戏)之乡	国家文化部
怀宁县	全国法治县(市、区)创建活动先进单位	全国普法办
怀宁县交警大队	全国公安机关执法示范单位	国家公安部
怀宁县车管所	全国优秀县级车辆管理所	国家公安部

单位名称	所获称号	授予单位
石牌镇普济村	第六批全国民主法治示范村	国家司法部、民政部
月山综合文化站	全国文化系统先进集体	国家文化部
宜秀区	安徽省教育强区	中共安徽省委、安徽省人民政府
宜秀区	全省信访工作先进单位	中共安徽省委、安徽省人民政府
安庆市	第三届安徽省文明城市	中共安徽省委、安徽省人民政府
迎江区	第一届安徽省文明城区	中共安徽省委、安徽省人民政府
桐城市	第一届安徽省文明(县)市	中共安徽省委、安徽省人民政府
太湖县	第三届安徽省文明县城	中共安徽省委、安徽省人民政府
怀宁县	第三届安徽省文明县城	中共安徽省委、安徽省政府
岳西县	第三届安徽省创建文明县城工作先进县(市)	中共安徽省委、安徽省政府
潜山县	第三届安徽省创建文明县城工作先进县(市)	中共安徽省委、安徽省政府
枞阳县	第三届安徽省创建文明县城工作先进县(市)	中共安徽省委、安徽省政府
宿松县	第三届安徽省创建文明县城工作先进县(市)	中共安徽省委、安徽省政府
望江县	第三届安徽省创建文明县城工作先进县(市)	中共安徽省委、安徽省政府
安庆市	第二届安徽省未成年人思想道德建设工作先进城市	中共安徽省委、安徽省政府
太湖县	第二届安徽省未成年人思想道德建设工作先进(县)市	中共安徽省委、安徽省政府
桐城市	第二届安徽省未成年人思想道德建设工作先进(县)市	中共安徽省委、安徽省政府
安庆市	全省粮食生产先进市	安徽省人民政府
安庆市残疾人就业服务中心	全省就业工作先进单位	安徽省人民政府

2014 年获省部级以上表彰的先进个人情况表

姓 名	所获称号	授予单位
马 健	全国民族团结进步模范个人	国务院
曹宗英(女)	中国好人	中央文明委
肖 霞(女)	中国好人	中央文明委
江兴美(女)	中国好人	中央文明委
吴江玲(女)	中国好人	中央文明委
	第十届中国青年志愿者优秀个人奖	团中央、 中国青年志愿者协会
黎爱华	全国“中华魂”(放飞梦想)主题教育活动全国优秀辅导员	国家教育部、中国关心下一代工作委员会
汪维春	全国“中华魂”(放飞梦想)主题教育活动全国优秀辅导员	国家教育部、中国关心下一代工作委员会
徐和平(女)	全国优秀法官	最高人民法院
章胜莲(女)	全国法院涉民生案件专项集中执行工作先进个人	最高人民法院
袁国霞(女)	全国模范检察官	最高人民检察院
刘志强家庭	第九届全国五好文明家庭	中华全国妇女联合会
曾玉琴(女)	中国图书馆榜样人物	国家文化部、中国图书馆协会等
张结海	第四届全国残疾人“自强创业之星”	中国残联
孙敬婧(女)	优秀通讯员	国家邮政总局
李 龚(女)	统计报表工作先进个人	国家邮政总局
释圣权	薪火相传—寻找文化遗产守护者年度杰出人物	中国文物保护基金会
吴传贵	2013 年度全国农行系统综合管理先进个人	中国农业银行
汪文胜	第六届“母亲河奖”	国家水利部、农业部、共青团中央、全国人大环境资源保护委员会、国家环保总局等九部委
丁邦朝	第二届全国 119 消防奖个人荣誉称号	国家公安部
章卫国	全国农村五保供养工作先进个人	国家民政部
周 凯	省五一劳动奖章、 全省杰出人民警察	安徽省人民政府
孙道苗	安徽省粮食生产先进工作者	安徽省人民政府
余华明	安徽省粮食生产先进个人	安徽省人民政府

附　　录

安庆市2014年国民经济和社会发展统计公报

安庆市统计局　国家统计局安庆调查队

2014年,在市委、市政府的坚强领导下,全市上下坚持稳中求进、改革开放,积极应对挑战,奋力赶超,保持了经济社会稳定健康较快发展。

一、综　合

国民经济保持平稳较快发展。初步核算,全年地区生产总值(GDP)1544.3亿元,按可比价格计算,比上年增长9.3%。其中,第一产业增加值225.6亿元,增长4.7%;第二产业增加值829.0亿元,增长11.4%;第三产业增加值489.8亿元,增长7.3%。第二、第三产业对地区生产总值增长的贡献率为70.1%和23.4%。地区生产总值中三次产业比例为14.6∶53.7∶31.7,人均生产总值28808元。

表1:2014年全市生产总值及增长速度

	绝对数(亿元)	比上年同期增长(%)(按可比价计算)
地区生产总值	1544.8	9.3
第一产业	225.6	4.7
农林牧渔业	225.6	4.7
第二产业	829.0	11.4
工业	730.7	12.0
建筑业	98.3	6.1
第三产业	489.8	7.3
交通运输、仓储和邮政业	40.4	8.1
批发和零售业	97.7	8.7
批发业	45.5	9.6
零售业	52.2	7.9
住宿和餐饮业	42.8	7.5
住宿业	5.6	8.5
餐饮业	37.2	7.3
金融业	41.8	13.0
房地产业	50.1	2.5
K门类房地产业	14.6	—3.2
居民自有住房服务	35.5	5.0
营业性服务业	77.6	11.0
信息传输、计算机服务和软件业	13.8	4.9
其他营利性服务业	63.8	12.6
非营业性服务业	139.5	4.1
公共管理和社会组织	51.7	4.6
其他非营利性服务业	87.8	3.7

消费品市场价格涨幅平稳。全年居民消费价格比上年上涨1.3%,比上年涨幅回落1.3个百分点。其中,食品类价格上涨2.4%,比上年涨幅回落3.4个百分点;居住类价格上涨1.2%;交通和通讯类价格下降0.9%;烟酒类价格下降1.5%;医疗保健及个人用品类价格上涨0.9%;家庭设备用品及服务类价格上涨2.1%;娱乐教育文化用品及服务类价格上涨1.5%;全

年商品零售价格上涨0.4%。

生产领域价格上涨。工业生产者出厂价格比上年上涨0.3%。其中,生产资料价格下跌0.9%;生活资料价格同比上涨4.1%。

全年城镇新增就业8.98万人,比预期目标多4.14万人。全年有2.88万人实现了再就业。年末城镇人口登记失业率为3.68%。

国民经济和社会发展中存在的主要问题是:整体经济实力还不够强,县域经济发展还不够快,经济结构有待进一步优化;新引进项目规模效益尚未凸显,龙头企业较少,开放程度不高,人才储备不足,新产业、新业态需要大力引进和培育。

二、农　业

2014年,全市各地认真贯彻中央和省委有关文件精神,进一步加大支农力度,努力克服多种因素所带来的不利影响,农业生产形势总体稳定。全年粮食种植面积46.1万公顷,其中稻谷面积38.1万公顷,小麦种植面积4.1万公顷。经济作物中,棉花种植面积7.2万公顷,油料种植面积14.0万公顷,蔬菜种植面积7.5万公顷。

表2:2014年主要农产品产量

产品名称	单　位	绝对值	比上年增长%
粮食	万吨	258.6	4.5
豆类	万吨	3.8	4.9
棉花	万吨	10.2	7.5
油料	万吨	29.3	—0.4
蔬菜	万吨	154.7	2.8
瓜果类	万吨	11.5	15.7
茶叶	吨	12302	14.4
中草药材	吨	12303	29.0

主要农产品产量有所增长。全年粮食总产量258.6万吨,产量增长4.45%。其中,谷物248.5万吨,增长4.6%;豆类3.8万吨,增长4.9%;薯类(折粮)6.4万吨,增长0.8%。全年棉花产量10.2万吨,增长7.5%;油料29.3万吨,下降0.43%;蔬菜154.7万吨,增长2.8%。

畜牧业、渔业稳步发展。全年肉类总产量33.1万吨,比上年增长2.4%,其中猪牛羊肉产量23.9万吨,增长3.3%。禽蛋产量19.4万吨,增长1.8%。水产品产量37.9万吨,增长3.3%。

农业生产条件继续改善。全市农业机械总动力328.4万千瓦,比上年增长5.1%;农用拖拉机10.8万台,增长1.4%。全年化肥施用量(折纯)25.47万吨,增长4.4%。农村用电量181665.6万千瓦时,增长13.3%。

三、工业和建筑业

工业生产平稳较快增长。全年全部工业增加值730.7亿元,比上年增长12.0%。其中,规模以上工业实现增加值686.8亿元,增长12.6%。在规模以上工业中,国有及国有控股企业增加值106.6亿元,增长16.0%;集体企业6.3亿元,增长11.8%;股份制企业494.7亿元,增长10.9%;外商及港澳台投资企业30.4亿元,增长20.8%。重工业增加值384.8亿元,增长15.2%;轻工业增加值302.0亿元,增长9.4%。

全市规模以上工业经济效益综合指数达到320.8%,比上年上升12.5个百分点。实现主营业务收入2902.4亿元,增长13.3%;实现利税337.8亿元,增长14.4%,其中利润184.9亿元,增长4.7%。

表3:2014年主要工业产品产量

产品名称	单　位	绝对值	比上年增长%
纱	万吨	28.3	3.58
布	万米	27097.5	3.68
白酒	千升	11232.0	12.59
发电量	万千瓦小时	638782	0.49
原油加工量	万吨	748.0	35.81
汽油	万吨	230.8	81.95
柴油	万吨	302.4	34.92
水泥	万吨	776.9	3.53
化肥	万吨	3.1	—77.11
合成洗涤剂	万吨	7.7	—30.3

全年全社会建筑业完成增加值98.3亿元,比上年增长6.5%。三级及以上建筑企业实现利税总额15.03亿元,增长20.0%。房屋建筑施工面积2002.88万平方米,比上年增加62.71万平方米;房屋竣工面积1097.78万平方米,比上年增加80.83万平方米。

四、固定资产投资

投资快速增长。全年全社会固定资产投资1394.8亿元,比上年增长17.6%。

投资结构进一步优化。全年第一产业投资43.4亿元,比上年增长48.6%;第二产业投资811.7亿元,增长23.7%;第三产业投资539.7亿元,增长7.8%。在投资中,工业完成投资792.5亿元,增长22.2%;制造业投资712.1亿元,增长18.5%;电力等能源工业投资62.5亿元,增长115.0%;交通运输、仓储和邮政业、水利和环境及公共设施管理等基础设施投资243.7亿元,增长13.1%。

全年房地产开发投资146.9亿元,下降1.9%;商品房销售额172.2亿元,下降13.4%。

表4:2014年全市固定资产投资情况

	绝对值(亿元)	比上年增长(%)
全社会固定资产投资	1394.8	17.6
其中:第一产业投资	43.4	48.6
第二产业投资	811.7	23.7
第三产业投资	539.7	7.8
全市民间投资	1085.5	15.3
民间投资占全市比重	77.8%	

2014年全市亿元以上重点项目建设扎实推进。全年安排亿元以上续建和新开工项目457个,总投资规模3255.8亿元,当年完成投资741.1亿元,占年度计划的107%。一批重大项目加速推进,环新轻量化铝缸套、泰发异辛烷、桐城新能源材料、华茂枞阳产业园、安庆体育中心等项目建成,人民路步行街、天柱山机场改造、石门湖航道疏浚、五千年文博园二期等项目基本完成。

五、国内贸易

全年社会消费品零售总额589.8亿元,增长13.1%。分城乡看,全年城镇消费品零售额394.5亿元,增长12.9%;乡村消费品零售额195.3亿元,增长13.3%。分行业看,批发零售业零售额494.6亿元,增长12.8%;餐饮业零售额86.9亿元,增长17.9%;住宿业零售额8.3亿元,增长10.9%。

全年全市限额以上大类商品普遍旺销,居民消费结构的升级速度明显加快。从限额以上单位商品零售类值看,粮油、食品、饮料、烟酒类增长23.4%;日用品类增长23.2%;家用电器和音像器材类增长10.7%;体育娱乐用品类增长36.4%;家具类增长83.0%。反映居民消费结构升级的通讯器材类、化妆品、汽车等商品继续热销,分别增长97.3%、16.2%和23.8%。

六、对外经济和旅游业

外贸高出低进。全年进出口总额22.6亿美元,比上年增长25.1%。其中,出口19.5亿美元,增长30.4%;进口3.1亿美元,下降0.4%。在出口中,机电产品、高新技术产品出口快速增长,两者占全部出口的比重由上年的20.6%提高到23.2%。

表5:2014年全市出口主要分类及地区分布(亿美元)

指标	绝对值(亿元)	比上年增长(%)
出口总额	19.5	30.4
其中:机电产品	4.1	50.1
其中:高新技术产品	0.4	22.8
其中:一般贸易	18.1	30.0
加工贸易	1.4	35.5
其中:对亚洲	11.2	44.0
对欧洲	3.6	23.1
北美洲	2.0	14.7
对非洲	1.2	29.6
对拉丁美洲	0.8	7.3
对大洋洲	0.4	30.4

外商直接投资势头良好。全年新批外商投资企业13家,比上年增长30%;合同利用外商直接投资12897万美元,增长12.4%。

对外承包工程和劳务合作继续发展。全年对外承包工程和劳务合作新签合同金额150万美元;完成营业额2467万美元;当年外派劳务人员587人。

旅游业快速发展。全年接待海外游客192790人次,增长100.4%;接待国内游客3793.27万人次,增长11.5%。旅游总收入348.16亿元,增长15.5%。其中,旅游外汇收入16829.82万美元,增长93.0%;国内旅游收入337.82亿元,增长14.1%。

七、交通和邮电

全年邮电业务总量33.0亿元,增长3.5%。其中,邮政业务总量6.6亿元,增长22.8%;电信业务总量26.3亿元,下降0.5%。年末本地固定电话用户82.8万户;移动电话用户416.4万户;年末计算机互联网用户60.6万户。

年末民用汽车27.048万辆,增长5.6%。民用轿车15.94万辆,下降19.0%。

八、财政、金融和保险业

财政结构优化,质量提高。全年全市财政一般预算收入迈上新台阶,达到230.8亿元,比上年增收33.8亿元,增长17.1%。地方财政一般预算收入105.7亿元,增长7.3%。全年地方财政一般预算支出299.5亿元,增长6.8%。其中,一般公共服务支出增长10.6%,农林水事物支出增长3.6%,文教科卫事业费支出增长4.6%,交通运输支出增长15.8%,社会保障补助和就业支出增长14.2%。

金融机构存贷款稳定增加。全市金融机构存款年末余额为2237.6亿元,比上年末增加257.1亿元,增长13.0%。其中,单位存款余额737.7亿元,增长11.0%;城乡居民储蓄存款余额1427.2亿元,增长13.7%。全市金融机构贷款年末余额为1259.7亿元,比上年末增加186.1亿元,增长17.3%。

全年全市保险系统保费收入47.58亿元,比上年增长26.7%。其中,财产险业务保费收入17.04亿元,增长22.3%;人身险业务保费收入30.54亿元,增长29.3%。赔款和给付17.76亿元,增长26.9%。其中,财产险业务赔款支出8.87亿元,增长24.8%;人身险业务赔款和给付支出8.89亿元,增长28.5%。

九、教育、科学技术和体育

教育事业持续健康发展。2014年末,全市有普通高校5所,当年招生12626人,在校学生41976人,毕业生12109人。其中,硕士研究生当年招生78人,在校生251人,毕业生79人。各类中等职业教育学校(含技工学校)当年招生3.28万人,在校生9.77万人,毕业生4.13万人。普通高中招生3.50万人,在校生12.93万人,毕业生5.64万人。初中招生5.26万人,在校生16.94万人,毕业生6.32万人。普通小学招生5.13万人,在校生30.86万人,毕业生5.91万人。初中阶段适龄人口入学率为100%,小学学龄儿童入学率为100%。

表6:2014年各类教育招生和毕业生情况

指　标	单　位	招生数	毕业生数
普通高等学校	人	12626	12109
其中:硕士研究生	人	78	79
各类中等职业学校	万人	3.28	4.13
普通中学	万人	8.76	11.96
高中	万人	3.50	5.64
初中	万人	5.26	6.32

科技事业取得新进展。获国家级科技项目24项,省级科技项目57项,市级科技项目65项。全年认定高新技术企业42家,认定高新技术产品121项。全年受理专利申请量5481件,获得专利授权量2456件,已实施的专利授权量1818件。全年签订各类技术合同63项,技术合同成交金额7888万元。

质量检验工作得到加强。全市共有县以上产品质量检验机构80个,其中系统内12个。国家检测中心1个。法定计量技术机构9个,全年强制检定计量器具66.59万台件,报省级修订地方标准数1项。

体育事业取得新成绩。成功举办安徽省第十三届运动会,全年我市运动健儿在国际和国内的重大比赛中,共获得省运会金牌117枚,银牌73枚,铜牌69枚。全年发展二级裁判员150人,三级裁判员35人,社会体育指导员718人,二级运动员125人。全民健身运动蓬勃发展,全年共举办百人以上的体育健身活动135次,参加体育健身活动人数7.25万人。

十、文化、卫生和社会服务

文化事业继续发展。2014年末,全市共有艺术表演团体77个,文化馆12个,乡镇文化站169个,公共图书馆10个,博物馆15个。全市广播电台9座,中短波转播发射台1座,调频转播发射台25座,电视转播发射台30座。全市有线电视用户82.93万户,其中:数字电视用户31.73万户,全市广播电视农村直播卫星用户9.44万户。年末广播综合人口覆盖率为97.88%,电视综合人口覆盖率为98.33%。全年出版报纸4种,总印数2390万份;期刊(杂志)4种,总印数6.78万册;年末全市共有各级档案馆12个,馆藏档案资料16.19万册,库馆总建筑面积22532.9平方米。

卫生事业不断进步。年末全市共有卫生机构(含诊所、卫生室)2371个。其中医院、卫生院217个,卫生防疫机构10个,妇幼保健院(所、站)10个。医院、卫生院床位18814张。全市卫生人员总数28747人,其中卫生技术人员20890人,执业医师和执业助理医师8188人,注册护士8140人。乡村卫生院152个,乡村医生和卫生员4482人,全市农村有医疗点的村占总村数的比重达100%。全市共有11个县(市、区)开展了新型农村合作医疗试点工作,实际参加农村新型合作医疗的农民504.87万人。

社会福利事业稳步发展。年末全市有各类收养性单位212个,拥有床位数37970张,收养各类人员20416人。其中:农村五保供养服务机构164个,拥有床位数29743张,收养17510人。全市建立各类社区服务设施255个,其中:社区服务中心48个,社区服务站207个。全年销售社会福利彩票5.14亿元,筹集社会福利资金1.33亿元。

十一、人口、人民生活和社会保障

人口自然增长率保持较低水平。据计生部门统计,2014年,全市人口出生率为10.20‰,比上年下降0.05个千分点;死亡率为5.13‰,比上年下降0.29个千分点;自然增长率5.07‰,比上年上升0.25个千分点。2014年末全市户籍人口620.88万人。

城乡居民生活水平继续提高。全年城镇常住居民人均可支配收入22109元,比上年增长9.5%,扣除价格因素,实际增长8.2%;城镇常住居民人均消费支出13047元,增长10.2%,其中,食品支出增长8.7%,交通与通讯支出增长10.8%,衣着支出增长6.8%,娱乐教育文化支出增长12.4%;城镇居民恩格尔系数为36.8%,比上年下降1.2个百分点。

全年农村常住居民人均可支配收入9024元,比上年增长12.3%。农村常住居民人均消费支出7434元,增长14.2%,其中,食品支出增长9.7%,交通和通讯支出增长16.1%。

社会保障工作进一步加强。年末全市参加城镇职工基本养老保险人数为59.47万人,比上年增加2.21万人,其中,参保职工37.9万人,参保的离退休人员17.43万人;参加城乡居民社会养老保险人数为335.1万人,其中,领取养老金人数83.38万人;参加失业保险的人数为24.16万人,领取失业保险金人数为0.6万人,比上年减少0.31万人;参加城镇职工基本医疗保险人数为46.05万人,比上年增加2.6万人,其中,参保职工32.55万人,参保的离退休人员13.5万人;参加城镇居民基本医疗保险人数92.75万人,领取待遇8.55万人次;参加工伤保险人数37.65万人,领取待遇0.39万人次;参加生育保险人数30.61万人,领取待遇0.33万人次。全市年末享受城市居民最低生活保障的人数为5.62万人,享受农村最低生活保障的人数为22.2万人。

十二、资源、环境保护和安全生产

2014年,我市加大了对资源与环境保护的投入力度,资源的有效利用与环境保护工作取得一定进展。

环境保护工作继续加强。2014年末,全市省、市、县环境监测站11个。全市当年审批的建设项目环保投资总额1051亿元,累计建成和在建环保项目251个,自年初累计建成和在建环保项目完成投资15.4亿元。全年环境检测站检测到的县(市)、区中,空气质量达二级以上的天数为331天。

生态建设积极推进。全市已建成自然保护区4个,其中国家级1个、省级3个。

全市发生安全生产事故1543起,比上年下降10.3%,死亡283人,比上年下降1.7%,其中,发生工矿商贸事故16起,比上年上升45.5%,死亡18人,比上年下降14.3%;发生火灾事故117起,比上年下降54.3%,死亡0人,造成直接经济损失413.97万元;发生交通事故1404起,比上年下降9.2%,死亡265人,比上年下降0.4%,造成直接经济损失832.04万元。

注:1. 公报中数字均为初步统计数。

2. 地区生产总值和各产业增加值按当年价格计算,增长幅度按可比价格计算。

安庆市2014年促进现代农业发展若干政策

为加快推进农业"5211"工程建设,促进现代农业发展,结合安庆实际,制定本政策。

一、资金安排和兑现范围

1. 2014年度,市本级财政设立5000万元"促进现代农业发展专项资金",专款专用,预算管理,总量控制。

2. 在本市区域内从事农业生产经营的企业、单位和个人,均属专项资金支持范围。

3. 享受"一事一议"政策的农业企业、项目,不再享受本政策。

二、支持"五大"优质高效农产品生产基地建设

4. 优质粮油基地建设。对当年获得国家、省级农业部门认证的绿色食品(水稻、油菜)生产基地,且面积在3万亩以上的,每个基地奖补30万元;对当年新建育秧工厂,且达到省定水稻标准化育秧工厂建设标准的,每个工厂奖励20万元;对当年认定为省级农作物统防统治专业防治组织的,每个奖励10万元;对省级以上龙头企业参与土地流转、纳入"5211"规划并有加工项目落户的,当年新增集中连片耕地流转1000—2000亩、2000亩以上的,分别一次性奖励10万元、15

万元。

5. 高效园艺基地建设。对当年通过验收的全国、全省蔬菜和果树标准园(基地)创建单位的,分别奖励30万元、20万元;对当年新建蔬菜钢架大棚基地,集中连片50亩以上的,一次性给予2000元/亩的补贴;对当年新增无性系茶园规模面积200亩以上的,一次性给予200元/亩的补贴;对当年新增瓜蒌及葡萄、蓝莓、杨梅等特色水果规模种植面积200亩以上的,一次性给予300元/亩的补贴。

6. 特色水产品基地建设。对当年认定为农业部水产健康养殖示范场的,奖励30万元;对当年新建池塘名特优水产品连片养殖规模达到300亩、500亩以上的,分别给予一次性奖励20万元、30万元;对当年新建养鳝网箱面积达到10000平方米以上的养殖基地,一次性奖励20万元。

7. 有机畜禽生产基地建设。对当年认定为国家级、省级标准化规模畜禽养殖示范场(小区)创建单位的,分别奖励30万元、20万元;对当年新建存栏100头以上规模肉牛场或500只以上规模肉羊场、存栏3万羽以上的规模蛋禽场、出栏生猪5000头以上的规模养殖场,分别奖励10万元、20万元、30万元。

8. 高效林业示范基地建设。对当年新增相对集中连片面积达500亩以上的造林大户,每户奖励20万元;对当年新建苗木生产基地200亩以上的、花卉生产设施控温温室1000平方米以上的、日光温室面积2000平方米以上的种植户,每户奖励10万元。

三、支持农业企业发展壮大

9. 农业企业做大做强。对当年认定为国家级、省级农业产业化龙头企业的,分别奖励50万元、20万元;对农业企业当年内完成500万元以上固定资产(厂房、生产设备)投资额的,按固定资产投资额的5%给予一次性奖补。同一企业不得重复申请农业奖励政策和工业奖励政策。

10. 农产品加工企业。对新建和改扩建并且生产设备投资额达到100万元以上,标准化清洁化茶叶加工厂,每个奖励10万元;对新建和改扩建并且生产设备投资额达到300万元以上的水产品、禽产品、果品加工厂,每个奖励10万元;对新建和改扩建并且生产设备投资额达到500万元以上的畜产品加工厂,每个奖励10万元。

第9、10条政策不能重复享受。

11. 农业"招大引强"。对国家级农业产业化龙头企业、上市公司在我市投资发展农业,当年流转耕地1000亩以上,流转租金在500元/亩以上且流转期3年以上的,一次性给予200元/亩的租金补贴;当年租赁、开挖连片精养池塘300亩以上,分别一次性给予200元/亩、500元/亩的补贴;当年新建特色经济林基地连片1000亩以上,一次性给予200元/亩的补贴,最高不超过50万元;当年新建年出栏生猪1万头或肉牛300头、肉羊2000只、肉禽200万羽、存栏蛋禽6万羽以上规模养殖场的,给予一次性奖励50万元。

四、支持农业品牌化发展

12. 农业名品名牌创建。对当年获得中国驰名商标的农业企业、当年获得安徽省名牌产品和著名商标的农业企业,按照《安庆市2014年推动现代服务业加快发展若干政策》进行奖励;对当年获得无公害农产品认证的,每个农产品奖励1万元;对当年获得绿色、有机食品认证的,每个农产品奖励3万元。

五、支持新型农业主体建设和农产品营销

13. 示范家庭农场(农民合作社)和农产品营销。对当年认定为国家级、省级、市级示范家庭农场或示范合作社的,分别奖励20万元、10万元、5万元。对当年在超市农产品销售额500万元以上的龙头企业、农民合作社、家庭农场,奖励10万元;销售额1000万元以上的,奖励20万元。

14. 农产品展示展销费用补贴。鼓励企业参加市政府组织的各类农产品交易会(展销会),市财政对参展企业的展位费给予全额补贴。

六、支持农业示范区(基地)建设

15. 农业示范区(基地)创建。对当年认定为国家级、省级"一村一品"专业示范村(乡镇)的,分别奖励30万元、20万元;对当年认定为国家级、省级休闲农业与乡村旅游示范点或农业部、省级休闲渔业示范基地的,分别奖励元30万元、20万元。

16. 小型农田水利设施建设。对农田承包大户、水利专业合作社、家庭农场及农业产业化龙头企业自主建设小型水利工程,包括小泵站、小水闸、中小灌区、塘坝、沟河、末级渠系等,竣工决算并通过年度民生工程考核的,按照工程投资额的5%给予奖补。

七、附则

17. 政策兑现的资金,除明确由市财政承担外,均由市与项目申报单位或个人所在县(市)、区按比例承担。城区范围奖补资金,市、区财政按7:3的比例承担;八县(市)范围奖补资金,市、县(市)财政按2∶8的比例承担。

18.申请上述政策的单位或个人,在市政务服务中心市农委窗口统一申报受理。由市农委牵头,市财政局、市林业局、市水利局、市统计局、市审计局等相关部门参加,在规定时间内一次性审核完毕。审核结果分别在市政务服务中心窗口网站、市农委网站、市财政局网站上公示,公示内容为申报企业(个人)名称、项目、对应条款、申报金额、核定金额等,公示期为5天,公示由市监察局监督。公示无异议或对异议复审后,由市农委和市财政局联合行文上报市政府审批。市财政局在收到市政府批准文件5个工作日内,将资金拨付给相关单位或个人。其中,城区范围内的企业,由市财政统一兑现,资金由市财政与区财政结算。八县(市)范围内的企业,由市财政与县(市)财政分别兑现。

19.申请政策支持的单位或个人,应依照《统计法》《会计法》和《企业会计准则》等规定,按时向所在县(市)、区财政、统计部门报送月度主要财务指标快报、年度财务会计报告和统计"一套表"。单位或个人对申报的资料出示真实性承诺。

20.各县(市)、区审计部门要加强对专项资金使用的跟踪监督和审查,严肃财经纪律,确保政策的贯彻执行;市审计局开展专项审计调查。市监察部门负责对政策执行进行监督。对弄虚作假、骗取奖补资金的部门、单位和企业实行责任追究。行政责任追究由市监察局按有关规定办理;骗补资金责任追究由财政会同审计部门追回已拨付的资金;责任企业三年内不得申报各类奖补政策。

21.对项目实施期间可享受奖励、补助但因当年发生安全生产、食品安全、环境污染等责任事故和重大群体性劳资纠纷事件,或涉及偷税、侵权、假冒伪劣等违法违规行为受到查处的企业,不纳入本政策支持范围。

22. 本政策与市财政其他扶持政策不重复享受;与本政策不一致的,一律按本政策执行。

23.本政策由市农委、市财政局负责解释。

24.本政策执行期为2014年1月1日至2014年12月31日。

安庆市2015年加快工业经济发展若干政策

为推进工业腾飞"2135"三年行动计划,推动产业创新、转型、升级,结合安庆实际,制定本政策。

一、资金安排和兑现范围

1. 2015年度,市本级财政设立2亿元的"工业发展专项资金",专款专用,预算管理,总量控制。

2. 在本市注册设立、依法纳税、具有独立法人资格的工业企业和相关单位;在本市实施并纳入统计范围、投资额500万元以上的工业项目,均属专项资金支持范围。

3. 享受"一企一策""一事一议"政策的工业企业、项目,不再享受本政策。

二、支持企业做大做强

4. 对2015年度新增规上工业企业,对2015年新认定为省战略性新兴产业企业,对2015年新认定为省专精特新中小企业,市财政分别给予企业管理层10万元的一次性支持。

5. 对2014年度主营业务收入1亿元(不含1亿元)以下的规上工业企业,2015年度主营业务收入增幅达到20%的,给予企业管理层15万元的一次性支持。

对2014年度主营业务收入1亿元(含1亿元)以上至5亿元的工业企业,2015年度主营业务收入增幅达到18%的,给予企业管理层30万元的一次性支持。

对2014年度主营业务收入5亿元(含5亿元)以上至10亿元的工业企业,2015年度主营业务收入增幅达到15%的,给予企业管理层50万元的一次性支持。

对2014年度主营业务收入在10亿元(含10亿元)以上、2015年度主营业务收入首次突破20亿元、30亿元、40亿元、50亿元、60亿元、70亿元且增幅达到14%的工业企业,分别给予企业管理层60万元、80万元、100万元、150万元、200万元、300万元的一次性支持。

6. 对具有独立法人资格的工业企业,纳入统计范围,总投资额500万元以上,通过新建、技改实现转型升级的固定资产投资项目,给予企业设备(含企业对整体设备、技术、工艺进行改造升级而购买的软件包,下同)投资额(不含税,下同)10%的一次性支持,同一企业设备投资累计支持金额不超过 400 万元。

三、支持企业转型升级

7. 对新获得国家级、省级工业设计中心称号的企业工业设计中心或工业设计企业，分别给予企业技术团队 30 万、20 万元的一次性支持。对新认定为省级智能制造车间的企业，给予企业技术团队 10 万元一次性支持。对新认定为国家、省级两化融合管理体系贯标试点企业，对新认定为国家级、省级两化融合示范企业，分别给予企业技术团队 20 万、10 万的一次性支持。

8. 对国家《中国制造 2025》规划支持的十大重点领域产业(新一代信息技术、高档数控机床及机器人、航空航天装备、海洋工程装备及高技术船舶、先进轨道交通装备、节能与新能源汽车、电力装备、新材料、生物医药及高性能医疗器械、农业机械)项目，《安徽省人民政府关于深入推进高成长性产业加快发展的意见》(皖政〔2014〕58 号)支持的十大高成长性产业(智能装备、新型显示、智能终端、智能语音、云计算和软件、新能源汽车、节能环保设备、新材料、生物医药、绿色有机食品加工)项目，经省经济和信息化委工业投资项目评审专家库专家评审，市经济和信息化委牵头组织市相关部门审核、按规定公示后报市政府批准，在享受第 6 条政策的基础上再给予企业设备投资额 5%的一次性支持。

9. 对统计部门认定的 2014 年度能源消费总量 3000 吨标煤以上的 59 户企业，通过节能技改，加强管理，2015 年度总产值同比增长、万元产值能耗同比下降 10%的前提下，年能源消费总量下降 10 万吨标煤(含 10 万吨)以上的，给予企业管理层 20 万元的一次性支持；年能源消费总量下降 5000 吨标煤（含 5000 吨)以上的，给予企业管理层 10 万元的一次性支持；年能源消费总量下降 300 吨标煤(含 300 吨)以上的，给予企业管理层 5 万元的一次性支持。

10. 推进“宽带中国”示范城市创建工作。支持通信基础设施建设，提高固定宽带家庭普及率，对 2015 年净增家庭固定宽带接入用户每达到 1 万户，市财政给予基础电信运营商管理层 10 万元的一次性支持。

四、附则

11. 政策兑现的资金，除明确由市财政或同级财政承担的外，均由市与企业纳税地所在县(市)区、安庆经开区按比例承担。城区企业支持资金，市、区财政按 7:3 的比例承担；国家连片特困地区大别山片区县和国家贫困开发工作重点县范围的企业支持资金，市、县财政按 5：5 的比例承担；其他县(市)范围的企业支持资金，市、县(市)财政按 2：8 的比例承担。

12. 申请上述政策的企业或单位，在市政务服务中心市经济和信息化委窗口统一申报受理。由市经济和信息化委牵头，市财政局、市统计局、市国税局、市地税局、市工商质监局、市审计局等相关部门参加，在规定时间内一次性审核完毕。审核结果分别在市政务服务中心网站、市经济和信息化委网站、市财政局网站上公示，公示内容为申报企业名称、项目、对应条款、申报金额、核定金额等，公示期为 5 天，公示无异议或对异议复审合格后，由市经济和信息化委和市财政局联合行文上报市政府审批。市财政局在收到市政府批准文件 5 个工作日内，将资金拨付给相关企业或单位。其中，城区范围内的企业，由市财政统一兑现，资金由市财政与区财政结算。八县(市)范围内的企业，由市财政与县(市)财政分别兑现。

申请政策支持的企业，应依照《统计法》《会计法》和《企业会计准则》等规定，按时向所在县(市)区、安庆经开区财政、统计部门报送企业月度主要财务指标快报、年度财务会计报告和统计“一套表”。企业对申报的资料出示真实性承诺。

13. 各县(市)、区监察、审计部门要加强对专项资金使用的跟踪监督和审查，严肃财经纪律，确保政策的贯彻执行。市审计局开展专项审计调查，对弄虚作假、骗取奖补资金的部门、单位和企业实行责任追究，由财政局会同审计部门追回已拨付的资金；行政责任由市监察局按有关规定办理。责任企业三年内不得申报各类奖补政策。

对应配套资金而未配套的发现一起追责一起，对各县(市)、区政府、安庆经开区管委会主要负责人及分管财政、经济和信息化负责人和财政、经济和信息化等部门负责人实行严格的责任追究，依据有关规定给予行政处分。

当年发生安全生产、食品安全、环境污染等责任事故和重大群体性劳资纠纷事件，或涉及偷税、侵权、假冒伪劣等违法违规行为受到查处的企业，不纳入本政策支持范围。

14. 本政策与市财政其他支持政策不重复享受。

15. 本政策执行期为 2015 年 1 月 1 日至 2015 年 12 月 31 日。

安庆市2014年推动现代服务业加快发展若干政策

为进一步发展和提升现代服务业，根据国家、省有关文件精神，结合安庆实际，制定本政策：

一、资金安排和兑现范围

1. 2014年度，市本级财政设立3000万元的“现代服务业发展专项资金”，专款专用、预算管理、总量控制。

2. 在本市注册并纳税的从事现代服务业的企业和组织，均属专项资金支持范围。

二、生产性服务业扶持政策

（一）科技服务业

3. 对2014年度新设立的提供研发设计、检验检测、节能环保、服务外包等科技服务企业，按其当年缴纳的营业税（增值税）、企业所得税本市留成部分的等额资金标准给予奖励。

对纳入统计范围、年度投资额在500万元以上的项目，给予项目设备实际投资额20%的一次性补助，最高不超过200万元。

（二）现代物流业

4. 2014年度新晋升为国家3A、4A、5A级的物流企业，分别给予10万元、30万元、50万元的一次性奖励。

5. 2014年度主营业务收入在500万元以上的物流企业（不含交通运输），其所缴纳的增值税、企业所得税本市留成超基数增量部分，按其50%的等额资金给予奖励。

6. 2014年度快递业务量排名全国前20名的快递企业在安庆设立快件集散地或分拨中心，并已经在国家邮政局备案的，一次性奖励30万元。

2014年出港快件量超过50万件的快递企业，给予10万元一次性奖励。

7. 对2014年投资额在3000万元以上（不含土地费用，下同）、建筑面积5000以上的物流园区、仓储中心、配送中心、分拨中心项目，按投资额的1%给予奖励，最高不超过100万元。

（三）信息服务业

8. 2014年度经省信息化主管部门认定的软件生产企业，市财政一次性奖励20万元；获得一项软件著作权市财政一次性奖励5000元。

9. 对2014年度在安庆市新登记注册并经国家主管部门认定的动漫制作企业，一次性奖励20万元。

在安庆市登记注册的网游研发企业，2014年度产品完成全部研发并通过国家版权局著作权登记，获得政府出版部门版号后正式上线运营的原创游戏（不含单机版），2D每款奖励30万元，3D每款奖励50万元。单个企业年度内奖励累计不超过50万元。

10. 对2014年度新建100坐席以上呼叫中心的企业，按每个坐席500元的一次硬件投入补贴，每个企业补贴最高不超过50万元。

（四）商务服务业

11. 对2014年度获得国家、省中小微企业公共服务示范平台称号的服务机构，市财政分别给予一次性20万元、10万元的奖励。

12. 对2014年度设立、注册资本100万元以上、从业人数20人以上、办公面积200平方米以上的广告公司、律师事务所、会计师事务所、经纪代理、货运代理、市场调查、咨询公司、人才培训、人才中介等专业服务机构，本年度所缴纳的营业税（增值税）、企业所得税本市留成部分50%奖励给企业。

13. 对2014年度在本市举办的展会，每次举办展会面积达到5000平方米或200个标准展位，全年室内展会面积（室外面积按室内面积75%计算）累计达到1万平方米或500个标准展位的会展企业，给予20万元奖励；超过1万平方米或500个标准展位的，室内展会面积（室外面积按室内面积75%计算）每增加2000平方米或100个标准展位，再奖励5万元。

14. 市政府及其职能部门在2014年度组织企业参加国内省部级单位举办的大型展会（广交会除外），企业参展产品的展位费由市财政给予全额补助，每个企业全年累计参展补贴最高不超过2万元。

（五）商贸服务业

15. 对2013年度营业收入1亿元以下的商贸企业（限上批发），2014年度营业收入增长20%且税收增长15%的，一次性给予企业管理层20万元奖励；对2013年度营业收入在1亿元以上（包括1亿元）、5亿元以下的商贸企业（限上批发），2014年度营业收入增长15%且税收增长10%的，一次性给予企业管理层30万元奖励；对2013年度营业收入在5亿元以上的商贸企业（限上批发），2014年度营业收入增幅在10%以上且税收增长5%以上的，一次性给予企业管理层40万元奖励。

16. 对限上商贸企业在2014年度新建符合国家规范3000平方米以上并投入使用的配送中心，且在社区建立10家以上连锁便利直营店，给予企业20万元的一次性补助。

对2014年度社区新设立生鲜超市，主要销售蔬菜、肉、蛋及水产品等商品，经营半年以上，且销售品种在20个以上，经验收合格，营业面积在100平方米以上(含100平方米)的，给予2万元一次性补助；营业面积在200平方米以上(含200平方米)的，给予4万元一次性补助。

17. 对省级以上重点再生资源回收利用龙头企业，在2014年度新建符合规范要求的社区标准化回收站(点)，每个站(点)给予2万元补助，最高不超过20万元。

18. 商贸企业在2014年度建设农产品冷链物流项目，进行节能技术改造，分别给予冷库设施设备和节能设备投资额不超过10%的一次性补助，最高不超过50万元。

(六)电子商务

19. 2014年度设立且注册资金在1000万元以上的电子商务企业，按其当年缴纳的营业税(增值税)、企业所得税本市留成部分的等额资金标准给予奖励。

20. 2014年度获得国家级电子商务示范基地、示范企业的，市财政分别给予30万元、20万元一次性奖励；获得省级电子商务示范园区、示范企业的，市财政分别给予10万元、5万元一次性奖励。

21. 2014年度线上销售收入超2000万元的零售或批发型电子商务企业，或年服务收入超1000万元的第三方电子商务企业，其宽带使用费、网络通信费用、服务器托管费用等，按实际支出的30%给予补助，最高不超过50万元。

22. 2014年在线销售收入5000万元以上（含5000万元）的电子商务企业，在线销售收入增长20%，一次性奖励10万元。

23. 对2014年度从事电子商务业务人才培训(大专以上学历，通过电子商务业务专业知识和技能培训考核，并与电子商务企业签订一年以上劳动合同、且至少有200人在我市电子商务企业就业）的培训机构，给予10万元一次性奖励。

三、生活性服务业扶持政策

(一)文化服务业

24. 对2014年新进规模以上文化产业企业，市财政一次性奖励企业管理层10万元。

25. 对2014年度纳入统计范围、投资额在500万元以上的数字出版、电子图书报刊、网络视频、网络游戏、数字音乐、移动多媒体等数字内容产业项目，给予项目设备实际投资额20%的一次性补助，最高不超过200万元。

26. 2014年在安庆市登记注册的企业全额投资拍摄的电影、电视剧，电影在院线公开放映的，每部给予50万元一次性奖补；电视剧在国家、省级电视台播出(不含数字收费频道)，按每集3万元、1万元给予一次性补助。同一产品在多个电视台播出的，按从高不重复原则给予补助。

2014年度新建多厅数字影院(3厅以上、数字放映设备2K以上)，每厅补助5万元。

27. 对2014年度获得国家级、省级文化产业示范基地(示范企业、示范单位)，市财政分别给予20万元、10万元的一次性奖励。新评选为全省民营文化100强的企业，一次性奖励5万元。

28. 对2014年度有100座以上的固定室内演出场所，承担公共文化服务项目的演出，年演出场次在100场以上，每场时长在90分钟以上的，按照每场1000元给予演出补贴，全年累计补贴额不超过10万元。

29. 对2014年度社会资本投资建设500万元以上的民办文化类馆舍项目，按项目实际投资额的10%给予资助，最高不超过50万元。

对2014年度通过省级文化乐园验收的村奖励公共文化活动资金8万元；通过市级文化乐园验收的村奖励公共文化活动资金5万元。

(二)旅游业

30. 对2014年度新晋升为国家5A级旅游景区，市财政给予100万元一次性奖励；新晋升为国家4A级旅游景区，市财政给予20万元一次性奖励；新评为国家五星、四星级旅游饭店，市财政分别给予30万元、10万元一次性奖励。

31. 对2014年度评为省旅游商品示范企业，给予10万元一次性奖励。对在国家旅游商品大赛中获得金、银、铜奖分别给予20万元、15万元、10万元一次性奖励。

32. 对2014年旅游业务收入超过3000万元的旅行社，当年缴纳的营业税(增值税)、企业所得税本市留成超基数增量部分，按其等额资金的50%标准给予奖励。

33. 2014年我市旅游企业与国内大型旅游电子商务平台签订战略合作协议，宣传、推介、营销安庆旅游产品，年度签单来宜游客达1万人次以上，年旅游综合收入800万元以上，分别给予合作双方各10万元一次性奖励。

对投资建设乡村旅游集聚区及自驾游露营地建设，被上海长三角旅游发展研究中心认定的，给予20万元一次性奖励。

34. 对2014年度投资旅游景区建设项目，且固定资产投资额(不含土地相关费用)超过2000万元，按固定资产投资额的1%给予一次性奖励，最高不超过100万元。

(三)消费性服务业

35. 对2013年度营业收入1000万元以下的商贸企业(限上零售、住宿、餐饮业)，2014年度营业收入增长20%且税收增长15%的，一次性给予企业管理层20万元奖励；对2013年度营业收入在1000万元以上(包括1000万元)，2014年度营业收入增幅在15%以上且税收增长10%以上的，一次性给予企业管理层30万元奖励。

(四)养老服务业

36. 对2014年度获得许可的社会办养老机构(含2013年后新建、改扩建)，经市民政部门认定，正常运营1年后且入住率达到60%以上的，按每张床位2000元给予一次性开办补助；床位数300张以上，经市民政部门认定，正常运营1年后且入住率达到60%以上的，按每张床位5000元给予一次性补助。

2014年度获得许可的社会民办养老机构(入住率达到60%以上的)正常运营第2年起，经市民政部门认定，按实际入住人数，每人每年给予1200元的运营补助。

(五)物业服务业

37. 全年物业服务面积20万平方米以上的企业，其所缴纳的营业税、企业所得税本市留成部分，按其等额资金标准的50%给予奖励。

四、对外贸易扶持政策

38. 对2014年新增出口额超过50万美元(含50万美元)企业，新增出口额每美元奖励2分钱；对进口机电设备及关键零部件进口额超过50万美元(含50万美元)企业，每美元补贴2分钱；对企业进出口每净增1000万美元，另给予8万元奖励，最高不超过40万元。

对进出口企业投保出口信用保险，按实际缴纳保费的30%给予补贴，单个企业补贴不超过8万元。

39. 对企业2014年度参加境外展、境外注册商标、办理产品质量认证、管理体系认证，按实际费用的30%给予补贴。

40. 对2014年度在安庆港新开辟安庆始发、直航的国际航线内支线的国内外船运公司，每周不少于两班的，运营满半年的，给予30万元一次性补贴。

对在安庆报关且经安庆港进出外贸货物的进出口企业，全年不低于100标箱(20尺柜，下同)的，给予每标箱100元奖励，单个企业奖励不超过50万元。

对在安庆报关且经安庆港进出安庆本地外贸货物的货运代理企业，全年揽货量不低于100标箱的，给予每标箱100元奖励，单个企业奖励不超过50万元。

五、其他扶持政策

41. 对2014年度获得省级现代服务业集聚区称号的，市财政给予30万元的一次性奖励，专项用于聚集区公共服务平台建设。

42. 对2014年度新增的限上商贸(批发、零售、住宿、餐饮)企业和国家重点服务业企业，市财政给予企业管理层10万元一次性奖励。

43. 对2013年度列入国家重点服务业统计，2014年度营业收入增长在15%以上且税收增长10%以上，一次性给予企业管理层10万元奖励。

44. 对2014年度获得国家驰名商标、安徽省著名商标的企业分别给予20万元、10万元一次性奖励。

对2014年新获得的地理标志证明商标、地理标志保护产品，每件给予20万一次性奖励。

对2014年新获得安徽省政府质量奖、安庆市政府质量奖企业分别奖励30万元、20万元，对获得安徽名牌、安徽省卓越绩效奖的企业分别给予10万元的奖励。

对制定实施服务标准化的企业按《安庆市实施技术标准发展战略奖励办法》(庆质标〔2009〕4号)予以奖励。

对2014年度新获得中华老字号和安徽省老字号的企业，分别一次性奖励20万元、10万元。

六、附则

45. 政策兑现的资金，除明确由市财政或同级财政承担的外，均由市与企业纳税地所在县(市)区、经开区按比例承担。城区企业奖补资金，市、区财政按7∶3的比例承担；八县（市）范围的企业奖补资金，市、县（市）财政按2∶8的比例承担。

46. 申请上述政策的企业或单位，在市政务服务中心市发改委、商务局、文广新局、旅游局窗口分别申报受理。由市发改委牵头，市财政局、市统计局、市国税局、市地税局、市工商局、市审计局等相关部门参加，在规定时间内一次性审核完毕。审核结果分别在市政务服务中心窗口网站、市发改委网站、市财政局网站及相关部门网站上公示，公示内容为申报企业名称、项目、对应条款、申报金额、核定金额等，公示期为5天，公示由市监察局监督。公示无异议或对异议复审后，由市发改委、商务局、文广新局、旅游局分别和市财政局联合行文上报市政府审批。市财政局在收到市政府批准文件5个工作日内，将资金拨付给相关企业或单位。其中，城区范围内的企业，由市财政统一兑现，资金由市财政与区财政结算。八县（市）范围内的企业，由市财政与县（市）财政分别兑现。

47. 申请政策支持的企业，应依照《统计法》《会计法》和《企业会计准则》等规定，按时向所在县（市）区、经开区财政、统计部门报送企业月度主要财务指标快报、年度财务会计报告和统计“一套表”。企业对申报的资料出示真实性承诺。

48. 各县（市）、区审计部门要加强对专项资金使用的跟踪监督和审查，严肃财经纪律，确保政策的贯彻执行；市审计局开展专项审计调查。市监察部门负责对政策执行进行监督。对弄虚作假、骗取奖补资金的部门、单位和企业实行责任追究。行政责任追究由市监察局按有关规定办理；骗补资金责任追究由财政会同审计部门追回已拨付的资金；责任企业三年内不得申报各类奖补政策。

49. 对项目实施期间可享受奖励、补助但因当年发生安全生产、食品安全、环境污染等责任事故和重大群体性劳资纠纷事件，或涉及偷税、侵权、假冒伪劣等违法违规行为受到查处的企业，不纳入本政策支持范围。

50. 本政策与市财政其他扶持政策不重复享受；与本政策不一致的，一律按本政策执行。

51. 本政策由市发改委、市财政局等负责解释。

52. 本政策执行期为2014年1月1日至2014年12月31日。

安庆市2014年推进自主创新若干政策

为进一步提升全市自主创新能力，加快科技成果转化，推进创新型城市建设，结合安庆实际，制定本政策。

一、资金安排和兑现范围

1. 2014年度，市本级财政设立5000万元“自主创新专项资金”，专款专用，预算管理，总量控制。

2. 具有独立法人资格的企业在本市范围内组织实施的项目；在本市区域内的高校、科研院所等单位；在本市的个人（仅限专利资助），均属专项资金支持范围。

二、鼓励发明创造及成果转化

3. 对专利申请进入实质审查程序的，给予每件4000元资助；对获得发明专利授权的，再给予每件3000元资助；对获得实用新型专利授权的，再给予每件1500元资助。对当年发明专利申请量（且已进入实质审查程序的）达到10件、20件、50件的单位，分别奖励1万元、3万元、10万元；对当年获得发明专利授权量达到5件、10件、20件、50件的单位，分别奖励0.5万元、1.5万元、2.5万元、10万元。对获得国外发明专利授权的，给予每件2万元资助。

对在我市新注册成立的合伙制、有限责任制专利代理机构，分别给予一次性1万元、3万元资助。对当年代理我市发明专利申请量达到50件、100件的专利代理机构，分别给予10万元、20万元奖励。

4. 对列入国家知识产权示范企业，给予一次性50万元奖励；对列入国家、省知识产权优势企业的，分别给予一次性20万元、10万元奖励。

对获得国家专利金奖、优秀奖的，分别奖励创新团队50万元、20万元；对获得省专利金奖、优秀奖的，分别奖励创新团队20万元、10万元。

5. 对授权发明专利的产品销售额达到1000万元以上的，给予一次性10万元奖励；对本地区的企事业单位，当年技术合同交易总额在1000万元以上的，给予一次性10万元奖励。

对新认定的省核心专利产业化项目、省专利新产品，给予一次性5万元奖励。

6. 支持企业以专利质押贷款方式融资，给予企业支付贷款年基准利率利息额的50%资金补贴，每个企业每年贴息额度不超过50万元。对开展专利评估的企业，给予评估费30%的补贴，每个企业每年不超过10万元。对开展专利质押的担保机构，给予担保机构专利质押贷款额2%补贴，同一机构每年最高补贴额不超过20万元。

三、加强科技平台建设

7. 对新认定的国家级重点(工程)实验室、工程(技术)研究中心，给予一次性300万元奖励；对新认定的国家级质检中心，给予一次性200万元奖励；对新认定的国家级企业技术中心、国家级技术评价实验室，给予一次性100万元奖励。对国家级工程(技术)研究中心、企业技术中心在国家组织的运行评估中获优秀的，给予一次性100万元奖励。

对新认定的上述省级机构，相应给予一次性20万元奖励。

8. 对各类科技公共服务平台，当年营业收入100万元以上的，给予10万元资助；对新组建的国家、省产业技术创新战略联盟及协同创新中心，分别给予一次性100万元、50万元资助；对新建的“院士工作站”和“博士后科研工作站”，分别给予启动经费10万元和5万元资助；对在站工作的院士和博士后每人每年给予4万元和2万元生活补贴；对新认定的国家、省级“技能大师工作室”给予一次性10万元、5万元奖励。

对我市企业在境内外设立、合办或收购研发机构的，按其当年实际投资额的10%予以补助，最高不超过500万元。

9. 对新认定的国家级、省级科技企业孵化器，分别给予一次性50万元、20万元奖励，已认定并考核优秀的分别给予一次性20万元、10万元奖励。

对省级以上科技企业孵化器缴纳税收的地方财政留成部分及非税收入政府调控部分按同等金额予以返还。

10. 促进我市与高等院校、科研院所开展产学研合作，包含共建技术转移中心、产学研合作专项对接交流活动、产学研合作平台建设、产学研合作项目资助、高层次科技团队项目引进等。

四、增强创新型城市基础能力

11. 对新认定的国家级、省级创新型(试点)企业，分别给予一次性50万元、20万元奖励；对新认定的国家高新技术企业、省高新技术培育企业，分别给予一次性20万元、5万元奖励。

12. 对新获批准认定的国家级、省级高(新)技术产业基地及创新型科技园区，分别给予一次性50万元、20万元的资助；对新获认定的国家级文化和科技融合示范基地，给予一次性50万元奖励。

13. 对获得国家科学技术奖励(排名第一位)的，奖励创新团队50万元。对获得省科学技术奖励一、二、三等奖(排名第一位)的，奖励创新团队30万元、10万元、5万元。

14. 确定安庆市科学技术计划项目(50个)，支持我市重点发展产业、初创期科技企业及农业科技等自主研发项目，以“借转补”形式，按单个研发项目研发费用不超过30%的比例给予专项资金支持，最高不超过20万元；支持中小微企业科技创新平台建设项目(5个)，每个项目不超过20万元。

五、促进产业创新

15. 对我市企业国家级重点新产品，按其销售收入在当年国家重点新产品中的排序，对前10名每个奖励100万元，对第11—30名每个奖励60万元，对30名以后的每个奖励30万元；对新认定的安徽省重点新产品、安徽省高新技术产品一次性给予奖励5万元。同一产品不重复享受。

对上一年度我市研发投入到达100万元以上、且增长5%以上的规模以上工业企业，给予研发投入3%的一次性补贴，最高不超过50万元。

16. 支持我市单位争取国家、省级各类科技计划项目，给予国家、省拨款额30%配套资助，最高配套资助不超过500万元。

支持国家、省级各类科技计划项目的农业科技、社会发展、国际合作和创新型城市建设软科学研究项目。对前三类项目，给予单个项目研究费用30%的资助，最高不超过20万元；对单个软科学研究项目，给予不超过5万元资助(不超过10个)。

17. 对下列企业购置用于研发的关键仪器设备，分别按其年度实际支出额的15%予以补助，单台仪器设备补助不超过200万元，单个企业补助不超过500万元：⑴销售收入1亿元以上，研发投入占主营业务收入比例3%以上的企业；⑵高校、科研机构、企业在我市企业设立的国家级应用研发机构或分支机构；⑶产业技术研究院等产学研用结合的新型研发机构。

对使用省、市仪器设备共享平台网登记仪器设备的租用单位，按租用仪器设备年度支出的20%给予补助，最高不超过30万元。

18. 对新兴支柱产业、企业研发总部迁入、实体型研发机构、大学科技园和高层次科研团队创业等重大项目，在政策支持上"一事一议"。

六、附则

19. 政策兑现的资金，除明确由市财政或同级财政承担的外，均由市与企业纳税地所在县（市）区、经开区按比例承担。城区企业奖补资金，市、区财政按7∶3的比例承担；八县(市)范围的企业奖补资金，市、县(市)财政按2∶8的比例承担。

20. 申请上述政策的企业或单位，在市政务服务中心市科技局窗口统一申报受理。由市科技局牵头，市财政局、市统计局、市国税局、市地税局、市工商局、市审计局等相关部门参加，在规定时间内一次性审核完毕。审核结果分别在市政务服务中心窗口网站、市科技局网站、市财政局网站上公示，公示内容为申报企业名称、项目、对应条款、申报金额、核定金额等，公示期为5天，公示由市监察局监督。公示无异议或对异议复审后，由市科技局和市财政局联合行文上报市政府审批。市财政局在收到市政府批准文件5个工作日内，将资金拨付给相关企业或单位。其中，城区范围内的企业，由市财政统一兑现，资金由市财政与区财政结算。八县（市）范围内的企业，由市财政与县（市）财政分别兑现。

21. 申请政策支持的企业，应依照《统计法》《会计法》和《企业会计准则》等规定，按时向所在县（市）区、经开区财政、统计部门报送企业月度主要财务指标快报、年度财务会计报告和统计"一套表"。企业对申报的资料出示真实性承诺。

22. 各县（市）、区审计部门要加强对专项资金使用的跟踪监督和审查，严肃财经纪律，确保政策的贯彻执行；市审计局开展专项审计调查。市监察部门负责对政策执行进行监督。对弄虚作假、骗取奖补资金的部门、单位和企业实行责任追究。行政责任追究由市监察局按有关规定办理；骗补资金责任追究由财政会同审计部门追回已拨付的资金；责任企业三年内不得申报各类奖补政策。

23. 对项目实施期间可享受奖励、补助但因当年发生安全生产、食品安全、环境污染等责任事故和重大群体性劳资纠纷事件，或涉及偷税、侵权、假冒伪劣等违法违规行为受到查处的企业，不纳入本政策支持范围。

24. 本政策与市财政其他扶持政策不重复享受；与本政策不一致的，一律按本政策执行。

25. 本政策由市科技局、市财政局负责解释。

26. 本政策执行期为2014年1月1日至2014年12月31日。

主题索引

D

H

J

K

L

Q

R

S

T

X

Y

Z

校园一角

安庆市第十中学

省教育厅厅长程艺和田家炳先生为学校揭牌

课外活动中心

教学大楼

党总支副书记、校长　黄　治

缅怀先烈

运动会

入学教育

学生在上实验课

开展承诺活动

消防安全教育

走进警营

动漫社招生宣传活动

大发地产——安庆市凯润

大发地产安庆公司总经理　孔贵生

大发地产成立于1993年，是隶属国家城市综合开发一级资质上海大发房地产集团有限公司的房地产股份制企业。总部设在上海，其辖房地产开发业务涉足上海、浙江、江苏、安徽、江西等省市。到2013年，大发连续7年荣获“中国房地产企业100强”、“中国服务业企业500强”。“大发地产”本着“为生活而创造”的经营理念，秉承“诚信创新、追求卓越”，坚持立足长三角，拓展二、三线的战略规划，专注住宅开发为主，商业地产为辅，锐意进取、不断创新，通过开发高端项目，打造精品楼盘，铸就了良好的信誉，2009年，获得中国华东房地产公司品牌价值TOP10，2015年9月再次获得中国华东房地产公司品牌价值TOP10。

房地产开发有限公司

安庆市凯润房地产开发有限公司成立于2008年，是大发地产在安徽区域成立的一家全资子公司。大发宜景城项目是大发地产进入安徽地区的开篇之作，总占地面积为412161.3平方米(612亩)，总建筑面积为1088370平方米(含地下)。坐落于安庆市政府重点打造的东部新城核心区域，北临皖江大道，南靠新华中路，西至城市主干道潜江路，东边为其他居住小区。周边有市政府、医院、学校、城际铁路、大型超市、五星级酒店、奥体中心等配套。整个社区为英伦风格，规划有别墅、多层、小高层、高层等物业形态，内部配备有会所、幼儿园、商业街、儿童乐园等设施，在景观设计方面，以“英式皇家园林”为蓝本，将原汁原味的英伦风情移入安庆，成就极致人居典范。

安徽御福堂木业有限公司

起源于明清,臻熟于乾隆的百年御福堂,在2006年5月由御福堂传人钱一九先生于香港成立"香港御福堂集团有限公司",并在中国大陆成立"安徽御福堂木业有限公司",专业设计、研发、生产高端原木门和红木产品,打造品质与艺术高度结合的产品和服务,传承千年积淀,引领和谐家居新风尚。

董事长：钱一九

御福堂木业生产基地位于安徽省安庆市大桥经济开发区白泽湖工业园,基地占地面积五万平方米,员工三百余人,其中木艺雕刻师三十余人,高级生产技工及管理人员六十余人,特聘国家级古典工艺设计专家主导产品开发和设计,立志把御福堂打造成原木门和红木家居一流品牌。

御福堂原木门享誉海内外高端精品市场,国内专卖店近百家,企业通过了《ISO9001国际质量管理体系》和《ISO14001国际环境管理体系》认证,产品荣获"中国著名品牌"、"安徽省著名商标"、"中国木门30强"、"中国木门行业十大影响力品牌"称号,企业被评为"全国质量、服务、信誉AAA级企业"和"中国木门专业委员会常务理事单位"。

2011年9月,御福堂在香港成立了"香港御福堂红木家具研究中心",同时相继在广东、福建、浙江建立了御福堂红木家具生产基地,在安徽安庆成立"御福堂红木艺术馆"辐射全国市场。精选名贵红木,袭古制、取精髓,年产红木家具万件。精工巧作,推陈出新,把红木家具大气、奢华、高雅之魂展示得淋漓尽致,深受新贵雅族之青睐。

不是纯粹艺术元素的堆砌,而是对传统文化的认知。新时期的御福堂人感悟时代气息,以现代人的审美需求和生活方式,创造富有东方韵味的和谐美。走进御福堂,开启幸福门!

寄传统于木文化
承家居栽中国梦

桐城市青草镇

青草镇位于桐城市西南，毗邻怀宁、潜山两县，全镇总面积170平方公里，辖2个居委会、20个行政村，总人口7.4万余人，是全国创建文明村镇先进镇和安徽省中心建制镇。旧称青草塥，建镇历史400余年，2006年与陶冲镇合并为青草镇，拥有悠久的西乡文化传统，孕育了勤劳智慧的青草儿女，多年来，从青草走出了一大批以吴曼青、吴立新为代表的有为之士，在海内外创造了不平凡的业绩。

青草镇河流交错，水系发达。境内有大沙河、柏年河、人形河、三湾河等多条河流，与河沿水库、王屋寺水库、枧山水库等共同构成了我镇自然水循环系统。青草素来享有“山水青草、梦中江南”之美誉，旅游资源十分丰富，自然景观有桐西最高峰五聚山、三道岩瀑布、卧龙大峡谷、狮子山泉等，人文景观有太平庵、王屋寺、三竺寺、花戏楼等。此外还有青草香大米、麻丰糕、千张、青草香菜、干沙泥鳅、葛根粉、交切、茶叶、香菇等众多特色美食。

近年以来，青草镇不断加强基础设施建设，目前道路、电力、水利、标准化厂房等基础设施建设取得了长足的进步，镇区人居与发展环境得到了显著改善。

管业车间

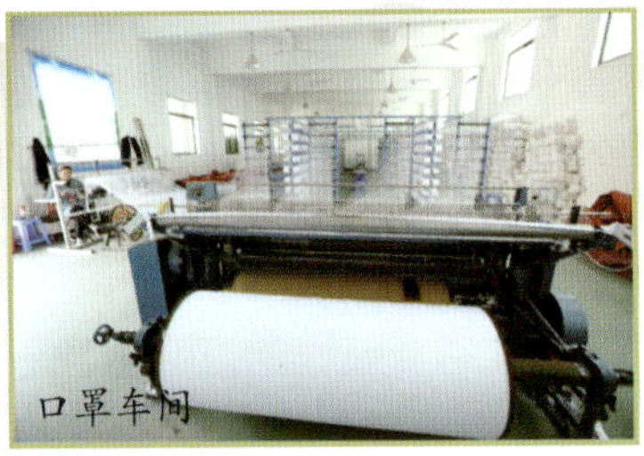

口罩车间

怀宁县黄墩镇

自然村庄

中心村庄

蓝莓采摘

黄墩镇位于安庆市怀宁县中部，是省级中心镇和新农村建设“千村百镇”示范镇。总面积57.3平方公里，人口4.5万人。318国道穿境而过，区位优越，交通便捷。镇区内功能齐全，配套设施完善。先后获得全国“创建文明村镇工作先进单位”，安徽省“首届文明乡镇”、“环境优美乡镇”、“优秀旅游乡镇”、“十佳绿色生态乡镇”荣誉称号。2014年完成工商税收1100万元，比上年增长5.8%；社会固定资产投资4.98亿元，增长5.7%；规模工业总产值9.83亿元，增长7.9%，全镇经济社会持续健康发展。

镇内多丘陵，矿产、淡水、林业、农业资源丰富，皖埠水库灌区万亩大畈极具生态农业开发价值。2004年与省农科院合作，建立蓝莓良种繁育和种植基地，现蓝莓种植面积超过5000亩，初步形成以种苗繁育、规模种植、批量保鲜、蓝莓深加工的产业链。工业经济发展迅速。黄墩独秀工业园，规划总面积1500亩，已建成560亩。镇区有大型购物场所10处，占地30余亩达三星级标准的双龙度假村可供300余人就餐住宿，拟建12层大楼的二期工程即将开工建设。建筑面积10多万平方米的独秀南路已建成投入使用。

蓝莓推介会

皖埠水库

政府大楼

怀宁县马庙镇

马庙镇位于桐城、潜山、怀宁三市(县)交界处,紧临怀宁县城,交通便捷,209省道、合九铁路、沪蓉高速穿境而过。马庙镇总面积88.1平方公里,辖13个村、3个居委会,人口4.62万。是全省首批命名的产业集群专业镇之一,知名的“板材之乡”、“棕刷制品之乡”,怀宁县经济重镇。现有规上工业企业31家,限上商贸企业3家,中小企业1368家,全国驰名商标2个,境内的省级民营科技示范园区和集镇新区为招商引资和小城镇建设搭建了良好平台,“纸塑工业生产加工基地”正在申报启动。2014年,招商引资2.65亿元;固定资产投资9.65亿元;入库税金6690万元;工业总产值94.5亿元;农民人均纯收入14820元。2013年被安庆市委表彰为全市基层组织建设“五个好乡镇党委标兵”;2014年度被怀宁县委表彰为“五星级党委”“科学发展先进乡镇”等数十项殊荣。

马庙镇历史悠久,文化底蕴深厚,旅游资源丰富。境内有新石器时代的孙家城遗址,距今约6000多年,2013年3月5日被国务院批准为国家级文物保护单位;有三国时期魏武王曹操为太子曹丕斋戒沐浴的“浴儿城”、“太子墩”等古迹;“马庙”名称来自于曹操为征战而杀坐骑祭祀庙宇的传说;有佛教名刹“芦峰寺”“汪洋寺”等旅游景点。

芦峰寺庙

汪洋寺庙

马庙新区夜景图

新区图

育儿城遗址

孙家城遗址

孙家城遗址出土的部分文物

新区效果图

桃山生态茶园

枞阳县金社乡

金磊玄武岩采矿

党委书记　黄　杰

乡长　周　璋

安徽天胜蜂业有限公司

金旺厨卫洁具包装有限公司

枞阳县金社乡地处枞阳县中部，总面积63平方公里，辖12个行政村，总人口43000余人。

境内土地肥沃，气候温润，森林覆盖率52%，居全县前列。全乡土地总面积49663亩，其中耕地面积25470亩、林地1340亩、生态茶园6000亩、果园530亩，水域地7500亩，主要农作物有水稻、小麦、玉米、薯类。水产品主要有螃蟹、甲鱼、麦鱼等，素有"鱼米之乡"之美誉。矿产资源主要品种有玄武岩、铜、铁等。境内主要工业有建筑建材、纺织服装、太阳能设备、雨具制造、美术陶瓷、琉璃瓦等，500万元以上规模企业9家。

主要景点有：桐城八景之一"竹湖落雁"、省级重点文物保护单位刘大櫆墓园、向荣清代孝忠牌坊、桃山生态茶园基地、乌金渡大桥。风土人情：龙灯、花灯、狮子灯。土特产品：麦鱼、茶叶、优质米等。

乡政府办公楼

王岗街道

潜山县天柱山镇

市政府副市长张君毅在三祖寺检查旅游安全工作

白云边水库

镇政府大楼

演讲比赛

美好乡村

南京外国语学校仙林分校与天柱山镇天寺小学开展爱心结对

皖镇夜景

老修牌糯米原汁封缸酒

康居新村山间民居

镇区一角

潜山县黄铺镇

黄铺镇是皖西南工贸重镇，距潜山县城10公里，交通便利，105国道、合九铁路、沪蓉高速、东香高速贯穿全境，即将竣工通车的济广高速潜山南出入口近在咫尺。全镇面积152平方公里，辖14个行政村，总人口5.3万人，先后获批全国发展改革试点镇、全国重点镇、安徽省特色乡镇、安徽省宜居宜业乡镇、安庆市文明村镇。

近年来，黄铺镇紧扣“做强全国重点镇”这一目标，大力实施“黄铺经济开发区、现代农业产业区、美好乡村示范区”三区并进发展战略，镇域经济总量持续显著提升，工业经济初具规模，农业产业生机勃发，基础设施日新月异，镇村面貌焕然一新，正呈现出前所未有的生机与活力。

美好乡村

黄铺经济开发区航拍

长源苗木

千亩苗木基地

油茶基地

山水公园全貌——诗意山水彰显魅力宿松

宿松县孚玉镇

孚玉镇民间舞龙队、腰鼓队参加安徽省第十三届运动会（宿松分会场）颁奖仪式文艺表演

山水公园夜景

宿松县城风貌

重点民生工程——孚玉镇敬老院

宿松县城市俯瞰图

宿松县佐坝乡

佐坝乡位于皖西南与湖北交界处，是宿松的西南门户。105国道、沪蓉高速和昌九铁路穿境而过，全乡国土面积128平方公里，辖14个行政村，5.6万人口。

境内自然资源丰富，山水交错，地肥物美，其中耕地6.09万亩，林地3.58万亩，水域面积达13.26万亩，是全省水产大乡。湖、塘、堰、水库、滩涂星罗棋布，大匣蟹、黄鳝、泥鳅、乌鱼、龙虾、罗氏沼虾等各种名、特、优水产品享誉全国，远销江西、湖北、江苏、上海等省市，年产量4000吨左右，年产值3000多万元，水产经济成为佐坝乡支柱产业。

佐坝历史厚重、文化幽深。古迹名胜有汉代县令张何丹墓和为纪念他而建的大王庙；卧冰求鱼的孝子王祥衣冠冢；元末古战场遗址得胜山；中共党组织在宿松的创始人徐文藻烈士纪念馆。源于佐坝的艺术瑰宝——文南词，数百年来深受群众喜爱，有着丰厚的文化底蕴和优美的旋律。

“十二五”以来，率先建立安徽省宿松统筹城乡发展实验区，坚持“工业化、城镇化、农业现代化”，建设风光秀美、适宜居住的田园农村小城镇，打造纺织服装、鞋帽及农副产品深加工等主打产业。加快以乡村旅游休闲、苗木花卉、经果林、垂钓休闲、特种养殖为特色的传统产业建设，打造宿松、黄梅两县后花园。佐坝经济社会各项事业得到全面发展，在全县综合考核中始终位居一类乡镇前列，曾连续五年蝉联第一。先后获得“安庆市文明乡镇”“安徽省创建文明乡镇工作先进乡镇”、“全国文明创建工作先进村镇”等称号。

市委书记虞爱华在佐坝乡调研统筹城乡发展实验区建设

乡十三届代表大会

汪昌咀周湾美好乡村建设点

绿蒂现代农业

雷池大道

望江大道街景

钟楼

望江县华阳镇

龙湖社区广场舞比赛

国庆书画展

镇政府办公楼

村村通

大雁养殖

省级示范点陶窝中心村

宁安城际铁路长江大桥

迎江区长风乡

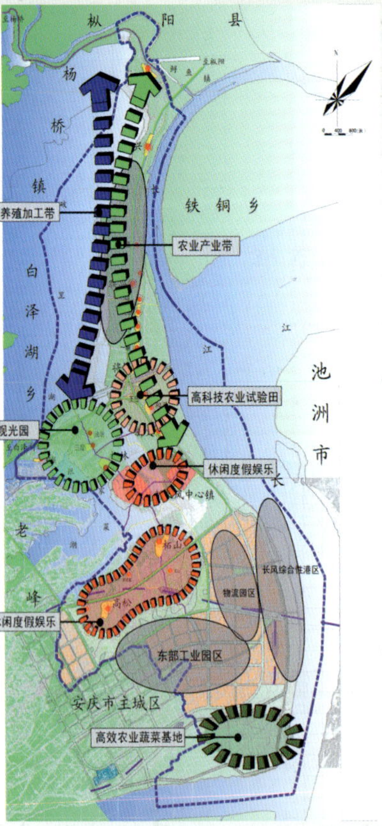

产业空间布局图

“相迎不道远，直至长风沙。”

长风乡东临长江，西抵破罡湖，北与枞阳县城毗邻，南与老峰镇接壤。在宜城板块东郊，处在“半城半乡”地理格局，全乡总面积73.8平方公里，辖11个行政村，人口3万余人。辖区内有各类企业30余家。2014年以来，乡域内经济发展后劲强、重点工程推进有力、美好乡村旧貌新颜、民生保障持续提升、社会事业发展全面。预计2015年全乡规模以上工业企业总产值突破约4亿元，固定资产投资8.2亿元，招商引资实际到资人民币3.5亿元，外商直接投资120万美元，财政一般预算收入2455万元。

“幸福不会从天降，美好长风等不来”，全乡上下坚持以科学发展观为统领，围绕“突出特色谋发展，富民兴乡求和谐”主题，强力推进农业稳乡、工业强乡、三产富乡和城乡统筹大发展战略，努力实现实力活力魅力新长风。

柘林村美好乡村

龙舟赛

长风沙

破罡湖生态庄园

宜秀区罗岭镇

安徽省民间文化艺术之乡·安徽省最佳旅游乡镇·安徽省特色景观旅游名镇·安徽省生态乡镇

—中国湿地、黄梅圣地、采摘基地

—绿色罗岭、宜游罗岭、美好罗岭

—生态立镇、文旅兴镇、商贸强镇

2013年10月3日，中央政治局委员、中宣部部长刘奇葆在罗岭镇视察调研

国家4A级景区巨石山风光

严凤英故居

龙舟赛

非物质文化遗产——花元胡氏龙灯

鱼米之乡

黄梅故里——黄梅村

静谧安静的美丽小村风景如画

宜秀区杨桥镇

杨桥镇位于安庆市东北11公里处，依大小龙山，挟石塘(湖)，拥破罡(湖)，达长江。现辖8个村民委员会，5个社居委，185个村民小组，总人口近3万，镇域面积100.1平方公里，其中耕地面积1.72万亩，山场5.7万亩，养殖水面1.2万亩。集镇区面积2.5平方公里，人口1万余人。杨桥镇是全国重点镇、安徽省特色旅游名镇、安徽省现代农业示范区。

境内山水兼融，“长松涧底结琥珀，秀峰云里开芙蓉”，“龙山十八景”美如图画，享有“安庆小桂林”之美誉。杨桥物产丰富，“大红袍”柑橘、龙泉峰茶、中方佛茶、生态水产享有较高盛名；杨桥人文厚重，龙汝言、萧谦中等贤达辈出，清代以“五里三进士、隔河两状元”而闻名遐迩。

杨桥镇围绕“生态立镇、特色兴镇”目标定位，依托独特的自然、人文资源，突出发展休闲旅游、生态旅游，以人促游、以游促农，农游合一的全新理念。努力建设极具特色的生态文化旅游强镇，成为安庆“大宜城”建设的靓丽名片。

龙山风景

书画名家萧谦中故居

余墩盆景园

余湾产水果

鲍冲湖卧牛岛

余湾影视基地傅员外府

小镇居民安逸的生活

省级美好乡村溪安村村牌

中方寺普同塔

破罡湖湿地一角

鲍冲湖中国好人曹宗英

余湾农家乐美食街

灵山石树风景区

我

▲140 万吨催化装置烟气脱硫脱硝单元

▲裂解装置烟气电除尘项目

▼安庆石化产出国Ⅴ组分清洁汽油

▼周边

中国石化安庆分公司
SINOPEC ANQING COMPANY